滴天髓闡微 評註 II

적천수천미 평주 II – 육친론

2016년 11월 20일 초판 인쇄
2016년 11월 29일 초판 발행

지은이 정창근
펴낸이 이찬규
펴낸곳 북코리아
등록번호 제03-01240호 | **전화** 02-704-7840 | **팩스** 02-704-7848
이메일 sunhaksa@korea.com | **홈페이지** www.북코리아.kr
주소 13209 경기도 성남시 중원구 사기막골로 45번길 14
　　　우림 2차 A동 1007호
ISBN 978-89-6324-524-9(94140)
　　　978-89-6324-521-8(전 2권)

값 60,000원

滴天髓闡微 評註 II

－六親論－

鄭昌根 著

북코리아

| 머리말 |

필자(筆者)는 어린 시절부터 명리학에 관심(觀心)을 가지고 있었다. 초등학교(初等學校)에 입학(入學)하기 전부터 서당(書堂)에서 천자문(千字文)을 배우기 시작하였고 고등학교(高等學校) 졸업 후 2년 동안 속리산 암자(庵子)에 들어가서 원로(元老) 스님과 인생(人生)과 삶을 논(論)하게 된 것이 명리학(命理學)을 연구(硏究)하게 된 직접적(直接的)인 계기(契機)라 말할 수 있다.

그 이후(以後) 국가(國家) 간성(干城)으로 임관(任官)되어서도 명리학(命理學)에 대한 관심(觀心)을 놓은 적이 없다. 26년간의 군(軍) 생활을 하면서도 틈틈이 장병(長兵)들의 인생상담(人生相談)을 통(通)하여 얻은 경험(經驗)과 분석(分析)한 자료(資料)를 낱낱이 기록(記錄)·존안(存案)하였으며, 지천명(知天命)의 나이에 전역(轉役)을 하고 본격적인 연구(硏究)를 하기 위하여 한양대학교(漢陽大學校) 의과대학원(醫科大學院)에서 「중증질환(重症疾患)의 명리학적(命理學的) 분류(分類)에 관한 연구(硏究)」로 의학박사(醫學博士) 학위(學位)를 취득(取得)하였다.

그러나 국내(國內) 최초(最初)로 명리학(命理學)을 접목(接木)시킨 박사학위(博士學位)였기 때문에 주위의 관심(觀心)과 더불어 의구심(疑懼心)도 많았다. 그래서 방송사(放送社)와 신문(新聞) 등에서 명리학(命理學)에 대한 검증(檢證)을 수차례 받기도 하였다.

모든 학문(學問)은 그 나름대로의 역사(歷史)가 있다. 논리체계(論理體系)의 발전단계(發展段階)가 있으며 실전(實戰)과 경험(經驗)을 통(通)한 검증기간(檢證期間)이 필요(必要)하고 생활(生活)에 적용(適用)하여 실효성(實效性) 있는 성과(成果)가 있어야 그 학문(學問)을 인정(認定)하는 것이 일반적(一般的)인 통례(通例)이다.

필자(筆者)도 명리학(命理學)에 본격적(本格的)인 뜻을 세운 지는 40년이 넘었으나 아직도 심오(深奧)한 경지(境地)에 근접(近接)하지 못하고 있다.

우선 이 학문(學問)을 제도권(制度權)에 접목(接木)시키는 데 심혈(心血)을 기울여야 겠다는 마음으로 1997년도에 한양대학교(漢陽大學校) 사회교육원(社會教育院)에서 초급(初級), 전문자격증(專門資格證) 과정(過程)을 신설(新設)하여 『명리학통론(命理學通論)』을 강의교재(講義教材)로 후학(後學)을 양성(養成)하여 왔으나, 후학(後學)들의 좀 더 깊은 학문적(學問的)인 체계 정립(體系定立)을 위하여 명리학(命理學)의 필독(必讀) 도서(圖書)가 될 수 있도록 『적천수천미 평주(滴天髓闡微 評註)』(Ⅰ) 통신론(通神論), (Ⅱ) 육친론(六親論)을 발간(發刊)하게 되었다.

20년간 대학(大學)에서 강의(講義)한 경험(經驗)과 실제상담(實題相談)을 통(通)하여 검증(檢證)된 연구(研究)를 바탕으로 하여 천미(闡微)와 보주(補註)를 합본(合本)으로 하고, 한자사전(漢字辭典)에 의하여 그동안 의문(疑問)을 풀어 알게 된 것을, 명확(明確)하고 쉽게 이해(理解)하여 스스로 터득(攄得)할 수 있도록 집필(執筆)하였으니 명리학(命理學)을 연구(研究)하는 후학(後學)들에게 조금이나마 도움이 되기를 기원(祈願)하는 바이다.

집필(執筆)을 하기까지는 많은 학문적(學問的) 지식(知識)을 차근차근하게 수적석천(水滴石穿)하도록 기초(基礎)를 쌓게 한 선현(先賢)들의 저술(著述)이 큰 도움이 되었다. 뿐만 아니라 자강(自彊) 이석영(李錫英) 선생의 『사주첩경(四柱捷經)』과 도계(陶溪) 박재완(朴在玩)선생의 『명리요결(命理要決)』 또한 아주 많은 참고가 되었다.

『적천수천미(滴天髓闡微)』를 해석(解釋)한 서적(書籍)들은 많지만 특히 예광해(芮光海) 선생의 『적천수천미(滴天髓闡微)』, 이선종(李先鐘) 선생의 『적천수천미 해설강의(滴天髓闡微 解說講義)』, 김주성(金周成) 선생의 『적천수 집주강해(滴天髓 集註講解)』, 임정환(任正桓) 선생의 『제대로 보는 적천수천미(滴天髓闡微)』, 김동규(金東奎) 선생의 『완역 적천수천미(完譯 滴天髓闡微)』 등을 참고(參考)하였다.

마지막으로 본서(本書)가 나오기까지 오랜 세월(歲月) 연구에 동참(同參)하여 온 명리상담학 회원(강신덕, 강윤나, 강현일, 고경수, 고성숙, 고충달, 고태현, 공도연, 공성자, 공영우, 권혜순, 김건일, 김경호, 김근종, 김금선, 김승연, 김만석, 김명애, 김덕주, 김서윤, 김승만, 김승연, 김영례, 김영수, 김영순, 김영혜, 김웅서, 김은정, 김은주, 김인순, 김정숙, 김현주, 김호진, 김효진, 김화선, 나윤희, 노경신, 노재경, 문옥영, 동나겸, 박도은, 박상호, 박소현, 박성희, 박용현, 박정원, 박찬규, 박창보, 배진희, 상하스님, 서지원, 설영자, 소병두, 소영희, 손동용, 송범수, 성익재, 성현스님, 신재덕, 신종우, 심상효, 심영수, 안근화, 안상호, 안도영, 연두석, 오세정, 오태규, 우정스님, 원산스님, 유경태, 유근향, 유명숙, 유상범, 유성, 유수현, 윤소현, 윤천용, 이덕문, 이동파, 이랑구, 이보경, 이송자, 이수미, 이운영, 이영기, 이임순, 이자휘, 이재모, 이정우, 이종태, 이홍규, 임성길, 임정원, 자공스님, 장영희, 전광훈, 전선용, 전현숙, 정덕미, 정의록, 정재헌, 정준범, 정진덕, 정지윤, 정행석, 조동구, 조영직, 조혜숙, 주승락, 진각스님, 채점식, 청혜스님, 최창호, 허노겸, 현중스님, 홍대균, 홍순호, 홍연수, 황덕규) 등 여러분의 노고(勞苦)에 깊은 감사의 뜻을 전한다.

2016년 10월 30일
한양대학교 명리상담학 연구실 범초 정 창 근

1

성인(聖人) 공자(孔子)는 "천명(天命)을 모르는 사람은 군자(君子)가 될 수 없다(不知命無以君子也)"라고 말씀하였으며, 맹자(孟子)도 "인간(人間)의 삶은 명(命)이 아님이 없으며 순리(順理)로 바르게 받아들어야 한다(莫非命也 順受其正). 또한 하지 않아도 저절로 그렇게 되는 것은 하늘의 뜻이며, 하고자 함이 아닌데도 이르러 오는 것은 명(命)이다(莫之爲而爲者天地 莫之致而至者命也)"라고 말씀하였다.

그러나 천명(天命)을 인식(認識)하고 자기 자신을 안다는 것은 결코 쉬운 일이 아니므로 순리(順理)를 알고 나에게 주어진 명운(命運)을 받아들이는 노력(努力)이 필요(必要)하다.

명리학(命理學)은 역(易)의 원리(原理)를 바탕으로 하여 자신(自身)에게 주어진 천명(天命)을 얻고자 하는 '위기지학(爲己之學)'이라고 할 수 있으며 나아가서는 인간적(人間的) 욕구(慾求)에 따라 타인(他人)의 인생(人生)을 인식(認識)하고자 할 때에는 '위인지학(爲人之學)'이라 하여 한마디로 '지명상도(知命上道)'라고 정의(定義)할 수 있다.

우리가 살고 있는 우주자연계(宇宙自然界)에는 천지만물(天地萬物)을 생성(生成)하고 변역(變易)시키는 일정불변(一定不變)의 원리(原理)와 법칙(法則)이 존재(存在)하고 있으니 이것을 자연역(自然易)이라고 한다.

이 자연역(自然易)을 그대로 괘(卦)와 효(爻)로써 상징(象徵)하고 그 뜻을 글로 옮긴 것을 역서(易書)라고 하는데 이를 곧 주역(周易)이라고 하는 것이다.

이를 다시 천지(天地)를 상징(象徵)하는 십천간(十天干)과 십이지지(十二地支)를 문자(文字)로 상형화(象形化)하여 배합(配合)하면 육십갑자(六十甲子)가 되는데 이것을 기본(基本)으로 하여 사람이 출생(出生)한 년월일시(年月日時)를 간지(干支)에 적용(適用)하고 그 일생(一生)의 영고성쇠(榮枯盛衰)와 인사제반(人事諸般)의 길흉화복(吉凶禍福)을 헤아릴 수 있도록 척도화(尺度化)한 것이 명리학(命理學)의 기본원리(基本原理)이다.

그러나 명리(命理)라 하는 것은 사람이 하늘로부터 부여받은 천명(天命)의 원리(原理)를 말하는 것이니 그 심오(深奧)한 이치(理致)는 천지만물(天地萬物)의 생성(生成)과 변화(變化)를 주재(主宰)하는 태극(太極)의 원리(原理)와 상통(上通)하고 있으므로 그 현묘(玄妙)함을 말이나 글로는 다 옮길 수 없으며 다만 감이수통(感而遂通)하는 경지(境地)가 있을 뿐이다.

태극(太極)은 음양(陰陽)과 오행(五行)의 변화(變化)를 주재(主宰)하는 본체(本體)를 뜻하므로 명리학(命理學)은 육십갑자(六十甲子)를 기본척도(基本尺度)로 하고 이 육십갑자(六十甲子)에 함축(含蓄)되어 있는 음양오행(陰陽五行)의 원리(原理)를 법칙(法則)으로 하여 천명(天命)을 밝히는 학문(學問)이라고 할 수 있다.

2

먼저 명리학(命理學)의 기원(起源)을 살펴보면 명서(命書)를 집대성(集大成)한 『삼명통회(三命通會)』에 녹명학(祿命學)의 조(祖)는 중국 전국시대(戰國時代: BC 403~221)의 '낙록자(珞祿子)와 귀곡자(鬼谷子)'라고 하였으니 그 연원(淵源)이 유구(悠久)함을 알 수 있다.

3

그동안 명리학(命理學)의 변천과정(變遷過程)을 살펴보면 초창기(初創期)에는 년(年)의 간지(干支)를 녹명(祿命)이라고 하고 이를 위주로 하여 신살(神殺)로써 명(命)을 논(論)하였는데 이러한 간법(看法)은 진한시대(秦漢時代)를 거쳐 당(唐)나라 때까지 이어져 내려오다가 오대시대(五代時代: BC 907~959)에 서자평(徐子平) 선생이 구법(舊法)을 과감(果敢)하게 혁파(革罷)하여 큰 전환점(轉換點)을 이루었으니, 곧 년(年)을 뿌리로 하여 일(日)을 주로 하는 논명법(論命法)이다.

4

송(宋)나라 이후(以後) 명저(名著)인 『연해자평(淵海子平)』, 『명리정종(命理精宗)』, 『명리약언(命理約言)』, 『자평진전(子平眞詮)』, 『삼명통회(三命通會)』, 『궁통보감(窮通寶鑑)』, 『적천수(滴天髓)』에 이르기까지 모두가 정격(政格)을 가지고 운명(運命)을 감정(鑑定)하다가 임철초(任鐵樵) 선생이 처음으로 정격(政格) 외에 종왕(從旺), 종강(從强), 종기(從氣), 종세(從勢)의 이론(理論)을 세우고 증험(證驗)하여 정확성(正確性)을 놀라울 정도로 발전(發展)시켰다.

임철초(任鐵樵) 선생의 기록(記錄)을 보면 학설(學說)에 더욱 확신(確信)을 갖게 된다.

任氏曰 常有從旺 從强 從氣 從勢之理 比從財官 更難推算 尤當審察
임씨왈 상유종왕 종강 종기 종세지리 비종재관 경난추산 우당심찰

此四從 諸書所未載 予之立設 試驗確實 非虛言也.
차사종 제서소미재 여지입설 시험확실 비허언야

임씨(任氏)가 이르기를, 오히려 종왕(從旺), 종강(從强), 종기(從氣), 종세(從勢)의 이치(理致)는 기존(旣存)의 종재관(從財官)과 비교하여 보면 추산(推算)하여 고치기가 어려우니 더욱 세심(細心)하게 살펴야 한다.

이 네 종격(從格)은 모든 책에 기록(記錄)돼 있지 않으며, 내가 세운 설(設)이다. 누차 시험(試驗)한바, 확실(確實)하며 빈 말이 아니다.

5

우리나라에 『적천수(滴天髓)』가 들어온 것은 중국의 민국 22년(1933)에 근세(近世) 중국(中國)의 명학가(命學家)인 원수산(袁樹珊) 선생이 전래(傳來)되는 임주(任註)의 고본(古本)을 찬집(撰集)하여 발간(發刊)한 『적천수천미(滴天髓闡微)』가 나온 이후일 것으로 추정(推定)한다. 그 이후 민국 26년(1937)에는 역시 중국(中國)의 명학가(命學家)인

서락오(徐樂吾) 선생이 『적천수(滴天髓)』의 원주(原註)와 임주(任註)의 해석(解釋)에 미진한 점을 보해(補解)한 『적천수보주(滴天髓補註)』가 출간(出刊)되었다.

　이 양서(兩書)가 나온 이후 우리나라에서도 『적천수(滴天髓)』에 대한 연구(研究)가 활발하게 진전(進前)되었으나 원서(原書)가 모두 한문(漢文)으로 이루어진 서책(書冊)이므로 이해(理解)하는 데 어려움이 있기 때문에 명리학(命理學)에 뜻을 둔 사람은 있으나 그 진수(眞髓)에 근접(近接)한 사람은 보기 드물다.

| 일러두기 |

1. 필자(筆者)는 『천수천미(滴天髓闡微)』의 원문(原文), 원주(原註)의 원본(原本)을 완전(完全) 한 글로 표기(表記)하였고 끝에는 평주(評註)를 논(論)하여 현대(現代) 사회환경(社會環境)에 맞게 해석(解釋)하였고, 용신(用神)과 격국(格局)을 쉽게 연구(研究)·검토분석(檢討分析)하 여 후학(後學)들에게 도움이 될 수 있도록 정성(精誠)을 다하였다.

2. 『적천수평주(滴天髓評註)』는 유백온(劉伯溫) 선생의 『적천수(滴天髓)』, 임철초(任鐵樵) 선생 의 『적천수천미(滴天髓闡微)』, 서락오(徐樂吾) 선생의 『적천수보주(滴天髓補註)』를 근본(根本) 바탕으로 하였다.

3. 평주(評註)는 각각(各各)의 명조(命造) 하나하나에 대하여 왕쇠강약(旺衰强弱)과 격국용신 (格局用神)을 명확(明確)하게 분석(分析)하려고 노력(努力)하였으며 특히 대운(大運)과 세운 (歲運)을 유추(惟推)하여 길흉(吉凶)을 명확(明確)하게 분별(分別)할 수 있도록 유의(有意)하 였다. 난해(難解)한 한자(漢字)나 단어(單語)는 원전(原典)을 그대로 해석(解釋)하되 보충(補 充) 설명(說明)이 필요한 것은 주석(註釋)을 표기(表記)하였으며 「찾아보기」를 활용(活用) 하면 더욱 효과적(效果的)으로 이해(理解)할 수 있을 것이다.

4. 한자(漢字)는 원문(原文), 원주(原註), 임주(任註)를 토대로 한 자(字)라도 진의(眞意)가 왜곡 (歪曲)되지 않도록 노력하였다. 그러나 부득이 혼동(混同)하여 쓰이는 한자(漢字)는 아래 와 같이 표기(表記)한다.

① 겁(刼 = 劫) ② 극(克 = 剋) ③ 고(苦 = 枯) ④ 기(機 = 氣) ⑤ 기(炁 = 氣) ⑥ 녕(寗 = 寧) ⑦ 방(幇 = 幫) ⑧ 무(无 = 無) ⑨ 살(煞 = 殺) ⑩ 상(傷 = 喪) ⑪ 설(洩 = 泄) ⑫ 습(溼 = 濕) ⑬ 신(申 = 伸) ⑭ 양인(陽刃 = 羊刃) ⑮ 절(截 = 絶) ⑯ 주(注 = 註) ⑰ 창(創 = 刱) ⑱ 창(窗 = 窓) ⑲ 창업(創業 = 刱業) ⑳ 충(冲 = 沖) ㉑ 항(亘 = 恒) ㉒ 회(廻 = 回).

경도(京圖)

『적천수(滴天髓)』의 원문(原文)을 지었고 유백온(劉伯溫) 선생이 원주(原註)를 지었으며 나중에 임철초(任鐵樵) 선생이 보주(補註)를 달았다고 하는데 경도(京圖) 선생은 연대 미상의 인물(人物)이다.

서락오(徐樂吾) 선생은 『적천수보주(滴天髓補註)』의 서문(序文)에서,

見於年譜 原著京圖撰 劉基註然細察之 文註出於 一人之手
견어년보　원저경도찬　유기주연세찰지　문주출어　일인지수

"연보(年譜)에 보면 경도(京圖)가 찬(撰)하고 유기(劉基: 伯溫)가 주해(註解)한 것으로 되어 있으니 글을 자세하게 살펴보니 본문(本文)과 주해(註解)가 한 사람의 손에서 나온 것이 틀림없다"라고 하였다.

유백온(劉伯溫)

원말(元末) 명초(明初: 1311~1575)의 유학자(儒學者)이며 정치가(政治家)로서 경륜(經綸)과 지략(智略)을 겸비한 현인군자(賢人君子)이다. 이름은 유기(劉基)이며 자(字)는 백온(伯溫)으로, 명(明)나라를 창업(創業)한 태조(太祖) 주원장(朱元璋)을 도와 천하(天下)를 통일(統一)하는 데 크게 공헌(貢獻)하여 개국공신(開國功臣)으로서 성의백(誠意伯)의 작위(爵位)를 받았다. 예지(叡智)와 총명(聰明)을 겸(兼)하여 천문(天文), 지리(地理), 역학(易學), 병략(兵略) 등의 분야(分野)에 정통(精通)하였으며 저서(著書)로는 『성의백 문집(誠意伯 文集)』이 있다.

『적천수(滴天髓)』가 3백 년 동안 비전(秘傳)되어 세상에 알려지지 않은 것은 명(明) 태조(太祖)가 천하(天下)를 통일(統一)하고 성정(性情)이 각박(刻薄)하게 변(變)하여 공신(功臣)들을 의심(疑心)하는지라, 유백온(劉伯溫) 선생은 은퇴(隱退)하여 그동안 저술(著述)하였던 역학서(易學書) 등을 석실(石室)에 밀봉하고 자손(子孫)들에게 "후인(後人)에게 전(傳)하거나 배우게 하지 마라"라는 유언(遺言)을 남기고 그다음 해에 서세(逝世)하였기 때문이다. 이러한 연유로 명(明)나라 때에는 세상에 널리 알려질 수가 없었다.

임철초(任鐵樵)

청(淸)나라 중기(中期)의 학자(學者)로서 역학(易學)에 정통(精通)한 명학(命學)의 대가(大家)이다. 임철초(任鐵樵: 1773~1848) 선생은 진소암(陳素菴) 선생의 『명리약언(命理約言)』과 심효첨(沈孝瞻) 선생의 『자평진전(子平眞詮)』을 바탕으로 하여 『적천수(滴天髓)』를 증주(增註)하였다. 선생은 적천수(滴天髓)를 주해(註解)하면서 관살편(官殺篇)에 자신(自身)의 사주(四柱)를 해석(解釋)하여 전(傳)한 것 이외에는 기록(記錄)이 없으므로 적천수(滴天髓)를 증주(增註)한 경위(經緯)와 행적(行績)에 대해서는 자료(資料)가 없다.

선생의 사주(四柱) 해문(解文)을 살펴보면 대대로 벼슬을 하고 학문(學問)을 하던 사대부(士大夫) 가문(家門)의 출신(出身)이나 가문(家門)이 몰락(沒落)한 이후 호구지책(糊口之策)으로 명학(命學)에 잠심(潛心)한 것으로 보인다. 그 끝 구절(句節)에는 "이렇게 된 것이 모두 나의 명(命)이 아니겠는가, 순리(順理)를 바르게 받아들일 뿐"이라고 탄식(歎息)하였다.

특이한 것은 생극제화(生剋制化)의 이치(理致)에 치중(置重)하여 신살(神殺)이나 십이운생(十二運生)을 과감하게 배척(排斥)하였으며 종왕(從旺), 종강(從强), 종기(從氣), 종세(從勢) 등의 학설(學說)을 창시(創始)하였다는 점이다.

관복거사(觀復居士)

『적천수천미(滴天髓闡微)』를 해령(海寧) 진소암(陳素菴) 선생이 원본(原本)을 소장(所藏)하던 것을 잠시 빌려서 손수 기록(記錄)하였고 말뜻을 잘 풀어서 목판(木版)에 새겨 전(傳)하게 하였다. 관복거사(觀復居士)에 대한 시대(時代)와 성씨(姓氏)는 알 수 없으나 명학(命學)에 대한 이치(理致)에 도달(到達)하려 했고 술수(術數)를 좋아했으며 학문(學問)이 깊었는데 은둔(隱遁)하여 사는 숨은 군자(君子)와 같은 사람이었다.

서락오(徐樂吳)

중국의 민국 초기(初期)의 학자(學者)로서 명리학(命理學)의 대가(大家)이다. 『적천수보주(滴天髓補註)』, 『자평진전평주(子平眞詮評註)』, 『자평수언(子平粹言)』, 『자평일득(子平一得)』, 『고금명인명감(古今名人命鑑)』, 『조화원약평주(造化元鑰評註)』 등 많은 저술(著述)을 남겼다. 특히 『적천수보주(滴天髓補註)』는 원주(原註)와 임주(任註)의 미진(未盡)한 부분(部分)을 보완(補完)하여 주해(註解)한 명저(名著)이다. 선생이 태어난 해는 1866년이고 『고금명인명감(古今名人命鑑)』에 자신(自身)의 사주(四柱)를 해석(解釋)하여 전(傳)하고 있다.

원수산(袁樹珊)

　　중국(中國)의 민국 22(1933)년에 『적천수천미(滴天髓闡微)』를 찬집(撰集)한 명리학(命理學)의 대가(大家)이며 형원(衡園)의 주인(主人) 손씨(孫氏)와 그의 아들 보재(簠齋)가 간직하고 있던 『적천수천미(滴天髓闡微)』 정초본(精鈔本)을 얻어 여러 번 정독(精讀)하였고 영인본(影印本) 네 권을 기탁(寄託)받아 출판(出版)하였다. 진소암(陳素菴)의 『명리약언(命理約言)』과 심효첨(沈孝瞻)의 『자평진전(子平眞詮)』의 학설(學說)을 채록(採錄)하여 『명리탐원(命理探原)』을 저술(著述)하였는데 임철초(任鐵樵) 선생의 『적천수천미(滴天髓闡微)』는 비교할 수 없을 만큼 내용(內容)이 훌륭하다고 극찬(極讚)하였다.

I 통신론(通神論)

原文

夫妻因緣宿世來　喜神有意傍天財
　부처인연숙세래　　희신유의방천재

　부처(夫妻)의 인연(因緣)은 전생(前生)에서부터 맺어지는 것이고 희신(喜神)은 천재
(天財)와 인접할 뜻을 두고 있다.

原註

妻與子一也 局中有喜身 一生富貴在于是 妻子在于是.
　처여자일야　　국중유희신　　일생부귀재우시　　처자재우시

大率依在看妻 如喜神卽財神 其妻美而且富貴 喜神與財神不相妒忌亦
　대솔의재간처　　여희신즉재신　　기처미이차부귀　　희신여재신불상투기역

好 否則剋妻 亦或不美 或欠和.
　호　부즉극처　　역혹불미　　혹흠화

然看財神 又須活法 如財神薄 須用助財 財旺身弱 又喜比刦 財神傷
　연간재신　　우수활법　　여재신박　　수용조재　　재왕신약　　우희비겁　　재신상

印者 要官星 財薄官多者 要傷官 財氣未行 要冲者冲 泄者泄財氣流通
　인자　요관성　　재박관다자　　요상관　　재기미행　　요충자충　　설자설재기유통

19

要合 者合 庫者庫 若財神泄氣太重 比刦透露 及身旺無財者 必非夫婦
요합　자합　고자고　약재신설기태중　　비겁투로　　급신왕무재자　　필비부부

全美者也 至於財旺身强者 必富貴而多妻妾 看者當審辨輕重何如.
전미자야　　지어재왕신강자　　필부귀이다처첩　　간자당심변경중하여

처(妻)와 자녀(子女)는 같은 이치(理致)이다.

국(局) 중에 부귀(富貴)가 이것에 있고 처자(妻子)가 이것에 있는 것이다. 대체로 재(財)를 따라서 처(妻)를 살피는데 만약 희신(喜神)이 재신(財神)이면 그 처(妻)가 아름답고 또한 부귀(富貴)하다.

희신(喜神)과 재신(財神)이 서로 투기(妬忌)하지 않으면 좋으나, 그렇지 않으면 극처(尅妻)하거나 혹은 아름답지 못하거나 혹은 화합(和合)이 부족하다. 그러나 재신(財神)을 살피는 데 반드시 활법(活法)이 있어야 한다.

가령 재신(財神)이 박(薄)하면 반드시 용신(用神)이 재(財)를 도와야 하고 재(財)가 왕(旺)하고 신약(身弱)하면 비겁(比劫)을 기뻐한다. 재신(財神)이 인수(印綬)를 상(傷)하게 하는 것은 관성(官星)이 필요(必要)하고 재(財)가 박(薄)하고 관(官)이 많은 것은 상관(傷官)이 필요하다.

재기(財氣)가 유통(流通)하지 않으면 충(冲)이 필요한 것을 충(冲)하여야 하고 설(泄)이 필요한 것은 설(泄)하여야 한다. 재기(財氣)가 유통(流通)하면 합(合)이 필요(必要)한 것은 합(合)하여야 하고 고(庫)가 필요한 것은 고(庫)가 있어야 한다.

만약 재신(財神)의 설기(泄氣)가 태중(太重)한데 비겁(比劫)이 투출(透出)하거나 신왕(身旺)하고 재(財)가 없는 것은 반드시 부부(夫婦)가 아름답지 못하다. 재(財)가 왕(旺)하고 신강(身强)한 경우에는 반드시 부귀(富貴)하고 처첩(妻妾)이 많으니 간명자(看命者)는 마땅히 경중(輕重)을 깊게 분별(分別)해야 한다.

任註

任氏曰 子平之法 以財爲妻 財是我尅 人以財來侍我 此理出於正論.
임씨왈　자평지법　이재위처　재시아극　인이재래시아　차리출어정론

又以財爲父者 乃後人之謬也 若據此爲碻論 則翁婦同宗 豈不失倫常
우이재위부자　내후인지류야　약거차위확론　즉옹부동종　기불실륜상

乎 雖分偏正之設 究竟勉强 財之偏正 無非陰陽之別 並不換他氣 且世
호　수분편정지설　구경면강　재지편정　무비음양지별　병불환타기　차세

無犯 上之理 宜辨而闢之 如果財爲父 官爲子 則人倫滅 不特翁婦同宗
무범　상지리　의변이벽지　여과재위부　관위자　즉인륜멸　불특옹부동종

而顯然祖去生孫 有是理乎.
이현연조거생손　유시리호

是以六親之法 今當更定 生我者爲父母 偏正印綬是也 我生者爲子女
시이육친지법　금당경정　생아자위부모　편정인수시야　아생자위자녀

食神傷官是也 我剋者爲婦妾 偏正財星是也 剋我者爲官鬼 祖父是也
식신상관시야　아극자위부첩　편정재성시야　극아자위관귀　조부시야

同我者爲兄弟 比肩劫財也 此理正名順 乃不易之法.
동아자위형제　비견겁재야　차리정명순　내불역지법

夫財以妻論 財神淸 則中饋賢能 財神濁 則河東獅吼 淸者 喜神卽是財
부재이처론　재신청　즉중궤현능　재신탁　즉하동사후　청자　희신즉시재

星 不爭不妒是也 濁者 生殺壞印 爭妒無情是也.
성　부쟁불투시야　탁자　생살괴인　쟁투무정시야

舊書 不管日主之衰旺 總以陽刃劫財主剋妻 究其理 則實非 須分日 主
구서　불관일주지쇠왕　총이양인겁재주극처　구기리　즉실비　수분일　주

衰旺喜忌之別 四柱配合活看爲是.
쇠왕희기지별　사주배합활간위시

如財神輕而無官 比劫多 主剋妻 財神重而身弱 無比劫 主剋妻.
여재신경이무관　비겁다　주극처　재신중이신약　무비겁　주극처

官殺旺而用印 見財星 主妻陋而剋 官殺輕而身旺 見財星 遇比刧主 妻
관살왕이용인　견재성　주처루이극　관살경이신왕　견재성　우비겁주　첩

美而剋. 刧刃重 財星輕 有食傷 逢梟印 主妻遭凶死 財星微 官殺旺 無
미이극　겁인중　재성경　유식상　봉효인　주처조흉사　재성미　관살왕　무

食傷 有印綬 主妻有弱病.
식상　유인수　주처유약병

刧刃旺而無財有食傷 妻賢必剋 妻陋不傷 刧刃旺而財輕 有食傷 妻賢
겁인왕이무재유식상　처현필극　처루불상　겁인왕이재경　유식상　처현

不剋 妻陋必亡.
불극　처루필망

임씨(任氏)가 말하길, 자평지법(子平之法)에는 재(財)가 처(妻)인데 재(財)는 내가 극(剋)하는 것이고 사람에게 있어서는 재(財)가 들어오면 나를 섬기게 되니 이러한 이치(理致)는 정론(正論)이다.

또 "재(財)가 아버지이다"라고 하는 것은 후세인(後世人)들의 잘못이다. 만약 이 것을 근거(根據)로 하여 확정(確定)된 이론(理論)으로 한다면 시아버지와 며느리가 같은 서열(序列)인데 어찌 인륜(人倫)을 잃는 것이 아니겠는가? 비록 "편재(偏財)는 아버지이고 정재(正財)는 처(妻)이다"라고 나누어서 말한다고 할지라도 결국(結局)은 억지로 이치(理致)를 끌어다 붙이는 것이다.

재(財)의 편정(偏正)은 음양(陰陽)으로 나누는 것뿐이다. 타기(他氣)로 바뀌는 것이 전혀 아니다. 또한 세상에는 범상지리(犯上之理)는 없는 것이니 마땅히 변별(辨別)하여 배척(排斥)하여야 한다.

만약 재(財)가 아버지이고 관(官)이 자식(子息)이면 인륜(人倫)은 없어지게 된다. 시아버지와 며느리가 같은 서열(序列)일 뿐만 아니고 할아버지가 손자(孫子)를 낳는 격이 되는데 이러한 이치(理致)가 있을 수 있는가?

그러므로 육친지법(六親之法)을 지금이라도 마땅히 고쳐서 정(定)하여야 한다.

나를 생(生)하는 것이 부모(父母)인데 편정인수(偏正印綬)가 이것이고, 내가 생(生)하는 것이 자식(子息)인데 식신상관(食神傷官)이 이것이고, 내가 극(剋)하는 것이 처첩(妻妾)인데 편정재성(偏正財星)이 이것이고, 나를 극(剋)하는 것이 조부(祖父)가 이것이며, 나와 같은 것이 형제(兄弟)인데 비견겁재(比肩劫財)가 이것이다. 이와 같은 이치(理致)가 바르고 순리(醇醨)에 맞는 불역지법(不易之法)인 것이다.

재(財)를 처(妻)라고 논(論)하는 데 재신(財神)이 청(淸)하면 처(妻)가 현순(賢順)하고 재능이 있으나, 재신(財神)이 탁(濁)하면 하동(河東)의 사자후(獅子吼)인데 청(淸)이라는 것은 "희신(喜神)이 곧 재성(財星)이고 쟁투(爭妬)함이 없다"라는 것이다.

구서(舊書)에는 쇠왕(衰旺)을 고려하지 않고 모두 "양인(陽刃)과 겁재(劫財)는 극처(剋妻)한다"라고 하는데, 그 이치(理致)를 탐구하면 실제로는 그러하지 않다. 반드시 일주(日主)의 쇠왕(衰旺)과 희기(喜忌)를 나누고 사주배합(四柱配合)을 활간(活看)하여야 한다. 가령 재신(財神)이 경(輕)하고 관(官)이 없는데 비겁(比劫)이 많으면 극처(剋妻)

하고 재신(財神)이 중(重)하고 신약(身弱)한데 비겁(比劫)이 없으면 극처(剋妻)한다.

관살(官殺)이 왕(旺)하고 용인(用印)하는데 재성(財星)이 나타나면 극처(剋妻)하고, 관살(官殺)이 경(輕)하고 신왕(身旺)한데 재성(財星)이 나타나고 비겁(比劫)을 만나면 처(妻)가 아름다우나 극처(剋妻)한다.

겁인(劫刃)이 중(重)하고 재성(財星)이 경(輕)한데 식상(食傷)이 있으나 인수(印綬)를 만나면 처(處)가 흉사(凶事)하고, 재성(財星)이 미약(微弱)하고 관살(官殺)이 왕(旺)한데 식상(食傷)이 없고 인수(印綬)가 있으면 처(妻)에게 약병(弱病)이 있다. 겁인(劫刃)이 왕(旺)하고 재(財)가 없는데 식상(食傷)이 있어서 처(妻)가 현숙(賢淑)하게 되면 극처(剋妻)하고, 처(妻)가 볼품없으면 극처(剋妻)하지 않으며 겁인(劫刃)이 왕(旺)하고 재(財)가 경(輕)한데 식상(食傷)이 있어서 처(妻)가 현숙(賢淑)하면 극(剋)하지 않고 처(妻)가 볼품없으면 반드시 죽는다.

관성(官星)이 약(弱)하고 식상(食傷)을 만났는데 재성(財星)이 있으면 처(妻)가 현숙하고 극(剋)하지 않으며, 관성(官星)이 경(輕)하고 식상(食傷)이 중(重)한데 인수(印綬)가 있고 재성(財星)을 만나면 처(妻)가 볼품없으나 극(剋)하지 않는다.

일주(日主)가 강(强)하고 살(殺)이 약(弱)할 때, 재성(財星)이 살(殺)을 자양(滋養)하거나 관성(官星)이 경(輕)하고 상관(傷官)이 중(重)할 때 재성(財星)이 상관(傷官)을 인화(引化)하거나, 인수(印綬)가 중첩(重疊)되고 재성(財星)이 득기(得氣)하면, 처(妻)가 현숙하고 아름답거나 혹은 처(妻)를 얻고 나서 부(富)하게 된다.

일주(日主)가 경(輕)하고 살(殺)이 중(重)할 때, 재성(財星)이 살(殺)을 생(生)하거나 관성(官星)이 많으므로 인수(印綬)를 써야 할 때, 재성(財星)이 인수(印綬)를 무너뜨리거나 상관패인(傷官佩印)일 경우에, 재성(財星)이 득국(得局)을 이루면, 처(妻)가 현숙(賢淑)하지 못하고 볼품이 없으며, 처(妻)로 인하여 화(禍)를 불러들이게 되고 일신(一身)을 상(傷)하게 할 수 있다.

일주(日主)가 좌하(坐下)에 재(財)를 두고 그 재(財)가 희용(喜用)에 해당하면 반드시 아내와 재물(財物)을 얻는다.

일주(日主)가 재성(財星)을 기뻐하는데 재성(財星)인 한신(閑神)과 합(合)하여 재성(財星)으로 변화하면 반드시 처(妻)의 힘을 얻게 된다.

일주(日主)가 재성(財星)을 기뻐하는데 재성(財星)이 한신(閒神)과 합(合)하여 기신(忌神)으로 변화(變化)하면 처(妻)가 외정(外情)하게 된다.

일주(日主)가 재성(財星)을 꺼리는데 재성(財星)이 한신(閒神)과 합(合)하여 재성(財星)으로 변화하면 부부(夫婦)간에 정(情)이 멀어진다.

모두가 사주(四柱)의 배합(配合)에 따른 정세(情勢)를 가지고 일주(日主)의 희기(喜忌)를 논(論)하는 것인데 만약에 재성(財星)이 부범(浮泛)하면 재고(財庫)에 수장(收藏)하여야 하고 재성(財星)이 심복(深伏)하면 마땅히 충동(衝動)하여 잘 끌어내어 도와주어야 하니 반드시 상황에 따라 세밀하게 연구하여야 한다.

任註

丁	庚	乙	癸
丑	申	丑	卯

戊己庚辛壬癸甲
午未申酉戌亥子

此造 寒金坐祿 印綬當權 足以用火敵寒 所忌者 年干癸水剋丁爲丙 全
차조 한금좌록 인수당권 족이용화적한 소기자 년간계수극정위병 전

賴月干乙木通根 洩水生火 此喜神卽是財星也 更喜財星逢合 謂財來
뢰월간을목통근 설수생화 차희신즉시재성야 경희재성봉합 위재래

就我 其妻賢淑勤能 生三子 皆就書香.
취아 기처현숙근능 생삼자 개취서향

이 명조(命造)는 丑월의 좌하(坐下)에 녹(祿)을 두고 앉아 있으며 인수(印綬)가 당권(當權)하였으니 충분(充分)히 용화(用火)하여 한기(寒氣)를 대적(對敵)할 수 있다. 꺼리는 것은 년간(年干)의 癸水가 丁火를 극(剋)하는 것이 병(病)이 되는데 월간(月干)의 乙木이 통근(通根)하여 水를 설(洩)하고 火를 생(生)하니 희신(喜神)은 재성(財星)인 것이다.

기쁜 것은 재성(財星)이 합(合)을 하니 재래취아(財來就我)라 하며 그 처(妻)가 현숙(賢淑)하고 근능(勤能)하였으며 삼자(三子)를 두었는데 모두가 선비의 길을 걸었다.

庚金이 丑월에 태어나서 한랭(寒冷)하니 우선 조후(調候)로 火가 필요하다. 지지(地支)에는 건록(建祿)과 인수(印綬)가 태왕(太旺)하니 신왕(身旺)한다. 희신(喜神)은 식재관(食財官)인 水木火이고 기신(忌神)은 인비(印比)인 土金이다.

년간(年干)의 癸水가 金을 설(洩)하여 생목(生木)하니 재성(財星)이 왕성(旺盛)하게 되었다. 그러므로 처자식(妻子息)의 덕(德)이 있는 것이다. 더욱 기쁜 것은 시간(時干)의 丁火는 木의 생조(生助)를 얻어 조후용신(調候用神)으로 시상일위귀격(時上一位貴格)이 되었다는 것이다. 시상정관격(時上正官格)이라고도 한다.

癸	丁	乙	丁
卯	酉	巳	未

戊己庚辛壬癸甲
戌亥子丑寅卯辰

丁火生於孟夏 柱中梟刦當權 一點癸水 不足相制 最喜坐下酉金 冲去
정화생어맹하　주중효겁당권　일점계수　부족상제　최희좌하유금　충거

卯木 生起癸水 出身貧寒 癸運入學 又得妻材萬仞 壬運登科 辛丑選
묘목　생기계수　출신빈한　계운입학　우득처재만인　임운등과　신축선

知縣 仕至郡守 此造若無酉金 不但無妻財 而此名亦不成矣.
지현　사지군수　차조약무유금　부단무처재　이차명역부성의

丁火가 초여름에 생(生)하였고 주중(柱中)에 편인(偏印)과 비겁(比劫)이 당권(當權)

하고 있으니 일점계수(一點癸水)가 있어도 일주(日主)를 다스리기에는 부족하다. 가장 기쁜 것은 좌하(坐下)에 酉金이 卯木을 충거(冲去)하고 癸水를 생기(生氣)하고 있다는 점이다.

출신(出身)이 비록 빈한(貧寒)하였으나 癸운에 입학(入學)하였고 재복(財福)이 많은 처(妻)와 인연을 맺었으며 壬운에 등과(登科)하였고 辛丑운에 지현(知縣)에 발탁(拔擢)되었고 벼슬이 군수에 이르렀다. 이 명조(命造)에서 만약 酉金이 없었다면 처재(妻財)가 없었을 뿐만 아니라 공명도 이루지 못하였을 것이다.

評註

丁火 일주가 巳월에 태어나서 득령(得令)하였고 지지(地支)에는 巳未 합화(合火)하였고 시지(時支)의 卯木으로 뿌리가 왕성(旺盛)한데 천간(天干)에도 역시 乙木과 丁火가 투출(透出)하였으니 신왕(身旺)하다. 희신(喜神)은 식재관(食財官)인 土金水이고 기신(忌神)은 인비(印比)인 木火인데 원국(原局)에서 모두가 갖추어져 있으니 아름답다.

주의(注意)해야 할 것은 년지(年支)의 未土는 조토(燥土)이므로 생금(生金)할 수 없으며 좌하(坐下)의 酉金은 巳酉 합금(合金)으로 酉金을 부조(扶助)하였기 때문에 처재(妻財)를 얻을 수 있는 것이다. 시상일위귀격(時上一位貴格)이며, '명관과마(明官跨馬)'라고도 한다.

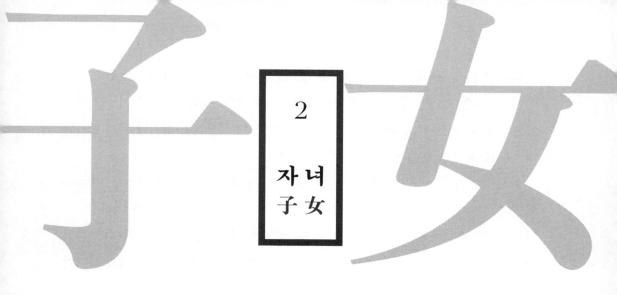

原文

子女根枝一世傳　喜神看與殺相連
자녀근지일세전　　희신간여살상연

　자녀(子女)는 뿌리에서 가지가 뻗어 나오듯이 한 세대(世代)를 전하는 것인데 희신(喜神)이 살(殺)과 서로 연관이 있는지 살펴보라.

原註

大率依官看子　如喜神卽是官星　其子賢俊　喜神與官星不相妒亦好　否
대솔의관간자　　여희신즉시관성　　기자현준　　희신여관성불상투역호　　비

則無子 或不肖 或有剋.
즉무자 혹불초 혹유극

然看官星 又要活法 如官輕須要助官 殺重身輕 只要印比無官星 只論
연간관성 우요활법 여관경수요조관 살중신경 지요인비무관성 지논

財 若官星阻滯 要生扶冲發 官星洩氣太重 須合助遙會 若殺重身輕而
재 약관성조체 요생부충발 관성설기태중 수합조요회 약살중신경이

無制者多女.
무제자다녀

대체로 관(官)을 따라서 자식(子息)을 살펴보는데 가령 희신(喜神)이 곧 관성(官星)이면 그 자손(子孫)은 현준(賢俊)하다. 희신(喜神)과 관성(官星)이 서로 투기(妬忌)하지 않으면 역시 좋으나 그렇지 않으면 무자(無子)하거나 불초(不肖)하거나 극자(剋子)한다. 그러나 관성(官星)을 살펴볼 때 반드시 활법(活法)이 있어야 한다.

　관성(官星)이 경(輕)하면 반드시 관성(官星)을 도와주어야 하나 살중신경(殺重身輕)이면 인수(印綬)나 비겁(比劫)이 필요하다. 관성(官星)이 없으면 단지 재(財)를 논(論)한다. 만약 관성(官星)이 가로막히면 응당 생부(生扶)하거나 충발(冲發)하여야 하고 관성(官星)의 설기(洩氣)가 태중(太重)하면 반드시 합조(合助)하거나 요회(遙會)하여야 한다. 만약 살중신경(殺重身輕)인데 극제(剋制)가 없는 것은 딸이 많다.

任註

任氏曰 以官爲子之設 細究之終有犯上之嫌 夫官者 官也 朝廷設官 管
임씨왈　이관위자지설　　세구지종유범상지혐　부관자　관야　조정설관　관

治萬民 則不敢忘爲 循守規矩 家庭必以尊長爲管 出入動作 皆尊 祖父
치만민　즉불감망위　순수규구　가정필이존장위관　출입동작　개존　조부

之訓是也 不服官府之治者 則爲賊寇 不尊祖父之訓者 則爲逆子 夫命
지훈시야　불복관부지치자　즉위적구　부존조부지훈자　즉위역자　부명

者理也 豈可以官爲子而犯上乎 莫非論命竟可無君無父乎.
자리야　기가이관위자이범상호　　막비론명경가무군무부호

諺云 父在子不得自專 若以官爲子 父反以子爲管治 顯見父不得自專矣
언운　부재자부득자전　약이관위자　부반이자위관치　현견부부득자전의

故俗以剋夫剋母爲是 有是理乎 今更定以食傷爲子女.
고속이극부극모위시　유시리호　금경정이식상위자녀

書云 食神有壽妻多子 時逢七殺本無兒 食神有制定多兒 此兩設可謂
서운　식신유수처다자　시봉칠살본무아　식신유제정다아　차양설가위

確據矣 然此亦死法 倘局中無食傷無官殺者 又作何論 故命理不可執一.
확거의　연차역사법　당국중무식상무관살자　우작하론　고명리불가집일

總要變通爲是 先將食傷認定 然後再看日主之衰旺 四柱之喜忌而用之
총요변통위시　선장식상인정　연후재간일주지쇠왕　사주지희기이용지

古喜 神看與殺相連者 乃通變之至論也.
고희　신간여살상연자　내통변지지론야

如日主旺 無印綬 有食傷 子必多 日主旺 印綬重 食傷輕 子必少.
여일주왕　무인수　유식상　자필다　일주왕　인수중　식상경　자필소

日主旺 印綬重 食傷輕 有財星 子多而賢 日主旺 印綬多 無食傷 有財
일주왕　인수중　식상경　유재성　자다이현　일주왕　인수다　무식상　유재

星 子多而能.
성　자다이능

日主弱 有印綬 無食傷 子必多 日主弱 印綬輕 食傷重 子必少.
일주약　유인수　무식상　자필다　일주약　인수경　식상중　자필소

日主弱 印綬輕 有財星 子必無 日主弱 食傷重 印綬無 亦無子.
일주약　인수경　유재성　자필무　일주약　식상중　인수무　역무자

日主弱 食傷輕 無比刦 有官星 子必無 日主弱 官殺重 印綬輕 微伏財
일주약　식상경　무비겁　유관성　자필무　일주약　관살중　인수경　미복재

必多女 日主弱 七殺重 食傷輕 有比刦 女多子少 日主弱 官殺重 無印
필다녀　일주약　칠살중　식상경　비겁여　여다자소　일주약　관살중　무인

比 子必無 日主旺 食傷輕 逢印綬 遇財星 子少孫多 日主旺 印綬重
비　자필무　일주왕　식상경　봉인수　우재성　자소손다　일주왕　인수중

官殺輕 有財星 子雖刦而有孫.
관살경　유재성　자수극이유손

日主弱 食傷旺 有印綬 遇財星 雖有若無 日主弱 官殺旺 有印綬遇財
일주약　식상왕　유인수　우재성　수유약무　일주약　관살왕　유인수우재

星 有子必逆.
성　유자필역

又有日主旺 無印綬 食傷伏 有官殺 子必多者 又有日主旺 比刦多
우유일주왕　무인수　식상복　유관살　자필다자　우유일주왕　비겁다

無印綬 食傷伏 子必多者 蓋母多滅子之意也 故木多火熄 金刦木
무인수　식상복　자필다자　개모다멸자지의야　고목다화식　금극목

則生火 火多 土焦 水刦火而生土 土重金埋 木刦土則生金 金多水
즉생화　화다　토초　수극화이생토　토중금매　목극토즉생금　금다수

滲 火刦金則生水 水多木浮 土刦水則生木 以官殺爲子者 此之謂也
삼　화극금즉생수　수다목부　토극수즉생목　이관살위자자　차지위야

明雖以官殺爲子暗仍 以食傷爲子 此逆局反刦相生之法 非竟以官殺爲
명수이관살위자암잉　이식상위자　차역국반극상생지법　비경이관살위

子也 大率身旺財爲子 身衰印作兒 此皆余之試驗者 故敢更定 仔細推
자야　대솔신왕재위자　신쇠인작아　차개여지시험자　고감경정　자세추

之 無不應也.
지　무불응야

임씨(任氏)가 말하길, 관(官)을 자식(子息)으로 삼는다는 말을 세밀히 연구하면 결국은 윗사람을 범(犯)한다는 뜻이다. 의심스런 말이 아닐 수 없다.

관(官)이라는 것은 단속(團束)하고 통제(統制)하며 지도(指導)하는 것을 말하는 것으로 조정(朝廷)에서 관(官)을 설치(設置)하여 백성을 관리(管理)하고 지배(支配)하며 도리(道理)에 맞지 않는 행위(行爲)를 하지 못하게 하고 법규(法規)를 지키게 하는 것이다.

가정(家庭)에서도 반드시 존장(尊長)이 관장(管掌)하기 때문에 행실(行實)은 조부모(祖父母)의 가르침을 받는 것이다. 그러므로 관(官)의 다스림에 불복(不服)하는 자(者)는 도적이나 강도와 마찬가지이고 조부(祖父)의 가르침을 받들고 계승(繼承)하지 않는 자(者)는 폐륜아(廢倫兒)가 되고 말 것이다.

명(命)이라는 것은 도리(道理)를 말하는 것인데 어찌 윗사람을 범(犯)하는 관(官)을 자식(子息)으로 삼을 수 있으며 명(命)을 논(論)할 때 어찌 처음부터 끝까지 군(君)과 부(父)를 논(論)하지 않을 수 있겠는가?

속담(俗談)에서 "부(父)가 자식이 있으면 자기 뜻대로 할 수가 없다"라고 하였듯이, 만약 관(官)을 자식으로 삼는다면 아버지가 오히려 자식의 다스림을 받게 되어 아버지가 뜻대로 할 수 없게 된다.

그러므로 속(俗)되게 극부(剋夫)와 극모(剋母)하는 것이 옳다고 여기는 이러한 이치(理致)는 있을 수 없으니, 식신(食神)과 상관(傷官)을 자녀(子女)라고 고쳐서 정(定)한다. 서(書)에서 "식신(食神)은 수(壽)와 처(妻)와 자식(子息)이 많다"라는 설(說)과 시(時)에서 "칠살(七殺)을 만나면 본래 자식(子息)이 없으나 식신(食神)의 극제(剋制)가 있으면 반드시 자식(子息)이 많다"라는 설(洩)은 확실(確實)히 근거(根據)가 있다고 말할 수 있다.

이 역시 사법(死法)이다. 만약 원국(局)에 식상(食傷)이 없고 관살(官殺)이 없으면 어떻게 논(論)할 것인가? 그러므로 명리(命理)는 한 가지를 가지고 고집해서는 아니

된다. 총론(總論)하자면 원국(原局)을 살피는 데 배합(配合)이 가장 중요하다. 대세관지(大勢觀之)하여 변통(變通)함이 옳다고 생각한다.

먼저 식상(食傷)을 자식(子息)이라고 인정하고 일주(日主)의 쇠왕(衰旺)과 사주(四柱)의 희기(喜忌)를 재차 살펴보아야 한다. 그러므로 '희신간여살상연(喜神看與殺相連)'이라는 것은 통변(通變)의 지론이다. 가령 일주(日主)가 왕(旺)하고 인수(印綬)가 없고 식상(食傷)이 있으면 자식(子息)이 많으나, 일주(日主)가 왕(旺)하고 인수(印綬)가 중(重)하고 식상(食傷)이 경(輕)하면 자식(子息)이 적다.

일주(日主)가 왕(旺)하고 인수(印綬)가 중(重)하여 식상(食傷)이 경(輕)하고 재성(財星)이 있으면 자식(子息)이 많고 현명하며, 일주(日主)가 왕(旺)하고 인수(印綬)가 중(重)하여 식상(食傷)이 없고 재성(財星)이 있으면 자식(子息)이 많고 재능(才能)도 있다.

일주(日主)가 약(弱)하고 인수(印綬)가 있는데 식상(食傷)이 없으면 자식(子息)이 반드시 많으나, 일주(日主)가 약(弱)하고 인수(印綬)가 경(輕)한데 식상(食傷)이 중(重)하면 자식(子息)이 필히 적다.

일주(日主)가 약(弱)하고 인수(印綬)가 경(輕)한데 재성(財星)이 있으면 반드시 자식(子息)이 없고, 일주(日主)가 약(弱)하고 식상(食傷)이 중(重)한데 인수(印綬)가 없어도 자식(子息)이 없다.

일주(日主)가 약(弱)하고 식상(食傷)이 경(輕)한데 비겁(比劫)이 없고 관성(官星)이 있으면 필히 자식(子息)이 없고, 관살(官殺)이 중(重)하고 인수(印綬)가 경(輕)한데 재(財)가 미약(微弱)하게 복장(伏藏)되어 있으면 딸이 많다.

일주(日主)가 약(弱)하고 칠살(七殺)이 중(重)하며 식상(食傷)이 경(輕)하고 비겁(比劫)이 있으면 딸이 많고 아들이 적으며, 일주(日主)가 약(弱)하고 관살(官殺)과 비겁(比劫)이 없으면 자식(子息)이 없다.

일주(日主)가 왕(旺)하고 식상(食傷)이 경(輕)하며 인수(印綬)와 재성(財星)을 만나면 자식(子息)은 적으나 손자(孫子)가 많으며, 일주(日主)가 왕(旺)하고 인수(印綬)가 중(重)하며 관살(官殺)이 경(輕)하고 재성(財星)이 있으면 자식(子息)이 비록 극(剋)해도 손자(孫子)가 있다.

일주(日主)가 약(弱)하고 식상(食傷)이 왕(旺)하며 인수(印綬)가 있고 재성(財星)을 만나면 자식(子息)이 있되 없는 것과 같으며, 일주(日主)가 약(弱)하고 관살(官殺)이 왕(旺)하며 인수(印綬)가 있고 재성(財星)을 만나면 자식(子息)이 있으나 필히 거역(拒逆)한다.

일주(日主)가 왕(旺)하고 인수(印綬)가 없으며 식상(食傷)이 복장(伏藏)되어 있고 관살(官殺)이 있으면 자식(子息)이 반드시 많으면, 일주(日主)가 왕(旺)하고 비겁(比劫)이 많으며 인수(印綬)가 없고 식상(食傷)이 복장(伏藏)되어 있으면 자식(子息)이 많다는 것인데 '모자멸자(母慈滅子)'의 뜻이다.

'목다화식(木多火熄)'은 木이 많아 火가 꺼지는 경우인데 金이 木을 극(剋)하면 火가 일어나게 되고, '화다토초(火多土焦)'는 火가 많아 土가 마르는 경우인데 水가 火를 극(剋)하여 土가 살아나게 된다.

'토중금매(土重金埋)'는 土가 많아 金이 매몰(埋沒)되는 경우인데 木이 土를 극(剋)하여 金을 쓸 수 있게 되고, '금다수삼(金多水滲)'은 金이 많아 水가 스며드는 경우인데 火가 金을 극(剋)하면 水가 살아나게 된다.

'수다목부(水多木浮)'는 水가 많아 木이 뜨는 경우인데 土가 水를 극(剋)하여 木을 구할 수 있으니, 관살(官殺)이 자식(子息)이라는 것은 이런 경우를 말하는 것이다.

그러므로 표면적(表面的)으로 비록 관살(官殺)이 자식(子息)이라고 할지라도, 내면적(内面的)으로는 식상(食傷)을 자식(子息)으로 삼으니, 이것은 "역국(逆局)은 도리어 반극상생지법(反剋相生之法)이다"라는 것이고, 결국 관살(官殺)이 자식(子息)인 것은 아니다.

대체로 신왕(身旺)하면 재성(財星)이 자식(子息)이고 신약(身弱)하면 인수(印綬)가 자식(子息)인데 이것은 모두 내가 시험(試驗)한 것으로 감히 수정(修正)하니, 자세히 추리(推理)하면 응험(應驗)하지 않는 것이 없을 것이다.

```
癸 戊 辛 辛
丑 戌 丑 丑
```

```
甲乙丙丁戊己庚
午未申酉戌亥子
```

此造 日主旺 比刦多 年月傷官 並透通根 丑爲濕土 能生金蓄水 戌爲
차조 일주왕 비겁다 년월상관 병투통근 축위습토 능생금축수 술위

火庫 日主臨之 不致寒凍也 是以家業富厚 更喜運走西方不悖 余雖斷
화고 일주임지 불치한동야 시이가업부후 경희운주서방불패 여수단

其多子 實不敢定其數目 詢之云 自十六歲生子 每年得一子 連生 十六
기다자 실불감정기수목 순지운 자십육세생자 매년득일자 연생 십육

子 並無損傷 此因命之美 印星不現 辛金明潤 不雜木火之妙也.
자 병무손상 차인명지미 인성불현 신금명윤 부잡목화지묘야

이 명조(命造)는 비겁(比劫)이 많아 일주(日主)가 왕(旺)하고 년월(年月)의 상관(傷官)이 함께 투출(透出)하여 뿌리를 내리고 있다. 축(丑)은 습토(濕土)로서 능(能)히 생금(生金)하고 축수(蓄水)하여 戌은 화고(火庫)로서 자리하고 있으니 한동(寒凍)하지 않았다. 그러므로 가업이 부후하였으며 더욱 기쁜 것은 운(運)이 서방(西方)으로 행(行)하여 어긋남이 없다.

내가 비록 자식(子息)이 많다고 단정하였다고 할지라도 실제로는 그 수(數)를 정(定)하지는 못하였다. 그것을 물으니 그가 말하길 "16세부터 자식(子息)을 낳아서 매년 하나의 자식(子息)을 얻었고 잇따라 16명의 자식(子息)을 두었으며 손상(損傷)이 전혀 없었다"라고 하였다. 이 명(命)의 아름다움은 인수(印綬)가 나타나지 않고 辛金이 맑고 윤택(潤澤)하여 木火가 섞이지 않아서 오묘한 것이다.

戊土 일주가 丑월에 태어나서 득령(得令)하였고 전지지(全地支)의 丑戌土에 득근(得根)되어 있어 신왕(身旺)하다. 戊土가 丑월에 한랭(寒冷)하지만, 기쁘게도 천간(天干)에 戊癸 합화(合火)하고 戌 중 丁火가 암장(暗藏)되어 있으니 오히려 한랭(寒冷)하지 않다. 그러므로 종왕격(從旺格)이 되었으니 희신(喜神)은 인비식(印比食)인 火土金이고 기신(忌神)은 재관(財官)인 水木인데 운행(運行)이 서남(西南)으로 행(行)하니 더욱 기쁘다. 임씨(任氏)의 논리(論理)로는 식상(食傷)이 자식(子息)이니 16명의 자식(子息)을 두었다는 뜻이다.

원국(原局)에서 식상(食傷)인 辛金이 丑土의 생조(生助)가 있었고 천부지재(天覆地載)가 되어 있으니 수기유행(秀氣流行)하였기 때문이다. 주의(注意)해야 할 것은 관살(官殺)이 나타났으면 식상(食傷)을 손상(損傷)시켜 자손(子孫)이 없었을 수도 있었다는 것이다.

```
癸 丁 甲 癸
卯 酉 子 亥
```

```
丁 戊 己 庚 辛 壬 癸
巳 午 未 申 酉 戌 亥
```

此造 殺官當令 嫌其甲木透干 不能棄命從殺 只得殺重用印 則忌卯 酉
차조 살관당령 혐기갑목투간 불능기명종살 지득살중용인 즉기묘 유

逢冲 去甲木之旺地 雖天干有情 家業頗豊 而地支不協 所以妻生 八女
봉충 거갑목지왕지 수천간유정 가업파풍 이지지불협 소이처생 팔녀

妾生八女 竟無子 所謂身衰印作兒 此財星壞印之故也.
첩생팔녀 경무자 소위신쇠인작아 차재성괴인지고야

이 명조(命造)는 관살(官殺)이 당령(當令)하였으니 종(從)해야 하는데 甲木이 천간(天干)에 나타나 종살(從殺)할 수가 없다. 단지 살중용인(殺重用印)이 되어야 하는데 卯酉가 봉충(逢冲)하여 甲木의 왕지(旺地)를 제거하는 것을 꺼린다.

비록 천간(天干)은 유정(有情)하여 가업이 풍요하다고 하더라도 지지(地支)가 불협(不協)하니 처첩(妻妾)이 각기 8명의 여식(女息)을 낳았으나 결국은 아들을 두지 못하였다. 소위 "신쇠(身衰)하면 인수(印綬)가 자손(子孫)이다"라는 것인데, 재성(財星)이 인수(印綬)를 파(破)했기 때문이다.

評註

丁火 일주가 子月에 태어나서 한랭(寒冷)하니 우선 조후(調候)로 火가 필요하다. 지지(地支)에 亥子 합수(合水)인데 천간(天干)에 두 癸水가 투출(透出)되어 있으니 관살(官殺)이 태왕(太旺)하므로 식신제살격(食神制殺格)이 되었다.

희신(喜神)은 인비식(印比食)인 木火土이고 기신(忌神)은 재관(財官)인 金水이다. 원국(原局)에서 희신(喜神)인 甲木의 뿌리인 卯木이 卯酉 충(冲)으로 재성(財星)이 인수(印綬)를 파괴(破壞)하니 아들을 두지 못하였다.

任註

丁	戊	辛	乙
巳	戌	巳	未

甲乙丙丁戊己庚
戌亥子丑寅卯辰

戊土生於巳月	柱中火土本旺	辛金露而無根	兼之巳時	丁火獨透剋辛
무토생어사월	주중화토본왕	신금로이무근	겸지사시	정화독투극신

局中全無濕氣	更嫌年干乙木	助火之烈	所以剋兩妻	生十二子	刑過十
국중전무습기	경혐년간을목	조화지렬	소이극양처	생십이자	형과십

子 現存二子.
자 현존이자

戊土가 巳月에 태어나고 주중(柱中)에 火土가 본래 왕(旺)하다. 辛金이 천간(天干)에 나타나 있으나 무근(無根)이고, 겸하여 巳시(時)이고 丁火가 투출(透出)하여 辛金을 극(剋)하는데 습기(濕氣)가 전혀 없다. 더욱 꺼리는 것은 년간(年干)의 乙木이 火의 맹렬(猛烈)한 기운(氣運)을 도우니 양처(兩妻)를 극(剋)하였고 12명의 자식(子息)을 두었는데 그중 10명을 잃고 두 자식(子息)만 생존(生存)하고 있다.

評註

戊土 일주가 巳月에 태어나서 전지지(全地支)가 火土이니 종왕격(從旺格)이 되었으며 조열(燥熱)한 명조(命造)이다. 희신(喜神)은 인비식(印比食)인 火土金이고 기신(忌神)은 재관(財官)인 水木이다. 원국(原局)에서 식상(食傷)인 辛金은 巳 중에 庚金이 있으나 뿌리가 화국(火局)이 되었고 관성(官星)인 乙木은 乙辛 충(冲)으로 손상(損傷)을 당하니 희신(喜神)이 부실하다.

처궁(妻宮)에 해당하는 재성(財星)이 전혀 없으며 행운(行運)도 동북(東北)으로 달리니 기신(忌神)이 되어 처자(妻子)가 불행(不幸)하게 된 것이다. 주의(注意)해야 할 것은 임씨(任氏)가 말하는 "식상(食傷)이 자식(子息)인데 신왕(身旺)할 경우에는 재성(財星)이 자식(子息)이다"라는 논리(論理)는 맞지 않는다는 것이다.

任註

辛	辛	丙	庚
卯	亥	戌	寅

癸壬辛庚己戊丁
巳辰卯寅丑子亥

辛金生於戌月 印星當令 又寅拱丙生天干 比劫不能下生亥水 又亥卯
신금생어술월　　인성당령　　우인공병생천간　　　비겁불능하생해수　　　우해묘

拱木 四柱皆成財官 二妻四妾 生三子皆剋 生十二女 又剋其九 還喜秋
공목　　사주개성재관　　이처사첩　　생삼자개극　　생십이녀　　우극기구　　환희추

金有氣 家業豊隆.
금유기　　가업풍융

辛金이 戌月에 태어나서 인성(印星)이 당령(當令)하였고 또한 寅木이 寅戌로 공합(拱合)하여 丙火를 생조(生助)하지만 시상(時上)의 비겁(比劫)은 지지(地支)의 亥水를 생조(生助)하지 못하였다.

오히려 亥卯가 합목(合木)을 이루니 사주(四柱)가 모두 재관(財官)으로 이루어져 이처(二妻)와 사첩(四妾)에 삼자(三子)를 두었으나 모두 극(剋)하고 열두 명의 여식(女息) 중 아홉 명을 잃었다. 기쁜 것은 추금(秋金)으로 유기(有氣)하였으니 가업(家業)이 넉넉하였다는 점이다.

評註

辛金이 戌月에 태어나서 득령(得令)하였고 지지(地支)는 해묘(亥卯)가 합목(合木)하고 寅戌이 합화(合火)하여 丙火를 생조(生助)하니 재관(財官)이 태왕(太旺)하여 재다신약(財多身弱)이 되었고 또한 식신제살격(食神制殺格)이 되었으니 희신(喜神)은 인비식(印比食)인 土金水이고 기신(忌神)은 재관(財官)인 木火이다.

운행(運行)이 초년(初年)인 亥子 운이 오히려 가업(家業)이 넉넉하였으나 己丑 운은 삼형(三刑)으로 축중계수(丑中癸水)와 술중정화(戌中丁火)가 丁癸 충(冲)이 되어 식신(食神)과 관살(官殺)이 손상(損傷)을 당하니 자식(子息)을 잃게 된 것이다.

庚寅, 辛卯 운은 천간(天干)에서 병경충(丙庚冲), 丙辛 합(合)으로 충중봉합(冲中逢合)이 되었고 지지(地支)에는 寅卯가 모두 기신(忌神)인 목국(木局)으로 변(變)하여 처첩(妻妾)을 두게 된 것이다.

```
丁 戊 丁 丁
巳 戌 未 酉
```

```
庚辛壬癸甲乙丙
子丑寅卯辰巳午
```

土生夏令 重疊印綬 四柱全無水氣 燥土不能洩火生金 剋三妻五子 至
토생하령 중첩인수 사주전무수기 조토불능설화생금 극삼처오자 지

丑運 濕土晦火生金 又會金局 得一子方會.
축운 습토회화생금 우회금국 득일자방회

由此數造觀之 食神傷官爲子也 明矣 凡子息之有無 命中有一定之理
유차수조관지 식신상관위자야 명의 범자식지유무 명중유일정지리

命中 子只有五數 水一火二木三金四土五也 當令者倍之 休囚者減半
명중 자지유오수 수일화이목삼금사토오야 당령자배지 휴수자감반

除加減 之外而多者 此秉賦之故也.
제가감 지외이다자 차병부지고야

土가 하령(夏令)에 태어나고 인수(印綬)가 중첩(重疊)되어 있는데 원국(原局)에 수기(水氣)가 전혀 없다. 조토(燥土)는 설화(洩火)하여 생조(生助)할 수 없으니 삼처(三妻)와 오자(五子)를 극(剋)하였다. 축운(丑運)에 이르러 습토(濕土)가 회화생금(晦火生金)하고 삼합국(三合局)을 이루어 자식(子息) 하나를 두었다.

이상(以上)의 명조(命造)를 몇 개 미루어 살펴보면, 식신(食神)과 상관(傷官)이 자식(子息)이 되는 것은 분명(分明)하다. 무릇 자식(子息)의 유무(有無)는 명주(命柱)에 일정(一定)한 다섯 가지의 이치(理致)가 있으니, 명(命) 중에 자식(子息)에 해당되는 것은 다만 오수(五數)가 있다.

수일(水一), 화이(火二), 목삼(木三), 금사(金四), 토오(土五)가 그것이다. 이 수(數)에서 당령(當令)한 것은 배(倍)로 하고 휴수(休囚)한 것은 반감(半減)하는데 가감(加減) 이외(以外)에 많은 것은 선천적(先天的)으로 타고난 것이다.

```
丁 甲 辛 辛
卯 辰 卯 卯
```

```
甲乙丙丁戊己庚
申酉戌亥子丑寅
```

此造 春木雄壯 金透無根 喜其丁火透露 傷其辛金 所以己丑戊子運中
차조　춘목웅장　금투무근　희기정화투로　상기신금　소이기축무자운중

不但得子不育 而且財多破耗 丁亥 支拱木而干透火 丁財並益 丙戌愈
부단득자불육　이차재다파모　정해　지공목이간투화　정재병익　병술유

美 生五子 家業增新 由此觀之 凡八字之用神 卽是子星 如用神是火
미　생오자　가업증신　유차관지　범팔자지용신　즉시자성　여용신시화

其子 必在木火運得 或木火流年得 如不是木火運年得 必子息命中多
기자　필재목화운득　혹목화유년득　여불시목화운년득　필자식명중다

木火 或木火日主 否則難招 或不肖 試之屢驗 然命內用神 不特妻財子
목화　혹목화일주　비즉난초　혹불초　시지누험　연명내용신　불특처재자

祿 而窮通壽夭 皆在用神一字定之 其可忽諸.
록　이궁통수요　개재용신일자정지　기가홀제

　이 명조(命造)는 일주(日主)가 춘목(春木)으로 웅장(雄壯)하고 金은 투출(透出)하였으나 무근(無根)이다. 기쁜 것은 丁火가 투출(透出)하여 辛金을 극(剋)하는 데 있다.

　己丑, 戊子 운에 자식(子息)을 얻었으나 양육(養育)하지 못하였을 뿐만 아니라 재물(財物)의 파모(破耗)도 많았다. 亥운은 지지(地支)가 목국(木局)을 이루고 천간(天干)에 火가 나타나 원국(原局)의 丁火를 더하여 자식(子息)과 재물(財物)이 함께 넉넉하였는데 丙戌 운은 더욱 아름다워 오자(五子)를 낳고 가업(家業)이 다시 일어났다.

　이로 미루어 보면 팔자(八字)의 용신(用神)이 곧 자성(子星)이라고 할 수 있다. 가령 용신(用神)이 火이면 그 자식(子息)은 반드시 木火 운에 얻거나 木火 유년(流年)에 얻을 수 있다.

만약 木火 운이나 木火 유년(流年)에 얻지 않으면 반드시 자식(子息)의 명(命) 중에 木火가 많거나 木火 일주(日主)이다. 그렇지 않으면 낳아 기르기 어렵거나 불초(不肖)한 자식(子息)을 두는 것을 수차례 경험(經驗)한 바 있다.

명국(命局) 내에 용신(用神)은 처재자록(妻財子祿)뿐만 아니라 궁통수요(窮通壽夭)가 모두 용신일자(用神一字)에 의해 결정(決定)되니 소홀히 할 수 있을 것인가?

評註

임씨(任氏)는 오래 전부터 내려왔던 "관살(官殺)이 자식(子息)이다"라는 논리(論理)를 부정(不正)하면서 식상(食傷)이 자식(子息)이라고 반증(反證)하였다. 그러면서 "일반적으로 신왕(身旺)하면 재성(財星)이 자식(子息)이고 신약(身弱)하면 인수(印綬)가 자식(子息)이다"라고 말하였다.

종합적(綜合的)으로 임씨(任氏)는 처재자록(妻財子祿)뿐만 아니라 궁통수요(窮通壽夭)가 모두 용신(用神)이라는 한 글자로 정(定)하여진다고 하였다. 그러나 필자(筆者)는 지금까지 실증 상담을 통(通)하여 얻은 결론(結論)은 식상(食傷)이나, 재성(財星)이나, 관성(官星)을 모두 자식(子息)으로 볼 수 있다는 것이다.

다만 식재관(食財官)이 용신(用神)으로 건왕(健旺)하였을 때 자신뿐만 아니라 자식(子息)이 어질고 번창(繁昌)하였다. 자식(子息)의 자리 시주(時柱)에 용신(用神)이 있는 경우에 자신(自身)의 말년(末年)이 영화(榮華)롭거나 자식(子息)의 덕(德)을 보는 경우를 많이 경험(經驗)하였다. 결론적(結論的)으로 육친(六親)에 의한 것이 아니라, 용신(用神)에 의한 것에 더욱 주의(注意) 깊게 살펴야 한다.

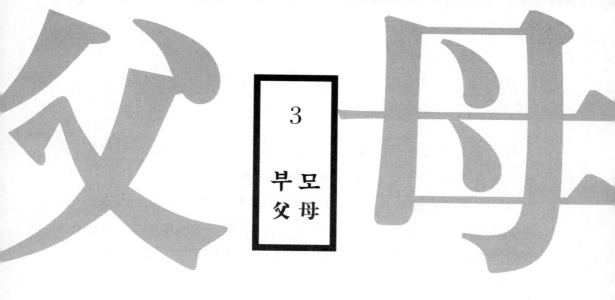

原文

父母或隆與或替 歲月所關果非細
부모혹융여혹체　　　세월소관과비세

　부모(父母)가 융성(隆盛)하거나 혹은 쇠퇴(衰退)하는 것은 세월(歲月)이 관계(關係)하
는 바가 적지 않다.

原註

子平之法 以財爲父 以印爲母 以斷其吉凶 十有九驗 然看歲月爲緊
자평지법　이재위부　이인위모　이단기길흉　십유구험　　연간세월위긴

歲氣有益干月令者 及歲月不傷夫喜神者 父母必昌 歲月財氣斷喪於
세기유익간월령자　　급세월불상부희신자　　부모필창　세월재기착상어

時干者 先剋夫 歲月印氣斷喪於時支者 先剋母.
시간자　선극부　세월인기착상어시지자　　선극모

又須活看其局中之大勢 不可專論財印 中間有隱露其興亡之機 而不必
우수활간기국중지대세　　불가전론재인　　중간유은로기흥망지기　　이불필

在 於財印者 與財生印生之神 而損益舒配得所 及陰陽多寡之論 無有
재　어재인자　여재생인생지신　　이손익서배득소　　급음양다과지론　　무유

不驗.
불험

자평지법(子平之法)에서는 재(財)는 부(父)로 삼고 인수(印綬)를 모(母)로 하여 길흉
(吉凶)을 판단(判斷)하면 십주(十柱)에 아홉은 적중한다.

그러나 세(歲)와 월(月)을 긴요(緊要)하게 여겨야 한다. 세(歲)의 기(氣)가 월령(月令)
을 돕고 세월(歲月)이 희신(喜神)을 상(傷)하지 않게 하면 부모(父母)는 반드시 번창(繁
昌)한다. 세월(歲月)의 재기(財氣)가 시간(時干)을 상(傷)하게 하면 부(父)를 먼저 극(剋)
하게 되고 세월(歲月)의 인기(印氣)가 시지(時支)를 상(傷)하게 되면 모(母)를 먼저 극
(剋)한다.

모름지기 반드시 사주원국(四柱原局)의 대세(大勢)를 활간(活看)하여야 하며 전적
으로 재(財)와 인수(印綬)만을 논하여서는 아니된다. 대세를 정확하게 파악(把握)하
면 흥망지기(興亡之機)가 감추어져 있거나 나타나는 경우가 있는데 반드시 재(財)와
인수(印綬)에 좌우(左右)되는 것은 아니다. 재(財)가 생(生)하고 인수(印綬)가 생(生)하
는 신(神)과 더불어 손익서배(損益舒配)와 음양다과(陰陽多寡)를 논(論)하면 증험(證驗)
하지 않음이 없다.

任氏曰 父母者 生身之根本 是以歲月所關 知其興替之不一 可謂正理
임씨왈　부모자　생신지근본　　시이세월소관　　지기흥체지불일　　가위정리

不易之法也.
불역지법야

原注竟以財印分屬父母 又論剋夫剋母之設 茫無把握 仍或於俗書之謬
　원주경이재인분속부모　　　우론극부극모지설　　망무파악　　잉혹어속서지류

也 夫父母豈可而剋字加之 當更定喪親刑妻剋子爲至理.
야　부부모기가이극자가지　　당경정상친형처극자위지리

如年月官印相生 日時財傷不犯 則上叨蔭庇 下受兒榮 年月官印相生
여년월관인상생　　일시재상불범　즉상도음비　하수아영　년월관인상생

日時 刑傷冲犯 則破蕩祖業 敗壞門風 年官月印 月官年印 祖上淸高.
일시　형상충범　즉파탕조업　패괴문풍　년관월인　월관년인　조상청고

42　　　　　　　　　　　적천수천미 평주 (Ⅱ)

日主喜官 日時逢財 日主喜印 時日逢官 必勝祖强宗 日主喜官 時日逢
일주희관　일시봉재　일주희인　시일봉관　필승조강종　일주희관　시일봉

傷 日主喜印 時日逢財 必敗祖辱宗.
상　일주희인　시일봉재　필패조욕종

年財月印 日主喜印 時日逢官印者 知其幇父興家 年傷月印 日主喜印
년재월인　일주희인　시일봉관인자　지기방부흥가　년상월인　일주희인

時日 逢官者 知其父母創業 年印月財 日主喜印 時上遇官者 知其父母
시일　봉관자　지기부모창업　년인월재　일주희인　시상우관자　지기부모

破敗時 日逢印者 知其自創成家 年官月印 日主喜官 時日逢財 出身富
파패시　일봉인자　지기자창성가　년관월인　일주희관　시일봉재　출신부

貴守成之造.
귀수성지조

年傷月刦 年印月刦 日主喜財 時日逢財或傷者 出身寒窘 創業之命.
년상월겁　년인월겁　일주희재　시일봉재혹상자　출신한군　창업지명

年刦月財 日主喜財 遺緖豊盈 日主喜刦 淸高貧寒.
년겁월재　일주희재　유서풍영　일주희겁　청고빈한

年官月傷 日主喜官 時日逢官 必跨竈 時日遇刦 必破敗.
년관월상　일주희관　시일봉관　필과조　시일우겁　필파패

總之 財官印綬 在于年月 爲日主之喜 父母富貴亦富 爲日主之忌 不貧
총지　재관인수　재우년월　위일주지희　부모부귀역부　위일주지기　불빈

亦賤 宜詳察之.
역천　의상찰지

임씨(任氏)가 말하길, 부모(父母)라는 것은 일주(日主)를 생(生)하는 근본(根本)으로 세월(歲月)에 관계(關係)가 있는 것이며 그 흥체(興替)를 알 수 있다는 것은 정리(正理)이고 불역(不易)의 법(法)이다. 원주(原註)에서는 재인(財印)을 부모(父母)로 구분하고 또한 부모(父母)를 극(剋)한다고 논(論)한 것은 이치와 도리(道理)를 파악하지 못하고 속서(俗書)의 오류(誤謬)에 미혹(迷惑)된 것이다.

부모(父母)에게 어찌 극(剋)이라는 글자를 가(加)할 수 있겠는가? 마땅히 상친(喪親), 형처(刑妻), 극자(剋子)로 다시 정(定)하는 것이 지당하다. 가령 년월(年月)의 관인(官印)이 상생(相生)하는데 일시(日時)의 재(財)나 상관(傷官)이 극(剋)하지 않으면 위로는 조상(祖上)의 덕(德)을 입고, 아래로는 자손(子孫)의 영화(榮華)를 누린다.

년월(年月)의 관인(官印)이 상생(相生)한다고 할지라도 일시(日時)에서 형(刑)하거나 상(傷)하게 하거나 충(冲)을 하게 되면 조업(祖業)을 탕진(蕩盡)하고 가풍(家風)을 파괴(破壞)시키게 된다.

년(年)이 관(官)이고 월(月)이 인수(印綬)이거나, 월(月)이 관(官)이고 년(年)이 인수(印綬)이면, 조상(祖上)이 청고(淸高)하다.

일주(日主)가 관(官)을 기뻐하는데 일시(日時)에서 재(財)를 만나거나, 일주(日主)가 인수(印綬)를 기뻐하는데 일시(日時)에서 관(官)을 만나게 되면, 반드시 조상(祖上)보다 뛰어나게 된다.

일주(日主)가 관(官)을 기뻐하는데 일시(日時)에서 상관(傷官)을 만나거나, 일주(日主)가 인수(印綬)를 기뻐하는데 일시(日時)에서 재(財)를 만나면, 반드시 조상(祖上)의 명예(名譽)를 손상(損傷)시키고 욕(辱)되게 한다.

년(年)이 재(財)이고 월(月)이 인수(印綬)이며, 일주(日主)가 인수(印綬)를 기뻐하는데 일시(日時)에서 관인(官印)을 만나면, 부모(父母)을 도와 가문(家門)을 일으킨다는 것을 알 수 있다.

년(年)이 상관(傷官)이고 월(月)이 인수(印綬)이며, 일주(日主)가 인수(印綬)를 기뻐하고 일시(日時)에서 관(官)을 만나면, 부모(父母)가 자수성가(自手成家)하였다는 것을 알 수 있다.

년(年)이 인수(印綬)이고 월(月)이 재(財)이며, 일주(日主)가 인수(印綬)를 기뻐하고 시상(時上)에 관(官)이 있으면, 부모(父母)가 파패(破敗)하였다는 것을 알 수 있고, 일시(日時)에 인수(印綬)가 있게 되면, 자수성가한 것을 알 수 있다.

년(年)이 관(官)이고 월(月)이 인수(印綬)이며 일주(日主)가 관(官)을 기뻐하는데 일시(日時)에서 재(財)를 만나면, 출신(出身)이 부귀(富貴)하며 그것을 지킬 수 있는 사람이다.

년(年)이 상관(傷官)이고 월(月)이 비겁(比劫)이거나, 년(年)이 인수(印綬)이고 월(月)이 비겁(比劫)이며, 일주(日主)가 재(財)를 기뻐하는데 일시(日時)에서 재(財)나 상관(傷官)을 만나면, 출신(出身)이 한미(寒微)하고 궁색하며 자수성가(自手成家)할 명조(命造)이다.

년(年)이 비겁(比劫)이고 월(月)이 재(財)인데 일주(日主)가 재(財)를 기뻐하면, 유업(遺業)이 풍영(豊盈)하며, 년(年)이 비겁(比劫)이고 월(月)이 재(財)인데 일주(日主)가 비겁(比劫)을 기뻐하면, 청고(淸高)하고 빈한(貧寒)하다. 년(年)이 관(官)이고 월(月)이 상관(傷官)이며, 일주(日主)가 관(官)을 기뻐하는데, 일시(日時)에서 비겁(比劫)을 만나면, 반드시 파패(破敗)한다.

총론(總論)하면 재관인(財官印)이 년월(年月)에 있는데, 일주(日主)가 희신(喜神)이면 부모(父母)가 귀(貴)하지 않으면 부(富)하고, 일주(日主)가 기신(忌神)이면, 가난하지 않으면 천(賤)하다. 마땅히 상세히 살펴야 한다.

任註

```
己 丙 乙 癸
丑 子 丑 卯
```

戊己庚辛壬癸甲
午未申酉戌亥子

此造 官印透而得祿 財星藏而歸庫 格局未嘗不美 所嫌者 丑時傷官
차조   관인투이득록   재성장이귀고   격국미상불미   소혐자   축시상관

肆逞 官星退氣 日主衰弱 全賴乙木生火而衛官 年月官印相生 亦出
사령   관성퇴기 일주쇠약 전뢰을목생화이위관   년월관인상생   역출

身官可 至亥運入泮 壬戌水不通根 破耗異常 加捐出任 不守淸規 至酉
신관가 지해운입반   임술수불통근   파모이상   가연출임   불수청규   지유

運財星壞印 竟國刑.
운재성괴인   경국형

이 명조(命造)는 관인(官印)이 투출(透出)하여 득록(得祿)하였고, 재성(財星)이 암장(暗藏)되어 격국(格局)이 아름답다. 꺼리는 것은 시지(時支)가 丑이 되어 상관(傷官)이 방자(放恣)하게 날뛰고 관성(官星)이 퇴기(退氣)하고 일주(日主)가 쇠약(衰弱)하니 오로지 乙木이 생화(生火)하고 관(官)을 보호(保護)하는 데 의지하고 있다.

년월(年月)이 관인(官印)으로 상생(相生)하니 관가(官家) 출신으로 亥운에 입반(入泮)하였으나 壬戌 운에는 水가 통근(通根)하지 못하니 파모이상(破耗異常)하였으며 재물(財物)을 바치어 출사(出仕)하였으나 청규(淸規)를 지키지 못하였다. 酉운에 이르러 재성(財星)이 인수(印綬)를 극(剋)하니 결국 국형(國刑)을 받았다.

丙火 일주가 丑월에 태어나서 한랭(寒冷)하여 조후(調候)로 火가 필요하다. 지지(地支)는 子丑 합수(合水)로 관살(官殺)이 태왕(太旺)한데 천간(天干)에 癸水가 투출(透出)하니 식신제살격(食神制殺格)이 되었다. 희신(喜神)은 인비식(印比食)인 木火土이고 기신(忌神)은 재관(財官)인 金水이다.

년월(年月)에 희신(喜神)인 인수(印綬)가 있으니 부모(父母)가 풍영(豊盈)하였고 亥운에는 亥子丑 방합수국(方合水局)으로 관살(官殺)이 동(動)하였으며 亥卯 합목(合木)으로 인수(印綬)가 되었으니 반궁(泮宮)에 들어가 생원(生員)이 되었다. 壬戌운은 丙壬 충(沖), 丑戌 형(刑)으로 천충지충(天沖地沖)이 되었으니 파모형상(破耗刑傷)을 면(免)할 수가 없었다.

재물(財物)을 바치고 출사(出仕)하였다고 할지라도 丙壬 충(沖)으로 壬水 관살(官殺)이 피상(被傷)되었으니 명예(名譽)에 손상(損傷)이 있음이 틀림없다. 丑戌 형(刑)의 작용(作用)에서는 축중계수(丑中癸水)와 술중정화(戌中丁火)가 丁癸 충(沖)으로 癸水 관성(官星)이 손상(損傷)되었기 때문이다. 辛酉운은 乙辛 충(沖), 卯酉 충(沖)으로 역신(逆臣)이 천충지충(天沖地沖)되어 희신(喜神)인 乙卯木이 손상(損傷)되어 국형(國刑)을 당하게 된 것이다.

주의(注意)해야 할 것은 酉丑 합금(合金)으로 재성(財星)이 더욱 왕(旺)하게 되어 인수(印綬)인 寅木이 충발(沖拔)하게 된 것이니 세력(勢力)의 형량(衡量)을 세밀(細密)하게 관찰(觀察)하여야 한다. 이것이 명리학(命理學)의 관건이다.

丙 戊 丁 乙
辰 午 亥 卯

庚辛壬癸甲乙丙
辰巳午未申酉戌

戊土生于孟冬 財星臨旺 官印雙淸坐祿 日元臨旺逢生 四柱純粹可觀
무토생우맹동　재성임왕　관인쌍청좌록　일원왕임봉생　사주순수가관

五行生化有情 喜用皆有精神 所以行運不能破局 身出官家 連登科甲
오행생화유정　희용개유정신　소이행운불능파국　신출관가　연등과갑

生五子 皆登仕籍 富貴福壽之造也.
생오자　개등사적　부귀복수지조야

戊土가 亥月에 생(生)하여 재성(財星)이 왕궁(王宮)에 임(臨)하였고 관인(官印)이 모두 청(淸)하고 좌록(坐祿)하고 있으며 일주(日主)가 왕지(旺地)에 임(臨)하여 생조(生助)하니 사주(四柱)가 순수(純粹)하다고 볼 수 있다. 오행(五行)이 생화(生化)하여 유정(有情)하니 희용(喜用)이 모두 정(精)과 신(神)이 있으며 행운(行運)이 파국(破局)하지 않아서 관가(官家) 출신으로 연등과갑(連登科甲)하였고 자식(子息)을 두었으나 모두 사적(士籍)에 이름을 올리게 되어 부귀복수(富貴福壽)한 명조(命造)이다.

戊土가 亥月에 실령(失令)하였으나 지지(地支)에 건록(建祿)과 양인(陽刃)으로 뿌리가 왕(旺)한데 천간(天干)에 인수(印綬)가 투출(透出)되어 있으니 신왕(身旺)이다. 희신(喜神)은 식재관(食財官)인 金水木이고 기신(忌神)은 인비(印比)인 火土이다. 원국(原局)에서 재성(財星)인 亥水가 亥卯 합목(合木)이 되어 있는데 乙木이 투출(透出)되어 관인(官印)이 상생(相生)하니 부모(父母)와 자식(子息)의 복(福)이 있고 관국(官局)을 이루고 있으니 부귀(富貴)가 쌍전(雙全)하였다. 건록격(建祿格)과 양인격(陽刃格)이다.

任註

```
癸 丙 辛 乙
巳 辰 巳 亥
```

甲乙丙丁戊己庚
戌亥子丑寅卯辰

此造支逢兩祿乘權 年干印透通根 凡推命者 作旺論 用以財星 斷其名
차조지봉양록승권　년간인투통근　범추명자　작왕론　용이재성　단기명

利收雙 然丙火生于孟夏 火氣方進 年干印綬 被月干財星所壞 巳亥
리수쌍　연병화생우맹하　화기방진　년간인수　피월간재성소괴　사해

逢冲 破祿去火 則金水反得生扶 木火失勢矣 又坐下辰土 竊去命主元
봉충　파록거화　즉금수반득생부　목화실세의　우좌하진토　절거명주원

神 時干癸水蓋頭 巳火亦傷 必作弱推 用以巳火 初運東方木土 出身遺
신　시간계수계두　사화역상　필작약추　용이사화　초운동방목토　출신유

業豊厚 丙子火不通根 官星得地 定多破耗 丑運生金洩火 刑剋異常 家
업풍후　병자화불통근　관성득지　정다파모　축운생금설화　형극이상　가

業十去八九 夫婦皆亡.
업십거팔구　부부개망

　이 명조(命造)는 일주가 지지(地支)에 양록(兩祿)을 만나 승권(乘權)하였고 년간(年干)에 인수(印綬)가 투출(透出)하여 통근(通根)하였으니 범속한 추명자(推命者)는 왕(旺)하다고 논(論)하고 재성(財星)을 용신(用神)으로 하여 명리(名利)를 모두 누린다고 단정(斷定)하였을 것이다. 그러나 丙火가 巳월에 태어나 화기(火氣)가 나아갈 때이다.

　년간(年干)의 인수(印綬)가 월간(月干)의 재성(財星)에 괴인(壞印)당하였고 巳亥가 봉충(逢冲)으로 사록(巳祿)이 제거(除去)되었으니 金水가 도리어 생부(生扶)를 얻게 되고 木火가 세력(勢力)을 잃었다. 또한 좌하(坐下)의 辰土가 일주원신(日主元神)을 설(洩)하고 시간(時干)의 癸水가 개두(蓋頭)하여 巳火를 상해(傷害)하니 반드시 약(弱)하다고 추리(推理)하여 巳火를 용신(用神)으로 하여야 할 것이다.

초년(初年)운은 동방(東方)의 木土에서는 유업(遺業)이 넉넉하였으나, 丙子운에는 火가 뿌리를 내리지 못하고 관성(官星)이 득지(得地)하였으니 파모(破耗)가 많았다. 丑운에는 火를 설(洩)하여 金을 생(生)하니 형극(刑剋)이 많았으며 십중팔구(十中八九)가 가업(家業)이 기울고 부부(夫婦)가 모두 세상을 떠났다.

丙火 일주가 巳月에 태어나서 득령(得令)하였고 시지(時支)의 巳火에 녹근(祿根)하였으며 乙木이 투출(透出)하여 丙火를 생조(生助)하니 신왕(身旺)한 것 같으나 乙辛 충(冲)으로 木火가 충거(冲去)되었으니 오히려 신약(身弱)하다. 희신(喜神)은 인비(印比)인 木火이고 기신(忌神)은 식재관(食財官)인 土金水이다.

초년(初年)운은 동방목지(東方木地)로 행(行)하니 선조(先祖)의 유업(遺業)이 풍후(豊厚)하였으나 丙子운은 丙火가 희신(喜神)이지만 丙辛 합거(合去)되었으며 亥子 합수(合水), 子辰 합수(合水)로 관성(官星)이 득세(得勢)하니 형상파모(刑傷破耗)가 많았으며 丑운에는 설화생금(洩火生金)으로 재성(財星)이 역시 득세(得勢)하여 파재(破財)하였고 처궁(妻宮)까지도 형극(刑剋)을 당하였다.

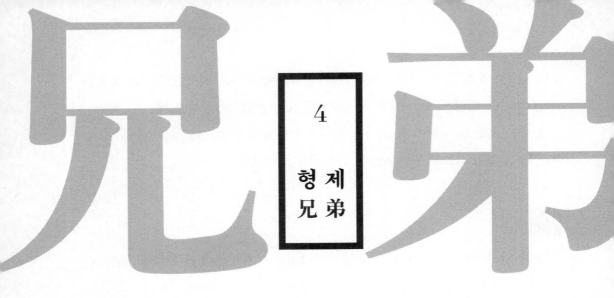

4
형 제
兄 弟

原文

兄弟誰廢與誰興 提用財神看輕重
형제수폐여수흥　　제용재신간경중

형제(兄弟) 중에서 누가 패망(敗亡)하고 누가 흥성(興盛)하는가를 알려면 제강(提綱)의 작용(作用)과 재신(財神)의 경중(輕重)을 보면 된다.

原註

敗財比肩羊刃 皆兄弟也 要在提綱之神 與財神喜神較其重輕.
패재비견양인　개형제야　요재제강지신　여재신희신교기중경

財官弱 三者顯其攘奪之迹 兄弟必强 財官旺 三者出其助主之功 兄弟
재관약　삼자현기양탈지적　형제필강　재관왕　삼자출기조주지공　형제

必美 身與財官兩平 而三者伏而不出 兄弟必貴 比肩重而傷官財殺 亦
필미　신여재관양평　이삼자복이불출　형제필귀　비견중이상관재살　역

旺者兄弟必富 身弱而三者不顯 有印 而兄弟必多 身旺而三者又顯無
왕자형제필부　신약이삼자불현　유인　이형제필다　신왕이삼자우현무

官 而兄弟必衰.
관　이형제필쇠

패재(敗財)와 비견(比肩)과 양인(陽刃)은 모두 형제(兄弟)가 된다. 중요한 것은 제강지신(提綱之神)에 있는데 재신(財神)이나 희신(喜神)과의 경중(輕重)을 비교하여야 한다.

재관(財官)이 약(弱)한데 삼자(三者)가 나타나 탈취(奪取)하는 흔적이 있으면, 형제(兄弟)는 반드시 강(强)하고, 재관(財官)이 왕(旺)한데 삼자(三者)가 나타나 일주(日主)를 돕는 공(功)이 있으면, 형제(兄弟)는 반드시 아름답다.

일주(日主)가 재관(財官)의 세력(勢力)이 균등(均等)하고 삼자(三者)가 숨어서 나타나지 않으면, 형제(兄弟)는 반드시 귀(貴)하고 비견(比肩)이 중(重)하고, 상관(傷官)이나 재살(財殺)이 역시 왕(旺)하면 형제(兄弟)는 반드시 부유(富裕)하다.

신약(身弱)하고 삼자(三者)가 나타나지 않고 인수(印綬)가 있으면 형제(兄弟)가 반드시 많고, 신왕(身旺)하고 삼자(三者)가 나타나고 관(官)이 없으면 형제(兄弟)가 반드시 쇠(衰)하다.

任註

任氏曰 比肩爲兄 敗財爲弟 祿刃亦同比論.
임씨왈　비견위형　패재위제　녹인역동비론

如殺旺無食 殺重無印 得敗財合殺 必得弟力 殺旺食輕 印弱逢財 得
여살왕무식　살중무인　득패재합살　필득제력　살왕식경　인약봉재　득

比肩敵殺 必得兄力.
비견적살　필득형력

官輕傷重 比劫生傷 制殺太過 比劫助食 必遭兄弟之累 財輕刧重 印綬
관경상중　비겁생상　제살태과　비겁조식　필조형제지누　재경겁중　인수

制傷不免 司馬之憂 財官失勢 刧刃肆逞 恐有周公之慮.
제상불면　사마지우　재관실세　겁인사령　공유주공지려

財生殺黨 比刧幫身 大被可以同眠 殺重無印 主衰傷伏 鴒原能無興歎
재생살당　비겁방신　대피가이동면　살중무인　주쇠상복　검원능무흥탄

殺旺印伏 比肩無氣 弟雖敬而兄必衰 官旺印輕 財星得氣 兄雖愛而弟
살왕인복　비견무기　제수경이형필쇠　관왕인경　재성득기　형수애이제

無成 日主雖衰 印旺月提 兄弟成群 身旺逢梟 刧重無官 獨自主持.
무성　일주수쇠　인왕월제　형제성군　신왕봉효　겁중무관　독자주지

財輕刧重 食傷化刧 可無豆粟尺布之謠 財輕遇刧 官星明顯 不作煮豆
재경겁중　식상화겁　가무두속척포지요　재경우겁　관성명현　부작자두

燃箕之詠.
연기지영

梟比重隆 財輕殺伏 未免折翎之悲啼 主衰有印 財星逢刦反許棠棣 之
효비중융　재경살복　미면절령지비제　주쇠유인　재성봉겁반허당체　지

競秀 不論提綱之喜忌 全憑日主之愛憎 審察宜精 斷無不驗.
경수　불론제강지희기　전빙일주지애증　심찰의정　단무불험

임씨(任氏)가 말하길, 비견(比肩)을 형(兄)으로 하고 패재(敗財)를 동생(同生)으로 하며 녹인(祿刃)도 역시 이와 같이 논(論)한다.

가령 살왕(殺旺)한데 식신(食神)이 없거나 살중(殺重)하고 인수(印綬)가 없을 때 패재(敗財)가 합살(合殺)하면 반드시 동생(同生)의 힘을 얻게 되고 살왕(殺旺)한데 식신(食神)이 경(輕)하거나, 인수(印綬)는 약(弱)한데 재성(財星)이 있을 때 비견(比肩)이 살(殺)을 대적(對敵)하면 반드시 형(兄)의 도움을 받는다.

관(官)이 경(輕)한데 상관(傷官)이 중(重)하고 비겁(比劫)이 상관(傷官)을 생(生)하거나, 제살(制殺)이 태과(太過)한데 비겁(比劫)이 식신(食神)을 도우면 반드시 형제가 누(累)를 끼친다. 재(財)는 경(輕)하고 비겁(比劫)이 중(重)하며 인수(印綬)가 상관(傷官)을 극제(剋制)하면 사마지우(司馬之憂)[1]를 면(免)할 수 없다.

재관(財官)이 실세(失勢)하고 겁인(劫刃)이 날뛰면 반드시 주공지려(周公之慮)[2]가 있을까 두려워한다. 재(財)가 살(殺)을 생(生)하여 무리를 이루었는데 비겁(比劫)이 방신(幇身)하면 형제(兄弟)가 우애가 좋아 함께 동면(同眠)할 수 있으며 살(殺)이 중(重)

---

1 사마지우(司馬之憂): '사마씨(司馬氏)의 근심'이라는 뜻으로, 다른 사람으로부터 전혀 도움을 받지 못하는 처지를 가리킨다. 고립무원(孤立無援)의 상태를 비유한 말이다. 사마(司馬)는 전한(前漢)시대의 무제(武帝) 때 사람인데 흉노에게 항복한 이능(李陵)을 변론하다가 무제(武帝)의 노여움으로 부형(腐刑: 고환을 묶어 썩히는 형벌(刑罰)을 받게 되었다. 국가에 벌금을 내면 죄(罪)를 면(免)할 수 있었으나 가난하여 결국 형(刑)을 받게 되었다. 여기서는 가난함을 비유한 말이다.

2 주공지려(周公之慮): 문왕(文王)의 아들인 주공(周公)이 형제들의 반란을 염려하는 마음을 가리키는 말이다. 무왕(武王)이 죽자 일곱 살 되니 숙부(叔父)인 성왕(成王)을 등에 업고 다니며 섭정하였다. 주공(周公)의 배다른 동생인 관숙(管叔)과 채숙(蔡淑)이 임금 자리를 노리고 있다고 모함하여 사약(賜藥)을 받게 되었다.

하고 인수(印綬)가 없는데 일주(日主)가 쇠약(衰弱)하고 상관(傷官)이 복장(伏藏)되어 있으면 형제(兄弟) 간에 우애가 있어서 탄식이 생기지 않는다.

살(殺)이 왕(旺)하고 인수(印綬)가 복장(伏藏)되어 비견(比肩)이 무기(無氣)하면 동생(同生)이 비록 공경(恭敬)한다고 해도 형(刑)은 반드시 쇠(衰)하고, 관(官)이 왕(旺)하고 인수(印綬)가 경(輕)한데 재성(財星)이 득기(得氣)하면 형(刑)이 비록 사랑한다고 하여도 동생(同生)은 성공(成功)하지 못한다.

일주(日主)가 비록 쇠(衰)한다고 할지라도 인수(印綬)가 월령(月令)에서 왕(旺)하면 형제(兄弟)가 많으며 신왕(身旺)하고 편인(偏印)을 만나고 비겁(比劫)이 중(重)하고 관(官)이 없으면 홀로 지탱해 나간다.

재(財)가 경(輕)하고 비겁(比劫)이 중(重)한데 식상(食傷)이 비겁(比劫)을 인화(引化)하면 가히 두속척포지요(斗粟尺布之謠)[3]가 없을 것이다. 재(財)가 경(輕)한데 비겁(比劫)을 만나고 관성(官星)이 명백하게 나타나면 자두연기지영(煮豆燃箕之詠)[4]이 일어나지 않는다.

편인(偏印)과 비겁(比劫)을 거듭 만나고 재(財)가 경(輕)하고 살(殺)이 복장(伏藏)되어 있으면 절령지비제(折翎之悲啼)[5]를 면(免)할 수 없다. 일주(日主)가 쇠(衰)하고 인수(印綬)가 있는데 재성(財星)이 비겁(比劫)을 만나면 당체지경수(棠棣之競秀)[6]가 되어 형제간에 다툼이 일어난다.

제강(提綱)의 희기(喜忌)를 논(論)하지 않고 오르지 일주(日主)의 애증(愛憎)으로만

---

3 두속척포지요(斗粟尺布之謠): 한(寒)나라 문제(文帝) 때 회남왕(淮南王)인 유장(劉長)은 성품이 방자하여 법도를 지키지 않고 형인 문제(文帝)를 모반하다가 실패하였다. 그러자 형이 동생을 촉(蜀)나라 업도(業道)로 귀양을 보내어 굶어 죽게 하였다.

4 자두연기지영(煮豆燃箕之詠): 콩을 삶을 때 콩대나 콩깍지를 태워서 땔감으로 사용하는 소리. 위(韋)나라의 문제(文帝)가 그의 동생 조식(曹植)이 재능이 있음을 염려하여 그를 해(害)하고자 칠보성시(七寶成詩)를 명(命)하여 지은 시(詩)에서 나온 말이다. "콩을 삶을 때 콩깍지를 때니 콩은 속에서 운다. 본래 한 뿌리에서 자라났거늘 어찌 이다지도 속 태우기 급급(汲汲)한가"라는 의미이다.

5 절령지비제(折翎之悲啼): 날개를 부러뜨린다는 뜻으로, 형제(兄弟)를 잃은 애달픈 통곡.

6 당체지경수(棠棣之競秀): 산 앵두나무가 더 우수해지려고 경쟁하는 것으로 형제(兄弟)들 간에 서로 다투는 것을 비유한 말이다.

의지(依支)하려고 하니 마땅히 정밀하게 심찰(審察)하면 분명(分明)하게 판단(判斷)이 적중할 것이다.

任註

丁 丙 壬 丁
酉 子 寅 亥

乙丙丁戊己庚辛
未申酉戌亥子丑

丙火生于春初 謂相火有焰 不作旺論 月干壬水通根 亥子殺旺無制 喜
병화생우춘초　　위상화유염　　부작왕론　　월간임수통근　　해자살왕무제　희

忌丁壬寅亥合而化印 以難爲恩 時支財星 生官壞印 又得丁火蓋頭 使
기정임인해합이화인　　이난위은　시지재성　생관괴인　　우득정화개두　사

其不能剋木 所以同胞七人 皆就書香 而且兄愛弟敬.
기불능극목　　소이동포칠인　　개취서향　　이차형애제경

　丙火가 초춘(初春)에 생(生)하여 상화(相火)에 불꽃이 있다고 할 수 있으나 왕(旺)하다고 논(論)하지는 않는다. 월간(月干)의 壬水가 亥子에 통근(通根)하여 왕(旺)하나 극제(剋制)가 없는데 기쁘게도 丁壬과 寅亥가 합(合)하여 印綬로 화(化)하였으니 원수(怨讐)가 은혜(恩惠)로 바뀌었다.

　시지(時支)에 재성(財星)이 생관(生官)하고 인수(印綬)를 파괴(破壞)하려고 하는데 丁火가 개두(蓋頭)하여 극목(剋木)할 수가 없다. 일곱 형제(兄弟)가 모두 학문(學問)으로 나아갔으며 형제간(兄弟間)에 우애(友愛)가 좋았다.

丙火 일주가 寅月에 태어나서 득령(得令)하였고 丁壬 합목(合木)으로 인수(印綬)가 왕(旺)하고 시간(時干)에 丁火가 투출하였으니 신왕(身旺)하다. 희신(喜神)은 식재관(食財官)인 土金水이고 기신(忌神)은 인비(印比)인 木火이다.

원국(原局)에서 비겁(比劫)이 형제(兄弟)로 기신(忌神)이 될 것 같으나, 운행(運行)이 북서지지(北西之地)로 행(行)하니 아름답다. 또한 금생수(金生水), 수생목(水生木), 목생화(木生火)로 생생부절(生生不絶)하고 청(淸)한 명조(命造)이다.

$$\begin{array}{cccc} 庚 & 丙 & 戊 & 癸 \\ 寅 & 午 & 午 & 巳 \end{array}$$

辛壬癸甲乙丙丁
亥子丑寅卯辰巳

此造	羊刃當權	又逢生旺	更可嫌者	戊癸合而化火	財爲衆刦所奪	兄弟
차조	양인당권	우봉생왕	경가혐자	무계합이화화	재위중겁소탈	형제

六人	皆不成器	遭累不堪	余造年月日皆同	換一壬辰時	弱殺不能	相制
육인	개불성기	조누불감	여조년월일개동	환일임진시	약살불능	상제

亦有六弟	得力者早亡	其餘皆不肖	以致拖累破家	總之	刦刃太旺	財官
역유육제	득력자조망	기여개불초	이치타누파가	총지	겁인태왕	재관

無氣	兄弟反少	縱有	不如無也	然官殺太旺	亦傷殘	必須身財並旺	官
무기	형제반소	종유	부여무야	연관살태왕	역상잔	필수신재병왕	관

印通根 可敦友愛之情.
인통근　가돈우애지정

이 명조(命造)는 양인(羊刃)이 당권(當權)하고 있으며 또한 생왕(生旺)을 만나고 있다. 더욱 꺼리는 것은 戊癸가 합(合)하여 火로 화(化)하였으니 재(財)은 비겁(比劫)의 무리에 겁탈(劫奪)당하고 있다. 형제(兄弟)가 여섯 명인데 모두 성공(成功)하지 못하였고 누(累)를 끼치는데 감당할 수가 없었다.

나의 명조(命造)와 연월일(年月日)이 모두 같고 壬辰 시(時)만 다를 뿐인데, 약살(弱殺)로 왕화(旺火)를 극제(剋制)할 수가 없다. 역시 여섯 명의 형제(兄弟) 중에 실력(實力) 있는 자(者)는 일찍 죽고 그 나머지는 모두 불초(不肖)하여 재앙(災殃)을 이끌고 집안이 몰락(沒落)하였다.

총론(總論)하자면 겁인(劫刃)이 태왕(太旺)하고 재관(財官)이 무기(無氣)하면 오히려 형제(兄弟)가 적고, 비록 있다고 할지라도 없는 것만 못하다. 관살(官殺)이 태왕(太旺)하여도 역시 상관(傷官)하므로 반드시 일주(日主)와 재(財)가 병왕(並旺)하고 관인(官印)이 통근(通根)하여야 형제(兄弟)간에 우애(友愛)가 돈독(敦篤)할 수 있다.

評註

丙火 일주가 午월에 태어나서 양인(羊刃)으로 득령(得令)하였고, 전지지(全地支)가 화국(火局)이 되었으며 천간(天干)의 戊癸가 합화(合火)하였으니 화염(火焰)하지 않을 수 없으니 염상격(炎上格)이 되었다.

희신(喜神)은 인비식(印比食)인 木火土이고 기신(忌神)은 재관(財官)인 金水인데 원국(原局)에서 癸水는 戊癸 합화(合火)로 희신(喜神)이 되었으니 아름답다. 그러나 재성(財星)인 庚金은 戊土의 생조(生助)를 얻지 못하고 고립무원(孤立無援)이 되었으니 군겁쟁재(群劫爭財)가 일어나지 않을 수 없다. 그러므로 형제(兄弟)간에 우애(友愛)가 있을 수 없으며 밤낮으로 재물(財物) 쟁탈전(爭奪戰)을 할 수밖에 없다.

운행(運行)이 초년(初年)에는 동방지지(東方之地)로 행(行)하여 희신(喜神)이 되었으나 중년(中年) 이후부터는 북방수지(北方水地)로 행(行)하여 기신(忌神)이 되었다. 주의(注意)해야 할 것은 임씨(任氏)는 '양인(羊刃)'과 '양인(陽刃)'을 혼용(混用)하였던 것으로 추정(推定)된다.

原文

何知其人富 財氣通門戶
하지기인부　재기통문호

어떻게 그 사람이 부명(富命)인지 알 수 있는가? 재기(財氣)가 문호(門戶)를 통(通)하면 부명(富命)이다.

原註

財旺身强 官星衛財 忌印而財能壞印 喜印而財能生官 傷官重而 財神
재왕신강　관성위재　기인이재능괴인　희인이재능생관　상관중이　재신

流通 財神重而傷官有限 無財而暗成財局 財露而傷亦露者 此皆 財氣
류통　재신중이상관유한　무재이암성재국　재로이상역로자　차개　재기

通門戶 所以富也.
통문호　소이부야

夫論財與論妻之法 可相通也 然有妻賢而財薄者 亦有財富而妻傷者
부론재여론처지법　가상통야　연유처현이재박자　역유재부이처상자

看刑冲會合 但財神淸而身旺者妻美 財神濁而身旺者家富.
간형충회합　단재신청이신왕자처미　재신탁이신왕자가부

재왕신강(財旺身强)하고 관성(官星)이 재(財)를 보호하거나, 인수(印綬)가 기신(忌神)일 때 재(財)가 능히 괴인(壞印)하거나, 인수(印綬)가 희신(喜神)일 때 재(財)가 능히 생관(生官)하거나, 상관(傷官)이 중중(重重)할 때 재(財)가 유통(流通)하거나, 재성(財星)이 중중(重重)할 때 상관(傷官)이 많지 않거나, 재(財)가 없는데 암처(暗處)에서 재국(財局)을 이루거나, 재(財)가 천간(天干)에 투출(透出)하였는데 상관(傷官)도 역시 천간(天干)에 투출(透出)하면, 이는 재기(財氣)가 문호(門戶)에 통(通)하는 것이므로 부유(富裕)한 것이다.

재(財)를 처(妻)로 논(論)하는 법(法)은 상통(相通)할 수 있다. 그러므로 처(妻)는 현숙(賢淑)하나 가난한 자(者)가 있다. 재(財)는 풍족(豊足)하나 처(妻)를 상(傷)하는 자는 형충회합(刑沖會合)을 살펴보아야 한다. 다만 재성(財星)이 청(淸)하고 신왕(身旺)하면 처(妻)가 아름답고, 재성(財星)이 탁(濁)하고 신왕(身旺)하면 가정(家庭)은 부유(富裕)하다.

任註

任氏曰 財旺身弱無官者 必要食傷 身旺財旺無食傷者 必須有官有殺.
임씨왈　　재왕신약무관자　　필요식상　　신왕재왕무식상자　　필수유관유살

身旺印旺食傷輕者 財星得局 身旺官衰印綬重者 財星當令 身旺劫旺
신왕인왕식상경자　　재성득국　　신왕관쇠인수중자　　재성당령　　신왕겁왕

無財 印而有食傷者 身弱財重 無官印而有比劫者 皆財氣通門戶也.
무재　　인이유식상자　　신약재중　　무관인이유비겁자　　개재기통문호야

財卽是妻 可以通論也 若淸則妻美 濁則家富 其理雖正 尙未深論之也.
재즉시처　　가이통론야　　약청즉처미　　탁즉가부　　기리수정　　상미심론지야

如身旺有印 官星洩氣 四柱不見食傷 得財星生官 無食傷 則財星亦淺
여신왕유인　　관성설기　　사주불견식상　　득재성생관　　무식상　　즉재성역천

主妻美 而財薄也.
주처미　　이재박야

身旺無印 官弱逢傷 得財星化傷生官 則亦通根 官亦得助 不特妻美
신왕무인　　관약봉상　　득재성화상생관　　즉역통근　　관역득조　　불특처미

而且富厚.
이차부후

身旺官弱 食傷重見 財星不與官通 家雖富而妻必陋也.
신왕관약　　식상중견　　재성불여관통　　가수부이처필루야

身旺無官 食傷有氣 財星不與刦連 無印而妻財並美 有印則財旺妻傷.
신왕무관　식상유기　재성불여겁연　무인이처재병미　유인즉재왕처상

此四者 宜細究之.
차사자　의세구지

임씨(任氏)가 말하길, 신왕(身旺)하고 재약(財弱)한데 관(官)이 없으면 반드시 식상 (食傷)이 있어야 하고, 신왕(身旺)하고 재왕(財旺)한데 식상(食傷)이 없으면 반드시 관 살(官殺)이 있어야 한다.

신왕(身旺)하고 인왕(印旺)한데 식상(食傷)이 경(輕)하면 재성(財星)이 국(局)을 이루 어야 하고, 신왕(身旺)하고 관약(官弱)한데 인수(印綬)가 중(重)하면 재성(財星)이 당령 (當令)하여야 한다.

신왕(身旺)하고 비겁(比刦)이 왕(旺)한데 재인(財印)이 없고 식상(食傷)이 있거나, 신 약(身弱)하고 재(財)가 중(重)한데 관인(官印)이 없고 비겁(比刦)이 있으면 모두 '재기 통문호(財氣通門戶)'라 하며 부자(富者)가 될 수 있다.

재(財)와 처(妻)는 통용(通用)되는 말이다. 만약 재성(財星)이 청(淸)하고 신왕(身旺) 하면 처(妻)가 아름답고 재성(財星)이 탁(濁)하고 신왕(身旺)하면 가정은 부유(富裕)하 다. 그 이치는 비록 바르다고 할지라도 아직 깊은 논리(論理)라고 할 수는 없다.

가령 신왕(身旺)하고 인수(印綬)가 있어서 관성(官星)이 설기(洩氣)되고 있을 때 사 주(四柱)에서 식상(食傷)이 없으면 재성(財星)이 생관(生官)하여야 하는데 식상(食傷)이 없으면 재성(財星)도 역시 약(弱)하니 처(妻)는 아름답지만 재물(財物)은 박(薄)하다.

신왕(身旺)하고 인수(印綬)가 없고 관성(官星)이 약(弱)하고 상관(傷官)을 만났을 때 재성(財星)이 상관(傷官)을 인화(引化)하여 생관(生官)하면 역시 통근(通根)이 되는 것이 므로 관성(官星)도 역시 득조(得助)하였으니 처(妻)가 아름다울 뿐만 아니라 부유(富 裕)하게 된다.

신왕(身旺)하고 관약(官弱)하며 식상(食傷)이 중(重)하면 재성(財星)이 관성(官星)과 통(通)하지 못하니 가정은 비록 부유(富裕)하다고 할지라도 처(妻)는 견문(見文)이 좁 고 생각이 얕다.

신왕(身旺)하고 관성(官星)이 없으나 식상(食傷)이 유기(有氣)하면, 재성(財星)이 비겁(比劫)과 연(連)하지 못하니 인수(印綬)가 없으면 처재(妻財)가 모두 아름다우나 인수(印綬)가 있으면 재물(財物)은 왕성(旺盛)하더라도 처(妻)는 상(傷)하게 된다. 재성(財星)의 청탁(淸濁)을 자세(仔細)히 연구(硏究)하여야 한다.

任註

```
辛 壬 丙 甲
亥 寅 子 申
```

癸壬辛庚己戊丁
未午巳辰卯寅丑

壬水生于仲冬 羊刃當權 年月木火無根 日支食神冲破 似平平常 然喜
임수생우중동　　양인당권　　년월목화무근　　일지식신충파　　사평평상　연희

日 寅時亥 乃木火生地 寅亥合 則木火之氣愈貫 子申會 則食神反得生
일　인시해　내목화생지　인해합　즉목화지기유관　자신회　즉식신반득생

扶 所謂財氣通門戶也 富有百餘萬 凡巨富之命 財星不多 只要生化有
부　소위재기통문호야　부유백여만　범거부지명　재성부다　지요생화유

情 卽是財氣通門戶 若財臨旺地 不宜見官 日主失令 必要比刦助之
정　즉시재기통문호　약재림왕지　불의견관　일주실령　필요비겁조지

斯爲美也.
사위미야

　　壬水가 중동(仲冬)에 태어나 양인(羊刃)이 당권(當權)하고 있으나 년월(年月)의 木火가 무근(無根)이고 일지(日支)의 식신(食神)이 충파(冲破)되었으니 평범한 명(命)처럼 보인다. 그러나 기쁘게도 일시(日時)의 寅亥가 木火의 생지(生地)이므로 寅亥가 합(合)하여 木火가 더욱 강(强)해졌으며 子申이 회국(會局)을 이루어 식신(食神)이 오히려 생부(生扶)를 얻으니 소위 '재기통문호(財氣通門戶)'이며 백여만(百餘萬)의 거부(巨富)가 되었다.

재성(財星)이 많지 않아도 생화유정(生化有情)하면 재기통문호(財氣通門戶)가 된다. 만약 재성(財星)이 왕지(旺地)에 임(臨)하면 관성(官星)이 나타나면 마땅하지 않고 일주(日主)가 실령(失令)하게 되면 비겁(比劫)의 도움이 필요하게 되니 아름다운 것이다.

壬水 일주가 子월에 태어나서 한랭(寒冷)하니 조후(調候)로 火가 필요하다. 강약(强弱)으로 분석(分析)하면 壬水가 양인(羊刃)으로 득령(得令)하였고 년월지지(年月地支)가 申子 합수국(合水局)을 이루어 득세(得勢)하였으며 천간(天干)에 辛金이 투출(透出)되었으니 신왕(身旺)하다.

그러므로 희신(喜神)은 식재관(食財官)인 木火土이고 기신(忌神)은 인비(印比)인 金水이다. 운행(運行)이 동남지지(東南之地)로 행(行)하니 더욱 아름답다. 원국(原局)에서 寅亥가 합목(合木)으로 식상(食傷)이 왕성하고 재성(財星)인 丙火는 절각(截脚)되었지만 년간(年干)의 甲木에 생조(生助)를 얻고 지지(地支)의 뿌리가 튼튼하니 거부(巨富)가 되지 않을 수 없다.

任註

```
戊 癸 丙 壬
午 亥 午 申
```

```
癸 壬 辛 庚 己 戊 丁
丑 子 亥 戌 酉 申 未
```

癸水生于仲夏 又逢午時 財官太旺 喜其日元得地 更妙年干刼坐長生
계수생우중하 　우봉오시　재관태왕　희기일원득지　　경묘년간겁좌장생

財星有氣 尤美五行無木 則水不洩 而火無助 壬水可用 且運走西北 金
재성유기　우선오행무목　즉수불설　이화무조　임수가용　차운주서북　금

水得地 遺緒不豊 自創四五十萬一妻四妾八子.
수득지　유서불풍　　자창사오십만일처사첩팔자

癸水가 午월에 태어나고 시지(時支) 또한 오시(午時)를 만났으니 재관(財官)이 태왕(太旺)하다. 기쁘게도 일주(日主)가 득지(得地)하였는데 더욱 묘한 것은 년간(年干)의 비겁(比劫)이 좌하(坐下)에 장생(長生)에 앉아 있고 재성(財星)이 유기(有氣)한 것이다. 더욱 아름다운 것은 오행(五行)에 木이 없어 水를 설(洩)하지 않고 火를 돕지 않으니 壬水를 용신(用神)으로 하는 것이다.

또한 운(運)이 서북(西北)으로 행(行)하니 金水가 득지(得地)하게 되어, 조상(祖上)의 유업(遺業)은 풍족(豊足)하지 않았으나, 자수성가(自手成家)하여 사오십만(四五十萬)의 재물(財物)을 일으켰으며 일처(一妻)와 사첩(四妾)의 팔자(八子)를 두었다.

評註

癸水가 午월에 태어나서 실령(失令)하였고 재관(財官)이 태왕(太旺)하였으니 신약(身弱)하다. 희신(喜神)은 인비(印比)인 金水이고 기신(忌神)은 식재관(食財官)인 木火土인데 기쁘게도 운행(運行)이 서북지지(西北之地)로 행(行)하니 아름답다.

원국(原局)에서 재다신약(財多身弱)이 되어 유산(遺産)은 풍족(豊足)하지 않았으나 운행(運行)이 희신(喜神)으로 행(行)하니 자수성가(自手成家)하여 대길(大吉)한 명조(命造)이다.

原文

何知其人貴 官星有理會
하지기인귀　관성유리회

그 사람의 귀(貴)를 어떻게 알 것인가? 그것은 관성(官星)의 이치(理致)를 이해(理解)함에 있다.

原註

官旺身旺 印綬衛官 忌刦而官能去刦 喜印而官能生印 財神旺而官星
관왕신왕　인수위관　기겁이관능거겁　　희인이관능생인　　재신왕이관성

通達 官星旺而財神有氣 無官而暗成官局 官星藏而財神亦藏者 此皆
통달　관성왕이재신유기　무관이암성관국　관성장이재신역장자　차개

官星有理會 所以貴也.
관성유리회　소이귀야

夫論官與論子之法 可相通也 然有子多而無官者 身顯而無子者 亦看
부론관여논자지법　가상통야　연유자다이무관자　신현이무자자　역간

刑冲會合 但官星淸而身旺者必貴 官星濁而身旺者必多子 至於得象得
형충회합　단관성청이신왕자필귀　관성탁이신왕자필다자　지어득상득

氣得局得格者 妻子富貴兩全.
기득국득격자　처자부귀양전

　　관왕(官旺)하고 신왕(身旺)하며 인수(印綬)가 관성(官星)을 보호(保護)하거나, 겁재(劫財)가 기신(忌神)인데 관성(官星)이 비겁(比劫)을 제거(除去)하거나, 인수(印綬)가 희신(喜神)인데 관성(官星)이 인수(印綬)를 생조(生助)하거나, 재신(財神)이 왕(旺)한데 관성(官星)이 통달(通達)하거나, 관성(官星)이 왕(旺)한데 재신(財神)이 유기(有氣)하거나, 천간(天干)에 나타난 관성(官星)이 없는데 지지(地支)에 관국(官局)을 이루거나, 관성(官星)이 암장(暗藏)되어 있는데 재신(財神)도 암장(暗藏)되어 있는 것은 모두가 관성유리회(官星有理會)이니 귀(貴)하게 된다.

　　관성(官星)을 논(論)하는 법과 자식(子息)을 논(論)하는 법은 서로 상통(相通)할 수 있다. 그러나 자식(子息)은 많은데 관운(官運)이 없거나 관운(官運)은 현귀(顯貴)한데 자식(子息)이 없는 것은 형충회합(刑冲會合)을 살펴보아야 한다. 다만 관성(官星)이 청(淸)하고 신왕(身旺)하면 반드시 귀(貴)하고, 관성(官星)이 탁(濁)하고 신왕(身旺)하면 반드시 자식(子息)이 많다. 그러므로 득상(得象), 득기(得氣), 득국(得局), 득격(得格)한 것은 처자(妻子)가 부귀(富貴)를 모두 이루게 된다.

任氏曰 身旺官弱 財能生官 官旺身弱 官能生印 印旺官衰 財能壞印
임씨왈　신왕관약　재능생관　관왕신약　관능생인　인왕관쇠　재능괴인

印衰官旺 財星不現 刦重財輕 官能去刦 財星壞印 官能生印 用官 官
인쇠관왕　재성불현　겁중재경　관능거겁　재성괴인　관능생인　용관　관

藏財亦藏 用印 印露官亦露者 皆官星有理會 所以貴顯也.
장재역장　용인　인로관역로자　개관성유리회　소이귀현야

如身旺官旺印亦旺 格局最淸 而四柱食傷 一點不混 財星又不出現官
여신왕관왕인역왕　격국최청　이사주식상　일점불혼　재성우불출현관

星之情 依乎印 印之情 依乎日主 只生得日箇本身 所以有官無子也
성지정　의호인　인지정　의호일주　지생득일개본신　소이유관무자야

縱使稍 雜食傷 亦被印星所剋 子亦艱難.
종사초　잡식상　역피인성소극　자역간난

如身旺官旺印弱 食傷暗藏 不傷官星 不受印星所剋 自然貴而有子.
여신왕관왕인약　식상암장　불상관성　불수인성소극　자연귀이유자

必身旺官衰 食傷有氣 有印而財能壞印 無財而暗成財局 不貴而子多
필신왕관쇠　식상유기　유인이재능괴인　무재이암성재국　불귀이자다

必富.
필부

如身旺官衰 食傷旺而無財 有子必貧.
여신왕관쇠　식상왕이무재　유자필빈

如身弱官旺 食傷旺而無印 貧而無子 或有印逢財 亦同比論.
여신약관왕　식상왕이무인　빈이무자　혹유인봉재　역동비론

임씨가 말하길, 신왕관약(身旺官弱)할 경우에 재성(財星)이 생관(生官)하거나, 관왕신약(官旺身弱)할 경우에 재성(財星)이 괴인(壞印)하거나, 인쇠관왕(印衰官旺)할 경우에 재성(財星)이 나타나지 않거나, 겁중재경(劫重財輕)일 경우에 관성(官星)이 비겁(比劫)을 제거(除去)하거나, 재성(財星)이 괴인(壞印)하는데 관성(官星)이 생인(生印)하거나, 용관(用官)하는데 관성이 암장(暗藏)되어 있으면 재성도 역시 암장(暗藏)되어 있어야 하며, 용인(用印)하는데 인수(印綬)가 천간(天干)에 투출(透出)되어 있으면 관성도 역시 투출되어야 하는 것은 모두 관성유리회(官星有理會)니 모두가 귀(貴)하다.

가령 신왕관왕(身旺官旺)하고 인수(印綬)가 역시 왕(旺)하면 격국(格局)이 가장 청(淸)하다. 그러나 사주(四柱)에 식상(食傷)이 하나도 섞이지 않았고 재성(財星) 또한 출현(出現)하지 않았다면 관성(官星)의 정(情)은 인수(印綬)를 따르고 인수(印綬)의 정(情)은 일주(日主)를 따르는 것이니, 단지 본인(本人)만을 생조(生助)하는 것으로 벼슬은 있으나 자식(子息)이 없다.

설령 식상(食傷)이 있다고 하더라도 인수(印綬)에 극(剋)을 당하면 역시 자식(子息)을 얻기 어렵다. 가령 신왕관왕(身旺官旺)하고 인수(印綬)가 약(弱)하면 식상(食傷)이 암장(暗藏)되어 관성(官星)을 상(傷)하지 않고 인수(印綬)로부터 극(剋)을 당하지 않으면 자연히 귀(貴)할 뿐만 아니라 자식(子息)은 있다.

가령 신왕관쇠(身旺官衰)하고 식상(食傷)이 유기(有氣)할 경우에 인수(印綬)가 있는데 재성(財星)이 능(能)히 괴인(壞印)하거나, 재성(財星)이 천간(天干)에 나타나지 않았으나 지지(地支)에 재국(財局)을 이루면 귀(貴)하지는 않더라도 자식(子息)이 많고 부(富)를 이룰 수 있다.

가령 신왕관쇠(身旺官衰)할 경우에 식상(食傷)은 왕(旺)하고 재성(財星)이 없으면 자식은 있다 하더라도 반드시 가난하다. 가령 신약관왕(身弱官旺)할 경우에 식상(食傷)은 왕(旺)하나 인수(印綬)가 없으면 가난하고 자식이 없다. 만약 인수(印綬)가 있다고 할지라도 재성(財星)을 만나면 역시 이와 같다.

```
辛 丁 癸 癸
亥 卯 亥 卯
```

```
丙 丁 戊 己 庚 辛 壬
辰 巳 午 未 申 酉 戌
```

此造 官殺乘權 原可畏也 然喜支拱印局 巧借栽培 流通水勢 官星有
차조 관살승권 원가외야 연희지공인국 교차재배 유통수세 관성유

理會也 第嫌初運庚申辛酉 生殺壞印 偃蹇功名 己未支全印局 干透 食
리회야 제혐초운경신신유   생살괴인   언건공명   기미지전인국   간투 식

神 運程直上 仕至尚書 然有其命 必得其運 如不得其運 一介寒儒矣.
신 운정직상 사지상서 연유기명 필득기운 여부득기운   일개한유의

이 명조(命造)는 관살(官殺)이 승권(乘權)하였으니 원래는 가히 두렵다고 볼 수 있다. 그러나 기쁜 것은 지지(地支)가 亥卯로 인수국(印綬局)을 이루어 교묘하게 배양하여 수세(水勢)를 유통시키니 관성유리회(官星有理會)이다.

다만 꺼리는 것은 庚申, 辛酉에 살(殺)을 생조(生助)하고 인수(印綬)를 괴인(壞印)하니 공명을 이룰 수가 없었다. 己未 운에는 지지(地支)가 亥卯未 인수국(印綬局)을 이루고 천간(天干)에 식신(食神)이 투출하였으니 운정직상(運程直上)하여 벼슬이 상서(尚書)에 이르렀다. 이와 같이 그 명(命)에는 반드시 그것에 맞는 운(運)을 만나야 한다. 이 명조가 그렇지 못했다면 일개의 가난한 선비가 되었을 것이다.

評註

丁火 일주가 亥월에 태어나서 한랭(寒冷)하니 조후(調候)로 火가 필요하다. 월시(月時)에 관살(官殺)이 있는데 천간(天干)에 관살(官殺)이 투출하였으니 식신제살(食神制殺)이 되었다. 희신(喜神)은 인비식(印比食)인 木火土이고 기신(忌神)은 재관(財官)인 金水이다. 초년인 서방금지(西方金地)에서 곤고(困苦)하였으나 己未 운부터는 희신(喜神)인 火土 운으로 행(行)하니 기쁘지 아니할 수가 없다.

주의(注意)해야 할 것은 지지(地支)가 亥卯 합목(合木)으로 인수국(印綬局)이 되었다면 신왕(身旺)이 되었을 것이다. 그러나 亥卯는 합이불화(合而不化)가 된 것이다. 만약 亥卯가 합목(合木)이 되려면 乙卯나 乙亥가 되어 천간(天干)에서 木의 세력(勢力)이 강(强)할 경우에만 합이이화(合而而化)하게 된다.

지지에 亥卯 합목(合木)이 되었다면 인수국(印綬局)을 이루어 신왕(身旺)이 되었다면 희신(喜神)은 식재관(食財官)인 土金水이고 기신(忌神)은 인비(印比)인 木火이다. 그렇다면 초년인 申酉戌 서방금지 운에서 대발(大發)하였을 것이다.

```
己 辛 丙 甲
丑 酉 寅 午
```

癸壬辛庚己戊丁
酉申未午巳辰卯

此造 財臨旺地 關遇長生 日主坐祿 印綬通根 天干四字 地支皆臨祿旺
차조 재임왕지 관우장생 일주좌록 인수통근 천간사자 지지개임록왕

五行無水 淸而純粹 春金雖弱 喜其時印通根得用 庚運幫身 癸酉年登
오행무수 청이순수 춘금수약 희기시인통근득용 경운방신 계유년등

科 年運殺旺 病晦刑傷 辛運己卯年發甲入詞林 後運金水幫身 仕路未
과 년운살왕 병회형상 신운기묘년발갑입사림 후운금수방신 사로미

可 限量也.
가 한양야

이 명조(命造)는 재성(財星)이 왕지(旺地)에 임(臨)하였고 관성(官星)이 장생(長生)하였으며 일주(日主)가 좌록(坐祿)하였고 인수(印綬)가 통근(通根)하였으니 천간(天干)의 네 글자가 모두 지지(地支)에 녹왕(祿旺)하고 오행(五行)에 水가 없으니 청순(淸純)하다. 춘금(春金)이 비록 약(弱)하다 할지라도 기쁘게도 시상(時上)의 인수(印綬)가 통근(通根)하여 용신(用神)을 얻었다.

庚金 운에 방신(幫身)하고 있는데 癸酉 년에 등과(登科)하였고 午火 운에는 살(殺)이 왕(旺)하여 병(病)으로 쇠약(衰弱)하고 형상(刑傷)도 있었다. 辛金 운 己卯 년에 발갑(發甲)하여 사림(詞林)에 들어갔으며 후운(後運)에는 계속하여 金水가 방신(幫身)하니 벼슬길이 한계를 헤아릴 수가 없었다.

評註

辛金 일주(日主)가 寅월에 태어나서 실령(失令)하였고 지지(地支)에 酉丑 금국(金局)

으로 득지(得地)하였으며 시간(時干)의 己土로 생조(生助)를 얻으니 신약(身弱)하지는 않으나 반면에 寅午 화국(火局)하고 丙火가 투출(透出)하여 년간(年干)의 甲木으로 생조(生助)를 얻으니 관살(官殺)도 왕성(旺盛)하다.

원국(原局)에서 전조(前造)와 같이 상하유정(上下有情)하여 천부지재(天覆地載)가 되었으니 아름답다. 전체적으로 木火의 세력(勢力)이 土金의 세력(勢力)과 비교하여 다소 강(强)하니 신약(身弱)으로 판단하여 인비(印比)가 희신(喜神)이고 식재관(食財官)이 기신(忌神)이다.

용신정법(用神定法)에서는 관살(官殺)이 태왕(太旺)하면 식상(食傷)으로 극제(剋制)하여야 하기 때문에 결국은 희신(喜神)인 인비식(印比食)이 되었고 기신(忌神)은 재관(財官)이 되었다. 오행(五行)으로는 土金水가 희신(喜神)이고 木火가 기신(忌神)이 된다. 그러므로 식신제살격(食神制殺格)이다.

任註

壬 丙 丁 癸
辰 午 巳 酉

庚辛壬癸甲乙丙
戌亥子丑寅卯辰

丙火生于孟夏 坐祿臨旺 喜其巳酉拱金 財生官 官制刧 更妙時透壬水
병화생우맹하　좌록임왕　희기사유공금　재생관　관제겁　경묘시투임수

助起官星 以成旣濟 三旬外 運走北方水地 登科發甲 名利雙輝勿以官
조기관성　이성기제　삼순외　운주북방수지　등과발갑　명리쌍휘물이관

殺 混雜嫌也 身旺者 必要官殺混雜而發也.
살　혼잡혐야　신왕자　필요관살혼잡이발야

丙火가 맹하(孟夏)에 생(生)하였고, 좌록(坐祿)하니 왕성(旺盛)하다. 기쁘게도 巳酉가 금국(金局)을 이루어서 재생관(財生官)하여 비겁(比劫)을 극제(剋制)한다. 더욱 오묘

(奧妙)한 것은 시간(時干)에 투출한 壬水가 관성(官星)을 방조(幇助)하여 일으키니 수화기제(水火旣濟)를 이룬 것이다. 삼순(三旬)을 지나서야 운이 북방수지로 행(行)하니 등과하고 발갑(發甲)하여 명리쌍휘(名利雙輝)하였다. 관살혼잡(官殺混雜)을 꺼리는 것이라고 생각하여서는 아니되니, 신왕자(身旺者)는 반드시 관살(官殺)이 혼잡하여야 발영(發榮)하는 것이다.

丙火 일주에 태어나서 득령(得令)하였고 좌하(坐下)에 양인(陽刃)으로 득지(得地)하였고 월간(月干)에 丁火가 투출(透出)하여 신왕(身旺)하다. 희신(喜神)은 식재관(食財官)인 土金水이고 기신(忌神)은 인비(印比)인 木火이다. 초년인 寅卯辰 동방목지(東方木地)에서는 곤고(困苦)하였을 것이고 亥子丑 북방수지(北方水地)에서는 등과발갑(登科發甲)하여 명리쌍전(名利雙全)하였다. 원국(原局)에서 사주(四柱)가 모두 상하유정(上下有情)하여 천부지재(天覆地載)를 이루어 아름답다.

주의(注意)해야 할 것은 壬癸水가 투출하여 丙壬 충(冲)하고 丁癸 충(冲)하니 파격(破格)이라고 보아서는 아니된다는 점이다. 이것은 충파(冲破)로 보는 것이 아니라 극제(剋制)함으로써 수화기제가 되었으니 오히려 귀격이 된 것이다. 또한 시상(時上)의 壬水가 투출하여 진중계수(辰中癸水)에 통근이 되었으니 癸水의 방조로 강력한 편관이 되었으므로 시상일위귀격(時上一位貴格)이라고도 할 수 있다.

甲	庚	辛	乙
申	辰	巳	巳

甲乙丙丁戊己庚
戌亥子丑寅卯辰

庚金生于立夏後五日 土當令 火未司權 庚金之生坐實 且辰支申時生
경금생우입하후오일　　토당령　　화미사권　　경금지생좌실　　차진지신시생

扶並旺 身强殺淺 嫌其財露無根逢刦 所以出身貧寒 一交丁運
부병왕　신강살천　혐기재로무근봉겁　　소이출신빈한　　일교정운

官星元神發露 戊寅己卯兩年 財星得地 喜用齊來 科甲聯登 又入詞林
관성원신발로　무인기묘양년　재성득지　희용제래　과갑연등　우입사림

書云 以殺化權 定顯寒門貴客 此之謂也.
서운　이살화권　정현한문귀객　차지위야

庚金이 입하(立夏) 후 5일에 생(生)하여 土가 당령(當令)하고 火가 아직 권세(權勢)를 주관하지 못하고 있다. 庚金이 좌하(坐下)에 辰土를 두고 申金의 생부(生扶)가 병왕(並旺)하니 신강살천(身强殺淺)이다. 꺼리는 것은 재(財)가 투출(透出)하였으나 무근(無根)이고 비겁(比劫)을 만났으니 출신이 빈한(貧寒)하였다.

마침내 丁火 운으로 바뀌어서는 관성(官星)의 원신(元神)이 나타나고 戊寅 년과 己卯 년에 財星이 득지(得地)하여 희용(喜用)이 함께 오니 과갑연등하여 사림(詞林)에 들어갔다. 서(書)에 이르기를 "살(殺)이 권(權)으로 변화하면 틀림없이 한문(寒門)에서 귀객(貴客)이 나온다"라고 말하는데 이것을 말하는 것이다.

評註

庚金이 巳월에 태어나서 실령(失令)하였으나 좌하(坐下)의 辰土의 생조(生助)를 얻고 있으며 시지(時支)의 申金에 통근(通根)하고 있어 신강(身强)하다. 또한 巳 중에 庚金이 암장(暗藏)되어 있는데 辛金이 투출(透出)하여 방조(幇助)하니 일주(日主)가 더욱 왕성(旺盛)하게 되었다.

그러므로 희신(喜神)은 식재관(食財官)인 水木火이고 기신(忌神)은 인비(印比)인 土金이다. 원국(原局)에서 시간(時干)의 甲木은 甲庚 충(冲)으로 재성(財星)이 피상(被傷)되었고 년간(年干)의 乙木까지도 乙辛 충(冲)으로 역시 재성(財星)이 피상(被傷)되었으니 부모무덕(父母無德)하거나 빈한(貧寒)한 가정에서 태어났을 것이다. 비겁(比劫)이 무근(無根)하니 형제(兄弟)의 덕(德)도 없었을 것이다.

운행(運行)이 동북(東北)방향인 木水로 행(行)하니 아름다운데 戊寅년과 己卯년은 재성(財星)인 甲木이 득지(得地)하였고 丙子년과 丁丑년은 관성(官星)이 득세(得勢)하여 과갑연등(科甲聯登)하게 되었다.

상기(上記) 명조(命造)를 종합(綜合)하여 보면,

첫 번째의 丁卯 일주(日主)는 관살태왕(官殺太旺)하였으나 대운을 잘 만났다.

두 번째의 丙午 일주(日主)는 관살혼잡(官殺混雜)하였으나 원국(原局)이 신왕(身旺)하여 희신(喜神)이 되어 발영(發榮)하게 된 것이다.

세 번째의 辛酉 일주(日主)는 원국(原局)에서 강약(强弱)을 판단(判斷)하기 어렵지만 상하유정(上下有情)하여 천부지재(天覆地載)가 잘 되어 있는데 운행(運行)까지도 희신(喜神)으로 행(行)하니 벼슬길이 탄탄대로이었다.

네 번째 庚辰 일주(日主)는 원국(原局)에서 재성(財星)이 피상(被傷)되었으나 운행(運行)이 희신(喜神)으로 행(行)하여 역시 벼슬길이 순탄(順坦)하였다.

原文

何知其人貧 財神反不眞
하지기인빈　　재신반부진

그 사람의 가난함을 어떻게 아는가? 재신(財神)이 참되지 않음에 있다.

原註

財神不眞者 不但洩氣被刦也 傷輕財重氣淺 財輕官重財氣洩 傷重 印
재신부진자　　부단설기피겁야　　상경재중기천　　재경관중재기설　　상중　인

輕身弱 財重刦輕身弱 皆爲財神不眞也 中有一味清氣 則不賤.
경신약　재중겁경신약　　개위재신부진야　　중유일미청기　즉불천

재신(財神)이 부진(不眞)하다는 것은 설기(洩氣)되거나 비겁(比劫)으로부터 손상(損傷)을 입는 것만 말하는 것이 아니다. 상관(傷官)이 경(輕)하고 재성(財星)이 중(重)하

면 재기(財氣)가 얕고, 재성(財星)이 경(輕)한데 관성(官星)이 중(重)하면 재기(財氣)를 설기(洩氣)시키고, 상관(傷官)이 중(重)한데 인수(印綬)가 경(輕)하면 신약(身弱)하고, 재성(財星)이 중(重)한데 비겁(比劫)이 경(輕)하면 신약(身弱)이니, 이 모두가 재신(財神)이 부진(不眞)한 것이다. 그 가운데 한 점의 청기(淸氣)가 있으면 천(賤)하지 않다.

任註

任氏曰 財神不眞者有九.
임씨왈　재신부진자유구

如財重而食傷多者 一不眞也 財輕喜食傷而印旺者 二不眞也 財輕劫重
여재중이식상다자　일부진야　재경희식상이인왕자　이부진야　재경겁중

食傷不現 三不眞也 財多喜劫 官星制劫 四不眞也 喜印而財星壞印 五
식상불현　삼부진야　재다희겁　관성제겁　사부진야　희인이재성괴인　오

不眞也 忌印而財星生官 六不眞也 喜財而財合閒神而化者 七不眞也
부진야　기인이재성생관　육부진야　희재이재합한신이화자　칠부진야

忌財而財合閒神化財者 八不眞也 官殺旺而喜印 財星得局者 九不眞也
기재이재합한신화재자　팔부진야　관살왕이희인　재성득국자　구부진야

此九者 財神不眞之正理也 然貧者多而富者小.
차구자　재신부진지정리야　연빈자다이부자소

故貧有幾等之貧 富有幾等之富 不可概定 有貧而貴者 有貧而正者有貧
고빈유기등지빈　부유기등지부　불가개정　유빈이귀자　유빈이정자유빈

而賤者 宜分辨之.
이천자　의분변지

如財輕官衰 逢食傷而見印綬者 或喜印 財星壞印 得官星解者 此貴而
여재경관쇠　봉식상이견인수자　혹희인　재성괴인　득관성해자　차귀이

貧也.
빈야

官殺旺而身弱 財星生助官殺 有印則一衿易得 無印則老於儒冠 此淸
관살왕이신약　재성생조관살　유인즉일금역득　무인즉노어유관　차청

貧之格 所爲皆正也.
빈지격　소위개정야

財多而心志必欲貪之 官旺而心事必欲求之 非合而合 不從而從 合之
재다이심지필욕빈지　관왕이심사필욕구지　비합이합　부종이종　합지

不化 從之不眞 此等之命 見富貴而生諂容 遇財利而忘恩義 謂貧而賤
불화 종지부진 차등지명 견부귀이생첨용 우재리이망은의 위빈이천

也 卽僥倖致富 亦不足貴也.
야 즉요행치부 역부족귀야

凡敗業破家之命 初看似乎佳美 非財官雙美 卽干支雙淸 非殺印相生
범패업파가지명 초간사호가미 비재관쌍미 즉간지쌍청 비살인상생

卽財臨旺地 不知財官雖可養命榮身 必先要日主旺相 方能任其財官 若
즉재임왕지 부지재관수가양명영신 필선요일주왕상 방능임기재관 약

太過不及 皆爲不眞 能散能耗則有之 終不能致富貴也 此等格局最多
태과불급 개위부진 능산능모즉유지 종불능치부귀야 차등격국최다

難以枚擧 宜細究之.
난이매거 의세구지

임씨(任氏)가 말하길, 재신(財神)이 부진(不眞)하다는 것은 아홉 가지가 있다. 재성(財星)이 중(重)하고 식상(食傷) 많은 것이 제1부진(不眞)이고, 재성(財星)이 경(輕)하여 식상(食傷)이 희신(喜神)인데 인수(印綬)가 왕(旺)한 것이 제2부진(不眞)이다.

재성(財星)이 경(輕)하고 비겁(比劫)이 중(重)한데 식상(食傷)이 나타나지 않는 것이 제3부진(不眞)이고, 재성(財星)이 많아서 비겁(比劫)이 희신(喜神)인데 관성(官星)이 비겁(比劫)을 극제(剋制)하는 것이 제4부진(不眞)이다.

인수(印綬))가 희신(喜神)인데 재성(財星)이 인수(印綬)를 파괴(破壞)하는 것이 제5부진(不眞)이고, 인수(印綬)가 기신(忌神)인데 재성(財星)이 관성(官星)을 생(生)하는 것이 제6부진(不眞)이다.

재성(財星)이 희신(喜神)인데 재성(財星)이 한신(閑神)과 합(合)하여 화(化)하는 것이 제7부진(不眞)이고, 재성(財星)이 기신(忌神)인데 재성(財星)이 한신(閑神)과 합(合)하여 다시 재성(財星)으로 화(化)하는 것이 제8부진(不眞)이다.

관살(官殺)이 왕(旺)하여 인수(印綬)가 희신(喜神)인데 재국(財局)을 이루는 것이 제9부진(不眞)이다. 이상 아홉 가지는 재신(財神)이 부진(不眞)한 것을 나타내는 정론(正論)이다.

가난한 자(者)는 많고 부자(富者)는 적다. 그러므로 가난한 경우도 몇 가지 등급

(等級)이 있고 부자(富者)에게도 등급(等級)이 있으니 일률적(一律的)으로 정(定)할 수 없는 것이다. 즉 가난하지만 귀(貴)한 사람이 있고, 가난하지만 바르게 사는 사람이 있고, 가난하면서도 천(賤)한 경우가 있으니 반드시 분별(分別)하여야 한다.

가령 재성(財星)이 경(輕)하고 관성(官星)도 쇠약(衰弱)한 경우에 식상(食傷)을 만나거나 인수(印綬)가 희신(喜神)인데 재성(財星)이 인수(印綬)를 파괴(破壞)하는 경우 관성(官星)을 만나 해결(解決)하면 귀(貴)하지만 가난하다.

관살(官殺)이 왕(旺)하여 신약할 때 재성(財星)이 관살(官殺)을 생조(生助)할 경우에 인수(印綬)가 있으면 벼슬길을 쉽게 할 수 있으나 인수(印綬)가 없으면 늙도록 유림(儒林)에 있으니 청빈(淸貧)한 격(格)으로 바르게 산다.

재성(財星)이 많으면 그 마음이 반드시 물질을 탐(貪)할 것이고 관성(官星)이 왕(旺)하면 그 심사(心事)가 반드시 구하고자 하여 합(合)이 아닌데 합(合)을 하고 종(從)이 아닌데 종(從)하며 합(合)이라도 화(化)하지 아니하고 종(從)하는데 참되지 않다. 이러한 명(命)은 부귀(富貴)를 만나면 아첨(阿諂)이 생기고 이익(利益)을 만나면 의리(義理)나 은혜(恩惠)를 버리니 가난하면서도 천(賤)한 사람으로서 다행히 치부(致富)를 한다 해도 귀(貴)할 수는 없다.

무릇 사업(事業)에 실패(失敗)하고 파가(破家)하는 명조(命造)가 처음에 아름답게 보이는 것은 재관쌍미(財官雙美)가 아니면 간지쌍청(干支雙淸)이거나 살인상생(殺印相生)이 아니면 재림왕지(財臨旺地)인 경우이니, 재관(財官)이 양명영신(養命榮身)한다고 하더라도 반드시 먼저 일주(日主)의 왕상(旺相)함이 있어야 재관(財官)을 감당할 수가 있다.

만약 태과(太過)하거나 불급(不及)하면 모두가 부진(不眞)하여 산(散)하고 모(耗)함이 있을 것이니 부귀(富貴)에 이르지 못한다. 이와 같은 격국(格局)은 일일이 헤아리기 어려울 만큼 많으니 마땅히 세밀(細密)하게 연구(研究)하여야 한다.

```
辛 戊 戊 壬
酉 戌 申 子
```

```
乙甲癸壬辛庚己
卯寅丑子亥戌酉
```

戊土生于孟秋 支類西方 秀氣流行 格局本佳 出身大富 所嫌者 年干
무토생우맹추　지류서방　수기유행　격국본가　출신대부　소혐자　년간

壬水通根會局 則財星反不眞矣 兼之運走西北金水之地 所以輕財重義
임수통근회국　즉재성반부진의　겸지운주서북금수지지　소이경재중의

耗散異常 惟戌運入泮 得子 辛亥壬子 貧乏不堪.
모산이상　유술운입반　득자　신해임자　빈핍불감

戊土가 맹추(孟秋)에 생(生)하고 지지(地支)가 申酉戌로 서방(西方)을 이루니 수기유행(秀氣流行)이다. 원국(原局)이 원래 아름다워서 부유(富裕)한 가정(家庭) 출신(出身)이다. 꺼리는 것은 년간(年干)의 壬水가 통근(通根)하여 회국(會局)을 이루어 재성(財星)이 오히려 부진(不眞)하게 된 것이다.

겸(兼)하여 서북(西北)의 금수지지(金水之地)로 달리니 재물(財物)을 가볍게 여기고 의리(義理)는 중요(重要)하게 여겨서 모산(耗散)이 많았다. 오직 戌운에 입반(入泮)하고 자식(子息)을 얻었으나 辛亥 壬子 운에 빈핍(貧乏)을 감당(勘當)할 수가 없었다.

戊土 일주가 申월에 태어나서 실령(失令)하였고 지지(地支)가 酉戌 합금(合金)과 申子 합수(合水)가 되었고 천간(天干)에 金水가 투출(透出)하여 종재격(從財格)이 될 것 같으나 좌하(坐下)의 戌土 중에 丁火와 戊土가 암장(暗藏)되어 있고 월간(月干)의 戊土가 방조(幇助)하니 재다신약(財多身弱)이 되었다.

주의(注意)해야 할 것은 지지(地支)가 申酉戌로 서방금국(西方金局)이 되었으니 식상(食傷)이 태왕(太旺)한 것은 틀림없다. 그러므로 제살태과격(制殺太過格)이 성립(成立)된다. 그러므로 희신(喜神)은 인비관(印比官)인 火土木이고 기신(忌神)은 식재(食財)인 金水이다. 戌운에 입반(入泮)한 것은 戌土가 희신(喜神)으로 방조(幫助)하였기 때문이고 辛亥 壬子 운은 金水가 기신(忌神)이기 때문에 가난이 극심(極甚)하게 된 것이다.

任註

```
己 丁 甲 癸
酉 巳 寅 卯
```

```
丁戊己庚辛壬癸
未申酉戌亥子丑
```

此造 財藏殺露 殺印相生 又聯珠相生 似乎貴格 所以祖業二十餘萬 不
차조 재장살로 살인상생 우연주상생 사호귀격 소이조업이십여만 부

知年干之殺無根 其菁華盡被印綬竊去 不用癸水明矣 必用酉金之財
지년간지살무근 기청화진피인수절거 불용계수명의 필용유금지재

蓋頭覆之以土 似乎有情 但木旺土虛 相火逢生 則巳酉不會 財不眞矣
개두부지이토 사호유정 단목왕토허 상화봉생 즉사유불회 재부진의

一交壬子 洩金生木 一敗如灰 至亥運 印遇長生 竟遭餓死.
일교임자 설금생목 일패여회 지해운 인우장생 경조아사

이 명조(命造)는 재(財)가 암장(暗藏)되고 살(殺)이 노출(露出)되어 살인상생(殺印相生)을 이루어 연주상생(聯珠相生)[7]이니 귀격(貴格)으로 본다. 조상(祖上)의 유업(遺業)이 이십여만(二十餘萬)이 되었다.

---

7 연주상생(聯珠相生): 구슬이 꿰이듯 차례대로 상생(相生)함.

년간(年干)의 살(殺)은 무근(無根)이고 그 빼어남은 인수(印綬)에게 완전히 설(洩)하게 되니 癸水를 쓰지 못하는 것이 분명(分明)하다. 반드시 酉金인 재성(財星)을 써야 하는데 시상(時上)의 己土가 개두(蓋頭)하여 덮어주니 유정(有情)한 것처럼 보인다. 단지 木이 왕(旺)하고 土가 허(虛)한데 火가 생(生)하여 巳酉가 회국(會局)을 하지 못하니 재신(財神)이 부진(不眞)한 것이다.

壬子 운으로 바뀌어서는 金을 설(洩)하고 木을 생(生)하니 한 번 패(敗)하면 다시 일어날 수 없는 상황(狀況)이 되었다. 亥 운에 이르러서는 인수(印綬)가 장생(長生)을 만나니 결국 아사(餓死)하였다.

評註

丁火 일주가 寅월에 태어나서 득령(得令)하였고 좌하(坐下)에 득지(得地)하였으며 월간(月干)에 甲木이 투출(透出)하였으니 신왕(身旺)하다. 희신(喜神)은 식재관(食財官)인 土金水이고 기신(忌神)은 인비(印比)인 木火이다.

초년(初年)인 癸丑 壬子 운에는 丑土가 巳酉丑 삼합금국(三合金局)으로 재국(財局)이 되었고, 水관살(官殺)이 희신(喜神)이니 조업(祖業)이 풍유(豊裕)하였다. 辛亥 운은 寅亥 합목(合木)과 寅卯 합목(合木)으로 기신(忌神)이 되어 있는 데다가 巳亥 충(冲)으로 충극(冲剋)을 이루어 세상을 떠난 것이다.

주의(注意)해야 할 것은 巳酉가 회국(會局)이 될 것 같으나 寅巳가 형(刑)이 되고 卯酉가 원충(遠冲)하고 있으므로 재국(財局)을 이루지 못하니 재신부진(財神不眞)이 된 것이다.

```
庚 丙 壬 庚
寅 寅 午 午
```

```
己 戊 丁 丙 乙 甲 癸
丑 子 亥 戌 酉 申 未
```

此夏火逢金 財滋弱殺 兩支不雜 殺刃神清 定然名利雙輝 不知地支 木
차하화봉금　재자약살　양지부잡　살인신청　정연명리쌍휘　부지지지　목

火 不載金水 杯水車薪 不但不能制火 反洩財星之氣 夏月庚金敗絕 財
화　부재금수　배수거신　부단불능제화　반설재성지기　하월경금패절　재

之不眞可知矣 早運癸未甲申乙酉土金之地 豊衣足食 一交丙戌支全火
지부진가지의　조운계미갑신을유토금지지　풍의족식　일교병술지전화

局 刑妻剋子 破耗異常 數萬家業 盡付東流 丁亥合壬寅而化木 孤苦不
국　형처극자　파모이상　수만가업　진부동류　정해합임인이화목　고고불

堪而死.
감이사

이 명조(命造)는 午月에 태어난 丙火 일주(日主)가 金을 만나니 약살(弱殺)을 생재(生財)하여야 하는데 양지지(兩地支)가 寅午로 혼잡(混雜)되지 않았고 살(殺)과 양인(陽刃)이 청(淸)하므로 반드시 명리(名利)를 이룬다고 논(論)할 것이다. 이것은 木火가 金水를 실어주지 못하여, 물 한 방울로 땔감을 가득 실은 수레에 난 불을 끄고자 하는 것과 같은 이치(理致)를 모르고 하는 말이다. 그러므로 火를 설(洩)하여 火 왕절(旺節)의 庚金은 패절지(敗絕地)가 되니 재신부진(財神不眞)이라는 것을 알 수 있다.

초년(初年)운인 癸未, 甲申, 乙酉에는 토금지지(土金之地)이니 의식(衣食)이 풍족(豊足)하였으나 丙戌 운에 이르러서는 지지(地支)가 화국(火局)을 이루어 형처극자(刑妻剋子)하였고 파모이상(破耗異常)하였으며 수만가업(數萬家業)의 재산(財産)이 사라졌다. 丁亥 운에는 丁壬 합목(合木), 寅亥 합목(合木)하니 고고(孤苦)를 감당(勘當)할 수 없어서 세상을 떠났다.

評註

丙火 일주가 午月에 태어나서 득령(得令)하였고 전지지(全地支)가 寅午 화국(火局)이 되었으니 종왕격(從旺格)이 되었다. 그러나 천간(天干)에 金水가 투출하여 왕화(旺火)를 극제(剋制)하고 있으니 지지(地支)에 뿌리가 없어 미약(微弱)하다.

임주(任註)에서는 초년(初年)인 癸未, 甲申. 乙酉 운에는 土金 지지(地支)로 의식(衣食)이 풍부하였다는 것으로 보아 신왕(身旺)한 것으로 보았다는 것이다. 만약 종왕격(從旺格)이라면 희신(喜神)은 인비식(印比食)인 木火土이고 기신(忌神)은 재관(財官)인 金水가 되므로 종격(從格)이 아니라는 것이다. 丙戌 운에는 寅午戌 삼합화국(三合火局)이 되어 형처극자(刑妻剋子)하고 파모이상(破耗異常)이 되었으며 가업파산이 되었다는 것은 火가 기신(忌神)이라는 것이다.

주의(注意)해야 할 것은 金水가 무근(無根)으로 木火의 세력(勢力)을 극제(剋制)할 수 없더라도 운행(運行)에서 金水가 득지(得地)하였을 경우에는 뿌리의 역할(役割)을 하므로 희신(喜神)이 될 수 있다는 점이다. 그러므로 원국(原局)과 대운(大運)의 세력(勢力)을 세밀(細密)하게 관찰(觀察)하여야 한다.

任註

```
壬 庚 乙 乙
午 寅 酉 卯
```

```
戊 己 庚 辛 壬 癸 甲
寅 卯 辰 巳 午 未 申
```

秋金秉令 財官並旺 食神吐秀 大象觀之 富貴之命 第財星太重 官星
추금병령 재관병왕 식신토수 대상관지 부귀지명 제재성태중 관성

拱局 日主反弱 不任其財官 全賴刦刃扶身 被卯冲午剋 時干壬水 不能
공국 일주반약 불임기재관 전뢰겁인부신 피묘충오극 시간임수 불능

剋火反洩 日元之氣 則財星不眞矣 初運甲申 祿旺 早年入泮 其後運走
극화반설 일원지기 즉재성부진의 초운갑신 록왕 조년입반 기후운주

南方 貧乏不堪.
남방   빈핍불감

　　추금(秋金)이 병령(秉令)하였는데 재관(財官)이 병왕(並旺)하고 식신(食神)이 수기(秀氣)를 토(吐)해내니 겉으로 보기에는 부귀지명(富貴之命)이다. 다만 재성(財星)이 태중(太重)하고 관성(官星)이 국(局)을 이루어 일주(日主)가 도리어 약(弱)하여 재관(財官)을 감당하지 못한다.

　　전적으로 겁인(劫刃)의 도움에 의지하여야 하는데 卯木이 충(沖)하고 午火가 극(剋)하나 시간(時干)의 壬水는 火를 극(剋)할 수 없고 오히려 일주(日主)의 기(氣)를 설(洩)하니 재성부진(財星不眞)이다. 초년(初年)인 甲申 운에는 녹왕(祿旺)하여 조년(早年)에 입반(入泮)하였으나 그 후에는 운(運)이 남방(南方)으로 행(行)하니 빈핍(貧乏)을 감당(勘當)할 수 없었다.

評註

　　庚金 일주가 酉월에 태어나서 양인(陽刃)으로 득령(得令)하였으나 지지(地支)가 寅卯 합목(合木)하고 寅午 합화(合火)로 재관(財官)이 태왕(太旺)한데 천간(天干)에 두 개의 乙木이 투출(透出)되어 있으니 재다신약(財多身弱)이다. 희신(喜神)은 인비(印比)인 土金이고 기신(忌神)은 식재관(食財官)인 水木火인데 운행(運行)이 남동지지(南東之地)로 행(行)하니 안타깝다.

　　초년(初年)인 甲申 운에는 甲庚 충(沖)으로 甲木 기신(忌神)이 충발(冲拔)되었고 당령한 酉金과 申酉 합금(合金)이 되어 희신(喜神)이 되었으니 입반(入泮)하게 된 것이다. 재다신약(財多身弱)은 재성부진(財星不眞)과 같은 뜻이지만 운행이 인비(印比)인 土金으로 행(行)하였다면 부귀지명(富貴之命)이 되었을 것이다.

```
庚 癸 丙 辛
申 巳 申 丑
```

```
己庚辛壬癸甲乙
丑寅卯辰巳午未
```

此財星坐祿 一殺獨淸 似乎佳美 所嫌者 印星太重 丑土生金洩火 丙辛
차재성좌록　일살독청　사호가미　소혐자　인성태중　축토생금설화　병신

合而化水 以財爲刦 申又合巳 則在京不眞 初運乙木甲午 木火並旺 祖
합이화수　이재위겁　신우합사　즉재경부진　초운을목갑오　목화병왕　조

業頗豊 一交癸巳 皆從申合 一敗如灰竟爲乞丐.
업파풍　일교계사　개종신합　일패여회경위걸개

이 명조(命造)는 재성(財星)이 좌록(坐祿)하고 일살(一殺)이 독청(獨淸)하니 아름다운 것처럼 보인다. 꺼리는 것은 인수(印綬)가 태왕하고 丑土가 설화생금(洩火生金)하였으며 丙辛이 합수(合水)하니 재성(財星)이 비겁(比劫)으로 변하였다. 또한 申金이 巳火와 합수(合水)가 되니 재성(財星)이 더욱 부진(不眞)하게 되었다.

초년(初年)인 乙未, 甲午 운에는 木火가 병왕(並旺)하니 조업(祖業)이 풍족(豊足)하였으나 癸巳 운으로 바뀌어서는 모두 申金과 합(合)하니 일패여회(一敗如灰)하였고 걸인이 되었다.

癸水 일주가 申월에 태어나서 득령(得令)하였고 인수(印綬)가 태왕(太旺)하니 신왕(身旺)하다. 희신(喜神)은 식재관(食財官)인 木火土이고 기신(忌神)은 인비(印比)인 金水이다.

초년(初年)운인 乙未, 甲午에는 木火가 희신(喜神)이므로 부모(父母)의 덕(德)이 있

었다고 본다. 癸巳 운에는 癸水가 기신(忌神)이고 巳申 합거(合去)되었으니 巳火가 부진(不眞)하게 된 것이다.

주의(注意)해야 할 것은 원국(原局)에서 천간(天干)의 丙辛이 합화(合化)가 되느냐 아니면 합거(合去)가 되느냐가 문제(問題)이다.

丙辛이 합화(合化)하여 水가 되려면 년월지지(年月地支)가 亥子가 되는 경우에는 합수(合水)가 되지만, 丙火는 사중병화(巳中丙火)에 득근(得根)을 하고 있기 때문에 丙火가 합거(合去)되어 약화되었을 뿐이다.

그러므로 합화(合化)이냐, 합거(合去)이냐는 상하좌우(上下左右)의 세력(勢力)에 의하여 결정(決定)하게 되는 것이니 세밀(細密)하게 관찰(觀察)해야 한다.

任註

```
乙 丁 乙 庚
巳 丑 酉 辰
```

```
壬辛庚己戊丁丙
辰卯寅丑子亥戌
```

丁火日元 時逢旺地 兩印生身 火焰金疊 似乎富格 不知月干乙木 從庚
정화일원　시봉왕지　양인생신　화염금첩　사호부격　부지월간을목　종경

而化 支會金局 四柱皆財 反不眞矣 祖業亦豊 初運丙戌丁亥 比劫幇身
이화　지회금국　사주개재　반부진의　조업역풍　초운병술정해　비겁방신

財喜如心 戊子己丑 生金晦火 財産人離 竟凍餓而死.
재희여심　무자기축　생금회화　재산인리　경동아이사

丁火 일주(日主)가 시지(時支)에서 왕지(旺地)를 만났고 월시간(月時干)의 양인(兩印)이 일주(日主)를 생(生)하는 데 화염(火焰)의 기세(氣勢)가 있으며 金이 중첩(重疊)되어 있으니 부격(富格)인 것같이 보인다. 월간(月干)의 乙木은 庚金을 좇아 화(化)하였고 지지(地支)가 금국(金局)을 이루어 원국(原局)이 모두 재성(財星)이 되었으니 오히려

재신부진(財神不眞)이 된 것을 모르는 소리다.

　조업(祖業)이 풍족(豊足)하였고 초년(初年)운이 丙戌, 丁亥에는 비겁(比劫)이 방신(幇身)하니 재물이 마음먹은 대로 일어났으나 戊子, 己丑 운에 이르러서는 회화생금(晦火生金)하니 재산인리(財産人離)하였고 마침내 얼어 죽고 말았다.

評註

　丁火 일주가 酉월에 태어나서 실령(失令)하였고 지지(地支)가 酉丑 합금(合金), 辰酉 합금(合金)이 되어 있는데 년간(年干)에 庚金이 투출(透出)되어 있으니 재성(財星)이 태왕(太旺)하다. 또한 丁火는 지지(地支)의 巳火에 통근(通根)하고 있으며 월시간(月時干)에 乙木이 생조(生助)하니 역시 일주(日主)도 태왕(太旺)한 것같이 보인다.

　그러나 乙庚 합금(合金)이 되었고 시지(時支)의 巳火는 천간(天干)의 木火로부터 생조(生助)를 얻으니 巳酉丑 금국(金局)이 될 수가 없다. 결국은 재다신약(財多身弱)이 되었다. 희신(喜神)은 인비(印比)인 木火이고 기신(忌神)은 식재관(食財官)인 土金水이다. 丙戌, 丁亥 운에는 火가 왕(旺)하니 金을 극제(剋制)하여 재물(財物)을 얻었으나 戊子, 己丑 운은 火를 설기(洩氣)하여 金을 생조(生助)하니 재산(財産)이 흩어지고 가까운 사람이 떠났으며 마침내 동아사(凍餓死)하였다.

原文

何知其人賤 官星還不見
하지기인천　　관성환불현

그 사람의 천(賤)한 것은 어찌 아는가? 관성(官星)이 나타나지 않는 것이다.

原註

官星不見者	不但失令被傷也	身輕官重	官輕印重	財重無官	官重無印
관성불현자	부단실령피상야	신경관중	관경인중	재중무관	관중무인

者 皆是官星不見也 中有一味濁財 則不貧.
자　개시관성불현야　　중유일미탁재　즉불빈

至于用神無力而忌神太過 敵而不受降 助旺欺弱 主從失宜 歲運不輔
지우용신무력이기신태과　　적이불수강　조왕기약　주종실의　세운불보

者 旣貧且賤.
자　기빈차천

'관성불현(官星不見)'이라는 것은 단지 실령(失令)과 피상(被傷)을 입은 것뿐만이 아니다. 일주(日主)가 경(輕)하고 관상(官傷)이 중(重)하거나, 관성(官星)이 경(輕)하고 인수(印綬)가 중(重)하거나, 재성(財星)이 중(重)하고 관성(官星)이 없거나, 관성(官星)이 중(重)하고 인수(印綬)가 없는 것은 모두 관성불현(官星不見)이다. 그 가운데에 조금의 탁재(濁財)가 있으면 가난하지는 않다.

용신(用神)이 무력(無力)하고 기신(忌神)이 태과(太過)하여 대적(對敵)하지만 항복(降伏)을 받지 못하고 왕(旺)한 것을 돕고 약(弱)한 것을 능멸하여 주종(主從)이 마땅함을 잃을 경우, 세운(歲運)이 돕지 않으면 가난하면서도 천(賤)하다.

任註

任氏曰 此段原注太略 然富貴之中 未嘗無賤 貧賤之中 未嘗無貴 所以
임씨왈　차단원주태략　연부귀지중　미상무천　빈천지중　미상무귀　소이

賤之一字 不易知也.
천지일자　불역지야

如身弱官旺 不用印綬化之 反以傷官強制 如身弱印輕 不以官星生印
여신약관왕　　불용인수화지　　반이상관강제　여신약인경　불이관성생인

反以 財星壞印 如財重身輕 不以此劫幫身 反忌比劫奪財 合此格者 忘
반이　재성괴인　여재중신경　불이차겁방신　반기비겁탈재　합차격자　망

却聖賢明訓 不恩祖父積德 以致災生不測殃及子孫.
각성현명훈　　불은조부적덕　　이치재생불측앙급자손

如身弱印輕 官旺無財 或身旺官弱 財星不現 合此格者 處貧困不改其
여신약인경　관왕무재　혹신왕관약　재성불현　합차격자　처빈곤불개기

節 遇富貴不易其志 非禮不行 非義不取 故知貪財 帛而戀金谷者 竟遭
절　우부귀불역기지　비례불행　비의불취　고지탐재　백이연금곡자　경조

一時之顯戮 樂簞瓢而甘敝縕者 終受千載之令名.
　일시지현륙　　　락단표이감폐온자　　　종수천재지령명.

是以有三等官星不見之理.
　시이유삼등관성불현지리

如官輕印重而身旺 或官中印輕而身弱 或官印兩平而日主休囚者 此上
　여관경인중이신왕　　　혹관중인경이신약　　　혹관인양평이일주휴수자　　　차상

等官星不見也.
　등관성불현야

如官輕刼重無財 或官殺重無印 或財經刼重官伏者 此中等官星不見也
　여관경겁중무재　　　혹관살중무인　　　혹재경겁중관복자　　　차중등관성불현야

如官旺喜印 財星壞印 或官殺重無印 食傷强制 或官多忌財 財星得局
　여관왕희인　　재성괴인　　혹관살중무인　　식상강제　　혹관다기재　　재성득국

或喜官星 而官星合他神化傷者 或忌官星 他神命官星又化官者 他神
　혹희관성　　이관성합타신화상자　　혹기관성　　타신명관성우화관자　　타신

化傷者 此下等官星不見也.
　화상자　　차하등관성불현야

細究之 不但貴賤分明 而賢不肖亦了然矣.
　세구지　　부단귀천분명　　이현불초역료연의

임씨(任氏)가 말하길, 원주(原註)가 지나치게 생각되어 있다.

부귀(富貴)하기는 하나 천(賤)하지 않을 수 없으며, 빈천(貧賤)하기는 하나 귀(貴)하지 않을 수 없으니, 천(賤)이란 한자(一字)를 안다는 것은 쉬운 것이 아니다.

가령 신약(身弱)하고 관성(官星)이 왕(旺)할 때 인수(印綬)를 쓰지 못하고 오히려 상관(傷官)이 강력하게 제(制)함이 있거나, 신약(身弱)하고 인수(印綬)가 경(輕)할 때 관성(官星)이 인수(印綬)를 생조(生助)하지 못하고 오히려 재성(財星)이 인수(印綬)를 극제(剋制)하거나, 재성(財星)이 중(重)하고 일주(日主)가 경(輕)할 때 비겁(比劫)이 방신(幇身)하지 못하고 오히려 비겁(比劫)이 탈재(奪財)하는 것 등을 꺼린다.

이러한 격(格)에 부합(符合)되는 자(者)는 성현(聖賢)의 밝은 가르침을 망각(妄覺)하고 조부(祖父)의 적덕(積德)을 헤아리지 못하니 온갖 재앙(災殃)이 일어남을 예측(豫測)할 수 없으며 불행(不幸)이 자손(子孫)에게까지 미치게 된다.

예를 들어, 신약(身弱)인데 인수(印綬)가 경(輕)하거나 관성(官星)이 왕(旺)할 때 재

성(財星)이 없거나, 신왕(身旺)한데 관성(官星)이 약(弱)하며 재성(財星)이 나타나지 않거나 하는 경우에 부합(符合)되는 자는 빈곤(貧困)하여도 그 자존심(自尊心)을 버리지 않으며 부귀(富貴)하게 되더라도 그 뜻을 굽히지 않으며 예(禮)가 아니면 행(行)하지 않고 의(義)롭지 않으면 나아가지 아니한다. 그러므로 재백(財帛)을 탐(貪)하고 금곡(金谷)을 그리워하며 대중 앞에서 죽음을 당하게 될 것이며 주먹밥 먹고 표주박에 술을 즐기며 해어진 옷에 만족(滿足)스러워하면 끝내는 명성(名聲)을 얻게 된다.

따라서 관성불현(官星不見)의 이치(理致)에는 세 가지 등급이 있다.

첫째, 관성(官星)이 경(輕)하고 인수(印綬)가 중(重)하여 일주(日主)가 왕(旺)하거나 관성(官星)이 중(重)하고 인수(印綬)가 경(輕)하여 일주(日主)가 약(弱)하거나 관인(官印)이 모두 균등(均等)하고 일주(日主)가 휴수(休囚)가 되는 것은 상등(上等)의 관성불현(官星不見)이라고 한다.

둘째, 관성(官星)이 경(輕)하고 비겁(比劫)이 중(重)하며 재성(財星)이 없거나, 관성(官星)이 태과(太過)하며 인수(印綬)가 없거나, 재성(財星)은 경(輕)한데 비겁(比劫)이 중(重)하며 관성(官星)이 은복(隱伏)된 것은 중등(中等)의 관성불현(官星不見)이다.

셋째, 관성(官星)이 왕(旺)하여 인수(印綬)를 희(喜)하는 데 재성(財星)이 인수(印綬)를 극(剋)하거나, 관살(官殺)이 중(重)하고 인수(印綬)가 없을 때 식상(食傷)이 강제(强制)거나, 관성(官星)이 많아서 재성(財星)을 기(忌)하는 데 재성(財星)이 국(局)을 이루거나, 관성(官星)을 희(喜)하는 데 관성(官星)이 타신(他神)과 합(合)하여 상관(傷官)으로 화(化)하거나, 관성(官星)을 기(忌)하는 데 관성(官星)이 타신(他神)과 합(合)하여 관성(官星)으로 화(化)하는 것 등은 하등(下等)의 관성불현(官星不見)이라고 한다.

이를 자세히 연구(研究)하면 귀천(貴賤)이 분명(分明)할 뿐만 아니라 현자(賢者)와 불초(不肖)도 분명(分明)하게 구분(區分)할 수 있다.

```
甲 丁 壬 丁
辰 亥 子 丑
```

```
乙丙丁戊己庚辛
巳午未申酉戌亥
```

丁火生于仲冬 干透壬水 支全亥子丑北方 官星旺格 辰乃濕土 不能制
정화생우중동 　간투임수 　지전해자축북방 　관성왕격 　진내습토 　불능제

水 反能晦火 日主虛弱 甲木凋枯 自顧不暇 且濕木不能生無焰之火
수 　반능회화 　일주허약 　갑목조고 　자고불가 　차습목불능생무염지화

謂淸枯之象 官星反不眞也 喜其無金 氣勢純淸 其爲人學問眞醇 處世
위청고지상 　관성반부진야 　희기무금 　기세순청 　기위인학문진순 　처세

無苟 訓蒙度日苦守淸貧 上等官星不見也.
무구 　훈몽 　도일고수청빈 　상등관성불현야

이 명조(命造)는 丁火 일주(日主)가 子월에 태어나서 월상(月上)에 壬水가 투출(透出)하고 지지(地支)가 亥子丑 북방(北方)이니 관성(官星)이 왕(旺)한 격(格)이다.

辰은 습토(濕土)이므로 제수(制水)할 수 없으며 오히려 火를 어둡게 하여 일주(日主)를 허약(虛弱)하게 하는데 卯木조차 시들었으니 자신(自身)의 일만 처리하는 데도 벅차다. 또한 습목(濕木)은 불꽃이 없는 火를 생(生)할 수 없으니 청고(淸枯)한 상(象)으로 오히려 관성부진(官星不眞)하다고 할 수 있다.

기쁜 것은 金이 없으므로 기세(氣勢)가 청순(淸純)하여 학문(學問)이 진실하고 순수(純粹)하며 처세(處世)가 무구(無咎)하며 훈몽도일(訓蒙度日)하면서 청빈(淸貧)함을 지키니 상등(上等)의 관성불현(官星不見)에 해당한다.

丁火 일주가 子월에 태어나서 한랭(寒冷)하니 우선 조후(調候)로 火가 필요(必要)한데 년간(年干)에 丁火가 투출(透出)하였으니 기쁘다. 지지(地支)가 亥子丑 북방수국(北方水局)이 되었는데 월간(月干)에 壬水가 투출(透出)되었으니 관살(官殺)이 태왕(太旺)하여 식신제살격(食神制殺格)이 되었다. 희신(喜神)은 인비식(印比食)인 木火土이고 기신(忌神)은 재관(財官)인 金水이다.

원국(原局)에서 辰土는 습토(濕土)이므로 제수(制水)할 능력(能力)이 없을 뿐만 아니라 오히려 甲木을 부목(浮木)시켜 丁火를 생조(生助)할 수 없다. 또한 년상(年上)의 丁火는 丁壬 합거(合去)되어 방신(幇身)이 허약(虛弱)하다.

운행이 초년에는 서북으로 행하니 곤고(困苦)하였을 것이고 丁未 운으로 바뀌어서는 남동(南東)으로 행(行)하여 제수(制水)할 수 있었기에 대길(大吉)한 것이다.

```
壬 丙 庚 丙
辰 午 寅 辰
```

```
丁丙乙甲癸壬辛
酉申未午巳辰卯
```

此造 財絶無根 官又無氣 兼之運走東南之地 幼年喪父 依母轉嫁他姓
차조 재절무근 관우무기 겸지운주동남지지 유년상부 의모전가타성

數年母死 牧牛度日 少長則賣力傭工 後雙目失明 不能傭作 求乞自活.
수년모사 목우도일 소장즉매력용공 후쌍목실명 불능용작 구걸자활

이 명조(命造)는 재(財)가 절(絶)에 있고 관(官)도 쇠약(衰弱)하다.

운(運)이 동남지지(東南之地)로 행(行)하니 어린 시절에 부친(父親)을 여의였고 모친(母親)을 따라 다른 집안으로 전가(轉嫁)하였으나 얼마 되지 않아 모친(母親)마저 돌

아가시어 소를 기르면서 어렵게 살았다. 평생을 고용인으로 열심히 일하면서 살다가 후일 두 눈을 잃어 일을 할 수 없게 되자 구걸하면서 생활하였다.

評註

丙火 일주가 寅月에 태어나서 득령(得令)하였고 좌하(坐下)의 午火에 득지(得地)하였으며 년간(年干)에 丙火가 투출하였으니 신왕하다. 희신(喜神)은 식재관(食財官)인 土金水이고 기신(忌神)은 인비(印比)인 木火이다. 꺼리는 것은 운행(運行)이 기신(忌神)인 木火 운으로 행(行)하고 있으며 丙申 운으로 바뀌어서는 서북지지(西北之地)로 행(行)하지만 희신(喜神)이 개두(蓋頭)가 되었으니 오히려 기신(忌神)이 되었다.

주의(注意)해야 할 것은 원국(原局)에서 시간(時干)의 壬水가 진중계수(辰中癸水)에 통근(通根)되었으니 시상일위귀격(時上一位貴格)이 되었다. 그러나 운행(運行)이 동남지지(東南之地)인 木火 운으로 행(行)하니 원대(遠大)한 뜻은 있으나 운(運)이 따라 주지 않았다.

任註

```
癸 辛 甲 丁
巳 亥 辰 卯
```

```
丁 戊 己 庚 辛 壬 癸
酉 戌 亥 子 丑 寅 卯
```

此春金逢火 理宜用印化殺 財星壞印 癸水剋丁 亥水冲巳 似乎制 殺有
차춘금봉화   리의용인화살   재성괴인   계수극정   해수충사   사호제   살유

情 不知春水休囚 木火並旺 不但不能剋火 反去生木洩金 財官本可
정 부지춘수휴수   목화병왕   부단불능극화   반거생목설금   재관본가

榮身 而日主不能勝任 雖心志必欲求之 亦何益哉 出身本屬微賤 初習
영신 이일주불능승임   수심지필욕구지   역하익재   출신본속미천   초습

梨園 後因失音隨官 人極伶俐 且極會趨逢 隨任數年 發財背主 竟捐納
이원   후인실음수관   인극령리   차극회추봉   수임수년   발재배주   경연납

從九出仕 作威作福 無所不爲 後因犯事革職 依然落魄.
종구출사　　작위작복　　무소불위　　후인범사혁직　　의연락백

이 명조(命造)는 춘절(春節)에 태어난 金이 火를 만나서, 이치로 보면 인수(印綬)를 용신(用神)으로 하여 살(殺)을 화(化)하는 것이 마땅하나 재성(財星)인 木이 인수(印綬)인 土를 극(剋)하고 癸水는 丁火를 극(剋)하며 亥水가 巳火를 충(冲)하니 제살(制殺)하는 것이 유정(有情)하다고 할 것이다. 그러나 춘수(春水)가 휴수(休囚)하고 木火가 병왕(並旺)하니 火를 극제(剋制)할 수 없을 뿐만 아니라 오히려 木을 생(生)하고 金을 설(洩)하고 있다는 것을 모르고 하는 말이다.

재관(財官)은 본래 영신(榮身)할 수 있는 것이지만 일주(日主)가 감당할 능력(能力)이 없으면 비록 마음으로 구하고자 하더라도 무슨 이익(利益)이 있겠는가? 출신(出身)이 본래 미천하여 초년(初年)에는 이원(梨園)[8]에서 열심히 배우고 익히긴 하였으나 발성(發聲)에 장애가 있어 관리자를 따라다니기만 했는데 사람이 극히 영리하고 아첨을 잘하여 수년간 임지(任地)를 따라가서 관리자를 모셨다.

재물(財物)을 모으게 되자 주인을 배반하고 마침내 재물을 바치고 종구품(從九品)으로 출사(出仕)하였는데 작위작복(作威作福)[9]하면서 무소불위(無所不爲)하였다. 후(後)에는 죄(罪)를 범하여 파직(罷職)당하니 예전과 마찬가지로 곤궁(困窮)하고 실의(失意)에 빠져 어려운 삶을 살았다.

評註

辛金 일주가 辰월에 태어나서 득령(得令)하였으나 지지(地支)가 卯辰 합목(合木), 亥卯 합목(合木)하고 월간(月干)에 甲木이 투출(透出)하였으니 재다신약(財多身弱)이

---

8 이원(梨園): 당대의 현종이 악공이나 궁녀에게 음악이나 무용을 가르치던 곳.
9 작위작복(作威作福): 권세를 가지고 횡포하게 복록(福祿)을 취하는 것. 매관매직(賣官賣職)과 같은 뜻으로 보면 된다.

되었다.

희신(喜神)은 인비(印比)인 土金이고 기신(忌神)은 식재관(食財官)인 水木火인데 운행(運行)이 동방지지(東方之地)인 木水로 행(行)하니 불길(不吉)하다. 초년(初年)인 癸卯, 壬寅 운은 水木 운으로 기신(忌神)이 되었으니 미천한 집안에 태어났을 것이고 辛丑 운은 土金으로 희신(喜神)이 되었으니 이원(梨園)에 선발(選拔)되었고 庚子 운은 庚金이 방조(幇助)하니 관리자를 잘 만났으나 亥子 합수(合水)가 되고 子辰 합수(合水)가 되어 식상(食傷)이 재주를 부리어 매관매직(賣官賣職)하였다.

그러나 己亥 운에 이르자 천간(天干)은 甲己 합거(合去), 己癸 충극(冲剋)되었으니 己土 인수(印綬)가 충거(冲去)되었고, 지지(地支)는 亥卯 합목(合木), 亥亥 자형(自刑), 巳亥 상충(相冲)되었으니 파직(罷職)하여 의연하게 살았을 것이다.

原文

何知其人吉 喜神爲輔弼
하지기인길　　희신위보필

그 사람이 길(吉)함을 어떻게 알 수 있는가? 희신(喜神)이 상하좌우(上下左右)에서 보필(輔弼)하면 되는 것이다.

原註

柱中所喜之神 左右終始 皆得其力者必吉 然大勢平順 內體堅厚 主從
주중소희지신　좌우종시　개득기력자필길　연대세평순　내체견후　주종
得宜 縱有一二忌神 適來攻擊 亦不爲凶 譬之國內安和 不愁外寇.
득의　종유일이기신　적래공격　역불위흉　비지국내안화　불수외구

주중(柱中)에서 소희지신(所喜之神)이 좌우(左右)와 종시(終始)에서 모두 그 힘을 얻은 것은 반드시 길(吉)하다. 대세(大勢)가 평순(平順)하고 내체(內體)가 견후(堅厚)하며 주종(主從)이 마땅함을 얻으면 설령 하나둘의 기신(忌神)이 공격(攻擊)하여도 흉(凶)

하지 않다. 비유하면 국내(國內)가 안화(安和)하면 외구(外寇)를 두려워하지 않는 것과 같다.

任註

任氏曰 喜神者 輔用助主之神也 凡八字先要有喜神 則用神有勢 一生
임씨왈 희신자　보용조주지신야　범팔자선요유희신　즉용신유세　일생

有吉無凶 故喜神乃吉神也.
유길무흉　고희신내길신야

若柱中有用神而無喜神 歲運不逢忌神無害 一遇忌神必凶.
약주중유용신이무희신　세운불봉기신무해　일우기신필흉

如戊土生於寅月 以寅中甲木爲用神 忌神必是庚辛申酉之金 日主元神
여무토생어인월　이인중갑목위용신　기신필시경신신유지금　일주원신

厚者 以壬癸亥子爲喜神 則金見水而貪生 不來剋木矣 日主元神薄者
후자　이임계해자위희신　즉금견수이탐생　불래극목의　일주원신박자

以丙丁 巳午爲喜神 則金見火而畏 亦不來剋木矣 如身弱以寅中丙火
이병정　사오위희신　즉금견화이외　역불래극목의　여신약이인중병화

爲用神 喜天干透出 以水爲忌神 以比刦爲喜神.
위용신　희천간투출　이수위기신　이비겁위희신

所以用官用印有別 用官者 身旺可以財爲喜神 用印身弱有刦 而後用
소이용관용인유별　용관자　신왕가이재위희신　용인신약유겁　이후용

官爲喜神 使其刦去財星 則印綬不傷 官星無助之意也.
관위희신　사기겁거재성　즉인수불상　관성무조지의야

如原局有用神 無喜神 而用神得時秉令 氣象雄壯 大勢堅固 四柱安和
여원국유용신　무희신　이용신득시병령　기상웅장　대세견고　사주안화

用神緊貼 不爭不妒者 卽遇忌神 亦不爲凶 如原局無喜神 有忌神或
용신긴첩　부쟁불투자　즉우기신　역불위흉　여원국무희신　유기신혹

暗伏或出現 或與用神緊貼 或爭或妒 或用神不當令 或歲運引出忌神
암복혹출현　혹여용신긴첩　혹쟁혹투　혹용신부당령　혹세운인출기신

助起忌神 譬之國家有奸臣 私通外寇 兩來夾攻 其凶立見 論土如此
조기기신　비지국가유간신　사통외구　양래협공　기흉입견　논토여차

餘皆例推.
여개례추

임씨(任氏)가 말하길, 희신(喜神)이란 용신(用神)을 돕고 일주(日主)를 보조(輔助)해 주는 것을 말한다. 무릇 팔자(八字)에는 우선 희신(喜神)이 있어야 한다. 희신(喜神)이 있으면 용신(用神)은 세력이 있게 되어 일생 동안 길(吉)은 있으나 흉(凶)은 없기 때문이다. 그러므로 희신(喜神)은 바로 길신(吉神)이 된다.

만약 주중(柱中)에 용신(用神)은 있으나 희신(喜神)이 없다면 세운에서 기신(忌神)을 만나지 않으면 해(害)가 없으나 기신(忌神)을 만나면 반드시 흉(凶)하다.

가령 戊土가 寅월에 태어나 寅 중의 甲木을 용신(用神)으로 하면 기신(忌神)은 반드시 木을 극하는 庚辛, 申酉가 된다. 戊土의 원신(元神)이 후덕(厚德)하면 壬癸, 亥子가 희신(喜神)이므로 金이 水를 만나면 水를 생(生)하려 하기 때문에 木을 극(剋)하지 않는다.

그러나 戊土의 원신(元神)이 박약(薄弱)하면 丙丁, 巳午가 희신(喜神)이니 金이 火를 만나면 두려워서 역시 木을 극(剋)하지 못한다. 만약 신약(身弱)하면 寅 중의 丙火가 용신(用神)이 될 때 火가 천간(天干)에 투출(透出)되는 것을 기뻐하니 水가 기신(忌神)이고 비겁(比劫)이 희신(喜神)이 된다.

또한 용관(用官)과 용인(用印)에는 구별이 있는데, 용관(用官)은 신왕(身旺)하기 때문에 재(財)가 희신(喜神)이며, 용인(用印)하는 것은 신약하기 때문에 비겁(比劫)이 있고, 이후에 관(官)을 희신(喜神)으로 쓸 수 있는데 이것은 비겁(比劫)으로 재성을 견제하여 인수가 상해가 없고 관성에 도움이 안 된다는 뜻이다.

만약 원국(原局)에 용신(用神)은 있으나 희신(喜神)이 없을 경우, 용신(用神)이 시령(時令)을 얻어 기상(氣象)이 웅장하고 대세(大勢)가 견고(堅固)하여 사주(四柱)가 안화(安和)하며 용신(用神)이 긴첩(緊貼)되어 쟁투(爭鬪)하지 않으면 설령 기신(忌神)을 만난다고 할지라도 역시 흉(凶)하지 않다.

만약 원국(原局)에 희신(喜神)이 없고 기신(忌神)이 있을 때 그 형태가 암복(暗伏)되어 있거나 출현하였거나, 또는 용신(用神)과 긴첩(緊貼)하고 있거나 또는 쟁투(爭妒)하거나, 또는 용신이 당령(當令)하지 못하거나, 또는 세운이 기신을 인출하여 기신을 도와주거나 한다면, 이는 비유하건대 나라 안에 간신(奸臣)이 있어서 외적(外敵)과 서로 사통(私通)하여 양(兩)쪽에서 협공(挾攻)하는 것이니 흉(凶)이 바로 드러난다.

```
己 戊 丙 甲
未 寅 寅 子
```

```
癸 壬 辛 庚 己 戊 丁
酉 申 未 午 巳 辰 卯
```

春初土虛 殺旺逢財 以丙火爲用 喜其財印相隔 生生不悖 更妙未 時幇
춘초토허　살왕봉재　이병화위용　희기재인상격　생생불패　경묘미　시방

身爲喜 四柱純粹 主從得宜 所以早登甲第 一生有吉無凶 仕至觀察
신위희　사주순수　주종득의　소이조등갑제　일생유길무흉　사지관찰

後退歸優游林下 生育子皆登科弟 夫婦齊眉 壽越八旬.
후퇴귀우유림하　생육자개등과제　부부제미　수월팔순

춘초(春初)에 태어나 土가 허(虛)한데 왕(旺)한 살(殺)이 재(財)의 생(生)을 받고 있으니 丙火가 용신(用神)이다. 기쁘게도 재인(財印)이 서로 떨어져 있고 그 기(氣)가 유행하여 생생불패(生生不悖)한다. 더욱 오묘한 것은 시지의 未土가 방신(幇身)하여 일주를 도우니 사주가 순수하고 주종(主從)이 마땅한 바를 얻었다.

그러므로 일찍이 과거(科擧)에 급제(及第)하였고 일생 동안 유길무흉(有吉無凶)하였으며 벼슬이 관찰(觀察)에 이르렀고 벼슬을 그만둔 후 귀향(歸鄕)하여서도 유유자적(悠悠自適)하였다. 여섯 아들이 모두 과거(科擧)에 합격(合格)하였고 부부(夫婦)는 서로 존경(尊敬)하였으며 수명(壽命)은 팔순(八旬)을 넘었다.

評註

戊土 일주가 寅月에 태어나서 실령(失令)하였고 지지(地支)가 재관(財官)이 왕성한데 년간(年干)에 甲木이 투출하여 뿌리가 튼튼하니 관살태왕(官殺太旺)이 되었다. 그러므로 식신제살격(食神制殺格)으로 희신(喜神)은 인비식(印比食)이 火土金이고 기신(忌神)은 재관(財官)인 水木이다. 원국에서 시주(時柱)의 己未土가 방조(幇助)하니 기

쁘다. 더욱 오묘한 것은 운행이 희신(喜神)인 火金으로 행(行)하고 있는 것이다.

　주의(注意)해야 할 것은 관살(官殺)이 태왕(太旺)하여 일주(日主)가 극제(剋制)를 당하고 있으니 寅 중의 丙火가 오히려 천간(天干)의 丙火를 생조(生助)하여 戊土를 도우니 생생유행(生生流行)하여 아름다운 것이다. 일반적으로 관살(官殺)이 자식인데 기신(忌神)으로 되었다면 자식 역시 불행하였을 것으로 분석하였을 것이다. 그러나 운행에서 식상(食傷) 운이 들어와 기신(忌神)인 관살(官殺)을 극제(剋制)하여 오히려 벼슬길이 관찰(觀察)에 이르렀고 자식(子息)도 모두가 등과(登科)하였다.

```
戊 庚 己 丙
寅 辰 亥 申
```

```
丙乙甲癸壬辛庚
午巳辰卯寅丑子
```

此寒金喜火　得時支寅木之生　則火有焰　然用財殺　必先身旺　妙在年支
차한금희화　득시지인목지생　즉화유염　연용재살　필선신왕　묘재년지

坐祿　三印貼生　更妙亥水當權　申金貪生忘沖　無火則土凍金寒無木　則
좌록　삼인첩생　경묘해수당권　신금탐생망충　무화즉토동금한무목　즉

水旺火虛　以火爲用　以木爲喜　木火兩字　缺一不可　所以生平無凶無驗
수왕화허　이화위용　이목위희　목화양자　결일불가　소이생평무흉무험

登科發甲　宦海無波　後裔濟美　壽至八旬之外.
등과발갑　환해무파　후예제미　수지팔순지외

　이 명조(命造)는 亥월에 태어난 庚金이라 火를 기뻐하는데 火는 시지(時支)의 생(生)을 얻어 불꽃이 일어나고 있다. 그러나 재살(財殺)을 쓰려면 반드시 신왕(身旺)하여야 하니, 묘(妙)하게도 일주(日主)의 녹(祿)인 申金이 있고 세 개의 인수(印綬)가 가깝게 위치하여 생(生)하고 있다. 더욱 묘(妙)한 것은 亥水가 당권(當權)하여 있는데 申金은 탐생(貪生)하여 寅申 충(沖)을 잊어버리고 있다.

火가 없으면 土가 얼고 金이 차며 木이 없으면 水가 왕(旺)하여 火가 허하게 되므로 火를 용신(用神)으로 하고 木을 희신(喜神)으로 삼으니 木火가 하나라도 없어서는 아니된다. 이른바 일생토록 흉험이 없고 등과에 발갑하여 벼슬을 하는 데 어려움이 없었고 후손은 조상의 유업을 계승하였으며 수명은 팔순에 이르렀다.

評註

庚金 일주가 亥月에 태어나서 한랭(寒冷)하니 조후(調候)로 火가 필요하다. 년간(年干)의 丙火가 시지(時支)의 寅木에 생(生)을 받고 있다. 庚金이 년지(年支)의 申金에 녹근되어 있고 좌하(坐下)의 辰土에 생조(生助)을 받고 있으며 戊己土가 가까이에서 역시 생조(生助)하니 신왕(身旺)하다. 희신(喜神)은 식재관(食財官)인 水木火이고 기신(忌神)은 인비(印比)인 土金이다.

주의(注意)할 것은 년시지(年時支)의 寅申이 상충(相冲)할 것으로 보이나 寅木은 寅辰과 寅亥로 합목(合木)이 되었고 申金은 월지(月支)의 亥水를 생조(生助)하니 탐생망충(貪生忘冲)이 되었으니 오히려 생생부절(生生不絶)이 되었다.

原文

何知其人凶 忌神輾轉攻
하지기인흉　기신전전공

그 사람의 흉(凶)함을 어떻게 알 수 있는가? 기신(忌神)이 여러 가지 형태(形態)로 공격(攻擊)하면 그러하다.

原註

財官無氣 用神無力 不過無所發達而已 亦無刑凶也.
재관무기　용신무력　불과무소발달이이　역무형흉야

至於忌神太多 或刑或冲 歲運助之 輾轉攻擊 局內無備禦之神 又無主
지어기신태다　흑형흑충　세운조지　전전공격　국내무비어지신　우무주

從 不免刑傷破敗 犯罪受難 到老不吉.
종   불면형상파패   범죄수난   도노불길

재관(財官)이 무기(無氣)하고 용신(用神)이 무력(無力)하면 발전이 없을 뿐만 아니라 형충(刑冲)도 없다. 기신(忌神)이 지나치게 많거나 형충(刑冲)을 세운(歲運)에서 돕거나 기신(忌神)이 여러 가지 형태(形態)로 공격(攻擊)하는데 원국(原局)에서 방어하는 신(神)이 없거나 주종(主從)이 없으면 형상파패(刑傷破敗)를 면(免)할 수가 없다. 그러니 죄(罪)를 범하고 어려움을 겪으며 늙도록 길(吉)함이 없을 것이다.

任氏曰 忌神者 損害體用支神也 故八字先要有喜神 則忌神無勢 以忌
임씨왈   기신자   손해체용지신야   고팔자선요유희신   즉기신무세   이기

神爲病 以喜神爲樂 有病有藥則吉 有病無藥 則凶 一生吉少凶多者
신위병   이희신위락   유병유약즉길   유병무약   즉흉   일생길소흉다자

皆忌神得勢之故耳 如寅月生人 不用甲木而用戊土 則甲木爲當令之忌
개기신득세지고이   여인월생인   불용갑목이용무토   즉갑목위당령지기

神 看日主之意向 或喜火以化之 或用金以制之 安頓得好 又逢歲運扶
신   간일주지의향   혹희화이화지   혹용금이제지   안돈득호   우봉세운부

喜抑忌 亦可轉凶爲吉.
희억기   역가전흉위길

歲運又不來扶喜抑忌 又不與忌神結黨者 不過終身祿祿 無所發達而已
세운우불래부희억기   우불여기신결당자   불과종신록록   무소발달이기

若無火之化 金之制 又遇水之生 歲運又黨助忌神 傷我喜神 輾轉相攻
약무화지화   금지제   우우수지생   세운우당조기신   상아희신   전전상공

凶禍多端 到老不吉 論木如此 餘可例推.
흉화다단   도노불길   론목여차   여가예추

임씨(任氏)가 말하길, 기신(忌神)이란 체용(體用)의 신(神)에 손해(損害)를 주는 것이다. 그러므로 팔자(八字)는 먼저 희신(喜神)이 중용(重用)하고 기신(忌神)은 세력(勢力)이 없어야 한다.

따라서 기신(忌神)은 병(病)이 되고 희신(喜神)은 약(藥)이 된다. 병(病)이 있을 때 약(藥)이 있으면 길(吉)하나, 병(病)이 있으나 약(藥)이 없으면 흉(凶)하다. 일생(一生)동안 길(吉)한 것은 적고, 흉(凶)한 것이 많은 것은 모두가 기신(忌神)이 세력(勢力)을 얻었기 때문이다.

예를 들어, 寅월에 태어난 사람이 甲木을 쓰지 못하고, 戊土를 쓰게 되면 甲木은 기신(忌神)이 당령(當令)한 것이다. 일주(日主)의 의향(意向)을 살펴보아 火로써 木을 설기(洩氣)하여 변화시켜 주면 좋고 金으로써 甲木을 제거(除去)해 주면 안돈(安頓)하여 좋다.

그리고 세운(歲運)에서 희신(喜神)을 도와주고 기신(忌神)을 억제하면 흉(凶)을 길(吉)로 바꿀 수 있으나 세운(歲運)에서 희신(喜神)을 돕지 못하고 기신(忌神)도 억제(抑制)하지 못하면 기신(忌神)과 결당(結黨)하여 친(親)하게 어울리지 못하면 일생 동안 번거롭기만 하고 발달(發達)하지 못하게 된다.

만약 火가 木을 화(化)하지도 못하고, 金이 木을 제(制)하지도 못할 경우에 水가 木을 생(生)하거나 세운(歲運)에서 기신(忌神)인 木을 돕게 되면 나의 희신(喜神)을 여러 가지 형태(形態)로 공격(攻擊)하여 상해(傷害)하므로 흉화(凶禍)가 다단(多端)하여 노년(老年)에 이르기까지 고생(苦生)할 것이다.

木을 예로 들어 이와 같이 논(論)하였으니 나머지도 이와 같이 추리(推理)할 수 있다.

任註

己	丙	庚	辛
丑	辰	寅	巳

癸甲乙丙丁戊己
未申酉戌亥子丑

丙火生寅　木嫩火相　未爲旺也　生祝時　竊去命主元神　以寅木爲用　所嫌
병화생인　목눈화상　미위왕야　생축시　절거명주원신　이인목위용　소혐

庚金當頭之忌 木嫩逢金 火虛見洩 初交己丑戊子 生金洩火 幼喪父母
경금당두지기　목눈봉금　화허견설　초교기축무자　생금설화　유상부모

孤苦不堪 丁亥丙戌 火在西北 不能去盡忌神 所以歷盡風霜 稍成家業
고고불감　정해병술　화재서북　불능거진기신　소이역진풍상　초성가업

一交乙酉 干支皆火忌神 刑妻剋子 遭水厄而亡.
일교을유　간지개화기신　형처극자　조수액이망

　丙火가 寅월에 생(生)하여 木은 어리고 한기(寒氣)가 가시지 않은 때이니 火는 아직 왕(旺)하지 않은데, 丑시에 생(生)하여 명주(命柱)의 원신(元神)인 火를 설(洩)하니 寅木이 용신(用神)이다. 꺼리는 것은 庚金이 寅木 바로 위에 개두(蓋頭)되어 기신(忌神)이니 어린 木이 金을 만났고 허화(虛火)가 설기(洩氣)당하고 있다.

　초운 己丑, 戊子 운은 설화생금(洩火生金)하니 어려서 부모를 모두 잃었고 고고(孤苦)를 감당할 수가 없었다. 丁亥, 丙戌 운은 火가 서북(西北)에 있어서 기신(忌神)을 모두 제거(除去)하지 못하니 온갖 풍상(風霜)을 다 겪으면서 가업(家業)을 조금 이루었다. 乙酉 운으로 바뀌어서는 간지(干支)가 모두 기신(忌神)으로 변(變)하니 형처극자(刑妻剋子)하였고, 수액(水厄)을 만나 세상을 떠났다.

評註

　丙火 일주가 寅월에 태어나서 득령하였으니 土金이 태왕하여 신왕하다. 년월지(年月支)의 인비인 木火가 뿌리가 될 것 같으나 寅木은 개두(蓋頭)되었고, 巳火는 절각(截脚)되어 있으므로 신약한 것이 분명하다. 희신(喜神)은 인비인 木火이고 기신(忌神)은 식재관인 土金水인데 운행이 북서지지로 행하니 불미하다.

　초운인 己丑, 戊子 운은 간지(干支)가 모두 기신(忌神)이니 조실부모하였고, 丁亥, 丙戌 운은 丙丁이 희신(喜神)이지만 己亥 상충(相冲), 辰戌 상충(相冲)으로 편고하게 살았다. 乙酉 운에는 乙庚 합금(合金)이 되고 巳酉丑 합금(合金)이 되어 천간과 지지가 기신(忌神)으로 되었으니 형처극자하고 불록지객이 되었다.

```
甲 丙 戊 乙
午 子 寅 亥
```

```
辛壬癸甲乙丙丁
未申酉戌亥子丑
```

丙火生于寅月 印星當令 時逢刃旺 甲乙丙旺透 四柱無金 寅亥化木 子
병화생우인월　인성당령　시봉인왕　갑을병왕투　사주무금　인해화목　자

水冲破 官星無用 必以月干戊土爲用 忌神卽是甲木 亥子之水 反生旺
수충파　관성무용　필이월간무토위용　기신즉시갑목　해자지수　반생왕

木 所謂忌神輾轉攻也 初交丁丑 生助用神 祖業十餘萬 其樂自如 一交
목　소위기신전전공야　초교정축　생조용신　조업십여만　기락자여　일교

丙子 火不通 父母雙亡 連遭回祿 乙亥水木並旺 又遭回祿 剋三妻四子
병자　화불통　부모쌍망　연조회록　을해수목병왕　우조회록　극삼처사자

赴水而亡.
부수이망

丙火가 寅월에 생(生)하여 인성(印星)이 당령(當令)하였는데 시지(時支)에서 인왕(印旺)을 만났고, 甲乙이 함께 투출(透出)하였으며 子水가 충파(冲破)되었으니 관성(官星)을 쓸 수가 없고 반드시 월간(月干)의 戊土가 용신(用神)이다.

기신(忌神)은 甲木인데 亥子 합수(合水)가 오히려 왕목(旺木)을 생(生)하니 소위 "기신(忌神)이 여러 가지 형태(形態)로 공격(攻擊)한다"라는 것이다.

초년(初年)인 丁丑 운에는 용신(用神)을 생조(生助)하여 조업(祖業)이 십여만(十餘萬)이었고 그 기쁨을 마음껏 누렸으나, 丙子 운으로 바뀌어서는 火가 뿌리를 내리지 못하여 부모(父母)를 모두 여의고 연이어 화재(火災)를 당했다.

乙亥 운에는 木火가 병왕(並旺)하니 또한 화재(火災)를 만났으며 삼처(三妻)와 사자(四子)를 극(剋)하였고 물이 쓸어가 사망(死亡)하였다.

評註

丙火 일주가 寅月에 태어나서 득령(得令)하였고 시주(時柱)가 인비(印比)로 부조(扶助)하고 있는데 년월지(年月支)가 寅亥 합목(合木)으로 인수(印綬)가 왕(旺)한데 乙木이 투출(透出)하였으니 신왕(身旺)하다. 희신(喜神)은 식재관(食財官)인 土金水이고 기신(忌神)은 인비(印比)인 木火이다.

원국(原局)과 亥子丑 합수국(合水局)을 이루어 조상(祖上)의 음덕(蔭德)이 있었으나 丙子 운은 丙火가 절각(截脚)되어 있고 亥子 합수(合水)가 되어 희신(喜神)이 되었으나 子子 자형(自刑), 子午 상충(相冲)으로 오히려 관성(官星)인 子水가 충발(冲拔)하였으니 처자(妻子)가 극(剋)을 당하였다.

乙亥 운은 亥子 합수(合水)가 寅亥 합목(合木)을 생조(生助)하여 기신(忌神)을 더욱 흉(凶)하게 만들었으며 亥水가 희신(喜神)인데 亥亥 자형(自刑)을 하여 관성(官星)을 흉(凶)하게 하였으니 불록지객(不祿之客)이 된 것이다.

原文

何知其人壽 性情元神厚
하지기인수　성정원신후

그 사람의 수명(壽命)을 무엇으로 아는가? 성품(性品)이 안정(安定)되고 원신(元神)이 후덕(厚德)하면 되는 것이다.

原註

靜者壽 柱中無冲無合 無缺無貪 則性定矣 元神厚者 不特精氣神氣 皆
정자수　주중무충무합　무결무탐　즉성정의　원신후자　불특정기신기　개

全之謂也 官星不絶 財神不滅 傷官有氣 身弱印旺 提綱輔主 用神有力
전지위야　관성부절　재신불멸　상관유기　신약인왕　제강보주　용신유력

時上生根 運無絶地 皆是元神厚處 細究之.
시상생근　운무절지　개시원신후처　세구지

太率甲乙寅卯之氣　不遇冲戰洩傷　偏旺浮泛　而安頓得所者必壽　木屬
태솔갑을인묘지기　　불우충전설상　　편왕부범　　이안돈득소자필수　　목속

仁　仁者壽　每每有驗　故敢施之於筆.
인　인자수　매매유험　고감시지어필

若貧賤之人而亦壽者　以其稟得一個身旺　或身弱而運行生地　小小與
약빈천지인이역수자　　이기품득일개신왕　　혹신약이운행생지　　소소여

他食祿不缺故耳.
타식록불결고이

정(靜)하면 수(壽)를 누린다.

주중(柱中)에 충(冲)이 없고 합(合)도 없으며 결함(缺陷)도 없고 탐(貪)하는 것도 없다면 성품(性品)이 안정된 것이다. 원신(元神)이 후(厚)하다는 것은 정기(精氣)와 신기(神氣)뿐만 아니라 원국(原局)의 육친배합(六親配合)이 모두 온전(穩全)하다는 것을 말한다.

관살(官殺)이 절(絶)되지 않고 재성(財星)이 멸(滅)하지 않으며 상관(傷官)이 유기(有氣)하고 신약(身弱)한데 인수(印綬)가 넉넉하며 월령(月令)이 일주(日主)를 돕고 용신(用神)이 유력하며 시상(時上)에서 뿌리가 생(生)하고 운(運)이 절지(絶地)가 되지 않으면 모두 원신(元神)이 후(厚)한 것이다.

자세(仔細)하게 연구(研究)해야 한다.

대체로 甲乙寅卯의 기(氣)가 충전(冲戰), 설상(洩傷), 편왕(偏旺), 부범(浮泛)을 만나지 않고 원국(原局)이 평안하면 반드시 수(壽)를 누린다. 木은 인(仁)에 속(屬)하는데 인자(仁者)가 장수(長壽)하는 것은 늘 증험(證驗)해 왔던 것이다. 만약 빈천(貧賤)한 사람이 장수(長壽)하는 것은 신왕(身旺)하다는 한 가지를 타고 났기 때문이고, 신약(身弱)한 사람이 장수(長壽)하는 것은 운(運)이 생지(生地)로 행(行)하고 사소하나마 다른 것과 더불어 식록(食祿)이 결핍(缺乏)되지 않았기 때문이다.

任氏曰 仁靜寬德厚 此五者 皆壽微也.
임씨왈　인정관덕후　차오자　개수미야

四柱得地 五行停勻 所合者皆閑神 所化者皆用神 冲去者皆忌神留存
사주득지　오행정균　소합자개한신　소화자개용신　충거자개기신유존

者 皆喜神 無缺無陷 不偏不枯 則性定矣 性定不生貪戀之私 不作苟且
자　개희신　무결무함　불편불고　즉성정의　성정불생탐연지사　부작순차

之事 爲人寬厚和平 仁德兼資 未有不富貴福壽者也.
지사　위인관후화평　인덕겸자　미유부부귀복수자야

元神厚者 官弱逢財 財輕遇食 身旺以食傷發秀 身弱而印綬當權 所喜
원신후자　관약봉재　재경우식　신왕이식상발수　신약이인수당권　소희

者皆提綱之神 所忌者皆失令之物 提綱與時支有情 行運與喜用不悖
자개제강지신　소기자개실령지물　제강여시지유정　행운여희용불패

是皆元神 厚處 宜細究之.
시개원신　후처　의세구지

清而純粹者 必富貴而壽 濁而混雜者 必貧賤而壽.
청이순수자　필부귀이수　탁이혼잡자　필빈천이수

임씨(任氏)가 말하길, 인정관덕후(仁靜寬德厚), 이 다섯 가지는 모두 수(壽)를 나타낸다.

사주(四柱)가 득지(得地)하고 오행(五行)이 균정(勻停)하면 합(合)하는 것은 모두 한신(閑神)이고, 화(化)하는 것은 모두 용신(用神)이며, 충거(冲去)하는 것은 모두 기신(忌神)이고, 존유(存留)하는 것은 모두 희신(喜神)이며, 결함(缺陷)이 없고 편고(偏枯)하지 않으면 성정(性情)이 안정(安定)되었다는 것이다.

사주(四柱)가 성정(性情)하면 사사로운 것에 연연하지 않고 매사를 대강대강 해치우는 일이 없고 너그럽고 후덕(厚德)하며 평화스럽고 인덕(人德)을 겸비(兼備)한 사람이다. 그런 이가 어찌 부귀(富貴)와 복수(福壽)를 누리지 않겠는가?

원신(元神)이 후덕(厚德)하다는 것은, 관(官)이 약(弱)할 때 재(財)를 만나거나, 재(財)가 경(輕)할 때 식상(食傷)을 만나거나, 신왕(身旺)할 때 식상(食傷)이 투출(透出)되거나, 신약(身弱)할 때 인수(印綬)가 당권(當權)하는 것이다.

기뻐하는 것은 모두 제강지신(提綱之神)이고 꺼리는 것은 모두 실령지물(失令之物)인 경우를 말한다. 제강(提綱)과 시지(時支)가 유정(有情)하고 행운(行運)과 희용(喜用)이 어긋나지 않으면 모두 원신(元神)이 후덕(厚德)한 것이다. 청(清)하고 순수(純粹)하면 부귀장수(富貴長壽)하며, 탁(濁)하고 혼잡(混雜)하면 빈천요수(貧賤夭壽)[10]한다.

任註

```
丙 甲 癸 辛
寅 子 巳 丑
```

丙丁戊己庚辛壬
戌亥子丑寅卯辰

此從巳火起源頭　生丑土　丑土生辛金　辛生癸　癸生甲　甲生丙火　甲祿
차종사화기원두　생축토　축토생신금　신생계　계생갑　갑생병화　갑록

居寅　癸祿居子　丙錄居巳　官坐財地　財逢食生　五行元神皆厚　四柱通根
거인　계록거자　병록거사　관좌재지　재봉식생　오행원신개후　사주통근

生旺　左右上下有情　爲人剛柔相濟　人德兼資　貴至三品　富有百萬　子
생왕　좌우상하유정　위인강유상제　인덕겸자　귀지삼품　부유백만　자

十三人　壽至百歲　無疾而終.
십삼인　수지백세　무질이종

이 명조(命造)는 巳火로부터 근원(根源)이 일어나 丑土를 생(生)하고, 丑土는 辛金을 생(生)하고, 辛金은 癸水를 생(生)하고, 癸水는 甲木을 생(生)하고, 甲木은 丙火를 생(生)하고, 甲木의 록(祿)이 寅木에 있고, 癸水의 록(祿)은 子水에 있고, 丙火의 녹(祿)은 巳火에 있고, 관(官)은 재지(財地)에 앉아있고, 재(財)는 식신(食神)의 생(生)을

---

10 빈천요수(貧賤夭壽): 천(賤)하면서 가난하게 살며 수명(壽命)까지도 짧다는 뜻이다. 임주(任註)에서는 빈천이수(貧賤而壽)로 되어 있으니 원신(元神)이 후덕(厚德)한 경우에는 비천(卑賤)하게 살더라도 장수(長壽)한다는 뜻이다.

받았으니 오행(五行)의 원신(元神)이 모두 두텁다.

　사주(四柱)가 모두 생왕(生旺)에 통근(通根)하였고 상하좌우(上下左右)가 유정(有情)하니 사람됨이 강유(剛柔)를 상제(相濟)할 줄 알고 인덕(人德)을 겸비(兼備)하여 벼슬이 삼품(三品)에 이르렀고, 부는 백여만(百餘萬)에 달하였으며 자식(子息)은 13명을 두고 수(壽)는 백(百)세에 이르도록 평생(平生)을 병(病) 없이 삶을 마감하였다.

評註

　甲木 일주가 巳월에 태어나서 실령(失令)하였으나 좌하(坐下)의 子水에 득지하였고, 시지(時支)의 寅木에 득세하였으며 월간(月干)의 癸水가 辛金을 인화(引化)하여 甲木을 생조(生助)하니 신왕(身旺)하다. 그러므로 희신(喜神)은 식재관(食財官)인 火土金이고 기신(忌神)은 인비(印比)인 水木이다. 원국(原局)에서 丙火는 寅木과 巳火의 생록에 뿌리를 갖고 있으며 丑土는 巳火의 생조(生助)를 받고 있으며 辛金은 丑土의 생조(生助)를 받고 있으니 희신(喜神)이 모두 후덕(厚德)하다.

　용신정법(用神定法)에서는 식신제살격(食神制殺格) 또는 재자약살격(財滋弱殺格)이라고 한다. 기쁘게도 사주(四柱)가 상하좌우(上下左右)가 유정(有情)하니 천부지재(天覆地載)가 되어 귀격(貴格)이다. 주의(注意)할 것은 운행(運行)이 초중년(初中年)에 동북지지(東北之地)로 행(行)하여 불길(不吉)하게 보이나 원국(原局)에서 오행구전격(五行俱全格)이 되어 순환상생(循環相生)이 되었고 년상정관격(年上正官格)이 되었으니 부귀(富貴)와 자식과 장수를 모두 누렸다.

```
戊 丙 乙 己
子 寅 亥 酉
```

```
戊己庚辛壬癸甲
辰巳午未申酉戌
```

此以酉金爲源頭 **生亥水** **亥水合寅而生丙** **丙火生戊土** **元神皆厚** **鄕榜**
차이유금위원두　　　생해수　　　해수합인이생병　　　병화생무토　　　원신개후　　　향방

出身 **仕至觀察** **爲人寬厚端方** **九子二十四孫** **富有百餘萬** **壽至百二十**
출신　　사지관찰　　위인관후단방　　　구자이십사손　　　부유백여만　　　수지백이십

歲 無疾而終.
세　　무질이종

이 명조(命造)는 酉金이 원두(源頭)인데 亥水로 생(生)하고, 亥水는 寅木을 합(合)
하여 丙火를 생(生)하며, 丙火는 戊土를 생(生)하니 원신(元神)이 모두 후덕(厚德)하
다. 향방(鄕榜) 출신(出身)으로 벼슬이 관찰(觀察)에 이르렀다. 사람이 어질고 후덕하
고 단정하였다. 자식(子息)이 아홉이고 손자(孫子)가 24명이며 부(富)는 백여만에 달
하고 수(壽)는 120세에 이르러 평생 병(病) 없이 세상을 떠났다.

丙火 일주(日主)가 亥월에 태어나서 실령(失令)하였고 랭한(冷寒)하니 조후(調候)로
火가 필요하다. 지지(地支)에서 寅亥가 합목(合木)하여 丙火를 생조(生助)하고 乙木
이 투출(透出)하여 역시 생조(生助)하니 신왕(身旺)하다. 희신(喜神)은 식재관(食財官)인
土金水이고 기신(忌神)은 인비(印比)인 木火이다.

원국(原局)에서 오행구전격(五行俱全格)이 되어 오기유행(五氣流行)하였고 살(殺)이
왕(旺)하지만 乙木이 寅亥 합목(合木)에 득근(得根)하여 살인상생(殺印相生)하였으니 아
름답다. 성격(性格)이 관후(寬厚)하고 단방(端方)하니 부귀(富貴)하고 장수(長壽)하였다.

```
壬 壬 辛 己
寅 寅 未 酉
```

```
甲乙丙丁戊己庚
子丑寅卯辰巳午
```

此以未土爲源頭 生辛金 辛金生壬水 壬水生寅木 四柱生化有情 元神
차이미토위원두　생신금　신금생임수　임수생인목　사주생화유정　원신

厚而純粹 所喜者 火喜其包藏不露 早登科甲 仕至三品 爲人品行 端方
후이순수　소희자　화희기포장불로　조등과갑　사지삼품　위인품행　단방

謙和仁厚 八子十九孫 壽至九旬有六.
겸화인후　팔자십구손　수지구순유육

이 명조(命造)는 未土가 원두(源頭)인데 辛金은 생(生)하고, 辛金은 壬水를 생(生)하며 壬水는 寅木을 생(生)하니 사주(四柱)가 생화유정(生化有情)하고 원신(元神)이 두텁고 순수(純粹)하다.

또한 기쁜 것은 火가 감추어져 나타나지 않은 데 있다. 일찍 과갑(科甲)에 올랐고 벼슬이 삼품(三品)에 이르렀는데 품행(品行)이 단정(端正)하고 겸화(謙和)하고 인후(仁厚)하였다. 자식(子息)이 8명이고 손자(孫子)가 19명이고 수명(壽命)은 96세에 이르렀다.

壬水 일주가 未月에 태어나서 실령(失令)하였으나 년지(年支)의 酉金에 뿌리를 두고 있으니 己未土가 辛金을 생조(生助)하여 壬水를 도우니 살인상생(殺印相生)이 되었다. 희신(喜神)은 식재관(食財官)인 木火土이고 기신(忌神)은 인비(印比)인 金水이다.

원국(原局)이 생화유정(生化有情)하니 원신(元神)이 후덕(厚德)하고 순수(純粹)할 뿐만 아니라 오기유행(五氣流行)하니 생생부절(生生不絶)함으로써 주류불체(周流不滯)하였다. 그러므로 명리쌍전(名利雙全)하고 장수(長壽)하였다.

任註

```
丙 庚 庚 丁
子 辰 戌 未
```

```
癸甲乙丙丁戊己
卯辰巳午未申酉
```

此以丁火 爲源頭 生土 土生金 兩藏財庫 身旺用官 中年行運不背 所
차이정화 위원두 생토 토생금 양장재고 신왕용관 중년행운불배 소

以早登鄕榜 名利雙輝 爲人有剛明決斷之本無刻薄欺瞞之意 惜乎無木
이조등향방 명리쌍휘 위인유강명결단지본무각박기만지의 석호무목

火之元神不足 孫枝雖旺 子息未免多損之憂.
화지원신부족 손지수왕 자식미면다손지우

이 명조(命造)는 丁未를 근원(根源)으로 火는 土를 생(生)하고 土는 金을 생(生)하고 양고장(兩庫藏)에 재(財)가 감추어져 있어 신왕(身旺)하니 관(官)을 써야 한다. 중년(中年)에 행운(行運)이 어긋나지 않아 일찍 향방(鄕榜)에 합격(合格)하였고 명리쌍휘(名利雙輝)하였다.

사람됨이 강명(剛明)하고 결단(決斷)이 있으며 각박(刻薄)하거나 남을 기만(欺瞞)하는 마음이 없다. 애석(哀惜)하게도 木이 없어 火의 원신(元神)이 부족(不足)하니 비록 후손(後孫)이 많아도 자식(子息)이 많은 손상(損傷)을 입어 슬픔은 면(免)할 수 없었다.

評註

庚金이 戌月에 태어나서 득령(得令)하였고 좌하(坐下)의 辰土에 득지(得地)하였으며 庚金이 투출(透出)하였으니 신왕(身旺)하다. 희신(喜神)은 식재관(食財官)인 水木火이고 기신(忌神)은 인비(印比)인 土金이다. 원국(原局)에서 식상(食傷)인 子水는 子辰 합수(合水)가 되어 왕금(旺金)을 설기(洩氣)하니 아름답다.

재성(財星)인 木은 암장(暗藏)되어 있으나 辰戌 충(冲), 戌未 형(刑)으로 乙木이 손상(損傷)을 입었으니 관성(官星)인 丙丁火를 생조(生助)할 수가 없으나 기쁘게도 운행(運行)에서 화목지지(火木之地)로 乙辛 충(冲), 丁癸 충(冲)되어 木火가 손상(損傷)되었으며 또한 戌 중의 辛金과 未 중의 乙木이 乙辛 충(冲)되었으니 乙木이 손상(損傷)되었다. 그러므로 木火는 재관(財官)에 해당(該當)되어 자식(子息)을 잃었을 것이다.

앞의 셋 명조(命造)는 원국(原局)에서 형충파(刑冲破)가 없으니 청순(淸純)하였고 이 명조(命造)는 형충(刑冲)이 있으니 상대적(相對的)으로 혼탁(混濁)하다고 본다. 용신정법(用神定法)에서는 년상정관격(年上正官格)에 丁火가 용신(用神)이라고도 하며 시상편관격(時上偏官格)이나, 시상일위귀격(時上一位貴格)이라고도 한다.

任註

```
庚 戊 甲 癸
申 戌 寅 丑
```

```
丁 戊 己 庚 辛 壬 癸
未 申 酉 戌 亥 子 丑
```

戊戌日　逢庚申時　食神有力　殺旺無印　足以强制　生八九子　有三四 子
무술일　봉경신시　식신유력　살왕무인　족이강제　생팔구자　유삼사　자

貴顯而授一品之誥封者　土金有情之妙也　其爲人貪惡兩備者　不能化
귀현이수일품지고봉자　　토금유정지묘야　기위인탐오양비자　불능화

殺之故也 淫靡無禮者 火不現 水得地故也 蓋寅申冲 則丙火必壞
살지고야 음미무례자 화불현 수득지고야 개인신충 즉병화필괴

丑戌刑 則丁火亦傷 兼之癸水透 則日主之心志必慾合 而求之不顧 寅
축술형 즉정화역상 겸지계수투 즉일주지심지필욕합 이구지불고 인

戌支藏之火 暗中剋盡 夫火司禮 爲人豈可無禮 無禮則無所不爲矣
술지장지화 암중극진 부화사례 위인기가무례 무례즉무소불위의

設使年干癸水換於丁火 未有不仁德者也 其富貴福壽 皆申時之力 亦
설사년간계수환어정화 미유불인덕자야 기부귀복수 개신시지력 역

祖德宗功所致也 後生落頭疽而亡 由己積惡多端而天誅之矣.
조덕종공소치야 후생락두저이망 유기적악다단이천주지의

戊戌 일주가 庚申 시주(時柱)를 만나서 식신(食神)이 유력(有力)하고 살(殺)이 왕(旺)하며 인수(印綬)가 없으니 충분히 제살(制殺)할 수 있다.

8~9명의 자식(子息)을 두었는데 그중 3~4명은 귀(貴)함이 있어 일품(一品)의 벼슬에 봉(封)해지니 이는 土金이 유정(有情)한 까닭이다.

사람됨이 탐욕(貪慾)과 사악(邪惡)함을 모두 갖춘 것은 살(殺)을 인화할 수 없었기 때문이고 음미(淫靡)하고 무례(無禮)한 것은 火가 나타나지 않고 水가 득지(得地)한 까닭이다.

대체로 寅申이 충(冲)하면 丙火가 반드시 깨지고 丑戌이 형(刑)하면 丁火가 상(傷)하는데 癸水까지 투출(透出)하였으니 일주(日主)의 심지는 반드시 癸水를 합(合)하고자 하고 丙丁을 구(救)할 생각이 없다.

寅戌의 암장(暗藏)에는 火가 극(剋)을 받아 그 기운이 소진(消盡)되었다. 火가 예(禮)를 주관하는데 어찌 예(禮)가 있을 수 있겠는가? 무례(無禮)하고 무소불위(無所不爲)하였다. 만약 년간(年干)의 癸水가 丁火로 바뀌었다면 인덕(人德)이 없지 않았을 것이다.

그러므로 부귀복수(富貴福壽)는 모두가 신시(申時)의 힘이니 역시 조상(祖上)의 공덕(功德)으로 이루어진 것이다. 이후(以後)에 생활(生活)이 몰락(沒落)하고 머리에 악성(惡性) 종기가 나서 죽은 것은 자신(自身)이 지은 죄(罪)가 많아서 하늘의 주벌(誅罰)을 받은 것이다.

評註

戊土 일주가 寅月에 태어나서 실령(失令)하였고 좌하(坐下)의 戊土에 득지(得地)하였으나 식재관(食財官)이 왕(旺)하여 신약(身弱)하다. 원국(原局)에서 년간계수(年干癸水)가 金의 생조(生助)를 받아 木을 생조(生助)하니 관살(官殺)이 태왕(太旺)하다. 그러므로 식신제살격(食神制殺格)이 되어 희신(喜神)은 인비식(印比食)인 火土金이고 기신(忌神)은 재관(財官)인 水木이다.

원국(原局)에서 인수(印綬)인 火가 없으니 음미(淫靡)하고 무례(無禮)한 것이다. 지지(地支)에서 寅申 충(冲)하고 丑戌 형(刑)하니 丙丁火가 손상(損傷)당하였기 때문이다. 질병(疾病)으로 논(論)하면 丙丁火는 심장병(心臟病)이나 뇌졸중(腦膵中)에 해당한다.

任註

```
庚 乙 戊 乙
辰 卯 寅 未
```

```
辛 壬 癸 甲 乙 丙 丁
未 申 酉 戌 亥 子 丑
```

此支類東方 正曲直仁壽格 大勢觀之 財官有氣 名利裕如 第五行火不
차지류동방　정곡직인수격　대세관지　재관유기　명리유여　제오행화불

出現 財之元神虛脫 寅卯辰東方木旺 官星之根亦薄 所以一生操勞剝
출현　재지원신허탈　인묘진동방목왕　관성지근역박　소이일생조노박

削 資囊未滿先傾 且平生仗義疎財 爲人無驕諂 存古道 苦守淸貧生四
삭　자낭미만선경　차평생장의소재　위인무교첨　존고도　고수청빈생사

子 皆得力 壽至九十四歲.
자　개득력　수지구십사세

이 명조(命造)는 지지(地支)가 동방목국(東方木局)을 이루니 곡직인수격(曲直仁壽格)

이다. 대세로 보면 재관(財官)이 유기(有氣)하니 명리(名利)가 유여(有餘)할 것 같으나 오행(五行)의 火가 나타나지 않아 재(財)의 원신(元神)이 허탈(虛脫)하다. 寅卯辰이 동방(東方)으로 木이 왕(旺)하니 관성(官星)의 뿌리가 역시 박(薄)하여 일생 동안 열심히 노력(努力)하였으나 착취(搾取)만 당하고 주머니가 차기도 전에 먼저 기울어졌다.

다만 평생(平生)의 의리(義理)를 위해 재물(財物)을 멀리하였으며 사람됨이 교만(驕慢)과 아첨(阿諂)이 없었고 옛사람의 가르침을 따라 청빈(淸貧)함을 지켰다. 자식(子息) 넷이 성공(成功)하였고 수(壽)는 94세에 이르렀다.

評註

乙木 일주가 寅월에 태어나서 전지지(全地支)가 寅卯辰 동방목국(東方木局)을 이루고 년지미토(年支未土) 역시 卯木 합목(合木)을 이루니 곡직인수격(曲直仁壽格)이다. 희신(喜神)은 인비식(印比食)인 水木火이고 기신(忌神)은 재관(財官)인 土金이다. 원국(原局)에서 戊土와 庚金이 투출(透出)하여 뿌리가 없으니 약(弱)하지만 木에 손상(損傷)을 입히니 재관(財官)이 순조(順調)롭지 못하다.

任註

```
戊 己 庚 戊
辰 卯 申 辰
```

```
丁 丙 乙 甲 癸 壬 辛
卯 寅 丑 子 亥 戌 酉
```

此土金傷官	辰中癸水	偏財歸庫	申中壬水	正財逢生	刦雖旺而不能奪
차토금상관	진중계수	편재귀고	신중임수	정재봉생	겁수왕이불능탈

且土氣盡歸于金	傷官化刦	暗處生財	兼之獨殺爲權	故爲人權謀異衆
차토기진귀우금	상관화겁	암처생재	겸지독살위권	고위인권모이중

地支皆陰濕之氣	作事詭譎多端	一生所重者財	以少仁義	至四旬無子
지지개음습지기	작사궤휼다단	일생소중자재	이소인의	지사구무자

娶兩妾又無子 壽至九旬外 惜財如命 卒後家業四十餘萬 分奪而盡.
취양첩우무자　수지구순외　석재여명　졸후가업사십여만　분탈이진

細究之皆因財星過于藏蓄 不得流行之故也 財不流行 秋金逢土而愈堅
세구지개인재성과우장축　부득유행지고야　재불류행　추금봉토이유견

生意 遂絕耳 大凡財厚無子 皆類此格 故無子之人 其性情必多鄙吝 不
생의　수절이　대범재후무자　개류차격　고무자지인　기성정필다비린　부

知財散則民 娶倘使富人無子 能輕其財于親族之中 分多潤寡 何患無
지재산즉민　취당사부인무자　능경기재우친족지중　분다윤과　하환무

子哉 卽如此造金氣 太堅 水不露頭 未得生生之妙 能散其財 則金自流
자재　즉여차조금기　태견　수불로두　미득생생지묘　능산기재　즉금자류

行 子必招矣.
행　자필초의

然散亦有功過 散財于僧道 有過無功 散財于親族 有功無過 修德獲報
연산역유공과　산재우승도　유과무공　산재우친족　유공무과　수덕획보

人事原可挽回 作善降祥 天心詎難感召 壽本五福之首 壽而無子 終于
인사원가만회　작선강상　천심거난감소　수본오복지수　수이무자　종우

無益 與其富壽而無子 不若貧壽而有子也.
무익　여기부수이무자　불약빈수이유자야

　이 명조(命造)는 土金 상관(傷官)인데 辰 중에 癸水는 편재(偏財)가 고장(庫藏)에 있는 것이고 申 중에 壬水는 정재(正財)가 생조(生助)를 만났다. 비겁(比劫)이 왕(旺)하다고 할지라도 겁탈(劫奪)하지 못한다. 또한 토기(土氣)는 金으로 귀속(歸屬)하였고 상관(傷官)에서 생재(生財)를 하니 겸(兼)하여 독살(獨殺)이 권세(權勢)가 되었다. 그러므로 권모술수(權謀術數)가 남달랐으며 지지(地支)가 모두 음습지기(陰濕地氣)이니 하는 일에 거짓과 사기성이 많아 일생 동안 재물(財物)만 소중(所重)하게 여기고 인의(仁義)가 없었다.

　사십(四十)이 되도록 첩(妾)을 둘이나 두었으나 자식(子息)이 없었으며 수명(壽命)은 九十을 넘겼다. 애석(哀惜)한 것은 재물(財物)이 명(命)을 따라 죽은 후(後)에 사십여만(四十餘萬)의 가업(家業)이 분탈(分奪)되고 만 것이다.

　자세히 연구하여 보니 재성(財星)은 모두 지나치게 장축(藏蓄)되었고 유통(流通)하지 못한 까닭이었다. 재성(財星)이 유통(流通)하지 못한 것은 추금(秋金)이 土를 만나

서 더욱 견고(堅固)하니 생의(生意)가 끊어지고 말았다.

대체로 재물(財物)이 많으나 무자(無子)인 것은 모두 이와 같은 격국(格局)이다. 그러므로 무자(無子)인 사람은 그 성정(性情)이 지나치게 인색(吝嗇)하고 못났으므로 재물(財物)을 나누면 민중(民衆)이 모인다는 이치(理致)를 모른다.

가령 부유(富裕)한 사람이 자식(子息)이 없는 것은 재물(財物)보다 친족(親族)을 더 가볍게 여겼기 때문이고 많은 것을 나누어 적은 것에 더해 윤택(潤澤)하게 하였다면 어찌 자식(子息)이 없음을 걱정하겠는가?

이 명조(命造)는 금기(金氣)가 너무 견고(堅固)하고 水가 투출(透出)되지 않아 생생지묘(生生之妙)를 얻지 못하였는데 능(能)히 그 재물(財物)을 베풀었으면 金이 자연히 유행(流行)하니 반드시 자식(子息)을 생산(生産)하였을 것이다.

그러나 재물(財物)을 나누어 주는 것에는 공과(功過)가 있으니, 종교(宗教) 등에 재물(財物)을 헌납(獻納)하는 행위(行爲)는 허물만 있고 공(功)은 없고, 친족(親族)에게 재물(財物)을 나누어 주는 행위(行爲)는 공(功)은 있으나 허물은 없다.

덕(德)을 베풀면 보답(報答)을 받는다는 것은 인간(人間)과 모든 일이 원래(原來)대로 돌아가는 것이고, 선(善)을 행(行)하면 복(福)이 내려오는데 어찌 천심(天心)을 감동(感動)시키기 어려울 것인가?

수(壽)는 오복(五福) 중의 으뜸인지만 수(壽)를 누리고 자식(子息)이 없으면 끝내는 무익(無益)하다. 부(富)와 수(壽)를 하면서 자식(子息)이 없으면 가난하면서 수(壽)를 누리고 자식(子息)이 있는 것만 못하다.

評註

己土 일주가 申월에 태어나서 실령(失令)하였고 좌하(坐下)의 卯木에 실지(失地)하였으니 신약(身弱)하다. 년주(年柱)의 戊辰과 시주(時柱)의 戊辰이 비겁(比劫)으로 왕(旺)한 것 같으나 년주(年柱)의 戊辰土가 월주(月柱)의 庚申金을 생조(生助)하니 토기(土氣)가 모두 金으로 돌아 간다.

그러므로 식상(食傷)이 태왕(太旺)하니 오히려 신약(身弱)하게 되어 제살태과격(制

殺太過格)이 되었다. 희신(喜神)은 인비관(印比官)인 火土木이고 기신(忌神)은 식재(食財)인 金水이다.

　원국(原局)에서 권모(權謀)가 출중(出衆)하였다는 것은 좌하(坐下)의 卯木이 관성(官星)인데 土金에 의하여 손상(損傷)을 당하지만 진중계수(辰中癸水)와 신중임수(申中壬水)의 생조(生助)를 얻어 절처봉생(絶處逢生)하여 권세(權勢)를 유지(維持)하였다.

　도모하는 일에 괴이하고 재물(財物)만을 소중(所重)하게 여기게 된 것은 지지(地支)가 모두 음습(陰濕)하고 암장(暗藏)에만 재성(財星)이 있기 때문이다. 양첩(兩妾)을 얻고도 무자(無子)이었던 것은 신중임수(申中壬水)와 두 개의 신중계수(申中癸水)로 많은 재성(財星)이 암장(暗藏)되어 있기 때문이다.

　인의(仁義)가 없었던 것은 인수(印綬)인 화기(火氣)가 없으며 관성(官星)을 생조(生助)하는 재성(財星)이 투출(透出)되어 있지 않기 때문이다.

　주의(注意)해야 할 것은 재성(財星)이 있다면 군겁쟁재(群劫爭財)가 되어 곤고(困苦)하였을 것이다.

原文

何知其人夭　氣濁神枯了
하지기인요　　기탁신고료

그 사람이 요절(夭折)하는 것을 어떻게 아는가? 기(氣)가 탁(濁)하고 신고(神枯)한 까닭이다.

原註

氣濁神枯之命　極易看　印綬太旺　日主無着落　財殺太旺　日主無依倚　忌
기탁신고지명　극이간　인수태왕　일주무착락　　재살태왕　일주무의의　기

神與喜神雜而戰　四柱與用神反而絶　冲而不和　旺而無制　濕而滯　燥而
신여희신잡이전　사주여용신반이절　충이불화　왕이무제　습이체　조이

鬱　精流氣洩　月悖時奪　此皆無壽之人也.
울　정류기설　월패시탈　차개무수지인야

기(氣)가 탁(濁)하고 신(神)이 고(枯)한 것은 지극히 보기가 쉽다.

인수(印綬)가 태왕(太旺)한데 일주(日主)가 의지(依持)할 곳이 없거나, 재살(財殺)이 태왕(太旺)한데 일주(日主)가 의탁(依托)할 곳이 없거나, 기신(忌神)과 희신(喜神)이 혼합(混合)되어 싸우거나, 사주원국(四柱原局)과 용신(用神)이 절(絶)되거나, 충(冲)하여 불화(不和)하거나, 왕(旺)한데 제(制)함이 없고, 습(濕)하여 체(滯)하거나, 조(燥)하여 답답하건, 정기(精氣)가 흘러 유설(流洩)되거나, 월(月)이 거슬리고 시(時)가 허탈(虛脫)하면 모두 수(壽)를 누리지 못하는 사람이다.

任註

任氏曰 氣濁神枯之命 易中之難看者 氣濁神枯四字 可分言之.
임씨왈　기탁신고지명　역중지난간자　기탁신고사자　가분언지

濁者作一弱字論 氣濁者 日主失令 用神淺薄 忌神深重 提綱與時支 不
탁자작일약자론　기탁자　일주실령　용신천박　기신심중　제강여시지　부

照 年支與日支不和 喜冲而不冲 忌合而反合 行運與喜用無情 反與忌
조　년지여일지불화　희충이불충　기합이반합　행운여희용무정　반여기

神 結黨 雖不壽而有子.
신　결당　수불수이유자

神枯者 身弱而印綬太重 身旺而剋洩全無 傷重用印而財星壞印 身弱
신고자　신약이인수태중　신왕이극설전무　상중용인이재성괴인　신약

無印 而重疊食傷 或金寒水冷而土濕 或火焰土燥而木枯者 皆天而無
무인　이중첩식상　혹금한수냉이토습　혹화염토조이목고자　개요이무

子也.
자야

임씨(任氏)가 말하길, 기탁신고(氣濁神枯)한 명조(命造)는 보기가 쉬우면서도 어렵다. 기탁신고(氣濁神枯)라는 네 글자는 나누어 논(論)할 수가 있다. 탁(濁)이란 약(弱)의 뜻으로 논(論)할 수 있다.

따라서 기탁(氣濁)이라는 것은 일주(日主)가 실령(失令)하고 용신(用神)이 천박(淺薄)하고 기신(忌神)이 심중(深重)하거나, 제강(提綱)과 시지(時支)가 서로 돕지 아니하거

나, 년지(年支)와 일지(日支)가 불화(不和)하거나, 충(冲)을 기뻐하는데 충(冲)하지 않거나, 합(合)을 꺼리는데 오히려 합(合)을 하거나, 행운(行運)이 희용(喜用)과 무정(無情)하고, 오히려 기신(忌神)과 결당을 하는 것은 비록 장수(長壽)하지는 못한다고 할지라도 자식(子息)은 있다.

신고(神枯)는 신약(身弱)한데 인수(印綬)가 지나치게 태중(太重)하거나, 신왕(身旺)한데 극설(剋洩)이 전혀 없거나, 인수(印綬)가 용신(用神)인데 재성(財星)과 괴인(壞印)하거나, 신약(身弱)하고 인수(印綬)가 없는데 식상(食傷)이 중첩(重疊)하거나, 금한수랭(金寒水冷)인데 土가 습(濕)하거나, 화염토조(火焰土燥)한데 木이 고(枯)한 것으로 모두 요절(夭折)하고 자식(子息)이 없다.

任註

辛	丙	乙	乙
卯	辰	酉	丑

戊己庚辛壬癸甲
寅卯辰巳午未申

此造三印扶身 辰酉合而不冲 四柱無水 似平中格 第支皆濕土 晦火生
차조삼인부신 진유합이불충 사주무수 사평중격 제지개습토 회화생

金 辰乃木之餘氣 與酉合財 木不能托根 與酉化金則木反被其損
금 진내목지여기 여유합재 목불능탁근 여유화금즉목반피기손

天干兩乙 地支不載 澗可知矣 由此推之 日元虛弱 至午運 破酉衛卯得
천간양을 지지부재 조가지의 유차추지 일원허약 지오운 파유위묘득

一子 辛巳 全會金局壞印 則元氣大傷 會財則財極必反 夫婦雙亡.
일자 신사 전회금국괴인 즉원기대상 회재즉재극필반 부부쌍망

이 명조(命造)는 세 개의 인수(印綬)가 일주(日主)를 부신(扶身)하고 辰酉가 합(合)하여 충(冲)하지 않으며 사주(四柱)에 水가 없으니 종격(從格)인 것 같다.

그러나 지지(地支)에서 습토(濕土)로 회화생금(晦火生金)하고 辰은 木의 여기(餘氣)

이지만 酉와 합(合)하여 재성(財星)이니 木이 뿌리를 내릴 수 없고 酉와 화금(化金)하니 木이 도리어 손상(損傷)을 입었다.

그러므로 乙木은 지지(地支)에 실리지 못하여 마른다는 것을 알 수 있다.

이것을 미루어 추리(推理)하여 보면 일주(日主)가 허약(虛弱)하지만 午운에 이르러 酉를 파(破)하고 卯를 보호(保護)하니 자식(子息)을 얻었다. 辛巳 운에는 금국(金局)을 이루어 인수(印綬)를 괴인(壞印)하니 원기(元氣)가 크게 상(傷)하였고 재국(財局)을 이루어 재(財)가 극(極)이 되어 반(反)하게 되니 부부(夫婦)가 모두 세상을 떠났다.

評註

丙火 일주가 酉월에 태어나서 실령(失令)하였고 좌하(坐下)의 辰土에 설(洩)하니 신약(身弱)하다. 그러나 인수(印綬)가 세 개가 되니 오히려 신왕(身旺)할 것으로 보이지만 지지(地支)가 辰酉 합금(合金), 酉丑 합금(合金)으로 금국(金局)이 되어 있는데 시간(時干)에 辛金이 투출(透出)하였으니 선강후약(先强後弱)하게 되었다.

그러므로 두 개의 乙木은 무근(無根)이니 시지(時支)의 卯木에 의지(依支)할 수밖에 없으니 희신(喜神)은 인비(印比)인 木火이고 기신(忌神)은 식재관(食財官)인 土金水이다.

초년(初年)인 甲申, 癸未 운은 천간(天干)의 水木이 절각(截脚)되어 곤고(困苦)하였을 것이고, 壬午 운은 壬水가 살인상생(殺印相生)이 되고 午火가 희신(喜神)이니 자식(子息)을 두었다.

그러나 辛巳 운에는 지지(地支)가 巳酉丑 금국(金局)이 되었으니 뿌리가 약(弱)한 두 개의 乙木은 乙辛 충(沖)으로 乙木이 손상(損傷)되었고, 지지(地支)의 卯木도 卯酉 충(沖)으로 卯木이 손상(損傷)되어 충발(沖拔)되니 부부(夫婦)가 모두 사망(死亡)한 것이다.

주의(注意)해야 할 것은 일시지(日時支)의 卯辰이 목국(木局)으로 될 것 같으나 卯木은 개두(蓋頭)가 되어 약(弱)하고 辰土는 당령(當令)한 酉金과 진유합금(辰酉合金)이 되었으니 丙火 일주(日主)는 卯木에 절처봉생(絶處逢生)할 수밖에 없는 것이다.

戊　辛　戊　己
戌　亥　辰　丑

辛壬癸甲乙丙丁
酉戌亥子丑寅卯

此重重厚土　埋藏脆嫩之金　五行無木　未得疎揚之利　一點癸亥水剋絶
차중중후토　　매장취눈지금　오행무목　미득소양지리　　일점계해수극절

支藏甲乙　無從引助　然春土氣虛　藏財可用　初運東方木也　庇蔭有餘　寅
지장갑을　무종인조　연춘토기허　장재가용　초운동방목야　비음유여　인

運得一子　乙丑運　土又通根而夭.
운득일자　을축운　토우통근이요

이 명조(命造)는 중중후토(重重厚土)가 어린 金을 매장(埋葬)하여 위태로운데 오행(五行)에 木이 없으니 소양지리(疎揚之利)[11]를 얻지 못하였고 일점해수(一點亥水)되었으니 지지(地支)에 암장(暗藏)된 甲乙을 인조(引助)할 수 없으나 춘토(春土)는 기(氣)가 허하므로 암장(暗藏)된 재(財)를 쓸 수 있다.

초운(初運)인 동방목지(東方木地)에서는 조상(祖上)의 비음(庇蔭)이 유여(有餘)하였고 寅木 운에는 자식을 얻었으나 乙丑 운에는 土가 다시 통근(通根)하여 요절(夭折)하였다.

辛金 일주가 인수(印綬)인 土가 많아서 토다금매(土多金埋)가 되었으나 土가 병(病)이다. 우선 土를 극제(剋制)하는 水木이 있어야 하는데 亥水는 토다수축(土多水縮)이

11　소양지리(疎揚之利): 소통(疏通)을 시켜 좋은 작용(作用)을 얻는 것.

되었고 甲乙木은 암장(暗藏)되어 있으니 허약(虛弱)하다.

초년(初年)인 丁卯, 丙寅 운에는 조상(祖上)의 음덕(蔭德)이 있었으나, 乙丑 운에는 乙辛 충(冲)으로 乙木이 충거(冲去)되었고 丑戌 형(刑), 丑辰 파(破)로 기신(忌神)이 대발(大發)하였을 뿐만 아니라, 金木이 상전(相戰)하니 요절(夭折)하고 말았다. 이 명조(命造)는 신약(身弱)한데 인수(印綬)가 지나치게 많아서 신고(神枯)하였고 실령(失令)하였기 때문에 기탁(氣濁)한 것이다.

$$壬\ 甲\ 壬\ 壬$$
$$申\ 寅\ 寅\ 寅$$

己戊丁丙乙甲癸
酉申未午巳辰卯

春木重逢祿 支得申時 似平時殺留淸 不知旺木金缺 必要有火爲佳 天
춘목중봉록　지득신시　사평시살유청　부지왕목금결　필요유화위가　천

干三壬 寅中丙火受剋 神枯可知 至丙運 逢三壬回剋 家業敗陣 天 而
간삼임　인중병화수극　신고가지　지병운　봉삼임회극　가업패진　요 이

無子 凡水木並旺無土者 最忌火運 卽不傷身 刑耗異常 若俗論必用 申
무자　범수목병왕무토자　최기화운　즉불상신　형모이상　약속론필용　신

金 丙火剋金之故也 如丙火剋金爲害 則前之乙巳運 緊剋申金 而且 三
금　병화극금지고야　여병화극금위해　즉전지을사운　긴극신금　이차 삼

刑 何反美乎.
형　하반미호

춘목(春木)이 중중(重重)으로 녹을(祿)를 만나고 지지(地支)에 申金을 얻으니 마치 시지유청(時支留淸)하다고 논(論)하나 木이 왕(旺)하면 金이 결(缺)된다는 이치(理致)를 모르고 하는 소리다. 반드시 火가 있어야 아름답게 된다.

천간(天干)의 삼임(三壬)에 寅 중에 丙火가 극(剋)을 당하니 신고(神枯)하다는 것을

알 수 있다. 丙운에 이르러 삼임(三壬)이 회극(回剋)하니 가업(家業)이 패진(敗盡)되고 요절(夭折)하였으며 자식(子息)도 없었다.

무릇 水木이 병왕(並旺)하고 土가 없으므로 가장 꺼리는 것은 火운이다. 만약 상신(傷身)하지 않으면 형모(刑耗)가 일어나지 않을 수 없다. 속설(俗說)로 논(論)하자면 반드시 申金을 써야 하는데 丙火가 申金을 극(剋)하기 때문이라고 할 것이다. 가령 丙火가 극금(剋金)하여 해(害)가 된다면 乙巳 운은 申金을 긴극(緊剋)하고 또한 삼형(三刑)까지 하는데 어찌하여 아름다울 수 있겠는가?

評註

甲木 일주가 寅월에 태어나서 춘목(春木)이지만 세 개의 寅木에 녹근(祿根)하고 천간(天干)에 세 개의 壬水가 생조(生助)하니 신왕(身旺)하다. 희신(喜神)은 식재관(食財官)인 火土金이고 기신(忌神)은 인수(印綬)인 水木이다.

원국(原局)에서 식상(食傷)은 寅 중의 丙火로 암장(暗藏)되어 있고, 재성(財星)도 역시 寅 중의 戊土가 여기(餘氣)로 암장(暗藏)되어 있으며 관살(官殺)인 申金은 살인상생(殺印相生)이 되었기 때문에 탐생망충(貪生忘冲)한다고 볼 수 있으나 삼인(三寅)에 의하여 손상(損傷)은 면(免)할 수가 없다. 그러므로 이 명조(命造)는 용신(用神)이 허약(虛弱)하므로 신고(神枯)하게 된 것이다.

초년(初年)인 癸卯, 甲辰 운은 水木 운으로 곤고(困苦)하였을 것이고 乙巳 운은 乙木이 기신(忌神)이지만 甲木에 등라지계(藤蘿之繫)로 흉변위길(凶變爲吉)이 되었으며 또한 寅巳申 삼형살(三刑殺)이 되었으니 형액(刑厄)을 암시(暗示)하고 있다.

寅巳 형(刑)일 경우에는 인중병화(寅中丙火)와 사중경금(巳中庚金)이 丙庚 충(冲)이 되었으니 庚金이 손상(損傷)당하였을 것이고 巳申 형(刑)일 경우에 사중경병(巳中庚丙)과 신중임경(申中壬庚)이 丙壬 충(冲)으로 丙火가 손상(損傷)을 당하여 형모다단(刑耗多端)하였을 것이다.

丙午 운에는 삼임(三壬)이 丙壬 충(冲)으로 丙火가 충발(冲拔)되었고 삼인(三寅)이 寅午 화국(火局)을 이루어 신중임경(申中壬庚)을 충발(冲拔)하였으니 요절(夭折)하지

않을 수 없는 것이다. 주의(注意)해야 할 것은 삼형살(三刑殺)이 되었다고 무조건 형액(刑厄)을 당하는 것이 아니라 원국(原局)의 세력(勢力)과 세운(歲運)의 세력(勢力)을 세밀(細密)하게 관찰(觀察)하여야 한다는 부분이다.

癸 癸 辛 辛
丑 酉 丑 丑

甲乙丙丁戊己庚
午未申酉戌亥子

此重重濕土 疊疊寒金 癸水濁而且凍 所謂陰之甚 寒之至者也 毫無生
차중중습토 　첩첩한금 　계수탁이차동 　소위음지심 　한지지자야 　호무생

發 氣濁神枯 故其人愚昧不堪 一事無成 至戊戌運生金剋水而夭.
발 　기탁신고 　고기인우매불감 　일사무성 　지무술운생금극수이요

以俗論之 兩干不雜 金水雙淸 地支三朋 殺印相生之美 定爲貴格 前則
이속론지 　양간부잡 　금수쌍청 　지지삼붕 　살인상생지미 　정위귀격 　전즉

春木帶嫩金 斲削成大器 皆作命利兩全之格也 不知天命 皆類此格 學
춘목대눈금 　착삭성대기 　개작명리양전지격야 　부지천명 　개류차격 　학

者 宜深究之.
자 　의심구지

이 명조(命造)는 습토(濕土)가 중중(重重)하고 한금(寒金)이 첩첩(疊疊)하니 癸水는 탁(濁)하고 한랭(寒冷)하니 소위 음기(陰氣)가 심하고 한기(寒氣)가 지극하다. 그러므로 터럭만 한 생발(生發)의 기색도 없으니 기탁신고(氣濁神枯)하여 우매(愚昧)함이 감당(堪當)할 수 없고 한 가지도 이루는 것이 없었다.

戊戌 운에는 생금(生金)하고 극수(剋水)하니 요절(夭折)하였다. 속론(俗論)으로는 양간(兩干)이 부잡(不雜)하고 金水가 쌍청(雙淸)하며 지지(地支)에는 삼붕(三朋)의 丑土가 살인상생(殺印相生)하여 아름다우니 귀격(貴格)이라고 할 것이다.

앞의 명조(命造)는 춘목(春木)이 약(弱)한 金을 끼고 있어 쪼개고 깎으므로 큰 그릇을 이루었다고 하여 모두 명리양전(名利兩全)하는 격(格)이라고 할 것이다. 요절(夭折)하는 명(命)을 깊게 알지 못하는 것은 모두 이와 같은 격(格)이니 학자(學者)는 마땅히 깊게 연구(研究)하여야 한다.

評註

癸水 일주가 丑月에 태어나서 한랭(寒冷)하여 조후(調候)로 火가 필요하다. 지지(地支)에 酉丑 합금(合金)이 되었고 천간(天干)에 辛金이 투출(透出)되었으니 金水가 태왕(太旺)하여 종왕격(從旺格)이 되었다. 희신(喜神)은 인비식(印比食)인 金水木이고 기신(忌神)은 재관(財官)인 火土이지만 火는 조후용신(調候用神)이 되었으니 기신(忌神)은 오직 관살(官殺)인 土이다.

庚子 운은 金水로 희신(喜神)이니 조상(祖上)의 음덕(蔭德)이 있었을 것이고 己亥 운은 己癸 극(剋)으로 己土가 극거(剋去)되었으니 기신(忌神)이 손상(損傷)을 입었으니 기쁘다. 지지(地支)에서도 亥丑 합수(合水)로 되었으니 희신(喜神)이 되어 초년(初年)운은 길(吉)하였다. 戊戌 운은 戊癸 합화(合化)로 癸水가 합거(合去)되었으며 丑戌 형(刑)으로 기신(忌神)이 노발(怒發)되어 세상을 떠났다.

주의(注意)해야 할 것은 지지(地支)에 관살(官殺)이 태왕(太旺)하여 식신제살격(食神制殺格)으로도 볼 수 있으니 희신(喜神)은 인비식(印比食)인 金水木이고 기신(忌神)은 재관(財官)인 火土인데 火는 조후용신(調候用神)으로 되었으니 종왕격(從旺格)과 일치(一致)하고 있는 것이다.

原文

論夫論子要安祥 氣靜平和婦道章 三奇二德虛好語 咸池驛馬半推詳
론부론자요안상　　기정평화부도장　　삼기이덕허호어　　함지역마반추상

　남편(男便)을 논(論)하고 자식(子息)을 논(論)할 때는 안정(安定)됨과 상서(祥瑞)로 움
이 있어야 하고, 기(氣)가 고요하고 평화스러우면 부도(婦道)가 아름답다. 삼기(三奇)
와 이덕(二德)은 부질없는 허황(虛荒)한 좋은 말이고 함지(咸池)와 역마(驛馬)는 반(半)
규명(糾明)해 내면 된다.

原註

局中官星明順 夫貴而吉 理自然矣.
　국중관성명순　부귀이길　리자연의

若官星太旺 以傷官爲去. 官星太微 以財爲夫.
　약관성태왕　이상관위거　관성태미　이재위부

比肩旺而無官 以傷官爲夫 傷官旺而無財官 以印爲夫.
　비견왕이무관　이상관위부　상관왕이무재관　이인위부

滿局官星欺日主者 喜印綬而夫不剋身也 滿局印綬洩官星之氣者 喜財
　만국관성기일주자　희인수이부불극신야　만국인수설관성지기자　희재

星而 身不尅夫也.
성이　신불극부야

大體與男命論子論貴之理相似　局中傷官淸顯　子貴而親　不必言也　若
대체여남명논자논귀지리상사　　　국중상관청현　　자귀이친　불필언야　약

傷官 太旺 以印爲子 傷官太微 以比肩爲子 印綬旺而無傷官者 以財爲
상관　태왕　이인위자　상관태미　이비견위자　　인수왕이무상관자　　이재위

子也 財神 旺而洩食傷者 以比肩爲子也.
자야　재신　왕이설식상자　이비견위자야

不必專執官星而論夫 專執食傷而論子 但以安詳順靜爲貴.
불필전집관성이론부　　전집식상이론자　　단이안상순정위귀

二德三奇不必論 咸池驛馬縱有驗 總之 于理不長其中究論 不可不祥.
이덕삼기불필론　　함지역마종유험　총지　우리부장기중구론　불가불상

원국(原局)에 관성(官星)이 맑고 깨끗하면 남편(男便)이 귀(貴)하고 길(吉)한 것은 이치(理致)가 그러한 것이다.

만약 관성(官星)이 태왕(太旺)하면 상관(傷官)이 남편(男便)이고, 관성(官星)이 태미(太微)하면 재(財)가 남편(男便)이다. 비견(比肩)이 왕(旺)하고 관성(官星)이 없으면 상관(傷官)이 남편(男便)이고, 상관(傷官)이 왕(旺)하고 재관(財官)이 없으면 인수(印綬)가 남편(男便)이다.

원국(原局)에 관성(官星)이 가득하여 일주(日主)를 업신여기는 경우 인수(印綬)가 있으면 남편(男便)이 일주(日主)를 극(尅)하지 않는다. 원국(原局)에 인수(印綬)가 가득하여 관성(官星)을 설(洩)하는 경우에 재성(財星)이 있으면 일주(日主)가 남편(男便)을 극(尅)하지 않는다.

대체로 남명(男命)은 자식(子息)과 처(妻)를 논(論)하는 이치(理致)가 같으며 원국(原局)에서 상관(傷官)이 청현(淸顯)하면 자식(子息)이 귀(貴)하고 효도(孝道)한다는 것은 말할 필요가 없는 것이다.

만약 상관(傷官)이 태왕(太旺)하면 인수(印綬)가 자식(子息)이고 상관(傷官)이 태미(太微)하면 비견(比肩)을 자식(子息)으로 하며 인수(印綬)가 왕(旺)하고 상관(傷官)이 없는 것은 재(財)가 자식(子息)이고, 재성(財星)이 왕(旺)하여 식상(食傷)을 설(洩)하는 것은

비견(比肩)이 자식(子息)이다. 전적으로 관성(官星)을 남편(男便)이라고 고집할 필요가 없으며 식상(食傷)을 자식(子息)이라고 고집할 필요도 없는 것이다. 다만 안상(安詳)과 순정을 귀(貴)로 생각하여야 한다.

이덕(二德)과 삼기(三奇)는 논(論)할 필요가 없고 함지(咸池)와 역마(驛馬)는 비록 증험(證驗)이 있다고 할지라도 모두 이치(理致)에 미치지 못하니 그중에 연구(硏究)된 논리(論理)는 자세하게 살펴보지 않으면 아니된다.

任註

任氏曰 女命者 先觀夫星之盛衰 則之其貴賤也 次察格局之淸濁 則 知
임씨왈 여명자 선관부성지성쇠 즉지기귀천야 차찰격국지청탁 즉 지

其賢愚也 淫邪嫉妬 不離四柱之情 貞靜端莊 總在五行之理 是以審察
기현우야 음사질투 불리사주지정 정정단장 총재오행지리 시이심찰

宜精 貞婦不遭謬妄 祥究宜確 淫穢難逃正論 二德三奇 乃好事之 妄造
의정 정부부조류망 상구의확 음예난도정론 이덕삼기 내호사지 망조

咸池驛馬 是後人之謬言 不孝翁姑 只爲財輕刦重 不敬丈夫 皆因官 弱
함지역마 시후인지류언 불효옹고 지위재경겁중 불경장부 개인관 약

身强 官星明顯 夫主崢嶸 氣靜和平 婦道柔順.
신강 관성명현 부주쟁영 기정화평 부도유순

若乃官星太旺 無比刦 以印爲夫 有比劫而無印綬者 以傷食爲夫.
약내관성태왕 무비겁 이인위부 유비겁이무인수자 이상식위부

官星太弱 有傷官 以財爲夫 無財星而比刦旺者 亦以食傷爲夫.
관성태약 유상관 이재위부 무재성이비겁왕자 역이식상위부

滿盤比刦而無印無官者 又以傷食爲夫.
만반비겁이무인무관자 우이상식위부

滿局印綬而無官無傷者 而財爲夫 傷官旺 日主衰 以印爲夫.
만국인수이무관무상자 이재위부 상관왕 일주쇠 이인위부

日主旺 食傷多 以財爲夫 官星輕 印綬重 亦以財爲夫.
일주왕 식상다 이재위부 관성경 인수중 역이재위부

財乃扶之恩星 女命身旺無官 財星得令得局者 上格也 若論刑傷 又有
재내부지은성 여명신왕무관 재성득령득국자 상격야 약론형상 우유

生剋 之理存焉. 官星微 無財星 日主强 傷官重 必剋夫 官星微 無財星
생극 지리존언 관성미 무재성 일주강 상관중 필극부 관성미 무재성

比刦旺 必欺 夫官星微 無財星 日主旺 印綬重 必欺夫剋夫.
비겁왕 필기 부관성미 무재성 일주왕 인수중 필기부극부

官星弱 印綬多 無財星 必剋夫 比刦旺而無官 印旺無財 必剋夫.
관성약 인수다 무재성 필극부 비겁왕이무관 인왕무재 필극부

官星旺 印綬輕 必剋夫 比刦旺 無官星 有傷官 印綬重 必剋夫.
관성왕 인수경 필극부 비겁왕 무관성 유상관 인수중 필극부

食神多 官星微 有印綬 遇財星 必剋夫.
식신다 관성미 유인수 우재성 필극부

凡女命之夫星 卽是用神 女命之子星 卽是喜神 不可專論 官星爲夫傷
범여명지부성 즉시용신 여명지자성 즉시희신 불가전론 관성위부상

食爲子.
식위자

日主旺 傷官旺 無印綬 有財星 子多而貴.
일주왕 상관왕 무인수 유재성 자다이귀

日主旺 傷官旺 無財印 子多而强.
일주왕 상관왕 무재인 자다이강

日主旺 傷官輕 有印綬 財得局 子多而富.
일주왕 상관경 유인수 재득국 자다이부

日主旺 無食傷 官得局 子多而賢.
일주왕 무식상 관득국 자다이현

日主旺 無食傷 有財星 無官殺 子多而能.
일주왕 무식상 유재성 무관살 자다이능

日主强 食傷重 有印綬 無財星 必有子.
일주강 식상중 유인수 무재성 필유자

日主弱 食傷輕 無財星 必有子 日主弱 財星輕 官印旺 必有子.
일주약 식상경 무재성 필유자 일주약 재성경 관인왕 필유자

日主弱 官星旺 無財星 有印綬 必有子 日主弱 無官星 有傷刦 必有子.
일주약 관성왕 무재성 유인수 필유자 일주약 무관성 유상겁 필유자

日主旺 有印綬 無財星 子必少 日主旺 比肩多 無官星 有印綬子必少.
일주왕 유인수 무재성 자필소 일주왕 비견다 무관성 유인수자필소

日主旺 印綬重 無財星 必無子.
일주왕 인수중 무재성 필무자

日主弱 傷官重 印綬輕 必無子 日主弱 財星重 逢印綬 必無子.
일주약 상관중 인수경 필무자 일주약 재성중 봉인수 필무자

日主弱 官殺旺 必無子 日主弱 食傷旺 無印綬 必無子.
일주약　관살왕　필무자　일주약　식상왕　무인수　필무자

火焰土燥無子 土金濕滯無子 水泛木浮無子 金寒水冷無子 重疊
화염토조무자　　토금습체무자　　수범목부무자　　금한수랭무자　중첩

印綬無子 財官太旺無子 滿局食傷無子 以上無子者 有子必剋夫 不剋
인수무자　재관태왕무자　　만국식상무자　　이상무자자　유자필극부　불극

夫亦夭.
부역요

至於淫邪之說 亦究四柱之神.
지어음사지설　역구사주지신

日主旺 官星微 無財星 日主足而敵之者.
일주왕　관성미　무재성　일주족이적지자

日主旺 官星微 食傷重 無財星 日主足以欺之者.
일주왕　관성미　식상중　무재성　일주족이기지자

日主旺 官星弱 日主之氣 生助他神而去之者.
일주왕　관성약　일주지기　생조타신이거지자

日主旺 官星弱 官星之氣 合日主而化者.
일주왕　관성약　관성지기　합일주이화자

日主旺 官星弱 官星之氣 依日主之勢者.
일주왕　관성약　관성지기　의일주지세자

日主旺 無財星 有食傷 逢印綬 日主自專其主者.
일주왕　무재성　유식상　봉인수　일주자전기주자

日主旺 無財星 官星輕 食傷重 官星無依倚者.
일주왕　무재성　관성경　식상중　관성무의의자

日主旺 官無根 日主不顧官星 合財星而去者.
일주왕　관무근　일주불고관성　합재성이거자

日主弱 食傷重 印綬輕者.
일주약　식상중　인수경자

日主弱 食傷重 無印綬 有財星者.
일주약　식상중　무인수　유재성자

食傷當令 財官失勢者.
식상당령　재관실세자

官無財滋 比刦生食者.
관무재자　비겁생식자

滿局傷官無財者.
만국상관무재자

滿局官星無印者.
만국관성무인자

滿局比刧無食傷者.
만국비겁무식상자

滿局印綬無財者.
만국인수무재자

皆淫賤之命也.
개음천지명야

總之 傷官不宜重 重必輕佻美貌而多淫也 傷官身弱有印 身旺有財者
총지　상관부의중　중필경조미모이다음야　　상관신약유인　신왕유재자

必聰 明美貌而貞潔也.
필총　명미모이정결야

凡觀女命 關系匪小不可輕斷淫邪 以瀆神怒 然亦不可一例言明.
범관여명　관계비소불가경단음사　이독신노　연역불가일례언명

或由祖宗遺孽 或由家門氣數 或由丈不肖 或由母姑不良 幼失閨訓 或
혹유조종유얼　혹유가문기수　혹유장불초　혹유모고불양　유실규훈　혹

由氣 習不善 無謹飭閨門 任其恣性越禮 入寺燒香 遊玩有戲廳詞 男女
유기　습불선　무근칙규문　임기자성월례　입사소향　유완유희청사　남녀

混雜 初則階下敷陳 久則內堂演說 始而或言賢孝節義之故事 繼而漸
혼잡　초즉계하부진　구즉내당연설　시이혹언현효절의지고사　　계이점

及淫邪苟 合之穢詞 保無觸念動心乎.
급음사구　합지예사　보무촉염동심호

所以居家第一件事 在嚴肅閨門 閨幃之內 不出戲言 則刑于之化行矣
소이거가제일건사　재엄숙규문　규위지내　불출희언　즉형우지화행의

房幃之中 不聞戲笑之聲 則相敬之風者矣 主家者 不可不愼之.
방유지중　불문희소지성　즉상경지풍자의　주가자　불가부신지

임씨(任氏)가 말하길, 여명(女命)이라는 것은 부성(夫星)의 성쇠(盛衰)를 보고 귀천(貴賤)을 알 수 있고, 다음으로 격국(格局)의 청탁(淸濁)을 보고 현우(賢遇)를 알 수 있다.

음사(淫邪)와 질투(嫉妬)는 사주(四柱) 속에 내재된 정(情)을 떠날 수 없고 정정(貞靜)과 단장(端莊)도 역시 모두 오행지리(五行之理)에 있다.

그러므로 정조(貞操)가 곧은 부인(婦人)은 그릇이 되고 요망(妖妄)하지 않으므로 음탕(淫蕩)하여 외간(外間) 남자(男子)와 도망가는 짓도 힘들다는 것이 정론(正論)이다.

이덕(二德)과 삼기(三奇)는 터무니없이 꾸며낸 말이며, 함지(咸池)와 역마(驛馬)도 역시 후인(後人)들이 지어낸 잘못된 말이다. 시부모(媤父母)에게 불효(不孝)하는 것은 단지 재성(財星)이 가볍고 비겁(比劫)이 중(重)하기 때문이고, 남편(男便)을 공경(恭敬)하지 않는 것은 모두 관성(官星)이 약(弱)하고 일주(日主)가 왕(旺)하기 때문이다.

관성(官星)이 분명하게 나타나면 남편(男便)이 재능(才能)이나 품격(品格)이 뛰어나고 기(氣)가 안정(安定)되고 화평(和平)하며 부도(婦道)가 유순(柔順)하다.

만약 관성(官星)이 태왕(太旺)하고 비겁(比劫)이 없으면 인수(印綬)가 남편(男便)이고, 비겁(比劫)이 있고 인수(印綬)가 없으면 식상(食傷)이 남편(男便)이다.

관성(官星)이 태약(太弱)하고 상관(傷官)이 있으면 재성(財星)이 남편(男便)이고, 재성(財星)이 없고 비겁(比劫)이 왕(旺)하면 역시 식상(食傷)이 남편(男便)이다.

원국(原局)에 비겁(比劫)이 가득하고 인수(印綬)나 관성(官星)이 없으면 식상(食傷)이 남편(男便)이고, 원국(原局)에 인수(印綬)가 가득하고 관성(官星)과 상관(傷官)이 없으면 재성(財星)이 남편(男便)이다.

상관(傷官)이 왕(旺)하고 일주(日主)가 쇠(衰)하면 인수(印綬)가 남편(男便)이고, 일주(日主)가 왕(旺)하고 식상(食傷)이 많으면 재성(財星)이 남편(男便)이고, 관성(官星)이 경(輕)하고 인수(印綬)가 중(重)하면 역시 재성(財星)이 남편(男便)이다.

재성(財星)은 남편(男便)의 은성(恩星)이니 여명(女命)이 신왕(身旺)하고 관성(官星)이 없으나 재성(財星)이 득령(得令)하거나 득국(得局)하면 상격(上格)이라고 할 수 있다. 만약 형상(刑傷)으로 논(論)한다고 해도 생극지리(生剋之理)가 있을 뿐이다.

관성(官星)이 미약(微弱)하고 재성(財星)이 없거나 일주(日主)가 강(强)한데 상관(傷官)이 중(重)하면 반드시 극부(剋夫)한다.

관성(官星)이 미약(微弱)하고 재성(財星)이 없는데 비겁(比劫)이 왕(旺)하면 반드시 남편(男便)을 속이게 된다.

관성(官星)이 미약(微弱)하고 재성(財星)이 없는데 일주(日主)가 왕(旺)하고 인수(印綬)가 중(重)하면 반드시 기부(欺夫)하고 극부(剋夫)하게 된다.

관성(官)이 약(弱)하고 인수(印綬)가 많은데 재성(財星)이 없으면 반드시 극부(剋夫)한다.

비겁(比劫)이 왕(旺)하고 관성(官星)이 없거나 인수(印綬)가 왕(旺)한데 재성(財星)이 없으면 반드시 극부(剋夫)한다.

관성(官星)이 왕(旺)한데 인수(印綬)가 경(輕)하면 반드시 극부(剋夫)한다. 비겁(比劫)이 왕(旺)하고 관성(官星)이 없고 상관(傷官)이 있는데 인수(印綬)가 중(重)하면 반드시 극부(剋夫)한다.

식상(食傷)이 많고 관성(官星)이 미약한데 인수(印綬)가 있으나 재성(財星)을 만나면 반드시 남편(男便)을 극(剋)한다

무릇 여명의 부성(夫星)은 용신(用神)이고 자성(子星)은 희신(喜神)이 되므로 "관성(官星)이 남편(男便)이고 식상(食傷)이 자식(子息)이다"라고 무조건 논(論)하여서는 아니된다.

일주(日主)가 왕(旺)하고 상관(傷官)이 왕(旺)한데 인수(印綬)가 없고 재성(財星)이 있으면 자식이 많고 귀(貴)하게 된다.

일주(日主)가 왕(旺)하고 상관(傷官)이 왕(旺)한데 재인(財印)이 없으면 자식이 많고 강(强)하다.

일주(日主)가 왕(旺)하고 상관(傷官)이 경(輕)한데 인수(印綬)가 있고 재국(財局)을 이루면 자식이 많고 부(富)하게 된다.

일주(日主)가 왕(旺)하고 식상(食傷)이 없는데 관국(官局)을 하면 자식이 많고 현명(賢明)하다.

일주(日主)가 왕(旺)하고 식상(食傷)이 없는데 재성(財星)이 있고 관살(官殺)이 없으면 자식이 많고 능력(能力)이 있다.

일주(日主)가 약(弱)하고 식상(食傷)이 중(重)한데 인수(印綬)가 있고 재성(財星)이 없으면 반드시 자식이 있다.

일주(日主)가 약(弱)하고 식상(食傷)이 경(輕)한데 재성(財星)이 없으면 반드시 자식이 있다.

일주(日主)가 약(弱)하고 재성(財星)이 경(輕)한데 관인(官印)이 왕(旺)하면 반드시

자식이 있다.

일주(日主)가 약(弱)하고 관성(官星)이 왕(旺)한데 재성(財星)이 없고 인수(印綬)가 있으면 반드시 자식이 있다.

일주(日主)가 약(弱)하고 관성(官星)이 없는데 상관(傷官)과 비겁(比劫)이 있으면 반드시 자식이 있다.

일주(日主)가 왕(旺)하고 인수가 있고 재성(財星)이 없으면 자식이 반드시 적다.

일주(日主)가 왕(旺)하고 비겁(比劫)이 많은데 관성(官星)이 없고 인수(印綬)가 있으면 반드시 자식이 적다.

일주(日主)가 왕(旺)하고 인수(印綬)가 중(重)하고 재성(財星)이 없으면 반드시 자식이 없다.

일주(日主)가 약(弱)하고 상관(傷官)이 중(重)하고 인수(印綬)가 경(輕)하면 반드시 자식이 없다.

일주(日主)가 약(弱)하고 재성(財星)이 중(重)한데 인수(印綬)를 만나면 반드시 자식이 없다.

일주(日主)가 약(弱)하고 관살(官殺)이 왕(旺)하거나 일주(日主)가 약(弱)하고 식상(食傷)이 왕(旺)한데 인수(印綬)가 없으면 반드시 자식이 없다.

이 외에도 화염토조(火焰土燥)하면 자식(子息)이 없고, 토금습체(土金濕滯)도 자식(子息)이 없고, 수범목부(水泛木浮)도 자식(子息)이 없고, 금한수랭(金寒水冷)하여도 자식(子息)이 없고, 중첩인수(重疊印綬)하여도 자식(子息)이 없으며, 재관태왕(財官太旺)하여도 자식이 없고, 만국식상(滿局食傷)도 자식(子息)이 없다. 이상(以上)의 무자(無子)가 자식(子息)이 있으면 반드시 남편(男便)을 극(剋)하게 되고 만약 극(剋)하지 않으면 요절(夭折)하게 된다.

음사(淫邪)하다는 말을 하려면 원국(原局)을 세밀하게 연구(研究)하여야 한다.

일주(日主)가 왕(旺)하고, 관성(官星)이 미미(微微)할 경우에 재성(財星)이 없고 일주(日主)가 스스로 관성(官星)을 대적(對敵)하는 것이고, 관성(官星)이 미미(微微)할 경우에 상관(傷官)이 중(重)하고 재성(財星)이 없어 일주(日主)가 스스로 관성(官星)을 업신여기는 것이다.

일주(日主)가 왕(旺)하고, 관성(官星)이 약(弱)한데 일주(日主)의 기(氣)가 타신(他神)을 생조(生助)하여 관성(官星)을 제거(除去)하는 것이고, 관성(官星)이 약(弱)하여 관성(官星)의 기(氣)가 일주(日主)와 합화(合化)하게 하는 것이고, 관성(官星)이 약(弱)하여 일주(日主)의 세력(勢力)을 따르는 것이다.

일주(日主)가 약(弱)하고, 재성(財星)이 없고 식상(食傷)이 있는데 인수(印綬)를 만나서 일주(日主)가 스스로 그 주(主)를 독차지하는 것이고, 일주(日主)가 왕(旺)하고, 재성(財星)이 없을 때 관성(官星)이 경(輕)하고 식상(食傷)이 중(重)하여 관성(官星)이 의지(依支)할 곳이 없는 것이다. 관성(官星)이 무근(無根)인데 일주(日主)가 관성(官星)을 돌보지 아니하고 재성(財星)과 합(合)하는 것이다.

일주(日主)가 약(弱)하고 상관(傷官)이 중(重)하여 인수(印綬)가 경(輕)한 것이고, 상관(傷官)이 중(重)한데 인수(印綬)는 없고 재성(財星)이 있는 경우이다.

식상(食傷)이 당령(當令)하고, 재관(財官)이 세력(勢力)을 잃은 것과, 관성(官星)이 재성(財星)의 생조(生助)가 없고 비겁(比劫)이 식상(食傷)을 생조(生助)하는 경우이다.

원국(原局)에 상관(傷官)이 충만(充滿)하고 재성(財星)이 없는 경우이며, 관성(官星)이 충만(充滿)하고 인수(印綬)가 없는 경우이고, 비겁(比劫)이 충만(充滿)하고 식상(食傷)이 없는 경우이며, 인수(印綬)가 충만(充滿)하고 재성(財星)이 없는 경우는 모두가 음천(淫賤)한 명조(命造)이다.

총론(總論)하자면 상관(傷官)이 중(重)하면 마땅하지 않으며, 중(重)하면 반드시 경솔(輕率)하며 용모(容貌)가 아름다우나 음탕(淫蕩)하게 된다.

상관신약(傷官身弱)한 가운데 인수(印綬)가 있거나, 신왕(身旺)한 가운데 재성(財星)이 있으면 반드시 총명(聰明)하고 용모(容貌)가 아름답고 정결(貞潔)하다.

무릇 여명(女命)을 살펴 보건대 관계(關係)되는 바가 적지 않으니 음사(淫邪)하다고 경솔(輕率)하게 단정하여서는 아니된다. 제멋대로 여명(女命)을 논(論)하면 신(神)을 노(怒)하게 되니 한 가지 이치(理致)만 가지고 논(論)하여서는 아니된다.

혹 서얼(庶孽)로 태어나거나, 가문(家門)의 운세(運勢)가 몰락(沒落)하거나, 부모(父母)의 유업(遺業)을 계승하지 못하거나, 모고(母姑)가 불량(不良)하여 어린 시절 내당(內堂)의 가르침을 얻지 못하거나 배우고 익힌 기질(氣質)이 선(善)하지 않거나, 집안의 풍기(風氣)가 조심성이 없거나, 올바르지 못하여 방종한 성품(性品)의 예(禮)를 넘는 행동(行動)을 하거나, 예불(禮佛)을 드리기 위해 절에 가서는 이곳저곳을 기웃거리며 구경하거나, 되지도 않는 가락을 읊조리며 남녀(男女)가 어울려 처음에는 섬돌 아래에서 이야기하다가 나중에는 내당(內堂)에서 속삭이거나, 처음에는 현효(賢孝)와 절의(節義)의 고사(故事)를 말하다가 갈수록 음사구합(淫邪苟合)한 말을 하면 생각을 감동(感動)시킬 수 없고 마음을 움직일 수 없다.

그러므로 가정(家庭)에서 가장 중요한 일은 규문(閨門)이 엄숙(嚴肅)하여야 하고 규방(閨房) 안에서는 희언(戲言)이 나와서는 안 되며 만약 그러하면 그것에 대한 형벌(刑罰)을 받아야 한다. 규방(閨房)에서 희희덕거리는 소리가 들리지 않으면 서로 공경(恭敬)하는 기풍(氣風)이 일어날 것이니 가정(家庭)을 주관하는 사람은 그것을 잊어서는 아니 된다.

任註

丁 壬 甲 戊
未 寅 寅 申

丁戊己庚辛壬癸
未申酉戌亥子丑

壬水生於孟春 土虛未盛 制殺太過 寅申逢冲 本是剋木 不知木旺金缺
임수생어맹춘　　토허미성　　제살태과　　인신봉충　　본시극목　　부지목왕금결

金反被傷 則戊土無根依托 而日主之壬水 可任性而行 見其財星有勢
금반피상　　즉무토무근의탁　　이일주지임수　　가임성이행　　견기재성유세

自然從財而去 以致傷夫敗業 棄子從人也.
자연종재이거　　이치상부패업　　기자종인야

壬水가 맹춘(孟春)에 생(生)하여 土는 허약(虛弱)하고 未는 왕성(旺盛)하니 살(殺)을 제(制)하는 것이 태과(太過)하다.

寅申이 봉충(逢冲)하면 극목(剋木)한다고 하나 木이 왕(旺)하면 金이 오히려 결(缺)한다는 이치(理致)를 모르는 것이다. 金이 상해(傷害)를 당하니 戊土가 의탁(依托)할 뿌리가 없어서 일주(日主)인 壬水는 가히 제멋대로 할 수 있고 시상(時上)의 재성(財星)에 세력(勢力)이 있으므로 자연히 재(財)를 따라가게 된다. 남편(男便)을 극(剋)하고 패업(敗業)을 하니 자식을 버리고 타인(他人)을 따라갔다.

評註

　이 명조(命造)는 壬水가 寅월에 태어나서 土가 허(虛)하고 未가 왕(旺)하니 제살(制殺)이 태과(太過)하다. 寅申이 봉충(逢冲)하니 본시 극목(剋木)하려고 하나 목왕금결(木旺金缺)하여 도리어 金이 상(傷)함을 모르고 하는 말이다. 그러므로 戊土는 무근(無根)하여 金을 돕지 못하니 자연히 壬水는 재성(財星)인 丁火의 세력(勢力)을 따라가야 하므로 종재격(從財格)이 되었다. 희신(喜神)은 식재관(食財官)인 木火土이고 기신(忌神)은 인비(印比)인 金水이다.

　안타까운 것은 운행(運行)이 북서지행(北西之行)이니 불길(不吉)한 명조(命造)이다. 그러므로 부성(夫星)인 未土가 목다토붕(木多土崩)이 되었는데 庚戌 운에는 甲庚 충(冲)으로 자성(子星)인 甲木을 피상(被傷)시켰으며 지지(地支)의 戌未가 삼형(三刑)이 되었으니 남편을 극(剋)할 수밖에 없다.

　주의(注意)해야 할 것은 식상(食傷)이 왕(旺)하므로 제살태과격(制殺太過格)으로도 볼 수 있으나 未土는 시간(時干)의 丁火가 丁壬 합목(合木)이 되므로 오히려 未土를 극(剋)하기 때문에 제식(制食)하기에 역부족(力不足)이라는 점이다.

```
丁 甲 乙 丁
卯 午 巳 未
```

壬辛庚己戊丁丙
子亥戌酉申未午

甲午日元 生于巳月 支類南方 干透兩丁 火勢猛烈 洩氣太過 局中無水
갑오일원　생우사월　지류남방　간투양정　화세맹렬　설기태과　국중무수

只可用刼 初運又走火地 是以早刑夫主 人極聰明美貌 而輕佻異常 不
지가용겁　초운우주화지　　시이조형부주　인극총명미모　　이경조이상　불

能 守節 至戊申運 與木火爭戰 不堪言矣.
능　수절　지무신운　여목화쟁전　불감언의

　　甲木 일원(日元)이 巳월에 생(生)하였고 지지(地支)가 巳午未로 남방(南方)을 이루
고 천간(天干)에 丁火가 투출(透出)하여 화세(火勢)가 맹렬(猛烈)하니 설기(洩氣)가 태
과(太過)하다. 원국(原局)에 水가 없으므로 단지 비겁(比刧)을 용신(用神)으로 한다.

　　초년운(初年運)은 화지(火地)로 행(行)하니 일찍 남편(男便)을 잃었다. 사람됨이 총
명(聰明)하고 미모(美貌)가 있었으나 그 성품(性品)이 가볍고 방정(方正)하지 못하여
결국 수절(守節)하지 못하고 戊申 운에 木火와 쟁전(爭戰)하니 그 고생(苦生)을 말로
표현(表現)할 수 없었다.

　　甲木 일주가 巳월에 태어나서 득령(得令)하였고 지지(地支)가 남방화국(南方火局)
이 되었으니 시지(時支)의 卯木이 양인(羊刃)으로 용신(用神)할 수밖에 없다. 원국(原
局)에서 지지(地支)가 화국(火局)인데 천간(天干)에 두 개의 丁火가 투출(透出)하였으니
종아격(從兒格)이 되었다. 희신(喜神)은 비식재(比食財)인 木火土이고 기신(忌神)은 관

인(官印)인 金水이다.

초년운(初年運)인 丙午, 丁未에는 화지(火地)로 행(行)하니 사중경금(巳中庚金)이 피상(被傷)되었으니 남편(男便)과 사별(死別)하였다. 己酉 운에는 甲己 합거(合去)되었고 巳酉 합금(合金)으로 기신(忌神)이 되었으며 卯酉 상충(相冲)으로 卯木이 충발(冲拔)되었으므로 곤고(困苦)하였을 것이다.

庚戌, 辛亥 운은 庚申金이 기신(忌神)이고 乙辛 충(冲), 巳亥 충(冲)으로 천충지충(天冲地冲)이 되었으니 불록지객(不祿之客)이 되었을 것이다.

주의(注意)해야 할 것은 종격(從格)의 특성(特性)을 살펴야 한다는 점이다. 일반적으로 자기주장(自己主張)과 고집(固執)이 강(强)하여 타인(他人)을 무시하고 심지어는 오만무도(傲慢無道)함으로써 남편(男便)에게도 영향(影響)을 미치니 부부이별(夫婦離別)하는 경우가 많다.

任註

> 戊 丙 己 戊
> 戌 辰 未 戌

> 壬癸甲乙丙丁戊
> 子丑寅卯辰巳午

滿局傷官 五行無木 印星不現 格成順局 故其人聰明美貌 第四柱無金
만국상관　오행무목　인성불현　격성순국　고기인총명미모　제사주무금

土過燥厚 辛金夫星投墓於戌 是以淫亂不堪 夫遭凶死 又隨人走不
토과조후　신금부성투묘어술　시이음란불감　부조흉사　우수인주불

二三年又尅 至乙卯運 犯土之旺 自縊而死.
이삼년우극　지을묘운　범토지왕　자액이사

만국(滿局)이 상관(傷官)이고 오행(五行) 중에 木이 나타나지 않으니 격(格)이 순수(純粹)하므로 사람이 총명(聰明)하고 아름답다. 사주(四柱)에 金이 없고 土가 지나치

게 건조(乾燥)하고 두꺼우며 부성(夫星)인 辛金은 戌土에 입묘(入墓)하였으니 무력(無力)하므로 음란(淫亂)함을 감당하기가 어려웠다. 남편이 일찍 흉사(凶死)하였고 또 다른 사람을 만났으나 불과 2~3년 만에 재차 극(剋)하였으며 乙卯 운에 이르러 왕토(旺土)를 범(犯)하니 스스로 목을 매고 죽었다.

評註

이 명조(命造)는 丙火 일주가 未월에 태어나서 未 중에 丁火가 통근(通根)되어 있지만 미약(微弱)하다. 원국(原局)에 土가 왕(旺)하므로 종아격(從兒格)이다.

희신(喜神)은 비식재(比食財)인 火土金이고 기신(忌神)은 관인(官印)인 水木이다. 일반적으로 식상(食傷)이 태왕(太旺)하면 관살(官殺)이 피상(被傷)되므로 부성(夫星)을 남편으로 보는 것이다. 원국(原局)에서는 戌 중에 辛金을 부성(夫星)으로 보았으나 辰 중에 癸水를 부성(夫星)으로 보는 것이 타당하다고 본다. 지지(地支)에서 辰戌 충(冲), 戌未 형(刑)을 하니 곤고(困苦)한 삶을 예견(豫見)할 수가 있다.

辰 중의 乙木과 癸水가 戌 중의 辛金과 丁火가 乙辛 충(冲)하고 丁癸 충(冲)함으로써 재관(財官)이 피상(被傷)되었으며 또한 戌 중의 辛金과 未 중의 乙木이 乙辛 충(冲)으로 재차 재성(財星)이 피상(被傷)되었으니 남편이 흉사할 수밖에 없었다. 乙卯 운에는 왕토(旺土)를 극(剋)하여 용신충발(用神冲拔)되었으니 자살한 것이다. 주의(注意)해야 할 것은 辰戌丑未가 관성(官星)에 해당하거나 암장(暗藏) 중에서 관성(官星)이 되는 경우는 부성입묘(夫星入墓)에 해당하므로 부부(夫婦)가 생사이별(生死離別)을 하는 경우가 많다.

```
丙 戊 己 戊
辰 戌 丑 午
```

戊 己 庚 辛 壬 癸 甲
午 未 申 酉 戌 亥 子

戊土生于丑月 土旺用事 木正凋枯 且丑乃金庫 辛金伏藏 不能託根 更
무토생우축월　토왕용사　목정조고　차축내금고　신금복장　불능탁근　경

嫌辰戌冲去藏官 又通印綬生身 日主足以欺官 置夫主于度外 且中運
혐진술충거장관　우통인수생신　일주족이기관　치부주우도외　차중운

酉方金地 淫賤不堪.
유방금지　음천불감

　　戊土 일주가 丑월에 생(生)하여 왕토(旺土)가 용사(用事)하니 木은 뿌리를 내릴 수
없다. 또한 丑土는 금고(金庫)로 辛金이 암장(暗藏)된 관성(官星)이니 음천(淫賤)을 감
당(勘當)할 수가 없다.
　　더욱 꺼리는 것은 辰戌 충(冲)이 암장(暗藏)된 관성(官星)을 충거(冲去)하고 인수(印
綬)가 일주(日主)를 생(生)하니 일주(日主)는 능히 관(官)을 업신여기니 남편(男便)은 마
음 밖에 있다. 재차 중년(中年)운이 서방금지(西方金地)이니 음천(淫賤)을 감당할 수가
없었다.

評註

　　戊土 일주가 丑월에 태어나서 득령(得令)하였고 전국(全局)이 인비(印比)인 火土이
니 종왕격(從旺格)이 되었다. 희신(喜神)은 인비식(印比食)인 火土金이고 기신(忌神)은
재관(財官)인 水木이다.
　　乙木 관성(官星)이 남편(男便)인데 토다목절(土多木折)이 되었고 辰戌 충(冲)이 되어

진중을목(辰中乙木)과 술중신금(戌中辛金)이 乙辛 충(沖)으로 乙木인 관성(官星)이 충거(沖去)되었다. 戊戌 대운에는 丙壬 충(沖), 辰戌 충(沖), 丑戌 형(刑)으로 재차 충형(沖刑)이 되었으니 남편(男便)은 치지도외(置之度外)가 되었다.

庚 丁 丙 己
戌 亥 寅 亥

癸壬辛庚己戊丁
酉申未午巳辰卯

丁火生于寅月　木正當權　火逢旺相　必以亥水官星爲夫明矣　年支亥水
정화생우인월　　목정당권　　화봉왕상　　필이해수관성위부명의　　년지해수
合寅化木　而日支亥水　必要生扶爲是　時干庚金隔絶　無生扶之意　又逢
합인화목　이일지해수　필요생부위시　시간경금격절　무생부지의　우봉
戊土緊剋之　則日主之情　必向庚金矣　所以淫賤之至也.
술토긴극지　즉일주지정　필향경금의　소이음천지지야

　丁火 일주가 寅月에 생(生)하여 木이 당권(當權)하였고 火가 왕상(旺相)하니 반드시 관성(官星)인 亥水가 남편(男便)인 것이 명백(明白)하다. 년지(年支)의 亥水는 시간(時干)의 庚金이 격절(隔絶)되어 생부(生扶)의 뜻이 없으며 戊土의 긴극(緊剋)을 만났다. 즉 일주지정(日主之情)은 반드시 庚金으로 향(向)하니 음천(淫賤)함이 극심하다.

　이 명조(命造)는 丁火 일주가 寅月에 태어나서 득령(得令)하였고 寅亥 합목(合木)으로 일주(日主)가 생조(生助)를 얻으니 신왕(身旺)하다. 희신(喜神)은 식재관(食財官)인 土金水이고 기신(忌神)은 인비(印比)인 木火인데 운행(運行)이 동남지지(東南之地)로

행(行)하니 불길(不吉)하다.

원국(原局)에서 남편(男便)인 亥水가 합목(合木)되어 인수(印綬)가 되었으니 무력(無力)하게 되어 戌土가 조토(燥土)가 되었으므로 庚金이 생조(生助)를 하지 못하였다. 그러므로 庚戌이 백호(白虎)가 되어 남다른 고집(固執)이 강(强)한데 亥水가 관성(官星)의 역할(役割)을 하지 못하니 음천(淫賤)함이 극심할 수밖에 없다. 관살혼잡격(官殺混雜格)으로도 볼 수 있다.

己巳 운에는 寅巳 형(刑)하고 巳亥 충(冲)하니 관성(官星)이 충발(冲拔)되었고 암장(暗藏)에서 丙庚 충(冲)하여 재성(財星)인 庚金이 충발(冲拔)되었으니 남편(男便)이 흉사(凶死)하였을 것이고 패가(敗家)하였을 것이다. 일반적(一般的)으로 식상(食傷)이 합(合)하거나 관성(官星)이 합(合)하였을 경우에는 음천(淫賤)하다.

```
丁 庚 癸 丁
亥 子 丑 未
```

```
庚己戊丁丙乙甲
申未午巳辰卯寅
```

寒金喜火 嫌其支全亥子丑 北方水旺 又月干癸剋丁 丑未冲去丁火餘
한금희화　　혐기지전해자축　　북방수왕　　우월간계극정　　축미충거정화여

氣 五行無木 未得生化之情 時干之情 虛脫無根 焉能管伏庚金 而日主
기　오행무목　미득생화지정　시간지정　허탈무근　언능관복경금　이일주

之情 不願丁火可知 所以水性楊花也.
지정　불원정화가지　소이수성양화야

丑월에 庚金은 한금(寒金)으로 火를 기뻐하는데 꺼리게도 지지(地支)가 亥子丑 북방(北方)으로 水가 왕(旺)하다. 또한 월간(月干)의 癸水가 丁火를 극(剋)하고 丑未가 충(冲)으로 未 중의 丁火가 제거(除去)되었으며 오행(五行) 중에 木이 없으니 생화지

정(生化之情)이 없다.

시간(時干)의 丁火는 뿌리가 없어 허탈(虛脫)하니 어찌 庚金을 다스릴 수 있겠는가? 일주지정(日主之情)이 丁火를 돌보지 않는다는 것을 알 수 있으니 바람기가 있는 여자이다.

評註

이 명조(命造)는 庚金이 丑월에 태어나서 한랭(寒冷)하니 조후(調候)로 火가 필요(必要)하다. 그러나 지지(地支)가 亥子丑 북방수국(北方水局)이 되어 있는데 癸水가 투출(透出)하였으니 식상(食傷)이 태왕(太旺)하다. 그러므로 제살태과격(制殺太過格)이 되었다. 희신(喜神)은 인비관(印比官)인 土金水이고 기신(忌神)은 식재(食財)인 水木이다.

원국(原局)에서 남편(男便)이 丁火인데 시간(時干)의 丁火는 수다화몰(水多火沒)이 되어 허탈(虛脫)하고 년간(年干)의 丁火는 丁癸가 충(沖)이 되어 丁火가 충거(沖去)되었다. 더욱 꺼리는 것은 丑未가 충(沖)이 되니 丑 중의 癸水가 未 중의 丁火를 丁癸충(沖)으로 丁火를 충거(沖去)시켰으니 남편(男便)인 관성(官星)이 모두 무력(無力)하였다. 일반적으로 명암부집(明暗婦集)이라고도 하고 부성입묘(夫星入墓)라고도 하여 여러 번 개가(改嫁)하거나 남편(男便)이 비명횡사(非命橫死)하는 명조(命造)이다.

任註

```
丙 辛 壬 丁
申 巳 子 丑
```

```
己 戊 丁 丙 乙 甲 癸
未 午 巳 辰 卯 寅 丑
```

壬水合去丁火之殺　丙火官星得祿又日支　似平佳美　所以出身舊家　因
임수합거정화지살　　병화관성득록우일지　　사평가미　　소이출신구가　　인

其貌美而菁媚　群以賽楊妃稱之　四五歲時　眉目秀麗　及十三四益嬌冶
기모미이청미　군이새양비칭지　사오세시　미목수려　급십삼사익교야

成爲畵中人　年十八　歸士人妻　士素醇謹好學　惑而暱愛之　逾年而學廢
성위화중인　년십팔　귀사인처　사소순근호학　혹이일애지　유년이학폐

竟以癆瘵而死　從此淫穢不堪　後身敗名裂　無所依託　自縊而死.
경이로채이사　종차음예불감　후신패명열　무소의탁　자액이사

此造因多合之故耳　夫十干之合　惟丙辛合　以官化傷官　謂貪合忘官　且
차조인다합지고이　부십간지합　유병신합　이관화상관　위탐합망관　차

巳申　合亦化傷官　丁壬合則暗化財星　其意中將丙火置之度外明矣　其
사신　합역화상관　정임합즉암화재성　기의중장병화치지도외명의　　기

情必向丁壬　一邊　況乎干支皆合　無往不是意中人也.
정필향정임　일변　황호간지개합　무왕불시의중인야

辛金 일주가 子月에 태어나서 한랭(寒冷)하니 조후(調侯)로 火가 필요하다. 원국(原局)에서 丙丁火가 투간(透干)되었고, 일지(日支)에 녹근(祿根)되었으니 관살혼잡(官殺混雜)이 되어 부부(夫婦)가 해로(偕老)하기가 어렵다.

천간(天干)은 丙壬 합(合)으로 丙火 관성(官星)이 합거(合去)되었고, 丁壬 합(合)으로 丁火 관성(官星)이 합거(合去)되었으며 지는 巳申 합(合)으로 巳火 관성(官星)이 합거(合去)되었으니 만나는 남자(男子)가 마음에 들기가 어려웠을 것이다. 더욱 심(甚)한 것은 子丑 합(合)이 되어 식상(食傷)이 태왕(太旺)하게 되었으니 관성(官星)이 손상(損傷)되지 않을 수 없다는 점이다.

주의(注意)해야 할 것은 辛金 일주(日主)가 巳 중의 丙火와 丙辛 합(合)이 되었는데 시간(時干)의 丙火와 丙辛 합(合)이 되었으니 과어유정(過於有情)하였다. 일반적으로 乙巳, 丁亥, 己亥, 辛巳, 癸巳 일주(日主)가 천간(天干)에 관성(官星)이 투출(透出)되어 있으면 부부해로(夫婦偕老)가 어렵다는 것이다. 그러므로 이러한 일주(日主)를 가진 여명(女命)은 늦게 결혼(結婚)하거나, 나이 차이가 많거나 연하(年下)의 남편(男便)을 만나는 것이 좋다. 남명(男命)에서 戊子, 壬午 일주(日柱)가 좌하(坐下)의 재성(財星)과 암합(暗合)하고 있는데 다시 천간에서 재성(財星)이 합(合)하면 여색을 탐(貪)하게

된다.

壬水가 살(殺)인 丁火를 합거(合去)하였고 관성(官星)인 丙火는 일지(日支)에 득록(得祿)하였으니 매우 아름다운 여성같이 보인다. 소위 명망(名望) 있는 가문 출신으로 미모(美貌)가 청미(菁媚)하여 모든 사람들이 양귀비(楊貴妃)에 비길 만하다 하였다.

너덧 살에 미모(美貌)가 수려(秀麗)하였고 열서너 살에는 더욱 아름다우니 그림 속의 미인(美人)과도 비교되었다. 열여덟 살에 선비에게 시집갔는데 선비가 본래 순박하고 학문을 좋아하였으나 아내의 미모에 빠져 학문을 포기하였다가 마침내는 폐결핵으로 세상을 떠났다. 남편이 죽고 난 후에는 음예를 감당할 수 없었으며 일신을 망치고 이름도 더럽혀 의탁할 곳이 없으니 목을 매어 자살하였다.

이 명조는 합(合)이 많은 까닭이다. 십간지합(十干之合)에서 丙辛의 합(合)은 관성이 상관으로 화(化)하니 탐합망관(貪合忘官)이 되었고 또한 巳申이 합(合)하여 역시 상관(傷官)으로 화(化)하였고 丁壬이 합(合)하여 재성으로 암화(暗化)하였으니 그 의중이 丙火를 도외시하는 것이 분명하다. 그 정(情)은 반드시 丁壬으로만 행하는데 하물며 간지(干支)가 모두 합(合)하니 가는 곳마다 마음에 들지 않는 사람이 없었다.

任註

```
戊 癸 戊 戊
午 酉 午 子
```

```
辛 壬 癸 甲 乙 丙 丁
亥 子 丑 寅 卯 辰 巳
```

癸水生于午月	財官並旺	坐下印綬	年支坐祿	未嘗不中和	天干三透戊
계수생우오월	재관병왕	좌하인수	년지좌록	미상불중화	천간삼투무

土	爭合癸水	卽日主之情	竟無定見	地支兩午壞酉	而財官之勢不分强
토	쟁합계수	즉일주지정	경무정견	지지양오괴유	이재관지세불분강

弱	日主之情	自然依財勢而去	只有年干正夫無財勢	其力量不敵月時兩
약	일주지정	자연의재세이거	지유년간정부무재세	기력량부적월시양

干之官 故將正夫置不願矣 運至乙卯 木生火旺 月時兩土 仍得生扶 年
간지관 고장정부치불원의　　운지을묘　목생화왕　월시양토　잉득생부　년

干之土 無化而受剋 所以夫得疾而死 後淫穢異常 尤物禍人信哉.
간지토　무화이수극　소이부득질이사　후음예이상　우물화인신재

癸水가 午月에 생(生)하여 재관(財官)이 모두 왕(旺)하다. 일지(日支)에 인수(印綬)가 있고 년지(年支)에서 녹(祿)을 얻었으나 중화(中和)를 이루지 않았다고 말할 수 없다. 천간(天干)에 戊土가 세 개나 투출(透出)하여 癸水와 쟁합(爭合)하니 일주지정(日主之情)은 한곳으로 정(定)하지 못한다.

지지(地支)에서 두 개의 午火가 酉金을 극(剋)하니 재관(財官)의 세력(勢力)을 강약(强弱)으로 분별(分別)할 수 없으니 일주지정(日主之情)은 자연히 재세(財勢)를 따라간다. 년간(年干)의 정부(正夫)는 재세(財勢)가 없으므로 그 역량이 월시양간(月時兩干)의 관(官)을 대적할 수 없으니 정부(正夫)를 버리고 돌보지 않았다.

乙卯 운에 이르러 木이 생(生)하여 火가 왕(旺)하니 월시(月時)의 양토(兩土)는 생부(生扶)를 얻으나 년간(年干)의 戊土는 인화(引化)가 없어서 극(剋)을 당하니 남편(男便)이 병(病)을 얻어 세상을 떠났다. 그 후 음예(淫穢)가 남달랐으니 "뛰어난 미녀(美女)는 사람에게 재앙(災殃)을 끼친다"라는 말은 믿을 만하다.

評註

癸水 일주(日主)가 午月에 태어나서 실령(失令)하였고 천간(天干)에 세 개의 戊土가 투출(透出)되어 있으니 재관(財官)이 태왕(太旺)하여 식신제살격(食神制殺格)이 되었다. 희신(喜神)은 인비식(印比食)인 金水木이고 기신(忌神)은 재관(財官)인 火土이다.

원국(原局)에서 戊土는 남편(男便)인 관성(官星)인데 戊癸 합(合)으로 쟁합(爭合)을 이루었으니 관살혼잡(官殺混雜)으로 보아야 할 것이다. 더욱 꺼리는 것은 월시지(月時支)의 午火에 암장(暗藏)되어 있는 戊土 역시 남편(男便)인 관성(官星)으로 보아야 한다. 그러므로 명암부집(明暗夫集)이 되었으니 부부해로(夫婦偕老)하기가 어렵다.

乙卯 년에는 木이 희신(喜神)이지만 卯酉 충(冲), 子卯 형(刑)으로 충형(冲刑)이 중

첩(重疊)되어 형액(刑厄)을 면(免)치 못할 것이다. 원국(原局)에서 子水는 子午 충(冲)이 되었으니 희신(喜神)이지만 역량이 약(弱)하고 강(强)한 酉金 인수(印綬)가 卯木 식상(食傷)과 상충(相冲)되었으니 결국 희신(喜神)이 손상(損傷)당하여 남편(男便)이 세상을 떠난 것이다.

주의(注意)할 것은 반드시 관성(官星)을 남편(男便)으로만 보지 말고, 희신(喜神)이 손상(損傷)되어도 남편(男便)에게 형액(刑厄)이 있다는 것을 암시(暗示)한다는 사실이다.

任註

```
丙 乙 辛 乙
戌 亥 巳 未
```

```
戊丁丙乙甲癸壬
子亥戌酉申未午
```

年月日六字觀之 乙木生于巳月 傷官當令 最喜坐下亥印 冲巳制傷 不
연월일육자관지 을목생우사월 상관당령 최희좌하해인 충사제상 부

特日主喜其滋扶 抑且辛金得其衛養 正所謂傷官用印 獨殺留淸 不但
특일주희기자부 억차신금득기위양 정소위상관용인 독살유청 부단

貌美 而且才高 書畵皆精 所嫌戌時 緊剋亥水 暴陽一透 辛金受傷旣
모미 이차재고 서화개정 소혐술시 긴극해수 폭양일투 신금수상기

不利于夫子之宮 兼損壞乎生平之性矣.
불리우부자지궁 겸손괴호생평지성의

년월일(年月日)의 여섯 글자를 살펴보니 乙木이 巳월에 생(生)하여 상관(傷官)이 당령(當令)하였는데 가장 기쁜 것은 좌하해수(坐下亥水)인 인수(印綬)가 있어 巳火를 충(冲)하여 상관(傷官)을 극제(剋制)하는 것이다.

일주(日主)는 자부(滋扶)를 기뻐할 뿐만 아니라 辛金으로부터 호위(護衛)와 배양(培養)을 얻었으니 소위 상관용인(傷官用印)이 되고 독살유청(獨殺留淸)하게 되어 미모(美

貌)뿐만 아니라 재주가 뛰어나서 서화(書畵)에 정통하였다.

꺼리는 바는 시지(時支)의 戌土가 일지(日支)의 亥水를 긴극(緊剋)하는 것이고 시상(時上)의 丙火가 월상(月上)의 辛金을 상(傷)하게 하니 이미 남편(男便)과 자식(子息)에게 불리하게 되었다. 겸(兼)하여 평생(平生)의 성품(性品)이 남을 손괴(損壞)하였다.

評註

乙木 일주가 巳월에 태어나서 실령(失令)하였고 년월지지(年月地支)가 巳未로 암합(暗合)하였으며 시간(時干)의 丙火가 투출(透出)하였으니 식상(食傷)이 태왕(太旺)하여 제살태과격(制殺太過格)이 되었다. 희신(喜神)은 인비관(印比官)인 水木金이고 기신(忌神)은 식재(食財)인 火土이다.

원국(原局)에서 년간(年干)의 乙木은 乙辛 충(沖)이 되었고 월간(月干)의 辛金은 양쪽의 乙木으로부터 협공(挾攻)을 당하고 있는데 살지(殺地)에 앉아 있으니 관성(官星)인 남편(男便)이 무력(無力)하게 되었다.

일지(日支)의 亥水에 의지(依支)하려고 하였으나 巳亥 충(沖)이 되었고 시지(時支)의 戌土가 극제(剋制)를 당하여 설상가상(雪上加霜)이 되었으니 평생을 곤고(困苦)하게 지낼 수밖에 없었다. 乙木 일주(日主)가 관성(官星)인 辛金, 사중경금(巳中庚金), 술중신금(戌中辛金)이 있으니 명암부집(明暗夫集)이라고 하여 음천(淫賤)한 명조(命造)이다.

任註

乙	癸	戊	丁
卯	丑	申	巳

乙甲癸壬辛庚己
卯寅丑子亥戌酉

此造 官星食神坐祿 印綬當令逢生 財生官旺 不傷印綬 印綬當令 足以
차조　관성식신좌록　　인수당령봉생　　재생관왕　　불상인수　　인수당령　족이

扶身 食神得地 一氣相生 五行停勻 安詳純粹 夫榮子貴 受兩代一品之封.
부신　식신득지　일기상생　오행정균　안상순수　부영자귀　　수양대일품지봉

이 명조(命造)는 관성(官星)과 식신(食神)이 좌하(坐下)에 녹(祿)이 되었고 당령(當令)한 인수(印綬)가 생조(生助)하고 있다. 재(財)는 생관(生官)하고 인수(印綬)를 상(傷)하게 하지 않는다.

인수(印綬)가 당령(當令)하여 충분히 부신(扶身)하고 식신(食神)이 득지(得地)하여 일기상생(一氣相生)하니 오행(五行)이 고르고 편안(便安)하며 순수(純粹)하다. 그러므로 부영자귀(夫榮子貴)하여 양대(兩代)에서 일품(一品)의 벼슬을 하였다.

評註

癸水 일주가 申월에 태어나서 득령(得令)하였고, 좌하(坐下)의 축중계수(丑中癸水)에 득지(得地)하였으니 약(弱)하지 않다. 원국(原局)이 모두 천부지재(天覆地載)가 되어 있고 오행(五行)이 구전(俱全)되었으니 아름답다.

희신(喜神)은 식재관(食財官)인 木火土이고 기신(忌神)은 인비(印比)인 金水인데 오기유행(五氣流行)으로 생생부절(生生不絶)의 명조(命造)이다. 戊土 관성(官星)은 丁火의 생조(生助)를 얻고 있으며 乙木 식신(食神)은 卯木에 득지(得地)하였으니 부영자귀(夫榮子貴)하지 않을 수 없다.

丙 甲 癸 己
寅 辰 酉 亥

庚己戊丁丙乙甲
辰卯寅丑子亥戌

八月官星 財星助金 生于寅時 年時兩支 逢生得祿 火水干透 無相 剋
팔월관성   재성조금   생우인시   년시양지   봉생득록   화수간투 무상 극

之勢 有生化之精 財星得地 四柱通根 五行不悖 氣靜和平 純粹生 化
지세   유생화지정   재성득지   사주통근   오행불패   기정화평   순수생 화

有情 夫榮子貴 受一品之封.
유정   부영자귀   수일품지봉

甲木 일주가 酉金이 관성(官星)이며 일지(日支)의 재성(財星)인 辰土가 생조(生助)하고 있으며 년시(年時)의 寅木과 亥水가 장생(長生)이고 녹(祿)이 되고 있다.

丙火와 癸水가 투간(透干)하였으니 상극(相剋)이 되지 않고 생화지정(生化之情)이 있으며 재성(財星)이 득지(得地)하고 오행(五行)의 배합(配合)이 어긋나지 않고 기정화평(氣靜和平)하니 순수(純粹)하고 생화유정(生化有情)하다. 그러므로 부영자귀(夫榮子貴)하였으며 일품(一品)에 봉(封)하였다.

評註

甲木 일주가 酉월에 태어나서 실령(失令)하였으나 관인상생(官印相生)이 되었고 시지(時支)의 寅木에 득록(得祿)하였으며 寅辰이 암합(暗合)으로 득근(得根)하였으니 신왕(身旺)하다.

또한 년지(年支)의 亥水가 원격(遠隔)이지만 寅亥 합목(合木)이 되었으니 신왕(身旺)이 틀림없다. 그러므로 희신(喜神)은 식재관(食財官)인 火土金이고 기신(忌神)은 인비(印比)인 水木이다.

원국(原局)에서 丙火가 좌하(坐下)의 寅木에 득근(得根)하고 己土는 丙火의 생조(生助)을 얻고 있으며 酉金은 辰酉가 합금(合金)으로, 희신(喜神)이 모두 왕성(旺盛)하다. 오행(五行)이 모두 구전(俱全)되었으니 생화유정(生化有情)하여 부영자귀(夫榮子貴)하게 된 것이다.

任註

甲	丁	壬	辛
辰	巳	辰	酉

己戊丁丙乙甲癸
亥戌酉申未午巳

傷官雖旺 合酉化金 則官星之元神愈厚矣 巳火拱金 辰土引之 則財 之
상관수왕　합유화금　즉관성지원신유후의　사화공금　진토인지　즉재　지

元神更固矣 時透印綬 助日主之光輝 制辰土之傷官 所謂木不枯 火不
원신경고의　시투인수　조일주지광휘　제진토지상관　소위목불고　화불

烈 水不涸 土不燥 金不脆 氣靜和平之象 夫榮子貴 受一品封.
렬　수불학　토부조　금불취　기정화평지상　부영자귀　수일품봉

상관(傷官)이 비록 왕(旺)하나 酉가 합(合)하여 화금(化金)하였으니 관성(官星)의 원신(元神)이 더욱 두텁다. 巳火가 酉金과 금국(金局)을 이루고 辰土가 금국(金局)을 생조(生助)하고 巳火를 인화(引化)하였으니 원신(元神)이 더욱 확고(確固)하다.

시간(時干)의 인수(印綬)가 투출(透出)하여 일주(日主)의 광휘(光輝)를 돕고 있으며 상관(傷官)인 辰土를 극제(剋制)하니 소위 木이 시들지 않았고, 火는 맹렬(猛烈)하지 않았으며, 水는 마르지 않았고, 土는 건조(乾燥)하지 않았으며, 金은 부스러지지 않으니 가정화평(家庭和平)하고 부영자귀(夫榮子貴)하며 일품(一品)에 봉(封)하게 되었다.

丁火가 일주가 辰월에 태어나서 실령(失令)하였고 좌하(坐下)의 巳火에 득지(得地)하였으나 巳火는 양쪽의 辰土를 생조(生助)하였다. 辰土는 辰酉 합금(合金)되었고 辛金이 투출(透出)되어 壬水를 생조(生助)하니 식신제살격(食神制殺格)이 되었다. 희신(喜神)은 인비식(印比食)인 木火土이고 기신(忌神)은 재관(財官)인 金水이다. 원국(原局)에서 상하유정(上下有情)으로 천부지재(天覆地載)가 되었으니 귀격(貴格)이다.

甲 壬 癸 己
辰 辰 酉 巳

庚己戊丁丙乙甲
辰卯寅丑子亥戌

秋水通源　印星秉令　官殺雖旺　制化合宜　更妙時透甲木　制殺吐秀　一派
추수통원　인성병령　관살수왕　제화합의　경묘시투갑목　제살토수　일파

純粹之氣　所以人品端莊　精于詩書　喜運途無火官不助　印不傷　夫星貴
순수지기　소이인품단장　정우시서　희운도무화관부조　인불상　부성귀

顯 子嗣秀美 誥封二品之榮.
현　자사수미　고봉이품지영

가을의 水가 통원(通源)하고 인수(印綬)가 병령(秉令)하였으니 관살(官殺)이 비록 왕성(旺盛)할지라도 제(制)하거나 화(化)하거나 합(合)하는 것이 마땅하다. 더욱 오묘(奧妙)한 것은 시상(時上)에 甲木이 투출(透出)하여 제살(制殺)하고 수기(秀氣)를 빼어내니 순수지기(純粹之氣)이다.

그러므로 인품(人品)이 단정(端正)하고 의젓하였으며 시서(詩書)에 정통(正統)하였다. 기쁘게도 운도(運途)에 火가 없어서 관성(官星)을 돕지 않고 인수(印綬)도 상(傷)하지 않으나 부성(夫星)이 귀(貴)하고 자성(子星)이 뛰어나 이품(二品)의 벼슬을 하였다.

評註

壬水 일주가 酉월에 태어나서 득령(得令)하였으나 관살(官殺)이 태왕(太旺)하여 식신제살격(食神制殺格)이 되었다. 희신(喜神)은 인비식(印比食)인 金水木이고 기신(忌神)은 재관(財官)인 火土이다.

원국(原局)이 상하유정(上下有情)하니 천부지재(天覆地載)가 되어 귀격(貴格)이 되었다. 일반적으로 여명(女命)에 백호괴강(白虎魁罡)인 甲辰, 壬辰이 있으면 부부해로(夫婦偕老)하지 못한다고 하였다. 운행(運行)이 희신(喜神)인 북동지지(北東之地)인 水木으로 행(行)하니 아름답다.

任註

癸	乙	壬	庚
未	亥	午	辰

乙丙丁戊己庚辛
亥子丑寅卯辰巳

木生午月 火勢猛而金柔脆之時 喜壬癸通根制火 辰土洩火生金 則火
목생오월　화세맹이금유취지시　희임계통근제화　진토설화생금　즉화

土不烈燥 水木不枯涸 接續相生 清而純粹 爲女中才子 生三子 夫任京
토불열조　수목불고학　접속상생　청이순수　위여중재자　생삼자　부임경

官 家道清寒 在家教子讀書 二子登科 一子發甲 夫官郎中 子官御史
관　가도청한　재가교자독서　이자등과　일자발갑　부관랑중　자관어사

受二代 之封.
수이대　지봉

乙木이 午월에 생(生)하여 火의 세력(勢力)이 맹렬(猛烈)하고 金이 유약(柔弱)한 때이다. 기쁘게도 壬癸가 통근(通根)하여 火를 극제(剋制)하고 辰土가 설화생금(洩火生金)하니 火土가 조열(燥烈)하지 않고 水木이 시들고 마르지 않아 접속상생(接續相生)

하고 청(淸)하고 순수하여 여자(女子) 중에서도 재능이 뛰어났다.

삼자(三子)를 낳았으며 남편이 관리로서 재임하는 동안, 가도(家道)가 청한(淸寒)하고 그중 일자(一子)가 발갑(發甲)하였다. 남편의 벼슬은 랑중(郎中)이었고 자식(子息)의 벼슬은 어사(御史)이었으니 이대(二代)에 걸쳐 모두 벼슬을 하였다.

乙木 일주가 午월에 태어나서 조고(凋枯)하니 조후(調候)가 필요한데 亥水에 통근(通根)하고 壬水가 투출(透出)되었으니 기쁘다. 지지(地支)에서 亥未가 암합(暗合)하여 일주(日主)를 부조(扶助)하고 壬癸가 생조(生助)하니 신왕(身旺)하다. 희신(喜神)은 식재관(食財官)인 火土金이고 기신(忌神)은 인비(印比)인 水木이다.

원국(原局)에서 설기(洩氣)하는 午火가 식신(食神)이므로 자식(子息)이 고귀(高貴)하게 될 것이고 재성(財星)인 辰土가 관성(官星)인 庚金을 생조(生助)하니 남편(男便)이 부영(富榮)하지 않을 수 없다. 더욱 아름다운 것은 오행(五行)이 구전(俱全)되어 생생부절(生生不絶)하니 비록 운행(運行)이 기신(忌神)으로 행(行)한다고 하더라도 원국(原局)에서 인화(引化)하여 접속상생(接續相生)하여 오히려 청이순수(淸而純粹)하게 된 것이다.

任註

```
壬 乙 戊 庚
午 酉 寅 辰
```

```
辛 壬 癸 甲 乙 丙 丁
未 申 酉 戌 亥 子 丑
```

乙木生于春初 　木嫩金堅 　最喜午時制殺衛身 　寒木向陽 　官印雙淸 　財星
을목생우춘초 　목눈금견 　최희오시제살위신 　한목향양 　관인쌍청 　재성

生官 不壞印綬 純粹安和 夫官二品 五子二十三孫 一生無疾 夫婦齊眉
생관　불괴인수　순수안화　부관이품　오자이십삼손　일생무질　부부제미

壽至八旬外 無疾而終 後裔皆顯貴.
수지팔순외　무질이종　후예개현귀

乙木이 춘초(春初)에 생(生)하여 木은 여리고 金은 견고(堅固)한데 가장 기쁜 것은 시지(時支)의 午火가 제살(制殺)하여 일주(日主)를 호위(護衛)하고 한목(寒木)이 양(陽)을 향(向)하고 있는 것이다. 관인(官印)이 모두 청(淸)하여 재성(財星)이 생관(生官)하니 인수(印綬)가 무너지지 않아, 순수(純粹)하고 안화(安和)하다.

남편(男便)의 벼슬은 이품(二品)이었고 오자(五子)에 23명의 손자(孫子)를 두었으며 일생 동안 질병(疾病)이 없었고 부부(夫婦)가 서로 존경(尊敬)하였다. 팔순(八旬)이 넘도록 살았으며 그 후손(後孫)도 모두 귀(貴)하게 되었다.

評註

乙木이 寅월에 태어나서 뿌리가 있으나 약(弱)하다. 土金이 왕(旺)하니 신약(身弱)하여 식신제살(食神制殺)이 되었다. 희신(喜神)은 인비식(印比食)인 水木火이고 기신(忌神)은 재관(財官)인 土金이다.

원국(原局)에서 오행(五行)이 구전(俱全)되었으니 오기유행(五氣流行)되어 생생부절(生生不絶)한 명조(命造)이다. 식신(食神)인 午火는 寅午 합화(合火)가 되었고 酉金은 辰酉 합금(合金)이 되어 식상(食傷)이 제살(制殺)하니 자식(子息)과 남편(男便)이 부영자귀(夫榮子貴)할 수밖에 없다.

```
甲 丁 癸 丙
辰 丑 巳 辰
```

```
丙丁戊己庚辛壬
戌亥子丑寅卯辰
```

丁火生于巳月 癸水夫星清透 時干甲木 印綬獨淸 是以品格端莊 持身
정화생우사월　계수부성청투　시간갑목　인수독청　시이품격단정　지신

貞潔 惜丙火太旺 生助傷官 以致鏡破釵分 然喜巳丑拱金 財星得用 身
정결　석병화태왕　생조상관　이치경파차분　연희사축공금　재성득용　신

旺 以財爲子 教子成名 兩子皆貴 受三品之封.
왕　이재위자　교자성명　양자개귀　수삼품지봉

　　丁火가 巳월에 생(生)하여 부성(夫星)인 癸水가 청(淸)하게 투출(透出)하였다. 시간(時干)의 甲木인 인수(印綬)가 홀로 청(淸)하게 투출(透出)하였으니 품격(品格)이 단정(端正)하였고 처세(處世)가 청결(淸潔)하였다.

　　아쉬운 것은 丙火가 태왕(太旺)하여 상관(傷官)을 생조(生助)하니 부부(夫婦)가 헤어지게 되었다. 그러나 기쁘게도 巳丑이 금국(金局)을 이루어서 재성(財星)이 득용(得用)하여 신왕(身旺)하니 재(財)가 자식이다. 자식을 잘 가르쳐 자식들이 벼슬길에 올랐는데 두 자식이 모두 귀(貴)하게 되어 삼품(三品)의 벼슬에 봉(封)하여졌다.

　　丁火 일주가 巳월에 태어나서 득령(得令)하였으나 식상(食傷)이 태왕(太旺)하여 제살태과격(制殺太過格)이 되었다. 희신(喜神)은 인비관(印比官)인 木火水이고 기신(忌神)은 식재(食財)인 土金이다. 원국에서 인수(印綬)인 甲木은 좌하(坐下)의 辰 중 癸水와 乙木에 통근되어 아름답고, 비겁(比劫)인 丙火는 관성(官星)인 癸水를 극제(剋制)하고 있는데 丁癸 충(冲)까지 하였으니 남편이 손상하게 되었다.

주의(注意)해야 할 것은 원국(原局)에서 식상(食傷)이 왕(旺)하므로 기신(忌神)이 되어 자식(子息)이 잘못될 것같이 보이나 운행(運行)이 동북지지(東北之地)인 木水 방향으로 행(行)하여 희신(喜神)이 되어 식상(食傷)을 통제(統制)할 수 있었기 때문에 자식(子息)이 모두 귀(貴)하게 된 것이다. 남편(男便)과 이별(離別)하게 된 시기는 己丑 운으로 추정(推定)할 수 있다. 식상(食傷)이 왕(旺)한데 설상가상으로 癸水가 己癸 극(剋)이 되었으니 癸水는 극거(剋去)될 수밖에 없다. 이 명조(命造)는 진상관용인격(眞傷官用印格)이라고도 한다.

任註

戊	癸	辛	丙
午	酉	卯	寅

甲乙丙丁戊己庚
申酉戌亥子丑寅

癸水生于仲春　洩氣地支　兼之財官並旺　日元柔弱　以印爲夫　淸而得用
계수생우중춘　설기지지　겸지재관병왕　일원유약　이인위부　청이득용

是以秉性端莊　勤儉紡織　至丑運　洩火拱金　連生二子　戊子運　冲去午火
시이병성단장　근검방직　지축운　설화공금　연생이자　무자운　충거오화

不傷酉金　夫主登科發甲　一交丁亥　西歸矣　此造之病　實在財旺耳　天干
불상유금　부주등과발갑　일교정해　서귀의　차조지병　실재재왕이　천간

之辛　丙火合之　地支之酉　午火破之　更兼寅卯當權生火　丁亥運　合寅化
지신　병화합지　지지지유　오화파지　경겸인묘당권생화　정해운　합인화

木　助起旺神　又丁火緊剋辛金　不祿宜矣.
목　조기왕신　우정화긴극신금　불록의의

癸水가 중춘(仲春)에 생(生)하였고 水가 설(洩)하여 재관(財官)이 함께 왕(旺)하다. 그러므로 일원(日元)이 유약(柔弱)하므로 인수(印綬)로써 삼는다.

천간(天干)의 辛金은 丙火가 합(合)하고 지지(地支)의 酉는 午火가 파(破)하는데 더

욱 꺼리는 것은 寅卯가 당권(當權)하여 火를 생(生)하는 것이다. 청(清)한 것으로 득용(得用)하였으니 타고난 성품(性品)이 단정(端正)하고 근검(勤儉)한 가운데 길쌈도 부지런히 하였다.

丑운에 이르러서 火를 설(洩)하고 금국(金局)을 이루니 연이어 두 아들을 낳았고 戊子 운에는 午火를 충거(冲去)하여 酉金을 상(傷)하지 못하게 하니 남편(男便)이 등과(登科)하고 발갑(發甲)하였는데 丁亥 운으로 바뀌면서 서방(西方) 운으로 돌아가니 이 명조(命造)의 병(病)은 재(財)가 왕(旺)한 것에 있다. 丁亥 운에는 寅木과 합화목(合化木)하여 왕신(旺神)을 돕고 丁火가 辛金을 긴극(緊剋)하니 불록(不祿)하는 것이 마땅하다.

評註

癸水 일주가 卯월에 태어나서 실령(失令)하였고 지지(地支)에 木火가 태왕(太旺)한데 천간(天干)에 戊土가 투출(透出)되어 있으니 신약(身弱)하다. 희신(喜神)은 인비(印比)인 金水이고 기신(忌神)은 식재관(食財官)인 木火土이다.

초년(初年)인 庚金 운은 寅卯 합목(合木)이 寅午 합화(合化)를 생조(生助)하니 곤고(困苦)하였을 것이고 己丑 운에는 酉丑 합금국(合金局)으로 희신(喜神)이 되었으니 자식(子息)을 두었다. 다시 말하면 왕(旺)한 식상(食傷)을 관살(官殺)이 오히려 극제(剋制)하게 될 것이다.

丁亥 운에는 지지(地支)가 寅亥 합목(合木), 亥卯 합목(合木)으로 木火土가 왕(旺)하게 되었으니 卯酉 충(冲)하면 희신(喜神)인 酉金이 충거(冲去)되고 천간(天干)은 丁癸 충(冲)하면 癸水가 충거(冲去)되어 천충지충(天冲地冲)이 되었으니 불록지객(不祿之客)이 되었다.

주의(注意)해야 할 것은 戊子 운에 남편이 등과발갑(登科發甲)하게 된 것은 戊土가 子水에 의하여 개두(蓋頭)가 되어 약(弱)한데 일간(日干)의 癸水가 戊癸 합거(合去)함으로써 기신(忌神)이 합거(合去)되었고 지지(地支)는 子午 충(冲)으로 역시 午火가 충거(冲去)되었으니 원국(原局)에서 기신(忌神)인 戊午가 천합지충(天合地冲)이 된 것이다.

```
癸 丙 辛 辛
巳 子 卯 丑
```

```
戊 丁 丙 乙 甲 癸 壬
戌 酉 申 未 午 巳 辰
```

丙火生于仲春 火相木旺之時 正得中和之象 年月兩透財星 地支巳 丑
병화생우중춘　화상목왕지시　정득중화지상　년월양투재성　지지사 축

拱金 財旺生官 官星得祿 以印爲夫 謂眞神得用 秉性勤儉 紡織佐讀
공금　재왕생관　관성득록　이인위부　위진신득용　병성근검　방직좌독

奉甘旨得舅姑之歡心 至甲午運 幇身衛印 夫主連登甲榜 誥封宜人 壽
봉감지득구고지환심　지갑오운　방신위인　부주연등갑방　고봉의인 수

至 酉運 會金冲卯 不祿.
지 유운 회금충묘 불록

丙火가 중춘(仲春)축 생(生)하여 木火가 왕상(旺相)한 때이니 바로 중화지상(中和之象)을 이루었다. 년월(年月)에 재성(財星)이 양투(兩透)하였고 지지(地支)에서 巳丑이 금국(金局)을 이루면서 왕재(旺財)가 생관(生官)하는데 관성(官星)이 득록(得祿)하였으니 인수(印綬)가 남편(男便)이다.

진신(眞神)을 득용(得用)하니 타고난 성품(性品)이 근검(勤儉)하였고 방직(紡織)으로 독서를 도왔으며 맛있는 음식으로 시부모(媤父母)를 모시어 환심(歡心)을 얻었다.

甲午 운에 이르러 방신(幇身)하고 인수(印綬)를 호위(護衛)하니 남편(男便)이 연등갑방(連登甲榜)에 오르고 본인(本人)은 의인(宜人)에 봉(封)하여졌다. 酉운에 이르러 금국(金局)을 이루니 인수(印綬)인 卯木을 충(冲)하여 불록(不祿)하였다.

評註

丙火 일주가 卯월에 태어나서 득령(得令)하였고 시지(時支)의 巳火에 통근(通根)되어 왕(旺)하게 보이지만 巳火는 丑土와 巳丑으로 격합(隔合)하여 금국(金局)으로 되었고 천간(天干)에 金水가 투출(透出)되어 있으니 신약(身弱)하다.

희신(喜神)은 인비(印比)인 木火이고 기신(忌神)은 식재관(食財官)인 土金水인데 운행(運行)이 초중(初中)에는 동남지지(東南之地)인 木火로 행(行)하니 아름답다. 원국(原局)에서 오행(五行)이 구전(俱全)되어 오기(五氣)가 생생부절(生生不絶)하니 성품(性品)이 근검(勤儉)하고 조화(調和)로우니 환경(環境)에 잘 적응하는 명조(命造)이다.

甲午 운에는 인비(印比)인 木火 운으로 희신(喜神)이 되었으니 남편(男便)이 갑방(甲榜)하였고 본인(本人)도 오품관리(五品官吏)의 어머니와 부인(婦人)으로 봉(封)하여졌다.

丁酉 운에는 丁火가 희신(喜神)이지만 천간(天干)의 丁癸 충(冲), 巳酉丑 삼합합국(三合合局)을 이루어 희신(喜神)인 월지(月支)의 묘목(卯木)을 卯酉 충(冲)하여 卯木이 충거(冲去)되어 천충지충(天冲地冲)하니 불록지객(不祿之客)이 되었다.

任註

$$\begin{array}{cccc} 丙 & 丙 & 癸 & 丁 \\ 申 & 辰 & 卯 & 酉 \end{array}$$

庚己戊丁丙乙甲
戌酉申未午巳辰

丙火生于仲春 官透財藏 印星秉令 比刦幇身 似乎旺相 第嫌卯酉逢冲
병화생우중춘　관투재장　인성병령　비겁방신　사호왕상　제혐묘유봉충

癸丁相剋 木火損而金水存 雖賴時干丙火之助 但丙臨申位 亦自顧不
계정상극　목화손이금수존　수뢰시간병화지조　단병임신위　역자고불

暇 辛辰中蓄藏餘氣 一點微苗 尚存春令 猶能輔用 較之前造更弱 亦以
가　행진중축장여기　일점미묘　상존춘령　유능보용　교지전조갱약　역이

印星爲夫 爲人端莊幽嫺 知書達理 丙午運 破其酉金 夫主登科 生二子
인성위부　위인단장유한　지서달리　병오운　파기유금　부주등과　생이자

誥封四品 至四旬外 運走戊申 洩火生金 不祿.
고봉사품　지사순외　운주무신　설화생금　불록

丙火가 중춘(仲春)에 생(生)하여 관(官)은 투출(透出)하고 재(財)는 암장(暗藏)되었으며 인성(印星)이 월령(月令)에 있고 비겁(比劫)이 방신(幇身)하여 왕상(旺相)한 것같이 보인다. 그러나 꺼리게도 卯酉가 봉충(逢冲)하고 癸丁이 상극(相剋)하니 木火가 손상(損傷)되고 金水가 남아 있다.

비록 시간(時干)의 丙火에 의지하나 丙火가 申에 임(臨)하였으니 자신(自身)을 돌보는 것만으로도 힘에 벅차다. 다행스러운 것은 辰 중에 축장(蓄藏)된 여기(餘氣)가 하나의 미약(微弱)한 싹이 되는데 아직 춘령(春令)이니 능(能)히 용신(用神)을 도울 수 있다.

전조(前造)와 비교하면 더욱 약(弱)하니 인수(印綬)가 남편(男便)이다. 사람됨이 단정(端正)하고 유한(幽嫺)[12]하였으며 사서(四書)의 이치(理致)에 밝았다. 丙午 운에 이르러 酉金을 파(破)하니 남편(男便)이 등과(登科)하고 두 아들을 낳았으며 사품(四品)에 봉(封)해졌다. 사순(四旬)이 넘어 戊申 운에 이르러는 설화생금(洩火生金)하니 불록(不祿)하였다.

任註

┌─────────────┐
│ 己 戊 庚 癸 │
│ 未 午 申 丑 │
└─────────────┘

丁丙乙甲癸壬辛
卯寅丑子亥戌酉

---

12 유한(幽嫺)하다: 여성(女性)으로서의 인품(人品)이 조용하고 우아하다.

戊土生于孟秋 柱中刦印重重 得食神秉令爲夫 洩其菁英 更喜癸水潤
무토생우맹추　주중겁인중중　득식신병령위부　설기청영　갱희계수윤

土養金 秀氣流行 是以人品端莊 知大義 雖出農家 安貧紡織佐夫 孝
토양금　수기유행　시이인품단장　지대의　수출농가　안빈방직좌부　효

事舅姑至癸亥 夫擧于鄕 旋登甲榜 仕至黃堂 雖夫貴 未嘗以貴婦自矜
사구고지계해　부거우향　선등갑방　사지황당　수부귀　미상이귀부자긍

在家仍 布衣操作 生四子 皆美秀 壽至丙運 奪食不祿.
재가잉　포의조작　생사자　개미수　수지병운　탈식불록

戊土가 맹추(孟秋)에 생(生)하였고 주중(柱中)에 비겁(比劫)과 인수(印綬)가 중중(重重)하니 병령(秉令)한 식신(食神)이 남편(男便)인데 청영(菁英)한 기(氣)를 설(洩)하고 있다. 더욱 기쁜 것은 癸水가 윤토(潤土)하여 양금(養金)하니 수기유행(秀氣流行)하는 것이다.

그러므로 인품(人品)이 단정(端正)하고 대의(大義)를 알고 있으니 비록 농가출신(農家出身)이었다고 할지라도 가난한 생활(生活) 속에서도 편안(便安)한 마음으로 베를 짜며 남편(男便)을 도왔고 시부모(媤父母)에게도 효도(孝道)하였다.

癸亥 운에 이르러 남편(男便)이 향시(鄕試)[13]에 합격(合格)하였고 오래지 않아 갑방(甲榜)에 합격(合格)하였으며 벼슬이 황당(黃堂)에 이르렀다. 비록 남편(男便)이 귀(貴)하게 되었으나 결코 귀(貴)한 사람으로 행동(行動)하지 않았으며 집안에서도 여전히 베옷을 입고 일을 하였으며 네 아들을 두었는데 모두 용모(容貌)가 아름답고 재주가 뛰어났다. 수명(壽命)은 丙운에 이르러 식신(食神)을 탈(奪)하여 불록(不祿)이 되었다.

戊土 일주가 申월에 태어나서 실령(失令)하였으나 지지(地支)에 양인(陽刃)으로 비

13　향시(鄕試): 과거(科擧) 일차시험(一次試驗)에 해당한다. 향장(鄕場)이라고 불리기도 하고, 추시(秋試), 추공(秋貢), 추방(秋榜), 추위(秋闈)라고도 한다.

겁(比劫)이 중중(重重)하고 己土가 투출(透出)하였으니 신왕(身旺)하다. 희신(喜神)은 식재관(食財官)인 金水木이고 기신(忌神)은 인비(印比)인 火土이다.

원국(原局)에서 자식궁(子息宮)인 식신(食神)이 좌하(坐下)의 申金에 통근(通根)하니 아름답다. 재성(財星)인 癸水는 윤토(潤土)하게 하여 양금(養金)하니 더욱 아름답다.

남편궁(男便宮)인 木이 없으므로 왕성(旺盛)한 土金에 손상(損傷)되지 않으므로 묘격(妙格)이 되었는데 행운(行運)에서 북동지지(北東之地)인 水木으로 행(行)하여 남편(男便)의 벼슬이 황당(黃堂)에 이르게 된 것이다.

주의(注意)해야 할 것은 임씨(任氏)는 식신(食神)을 남편(男便)으로 보았지만 자식(子息)으로 보고 남편(男便)은 관성(官星)으로 보는 것이 타당(妥當)하다는 것이다. 또한 癸亥 운에 남편이 향시(鄕試)에 합격(合格)하였던 것은 희신(喜神)인 재성(財星)이 상하유정(上下有情)으로 들어오고 지지(地支)에서 亥未 합목(合木)이 관국(官局)을 이루었기 때문이다.

任註

$$
\begin{array}{cccc}
己 & 戊 & 庚 & 癸 \\
未 & 戌 & 申 & 未
\end{array}
$$

丁丙乙甲癸壬辛
卯寅丑子亥戌酉

此與前造 只換未戌二支 其餘皆同 未丑皆土 午換以戌 用金去火 爲宜
차여전조 지환미술이지 기여개동 미축개토 오환이술 용금거화 위의

大勢觀之 勝于前造 今反不及者 何也 夫丑乃北方濕土 能生金晦火 又
대세관지 승우전조 금반불급자 하야 부축내북방습토 능생금회화 우

能蓄水 未乃南方燥土 能脆金助火 又能暵水 午雖火 遇丑土而貪生戌
능축수 미내남방조토 능취금조화 우능한수 오수화 우축토이탐생술

雖土 藏火而愈燥 幸秋金用事 所以貴也 雖出身貧寒 而人品端謹 持家
수토 장화이유조 행추금용사 소이귀야 수출신빈한 이인품단근 지가

勤儉 夫中鄕榜 仕縣令 生二子.
근검 부중향방 사현령 생이자

이 명조(命造)와 전조(前造)는 단지 未戌 두 개의 지지(地支)만 바뀌었을 뿐 나머지는 모두 같다. 未丑 모두 土이고 午는 戌로 바뀌었으니 金을 용신(用神)으로 하고 火를 제거함이 마땅하다. 대세(大勢)를 살펴보면 전조(前造)보다 뛰어나지만 현재(現在)가 오히려 그보다 미치지 못하는 것은 무슨 까닭인가?

丑土는 북방습토(北方濕土)이니 회화생금(晦火生金)하고 또한 능히 水를 축장(蓄藏)하고 있는데 未土는 남방조토(南方燥土)이니 능히 金을 약(弱)하게 하고 火를 도우며 水를 따르게 한다. 午는 비록 火이나 丑土를 만나면 탐생(貪生)하지만 戌土는 비록 土라고 할지라도 火를 암장(暗藏)하고 있기 때문에 더욱 조열(燥烈)하다.

다행하게도 추금(秋金)이 용신(用神)이므로 역시 귀(貴)하게 된 것이다. 비록 출신(出身)은 빈한(貧寒)하였으나 인품(人品)이 단정(端正)하고 근면(勤勉)하고 검소(儉素)하였다. 남편(男便)이 향방(鄉榜)에 합격(合格)하여 현령(縣令)으로 출사(出仕)하였으며 두 아들을 두었다.

評註

전조(前造)같이 戊土가 申월에 태어나서 실령(失令)하였으나 비겁(比劫)이 방조(幇助)하니 신왕(身旺)하다. 희신(喜神)은 식재관(食財官)인 金土木이고 기신(忌神)은 인비(印比)인 火土이니 희기신(喜忌神)도 역시 전조(前造)와 같다.

전조(前造)는 丑土이므로 희신(喜神)인 식신(食神)을 생조(生助)할 수 있으나 차조(此造)의 未土는 조토(燥土)이므로 식신(食神)을 생조(生助)하기가 어렵다. 전조(前造)는 午未 합화(合化)하지만 차조(此造)는 戌未 형살(刑殺)이 와서 상대적(相對的)으로 강(强)하다.

차조(此造)는 운행(運行)에서 전조(前造)보다 상대적(相對的)으로 순탄(順坦)하게 승진(昇進)하지는 못하였을 것이다. 아마도 丑土 운은 丑戌未 삼형살(三刑殺)이 되었으니 관재구설(官財口舌)이 있었을 것이다.

차조(此造)도 전조(前造)처럼 식신(食神)이 자식(子息)이고 관성(官星)이 남편(男便)인데 운행(運行)에서 관성(官星)이 상하유정(上下有情)으로 들어와 벼슬이 현령(縣令)에 이르렀고 전조(前造)는 황당(黃堂)에 이르렀던 것이다.

주의(注意)해야 할 것은 습토(濕土)와 조토(燥土)에 따라서 생금(生金)을 하느냐 하지 못하느냐에 따라 품격(品格)이 달라진다는 것이다.

任註

壬	戊	辛	己
戌	辰	未	酉

戊丁丙乙甲癸壬
寅丑子亥戌酉申

土榮夏令　逢金吐秀　更喜無木　富貴之造也　所以身出宦家　通詩書達禮
토영하령　봉금토수　경희무목　부귀지조야　소이신출환가　통시서달례

教　至酉運　夫星祿旺　生一子　夫主登科　甲戌運　刑冲出丁火　閨中　雪舞
교　지유운　부성록왕　생일자　부주등과　갑술운　형충출정화　규중　설무

而家道日落　青年守節　苦志教子成名　至子運　子登科　仕至郡守　受紫誥
이가도일락　청년수절　고지교자성명　지자운　자등과　사지군수　수자고

之封　壽至寅運　金絶之地.
지봉　수지인운　금절지지

土가 여름에 왕상(旺相)하고 金을 만나 토수(吐秀)하고 있으며 더욱 기쁜 것은 木이 없으니 부귀(富貴)한 명조(命造)이다. 벼슬 있는 집안에 태어나서 시서(詩書)와 예교(禮教)에 통달(通達)하였다.

酉운에 이르러 부성(夫星)이 녹왕(祿旺)하니 자식(子息)을 하나 얻고 남편(男便)은 등과(登科)하였다. 甲戌 운에는 형충(刑冲)으로 丁火를 나오게 하니 규중(閨中)에서 눈발이 날리고 가도가 쇠(衰)하여 젊은 나이에 수절(守節)하면서 끊임없이 자식(子息)을 훈도(訓導)하여 명예(名譽)를 이루었다.

子운에 이르러 자식(子息)이 등과(登科)하였고 벼슬이 군수(郡守)에 이르렀으며 천자(天子)의 명(命)으로 봉호(封號)를 받았다. 수명(壽命)은 寅운에 이르러 金이 절지(絶

地)가 된 것이다.

戊土 일주가 未월에 태어나서 비겁(比劫)이 태왕(太旺)하니 신왕(身旺)하다. 희신(喜神)은 식재관(食財官)인 金水木이고 기신(忌神)은 인비(印比)인 火土이다. 상관(傷官)인 辛金은 년지(年支)의 유금(酉金)에 득근(得根)하고 있으며 재성(財星)인 壬水는 좌하(坐下)의 술중신금(戌中辛金)에 통근(通根)하고 있는데 辰酉 합금(合金)으로 생조(生助)를 받고 있으니 더욱 아름답다.

원국(原局)에서 관성(官星)인 木은 없으나 辰 중에 乙木이 암장(暗藏)되어 있어 약(弱)한데 辰戌 충(冲), 戌未 형(刑)하니 남편궁(男便宮)인 乙木이 손상된 것이다.

酉운은 辰酉 합금(合金), 酉戌 합금(合金)으로 희신(喜神)인 식상(食傷)이 왕(旺)하여 자식을 얻게 된 것이다. 甲戌 운은 甲己 합토(合土)로 甲木이 합거(合去)되었으니 남편에게 이상이 생길 것을 추정할 수 있는데 辰戌 충(冲), 戌未 형(刑)이 되니 암장(暗藏)된 乙木이 손상되어 남편과 사별하게 된 것이다. 丙子 운에 이르러서는 丙辛 합수(合水)가 되니 丙火 기신(忌神)이 합거(合去)되었고 子辰 합수(合水)가 되었으니 지지(地支)가 습토(濕土)가 되어 辛金을 생조(生助)하였다. 그러므로 자식(子息)이 등과(登科)하여 군수(郡守)에 이르렀다.

```
甲 癸 壬 丁
寅 丑 子 亥
```

```
己 戊 丁 丙 乙 甲 癸
未 午 巳 辰 卯 寅 丑
```

癸水生于仲冬　支全亥子丑　北方一氣　其勢泛濫　一點丁火無根　最喜 寅
계수생우중동　지전해자축　북방일기　기세범람　일점정화무근　최희 인

時 納水而洩其菁華 甲木夫星坐祿 故爲人聰明貌美 端莊幽閒 更喜 運
시　납수이설기청화　　갑목부성좌록　　고위인총명모미　　단장유한　갱희　운

走東南木火之地 夫榮子秀 福澤有餘.
주동남목화지지　　부영자수　　복택유여

癸水가 子月에 생(生)하였고 지지(地支)에 亥子丑으로 북방일기(北方一氣)를 이루어 그 세(勢)가 범람(泛濫)하는데 일점정화(一點丁火)는 뿌리가 없다. 가장 기쁜 것은 寅木이 납수(納水)하여 청화(菁華)하게 된 것이다. 甲木이 부성(夫星)인데 좌록(坐祿)하고 있으니 사람됨이 총명(聰明)하고 용모(容貌)가 아름다우며 단정(端正)하고 정숙(貞淑)하였다. 더욱이 기쁜 것은 운이 동남(東南)의 木火로 행(行)하니 부영자수(夫榮子秀)하고 복택(福澤)이 유여(有餘)한 것이다.

癸水 일주가 子月에 태어나서 한랭(寒冷)하여 조후(調候)로 火가 필요한데 년간(年干)의 丁火는 丁壬 합거(合去)되었다. 지지(地支)는 亥子丑이고 천간(天干)에 壬水가 투출(透出)되었으니 신왕(身旺)하다. 그러므로 희신(喜神)은 식재관(食財官)인 木火土이고 기신(忌神)은 인비(印比)인 金水이다. 시간(時干)의 甲木이 寅木에 득록(得祿)하여 설수(洩水)하니 총명(聰明)하고 단정하였다. 운행이 희신(喜神)인 동남지지(東南之地)인 木火 운으로 행(行)하니 더욱 기쁘다.

任註

丁	乙	丙	乙
亥	卯	戌	卯

癸壬辛庚己戊丁
巳辰卯寅丑子亥

乙木生于季秋　柱中兩坐祿旺　亥卯又拱木局　四柱無金　日元旺矣　喜其
을목생우계추　　주중양좌록왕　　해묘우공목국　　사주무금　　일원왕의　　희기

丙丁並透　洩木生土　財成爲夫　爲人端莊和順　夫中鄕榜　出仕琴堂　生三
병정병투　설목생토　재성위부　위인단장화순　　부중향방　　출사금당　　생삼

子　壽至壬運.
자　수지임운

乙木이 계추(季秋)에 생(生)하여 주중(柱中)에 두 개의 乙木이 녹왕(祿旺)을 깔고 앉아 있으며 亥卯가 목국(木局)을 이루고 있으며 사주(四柱)에 金이 없으니 일주(日主)가 왕(旺)하다.

기쁘게도 丙丁이 함께 투출(透出)하여 木을 설(洩)하고 생토(生土)하니 재성(財星)이 남편(男便)이다. 사람됨이 단정(端正)하고 화순(和順)하며 남편(男便)이 향방(鄕榜)에 합격(合格)하여 금당(琴堂)에 출사(出仕)하였으며 세 아들을 두었고 수명(壽命)은 壬운에 이르렀다.

評註

乙木이 戌월에 태어나서 실령(失令)하였으나 천간(天干)에 乙木이 좌하(坐下)에 녹근(祿根)하니 신왕(身旺)하다. 희신(喜神)은 식재관(食財官)인 火土金이고 기신(忌神)은 인비(印比)인 水木이다.

식상(食傷)인 丙丁火가 투출(透出)하여 양목(兩木)을 설(洩)하여 생토(生土)하니 재성(財星)이 왕성(旺盛)하게 되었다. 그러므로 상관생재격(傷官生財格)이 되어 인품(人品)이 단정(端正)하고 남편(男便)을 생조(生助)하며 자식(子息)은 빼어났다.

辛 丁 甲 戊
丑 未 寅 寅

丁戊己庚辛壬癸
未申酉戌亥子丑

丁火生于春令 印綬太重 最喜丑時 坐下財庫 冲去未中比印 生起財星
정화생우춘령　인수태중　최희축시　좌하재고　충거미중비인　생기재성

必以辛金爲夫 丑土爲子也 初運北方水地 洩金生木 出身寒微 至庚戌
필이신금위부　축토위자야　초운북방수지　설금생목　출신한미　지경술

己酉戊申 三十載土金之地 裕夫發財生三子皆貴 誥封恭人 所謂棄印
기유무신　삼십재토금지지　유부발재생삼자개귀　고봉공인　소위기인

就財 且夫得子助 故後嗣榮發也.
취재　차부득자조　고후사영발야

丁火가 봄에 태어나 인수(印綬)가 태중(太重)하니 가장 기쁜 것은 丑시이다. 좌하 (坐下)의 재고(財庫)가 未 중에 비겁(比劫)과 인수(印綬)를 충거(冲去)하여 재성(財星)이 일어나니 반드시 辛金이 남편(男便)이고 丑土가 자식(子息)이다. 초운이 북방수지(北方水地)이니 金을 설(洩)하고 木을 생(生)하니 출신이 한미하다.

庚戌, 戊申 운은 30년이 土金이니 남편을 이끌어서 발재(發財)하여 넉넉하였고 세 아들을 두었는데 모두 귀하여 공인에 봉(封)해졌다. 그러므로 인수(印綬)를 버리 고 재성(財星)을 취하니 남편(男便)을 얻고 자식(子息)의 도움을 얻었으니 후사(後嗣) 가 영발(榮發)하였다.

丁火 일주가 寅월에 태어나서 득령(得令)하였고 인수(印綬)가 태왕(太旺)하니 신왕 (身旺)하다. 희신(喜神)은 인비(印比)인 木火이다. 원국(原局)에서 식상(食傷)인 戊土가

투출(透出)되어 있고 지지(地支)의 丑未土가 재성(財星)인 辛金을 생조(生助)하여 아름답다. 더욱 아름다운 것은 관성(官星)인 남편(男便)은 운행에서 북서지지(北西地支)로 행(行)하니 재관(財官)이 생조(生助)하여 재물(財物)과 남편(男便)이 영귀(榮貴)하고 후손(後孫)까지 복택(福澤)을 받았다.

주의(注意)해야 할 것은 지지(地支)가 丑未 충(冲)으로 흉(凶)하게 보기 쉬우나 未 중의 丁乙이 丁癸 충(冲), 乙辛 충(冲)으로 丁火와 乙木이 충거(冲去)된 것이니 오히려 기신(忌神)을 충거(冲去)시켜 희신(喜神)을 방조(幇助)하게 되었다는 점이다.

任註

```
癸 辛 己 壬
巳 丑 酉 辰
```

```
壬癸甲乙丙丁戊
寅卯辰巳午未申
```

辛金生于仲秋 支全金局 五行無木 火已成金 必無用官之理 喜其壬癸
신금생우중추　지전금국　오행무목　화이성금　필무용관지리　희기임계

並透 洩其精英 爲人聰明端謹 頗知詩禮 所惜者 十九歲 運走丁未南方
병투　설기정영　위인총명단근　파지시례　소석자　십구세　운주정미남방

火旺 生土逼水 流年庚戌 支全剋水 無子而夭.
화왕　생토핍수　유년경술　지전극수　무자이요

辛金이 중추(仲秋)에 생(生)하였고 지지(地支)에 금국(金局)을 이루었으며 오행(五行) 중에 木이 없고 火가 금국(金局)을 이루었으니 반드시 관(官)을 용신(用神)으로 해야 할 이치(理致)는 없다. 기쁘게도 壬癸가 병투(並透)하여 정영(精英)을 설(洩)하니 사람됨이 총명(聰明)하고 단정(端正)하여 근실(勤實)하였으며 시례(詩禮)에 정통(正統)하였다. 애석(哀惜)한 것은 19세에 운이 丁未에 이르니 남방(南方)으로 火가 왕(旺)하고 생토(生土)하여 水를 핍박(逼迫)하였다. 庚戌 년에 이르러 지지(地支)가 모두 水를 극

(剋)하니 자식도 없이 요절(夭折)하였다.

評註

  辛金 일주가 酉월에 생(生)하여 득령(得令)하였고 전지지(全地支)가 巳酉丑 삼합금
국(三合金局)을 이루니 자연적으로 辰酉 합금(合金)이 되었다. 그러므로 종왕격(從旺
格)이 되었으니 희신(喜神)은 인비식(印比食)인 土金水이고 기신(忌神)은 재관(財官)인
木火이다. 애석(哀惜)한 것은 운행(運行)이 기신(忌神)인 화목지지(火木地支)로 행(行)하
고 있는 것이다.

  戊申 운에는 음덕(蔭德)으로 총명하고 단정하며 근실하였으며 『시경(詩經)』과
『예기(禮記)』에 정통하였다. 丁未 운에는 丁癸 충(冲), 丑未 충(冲)으로 천충지충(天冲
地冲)되었으니 관성(官星)인 丁火와 식상(食傷)인 癸水가 손상되었고 남편과 자식이
형액(刑厄)을 당하였으며 암장(暗藏)되어 있는 축중계수(丑中癸水)와 미중정화(未中丁
火)가 丁癸 충(冲)으로 역시 중중(重重)하여 손상을 당하니 요절하지 않을 수 없다.

  주의(注意)해야 할 것은 庚戌 년은 원국(原局)과 대운(大運)과 세운(歲運)이 丑戌未
삼형살(三刑殺)이 되었으니 형액(刑厄)을 면(免)하기가 어렵다는 점이다.

任註

```
己 乙 丙 甲
卯 卯 寅 午
```

己庚辛壬癸甲乙
未申酉戌亥子丑

旺木逢火 通明之象 妙在金水全無 純淸不雜 爲人端莊 以丙火爲夫 惜
왕목봉화 통명지상 묘재금수전무 순청부잡 위인단장 이병화위부 석

運走 北方水地 壽亦不永 生三子留一 至壬運 剋丙火而阻矣 設使兩
운주 북방수지 수역불영 생삼자유일 지임운 극병화이조의 설사양

造運皆順行 不特壽長 若男造名利兩全 女造則夫榮子貴也.
조운개순행   불특수장   약남조명리양전   여조즉부영자귀야

왕목(旺木)이 火를 만나서 목화통명지상(木火通明之象)이다. 묘(妙)한 것은 金水가 전혀 없어서 순청부잡(純淸不雜)하니 사람됨이 단정하여 丙火로서 남편(男便)을 삼는다. 애석(哀惜)한 것은 운(運)이 북방수지(北方水地)로 행(行)하니 수명(壽命)이 역시 길지 못하였고 세 아들을 두었으나 그중 하나만 남았다.

壬운에 이르러 丙火를 극(剋)하니 모든 일이 막히게 되었다. 만약 두 명조(命造)가 운이 모두 순행(順行)하였다면 장수(長壽)하였을 뿐만 아니고 남자(男子)의 명조(命造)이면 명리양전(名利兩全)하였을 것이고 여자(女子)의 명조(命造)이면 부영자귀(夫榮子貴)하였을 것이다.

評註

乙木 일주가 寅월에 태어나 득령(得令)하였고 비겁(比劫)이 태왕(太旺)하니 신왕(身旺)하다. 일반적으로 목화통명(木火通命)이라고 하여 귀격(貴格)으로 보고 있다. 희신(喜神)은 식재관(食財官)인 火土金이고 기신(忌神)은 인비(印比)인 水木이다.

초년(初年)인 亥子丑은 북방수지(北方水地)이니 형액(刑厄)을 암시(暗示)하고 있다. 壬戌 운에 이르러 壬水가 기신(忌神)이고 丙壬 충(冲)으로 식상(食傷)인 丙火를 충거(冲去)하니 불록지객(不祿之客)이 되었다. 주의(注意)해야 할 것은 지지(地支)가 寅午戌 삼합화국(三合火局)이 되었고, 卯戌 합화(合火)가 되어 원국(原局)이 모두 염상(炎上)이 되었다.

```
己 乙 壬 丁
卯 卯 寅 未
```

```
己戊丁丙乙甲癸
酉申未午巳辰卯
```

春木森森 旺之極矣 時干己土無根 以丁火爲夫 丁壬之合 去水却妙 化
춘목삼삼　왕지극의　시간기토무근　이정화위부　정임지합　거수각묘　화

木不宜 所以出身貧寒 喜其運走南方火地 不旦幇夫興家 而且子息亦
목불의　소이출신빈한　희기운주남방화지　부단방부흥가　이차자식역

多 壽至申運 壬水逢生而阻 此與前造論之 不及前造 此造則行運不背
다 수지신운　임수봉생이조　차여전조론지　불급전조　차조즉행운불배

故勝之 然則命好不如運好 男女皆然也.
고승지　연즉명호불여운호　남녀개연야

춘목(春木)의 나무가 무성하니 왕(旺)함이 극(極)에 이르렀다. 시간(時干)의 己土가 무근(無根)이니 丁火가 남편(男便)이다. 丁壬이 합(合)하여 壬水를 제거하는 것은 묘(妙)하지만 木으로 화(化)한 것은 마땅하지 않으므로 출신이 빈한하였다.

기쁘게도 운(運)이 남방화지(南方火地)로 행(行)하니 남편(男便)을 도와 집안을 일으켰을 뿐만 아니라 자식(子息)도 많았다. 이 명조(命造)를 전명조(前命造)와 비교해 보면 전조(前造)에 미치지 못하나 이 명조(命造)는 행운(行運)이 어긋나지 않으니 전조(前造)보다 나은 삶을 살았다. 그러므로 명호(命好)가 운호(運好)보다 못한 것은 남녀(男女)가 모두 그러하다.

乙木 일주(日主)가 寅월에 득령(得令)하였고 전지지(全地支)가 목국(木局)이 되었다. 년지(年支)의 未土는 卯未 합목(合木)이 되었다. 년지(年支)의 丁火는 丁壬 합목(合木)

이 되었으니 원국(原局)이 종왕격(從旺格)이 되었다. 희신(喜神)은 인비식(印比食)인 水木火이고 기신(忌神)은 재관(財官)인 土金이다.

기쁘게도 운행(運行)이 동남지지(東南之地)인 木火 방향(方向)으로 행(行)하고 있는데 상하유정(上下有情)으로 들어오니 더욱 아름답다. 戊申 운에 이르니 土金이 기신(忌神)이니 형액(刑厄)을 암시(暗示)하고 있는데 지지(地支)에서 寅申 상충(相冲)으로 왕충쇠발(旺冲衰拔)이 되어 관성(官星)인 申金이 충발(冲拔)되었고 왕목(旺木)을 격노(激怒)하게 하였으니 불록지객(不祿之客)이 되었다.

任註

日主旺相 奪分權 月令休囚 安本分 休囚本分 官殺無剋 置二德 可 兩
일주왕상　탈분권　월령휴수　안본분　휴수본분　관살무극　치이덕　가　양

國之封 七殺有制遇三奇 爲一品之貴.
국지봉　칠살유제우삼기　위일품지귀

喜食神而 制殺生財 惡傷官而剋夫盜氣.
희식신이　제살생재　오상관이극부도기

食財壞印 豈是良人 用殺逢官 非爲節婦 身居旺地 雖富足夫子刑傷日
식재괴인　기시양인　용살봉관　비위절부　신거왕지　수부족부자형상일

値衰弱 從貧寒 夫子完聚.
지쇠약　종빈한　부자완취

日旺而巧於婦業 日衰而拙於女工 貴神一位 不富卽榮 合神數重 非尼
일왕이교어부업　일쇠이졸어여공　귀신일위　불부즉영　합신수중　비니

卽妓 貴人乘驛馬 決主威風 官星帶桃花 定爲貴重.
즉기　귀인승역마　결주위풍　관성대도화　정위귀중

食神獨者 安和而有子有壽 合神重者 嬌媚而賤多情 四仲全 乃酒色荒
식신독자　안화이유자유수　합신중자　교미이천다정　사중전　내주색황

淫 之女 四孟備 聰明生發之人 丑日刑而不忌 辰戌冲而非良 大低 夫
음　지여　사맹비　총명생발지인　축일형이불기　진술충이비량　대저　부

星要値 健旺 己身 須稟中和食神 不可刑傷子星 要臨生地.
성요치　건왕　기신　수품중화식신　불가형상자성　요림생지

印綬生身 一位則可 財神發福 多見無傷 身弱財發 不能發福 身强財弱
인수생신　일위즉가　재신발복　다현무상　신약재발　불능발복　신강재약

安得爲良.
안득위량

食官疊見 剋夫再嫁之人 梟印重逢 死別生離之婦 刑冲陽刃 惡無 知識
식관첩현　극부재가지인　효인중봉　사별생이지부　형충양인　악무　지식

破害金神 血光産難.
파해금신　혈광산난

四柱無夫星 不作偏房 定爲續室 八字皆空陷 非爲寡鵠 決是孤鸞.
사주무부성　부작편방　정위속실　팔자개공함　비위과곡　결시고란

일주(日主)가 왕상(旺相)하면 부권(夫權)을 빼앗고 월령(月令)이 휴수(休囚)하면 본분(本分)을 지킨다.

일주(日主)가 왕상(旺相)하면 흔히 스스로 사업(事業)을 일으키고 음비지재(蔭庇之財)를 받지 못하는데 소위 '여장남권(女掌男權)'이 바로 이것이다.

옛날 사회(社會)에서는 여자(女子)가 남자(男子)의 권리(權利)를 장악(掌握)하는 것을 흔히 복(福)이 아니라고 보았다. 그렇다고 반드시 극부(剋夫)하는 것은 아니다. 그러나 녹인(祿刃)에 있고 용신(用神)이 재성(財星)이면 필히 극부(剋夫)한다.

월령(月令)이 휴수(休囚)이면 신약(身弱)하여 타인(他人)을 따라서 진퇴(進退)하게 되니 본분(本分)을 편안(便安)하게 지킨다. 그러므로 여명(女命)은 신강(身强)을 꺼리는 것이고 바로 탈권(奪權)을 꺼리며 신약(身弱)이 아름다운 것이 아니고 본분(本分)을 지키는 것이 아름다운 것이다.

관살(官殺)이 극제(剋制)가 없고 이덕(二德)에 임(臨)하면 양국(兩國)에서 봉(封)하여 걸 수 있고 칠살(七殺)에 극제(剋制)가 있고 삼귀(三貴)를 만나면 일품지귀(一品之貴)가 된다.

이덕(二德)은 천덕(天德)과 월덕(月德)이고, 삼기(三奇)는 甲戊庚 또는 乙丙丁이다. 이덕(二德)과 삼기(三奇)는 귀기(貴氣)를 덧붙여 금상첨화(錦上添花)에 불과하니 소위 허호화(虛好話)가 이것이다. 중요한 것은 '무극(無剋)'과 '유제(有制)'라는 네 글자에 있는데 왕재(旺財)가 생관(生官)하는 격(格)은 상관(傷官)의 극(剋)을 만나지 않으면 반드시 귀(貴)한 명조(命造)이다. 식신(食神)은 제살(制殺)하고 생재(生財)하니 기뻐하고 상관(傷官)은 극부(剋夫)하고 도기(盜氣)하니 미워한다.

식신(食神)이 제살(制殺)하는 격(格)은 일주(日主)가 태약(太弱)하여서는 아니 되는데 만약에 일주(日主)가 통근(通根)하고 칠살(七殺)의 극제(剋制)가 있으면 반응이 귀(貴)하게 되는 명조(命造)이다. 식신(食神)은 능(能)히 제살(制殺)하지만 상관(傷官)도 능히 제살(制殺)하며 상관(傷官)도 또한 제살(制殺)하며 상관(傷官)은 극부(剋夫)하고 도기(盜氣)도 또한 능히 극부(剋夫)하고 도기(盜氣)한다. 제살(制殺)과 생재(生財)는 병용(並用)할 수 없으니 반드시 나누어서 살펴보아야 한다.

용관성(用官星)하면 식상(食傷)이 나타나는 것이 바람직하지 않으며 만약 식상(食傷)이 나타나면 반드시 재성(財星)으로 인화(引化)하여야 식신(食神)이 생재(生財)하고 생관(生官)하게 된다.

용칠살(用七殺)하면 식상(食傷)이 나타나 극제(剋制)하는 것이 기쁘고 재성(財星)이 나타나서는 아니 되는데 재성(財星)을 만나면 식상(食傷)을 인화(引化)하여 종살(從殺)하게 된다. 일주(日主)는 반드시 통근(通根)하여야 하는데 그렇지 않으면 관살(官殺)이 극신(剋身)하고 식상(食傷)이 도기극설(盜氣剋洩)하니 극부(剋夫)하지 않으면 요절(夭折)하게 된다.

빈재(貧財)하여 괴인(壞印)하면 어진 사람이라 하겠는가?

용살(用殺)하는 데 관성(官星)을 만나면 절개(節槪) 있는 부인(婦人)이 아니다. 탐재(貪財)하여 괴인(壞印)하면 어찌 어진 사람이라 하겠는가?

신약(身弱)하며 용인(用印)하거나 관살(官殺)이 태왕(太旺)하여 용인(用印)하면 재성(財星)이 나타나서는 아니 된다. 재성(財星)이 나타나면 탐재괴인(貪財塊印)이 된다. 용살봉관(用殺逢官)은 위의 글에서 '유관불가견살(有官不可見殺)'이라는 구절(句節)을 살펴보면 된다.

일주(日主)가 왕지(旺地)에 임(臨)하면 비록 부유(富裕)하다고 할지라도 부자(夫子)를 형상(刑傷)하고, 일주(日主)가 쇠향(衰鄉)에 임(臨)하면 비록 빈한(貧寒)하다고 할지라도 부자(夫子)가 온전하다. 이 두 구절은 "일주(日主)는 약(弱)한 것이 마땅하고 강(强)한 것은 마땅하지 않다"라는 것을 풀어서 이야기한 것이다.

여명(女命)에서 중요(重要)한 것은 부성(夫星)과 자성(子星)에 있으니 일주(日主)가 왕지(旺地)에 임(臨)하면 마땅하지 않고, 쇠향(衰鄉)하면 오히려 복(福)이 된다. 비록 부족(富足)하다고 할지라도 취(取)할 바가 없으며 빈한(貧寒)하나 능(能)히 부부(夫婦)가 서로 공경(恭敬)하는 것만 못하다.

일주(日主)가 왕성(旺盛)하면 부인(婦人)으로서의 솜씨가 있고, 일주(日主)가 쇠약(衰弱)하면 여자(女子)로서의 기교(技巧)가 서투르다.

일주(日主)가 왕상(旺相)하면 기력(技力)이 왕성(旺盛)하여 일을 잘 감당하고, 일주(日主)가 쇠약(衰弱)하면 유약(柔弱)하고 우졸(愚拙)하다.

가정(家庭)을 지탱(支撐)하려면, 반드시 건강(健康)하고 당찬 부인(婦人)이어야 한다. 지나치게 왕상(旺相)하면 부자(夫子)을 형상(刑傷)하는 재앙(災殃)이 있고 지나치게 쇠약(衰弱)하면 가정을 다스리는 데 서투르니 역시 마땅하지 않다. 그러므로 일주(日主)는 반드시 중화(中和)를 얻어야 한다는 뜻을 강조한 것이다.

귀신(貴神)이 하나이면 부유(富裕)하지 않으면 평화(平和)로우나, 합신(合神)의 수(數)가 많으면 비구니(比丘尼)가 아니면 기생(妓生)이다. 귀신(貴神)은 관성(官星)인데 즉 일위귀격(一位貴格)은 부귀(富貴)의 징조이다.

관성(官星)은 합(合)을 꺼리니 합관망귀(合官忘貴)이다. 일주(日主)가 합관(合官)하면 장애(障碍)가 없으나 만약 여러 개의 관성(官星)이 일주(日主)를 쟁합(爭合)하면 역시 꺼리는 것이다. 설령 합거(合去)당한 것이 아니더라도 기반(羈絆)하고 속박(束縛)하여 그 작용(作用)을 드러낼 수 없는데 관성(官星)만이 합(合)을 꺼리는 것이 아니다.

여명(女命)은 관성(官星)이 남편(男便)인데 만약 관(官)이 합거(合去)되면 남편(男便)이 없고 여러 개의 관(官)이 쟁합(爭合)하면 남편이 '비니즉기(非尼卽妓)'라고 말한다.

귀인(貴人)이 역마(驛馬)에 올라타면 위세가 반드시 존귀하게 된다. 귀인(貴人)은 관성(官星)이고 역마(驛馬)는 재지(財地)인데, 寅午戌 화인(火人)은 신궁(申宮)의 庚金이 재지(財地)이고, 申子辰 수인(水人)은 인궁(寅宮)의 丙火가 재지(財地)이고, 巳酉丑 금인(金人)은 해궁(解弓)의 甲木이 재지(財地)이고, 亥卯未 목인(木人)은 사궁(巳宮)의 戊土가 재지(財地)인데 관성(官星)이 재지(財地)에 임(臨)하면 자연히 이와 같은 위풍(威風)이 있다.

도화(桃花)는 함지(咸池)이고 인지(印地)인데 寅午戌 화인(火人)은 卯가 인지(印地)이고 亥卯未 목인(木人)은 子가 인지(印地)이고 申子辰 수인(水人)은 酉가 인지(印地)이고 巳酉丑 금인(金人)은 午중의 己土가 인지(印地)인데 관성(官星)이 인지(印地)에 있으면 반드시 존귀(尊貴)하게 된다. 그리고 도화(桃花)를 살펴보면 寅午戌 생인(生印)이 간지납음(干支納音)이 火에 속하고 卯가 나타나면 진도화(眞桃花)이고 卯년생이 寅午戌을 보면 도삽도화(倒揷桃花)가 되는데 나머지도 이와 같이 유추(類推)한다.

식신(食神)이 하나인 것은 안화(安和)하여 자식(子息)이 있고 장수(長壽)하지만 합신(合神)이 많은 것은 아름다우나 흔히 천(賤)하고 정(情)이 많다. 식신(食神)과 상관(傷官)은 본신(本身)의 정기(精氣)가 흘러 드러나는 것이니 식상(食傷)을 자식(子息)으로 보는 것이다. 또한 식신(食神)은 일명 수성(壽星)이니 옛 시결(詩訣)에서는 "식신(食神)에 손상(損傷)이 없으면 수명(壽命)이 길어진다"라고 말한다.

무릇 용신(用神)은 모두 손상(損傷)하여서는 아니 되고 더욱 마땅한 것은 독투(獨透)하여 청(淸)한 것인데 기합(氣合)이 나타나면 꺼린다. 그러므로 식신(食神)이 독투(獨透)하고 용신(用神)이면 자손이 있고 장수(長壽)한다.

사중(四仲)이 전부(全部) 있으면 주색(酒色)과 방탕(放蕩)한 생활(生活)을 하는 여인(女人)이고 사맹(四孟)이 전부(全部) 있으면 총명(聰明)하고 생기(生氣)가 일어나는 여인(女人)이다.

丑未 형(刑)은 꺼리지 않으나 辰戌 충(冲)은 꺼린다. 사중(四仲)이라는 것은 子午卯酉이고, 사맹(四孟)이라는 것은 寅申巳亥인데 여명(女命)은 마땅히 단정(端正)하여야 하는데 극전지국(剋戰之局)은 풍파(風波)와 기복(起伏)이 많으니 모두 꺼린다.

부성(夫星)은 응당 건왕(健旺)하여야 하고 일주(日主)는 반드시 중화(中和)를 이루어야 한다. 부성(夫星)이 용신(用神)이라면 용신(用神)은 반드시 득시병령(得時秉令)하여야 하고 희신(喜神)이 상생(相生)하여야 한다.

중화(中和)라는 것은 지나치게 왕(旺)하지 않고 또한 지나치게 약(弱)하지 않아 중화(中和)를 얻어야 귀(貴)하게 되는 것이다.

세속(世俗)에서 여명(女命)은 신약(身弱)을 전적으로 취하려는 것은 '인열폐식(因噎廢食)'이라, 즉 목이 메일까 음식을 먹지 않는 것이니 조그마한 장애(障碍) 때문에 중대(重大)한 일을 그만두는 것과 같다는 뜻이다.

식신(食神)은 형상(刑傷)하여서는 아니 되고 자성(子星)은 반드시 생지(生地)에 임

(臨)한다. 자성(子星)은 즉 식신(食神)인데 불가형상(不可刑傷)이라는 것은 '식신독자안화(食神獨者 安和)'라는 뜻과 같다. 그러므로 가장 마땅한 것은 장생지지(長生之地)에 임(臨)하여 생생불식(生生不息)의 정취(情趣)가 있어야 한다.

인수(印綬)가 일주(日主)를 생(生)하는 것은 하나이면 가(可)하고 재신(財神)이 발복(發福)하는 것은 많이 나타나고 상(傷)하지 않아야 한다. 인수(印綬)가 일주(日主)를 생(生)하는 것이 하나이면 중화(中和)에 부합(符合)하지만 많이 나타나면 지나치게 왕(旺)하게 된다.

재성(財星)이 왕(旺)하면 능히 관성(官星)을 암생(暗生)하니 고로 재성이 많은 것을 꺼리지 않는데, 만약 신약(身弱)하고 재왕(財旺)하면 이와 같이 논(論)하지 않는다.

신약(身弱)하고 재성(財星)이 강(强)하면 발복(發福)할 수 없고 신강(身强)하고 재성(財星)이 약(弱)하면 어찌 좋을 수 있을 것인가? 윗글의 '다현무상(多見無傷)'의 뜻을 이은 것이다. 용재(用財)하면 반드시 신왕(身旺)하여야 비로소 능(能)히 그 재성(財星)을 감당한다.

만약 재다신약(財多身弱)이면 반드시 유약(柔弱)하고 무능(無能)한 사람이며 가정(家庭)을 잘 다스리는 부인(婦人)이 아닌데, 재성(財星)이 많다고 할지라도 어찌 발복(發福)할 수 있을 것인가?

반대로 신강(身强)하고 재성(財星)이 약(弱)하면 비겁(比劫)이 중중(重重)하여 군겁쟁재(群劫爭財)하는데 어찌 좋을 것인가? 그러므로 일주(日主)는 반드시 중화(中和)하여야 하고 지나치게 왕(旺) 것과 지나치게 약(弱)한 것은 모두 마땅하지 않다는 것을 가히 알 수 있다.

상관(傷官)이 거듭 나타나면 극부(剋夫)하여 재가(再嫁)하는 사람이고, 편인(偏印)이 거듭 만나면 사별(死別)하거나 생별(生別)하는 부인(婦人)이다.

용관성(用官星)하는데 생관(生官)이 거듭 나타나면 반드시 극부(剋夫)하고, 용식신(用食神)하는데 편인(偏印)이 거듭 나타나면 반드시 극자(剋子)한다.

사주(四柱)에 부성(夫星)이 없고 편방(偏房)이 되지 않으면 틀림없이 속실(續室)이 되고 팔자가 모두 공함(空陷)이면 과부가 아니면 혼자 사는 여인이다.

팔자(八字) 중에 일주(日主)가 병령(秉令)하고 희용(喜用)이 통근(通根)하거나 혹은 희용(喜用)이 병령(秉令)하고 일주(日主)가 통근(通根)하면 모두 복(福)이 되는데 여명(女命)은 전적(全的)으로 희용(喜用)이 병령(秉令)하고 일주(日主)가 통근(通根)하여야 한다는 한 가지 방법(方法)만을 취(取)하는 것이다.

서(書)에서 "양인(陽刃)은 큰 권세(權勢)를 장악하고, 건록(建祿)은 조업(祖業)을 이어받기 어렵다"라고 말하고, 또한 "건록(建祿)은 월령(月令)을 얻어 태어난 것이니 재관(財官)이 투출(透出)하는 것을 기뻐하는데 일주(日主)가 왕(旺)한 것은 마땅하지 않고 오직 기쁜 것은 재성(財星)에 무성한 것이다"라고 말한다. 비록 재관(財官)을 기뻐한다고 할지라도 이것은 내가 가서 용재(用財)하고 용관(用官)한다는 것이고 재관(財官)이 왕(旺)함을 따른다는 것은 아니니 흔히 음비(蔭庇)에 의지(依支) 않고 스스로 사업(事業)을 일으킨다.

남명(男命)은 양인(陽刃)이 중중(重重)하면 반드시 극처(剋妻)하고 여명(女命)은 반드시 극부(剋夫)하고 극자(剋子)하는데 건록(建祿)도 마찬가지이다.

부족(富足)과 빈한(貧寒)은 별도(別途)의 문제(問題)이고, 신왕(身旺)하면 곧 부자(富者)인 것은 아니다. 가령 '甲寅, 丁卯, 乙巳, 庚辰'이라는 명조(命造)는 '소거거처 본무랑(小姑居處 本無郞)'이고, '辛卯, 乙未, 丙午, 丁酉'라는 명조(命造)는 '양인도과 필극부(陽刃倒戈 必剋夫)'이니 子午卯酉는 목욕함지지향(沐浴咸池之鄕)으로 기세(氣勢)가 전일(專一)한데 사중(四仲)을 전부 갖추면 흔히 주색(酒色)과 황음(荒淫)에 빠지는데 남녀(男女)가 동일하다.

사맹(四孟)은 장생록왕지지(長生祿旺之地)인데 지지(地之)의 소장인원(所藏人元)이 상호간(相互間)에 생극(生剋)하니 총명(聰明)하고 생발(生發)하는 것이다. 그러나 삼형(三刑)을 전부(全部) 갖추면 팔자(八字)가 아름다운 것도 역시 귀기(貴氣)가 손상(損傷)당하는 것이다.

형(刑)에 충(沖)을 겸(兼)하면 예측(豫測)할 수없는 재앙(災殃)이 많이 발생(發生)하고 격(格)에 부합(符合)한다고 할지라도 복수(福壽)하는 사람이 적으니 하나의 예(例)로 논(論)하여서는 아니 된다. 丑戌未 삼형(三刑)의 관계는 깊지 않은데, 만약 辰이 나타나면 형(刑)이 충(沖)을 겸(兼)하게 되니 결코 선량(善良)한 사람이 아니다.

原文

論財論殺論精神　四柱和平易養成　氣勢攸長無斷喪　殺關雖有不傷身
　　논재논살논정신　　　사주화평이양성　　　기세유장무착상　　　살관수유불상신

　　재(財)를 논(論)하고 살(殺)을 논(論)하고 정신(精神)을 논(論)하되 사주(四柱)가 화평 (和平)하면 양성(養成)이 쉽고 기세(氣勢)가 유장(攸長)하면서 착상(斷喪)함이 없으면 살(殺)과 관계가 있더라도 일신(一身)이 상해(傷害)받지 않는다.

原註

財神不黨七殺　主旺精神貫足　干支安頓和平　又要看氣勢　如氣勢在日
　재신부당칠살　　주왕정신관족　　간지안돈화평　　우요간기세　　여기세재일

主　而日主雄壯者　氣勢在財官　而財官不叛日主　氣勢在東南　而五七歲
주　　이일주웅장자　　기세재재관　　이재관불반일주　　기세재동남　　이오칠세

之前　不行西北　氣勢在西北　而五七歲之前　不行東南　行運不逢斷喪　此
지전　　불행서북　　기세재서북　　이오칠세지전　　불행동남　　행운불봉착상　　차

爲氣勢　攸長　雖有關殺　亦不傷身.
위기세　유장　수유관살　역불상신

재신(財神)이 칠살(七殺)을 돕지 않고 일주(日主)가 왕(旺)하고 정신(精神)이 이어져서 넉넉하며 간지(干支)가 안돈(安頓)하고 화평(和平)하면 또한 기세(氣勢)를 보아야 한다.

가령 기세(氣勢)가 일주(日主)에 있는데 일주가 웅장하거나 기세(氣勢)가 재관(財官)에 있는데 재관(財官)이 일주(日主)를 거스르지 않거나 기세(氣勢)가 동남(東南)에 있는데 5, 7세 전에 서북(西北)으로 행하지 않거나 기세(氣勢)가 서북(西北)으로부터 착상(斲喪)을 만나지 않으면 이것을 기세유장(氣勢攸長)이라고 하는데 비록 관살(官殺)이 있다고 할지라도 역시 상신(傷身)하지 않는다.

任註

任氏曰　小兒之命　每見淸奇可愛者難養　混濁可憎者易成　雖關家門　之
임씨왈　소아지명　매견청기가애자난양　　혼탁가증자역성　　수관가문　지

氣數　亦看根源之淺深.
기수　역간근원지천심

且小兒之命　是猶果苗之初出　宜乎培植得好　固不待言　然未生之前　父
차소아지명　시유과묘지초출　의호배식득호　고부대언　연미생지전　부

母　不禁房事　毒受胎中旣生之後　過于哀惜　惑飮食無忌　惑寒暖不調因
모　부금방사　독수태중기생지후　과우애석　혹음식무기　혹한난부조인

之疾病多端　每至無成　尙有積惡之家　而無餘慶　雖小兒之命　淸奇純粹
지질병다단　매지무성　상유적악지가　이무여경　수소아지명　청기순수

者　所以難養也　有等關于墳墓陰陽之忌　遷改損壞　以致夭亡　故小兒之
자　소이난양야　유등관우분묘음양지기　천개손괴　이치요망　고소아지

命　不易看也.
명　불역간야

除此數端之外　然後論命　必須四柱和平　不偏不枯　無冲無剋　根通月支
제차수단지외　연후논명　필수사주화평　불편불고　무충무극　근통월지

氣貫生時　殺旺有印　印弱有官　官衰有財　財輕有食傷　生化有情流通不
기관생시　살왕유인　인약유관　관쇠유재　재경유식상　　생화유정유통불

悖　惑一　神得用　始終相託　惑兩意情通　互相庇護　未交運而流年平順
패　혹일　신득용　시종상탁　혹양의정통　호상비호　미교운이유년평순

旣交運而運途 安祥 此謂氣勢攸長 自然易養成人 反此則難養也.
기교운이운도　안상　차위기세유장　자연이양성인　반차즉난양야

其餘關殺多端 盡皆謬妄 俗以何等惑人 則造何等神殺 必宜一切掃除
기여관살다단　진개류망　속이하등혹인　즉조하등신살　필의일체소제

以 絶將來之謬.
이　절장래지류

임씨(任氏)가 말하길, 소아지명(小兒之命)은 청기(淸奇)하여 가히 사랑스러운 것은 기르기 어렵고 혼탁(混濁)하여 가히 미워하는 것은 쉽게 성인(成人)이 되는 것을 항상 보게 되는데 비록 가문(家門)의 운명(運命)에 관계가 있다고 할지라도 역시 근원(根源)의 심천(深淺)을 살펴보아야 한다.

소아지명(小兒之命)은 마치 과일의 싹이 처음 나오는 것과 같으니 배식(培植)이 좋아야 하는 것은 두 말 할 필요가 없다. 그러나 출생하기 이전에 부모(父母)가 방사(房事)를 억제하지 않아서 태중(胎中)에서 독(毒)을 얻거나 태어난 후에도 지나치게 아끼고 사랑하여 혹 음식(飮食)을 금지(禁止)시키지 못하였다거나 혹은 한난(寒暖)이 조화(調和)되지 않으면 질병(疾病)이 많이 일어나고 항상 성인(成人)에 이르지 못한다. 또한 적악지가(積惡之家)에는 여경(餘慶)이 없으니 소아지명(小兒之命)이 청기(淸奇)하고 순수(純粹)하다고 할지라도 이에 이르기 어렵다고 한 것이다.

분묘(墳墓)나 음양(陰陽)과 관련(關聯)하여 잘못된 것들이 있다고 묘(墓)를 옮기거나 이사를 잘못 했다거나 고치지 말아야 할 것을 고쳐서 오는 손해(損害) 등을 들 수 있는데 이로 인하여 요절(夭折)하고 망(亡)하기도 한다. 그러므로 소아지명(小兒之命)은 보기가 쉬운 것이 아니다.

이상의 몇 가지 변수를 제외(除外)하고 논(論)할 때는 반드시 사주(四柱)가 화평(和平)하고 편고(偏枯)하지 아니하고 충극(冲剋)이 없어야 하며 월지(月支)에 통근(通根)하고 생시(生時)에 기(氣)가 관통(貫通)하여야 한다.

살(殺)이 왕(旺)한데 인수(印綬)가 있고 인수(印綬)가 약(弱)한데 관성(官星)이 있거나 관성(官星)이 약(弱)한데 재성(財星)이 있다면 생화유정(生化有情)하여 유통(流通)이 어긋나지 않아야 한다.

일신(一神)이 득용(得用)하여 시종(始終) 서로 의탁하고 혹 양의(兩意)가 정통(情通)하여 서로 비호하며 대운(大運)이 아직 오지 않았으면 유년(流年)이 평순(平順)하고 이에 대운(大運)을 만나고 운행(運行)이 안상(安詳)하다면 이것을 기세유장(氣勢攸長)이라 할 수 있으니 자연히 쉽게 길러서 성인(成人)이 된다.

　　이와 반대(反對)로 되면 기르기가 어렵다. 그 외에 관살(官殺)은 많다고 할지라도 모두 틀리거나 허망한 것들이다.

　　타인(他人)을 어느 정도 미혹(迷惑)하고자 하여, 어느 정도의 신살(神殺)을 만든 것이니 반드시 일체를 소제(掃除)하여 버리고 장래(將來)의 오류(誤謬)를 끊어야 마땅하다.

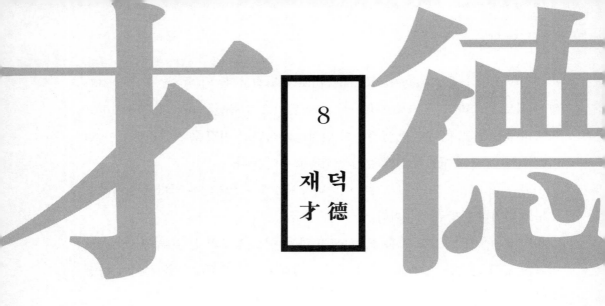

原文

德勝才者 局合君子之風 才勝德者 用顯多能之象
덕승재자　　국합군자지풍　　재승덕자　　용현다능지상

덕(德)이 재(才)보다 뛰어난 것은 원국(原局)이 군자지풍(君子之風)에 부합하고, 재(才)가 덕(德)보다 뛰어난 것은 용신(用神)이 다능지상(多能之象)으로 나타난다.

原註

清和平順 主輔得宜 所合者皆正神 所用者皆正氣 不必絶外生枝 不必
청화평순　주보득의　소합자개정신　소용자개정기　불필절외생지　불필

弄假成眞 財官喜神 皆足以了其生平 不生貪戀之私 度量寬宏 施爲必
농가성진　재관희신　개족이료기생평　불생탐연지사　도량관굉　시위필

正 皆君子之風也.
정　개군자지풍야

財薄而力量足以貪之 官輕而心志欲求之 混濁被害 主弱輔强 爭合邪
재박이력량족이탐지　관경이심지욕구지　혼탁피해　주약보강　쟁합사

神三四用神 皆心事奸貪 作事僥倖 皆爲多能之象.
신삼사용신　개심사간탐　작사요행　개위다능지상

大率陽在內　陰在外　不激不亢者爲德承才　如丙寅戊辰月日　己卯癸卯
대솔양재내　음재외　불격불항자위덕승재　여병인무진월일　기묘계묘

年時者是　陽在外　陰在內　畏勢趨利者　爲才勝德　如己卯己巳月日丙寅
년시자시　양재외　음재내　외세추리자　위재승덕　여기묘기사월일병인

戊寅年時者是.
무인년시자시

청화(淸和)하고 평순(平順)한 일주(日主)를 보조(補助)하여 마땅함을 얻고 합(合)하는 것은 모두가 정신(正神)이고, 작용하는 것은 모두 정기(正氣)라면 절외생지(絶外生枝)가 필요 없으며 농담이 진담이 될 필요도 없다.

재관(財官)이 희신(喜神)이면 평생(平生)을 만족(滿足)스럽게 끝마치고 사욕(邪慾)에 연연하지 않고 도량이 넓으며 실행(實行)을 발휘하여 정대(正大)하니 군자지풍(君子之風)이다. 재(財)가 박(薄)한데 역량(力量)이 충분하게 재(財)를 탐(貪)하거나 관(官)이 경(輕)한데 심지(心志)가 반드시 그것을 추구(追求)하면 혼탁(混濁)하여 해(害)를 입게 된다.

일주(日主)는 약(弱)하고 다른 것은 강(强)하며 사신(邪神)과 쟁합(爭合)하고 용신(用神)이 서너 개면 모두 심사(心事)가 간탐(奸貪)하고 하는 일마다 요행(僥倖)을 바라니 모두 다능지상(多能之象)이다.

대체로 양(陽)이 안에 있고 음(陰)이 밖에 있으면 과격(過激)하지 않고 교만(驕慢)하지 않는 것은 덕승재(德勝才)로 덕(德)이 재주를 이긴 것이니, 가령 丙寅, 戊辰 월일(月日)이고 己卯, 癸卯 년시(年時)에 태어난 것이다.

양(陽)이 밖에 있고 음(陰)이 안에 있으며 권세(權勢)를 두려워하고 이익(利益)을 추구(追求)하는 것은 재승덕(才勝德)으로 재주가 덕(德)을 이긴 것이니 가령 己卯, 己巳 월일(月日)이 丙寅, 戊寅 년시(年時)에 태어난 것이다.

任註

任氏曰　善惡邪正　不外五行之理　君子小人　不離四柱之情　陽氣動闢　光
임씨왈　선악사정　불외오행지리　군자소인　불리사주지정　양기동벽　광

8 재덕(才德)

亨之義可觀 陰氣靜翕 包含之理斯奧.
형지의가관　음기정흡　포함지리사오

和平純粹 格正局清 不爭不妬 合去者皆偏氣 化出者皆正神 喜官而財
화평순수　격정국청　부쟁불투　합거자개편기　화출자개정신　희관이재

能生官 喜財而官能制刦 忌印而財能壞印 喜印而官能生印 陽盛陰衰
능생관　희재이관능제겁　기인이재능괴인　희인이관능생인　양성음쇠

陽氣當權 所用者皆陽氣 所喜者皆陽類 無驕諂于上下 皆君子之風也
양기당권　소용자개양기　소희자개양류　무교첨우상하　개군자지풍야

偏氣雜亂 舍弱用强 多爭多合 合去者皆正氣 化出者皆邪神 喜官而臨
편기잡란　사약용강　다쟁다합　합거자개정기　화출자개사신　희관이임

刦地 喜財而居印位 忌印而官星生印 喜印而財星壞印 陰盛陽衰 陰氣
겁지　희재이거인위　기인이관성생인　희인이재성괴인　음성양쇠　음기

當權 所用者皆陰氣 所喜者皆陰類 趨勢財于左右 皆多能之象也 然得
당권　소용자개음기　소희자개음류　추세재우좌우　개다능지상야　연득

氣勢和平 用神分明 施爲亦必正矣.
기세화평　용신분명　시위역필정의

　임씨(任氏)가 말하길, 선악(善惡)과 사정(邪正)은 오행지리(五行之理)의 이치(理致)를 벗어나지 못하고 군자(君子)와 소인(小人)은 사주지정(四柱之情)을 벗어나지 못한다. 양기(陽氣)는 동(動)하여 열려서 크게 빛나는 뜻을 가히 볼 것이고 음기(陰氣)는 정(靜)하고 닫혀서 함축(含蓄)하고 있는 이치(理致)가 오묘(奧妙)하다.

　사주(四柱)가 화평순수(和平純粹)하고 격국(格局)이 바르고 정(正)하여 쟁투(爭妬)하지 않으며 합거(合去)하는 것은 모두 편기(偏氣)이고 화출(化出)하는 것은 모두 정신(正神)이다.

　관(官)을 기뻐하는데 재(財)가 능히 생관(官)하고, 재(財)를 기뻐하는데 관(官)이 비겁(比劫)을 극제(剋制)하며, 인수(印綬)를 꺼리는데 재(財)가 능(能)히 괴인(壞印)하며, 인수(印綬)를 기뻐하는데 능히 관(官)이 생인(生印)하며, 양(陽)은 왕성(旺盛)하고 음(陰)은 쇠약(衰弱)하여 양기(陽氣)가 당권(當權)하고 용신(用神)이 모두 양기(陽氣)일 때 기뻐하는 것은 모든 양(陽)의 종류(種類)이면 상하(上下)에 교만(驕慢)과 아첨이 없으니 모두가 군자지풍(君子之風)이다.

이와 다르게 편기(偏氣)가 잡란(雜亂)하고 약(弱)한 것을 버리고 강(强)한 것을 사용(使用)하며 쟁합(爭合)이 많으며 합거(合去)하는 것이 모두 정기(正氣)이고 화출(化出)하는 것이 모두 사신(邪神)이며 관(官)을 기뻐하는데 겁지(劫地)에 임(臨)하고 재(財)를 기뻐하는데 인수(印綬)의 자리에 있거나 인수(印綬)를 꺼리는데 관성(官星)이 생인(生印)하고 인수(印綬)를 기뻐하는데 재성(財星)이 괴인(壞印)하며 음(陰)이 왕성(旺盛)하고 양(陽)이 쇠약(衰弱)하여 음기(陰氣)가 당권(當權)하고 용신(用神)이 모두 음기(陰氣)일 때 기뻐하는 것은 모두 음(陰)의 종류(種類)이면 좌우(左右)에서 권세(權勢)와 재물(財物)을 쫓아 가는데 모두 다능지상(多能之象)이다. 그러나 기세(氣勢)가 화평(和平)하고 용신(用神)이 분명(分明)하면 능력을 발휘(發揮)하는 것이 반드시 올바르다.

任註

丁	庚	戊	癸
丑	寅	午	酉

辛壬癸甲乙丙丁
亥子丑寅卯辰巳

庚金生于仲夏　正官得祿　年時酉丑通根　正得中和之氣　寅午財官拱合
경금생우중하　정관득록　년시유축통근　정득중화지기　인오재관공합

財不壞印　官能生印　財官印三字　生化不悖　癸從戊合　去其陰濁之氣　所
재불괴인　관능생인　재관인삼자　생화불패　계종무합　거기음탁지기　소

以品行端方　恒存古道　早遊泮水　訓蒙自守　丁酉登科　後挑知縣不赴
이품행단방　항존고도　조유반수　훈몽자수　정유등과　후도지현불부

情願就教安貧樂道　人有言其小就者　彼曰　功名者　非掇巍科登高位而
정원취교안빈락도　인유언기소취자　피왈　공명자　비철외과등고위이

爲功名也　功成名自著　況吾無經濟財　就教職不愁衣食不敷　五行吾志
위공명야　공성명자저　황오무경제재　취교직불수의식불부　오행오지

不負君父之恩足矣.
불부군부지은족의

庚金이 午월에 생(生)하여 정관(正官)이 녹(祿)을 얻었으며 년시(年時)의 酉丑에 통근(通根)하였으니 중화지기(中和之氣)를 얻었다.

재관(財官)인 寅午가 拱合하여 재(財)가 인수(印綬)를 극(剋)하지 않고 관(官)은 능히 생인(生印)을 하니 재관인(財官印)이라는 세 글자가 생화불패(生化不悖)하고 戊癸가 합(合)하여 음탁지기(陰濁之氣)를 제거(除去)하였으니 품행(品行)이 단정(端正)하고 항상 옛 어른의 가르침을 따르며 일찍 입반(入泮)하여 어린이들을 가르치며 자리를 지켰다.

丁酉 년에 등과(登科)하였고 후에 지현(知縣)에 임명(任命)되었으나 부임(赴任)하지 않고 진심(眞心)으로 교육(敎育)에 종사(從事)하기를 원(願)하여 가난한 생활 속에서도 편안한 마음을 지녔다.

사람들은 그를 보고 성취(成就)를 적게 이루었다고 했지만 그는 "공명(功名)이라는 것은 과거(科擧)에 합격하여 고위직에 오르는 것이 공명(功名)을 이루는 것이 아니고 공(功)을 이루면 명(名)은 자연히 드러난다"라고 말했다.

더구나 경제적(經濟的)인 면에 재능(才能)이 없으니 "교직(敎職)에 나아가 충분하지는 않으나 의식(衣食)을 걱정하지 않고 나의 행동(行動)과 의지(意志)가 군부(君父)의 은혜(恩惠)를 저버리지 않음을 만족(滿足)한다"라고 하였다.

評註

庚金 일주가 午월에 태어나서 실령(失令)하였으나 지지(地支)에 寅午가 합화(合化)하고 酉丑이 합금(合金)하니 신왕(身旺)하다. 또한 戊土가 관인상생(官印相生)하니 신왕(身旺)이 틀림없다. 희신(喜神)은 식재관(食財官)인 水木火이고 기신(忌神)은 인비(印比)인 土金인데 관인상생(官印相生)이 되니 인수(印綬)도 희신(喜神)이 되는 것이다.

丁火가 시상(時上)에 있으니 시상정관격(時上正官格)이라고 하여 오행(五行)이 모두 갖추어 있으니 오행구전격(五行俱全格)이라고도 하여 생생부절(生生不絶)하니 귀격(貴格)이다. 더욱 아름다운 것은 운행(運行)이 동북지지(東北之地)인 木水 방향(方向)으로 행(行)하고 있다.

주의(注意)해야 할 것은 원국(原局)에서 천합지합(天合地合)으로 인간관계(人間關係)가 원만(圓滿)하였을 것이고 양(陽)이 안에 있고 음(陰)이 밖에 있으니 과격(過激)하지 않고 교만(驕慢)하지 않으니 덕승재(德勝才)로서 군자지풍(君子之風)의 인격(人格)을 갖추고 있는 것이다.

任註

```
甲 己 庚 丙
戌 亥 子 寅
```

```
丁 丙 乙 甲 癸 壬 辛
未 午 巳 辰 卯 寅 丑
```

己土生于仲冬 寒濕之體 水冷木凋 庚金又剋木生水 似乎混濁 妙在年
기토생우중동　　한습지체　　수냉목조　　경금우극목생수　　사호혼탁　묘재년

干透丙 一陽解凍 冬日可愛 去庚金之濁 不特己土 喜其和暖 而甲木
간투병　일양해동　동일가애　거경금지탁　불특기토　희기화난　이갑목

亦喜其發榮 更妙戌時燥土 砥定泛濁獨之水 培其凋枯之木 而日主根
역희기발영　경묘술시조토　지정범탁독지수　배기조고지목　이일주근

源亦固 況甲己爲中和之合 故處世端方 恒存古道 謙恭和厚有古君 子
원역고　황갑기위중화지합　고처세단방　항존고도　겸공화후유고군　자

之風 微嫌水勢太旺 功名不過廩貢.
지풍　미혐수세태왕　공명불과늠공

己土가 중동(仲冬)에 생(生)하여 한습지체(寒濕之體)인데 水는 랭(冷)하고 木은 시들었으며 庚金이 다시 극목(剋木)하고 생수(生水)하니 혼탁(混濁)한 것 같다.

오묘한 것은 년간(年干)에 丙火가 투출하여 일양(一陽)이 해동(解凍)하는 것이며 火가 있어서 가히 사랑스러우며 庚金의 탁기(濁氣)를 제거하여 己土가 화난(和暖)을 기뻐할 뿐만 아니라 甲木도 역시 발영(發榮)하게 됨을 기뻐한다. 더욱 오묘한 것은 戌 시가 조토(燥土)로 범탁지수(泛濁之水)를 막아서 안정되게 하고 조고지목(凋枯之木)

8 재덕(才德)

을 배양(培養)하니 일주(日主)의 근원(根源)도 역시 견고하다.

甲己가 또한 중화지합(中和之合)이니 처세가 단정하며 항상 옛 어른의 가르침을 받들어 겸손하고 공손하며 온화하고 인정이 두터우니 군자지풍이 있다. 조금 꺼리는 것은 수세(水勢)가 태왕하니 늠공(廩貢)[14]에 불과하였다는 점이다.

評註

己土 일주가 子월에 태어나서 한랭(寒冷)하니 조후(調候)로 火가 필요하다. 지지에서는 亥子 합수(合水)하고 寅亥 합목(合木)하는데 시간(時干)에 甲木이 투출하였으니 관살(官殺)이 태왕(太旺)하다. 그러므로 식신제살격(食神制殺格)이 되어 희신(喜神)은 인비식(印比食)인 火土金이고 기신(忌神)은 재관(財官)인 水木이다.

전조(前造)와 같이 오행구전격(五行俱全格)이고 생생부절(生生不絶)이지만 운행(運行)이 초년(初年)에는 기신(忌神)인 동방지지(東方之地)로 행(行)하기 때문에 상대적으로 군자지풍(君子之風)의 인품에 미치지 못하였다. 주의(注意)해야 할 것은 다같이 시상정관격(時上正官格)이 되지만 전조(前造)는 희신(喜神)이고 이 명조(命造)는 기신(忌神)이다.

任註

甲	己	辛	丙
子	卯	丑	戌

戊丁丙乙甲癸壬
申未午巳辰卯寅

---

14 늠공(廩貢): 명청(明淸)시대에 부(府), 주(州), 현(縣)의 수재(秀才) 중에서 시험에 합격하여 식량을 지원 받는 사람으로 늠생(廩生)이라고도 한다.

此造 水冷金寒 土凍木凋 得年干透丙 一陽解凍 似乎佳美 第丙辛 合
차조 수냉금한 토동목조 득년간투병 일양해동 사호가미 제병신 합

而化水 以陽變陰 反增寒濕之氣 陽正之象 反爲陰邪之類 故其爲人貪
이화수 이양변음 반증한습지기 양정지상 반위음사지류 고기위인탐

婪無厭 奸謀百出 趨財奉勢 見富貴而生諂容 勢利驕矜 所謂多能之象也.
람무염 간모백출 추재봉세 견부귀이생첨용 세리교긍 소위다능지상야

이 명조(命造)는 金水가 한랭(寒冷)하고 土는 얼고 木은 시들었는데 년간(年干)에 丙火가 투출하여 일양(一陽)이 해동(解凍)하니 매우 아름다운 것같이 보인다. 그러나 丙辛이 합화수(合化水)하니 양(陽)이 변하여 음(陰)이 되었고, 한습지기(寒濕之氣)를 더하니 양정지상(陽正之象)이 도리어 음사지류(陰邪之類)가 되었다.

고(故)로 위인(爲人)은 탐욕(貪慾)이 많고 염치가 없으며 간사(奸邪)한 음모(陰謀)를 끝없이 만들어 냈으며 재물(財物)을 추구(追求)하고 권세(權勢)에 영합(迎合)하였을 뿐만 아니라 부귀(富貴)한 자(者)을 보면 아첨(阿諂)하였고 위세(威勢)와 재물(財物)로 교만(驕慢)하였으니 소위(所謂) 다능지상(多能之象)이다.

評註

己土 일주가 丑월에 태어나서 득령(得令)하였고 戌土에 통근(通根)하였으며 丙火가 투출(透出)하였으니 신왕(身旺)하다. 희신(喜神)은 식재관(食財官)인 金水木이고 기신(忌神)은 인비(印比)인 火土이다. 천간(天干)은 丙辛 합거(合去)되었고 甲己 합토(合土)되었으며 지지(地支)는 子卯 형(刑)하고 丑戌 형(刑)이 되었으니 천합지형(天合地刑)으로 다능지상(多能之象)이다.

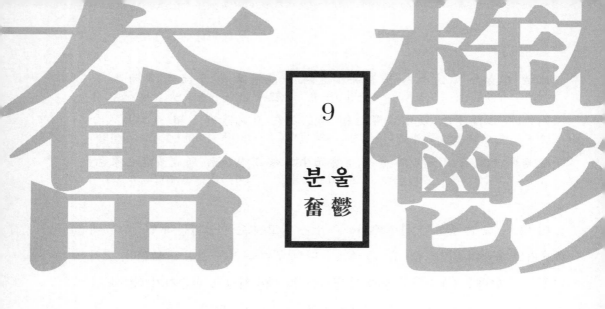

原文

局中縣奮發之機者 神舒意暢 象內多沈埋之氣者 心鬱之灰
국중현분발지기자　　신서의창　　상내다침매지기자　　심울지회

　국(局)에 분발지기(奮發之機)가 드러난 것은 신의(神意)가 서창(舒暢)[15]하고, 상내(象內)에 침매지기(沈埋之氣)가 많은 것은 심지(心志)가 울회(鬱灰)[16]한다.

原註

陽明用事 用神得力 天地交泰 神顯精通 必多奮發 陰晦用事 情多 戀
양명용사　용신득력　천지교태　신현정통　필다분발　음회용사　정다　연

私 主弱臣强 神藏精洩 人多困鬱.
사　주약신강　신장정설　인다곤울

弱純陽之勢 身旺而財官旺者必奮 純陰之局 身弱而官殺多者多困.
약순양지세　　신왕이재관왕자필분　　순음지국　　신약이관살다자다인

---

15 서창(舒暢): 기분이 상쾌함. 여유(餘裕) 있게 아량을 가지고 지냄. 한가로이 지냄.
16 울회(鬱灰): 울적하고 의기(意氣)소침함.

양명(陽明)이 세력(勢力)을 주도하고 용신(用神)이 힘을 얻으며 천간(天干)과 지지(地支)가 교태(交泰)하면 신기(神氣)가 드러나고 정기(精氣)가 통(通)하게 되면 반드시 많은 분발(奮發)이 일어난다.

음회(陰晦)가 세력(勢力)을 주도하고 정(情)이 사사로움에 연연하게 되면 주(主)가 약(弱)하고 신(臣)이 강(强)하면 신기(神氣)가 감추어지고 정기(精氣)가 설(洩)하게 되어 사람이 곤울(困鬱)하게 된다. 순양(純陽)의 세력(勢力)이 신왕(身旺)하고 순음(純陰)의 국(局)으로 신약(身弱)하고 관살(官殺)이 많은 것은 곤울(困鬱)이 많다.

任註

任氏曰 無抑鬱而 舒暢者 局中不太過 不缺陷 所用者皆得氣 所喜者
임씨왈 무억울이 서창자 국중불태과 불결함 소용자개득기 소희자

皆得力 所忌者皆失時失勢 閒神不黨忌物 反有益于喜用 忌其合而遇
개득력 소기자개실시실세 한신부당기물 반유익우희용 기기합이우

冲 忌其冲而遇合 體陰用陽 故一陽生於北 陰生則陽成 如亥中之甲木
충 기기충이우합 체음용양 고일양생어북 음생즉양성 여해중지갑목

是也 歲運又要輔格助用 必多奮發.
시야 세운우요보격조용 필다분발

少舒暢而多抑鬱者 局中或太過 或缺陷 所用者皆失令 所喜者皆無力
소서창이다억울자 국중혹태과 혹결함 소용자개실령 소희자개무력

所忌者皆得時得勢 閒神刦占 喜神反黨助忌神 喜其合而遇冲 忌其合
소기자개득시득세 한신겁점 희신반당조기신 희기합이우충 기기합

而遇合 體陽用陰 故二陰生於南 陽生則陰成 如午中之己土是也 歲運
이우합 체양용음 고이음생어남 양생즉음성 여오중지기토시야 세운

又不能補喜去忌 必多鬱困.
우불능보희거기 필다울곤

然局雖陰晦 而運途配合陽明 亦能舒暢 象雖陽明 而運途配其陰晦 亦
연국수음회 이운도배합양명 역능서창 상수양명 이운도배기음회 역

主困鬱 故運途更宜審察.
주곤울 고운도갱의심찰

如用亥中甲木 天干有壬癸 則運宜戊寅己卯 天干有庚辛 則運宜丙寅
여용해중갑목 천간유임계 즉운의무인기묘 천간유경신 즉운의병인

9 분울(奮鬱)   193

丁卯 天干有丙丁 則運宜壬寅癸卯 天干有戊己 則運宜甲寅乙卯.
정묘　천간유병정　즉운의임인계묘　천간유무기　즉운의갑인을묘

如用午中己土 天干有壬癸 則運宜戊午己未 天干有庚辛 則運宜丙寅
여용오중기토　천간유임계　즉운의무오기미　천간유경신　즉운의병인

午丁未 天干有甲乙 則運宜庚午辛未.
오정미　천간유갑을　즉운의경오신미

此從藏神而論 明支亦同此論.
차종장신이론　명지역동차론

如用天干之木 地支水旺 則運宜丙寅丁卯 天干有水 則運宜戊寅己卯
여용천간지목　지지수왕　즉운의병인정묘　천간유수　즉운의무인기묘

地支金多 則運宜甲戌乙亥 天干有金 則運宜壬寅癸卯 地支土多則運
지지금다　즉운의갑술을해　천간유금　즉운의임인계묘　지지토다즉운

宜甲寅乙卯 天干有土 則運宜甲子乙丑 地支火多 則運宜甲辰乙巳 天
의갑인을묘　천간유토　즉운의갑자을축　지지화다　즉운의갑진을사　천

干有火 則運宜壬子癸丑 如此配合 庶無爭戰之患而有制化之情 反此
간유화　즉운의임자계축　여차배합　서무쟁전지환이유제화지정　반차

則不美矣 細究之 自有深機也.
즉불미의　세구지　자유심기야

임씨(任氏)가 말하길, 억울(抑鬱)함이 없고 서창(舒暢)하는 것은 국(局)이 태과(太過)하지 않고 결함(缺陷)이 없으며 용신(用神)이 득기(得氣)하고 희신(喜神)도 득력(得力)하였으며 기신(忌神)은 모두 실시실세(失時失勢)하고 한신(閑神)은 기신(忌神)과 결당(結黨)하지 않고 도리어 희용(喜用)을 유익(有益)하게 하면 합(合)을 꺼리는데 충(冲)을 만나고 충(冲)을 꺼리는데 합(合)을 만나면 체(體)는 음(陰)이나 용(用)은 양(陽)이다.

그러므로 일양(一陽)은 북(北)에서 생(生)하고 음(陰)이 생(生)하면 양(陽)이 완성(完成)하는데 가령 亥 중의 甲木이 이것이다. 세운(歲運)에서도 격국(格局)과 용신(用神)을 보조(補助)하면 반드시 분발(奮發)이 많다.

서창(舒暢)함이 없고 억울(抑鬱)함이 많은 것은 국(局) 중에 혹 태과(太過)하거나 혹 결함(缺陷)이 있으며 용신(用神)이 원만한 것은 모두 실령(失令)하고 희신(喜神)을 모두 무력(無力)하며 기신(忌神)은 모두 득시득령(得時得令)하고 한신(閑神)이 희신(喜神)을 겁점(劫占)하여 도리어 기신(忌神)을 결당하고 그 합(合)을 기뻐하는데 충(冲)을 만

나고 그 합(合)을 꺼리는데, 합(合)을 만나면 체(體)는 양(陽)이나 용(用)은 음(陰)이다.

가령 이음(二陰)은 남(南)에서 행(行)하고 양(陽)이 생(生)하면 음(陰)이 완성(完成)하는데 가령 午 중의 己土가 이것이다. 세운(歲運)에서 다시 희신(喜神)을 돕지 못하고 기신(忌神)을 제거(除去)할 수 없으면 반드시 곤울(困鬱)이 많다.

그러나 국(局)이 비록 음회(陰晦)라도 운로가 양명(陽明)으로 배합(配合)되면 또한 서창(舒暢)할 수 있고 상(象)이 비록 양명(陽明)이라도 운로(運路)가 음회(陰晦)로 배합(配合)되면 또한 곤울(困鬱)하게 되니 고로 운로(運路)는 마땅히 더욱 심찰(審察)하여야 한다.

가령 亥 중에 甲木이 용신(用神)인데 壬癸가 있으면 운로(運路)는 戊寅 己卯가 마땅하고, 천간(天干)에 庚辛이 있으면 운로(運路)는 丙寅 丁卯가 마땅하고, 천간(天干)에 丙丁이 있으면 운로(運路)는 壬寅 癸卯가 마땅하고, 천간(天干)에 戊己가 있으면 운로(運路)는 甲寅 乙卯가 마땅하다. 이것은 장신(藏神)만 가지고 논(論)하였으나 사지(四支)에 나타난 지(支)라도 이와 같이 논(論)한다.

가령 천간(天干)에 木이 용신(用神)인데 지지(地支)에서 水가 왕(旺)하면 운로(運路)는 丙寅 丁卯가 마땅하며, 천간(天干)에 水가 있으면 운로(運路)는 戊寅 己卯가 마땅하고, 지지(地支)에서 金이 많으면 운로(運路)는 甲戌 己卯가 마땅하며, 천간(天干)에 金이 있으면 운로(運路)는 壬寅 癸卯가 마땅하며, 지지(地支)에 土가 많으면 운로(運路)는 갑인(甲寅) 己卯가 마땅하며, 천간(天干)에 土가 있으면 운로(運路)는 甲子 乙丑이 마땅하며, 지지(地支)에서 火가 많으면 운로(運路)는 甲辰 己巳가 마땅하고, 천간(天干)에 火가 있으면 운로(運路)는 壬子 癸丑이 마땅하다.

이와 같이 배합(配合)하면 비로소 쟁전지환(爭戰之患)이 없고 제화지정(制化之情)이 있는데, 이와 반대면 아름답지 못하다. 자세(仔細)하게 살피면 자연히 심기(深機)가 나타난다.

辛 壬 甲 戊
亥 子 子 辰

辛庚己戊丁丙乙
未午巳辰卯寅丑

壬水生于仲冬 三逢祿旺 所謂崑崙之水 可順而不可逆也 喜其子辰拱
임수생우중동　　삼봉녹왕　　소위곤륜지수　　가순이불가역야　　희기자진공

水 則戊土之根不固 月干甲木爲用 洩其泛濫之水 此卽局中顯奮發之
수　즉무토지근불고　　월간갑목위용　　설기범람지수　　차즉국중현분발지

機也 運至丙寅丁卯 寒木得火以發榮 去陰寒之金土 是以早登甲第 翰
기야　운지병인정묘　　한목득화이발영　　거음한지금토　　시이조등갑제　　한

苑名高 至戊辰運 逆水之性 以致阻壽.
원명고　지무진운　역수지성　　이치조수

壬水가 중동(仲冬)에 생(生)하였고 지지(地支)에 녹왕(祿旺)을 셋이나 만났으니 마치 곤륜지수(崑崙之水)이니 마땅히 순응(順應)해야 하며 거역(拒逆)해서는 아니 된다. 기쁘게도 子辰이 수국(水局)을 이루어 戊土의 뿌리가 견고(堅固)하지 않으며 월간(月干)의 甲木을 용신(用神)으로 하여 범람지수(泛濫之水)를 설(洩)할 수 있으니 이것이 곧 국(局) 중에서 분발지기(奮發之機)라는 것이다.

운이 丙寅, 丁卯에 이르러 한목(寒木)이 火를 얻어서 발영(發榮)하고 음한(陰寒)한 金土를 제거(除去)하였다. 그러므로 일찍 벼슬길에 나아가 한원(翰苑)에서 이름을 드높였다. 戊辰 운에 이르러 水의 성질(性質)을 거역하여 세상을 떠났다.

壬水 일주가 子월에 태어나서 득령(得令)하였고 한랭(寒冷)하다. 지지(地支)가 亥子 합수(合水), 子辰 합수(合水)가 되었으니 윤하격(潤下格)이 되었다. 희신(喜神)은 인

비식(印比食)인 金水木이고 기신(忌神)은 재관(財官)인 火土이다. 그러나 조후(調候)로 火로 희신(喜神)이 될 수 있는데 상하유정(上下有情)으로 천부지재(天覆地載)가 되었을 때 가능(可能)한 것이다.

가령 丙寅, 丁卯, 丙午, 甲午, 乙巳 같은 경우이므로 丙寅, 丁卯 운에 과거시험(科擧試驗)에 합격하여 한원(翰苑)에서 명성(名聲)이 높았고, 戊辰 운은 子辰 합수(合水)가 되어 희신(喜神)이 되었지만 천간(天干)에 戊土가 수다토류(水多土流)가 되어 불록(不祿)이 되었다.

任註

癸 癸 丙 甲
亥 亥 子 申

癸 壬 辛 庚 己 戊 丁
未 午 巳 辰 卯 寅 丑

癸水生于仲冬 三逢旺支 氣勢汪洋 喜其甲丙並透 支中絶處逢生 木火
계수생우중동   삼봉왕지   기세왕양   희기갑병병투   지중절처봉생   목화

互相護衛 金得流行 水得溫和 木得發榮 火得生扶 用神必是甲木 爲
호상호위   금득류행   수득온화   목득발영   화득생부   용신필시갑목   위

奮發之機 一交戊寅 運程直上 己卯早遂仕路之光 庚辰辛巳 雖有制化
분발지기   일교무인   운정직상   기묘조수사로지광   경진신사   수유제화

之情却無 生扶之意 以致蹭蹬仕途 未能顯秩也.
지정각무   생부지의   이치층등사도   미능현질야

癸水가 중동(仲冬)에 생(生)하였고 지지(地支)에 세 개의 왕지(旺支)를 만났으니 그 세력(勢力)이 왕양(汪洋)한데, 기쁘게도 甲丙이 병투(並透)하여 지지(地支)에 절처봉생(絶處逢生)[17]하니 木土가 서로 호위(護衛)하니 金이 유행(流行)하고 水가 온화(溫和)하

---

17 절처봉생(絶處逢生): 몹시 쪼들리던 판에 살 길이 생김.

여 木이 발영(發榮)하고 火가 생부(生扶)를 얻게 되니 용신(用神)은 반드시 甲木이 되므로 분발(奮發)의 기틀이 된다.

戊寅 운으로 바뀌어 운정직상(運程直上)하였고 己卯에 일찍 벼슬길에 올랐다. 庚辰, 辛巳 운에는 비록 제화(制化)의 정(情)은 있으나 도리어 생부(生扶)의 뜻이 없으니 벼슬에서 좌절(挫折)되었고 높은 관리(官吏)가 될 수 없었다.

評註

癸水가 子월에 태어나서 득령(得令)하였고 지지(地支)에서 甲子 합수(合水)하고 亥子 합수(合水)하니 전지지(全地支)가 수국(水局)되어 있는데 시간(時干)에 癸水가 투출(透出)하였으니 윤하격(潤下格)이 되었다. 희신(喜神)은 인비식(印比食)인 金水木이고 기신(忌神)은 재관(財官)인 火土이다.

戊寅 운은 戊癸 합(合)으로 戊土가 합거(合去)되었고 지지(地支)는 寅亥 합목(合木)으로 희신(喜神)이 되었으니 과거시험(科擧試驗)에 합격(合格)하였다. 己卯 운은 己癸 충(冲)으로 己土가 극거(剋去)되었고 亥卯 합목(合木)으로 희신(喜神)이 되었으니 일찍 벼슬길에 올라간 것이다.

庚辰 운은 희신(喜神)이지만 丙庚 충(冲)으로 충(冲)이 중중(重重)하였고 지지(地支)는 申子辰 합수국(合水局)이 되었으니 희신(喜神)인 甲木은 부목(浮木)이 되었으므로 오히려 곤고(困苦)하였다. 辛巳 운은 丙辛 합(合), 己亥 충(冲)으로 천합지충(天合地冲)이 되었으니 벼슬길이 좌절(挫折)되었다.

주의(注意)해야 할 것은 임씨(任氏)는 木火가 서로 생부(生扶)하였다는 것은 종격(從格)으로 보지 않고 신왕(身旺)으로 판단한 것이다. 그렇다면 희신(喜神)은 식재관(食財官)인 木火土가 되는 것이다. 또한 甲木은 子월에 납수(納水)할 수 없다고 할 수 있으나 丙火가 투출(透出)하였으니 염려할 필요는 없다.

```
壬 丁 庚 甲
寅 亥 午 申
```

```
丁丙乙甲癸壬辛
丑子亥戌酉申未
```

此造天干四字　地支皆坐祿旺　惟日主坐當令之祿　足以任其財官　淸而
차조천간사자　　지지개좌록왕　유일주좌당령지록　　족이임기재관　청이

且厚　精足神旺　所以東西南北之運　皆無咎也　出身遺業百餘萬　早登科
차후　정족신왕　소이동서남북지운　개무구야　출신유업백여만　조등과

甲　仕至方伯　六旬外退歸林下　一妻四妾十三子　優游晚景　壽越九旬.
갑　사지방백　육순외퇴귀림하　일처사첩십삼자　우유만경　수월구순

이 명조(命造)는 천간(天干)의 사자(四字)기 지지(地支)에 모두 녹왕(祿旺)을 두었고 오직 일주(日主)가 당령(當令)한 녹(祿)을 깔고 앉아 있으니 충분히 재관(財官)을 감당(勘當)할 수 있다.

청(淸)하고 정(情)이 두터우며 신(神)이 왕(旺)하니 동서남북(東西南北)의 운이 모두 재앙(災殃)이 없었다. 태어나서부터 유업(遺業)이 백여만이었고 일찍 벼슬에 올랐으며 육순(六旬)이 지나서야 귀향(歸鄕)하고 은둔(隱遁)하였다. 일처(一妻)와 사첩(四妾)에서 13명의 자식(子息)을 보았고 노년(老年)에 유유자적(悠悠自適)하였으며 수명(壽命)은 구순(九旬)을 넘겼다.

丁火 일주가 午月에 태어나서 득령(得令)하였고 지지(地支)가 寅亥 합목(合木)하고 甲木이 투출(透出)하였으니 신왕(身旺)하다. 더욱 아름다운 것은 천간(天干)이 모두 지지(地支)에 녹왕(祿旺)을 두었으니 희신(喜神)은 식재관(食財官)인 土金水이고 기신

(忌神)은 인비(印比)인 木火인데 운행(運行)이 서북지지(西北之地)인 金水로 행(行)하고 있다.

초년(初年)인 辛未 운은 土金 희신(喜神)이므로 부모(父母)의 유업(遺業)이 있었고 재관인(財官印)이 서로 상조(相助)하니 삼기격(三奇格)이 되었고 시간(時干)에 壬水가 투출(透出)하였으니 시상정관격(時上正官格)이 되었다.

任註

```
癸 癸 乙 癸
丑 丑 丑 丑
```

戊己庚辛壬癸甲
午未申酉戌亥子

此天干三癸　地支一氣　食神清透　殺人相生　皆云　名利兩全之格　予運
차천간삼계　지지일기　식신청투　살인상생　개운　명리양전지격　여운

癸水至陰　又生季冬　支皆濕土　土濕水弱　溝渠之謂也　且水土冰凍　陰晦
계수지음　우생계동　지개습토　토습수약　구거지위야　차수토빙동　음회

濕滯　無生發之氣　名利皆虛　凡富貴之造　寒暖適中　精神奮發　未有陰寒
습체　무생발지기　명리개허　범부귀지조　한난적중　정신분발　미유음한

濕滯　偏枯之象　而能富貴者也　至壬申年　父母皆亡　讀書又不能通　又無
습체　편고지상　이능부귀자야　지임신년　부모개망　독서우불능통　우무

恒業可守　人又陰陽　一無作爲　竟爲乞丐.
항업가수　인우음양　일무작위　경위걸개

이 명조(命造)는 천간(天干)인 삼계(三癸)이고 지지(地支)가 일기(一氣)하고 식신(食神)이 청투(清透)하였고 살인상생(殺印相生)하니 명리양전(名利兩全)하는 격(格)이라고들 할 것이다.

그러나 나는 조금 다르게 본다. 癸水는 음(陰)이 지극한데 다시 계동(季冬)에 생(生)하였고 지지(地支)가 모두 습토(濕土)이며 土는 습(濕)하고 水는 약(弱)하니 구거

(溝渠)라 하여 도랑물이 되었다. 또는 水土가 얼어 붙었으니 음회습체(陰晦濕滯)하여 생발지기(生發之氣)가 없으니 명리(名利)가 모두 허(虛)하다고 보았다.

무릇 부귀(富貴)의 명조(命造)는 한난(寒暖)이 중화(中和)를 이루고 정신(精神)이 분발(奮發)하여야 하는데 음한습체(陰寒濕滯)한 편고지상(偏枯之象)이 능(能)히 부귀(富貴)한 것은 아직까지 없었다.

壬申 년에 이르러 부모(父母)가 모두 세상을 떠났으며 독서(讀書)에도 능통(能通)하지 못하였고 또한 가업(家業)을 지키지 못하였으며 음약(陰弱)하여 적극적(積極的)으로 이루는 일이 하나도 없었다. 결국(結局)은 걸인(乞人)이 되고 말았다.

評註

癸水 일주가 丑월에 태어나서 한랭(寒冷)하니 火가 조후(調候)로 필요한데 원국(原局)이나 운행(運行)에도 없으니 편고지상(偏枯之象)이다. 지지일기(地支一氣)인 丑土가 관살(官殺)이 되니 식신제살격(食神制殺格)이나 살인상생격(殺印相生格)이 되었다면 명리양전(名利兩全)하여 부귀지상(富貴之象)이 되었을 것이다.

癸水는 丑土의 암장(暗藏)에 통근(通根)되어 신왕(身旺)하다. 희신(喜神)은 식재관(食財官)인 木火와 조토(燥土)이고 기신(忌神)은 인비(印比)인 금수(金水)와 습토(濕土)이다. 더욱 꺼리는 것은 운행(運行)이 북서지지(北西地支)인 水金으로 행(行)하고 있다.

초년(初年)인 甲子 癸亥 운은 亥子丑 합수국(合水局)이 되어 甲乙木이 부목(浮木)이 되었으며 丑土는 모두 한습(寒濕)하여 얼어붙은 흙탕물이 되었으니 설상가상(雪上加霜)이다.

주의(注意)해야 할 것은 원국(原局)에서 '토습수약(土濕水弱)'이라고 한 것은 엄동설한(嚴冬雪寒)에 땅이 얼어서 물이 부족(不足)한 것이지, 일주(日主)가 신약(身弱)하다는 것은 아니다. 한습(寒濕)한 수기(水氣)가 많으나 신왕(身旺)한 것이 타당하다.

原文

兩意情通中媒　雖然遙立意尋追　有情却被人離間　怨起恩中死不灰
양의정통중매　　수연요립의심추　　유정각피인이간　　원기은중사불회

　　서로의 뜻과 정(情)이 통(通)하는데 중간에 중매자(仲媒者)가 있으면 비록 멀리 떨
어져 있다고 해도 둘 사이를 갈라지게 하면 원한(怨恨)이 일어나 죽어도 재처럼 사
그라지지 않는다.

原註

喜神合神兩情相通　又有人引用生化　如有妹矣　雖是隔遠分立　其情自
희신합신양정상통　　우유인인용생화　　여유매의　　수시격원분립　　기정자

相和好　則有恩而無怨.
상화호　　즉유은이무원

合神喜神雖有情　而忌神離間　求合不得終身多怨.
합신희신수유정　　이기신리간　　구합부득종신다원

至于可憎之神　遠之爲妙　可愛之神　近之尤切.
지우가증지신　　원지위묘　　가애지신　　근지우절

又有一般邂逅相逢者　得之不勝其樂　私情偸合者　去之亦足爲奇.
우유일반해후상봉자　　득지불승기락　　사정투합자　　거지역족위기

희신(喜神)과 합신(合神)의 정(情)이 서로 통(通)하거나 또한 생화(生化)를 인용(引用)하면 마치 중매쟁이가 있는 것과 같다. 비록 멀리 떨어져 있다 할지라도 그 정(情)이 자연히 화호(和好)함에 있다면 은혜(恩惠)로움은 있다 하더라도 원한(怨恨)은 없다.

합신(合神)과 희신(喜神)이 비록 유정(有情)하다고 할지라도 기신(忌神)이 이간(離間)하면 합(合)하고자 하나 이루지 못하니 종신(終身)토록 원한(怨恨)이 많게 된다. 그러므로 도움이 되지 않는 신(神)은 멀리하는 것이 아름답고, 좋아하는 신(神)은 가까이에 있는 것이 더욱 절실하다.

또한 일종의 우연히 만나는 것은 그 기쁨을 감당(勘當)할 수 없고 사사(私事)로운 정(情)을 통(通)하는 것은 그것을 제거(除去)하여야 역시 기이(奇異)하게 되는 것이다.

任氏曰 恩怨者 喜忌也.
임씨왈 은원자 희기야

日主所喜之神遠 得合神化而近之也 所謂兩意情通 如中有媒矣 喜神
일주소희지신원 득합신화이근지야 소위양의정통 여중유매의 희신

遠隔 得旁神引通而相和好 則有恩而無怨矣.
원격 득방신인통이상화호 즉유은이무원의

只有閑神忌神而無喜神 得閑神忌神合化喜神 所謂邂逅相逢也.
지유한신기신이무희신 득한신기신합화희신 소위해후상봉야

喜神遠隔 與日主雖有情 被閑神忌神隔絶 日主與喜神各不能顧 得閑
희신원격 여일주수유정 피한신기신격절 일주여희신각불능고 득한

神忌神 而反合會 化作喜神 謂私情牽合也 更爲有情.
신기신 이반합회 화작희신 위사정견합야 경위유정

喜神與日主緊貼 可謂有情 遇合化爲忌神 喜神與日主雖不緊貼 却有
희신여일주긴첩 가위유정 우합화위기신 희신여일주수불긴첩 각유

情于日主 中有忌神隔占 或喜神與閑神合助忌神 如被人離間 以恩爲
정우일주 중유기신격점 혹희신여한신합조기신 여피인리간 이은위

怨死不灰心.
원사불회심

如日主喜丙火在時干 月透壬水爲忌 如年干丁火合壬化木 不特去其忌
여일주희병화재시간　　월투임수위기　　여년간정화합임화목　　불특거기기

神 而反生助喜神 如日主喜庚金在年干 雖有情而遠立 月干乙木合庚
신　이반생조희신　　여일주희경금재년간　　수유정이원립　　월간을목합경

金而近之 此閑神化爲喜神 如中有媒矣.
금이근지　　차한신화위희신　　여중유매의

日主喜火 局內無火 反有癸水之忌 得戊土 合癸水 化其爲喜神 謂避逅
일주희화　국내무화　반유계수지기　득무토　합계수　화기위희신　위해후

相逢也.
상봉야

日主喜金 惟年支坐酉 與日主遠隔 日主坐巳 忌神緊貼 得丑支會局 以
일주희금　유년지좌유　여일주원격　일주좌사　기신긴첩　득축지회국　이

成金之喜神 謂私情牽合也 餘可例推.
성금지희신　　위사정견합야　　여가례추

임씨(任氏)가 말하길, 은원(恩怨)이란 희신(喜神)과 기신(忌神)이다. 일주(日主)의 희신(喜神)이 멀리 떨어져 있을 때 합신(合神)이 화(化)하여 가깝게 하면, 소위 '양의 정통 여 중유매(兩意 情通 如 中有媒)'인데, 마치 중매(仲媒)쟁이가 있는 것과 같다.

희신(喜神)이 원격(遠隔)되어 있는데 방신(旁神)[18]이 인통(引通)하여 서로 화호(和好)하면 은혜(恩惠)가 있고 원한(怨恨)은 없다. 단지 한신(閑神)과 기신(忌神)만 있고 희신(喜神)이 없을 때 한신(閑神)과 기신(忌神)이 합(合)하여 희신(喜神)으로 화(化)하면 이것은 소위 '해후상봉(邂逅相逢)'이라고 한다.

희신(喜神)이 원격(遠隔)되어 있는데 한신(閑神)과 기신(忌神)에 의해 격절(隔絶)되어 일주(日主)와 희신(喜神)이 서로 돌보지 못할 때 한신(閑神)과 기신(忌神)이 회합(會合)하여 희신(喜神)이 되면 '사정견합(私情牽合)'이라고 하여 더욱 유정(有情)하다.

그러므로 희신(喜神)과 일주(日主)가 긴첩(緊貼)하여 유정(有情)하다고 말할 수 있다. 그러나 희신(喜神)과 합화(合化)하여 기신(忌神)으로 변(變)하거나 희신(喜神)과 일주(日主)가 긴첩(緊貼)하지는 않지만 유정(有情)하여 격점(隔占)하게 되거나 희신(喜神)

---

18 방신(旁神): 곁에 있는 신(神) 또는 오행(五行).

과 한신(閑神)이 합(合)하여 기신(忌神)을 도우면 마치 사람이 둘 사이를 갈라놓은 것과 같으니, 은혜(恩惠)가 원한(怨恨)이 되어서 죽어도 원망(怨望)하는 마음이 사그라지지 않는다.

가령 일주(日主)가 丙火를 기뻐하는데 시간(時干)에 있고 월간(月干)에 투출(透出)하면 壬水를 꺼리는데 년간(年干)의 丁火가 壬水와 합(合)하여 木으로 화(化)하면 기신(忌神)을 제거(除去)할 뿐만 아니라 희신(喜神)을 생조(生助)하게 된다.

또한 일주(日主)가 庚金을 기뻐하는데 년간(年干)에 있으면 비록 유정(有情)하다고 할지라도 멀리 떨어져 있는데 월간(月干)의 乙木이 庚金과 합(合)하여 가깝게 되면 이것은 한신(閑神)과 합(合)하여 희신(喜神)이 되니 마치 가운데 중매쟁이가 있는 것과 같은 것이다.

일주(日主)가 火를 기뻐하는데 원국(原局)에 火가 없고 오히려 꺼리는 癸水가 있으면 戊土가 癸水를 합(合)하여 희신(喜神)이 도우면 해후상봉(邂逅相逢)이라고 하는 것이다.

일주(日主)가 金을 기뻐하는데 년지(年支)에 酉金이 있어 일주(日主)와 멀리 떨어져 있고 일주(日主)의 좌하(坐下)에 巳火인 기신(忌神)이 긴첩(緊貼)되어 있을 때 丑土가 있으면 巳酉丑이 회국(會局)을 이루어 희신(喜神)인 금국(金局)으로 변(變)하면 사정견합(私情牽合)이라고 하는 것이다.

$$
\begin{array}{cccc}
戊 & 戊 & 甲 & 丁 \\
午 & 戌 & 辰 & 酉
\end{array}
$$

$$
\begin{array}{cccccc}
丁 & 戊 & 己 & 庚 & 辛 & 壬 & 癸 \\
酉 & 戌 & 亥 & 子 & 丑 & 寅 & 卯
\end{array}
$$

此重重厚土　甲木退氣　不能疏土　則土情必在年支酉金　發洩菁華　金逢
차중중후토　갑목퇴기　불능소토　즉토정필재년지유금　발설청화　금봉

火 蓋其意亦欲日主之生 雖然遠隔 兩意情通 喜辰酉合而近之 如中有
화 개기의역욕일주지생 수연원격 양의정통 희진유합이근지 여중유

媒矣 初運癸卯壬寅 離間喜神 功名層蹬 困苦刑傷 辛丑運中 晦火會金
매의 초운계묘임인 리간희신 공명층등 곤고형상 신축운중 회화회금

入泮 連登科甲 庚子己亥戊戌 西北土金之地 仕至尚書.
입반 연등과갑 경자기해무술 서북토금지지 사지상서

이 명조(命造)는 土가 중중(重重)하고 甲木은 퇴기(退氣)하여 土를 소통시킬 수 없으니 土의 정(情)은 반드시 년지(年支)의 酉金이 청화(菁華)를 발설(發洩)하는 것에 있다. 金이 火를 만나지만 그 뜻은 일주(日主)를 생(生)하는 데 있으니 비록 원격(遠隔)에 있다고 할지라도 서로의 뜻이 통하고 있으며 기쁘게도 辰酉가 합(合)하여 가까이에 있으니 마치 가운데에 중매자가 있는 것과 같다.

초운 癸卯, 壬寅 운에는 희신(喜神)을 이간(離間)하니 공명이 좌절되었고 곤고(困苦)하여 형상(刑傷)이 있었다. 辛丑 운에는 회화(晦火)하고 회국(會局)을 이루니 입반(入泮)하게 되었으며 연이어 과갑(科甲)하였으며 庚子, 癸亥, 戊戌 운에는 서북(西北)의 토금지지(土金之地)이니 벼슬이 상서(尚書)에 이르렀다.

評註

戊土 일주가 辰월에 태어나서 득령하였고 좌하(坐下)의 戊土에 득지(得地)하였으며 시지(時支)의 午火에 양인(陽刃)에 득세(得勢)하였는데 천간(天干)에 戊丁이 투출(透出)하였으니 신왕(身旺)하다. 그러므로 희신(喜神)은 식재관(食財官)인 金水木이고 기신(忌神)은 인비(印比)인 火土이다. 원국(原局)에서 甲木이 辰 중의 乙癸에 통근되어 있으며 년지(年支)의 酉金이 辰酉 회국(會局)으로 설(洩)하니 매우 아름답다.

癸卯 운에는 癸水가 희신(喜神)이지만 戊癸 합화(合火)되어 癸水가 합거(合去)되었고 丁癸 충거(沖去)까지 하였다.

卯木도 희신(喜神)이지만 卯辰 합목(合木)하려고 하나 卯酉 충(沖)으로 희신(喜神)을 충거(沖去)하였으니 임주(任註)에서는 이것을 이간(離間)이라고 했다. 壬寅 운에는

丁壬 합목(合木)이 되어 희신(喜神)이 되었으나 寅午戌 화국(火局)으로 되었으니 도리어 곤고(困苦)하게 되었다. 辛丑 운에는 酉丑 합금(合金)이 되었고 庚子 운에는 金水가 상하유정(上下有情)으로 희신(喜神)이 되니 벼슬이 상서(尙書)에 이르렀다.

주의(注意)해야 할 것은 건록(建祿)과 양인(陽刃)을 갖추고 운행(運行)이 희신(喜神)으로 행(行)하니 승승장구(乘勝長驅)하지 않을 수 없었다.

任註

```
丙 丁 乙 丁
午 丑 巳 酉
```

戊己庚辛壬癸甲
戌亥子丑寅卯辰

丁火生于巳月午時 此刼並旺 又逢木助 其勢猛烈 年支酉金 木日主 之
정화생우사월오시　차겁병왕　우봉목조　기세맹렬　년지유금　목일주　지

所喜 遙隔遠列 又被丁火蓋之 巳火刼之 似乎無情 最喜坐下丑土 烈
소희　요격원열　우피정화개지　사화겁지　사호무정　최희좌하축토　열

火逢濕土 則成生育慈愛之心 邀巳酉合成金局 歸之庫內 其情似相和
화봉습토　즉성생육자애지심　요사유합성금국　귀지고내　기정사상화

好 不特財來就我 又能洩火吐秀 故能發甲 仕至藩臬 名利雙全.
호　불특재래취아　우능설화토수　고능발갑　사지반얼　명리쌍전

丁火가 巳월 午시에 생(生)하고 비겁(比劫)이 병왕(並旺)한데 다시 木의 생조(生助)를 만났으니 그 세력(勢力)이 맹렬(猛烈)하다. 년지(年支)의 酉金은 본래 일주(日主)의 희신(喜神)이지만 멀리 떨어져서 가로막혀 있는데 丁火가 개두(蓋頭)하고 巳火가 겁탈(劫奪)하니 무정(無情)한 것 같으나 가장 기쁜 것은 좌하(坐下)의 丑土가 습토(濕土)인데 열화(烈火)를 만났으니 오히려 생육(生育)과 자애(慈愛)의 마음이 일어난다.

巳酉가 합(合)하여 금국(金局)을 이루어 격동(激動)시키니 고장(庫藏)에 귀속(歸屬)되어 그 정(情)은 서로 화호(和好)하는 것 같다. 그러므로 재래취아(財來就我)할 뿐만

아니라 설화토수(洩火吐秀)할 수 있으니 발갑(發甲)할 수 있었고 벼슬이 반열(藩臬)에
이르렀으며 명리쌍전(名利雙全)하였다.

評註

丁火 일주(日主)가 巳月에 태어나서 득령(得令)하였고 시지(時支)의 午火에 통근(通
根)되었으며 천간(天干)에 인비(印比)가 병왕(並旺)하였으니 신왕(身旺)하다. 희신(喜神)
은 식재관(食財官)인 土金水이고 기신(忌神)는 인비(印比)인 木火인데 원국(原局)에 丑
土와 酉金이 있어 기쁘다.

주의(注意)해야 할 것은 巳酉丑이 완전하게 금국(金局)을 이루었다면 재다신약(財
多身弱)이 되어 오히려 신약(身弱)한 명조(命造)가 되었을 것이다. 만약 월지(月支)가
酉金이라면 금국(金局)이 되었을 것인데 巳火가 당령(當令)하고 木火가 왕성(旺盛)하
니 사정견합(私情牽合)은 틀림없는 것이다. 또한 년간(年干)이나 월간(月干)에 乙丁이
아니고 辛金이 투출(透出)되었다면 반드시 巳酉丑 금국(金局)을 이루어 신약(身弱)한
명조(命造)가 틀림없다.

任註

甲	丙	戊	癸
午	辰	午	酉

辛壬癸甲乙丙丁
亥子丑寅卯辰巳

丙火生于午月午時　旺可知矣　一點癸水　本不相濁　戊土合之　又助火之
병화생우오월오시　왕가지의　일점계수　본불상탁　무토합지　우조화지

烈　年支酉金　本有情與辰合　又被午火離間　求合不得　所謂怨起恩中也
열　년지유금　본유정여진합　우피오화이간　구합부득　소위원기은중야

兼之運走東南火木之地　一生祇有刑傷破耗　並無財喜之事　尅三妻七子
겸지운주동남화목지지　일생기유형상파모　병무재희지사　극삼처칠 자

遭回祿 四次 至寅運而亡.
조회록　사차　지인운이망

丙火가 午월 午시에 생(生)하여 왕(旺)하다는 것을 알 수 있다. 癸水 하나로서는 본래(本來) 탁(濁)하지 않으나 戊土가 합(合)하여 재차 火의 열기(烈氣)를 돕는다. 년지(年支)의 酉金은 본래 辰土와 합(合)하여 유정(有情)한데 午火가 이간(離間)하여 이른바 원기은중(怨起恩中)이 되었다. 운행(運行)이 동남(東南)의 목화지지(木火之地)로 행(行)하니 일생토록 형상파모(刑傷破耗)하였고 재(財)에 대(對)한 기쁨이 전혀 없었다. 삼처칠자(三妻七子)를 극(剋)하였고 화재(火災)를 네 번이나 만났으며 寅운에 이르러 세상을 떠났다.

評註

丙火 일주가 午월에 태어나서 양인(陽刃)으로 득령(得令)하였고 시지(時支)의 午火에 역시 양인(陽刃)으로 통근(通根)하였고 천간(天干)에 甲木이 투출(透出)되었으니 戊癸가 합화(合火)하여 일주(日主)를 방조(幇助)하고 있으니 신왕(身旺)하다. 희신(喜神)은 식재관(食財官)인 土金水이고 기신(忌神)은 인비(印比)인 木火이다.

원국(原局)에서 戊土는 戊癸 합화(合火)되었고 辰土는 화다토초(火多土焦)가 되었으며 癸水 역시 戊癸 합거(合去)되었으며 년지(年支)의 酉金은 일지(日支)의 辰土와 酉金이 辰酉하려고 하나 午火가 이간(離間)하여 원기은중(怨起恩中)이 되었다.

甲寅 운에는 인수(印綬)인 木이 기신(忌神)이 되었고 천간(天干)에서 甲戊 극(剋)으로 戊土가 손상(損傷)되었고 지지(地支)에서 寅辰 목국(木局)과 寅午 화국(火局)으로 천지(天地)가 모두 기신(忌神)이 되었으니 불록지객(不祿之客)이 되지 않을 수 없다.

```
丁 丙 癸 辛
酉 子 巳 丑
```

```
丙丁戊己庚辛壬
戌亥子丑寅卯辰
```

丙火生于巳月 雖云建祿 五行無木生助 天干旣透財官 地支不宜再 見
병화생우사월　수운건록　오행무목생조　천간기투재관　지지불의재 견

酉子 更不宜再會金局 則巳火之祿 非日干有也 雖丁火可以幇身 癸水
유자　갱불의재회금국　즉사화지록　비일간유야　수정화가이방신　계수

傷之 謂財多身弱 兼之官星又旺 日主虛弱極矣 且土交壬運逢殺 辛亥
상지　위재다신약　겸지관성우왕　일주허약극의　차토교임운봉살　신해

年 天干逢壬癸剋丙丁 地支亥冲巳火破祿 連根拔盡 得痁疾而亡.
년　천간봉임계극병정　지지해충사화파록　연근발진　득감질이망

丙火가 巳月에 생(生)하여 비록 건록(建祿)이라고 하지만 오행(五行) 중에서 木의 생조(生助)가 없고 천간(天干)에 재관(財官)이 투출(透出)하였으며 지지(地支)에 酉子가 다시 나타난 것은 마땅하지 않다. 더욱 마땅하지 않는 것은 금국(金局)을 이룬 것이며 巳火가 녹(祿)인데 일지(日支)가 아닌 월지(月支)에 있는 것이다.

비록 丁火가 방신(幇身)하지만 癸水가 상해(傷害)하고 있으니 재다신약(財多身弱)이라고 할 수 있다. 겸(兼)하여 관성(官星)이 또한 왕(旺)하니 일주(日主)의 허약(虛弱)이 극(極)에 이르렀다.

또한 초년(初年)에 壬 운으로 바뀌면서 살(殺)을 만나고 辛亥 년에 지지(地支)의 亥水가 巳火를 충(冲)하여 녹(祿)을 파(破)하니 연(連)이어 뿌리가 뽑혀서 감질(痁疾)로 사망하였다.

丙火 일주가 巳월에 태어나서 득령(得令)하였고 천간(天干)에 丁火가 투출(透出)하였으나 지지(地支)가 巳酉丑 금국(金局)이 되었는데 년간(年干)에 辛金이 또한 투출(透出)하였으니 재다신약(財多身弱)이 된 것은 당연하다. 희신(喜神)은 인비(印比)인 木火이고 기신(忌神)은 식재관(食財官)인 土金水이다.

초년(初年)인 壬辰 운에는 기신(忌神)인 壬水가 丙이 더욱 강(强)하게 되었다. 세년(歲年)인 辛亥 운에는 丙辛 합거(合去)하여 丙火를 더욱 약(弱)하게 하였고 지지(地支)는 亥子丑 수국(水局)이 되어 희신(喜神)인 巳火를 巳亥 충(冲)으로 巳火가 충거(冲去)되었다. 소위 용신충발(用神冲拔)이 되었으니 사망(死亡)한 것이다.

原文

一二閑神用去麼　不容何放莫動也　半局閑神任閑着　要緊之場作自家
일이한신용거마　　　불용하방막동야　　　반국한신임한착　　　요긴지장작자가

한두 개의 한신(閑神)을 쓰든 못 쓰든 쓰지 않는다고 무슨 방해(妨害)가 될 것인가? 다른 것을 동(動)하게 하여서는 아니 된다. 반국이 한신(閑神)이라도 임무(任務)는 갖고 있으니 긴요(緊要)한 자리에서는 자기 할 일을 한다.

原註

喜神不必多也　一喜十備矣　忌神不必多也　一忌而十害矣.
희신불필다야　　　일희십비의　　　기신불필다야　　　일기이십해의

自喜忌之外　不足以爲喜　不足以爲忌　皆閑神也　如以天干爲用　成氣成
자희기지외　　　부족이위희　　　부족이위기　　　개한신야　　　여이천간위용　　　성기성

合　而地支之神　虛脫無氣　冲合自適　昇降無情　如以地支爲用　成助成合
합　　　이지지지신　　　허탈무기　　　충합자적　　　승강무정　　　여이지지위용　　　성조성합

以天干之神　游散浮泛　不礙日主　主陽輔陽　以陰氣停泊　不冲不動　不合
이천간지신　　　유산부범　　　불애일주　　　주양보양　　　이음기정박　　　불충부동　　　불합

不助　主陰輔陰　而陽氣停泊　不冲不動　不合不助　日月有情　年時不顧　日
부조　　　주음보음　　　이양기정박　　　불충부동　　　불합부조　　　일월유정　　　년시불고　　　일

主無害 日主無氣無情 日時得所 年月不顧 日主無害 日主無冲無合 雖
주무해　　일주무기무정　　일시득소　년월불고　일주무해　일주무충무합　수

有閑神 只不去動他 但要緊之地 自結營寨 至於運道 只行自家邊界
유한신　지불거동타　단요긴지지　자결영채　지어운도　지행자가변계

亦足爲奇.
역족위기

희신(喜神)도 많을 필요가 없다. 하나의 희신(喜神)이라도 열 가지를 방비(防備)할
수 있다.

기신(忌神)도 많을 필요는 없다. 하나의 기신(忌神)이라도 열 가지로 해(害)로움이
있을 수 있기 때문이다.

희신(喜神)과 기신(忌神) 이외에, 희신(喜神)이 되기에는 부족(不足)하고 기신(忌神)
이 되기도 부족(不足)한 것은 모두 한신(閑神)이다.

가령 천간(天干)에 용신(用神)이면서 성기(成氣)하고 성합(成合)하였더라도 지지지
신(地支之神)이 허탈(虛脫)하고 무기(無氣)하여 충합(冲合)을 스스로 대적(對敵)해야 하
니 승강(昇降)이 무정(無情)하고 가령 지지(地支)가 용신(用神)이면서 성조(成助)하고 성
합(成合)하였더라도 천간지신(天干之神)이 유산부범(游散浮泛)하면 일주(日主)에 장애
(障碍)가 되지 않는다.

일주(日主)가 양(陽)인데 보좌(補佐)하는 것이 양(陽)이면 음기(陰氣)가 정박(停泊)하
여 충동(冲動)하지 않고 합조(合助)하지도 않는다.

일주(日主)가 음(陰)이고 보좌(補佐)하는 것이 음(陰)이면 양기(陽氣)가 정박(停泊)하
여 충동(冲動)하지 않고 합조(合助)하지도 않는다.

일월(一月)이 유정(有情)하면 년시(年時)가 돌보지 않아도 일주(日主)가 해(害)롭지
않다.

일주(日主)가 무기(無氣)하거나 무정(無情)하여도 일시(日時)를 얻었기 때문에 년월
(年月)이 돌보지 않아도 일주(日主)는 해(害)가 없다.

일주(日主)가 무충(無冲)하고 무합(無合)하면 비록 한신(閑神)이 있다 하더라도 타
신(他神)으로 동(動)하지 않으면 요긴(要緊)한 곳에서 스스로 자기(自己) 영역(領域)을

결성(結成)하여 지키고 있다가 운도(運道)에 이르러서는 자가변계(自家邊界)로 행(行)하기만 하면 족(足)히 아름다운 것이다.

任註

任氏曰 有用神 必有喜神 喜神者 輔格助用之神也 然有喜神 亦必有
임씨왈 유용신 필유희신 희신자 보격조용지신야 연유희신 역필유

忌神 忌神者 破格損用之神也 自用神喜神忌神之外 皆閑神也 惟閑神
기신 기신자 파격손용지신야 자용신희신기신지외 개한신야 유한신

居多 故有一二半局之稱.
거다 고유일이반국지칭

閑神不傷體用 不礙喜神 可不必動他也 任其閑着.
한신불상체용 불애희신 가불필동타야 임기한착

至歲運遇破格損用之時 而喜神不能輔格護用之際 謂要緊之場 得閑神
지세운우파격손용지시 이희신불능보격호용지제 위요긴지장 득한신

制化 歲運之凶神忌物 匡扶格局 喜用 或得閑神合歲運之神 化爲喜用
제화 세운지흉신기물 광부격국 희용 혹득한신합세운지신 화위희용

而輔格助用 爲我一家人也 此章本文 所重者 在末句要緊之場 作自家也.
이보격조용 위아일가인야 차장본문 소중자 재말구요긴지장 작자가야

原注未免有誤 至云雖有閑神只不去動他 要緊之場 自結營寨 至于運
원주미면유오 지운수유한신지불거동타 요긴지장 자결영채 지우운

道 行自家邊界 誠如是論 不但不作自家 反作賊鬼堤防矣 此非一定之
도 행자가변계 성여시론 부단부작자가 반작적귀제방의 차비일정지

理也.
리야

如用木 木有餘以火爲喜神 以金爲忌神 以水爲仇神 以土爲閑神木不
여용목 목유여이화위희신 이금위기신 이수위구신 이토위한신목부

足 以水爲喜神 以土爲忌神 以金爲仇神 以火爲閑神 是以用神必得喜
족 이수위희신 이토위기신 이금위구신 이화위한신 시이용신필득희

神之佐 閑神至助 則用神有勢 不怕忌神矣 木論如此 如者可知.
신지좌 한신지조 즉용신유세 부파기신의 목론여차 여자가지

임씨(任氏)가 말하길, 용신(用神)이 있으면 반드시 희신(喜神)이 있다. 희신(喜神)이라는 것은 격국(格局)과 용신(用神)을 보조(補助)하는 것이다. 그러나 희신(喜神)이 있으면 반드시 기신(忌神)이 있으니 기신(忌神)이라는 것은 격국(格局)을 파(破)하고 용신(用神)을 손(損)하게 하는 것이다.

용신(用神), 희신(喜神), 기신(忌神) 이외에는 모두가 한신(閑神)이다. 한신(閑神)이 많으면 일이한신(一二閑神), 반국한신(半局閑神)이라 칭한다. 한신(閑神)이 체용(體用)을 상(傷)하게 하지 않고 희신(喜神)에게 장애가 되지 않으면 타신(他神)을 동(動)하게 할 필요가 없으니 한가로이 자리 잡고 있다. 그러나 세운(歲運)에서 격국(格局)이나 용신(用神)을 파손하며 희신(喜神)이 격국(格局)이나 용신(用神)을 보호할 수 없을 때를 '요긴지장(要緊之場)'이라고 말한다.

한신(閑神)이 세운(歲運)의 흉신(凶神)과 기물(忌物)을 제화(制化)하여 격국(格局)과 희용(喜用)을 광부(匡扶)하게 되니 기쁘다. 혹은 한신(閑神)이 세운지신(歲運之神)을 합(合)하여 기쁘게 쓰이는 것으로 변하여 격국(格局)과 용신(用神)을 보조(補助)하면 나의 한 집안 식구가 되는 것이다.

이 장(章)의 본문(本文)에서 중요(重要)한 것은 말구(末句)인 '요긴지장 작자가(要緊之場 作自家)'에 있다. 원주(原註)에는 오류(誤謬)가 있음을 변(變)하지 못한다. "비록 한신(閑神)이 있다 하더라도 타신(他神)을 동(動)하게 하지 않으면 단지 요긴지지(要緊之地)에서 스스로 울타리를 만든다"라고 했고 "운도(運途)에 이르러 자가변계(自家邊界)로 행(行)하기만 하면 기이하다"라고 말하였다.

만약 이와 같이 논(論)한다면 자가(自家)를 하지 않을 뿐이고 오히려 적귀(賊鬼)의 제방(堤防)을 쌓는 것과 같다고 해야 할 것이다. 가령 木을 쓸 경우에 木이 남아돈다면 火가 희신(喜神)이고 金이 기신(忌神)이고 水가 구신(仇神)이고 土가 한신(閑神)이다. 또한 木이 부족(不足)하면 水가 희신(喜神)이고 土가 기신(忌神)이며 金이 구신(仇神)이고 火가 한신(閑神)이다.

그러므로 용신(用神)은 반드시 희신(喜神)의 보좌(補佐)와 한신(閑神)의 도움을 얻어야 하는데 용신(用神)의 세력(勢力)이 있으면 기신(忌神)을 두려워하지 않는다. 木을 이와 같이 논(論)하는데 나머지도 가히 알 수 있다.

評註

　　임철초(任鐵樵) 선생은 용신(用神)을 보좌(補佐)하는 신(神)을 총칭(總稱)하여 희신(喜神)이라고 하고, 용신(用神)을 생조(生助)하는 것이 희신(喜神)이고, 용신(用神)을 극(剋)하는 것이 기신(忌神)이며, 기신(忌神)을 생조(生助)하는 것이 상신(相神)이라고 하고, 용신(用神)을 상(傷)하게 하지 않고 희신(喜神)에게 장애(障碍)가 되지 않으면 한신(閑神)이라고 하였다.

任註

丙	甲	戊	庚
寅	寅	子	寅

乙甲癸壬辛庚己
未午巳辰卯寅丑

甲木生于子月　兩陽進氣　旺印生身　支坐三寅　松柏之體　旺而且堅　一
갑목생우자월　　양양진기　　왕인생신　　지좌삼인　　송백지체　　왕이차견　　일

點庚金臨絶　不能剋木　反爲忌神　寒木向陽　時干丙火淸秀　敵其寒凝　洩
점경금임절　　불능극목　　반위기신　　한목향양　　시간병화청수　　적기한응　　설

其菁英　而爲用神　冬火本虛　以寅木爲喜神　月干戊土能制水　又能生金
기청영　　이위용신　　동화본허　　이인목위희신　　월간무토능제수　　우능생금

故爲閑神　以水爲仇神　喜其丙火淸純　至卯運洩水生火　早登科甲　壬辰
고위한신　　이수위구신　　희기병화청순　　지묘운설수생화　　조등과갑　　임진

癸巳　得閑制合　官途平坦　甲午乙未　火旺之地　仕至尙書.
계사　　득한제합　　관도평탄　　갑오을미　　화왕지지　　사지상서

　　甲木이 子월에 생(生)하여 甲丙이 진기(進氣)이며 왕인(旺印)이 일주(日主)를 생(生)하고 지지(地支)에 삼인(三寅)이 있으니 송백(松柏)의 기상(氣象)을 갖추어 왕(旺)할 뿐만 아니라 견고(堅固)하다. 월상(月上)의 庚金은 절지(絶地)에 있으니 임(臨)하여 木을

극(剋)할 수 없고 오히려 기신(忌神)이 되었다.

한목(寒木)은 양(陽)을 향하는데 시간(時干)의 丙火가 청투(淸透)하여 한응(寒凝)에 대적하고 그 청영(菁英)을 토해내는 용신(用神)이고 동화(冬火)는 본래 허(虛)하니 寅木이 희신(喜神)이다.

월간(月干)의 戊土가 능히 제수(制水)하고 또한 능(能)히 생금(生金)하니 한신(閑神)이고 水는 구신(仇神)이다. 기쁘게도 丙火가 청순한데 卯운에 이르러서 水를 설(洩)하고 火를 생(生)하니 일찍 과갑(科甲)하였다. 壬辰, 癸巳 운에는 한신(閑神)을 제합(制合)하니 벼슬길이 평탄하였으며 甲午, 乙未 운에는 화왕지지(火旺之地)이니 벼슬이 상서(尚書)에 이르렀다.

評註

甲木 일주가 子월에 태어나서 한랭(寒冷)하니 조후(調候)로 火가 필요한데 시간(時干)에 丙火가 투출(透出)하여 기쁘다. 지지(地支)가 모두 인비(印比)로 되어 있으니 종왕격(從旺格)이 되었다. 희신(喜神)은 인비식(印比食)인 水木火이고 기신(忌神)은 재관(財官)인 土金이다.

庚寅 운은 甲庚 충(冲)하고 丙庚 충(冲)하여 오히려 기신(忌神)인 庚金이 충거(冲去)되었고 지지(地支)의 寅木은 희신(喜神)이니 기쁘다. 辛卯 운은 丙辛 합화(合化)하니 기신(忌神)인 辛金이 합거(合去)되었고 卯木은 甲木의 양인(陽刃)이고 寅卯 합목(合木)으로 희신(喜神)이 더욱 강(强)하게 되었으니 과갑(科甲)에 합격(合格)한 것이다.

壬辰 운은 甲木이 생조(生助)를 얻었으며 子辰 합수(合水)로 辰土가 희신(喜神)으로 변(變)하였고 癸巳 운은 戊癸 合火로 기신(忌神)이 희신(喜神)이 되었고 지지(地支)는 寅巳 형(刑)이 되어 寅 중의 丙火와 巳 중의 丙火가 개고(開庫)되었으니 벼슬길이 평탄(平坦)하게 된 것이다.

甲午, 乙未 운은 甲乙木이 희신(喜神)이고 화왕지지(火旺之地)이니 연등(連登)하지 않을 수 없는 것이다. 주의(注意)해야 할 것은 임씨(任氏)는 子水가 구신(仇神)이고 한신(閑神)이라고 하였는데, 어떻게 壬辰, 癸巳 운에 벼슬길이 평탄하였을까 하는 의

문(疑問)이 생긴다. 이것은 종격(從格)으로 보지 않고 신왕(身旺)으로 판단하였을 것으로 본다.

$$
\begin{array}{cccc}
庚 & 甲 & 丁 & 甲 \\
午 & 寅 & 卯 & 子
\end{array}
$$

甲癸壬辛庚己戊
戌酉申未午巳辰

甲木生于仲春 支逢祿刃 干透比肩 旺之極矣 時上庚金 無根爲忌 月干
갑목생우중춘　지봉록인　간투비견　왕지극의　시상경금　무근위기　월간

丁火爲用 通輝之氣 所以早登雲路 仕至觀察 惜無土之閑神 運至 壬申
정화위용　통휘지기　소이조등운로　사지관찰　석무토지한신　운지　임신

金水並傷體用 故不能免禍耳.
금수병상체용　고불능면화이

甲木이 중춘(仲春)에 생(生)하였고 지지(地支)에 녹인(祿刃)을 만났으며 천간(天干)에 비견(比肩)이 투출(透出)하였으니 왕극(旺極)하다. 시상(時上)의 庚金은 무근(無根)이니 기신(忌神)이고 월간(月干)의 丁火가 용신(用神)이니 통휘지기(通輝之氣)로서 목화통명(木火通明)의 기상(氣象)이다.

그러므로 일찍 과거(科擧)에 합격(合格)하였고 나아가 벼슬이 관찰(觀察)에 이르렀다. 애석(哀惜)한 것은 한신(閑神)인 土가 없는데 운(運)이 壬申에 이르러 金水가 함께 상(傷)하니 재앙(災殃)을 면(免)할 수 없었다.

甲木 일주가 卯월에 태어나서 양인(陽刃)으로 득령(得令)하였고 좌하(坐下)의 寅木에 득지(得地)하였고 년주(年柱)의 甲子에 득세(得勢)하였으니 신왕(身旺)하다. 희신(喜

神)은 식재관(食財官)인 火土金이고 기신(忌神)은 인비(印比)인 水木이다.

戊辰, 己巳 운은 火土 운으로 희신(喜神)이니 일찍 과갑(科甲)하였으니 庚午 운은 甲庚 충(沖)이니 庚金이 손상(損傷)되었으나 寅午 합화(合火)가 되어 희신(喜神)이 되니 벼슬길이 평탄(平坦)하였을 것이고 辛未 운은 土金 운으로 희신(喜神)이 되었다. 그러나 壬申 운은 丁壬 합거(合去)되었고 寅申 충(沖)으로 왕충쇠발(旺沖衰拔)이 되었으니 재앙(災殃)이 있었던 것이다.

原文

從得眞者只論從 從神又有吉和凶
종득진자지론종　　종신우유길화흉

　종(從)은 진종(眞從)일 경우에만 종(從)으로 논(論)한다. 종신(從神)은 길(吉)한 것도 있고 흉(凶)한 것도 있다.

原註

日主孤立無氣 天地人元 絶無一毫生扶之意 財官强甚 乃爲眞從也.
일주고립무기　천지인원　절무일호생부지의　재관강심　내위진종야

旣從矣 當論所從之神 如從財 只以財爲主 財神是木而旺 又看意向 或
기종의　당론소종지신　여종재　지이재위주　재신시목이왕　우간의향　혹

要火要土要金 而行運得所者吉 否則凶 餘皆仿此 金不可剋木 剋木財
요화요토요금　이행운득소자길　부즉흉　여개방차　금불가극목　극목재

衰矣.
쇠의

　일주(日主)가 고립무기(孤立無氣)하고 천지인(天地人) 삼원(三元)이 터럭만 한 생부

지의(生扶之意)가 없으며 재관(財官)이 심히 강(强)하면 진종(眞從)이다. 이미 종(從)하면 마땅히 종(從)한 신(神)을 논(論)해야 하는데 가령 종재(從財)하면 재(財)를 위주로 한다.

재신(財神)이 木이고 왕(旺)하면 의향(意向)을 보아서 혹 火가 필요한가, 金이 필요한가를 살펴보고, 행운(行運)에서 마땅한 바를 얻으면 길(吉)하고 그렇지 않으면 흉(凶)하다. 나머지는 모두 이와 같다. 金이 木을 극(剋)하는 것은 아니 되고 木을 극(剋)하면 재(財)가 쇠(衰)하게 된다.

任氏曰 從象不一 非專論財官而已也.
임씨왈　종상불일　　비전론재관이이야

日主孤立無氣 四柱無生扶之意 滿局官星 謂之從官 滿局財星 謂之從
일주고립무기　　사주무생부지의　　만국관성　위지종관　만국재성　위지종

財 如日主是金 財神木 生于春令 又有水生 謂之太過 喜火而行之生于
재　여일주시금　재신목　생우춘령　우유수생　위지태과　희화이행지생우

夏令 火旺洩氣 喜水以生之 生于冬令 水多木泛 喜土以培之 火以暖之
하령　화왕설기　희수이생지　생우동령　수다목범　희토이배지　　화이난지

則吉 反是必凶 所謂從神 又有吉火凶也.
즉길　반시필흉　소위종신　우유길화흉야

尙有從旺 從强從氣從勢之理 比從財官 更難推算 尤當審察 此四從諸
상유종왕　종강종기종세지리　비종재관　경수추산　우당심찰　차사종제

書 所未載 余之立設 試驗碻實 非虛言也.
서　소미재　여지입설　시험확실　비허언야

從旺者 四柱皆比刦 無官殺之制 有印綬之生 旺之極者 從其旺神也 要
종왕자　사주개비겁　무관살지제　유인수지생　왕지극자　종기왕신야　요

行比刦印綬則吉 如局中印輕 行食傷亦佳 官殺運 謂之犯旺 凶禍立至
행비겁인수즉길　여국중인경　행식상역가　관살운　위지범왕　흉화입지

遇財星 群刦相爭 九死一生.
우재성　군겁상쟁　구사일생

從强者 四柱印綬重重 比刦疊疊 日主又當令 絶無一毫財星官殺之氣
종강자　사주인수중중　비겁첩첩　일주우당령　절무일호재성관살지기

謂二人同心　强之極矣　可順而不可逆也　則順行比劫運則吉　印綬運亦
위이인동심　강지극의　가순이불가역야　즉순행비겁운즉길　인수운역

佳　食傷運　有印綬冲剋必凶　財官運　爲觸怒强神　大凶.
가　식상운　유인수충극필흉　재관운　위촉노강신　대흉

從氣者　不論財官印綬食傷之類　如氣勢在木火　要行木火運　從氣勢在
종기자　불론재관인수식상지류　여기세재목화　요행목화운　종기세재

金水　要行金水運　反此必凶.
금수　요행금수운　반차필흉

從勢者　日主無根　四柱財官食傷並旺　不分强弱　又無劫印生扶日主　又
종세자　일주무근　사주재관식상병왕　불분강약　우무겁인생부일주　우

不能從一神而去　惟有和解之可也　視其財官食傷之中　何者獨旺　則從
불능종일신이거　유유화해지가야　시기재관식상지중　하자독왕　즉종

旺者之勢　如三者均停　不分强弱　須行財運以和之　引通食傷之氣　助氣
왕자지세　여삼자균정　불분강약　수행재운이화지　인통식상지기　조기

財官之勢則吉　行官殺運次之　行食傷運又次之　如行比劫印綬　必凶無
재관지세즉길　행관살운차지　행식상운우차지　여행비겁인수　필흉무

疑試之屢驗.
의시지루험

임씨(任氏)가 말하길, 종상(從象)은 한 가지만이 아니므로 재관(財官)만 논(論)할 것은 아니다. 일주(日主)가 고립무기(孤立無氣)하고 생부지의(生扶之意)가 없는데 만국(滿局)이 관성(官星)이면 종관(從官)이요, 만국(滿局)이 재성(財星)이면 종재(從財)라 한다.

가령 일주(日主)가 金이면 재신(財神)은 木인데 춘령(春令)에 생(生)하고 또 水의 생(生)이 있다면 태과(太過)하므로 火로 유행(流行)하는 것이 기쁘다.

하령(夏令)에 생(生)하여 왕화(旺火)가 설(洩)하면 水로 생(生)하는 것이 기쁘고 동령(冬令)에 생(生)하여 水가 많고 木이 뜨게 되면 土로 배양(培養)하는 것이 기쁘고 火가 온난(溫暖)하게 하면 길(吉)하다.

이와 반대가 되면 반드시 흉(凶)하게 되니 이른바 종신(從神)에는 길(吉)한 것도 있고 흉(凶)한 것도 있다.

종상(從象)에는 종왕(從旺), 종강(從强), 종기(從氣), 종세(從勢)의 이치(理致)가 있는데 종재(從財)나 종관(從官)에 비하여 추산(推算)하기 어려우니 자세하게 살펴야 한다.

이 네 가지의 종(從)은 다른 세력(勢力)에는 싣지 않는 것으로 내가 세운 학설(學說)인데 시험(試驗)한 결과 확실(確實)하며 허언(虛言)이 아니다.

종왕(從旺)이라는 것은 사주(四柱)가 모두 비겁(比劫)이고 관살(官殺)의 극제(剋制)가 없으며 인수(印綬)의 생(生)만 있어서 왕(旺)함이 극(極)에 이르니 그 왕신(旺神)을 따라야 한다. 응당 비겁(比劫)과 인수(印綬)로 행(行)하여야 길(吉)한데 만약에 원국(原局)에서 인수(印綬)가 경(輕)하면 식상(食傷)운으로 행(行)하여도 아름답다. 관살(官殺)운은 왕신(旺神)을 범(犯)하니 흉화(凶禍)가 오고 재성(財星)운은 군겁쟁재(群劫爭財)가 되어 구사일생(九死一生)이 된다.

종강(從强)이라는 것은 사주(四柱)에 인수(印綬)가 중중(重重)하고 비겁(比劫)이 첩첩(疊疊)하였으니 일주(日主)는 다시 당령(當令)하고 재성(財星)과 관살(官殺)이 하나도 없는 경우인데 이인동심(二人同心)이라고 하여 강(强)이 극에 이르는 것이다. 마땅히 순(順)할 수는 있어도 역(逆)할 수는 없다.

순수(純粹)하게 비겁(比劫)운으로 행(行)하면 길(吉)하고 인수(印綬) 운(運)도 아름답다. 식상(食傷) 운은 인수(印綬)가 충극(冲剋)을 받으니 반드시 흉(凶)하게 되고 재관(財官)운은 강신(强神)을 촉노(觸怒)하게 하니 대흉(大凶)하다.

종기(從氣)라는 것은 재관(財官), 인수(印綬), 식상(食傷) 등을 막론하고 기세(氣勢)가 木火 운으로 행(行)하여야 하고 기세(氣勢)가 金水 운으로 행(行)하여야 길(吉)하다. 이와 반대(反對)면 반드시 흉(凶)하다.

종세(從勢)라는 것은 일주(日主)가 무근(無根)이고 사주(四柱)에 재관(財官)과 식상(食傷)이 병왕(並旺)하여 강약(强弱)을 구별할 수가 없고 비겁(比劫)이나 인수(印綬)가 일주(日主)를 생부(生扶)함이 없고 하나의 오행(五行)에 종(從)할 수도 없으면 오직 화해(和解)시키는 것만이 가능하다.

재관(財官)과 식상(食傷) 중에 어느 것이 유독 왕(旺)한가를 보아 왕자(旺者)의 세력(勢力)에 종(從)한다. 만약 세 가지가 모두 균일(均一)하여 강약(强弱)이 구분(區分)되지 않으면 반드시 재성(財星)으로 행(行)하여 화해(和解)시켜야 하는데 식상(食傷)을 인통(引通)하여 재관(財官)을 도우니 길(吉)하다.

관살(官殺)운이 그 다음이고 식상(食傷)운이 다시 그 다음이다.

만약 비겁(比劫)운이나 인수(印綬)운으로 행(行)하면 반드시 충(冲)한 것은 의심(疑心)할 필요가 없는데 시험(試驗)하여 누차 경험(經驗)하였다.

任註

丙 乙 丙 戊
戌 未 辰 戌

癸 壬 辛 庚 己 戊 丁
亥 戌 酉 申 未 午 巳

乙木生于季春 蟠根在未 餘氣在辰 似乎財多身弱 但四柱皆財 氣勢必
을목생우계춘   반근재미   여기재진   사호재다신약   단사주개재   기세필

從 春土氣虛 得丙火以實之 且火乃木之秀氣 土乃火之秀氣 三者爲全
종   춘토기허   득병화이실지   차화내목지수기   토내화지수기   삼자위전

無金以洩之 無水以靡之 更喜運走南方火地 秀氣流行 所以第發丹墀
무금이설지   무수이미지   경희운주남방화지   수기유행   소이제발단지

鴻筆秦三千之績 名題金榜 鰲頭冠五百之仙也.
홍필진삼천지적   명제금방   오두관오백지선야

乙木이 季春에 생(生)하여 未土에 뿌리가 서리고 辰土가 여기(餘氣)이니 재다신약(財多身弱)인 것 같으나 원국(原局)이 모두 재(財)로 이루어져 세력(勢力)이 반드시 종(從)한다.

춘토(春土)의 기(氣)는 허(虛)하나 丙火를 얻어 실(實)하게 되었다. 또한 火는 木의 수기(秀氣)이고 土는 火의 수기(秀氣)이니 세 가지가 모두 온전(穩全)하게 되었다. 土를 설(洩)할 金이 없고 火를 극(剋)할 水가 없으며, 더욱 기쁜 것은 운(運)이 남방화지(南方火地)로 행(行)하여 수기유행(秀氣流行)하니 과거시험(科擧試驗)에 합격(合格)하고 빼어난 문필(文筆)은 많은 공적(功績)을 나타내었으며 이름이 금방(金榜)에 오르고 5백 명의 비범한 인재(人才) 중에서 장원급제(壯元及第)하였다.

評註

乙木 일주가 辰月에 태어나서 진중을목(辰中乙木)에 뿌리가 있으나 전지지(全地支)가 토국(土局)이고 천간(天干)에 戊土가 투출(透出)되었으니 종재격(從財格)이 되었다.

희신(喜神)은 식재관(食財官)인 火土金이고 기신(忌神)은 인비(印比)인 水木인데 운행(運行)이 남서지지(南西之地)인 火金으로 행(行)하여 아름답다. 더욱 기쁜 것은 희신(喜神)이 상하유정(上下有情)으로 천부지재(天覆地載)가 되었으며 백호괴강(白虎魁罡)이 중중(重重)하고 삼형살(三刑殺)이 있기 때문이다.

任註

```
戊 庚 壬 壬
寅 寅 寅 寅
```

```
己戊丁丙乙甲癸
酉申未午巳辰卯
```

庚金生于孟春 四支皆寅 戊土雖生猶死 喜其兩壬透干年月 引通庚金
경금생우맹춘　　사지개인　　무토수생유사　　희기양임투간연월　　인통경금

生扶嫩木而從財也 亦是秀氣流行 更喜運走東南不悖 木亦得其敷榮
생부눈목이종재야　　역시수기유행　　경희운주동남불패　　목역득기부영

所以早登甲第 仕至黃堂.
소이조등갑제　　사지황당

庚金이 맹춘(孟春)에 생(生)하였고 사지(四支)가 모두 寅木이니 戊土가 비록 생(生)한다고 할지라도 사(死)와 같다. 기쁘게도 양임(兩壬)이 년월(年月)에 투출(透出)하여 庚金을 인통(引通)하고 눈목(嫩木)을 생부(生扶)하니 종재(從財)이다.

역시 수기유행(秀氣流行)하고 있는데 더욱 기쁜 것은 운이 동남(東南)으로 행(行)하고 어그러지지 않았고, 木 또한 부영(敷榮)[19]을 얻은 까닭에 일찍 갑제(甲第)에 올랐으며 벼슬이 황당(荒唐)에 이르렀다.

庚金 일주가 寅월에 태어나서 실령(失令)하였고 전지지(全地支)가 寅木인데 천간(天干)의 양임(兩壬)이 생조(生助)하여 종재격(從財格)이 되었다. 시간(時干)의 戊土가 일주(日主)를 생조(生助)하지만 뿌리가 없으니 허토(虛土)이다. 희신(喜神)은 식재관(食財官)인 水木火이고 기신(忌神)은 인비(印比)인 木火 운으로 행(行)하니 아름답다. 더욱 기쁜 것은 전조(前造)같이 희신(喜神)이 상하유정(上下有情)으로 천부지재(天覆地載)가 되었다.

任註

乙 壬 庚 丙
巳 午 寅 寅

丁丙乙甲癸壬辛
酉申未午巳辰卯

壬水生于孟春　木當令而火逢生　一點庚金臨絶　丙火力能煆之　從財格
임수생우맹춘　　목당령이화봉생　　일점경금임절　병화력능하지　종재격

眞 水生木　木生火　秀氣流行　登科發甲　仕至侍郎.
진 수생목　목생화　수기유행　등과발갑　사지시랑

凡從財格　必要食傷吐秀　不但功名顯達　而且一生無大起倒凶災　蓋從
범종재격　필요식상토수　부단공명현달　이차일생무대기도흉재　개종

財最　忌比刧運　柱中有食傷　能化比刧　生財之妙也　若無食傷吐秀書香
재최　기비겁운　주중유식상　능화비겁　생재지묘야　약무식상토수서향

難遂　一逢比刧　無生化之情　必有起倒刑傷也.
난수　일봉비겁　무생화지정　필유기도형상야

---

19 부영(敷榮): 초목이 무성하고 꽃이 활짝 핌.

壬水가 맹춘(孟春)에 생(生)하여 木이 당령(當令)하고 火가 생(生)을 만나니 일점경금(一點庚金)은 절지(絶地)에 있고 丙火가 능히 단련(鍛鍊)하니 종재격(從財格)이다. 생목(生木)하고 목생화(木生火)하여 수기유행(秀氣流行)하니 등과(登科)하고 발갑(發甲)하였으니 벼슬이 시랑(侍郎)에 이르렀다.

무릇 종재격(從財格)은 식상(食傷)이 빼어나야 하는데 만일 그러하면 공명이 현달(顯達)할 뿐만 아니라 일생토록 흉재(凶災)가 일어나지 않는다. 대체로 종재(從財)는 비겁(比劫)운을 가장 꺼리는데 주중(柱中)에 식상(食傷)이 있으면 능히 비겁(比劫)을 인화(引化)하여 생재(生財)하는 묘(妙)가 있다. 만약 식상(食傷)이 토수(吐秀)가 없으면 학문을 이루기 어렵고 한 번이라도 비겁(比劫)을 만나면 생화지정(生化之情)이 없으니 반드시 기복(起伏)과 형상(刑傷)이 일어난다.

壬水 일주가 寅月에 태어나서 실령(失令)하였고 전지지(全地支)가 木火로 되어 있는데 천간(天干)에 木火가 투출(透出)하였으니 종재격(從財格)이 되었다. 庚金의 생조(生助)를 받고 있다고 할 수 있으나 丙庚 충(冲)으로 손상(損傷)을 입었고 寅木에 개두(蓋頭)되었으니 생화(生化)의 정(情)이 없다. 희신(喜神)은 식재관(食財官)인 木火土이고 기신(忌神)은 인비(印比)인 金水인데 운행(運行)이 동남지지(東南之地)로 행(行)하여 기쁘다.

丙 庚 壬 丁
戌 午 寅 卯

乙丙丁戊己庚辛
未申酉戌亥子丑

庚生寅月 支全火局 財生殺旺 絶無一毫生扶之意 月干壬水 丁壬合而
경생인월　지전화국　재생살왕　절무일호생부지의　　월간임수　정임합이

化木 又從火勢 皆成殺黨 從象斯眞 中鄕榜 挑知縣 西運丁艱 丙運仕
화목　우종화세　개성살당　종상사진　중향방　도지현　서운정간　병운사

版連登 申運 註誤落職.
판연등　신운　괘오락직

庚金이 寅월에 생(生)하고 지지(地支)가 모두 화국(火局)이다.

재(財)가 살(殺)을 생(生)하여 왕살(殺)하므로 터럭만큼도 생부(生扶)의 뜻이 없다. 월간(月干)의 壬水는 丁壬이 합이화목(合而化木)하여 화세(火勢)에 종(從)하니 모두 살(殺)의 뿌리가 되므로 종상(從象)이 되었다.

향방(鄕榜)에 합격(合格)하여 지현(知縣)에 임명(任命)되었으며 酉운에 부모(父母)의 상(喪)을 당하였으며 丙운에는 사판연등(仕版連登)하였으나, 申운에는 남의 죄에 연루되어 낙직(落職)하였다.

評註

庚金 일주가 寅월에 태어나서 전지지(全地支)가 寅卯 합목(合木), 寅午戌 삼합(三合)으로 화국(火局)이 되어 있는데 천간(天干)에 丙丁이 투출(透出)하였으니 종살격(從殺格)이 되었다.

월간(月干)의 壬水가 丁壬 합목(合木)이 되어 생살(生殺)하니 더욱 아름답다. 희신(喜神)은 재관(財官)인 木火이고 기신(忌神)은 인비식(印比食)인 土金水인데 운행(運行)이 서북지지(西北之地)로 행(行)하니 안타깝다.

초년(初年)인 癸丑, 庚子 운에는 곤고(困苦)하였을 것이고 己亥 운은 亥卯 합목(合木), 寅亥 합목(合木)으로 희신(喜神)이 되니 향시(鄕試)에 합격(合格)하였고, 戊戌 운은 寅午戌 화국(火局)으로 지현(知縣)에 오르게 되었다. 丁酉 운은 卯酉 충(冲)이 되었고 丙申 운은 丙壬 충(冲), 寅申 충(冲)으로 천충지충(天冲地冲)이 되었으니 형액(刑厄)을 면(免)치 못하였다.

```
乙 乙 辛 辛
酉 酉 丑 巳
```

```
甲乙丙丁戊己庚
午未申酉戌亥子
```

乙木生于季冬　支全金局　干透兩辛　從殺斯眞　戊戌運　連登甲第　置身
을목생우계동　지전금국　간투양신　종살사진　무술운　연등갑제　치신

翰苑　丁酉丙申　火截脚而金得地　仕版連登乙未運　冲破金局　木蟠根不祿.
한원　정유병신　화절각이금득지　사판연등을미운　충파금국　목반근불록

　乙木이 계동(季冬)에 생(生)하였고 전지지(全地支)가 금국(金局)이고 천간(天干)에 양
신(兩辛)이 투출(透出)하였으니 진충살(眞冲殺)이다. 戊戌 운은 연등갑제(連登甲第)하여
한원(翰苑)에 들어갔으며, 丁酉, 丙申 운에는 火가 절각(截脚)되고 金이 득지(得地)하
니 사판연등(仕版連登)하였다. 乙未 운에는 금국(金局)을 충파(冲破)하였고 木이 뿌리
를 내리니 불록(不祿)이 되고 말았다.

評註

　乙木 일주가 丑월에 태어나서 전지지(全地支)가 巳酉丑 금국(金局)을 이루고 천간
에 양신(兩辛)이 투출(透出)하였으니 종살격(從殺格)이다. 희신(喜神)은 재관(財官)인 土
金이고 기신(忌神)은 인비식(印比食)인 水木火이다.
　戊戌 운에 연등갑제(連登甲第)하여 한원(翰苑)에 들어가게 된 것은 戊土가 희신(喜
神)이고 戊土는 酉戌 합금(合金)이 되어 희신(喜神)이 되었기 때문이다.
　丁酉, 丙申 운은 丙丁火가 기신(忌神)이지만 개두(蓋頭)가 되어 무력(無力)하고 지
지(地支)는 巳酉丑 합금(合金)이 되었고 또한 申酉 합금(合金)이 되었으니 사판연등
(仕版連登)하게 된 것이다. 乙未 운은 乙辛 충(冲), 丑未 충(冲)으로 천충지충(天冲地冲)

이 되었으니 불록지객(不祿之客)이 된 것이다.

任註

乙 甲 乙 癸
亥 寅 卯 卯

戊 己 庚 辛 壬 癸 甲
申 酉 戌 亥 子 丑 寅

甲木生于仲春 支逢兩卯之旺 寅之祿 亥之生 干有乙支助 癸之印旺 之
갑목생우중춘　지봉양묘지왕　인지록　해지생　간유을지조　계지인왕　지

極矣 從其旺神 初行甲運 早采芹香 癸丑北方濕土 亦作水論 登科發甲
극의　종기왕신　초행갑운　조채근향　계축북방습토　역작수론　등과발갑

壬子印星照臨 辛亥金不通根 支逢生旺 仕至黃堂 一交庚戌 土金並旺
임자인성조임　신해금불통근　지봉생왕　사지황당　일교경술　토금병왕

觸其旺神 故不能免咎也.
촉기왕신　　고불능면구야

甲木이 중춘(仲春)에 생(生)하고 지지(地支)에서 왕묘(旺卯)를 두어 왕(旺)하다. 寅木
은 록(祿)이고 亥水는 생(生)이며 천간(天干)의 乙木은 부조(扶助)하고 癸水는 인수(印
綬)가 되니 왕극(旺極)하여 왕신(旺神)에 종(從)한다.

　초년(初年)운인 甲寅에 일찍 입반(入泮)하였고 癸丑 운은 북방습토(北方濕土)로 역
시 등과발갑(登科發甲)하였다. 壬子 운은 인성(印星)이 비추어 주었고 辛亥 운은 金이
통근(通根)하지 못하고 지지(地支)는 생왕(生旺)을 만나니 벼슬이 황당(黃堂)에 이르렀
다. 마침내 庚戌로 바뀌면서 土金이 並旺하여 왕신(旺神)을 촉노(觸怒)하게 하니 재
앙(災殃)을 면(免)할 수가 없었다.

評註

甲木 일주가 卯월에 당령(當令)하였고 전지지(全地支)가 寅卯 합목(合木)으로 목국(局)이 되었고 천간(天干)에 水木이 투출(透出)하였으니 종왕격(從旺格)이 되었다. 희신(喜神)은 인비식(印比食)인 水木火이고 기신(忌神)은 재관(財官)인 土金이다.

甲寅 운은 木 왕(旺)으로 일찍 학문에 뜻을 두었으며 癸丑 운은 亥丑 합수(合水)로 水의 역할을 하여 등과발갑(登科發甲)하게 된 것이다. 壬子 운은 인수(印綬)가 되어 희신(喜神)으로 승승장구(乘勝長驅)하였으며 辛亥 운은 乙辛 충(冲)으로 기신(忌神)인 辛金이 충발(冲拔)되었고 寅亥 합목(合木), 亥卯 합목(合木)이 되었으니 벼슬이 황당(黃堂)에 이르게 된 것이다.

마침내 庚戌 운에는 土金이 병왕(並旺)하여 왕신(旺神)을 촉노(觸怒)하게 하였다는 것은 천간(天干)에서 甲庚 충(冲)하고 乙庚 합(合)하여 왕신(旺神)을 충중봉합(冲中逢合)하였으니 형액(刑厄)을 면(免)할 수가 없게 되었다. 지지(地支)에서 卯戌 합(合), 寅戌 합(合)으로 왕신(旺神)을 과어유정(過於有情)하여 정신(精神)을 혼란(混亂)하게 하였다. 己酉 운은 甲己 합토(合土), 己癸 충(冲)으로 충중봉합(冲中逢合)하니 왕신발(旺神發)하여 역시 촉노(觸怒)하게 하였으니 불록지객(不祿之客)이 되었을 것이다.

任註

```
甲 丙 甲 丙
午 午 午 午
```

辛庚己戊丁丙乙
丑子亥戌酉申未

丙生仲夏 四柱皆刃 天干並透甲丙 强旺極矣 可順而不可逆也 初運乙
병생중하 사주개인 천간병투갑병 강왕극의 가순이불가역야 초운을

未 早遊泮水 丙運登科 申運大病危險 丁運發甲 酉運丁艱 戊戌己運仕
미 조유반수 병운등과 신운대병위험 정운발갑 유운정간 무술기운사

途平坦 亥運犯其旺神 死于軍前.
도평탄　　해운범기왕신　　사우군전

丙火가 중하(仲夏)에 생(生)하고 사주(四柱)가 모두 양인(陽刃)이고 천간(天干)에 甲丙이 병투(並透)하여 왕극(旺極)하니 순(順)하는 것은 마땅하지만 역(逆)하는 것은 아니 된다. 초년(初年)운인 乙未에 일찍 입반(入泮)하였고 丙운에 등과(登科)하였으며 申운에 큰 병(病)으로 위험하였다. 丁운에는 발갑(發甲)하였고 酉운에는 부모(父母)가 돌아 가셨고 戊戌己 운에는 벼슬이 평탄(平坦)하였다. 亥운에는 왕신(旺神)을 범(犯)하여 군(軍)에서 사망하였다.

評註

丙火 일주가 午월에 태어나서 당령(當令)하였고 전지지(全地支)가 양인(陽刃)이고 천간(天干)에 甲丙이 투출(透出)하였으니 종왕격(從旺格)이고 염상격(炎上格)이다. 희신(喜神)은 인비식(印比食)인 木火土이고 기신(忌神)은 재관(財官)인 金水이다. 초년(初年) 乙未 운은 乙木이 희신(喜神)이 午未 합화(合火)가 되었으니 일찍 반궁(泮宮)에 들어 갔으며 丙운에는 등과(登科)하였고, 申운은 기신(忌神)운으로 폐・대장(肺・大腸) 계통으로 위험(危險)하였을 것이다.

丁酉 운은 丁火가 희신(喜神)이지만 酉金은 기신(忌神)이므로 암장(暗藏)된 庚金이 丙庚 충(冲). 甲庚 충(冲)되어 재성(財星)인 庚金과 인수(印綬)인 甲木이 손상(損傷)을 당하였으니 부모(父母)가 돌아가신 것이다. 己亥 운은 甲己 합(合)으로 희신(喜神)이 약화(弱化)되었고 亥水는 기신(忌神)이므로 亥 중의 壬水가 辛 중의 丙火와 丙壬 충(冲)하니 壬水가 충발(冲拔)되었으니 전사(戰死)한 것이다.

주의(注意)해야 할 것은 양인(陽刃)은 생살지권(生殺之權)을 의미(意味)하지만 중첩(重疊)되어 있을 때에는 오히려 불의(不意)의 화(禍)를 당할 수가 있다.

丁　庚　癸　癸
亥　申　亥　酉

丙丁戊己庚辛壬
辰巳午未申酉戌

庚金生于孟冬　水勢當權　金逢祿旺　時干丁火無根　局中氣勢金水亦　從
경금생우맹동　　수세당권　　금봉록왕　　시간정화무근　　국중기세금수역　　종

金水而論　丁反爲病　初交癸亥　去其丁火　其樂自如　壬戌運入泮　而喪服
금수이론　　정반위병　초교계해　거기정화　기락자여　임술운입반　이상복

重重　因戌土之制水也　辛酉庚申登科發甲　出仕琴堂　己未運轉南方　火
중중　인술토지제수야　　신유경신등과발갑　　출사금당　　기미운전남방　　화

土齊來　註誤落職　戊午更多破耗而亡.
토제래　괘오락직　　무오경다파모이망

　　庚金이 맹동(孟冬)에 생(生)하여 수세(水勢)가 당권(當權)하였고 庚金은 녹왕(祿旺)
을 만났는데 丁火는 무근(無根)이다. 원국(原局)의 기세(氣勢)가 金水이니 金水를 따
른다고 논(論)하여야 하며 丁火는 도리어 병(病)이 된다.

　　壬戌 운에 입반(入泮)하였으나 상복(喪服)을 중중(重重)으로 입은 것은 戌土가 제
수(制水)하였기 때문이다. 辛酉, 庚申 운에 등과(登科)하고 발갑(發甲)하여 벼슬이 금
당(琴堂)에 오르게 되었다. 己未 운에는 남방(南方)으로 바뀌어서 火土가 함께 오니
남의 죄에 연루되어 낙직(落職)하였고 戊午 운에는 더욱 파모(破耗)하여 세상을 떠
났다.

評註

　　庚金 일주가 亥월에 태어나서 전지지(全地支)가 金水로 되어 있는데 천간(天干)에
양계(兩癸)가 투출(透出)하여 金水로 따라야 하니 종아격(從兒格)이 되었다. 희신(喜神)

은 비식재(比食財)인 金水木이고 기신(忌神)은 관인(官印)인 火土이다.

초년(初年)인 壬戌 운에 입반(入泮)하였다는 것은 지지(地支)가 申酉戌로 방합화국(方合火局)이 되어 金水가 모두 희신(喜神)이 되었으니 당연한 것이다. 그러나 상(喪)이 중중(重重)한 것은 옥(玉)에 티가 있듯이 丁壬이 합거(合去)되어 壬水가 약화(弱化)된 것이다.

辛酉, 庚申 운은 등과발갑(登科發甲)하여 금당(琴堂)에 오르게 되었고 己未 운에는 己癸가 충극(冲剋)되었고 亥未 합거(合去)되었으니 식상(食傷)과 인수(印綬)가 손상(損傷)을 입었으니 남의 잘못에 연루되어 낙직(落職)하게 된 것이다. 戊午 운에는 戊癸 합거(合去) 되었고 午 중의 丙己丁이 丙庚 충(冲), 己癸 극(剋), 丁癸 충(冲)이 되었으니 많은 파모(破耗)가 일어났다.

甲	癸	壬	丙
寅	巳	辰	戌

己戊丁丙乙甲癸
亥戌酉申未午巳

癸水生于季春 柱中財官傷三者並旺 印星伏而無氣 日主休囚無根 惟
계수생우계춘　　　주중재관상삼자병왕　　　인성복이무기　　　일주휴인무근　　유

官星當令 須從官星之勢 所喜坐下財星 引通傷官之氣 至甲午運 會成
관성당령　　수종관성지세　　소희좌하재성　　인통상관지기　　지갑오운　회성

火局生官 運程直上 乙未出仕 申酉運 有丙丁蓋頭 仕途平坦 戊戌運
화국생관　　운정직상　　을미출사　　신유운　유병정개두　　사도평탄　무술운

仕至觀察 至亥運幇身 冲去巳火 不祿 所謂弱之極者不可益也.
사지관찰　　지해운방신　　충거사화　　불록　　소위약지극자불가익야

癸水가 계춘(季春)에 생(生)하였고 주중(柱中)에 재관상(財官傷)이 병왕(並旺)하다.

인수(印綬)는 암장(暗藏)되어 무기(無氣)하고 일주(日主)는 휴수(休囚)되어 무근(無根)

234　　　적천수천미 평주 (Ⅱ)

하니 오직 관성(官星)에 종(從)하여야 한다. 기쁜 것은 좌하(坐下)의 재성(財星)이 상관(傷官)을 인통(引通)하는 것이다.

甲午 운에 화국(火局)을 이루어 생관(生官)하니 운정직상(運程直上)하였고 乙未 운에 출사(出仕)하였다. 辛酉 운에 丙丁이 개두(蓋頭)하였으니 벼슬길이 평탄하였고 戊戌 운에 벼슬이 관찰(觀察)에 이르렀다. 亥운에는 일주(日主)을 도우고 巳火를 충거(冲去)하니 세상을 떠났다. 소위 "약지극자 불가익야(弱之極者 不可益也)"라 약(弱)함이 극(極)에 이르면 부조(扶助)해서는 아니 된다는 것이다.

評註

癸水 일주가 辰월에 태어나서 실령(失令)하였고 식재관(食財官)이 태왕(太旺)하다. 壬水는 辰土에 절각(截脚)되어 있는데 시간(時干)의 丙火와 丙壬 충(冲)하는 일주(日主)를 생조(生助)하기 어렵다. 巳 중의 庚金은 암장(暗藏)되어 있고 戌 중의 辛金은 원(遠)거리에 있고 관성(官星)에 종(從)하여야 하니 종살격(從殺格)이 되었다. 희신(喜神)은 식재관(食財官)인 木火土이고 기신(忌神)은 인비(印比)인 金水이다.

甲午 운에 寅午戌 화국(火局)을 이루어 운정직상(運程直上)하였고 乙未 운에는 연등(連登)하였다. 丙申, 丁酉 운에는 기신(忌神)인 丙丁火가 개두(蓋頭)하였는데 기쁘게도 丙壬 충(冲), 丁癸 충(冲)으로 기신(忌神)이 손상(損傷)되었으니 오히려 순탄(順坦)하여 관찰사(觀察使)에 이르렀다. 己亥 운에는 己癸 극충(剋冲), 巳亥 상충(相冲)으로 천충지충(天冲地冲)이 되었으니 세상을 떠나게 된 것이다.

任註

丙	丙	乙	癸
申	申	丑	酉

戊己庚辛壬癸甲
午未申酉戌亥子

丙火生丑臨申 衰絶無煙 酉丑拱金 月干乙木凋枯無根 官星坐財 傷逢
병화생축임신　쇠절무연　유축공금　월간을목조고무근　관성좌재　상봉

財化 以成金水之勢 癸亥運中 入泮登科 辛酉庚申 去印生官 由縣令而
재화　이성금수지세　계해운중　입반등과　신유경신　거인생관　유현령이

遷州牧 宦囊豊厚 己未 南方燥土 傷官助刧 不祿.
천주목　환낭풍후　기미　남방조토　상관조겁　불록

　丙火가 丑월에 생(生)하고 申金에 임(臨)하였으니 쇠절되고 무연(無煙)하니 火가
약(弱)하다. 酉丑이 공금(拱金)하였고 월간(月干)의 乙木은 시들고 뿌리가 없다. 관성
(官星)이 좌하(坐下)에 재(財)를 두고 상관(傷官)은 재(財)를 생(生)하니 원국(原局)은 金
水로 세력(勢力)을 이루었다. 癸亥 운에 입반(入泮)하여 등과(登科)하였으며 辛酉, 庚
申 운에 인수(印綬)를 제거(除去)하고 관(官)을 생(生)하니 현령(縣令)에서 주목(州牧)으
로 자리를 옮겼으며 환낭(宦囊)이 풍후(豊厚)하였다. 己未 운에는 남방조토(南方燥土)
로 상관(傷官)이면서 비겁(比劫)을 도우니 불록(不祿)이 되었다.

評註

　丙火 일주가 丑월에 태어나서 실령(失令)하였으며 한랭(寒冷)하다. 전지지(全地支)
가 금국(金局)을 이루고 천간(天干)에 癸水가 투출(透出)하였으니 金水의 세력(勢力)을
따라야 한다.

　癸亥 운은 희신(喜神)인 관성(官星)이니 입반(入泮)하여 등과(登科)하게 된 것이다.
辛酉 운은 乙辛 충(冲)으로 기신(忌神)은 乙木을 충거(冲去)하였으며 庚申 운은 乙庚
합(合)으로 기신(忌神)인 乙木을 합거(合去)시켰으며 酉丑 합금(合金), 申酉 합금(合金)
으로 희신(喜神)이 되니 벼슬이 승승장구하였다. 己未 운은 己癸 충극(冲剋), 丑未 상
충(相冲)하니 천충지충(天冲地冲)되어 불록지객(不祿之客)이 되었다.

原文

化得眞者只論化 化神還有幾般話
화득진자지론화　　　화신환유기반설

　화(化)는 진화(眞化)일 경우에 화(化)로 논(論)하고, 화신(化神)은 몇 가지의 설이 있다.

原註

如甲日主生於四季 單遇一位己土 在月時上合之 不過壬癸甲乙戊 而
여갑일주생어사계　　　단우일위기토　　　재월시상합지　　　불과임계갑을무　　　이

有一辰字 乃爲化得眞.
유일진자　　　내위화득진

又如丙辛生月冬月 戊癸生於夏月 乙庚生於秋月 丁壬生於春月 獨自
우여병신생월동월　　　무계생어하월　　　을경생어추월　　　정임생어춘월　　　독자

相合 又得龍以運之 此爲眞化矣.
상합　　　우득용이운지　　　차위진화의

旣化矣 又論化神 如甲己化土 土陰寒 要火氣昌旺 土太旺 又要取水爲
기화의　　　우론화신　　　여갑기화토　　　토음한　　　요화기창왕　　　토태왕　　　우요취수위

財 木爲官 金爲食傷 隨其所向 論其喜忌 再見甲乙 亦不作爭合妬合論
재　목위관　금위식상　수기소향　논기희기　재견갑을　　역부작쟁합투합론

蓋眞化矣 如烈女不更二夫 歲運遇之皆閑神也.
개진화의　여열여불경이부　　세운우지개한신야

　　가령 甲木 일주(日主)가 사계(四季)에 태어나고 단 하나의 己土를 만나 월시상(月時上)에서 甲己가 합(合)하여 壬癸 甲乙 戊를 만나지 않고 지지(地支)에 辰土가 있으면 진화(眞化)가 된다. 또한 丙辛이 동월(冬月)에 생(生)하고, 戊癸가 하월(夏月)에 생(生)하고, 乙庚이 추월(秋月)에 생(生)하고, 丁壬이 춘월(春月)에 생(生)하여 스스로 상합(相合)하고, 운에서 辰을 만나면 진화(眞化)이다.

　　기화(旣化)가 되었다면 화신(化神)으로 논(論)해야 한다. 가령 甲己가 화토(化土)일 경우에 土가 음한(陰寒)하면 화기(火氣)가 창왕(昌旺)하여야 하고, 土가 태왕(太旺)하면 수재(水財)가 필요(必要)하고 목관(木官)과 금식상(金食傷)이 필요(必要)하니, 그 의향(意向)을 따라 희기(喜忌)를 논(論)한다. 다시 甲乙을 만난다 하더라도 쟁합(爭合)이나 투합(妬合)을 논(論)하지 않는다. 진화(眞化)는 열녀(烈女)가 두 남편(男便)을 섬기지 않는 것과 같으니 세운(歲運)에서 만나는 것은 한신(閑神)이다.

任註

任氏曰 合化之原 昔黃帝祀天于圜邱 天降十干 爰命大撓作十二支 以
임씨왈　합화지원　석황제사천우환구　　천강십간　원명대요작십이지　이

配之 故曰干曰天干.
배지　고왈간왈천간

其所由合 卽天一地二天三地四天五地六天七地八天九地十之義 衣數
기소유합　　즉천일지이천삼지사천오지육천칠지팔천구지십지의　　의수

推之 則甲一乙二丙三丁四戊五己六庚七辛八壬九癸十也 如洛書以五
추지　즉갑일을이병삼정사무오기육경칠신팔임구계십야　　여낙서이오

居中 一得五爲六 故甲與己合 二得五爲七 故乙與庚合 三得五爲八
거중　일득오위육　고갑여기합　이득오위칠　고지여경합　삼득오위팔

故丙與辛合 四得五爲九 故丁與壬合 五得五爲十 故戊與癸合.
고병여신합　사득오위구　고정여임합　오득오위십　고무여계합

合則化 化亦必得五土而後成 五土者 辰也 辰土居春 時在三陽 生物之
합즉화　화역필득오토이후성　오토자　진야　진토거춘　시재삼양　생물지

體 氣闢以動 動則變 變則化矣 且十干之合 以至五辰之位 則化氣之原
체　기벽이동　동즉변　변즉화의　차십간지합　이지오진지위　즉화기지원

神發露 故甲己起甲子 至五位逢戊辰而化土 乙庚起丙子 至五位逢庚
신발로　고갑기기갑자　지오위봉무진이화토　을경기병자　지오위봉경

辰而化金 丙辛起戊子 至五位逢壬辰而化水 丁壬起庚子 至五位逢甲
진이화금　병신기무자　지오위봉임진이화수　정임기경자　지오위봉갑

辰而化木 戊癸起壬子 至五位逢丙辰而化火 此相合 相化之眞源.
진이화목　무계기임자　지오위봉병진이화화　차상합　상화지진원

近世得傳者少 只知逢龍而化 不知逢五而化 辰龍之說 供引之意 如果
근세득전자소　지지봉용이화　부지봉오이화　진용지설　공인지의　여과

辰爲辰龍 則辰年生人爲龍 可行雨 而寅年生人爲虎 必傷人矣.
진위진용　즉진년생인위용　가행우　이인년생인위호　필상인의

至於化象作用 亦有喜忌配合之理 所以化神還有幾般話也 非化斯神喜
지어화상작용　역유희기배합지리　소이화신환유기반설야　비화사신희

見斯神 執一而論也 是化象亦要究其衰旺 審其虛實 察其喜忌 則吉凶
견사신　집일이론야　시화상역요구기쇠왕　심기허실　찰기희기　즉길흉

有驗 否泰了然矣 如化神旺而有餘 宜洩化神之神爲用 化神衰而不足
유험　비태료연의　여화신왕이유여　의설화신지신위용　화신쇠이부족

宜生助化神之神爲用.
의생조화신지신위용

如甲己化土 生于未戌月 土燥而旺 干透丙丁 支藏巳午 謂之有餘 再行
여갑기화토　생우미술월　토조이왕　간투병정　지장사오　위지유여　재행

火土之運 必太過而不吉也 須從其意向 柱中有水 要行金運 柱中有金
화토지운　필태과이불길야　수종기의향　주중유수　요행금운　주중유금

要行水運 無金無水 土勢太旺 必要金以洩之 火土過燥 要帶水之金運
요행수운　무금무수　토세태왕　필요금이설지　화토과조　요대수지금운

以潤之.
이윤지

生于丑辰月 土濕爲弱 火雖有而虛 水本無而實 或干支雜其金水謂之
생우축진월　토습위약　화수유이허　수본무이실　혹간지잡기금수위지

不足 亦須從其意向 柱中有金 要行火運 柱中有水 要行土運 金水並見
부족　역수종기의향　주중유금　요행화운　주중유수　요행토운　금수병견

過於虛濕 要帶火之土運以實之 助起化神爲吉也.
과어허습　　요대화지토운이실지　　조기화신위길야

至于爭合妒合之設 乃謬論也 旣合而化 如貞婦配義夫 從一而從 不生
지우쟁합투합지설　　내류론야　　기합이화　　여정부배의부　　종일이종　　불생

二心 見戊己是彼之同類 遇甲乙是我之本氣 有相讓之誼 合而不化 勉
이심　　견무기시피지동류　　우갑을시아지본기　　유상양지의　　합이불화　　면

强之意 必非佳耦 見戊己多而起爭妒之風 遇甲乙衆而更强弱之性.
강지의　　필비가우　　견무기다이기쟁투지풍　　우갑을중이경강약지성

甲己之合如此 餘可例推.
갑기지합여차　　여가예추

　　임씨(任氏)가 말하길 합화(合化)의 근원(根源)은 옛날 황제(皇帝)께서 환구(圜邱)[20]에 올라 하늘에 제사(祭祀)를 지낼 때 십간(十干)을 내려주며 이에 대요(大撓)에게 명(命)하여 십이지(十二支)를 만들어 배합(配合)하였다. 그러므로 일간(日干)을 천간(天干)이라고 하였다.

　　그 합(合)의 유래(由來)는 천일(天一), 지이(地二), 천삼(天三), 지사(地四), 천오(天五), 지육(地六), 천칠(天七), 지팔(地八), 천구(天九), 지십(地十)의 뜻이다.

　　이에 의하여 수(數)를 추리(推理)하면 甲은 1이고, 乙은 2이고, 丙은 3이고, 丁은 4이며, 戊는 5이고, 己는 6이고, 庚은 7이고, 辛은 8이고, 壬은 9이고, 癸는 10이다.

　　합(合)하면 화(化)하는데 화(化)는 반드시 5土를 얻은 후에야 완성(完成)된다. 5土는 辰土이며 辰土는 봄에 속하고, 삼양(三陽)이 작용(作用)을 하니 물질(物質)의 체(體)를 생(生)하게 하고 기(氣)가 열려서 동(動)하는데 동(動)하면 변(變)하고 변(變)하면 화(化)한다. 또한 십간지합(十干支合)은 다섯 번째인 辰시에 이르면 화기(化氣)의 원신(元神)이 일어난다.

　　그러므로,

20　환구(圜邱): 고대 제왕(帝王)은 동지(冬至)가 되면 제사(祭祀)를 지냈는데, 이때 제사(祭祀)를 드린 장소를 말함.

甲己는 甲子에서 시작하여 다섯 번째인 戊辰을 만나면 화토(化土)하고,

乙庚은 丙子에서 시작하여 다섯 번째인 庚辰을 만나면 화금(化金)하며,

丙辛은 戊子에서 시작하여 다섯 번째인 壬辰을 만나면 화수(化水)하고,

丁壬은 庚子에서 시작하여 다섯 번째인 甲辰을 만나면 화목(化木)하고,

戊癸는 壬子에서 시작하여 다섯 번째인 丙辰을 만나면 화화(化火)하니,

이것이 상합(相合)과 상화(相化)의 참된 근원(根源)이다.

근세(近世)에는 이를 깨달은 자(者)는 적으니, 다만 용(龍)을 만나면 화(化)한다는 것만 알고 다섯 번째를 만나야 화(化)한다는 것을 모른다. 진용지설(辰龍之說)은 억지로 이끌어낸 뜻이 있는데 만약 辰이 참된 용(龍)이면 辰년에 태어난 사람은 용(龍)이니 비를 내릴 수 있고 寅년에 태어난 사람은 필히 사람을 상(傷)하게 한다.

화상(化象)의 작용에는 배합(配合)에 있어서 희기지리(喜忌之理)가 있으니 화신(化神)에는 몇 가지의 알아내야 할 일이 있다. 화신(化神)이 신(神)이 나타나는 것을 모름지기 왕쇠(旺衰)를 연구(研究)하고 허실(虛實)과 희기(喜忌)를 세밀(細密)하게 살펴야 길흉(吉凶)을 증험(證驗)할 수 있고 비태(否泰)가 분명(分明)해질 것이다. 가령 화신(化神)이 왕이유여(旺而有餘)하면 마땅히 화신(化神)을 설(洩)하는 것이 용신(用神)이고 화신(化神)이 쇠이부족(衰而不足)하면 마땅히 생조(生助)하는 것이 용신(用神)이다.

예를 들어 갑기화토(甲己化土)가 未, 戌월에 태어나면 土가 조(燥)하고 왕(旺)한데 천간(天干)에 丙丁이 투출(透出)하고 지지(地支)에 巳午가 있으면 유여(有餘)라고 하여 다시 火土 운(運)으로 행(行)하면 태과하여 반드시 불길하다.

마땅히 그 의향(意向)을 따라야 하며 원국(原局)에 水가 있으면 金운으로 행(行)하여야 하고 원국(原局)에 金이 있으면 水운으로 행(行)하여야 하는데 金水가 없으면 토세(土勢)가 태왕(太旺)하니 반드시 金으로 설(洩)하여야 하고 火土가 지나치게 조(燥)하면 水를 대동한 金운으로 조토(燥土)를 윤택(潤澤)하게 하여야 한다.

갑기화토(甲己化土)가 丑辰 월에 태어나면 土는 습(濕)하고 약(弱)하게 되니 火가 있어도 허(虛)하고 水는 뿌리가 없어도 실(實)한데 간지(干支)에서 金水가 혼잡(混雜)되어 있으면 부족(不足)이라고 말한다. 원국(原局)에서 金이 있으면 火운으로 행(行)하여야 하고 水가 있으면 土운으로 행(行)하여야 하는데 金水가 병견(並見)하면 지

나치게 허습(虛濕)하므로 火를 대동(大同)한 土운(運)을 만나야 실(實)하게 되어 길(吉)하게 된다.

쟁합(爭合)하고 투합(妬合)한다는 설(說)은 잘못된 학설(學說)이다. 이미 합(合)하여 화(化)한 것은 마치 정부(貞婦)가 의부(義夫)와 짝지은 것과 같으니 두 마음으로 살지 않는 것과 같다.

戊己가 나타나면 저쪽의 동류(同類)이고 甲乙을 만나면 나의 본기(本氣)이니 서로 양보(讓步)하는 뜻이 있지만 합이불화(合而不化)는 억지로 한다는 뜻이니 반드시 좋은 짝이 아니다. 戊己가 많이 나타나면 쟁투지풍(爭妬之風)이 일어나고 甲乙을 많이 만나면 강약(强弱)의 성질(性質)이 바뀐다.

甲己의 합(合)이 이와 같으니 나머지도 이러한 예(例)로 추리(推理)하면 된다.

任註

```
己 甲 甲 乙
巳 辰 申 丑
```

```
丁 戊 己 庚 辛 壬 癸
丑 寅 卯 辰 巳 午 未
```

年月兩干之甲乙 得當令之申金 丑內之辛金制定 不起爭妬之風 時干
년월양간지갑을　　득당령지신금　　축내지신금제정　　불기쟁투지풍　시간

己土臨旺 與日主親切而合 合神眞實 乃謂眞化 但秋金當令 化神洩氣
기토림왕　여일주친절이합　　합신진실　내위진화　단추금당령　화신설기

不足 至午運 助化神 中鄕榜 辛巳金火土並旺 登黃甲 宴瓊林 入翰苑
부족　지오운　조화신　중향방　신사금화토병왕　등황갑　연경림　입한원

仕黃堂 庚辰合乙 制化比刦 仕至藩臬.
사황당　경진합을　제화비겁　사지반얼

년월 양간(兩干)의 甲乙은 당령한 申金과 축중신금(丑中辛金)이 극제(剋制)하여 다스리니 쟁투지풍(爭妬之風)이 일어나지 않는다. 시간(時干)의 己土가 왕지(旺地)에 임

하여 일주(日主)와 친절하게 합(合)하여 합신(合神)이 진실하니 진화(眞化)라고 말한다. 다만 추금(秋金)이 당령하였으니 화신(化神)이 설기(洩氣)하니 부족하다.

午운에 화신(化神)을 도우니 향방(鄕榜)에 합격하였고 辛巳 운은 金火土가 병왕(並旺)하나 황갑(黃甲)에 올라 경림연(瓊林宴)에 참석하였고 한원(翰苑)에 들어갔으며 벼슬이 황당(黃堂)에 이르렀다. 庚辰 운에는 乙木을 합(合)하여 비겁(比劫)을 제화(制化)하니 벼슬이 반얼(藩臬)²¹에 이르렀다.

評註

甲木 일주(日主)가 申월에 태어나서 실령(失令)하였고 시간(時干)의 己土와 갑기합토(甲己合土)가 되었으니 지지(地支)의 뿌리가 왕(旺)하다. 월간(月干)의 甲木이 쟁투지합(爭妬之合)을 하려고 하나 좌하(坐下)의 申金에 절각(截脚)되었으니 쟁합(爭合)할 능력이 없다. 그러므로 갑기합토(甲己合土)로 화격(化格)이 성립되어 희신(喜神)은 火土金이고 기신(忌神)은 水木이다.

壬午 대운에 午火가 희신(喜神)이니 향방(鄕榜)에 합격하게 되었고 辛巳 운은 巳丑이 합금(合金)이 되었고 乙辛 충(冲)으로 乙木을 충거(冲去)시켰으니 황갑(黃甲)에 오르게 되어 한원(翰苑)에 들어가게 되었으며 庚辰 운에는 甲庚 충(冲), 乙庚 합(合)으로 甲乙木을 무력화시켰으니 벼슬이 반얼(藩臬)에 이르게 된 것이다.

任註

```
己 甲 壬 戊
巳 辰 戌 辰

己戊丁丙乙甲癸
巳辰卯寅丑子亥
```

---

21 반얼(藩臬): 청대의 지방관리로 안찰사(按察使)를 말함.

甲木生于季秋 土旺乘權 剋去壬水 又無比刼 合神更眞 化氣有餘 惜運
갑목생우계추　　토왕승권　　극거임수　우무비겁　합신경진　화기유여　석운

徒 東北水木之地 功名仕路 不及前造 至丑運丁酉年 暗會金局洩化神
주　　동북수목지지　　공명사로　불급전조　지축운정유년　　암회금국설화신

而吐秀 登科 戊戌年發甲 仕至州牧.
이토수　등과　무술년발갑　사지주목

　　甲木이 계추(季秋)에 생(生)하여 土가 왕(旺)하여 승권(乘權)하였는데 壬水를 극거(剋去)하고 또한 비겁(比劫)이 없으며 합신(合神)이 더욱 참되고 화기(化氣)가 유여(有餘)하다. 애석(哀惜)하게도 운행(運行)이 수목지지(水木之地)로 달리니 공명(功名)과 사로(仕路)가 전조(前造)에 미치지 못하였다. 丑운에 이르러 丁酉 년에 암회(暗會)하여 금국(金局)을 이루니 화신(化神)을 설(洩)하고 수기(秀氣)를 토하여 등과(登科)하였고 戊戌 년에 발갑(發甲)하였고 벼슬이 주목(州牧)에 이르렀다.

評註

　　甲木 일주(日主)가 갑기합토(甲己合土)하였고 전지지(全地支)가 火土로 되었고 천간(天干)에 戊土가 투출(透出)하였으니 壬水는 극거(剋去)되었다. 甲己 합토(合土)가 되어 화격(化格)이 성립(成立)되어 희신(喜神)은 火土金이고 기신(忌神)은 水木이다. 운행(運行)이 水木으로 행(行)하여 애석(哀惜)하게 되어 전조(前造)에 비하여 공명(功名)이 떨어진다. 乙丑 운에 이르러 丁酉 년에 巳酉丑이 암회(暗會)하여 금국(金局)을 이루어 등과(登科)하였고 戊戌 년은 희신(喜神)이 되어 발갑(發甲)하였고 벼슬은 주목(州牧)에 이르렀다.

```
甲 壬 丁 己
辰 午 卯 卯
```

```
庚辛壬癸甲乙丙
申酉戌亥子丑寅
```

壬水生于仲春 化象斯眞 最喜甲木元神透露 化氣有餘 餘則宜洩 斯化
임수생우중춘　화상사진　최희갑목원신투로　화기유여　여즉의설　사화

神吐秀 喜其坐下午 午生辰土 秀氣流行 少年科甲 翰苑名高 惜乎中運
신토수　희기좌하오　오생진토　수기유행　소년과갑　한원명고　석호중운

水旺之地 未能顯秩 終于縣宰.
수왕지지　미능현질　종우현재

　壬水가 중춘(仲春)에 생(生)하여 화상(化象)이 참되다. 가장 기쁜 것은 갑목원신(甲木元神)이 투출(透出)한 것이고 화기(化氣)가 유여(有餘)한 것이다. 유여(有餘)하면 마땅히 설(洩)하여야 하는데 화신(化神)이 수기(秀氣)를 빼어낸다.

　기쁘게도 좌하(坐下)의 午火인데 午火가 辰土을 생(生)하여 수기유행(秀氣流行)하니 소년(少年)에 과갑(科甲)하였고 한원(翰苑)에 들어가 명성(名聲)이 높았다. 애석(哀惜)하게도 중운(中運)에 수왕지지(水旺之地)이니 명예(名譽)가 크게 일어나지 못하고 현재(縣宰)에서 끝났다.

　천간(天干)에서 丁壬이 합화(合化)되었고 지지(地支)가 卯辰 합목(合木)이 되어 있는데 시간(時干)에 甲木이 투출(透出)하였으니 화상(化象)이 유여(有餘)하다. 그러므로 丁壬 합화목격(合化木格)이 되었다. 희신(喜神)은 水木火이고 기신(忌神)은 土金이다.

　丙寅 운은 木火가 희신(喜神)이니 일찍 과갑(科甲)하였고 乙丑, 甲子 운은 水木이

왕(旺)하므로 벼슬이 현령(縣令)까지 올라갈 수 있었으나 癸亥 운은 丁癸 충(冲)으로 희신(喜神)이 충극(冲剋)되어 고관(高官)에 오르지 못하였다.

任註

```
壬 癸 戊 丙
戌 巳 戌 戌
```

```
乙甲癸壬辛庚己
巳辰卯寅丑子亥
```

癸水生于季秋 丙火透而通根 化火斯眞 嫌其時透壬水剋丙 只中鄕榜
계수생우계추　　병화투이통근　　화화사진　　혐기시투임수극병　　지중향방

直至卯運 壬水絶地 挑知縣 歷三任不升 亦壬收奪財之故也.
직지묘운　　임수절지　　도지현　　역삼임불승　　역임수탈재지고야

　　癸水가 계추(季秋)에 생(生)하였는데 丙火가 투출(透出)하고 통근(通根)하였으니 화화(化火)가 참되다. 꺼리게도 시간(時干)에 투출(透出)한 壬水가 丙火를 극(剋)하니 단지 향방(鄕榜)에 들어갔다가 卯운에 이르러 壬水의 절지(絶地)이니 지현(知縣)에 임명(任命)받았고 세 번이나 역임(歷任)하였으나 더욱 승진(昇進)하지 못한 것은 역시 壬水가 탈재(奪財)했기 때문이다.

評註

　　천간(天干)이 戊癸 합화(合化)하고 丙火가 투출(透出)하여 전지지(全地支)에 통근(通根)되었으니 화신유여(化神有餘)하다. 희신(喜神)은 木火土이고 기신(忌神)은 金水이다. 애석(哀惜)하게도 초년(初年)운은 북방수지(北方水地)로 행(行)하니 곤고(困苦)하였을 것이고 壬寅 운은 丙壬 충(冲), 寅巳 형(刑)으로 천충지충(天冲地冲)이 되어 불길(不吉)하였으나 癸卯 합화(合化), 卯戌 합화(合化)로 천합지합(天合地合)이 되어 모두가 희

신(喜神)이 되었으니 늦게나마 향방(鄕榜)에 합격(合格)한 것이다. 주의(注意)해야 할 것은 종살격(從殺格)으로도 볼 수 있다.

原文 * 화상(化象) 후편에 기반(基盤)의 내용을 첨부하였다.

出門要向天涯遊　何事裙釵恣意留
출문요향천애유　　　하사군차자의유

원대(遠大)한 꿈을 가지고 문(門)을 나서면 하늘 끝까지 나아가 뜻을 펼 수 있어야 하는데 어찌하여 군차(裙釵)²²에 머물러 있는가?

原註

本欲奮發酉爲者也　而日主有合　不顧用神　用神有合　不顧日主　不欲　貴
본욕분발유위자야　　이일주유합　　불고용신　　용신유합　　불고일주　　불욕　귀

而遇貴　不欲祿而遇祿　不欲合而遇合　不欲生而遇生　皆有情而反無情
이우귀　불욕록이우록　　불욕합이우합　　불욕생이우생　　개유정이반무정

如裙釵之留不去也.
여군차지유불거야

본래(本來)는 분발(奮發)하고자 하는데 일주(日主)와 합(合)하여 용신(用神)을 돌보지 않거나, 용신(用神)과 합(合)하여 일주(日主)를 돌보지 않는 것이며, 귀(貴)를 원(願)하지 않는데 귀(貴)를 받거나, 녹(祿)을 원(願)하지 않는데 녹(祿)을 만나거나, 합(合)을 원(願)하지 않는데 합(合)을 만나거나, 생(生)을 원(願)하지 않는데 생(生)을 만나는 것 등은 모두가 유정(有情)한 것 같으나 도리어 무정(無情)한 것으로 마치 여자(女子)에게 머물러 떠나지 않는 것과 같다.

---

22 군차(裙釵): 치마를 입고 비녀를 꽂고 있는 부녀자. 합(合)하는 음간(陰干)을 의미한다.

任氏曰 此乃貪合不化之意也.
임씨왈   차내탐합불화지의야

既合宜化之 化之喜者 名利自如 化之忌者 災咎必至.
기합의화지   화지희자   명리자여   화지기자   재구필지

合而不化 謂伴住留連 貪彼忌此 而無大志有爲也 日主有合 不顧用神
합이불화   위반주유연   탐피기차   이무대지유위야   일주유합   불고용신

之輔我 而忌其大志也 用神有合 不顧日主之有爲 不佐其成功也.
지보아   이기기대지야   용신유합   불고일주지유위   불좌기성공야

又有合神眞 本可化者 反助其從合之神而不化也 又有日主休囚 本可
우유합신진   본가화자   반조기종합지신이불화야   우유일주휴수   본가

從者 反逢 合神之助 而不從也 此皆有情而反無情 如裙釵之恣意留也.
종자   반봉   합신지조   이부종야   차개유정이반무정   여군차지자의유야

임씨(任氏)가 말하길, 이것은 합(合)을 탐(貪)하나, 화(化)하지 않는다는 뜻이다. 이미 합(合)하였으면 화(化)하는 것이 마땅하다. 화(化)하여 희신(喜神)이 되는 것은 명리(名利)가 자연히 따르나, 화(化)하여 기신(忌神)이 되는 것은 재앙(災殃)과 허물이 반드시 이르게 된다. 합(合)은 하였으나 화(化)하지 않으면 짝지어 어울려서 나아가지 못하고 머뭇거린다는 뜻으로 저것을 탐(貪)하여 이것을 기(忌)하니 큰 뜻이 없는 것과 같다.

일주(日主)와 합(合)하면 용신(用神)이 나를 돕는 것을 원(願)하지 않으니 큰 뜻을 꺼리게 되는 것이다. 용신(用神)과 합(合)이 있으면 일주(日主)가 바라는 것을 원(願)하지 않으니 그 공(功)을 이루지 못한다. 또한 합신(合神)이 참되면 본래 화(化)할 수 있는 것인데 오히려 합(合)하는 신(神)을 따라 돕게 되면 화(化)하지 않는 경우가 있다.

일주(日主)가 휴수(休囚)하면 본래 종(從)하게 되는 것인데 오히려 합신(合神)이 도움을 만나면 종(從)하지 않는 경우가 있다. 이것은 모두 유정(有情)한 것이 오히려 무정(無情)하게 되는 것이니 마치 여인(女人)의 마음에 머물러 있는 것과 같다.

丙 戊 庚 乙
辰 辰 辰 未

癸甲乙丙丁戊己
酉戌亥子丑寅卯

戊土生于季春　乙木官星透露　盤根在未　餘氣在辰　本可爲用　嫌其合庚
무토생우계춘　을목관성투로　반근재미　여기재진　본가위용　혐기합경

謂貪合忌剋　不顧日主之喜我　合而不化　庚金亦可作用　又有丙火當頭
위탐합기극　불고일주지희아　합이불화　경금역가작용　우유병화당두

至二十一歲　因小試不利　卽棄詩書　不事生産　以酒爲事　且曰高車大纛
지이십일세　인소시불리　즉기시서　불사생산　이주위사　차왈고거대도

吾不爲榮　連陌度阡　吾不爲富　惟此怡悅性情　適吾口體　以終吾身　足矣.
오불위영　연맥탁천　오불위부　유차이열성정　적오구체　이종오신　족의

戊土 일주(日主)가 계춘(季春)에 생(生)하여 관성(官星)인 乙木이 투출하여 未土에 뿌리를 내리고 여기가 辰土에 있어 본래는 용신(用神)이 될 수 있다. 꺼리게도 庚金과 합(合)을 탐(貪)하여 극(剋)을 잊어버리니 일주가 좋아하는 것을 돌보지 않고 합(合)하여도 화(化)하지 않아 庚金 역시 용신(用神)이 될 수 있다. 또한 丙火가 당두(當頭)하고 있어서 21세까지는 소시(小試)에 합격(合格)하지 못한 것 때문에 시서(詩書)를 버렸으며 생산적(生産的)인 일을 하지 않고 술만 마셨다.

말하길 "고거대도(高車大纛)23라도 영화(榮華)로 생각하지 않고 연맥탁천(連陌度阡)24이라도 나는 부유(富裕)하다고 생각하지 않는다. 오직 낙천적(樂天的)인 성정(性情)만이 자신(自身)의 몸을 편안(便安)하게 하여 일신(一身)을 마감하는 것으로 만족(滿足)한다"라고 하였다.

23　고거대도(高車大纛): '큰 수레와 큰 깃발'로 고관(高官)의 행차를 뜻함.
24　연맥탁천(連陌度阡): 밭두둑이 천 리에 달하는 것으로 넓은 농토(農土)을 뜻함.

戊土 일주가 辰월에 태어나서 득령(得令)하였고 전지지(全地支)가 토국(土局)으로 되어 있으니 土로 종(從)할 수밖에 없다. 그러므로 가색격(稼穡格)이 되었으니 희신 (喜神)은 인비식(印比食)인 火土金이고 기신(忌神)은 재관(財官)인 水木이다. 애석(哀惜) 하게도 운행(運行)이 동북지지(東北之地)인 木水로 행(行)하여 자기의 뜻을 펴지 못하 였다.

주의(注意)해야 할 것은 년간(年干)의 乙木이 未 중의 乙木에 통근(通根)되어 있고 계춘(季春)인 辰土가 있으니 충분히 극토(剋土)할 수 있으나 庚金으로 합화(合化)되 었으니 관성(官星)으로서의 역할이 미약(微弱)하다. 이러한 경우에 乙木은 기반(羈絆) 이 되었다고 한다. 경험(經驗)으로 보아 가색격(稼穡格)에는 대부분(大部分)이 종교(宗 敎)나 철학(哲學)에 종사(從事)하는 경우가 많아 낙천적(樂天的)인 성정(性情)을 가지고 있다.

任註

辛 丙 癸 丁
卯 戌 卯 丑

丙丁戊己庚辛壬
申酉戌亥子丑寅

丙火生于仲春 印正官淸 日元生旺 足以用官 所嫌丙辛一合 不顧用神
병화생우중춘　인정관청　일원생왕　족이용관　소혐병신일합　불고용신

之輔我 辛金柔軟 丙火逢之而怯 柔能制剛戀戀不捨 忌有爲之志 更嫌
지보아　신금유연　병화봉지이겁　유능제강연연불사　기유위지지　경혐

卯戌合而化刦 所以幼年過目成誦 後因戀酒色 廢學亡資 竟爲酒色喪
묘술합이화겁　소이유년과목성송　후인연주색　폐학망자　경위주색상

身 一事無成.
신　일사무성

丙火가 중춘(仲春)에 생(生)하였고 인수(印綬)와 정관(正官)이 청(淸)하고 일주(日主)가 생왕(生旺)하니 충분히 관(官)을 쓸 수 있다. 꺼리는 것은 丙辛이 합(合)하여 용신(用神)이 나를 돕는 것을 돌보지 않는다. 辛金은 유연(柔軟)하여 丙火를 만나면 두려워하니 유(柔)한 것은 강(剛)한 것을 제(制)할 수 있으므로 연연(連延)하여 버리지 못하고 장래성(將來性) 있는 큰 뜻을 꺼린다.

더욱 꺼리는 것은 卯戌이 합(合)하여 비겁(比劫)으로 변(變)하였으니 유년(幼年)에는 한 번 보고 외우는 능력(能力)이 있었으나 후(後)에는 주색(酒色)에 연연하여 학문(學問)과 재산(財産)을 모두 버리고 일신(一身)을 망치고 한 가지도 이루는 일이 없었다.

評註

丙火 일주가 卯月에 태어나서 득령(得令)하였고 지지(地支)가 卯戌 합화(合火)하여 비겁(比劫)이 되었으니 득지(得地)하였으며 丁火가 투출(透出)하였으니 신왕(身旺)하다. 희신(喜神)은 식재관(食財官)인 土金水이고 기신(忌神)은 인비(印比)인 木火이다.

식상(食傷)인 丑土는 丙火를 설(洩)하기에는 원거리에 있으나 비겁(比劫)인 丁火를 설(洩)하니 아름답다. 재성(財星)인 辛金은 丙辛 합(合)이 되어 辛金이 합거(合去)되었으며 관성(官星)인 癸水는 丁癸 충(冲)으로 癸水가 충거(冲去)되었다. 그러므로 원국에서 희신(喜神)은 모두가 무능(無能)하게 되었다.

운행(運行)이 북서지지(北西之地)로 행(行)하여 다행스럽게 보았지만 壬寅 운은 丁壬 합목(合木)이 되었고 寅戌 합화(合火)가 되었으니 불길(不吉)하다. 辛丑 운은 丙辛 합(合)으로 辛金이 합거(合去)되었으며 丑戌 형(刑)이 되었으니 관재(官災)가 있었을 것이다.

庚子 운은 金水가 희신(喜神)이므로 다소 행운(幸運)이 들어왔을 것이고 己亥 운은 己癸 충극(冲剋)하고 亥卯 합목(合木)이 되었으니 더욱 불길(不吉)하다. 戊戌, 丁酉 운은 戊癸 합화(合火), 卯戌 합화(合火), 丁癸 충거(冲去), 卯酉 충거(冲去)가 되었으니 주색(酒色)으로 상신(喪身)하고 일사무성(一事無成)하게 된 것이다.

그러므로 용신(用神)은 반드시 희신(喜神)이 생조(生助)하여야 하고, 합충(合沖)으로 세력(勢力)이 약화(弱化)되거나 손상(損傷)을 입지 말아야 한다.

不管白雪與明月　任君策馬朝天闕
불관백설여명월　　임군책마조천궐

백설(白雪)과 명월(明月)을 상관하지 않고, 그대로 하여금 말을 채찍질하게 하여 천궐(天闕)로 향(向)한다.

日主乘用神而馳驟　無私意牽制也　用神隨日主而馳驟　無私情羈絆也
일주승용신이치취　　무사의견제야　　용신수일주이치취　　무사정기반야
足以成其大志　是無情而有情也.
족이성기대지　　시무정이유정야

일주(日主)가 용신(用神)을 타고 달리면 사사(私事)로운 뜻에 견제(牽制)받지 않으며 용신(用神)이 일주(日主)를 따라서 달리며 사사(私事)로운 정(情)에 얽매어 기반(羈絆)[25]되지 않으며 족(足)히 큰 뜻을 이룬다. 이것이 무정(無情)한 것 같으나 유정(有情)한 것이다.

任氏曰　此乃奉沖得用志意也.
임씨왈　　차내봉충득용지의야

---

25 기반(羈絆): 굴레, 속박. 굴레를 씌우듯 자유를 얽매이는 일.

冲則動也　動則馳也　局中除用神喜神之外　而日主與他神有所貪戀者
충즉동야　　동즉치야　　국중제용신희신지외　　　이일주여타신유소탐연자

得用神喜神冲而去之　則日主無私意牽制　乘喜神之勢　而馳驟矣　局中
득용신희신충이거지　　즉일주무사의견제　　승희신지세　이치취의　국중

用神.
용신

喜神與他神有所貪戀者　日主能冲剋他神而去之　則喜神無私情之羈絆
희신여타신유소탐연자　　일주능충극타신이거지　　즉희신무사정지기반

隨日主　而馳驟矣　此無情而反有情　如丈夫之志　不戀私情而大志有爲
수일주　이치취의　차무정이반유정　여장부지지　　불연사정이대지유위

也.
야

임씨(任氏)가 말하길, 충(冲)을 만남으로써 용신(用神)을 얻었다는 뜻이다. 충(冲)
하면 동(動)하고 동(動)하며 달리는 것이다.

원국(原局)에서 용신(用神)과 희신(喜神)을 제외(除外)한 나머지를 일주(日主)와 타신
(他神)이 탐연(貪戀)하는 것을 용신(用神)과 희신(喜神)이 충(冲)하여 제거(除去)하면 일
주(日主)는 사사(私事)로운 뜻에 견제(牽制)를 받지 않고 희신(喜神)의 세력(勢力)을 타
고 달리는 것이다.

원국(原局) 중에서 용신(用神)과 희신(喜神)이 타신(他神)과 탐연(耽戀)하는 것을 일
주(日主)가 타신(他神)을 충극(冲剋)하여 제거(除去)하면 희신(喜神)이 사사(私事)로운 정
(情)에 기반(羈絆)하지 않고 일주(日主)를 따라서 달리는 것이다. 이것은 무정(無情)한
것이 오히려 유정(有情)한 것이니, 가령 장부(丈夫)가 사사(私事)로운 정(情)에 연연(戀
戀)하지 않으면 큰 뜻을 가지고 일을 행(行)하는 것과 같은 이치(理致)이다.

```
丙 丙 辛 丁
申 寅 亥 卯
```

```
甲乙丙丁戊己庚
辰巳午未申酉戌
```

此造 殺雖秉令 而印綬亦旺 兼之比刦並透 身旺足以用殺 用殺不宜合
차조 살수병령　　이인수역왕　　겸지비겁병투　　신왕족이용살　　용살불의합

殺 合則不顯 加以辛金貼神 而日主之情 必貪戀羈絆 喜其丁火刦去辛
살　 합즉불현　가이신금첩신　　이일주지정　　필탐연기반　　희기정화겁거신

金 使日主無貪戀之私 申金冲動寅木 使用神無牽制之意 更妙申金滋
금　 사일주무탐연지사　　신금충동인목　　사용신무견제지의　　경묘신금자

殺 日主依喜用而馳驟矣 至戊申運 登科發甲 大志有爲也.
살　 일주의희용이치취의　　지무신운　　등과발갑　　대지유위야

이 명조(命造)는 살(殺)이 비록 병령(秉令)하였으나 인수(印綬)가 신왕(身旺)하여 족(足)히 살(殺)을 용신(用神)으로 할 수 있다. 살(殺)을 쓸 경우 합살(合殺)하는 것은 마땅치 않으니 합(合)하며 돌아보지도 않는데, 더하여 辛金이 첩신(貼神)하였으니 일주(日主)의 정(情)은 반드시 탐연(貪戀)하여 기반(羈絆)이 되었다.

기쁘게도 丁火가 辛金을 겁거(刦去)하여 일주(日主)로 하여금 사사로움에 탐연(貪戀)하지 않게 한 것이며 申金은 寅木을 충동(冲動)하여 용신(用神)으로 하여금 견제(牽制)할 뜻이 없게 한 것이다.

더욱 묘(妙)한 것은 申金이 살(殺)을 자양(滋養)하여 도우니 일주(日主)는 희용(喜用)을 따라서 빨리 달린다. 戊申 운에 이르러 등과(登科)하고 발갑(發甲)하여 큰 포부를 가지고 뜻을 이룰 수 있었다.

丙火 일주가 亥月에 태어나서 실령(失令)하였으나 지지(地支)에 寅亥 합목(合木), 亥卯 합목(合木)으로 인수(印綬)가 왕(旺)하고 천간(天干)에 비겁(比劫)인 丙丁이 투출(透出)하였으니 신왕(身旺)하다. 희신(喜神)은 식재관(食財官)인 土金水이고 기신(忌神)은 인비(印比)인 木火이다. 원국(原局)에서 희신(喜神)인 辛金은 丙辛 합거(合去)가 되어 신금(辛金)이 기반(羈絆)되었으나 시지(時支)의 申金에 통근(通根)되었으며 亥水를 생조(生助)하니 합이불화(合而不化)되어 일주(日主)는 희용(喜用)을 따를 수밖에 없다.

시지(時支)의 申金은 寅申 충(沖)으로 충거(沖去)될 것 같으나 辛金의 뿌리가 되었으니 亥水를 생조(生助)하여 일주(日主)를 견제(牽制)하니 아름답다. 그러므로 戊申운은 土金 식재(食財)가 희신(喜神)이므로 등과발갑(登科發甲)하여 큰 뜻을 펼 수가 있었다.

```
庚 壬 丙 辛
戌 寅 申 巳
```

```
己庚辛壬癸甲乙
丑寅卯辰巳午未
```

壬水生于申月　雖秋水通源　而財殺並旺　以申金爲用　第天干丙辛　地支
임수생우신월　수추수통원　이재살병왕　이신금위용　제천간병신　지지

申巳皆合　合之能化　亦可幇身　合之不化　反屬羈絆　不顧日主　喜我爲用
신사개합　합지능화　역가방신　합지불화　반위기반　불고일주　희아위용

也　且金當令　火通根　只有貪戀之私　而無化合之意　妙在日主自剋丙火
야　차금당령　화통근　지유탐연지사　이무화합지의　묘재일주자극병화

使丙火　無暇合辛　寅去衝動申金　使其剋木　則丙火之根反拔　而日主之
사병화　무가합신　인거충동신금　사기극목　즉병화지근반발　이일주지

壬　固無牽制之私　用神隨日主而馳驟矣　至癸巳運　連登甲第　仕至觀察
임　고무견제지사　용신수일주이치취의　지계사운　연등갑제　사지관찰

而成其大志也.
이성기대지야

壬水가 申月에 생(生)하여 제살(制殺)이 병왕(並旺)하니 추수(秋水)가 뿌리가 되는 申金을 용신(用神)으로 해야 한다. 천간(天干)의 丙辛과 지지(地支)의 巳申이 모두 합(合)이 되어 화(化)할 수 있으므로 일주(日主)를 도울 수 있다. 합(合)하고 화(化)할 수 없으면 기반(羈絆)이 되는 것이니 일주(日主)를 돌아보지 않는 것으로 희용(喜用)을 삼는 것이다.

묘(妙)한 것은 일주(日主)가 丙火를 극(剋)하는 데 있으니 丙火로 하여금 辛金과 합(合)할 수 없게 하고 寅木은 申金을 충동(衝動)하여 木을 극(剋)하게 하니 丙火의 뿌리가 뽑혀 일주(日主)를 따라 질주하고 있다. 癸巳 운에 이르러 연이어 갑제(甲第) 하였고 벼슬이 관찰사(觀察使)에 이르렀으니 큰 뜻을 이룬 것이다.

評註

壬水가 申月에 태어나서 득령(得令)하였고 천간(天干)의 병신(丙辛) 합수(合水)와 지지(地支)의 巳申 합수(合水)가 되어 신왕(身旺)하다. 희신(喜神)은 식재관(食財官)인 木火 土이고 기신(忌神)은 인비(印比)인 金水인데 운행(運行)이 남동지지(南東支地)인 火木 으로 행(行)하니 아름답다.

乙未 운은 乙辛 충(沖), 戌未 형(刑)으로 천충지충(天沖地沖)이 되어 곤고(困苦)하였고 甲午 운은 木火 운으로 희신(喜神)이 되었으며 癸巳 운은 癸水가 기신(忌神)이지만 개두(蓋頭)가 되었으며 巳 중의 戊土와 戊癸 합화(合化)되었으니 오히려 희신(喜神)이 되었다.

주의(注意)해야 할 것은 원국(原局)에서 寅巳申 삼형살(三刑殺)이 있으니 생살권(生殺權)을 가진 관찰사(觀察使)가 되었다.

丙火는 丙壬 충(沖)이 되고 申金을 개두(蓋頭)하고 있으니 丙辛 합수(合水)로 합화(合化)할 수밖에 없으며, 巳火는 巳 중의 丙火와 丙辛 합수(合水)가 되었으니 지지(地

支)의 申金과 巳申 합수(合水)로 역시 합화(合化)할 수밖에 없으니, 신왕(身旺)하게 되었다.

그러므로 형권(刑權)을 행사(行使)하여 집행(執行)하는 기관(機關)에 종사(從事)하게 된다. 또한 寅申 충(沖)으로 서로 손상(損傷)을 입을 것으로 보이나, 寅戌 합화(合火)가 되었고 巳申 합수(合水)가 되었으니 견제(牽制)의 역할을 하니 더욱 아름다운 명조(命造)이다.

原文

眞從之象有畿人 假從亦可發其身
진종지상유기인　　가종역가발기신

진종지상(眞從之象)은 얼마 되지 않는다. 가종(假從)도 역시 발신(發身)할 수 있다.

原註

日主弱矣 財官强矣 不能不從 中有比助暗生 從之不眞 至於歲運 財官
일주약의　　재관강의　　불능부종　　중유비조암생　　종지부진　　지어세운　　재관

得地 雖是假從 亦可取富貴 但其人不能免禍 或心術不端耳.
득지　　수시가종　　역가취부귀　　단기인불능면화　　혹심술부단이

일주(日主)가 약(弱)하고 재관(財官)이 강(强)하면 종(從)하지 않을 수 없다.

종(從)하는 가운데 비겁(比劫)이 암생(暗生)하면 흉(凶)한다고 할지라도 진종(眞從)
이 아니다. 세운(歲運)에서 재관(財官)이 득지(得地)하면 비록 가종(假從)이라 하더라
도 역시 부귀(富貴)를 취(取)할 수 있다. 다만 그 사람이 화(禍)를 면(免)할 수 없거나
혹은 마음이 단정(端正)하지 못하다.

任氏曰 假從者 如人之根淺力薄 不能自立 局中雖有刦印 亦自顧不暇
임씨왈 가종자 여인지근천력부 불능자립 국중수유겁인 역자고불가

而日主亦難依靠 只得投從於人也.
이일주역난의고 지득투종어인야

其象不一 非專論財官而已也 與眞從大同小異 四柱財官得時當令 日
기상불일 비전론재관이이야 여진종대동소이 사주재관득시당령 일

主虛弱無氣 雖有比刦印綬生扶 而柱中食神生財 財仍破印 或有官星
주허약무기 수유비겁인수생부 이주중식신생재 재잉파인 혹유관성

制刦 則日主無從依靠 只得依財官之勢 財之勢旺 則從財 官之勢旺則
제겁 즉일주무종의고 지득의재관지세 재지세왕 즉종재 관지세왕즉

從官 從財行食傷財旺之地 從官行財官之鄕 亦能興發.
종관 종재행식상재왕지지 종관행재관지향 역능흥발

看其意向 配其行運爲是 然假從之象 只要行運安頓 假行眞運 亦可取
간기의향 배기행운위시 연가종지상 지요행운안돈 가행진운 역가취

富貴 何謂眞運.
부귀 하위진운

如從財有比刦分爭 行官殺運必貴 行食傷運必富 有印綬暗生 要行財
여종재유비겁분쟁 행관살운필귀 행식상운필부 유인수암생 요행재

運 有官殺洩財之氣 要行食傷運.
운 유관살설재지기 요행식상운

如從官殺 有比刦幫身 逢官運而名高 有食傷破官 行財運而祿重有印
여종관살 유비겁방신 봉관운이명고 유식상파관 행재운이록중유인

綬洩官 要財運以破印 謂假行眞運 不貴亦富 反此者凶 或趨勢忌義心
수설관 요재운이파인 위가행진운 부귀역부 반차자흉 혹추세기의심

術不端耳.
술부단이

若能歲運不悖 抑假扶眞 縱使身出寒微 亦能崛起家聲 所爲亦必正矣
약능세운불패 억가부진 종사신출한미 역능굴기가성 소위역필정의

此乃 源濁流淸之象 宜深究之.
차내 원탁유청지상 의심구지

임씨(任氏)가 말하길 가종(假從)이란 사람이 뿌리가 얕고 힘이 없어 스스로 자립(自立)할 수 없는 것과 같으니 원국(原局)에서 비록 겁인(刦印)이 있다고 할지라도 자신(自身)을 돌아볼 틈이 없고 일주(日主)도 역시 의지(依支)하기가 어려워져 타인(他人)에게 따라가는 형상(形象)이다.

그 상(象)은 하나가 아니니 오직 재관(財官)으로만 논(論)한 것이 아니라 오히려 진종(眞從)과 대동소이(大同小異)한 것이다.

사주원국(四柱原局)에서 재관(財官)이 득시득령(得時得令)하면 일주(日主)는 허약(虛弱)하고 무기(無氣)하므로 비록 비겁(比劫)이나 인수(印綬)가 생부(生扶)하더라도 주중(柱中)의 식신(食神)이 생재(生財)하여 재(財)가 파인(破印)하거나, 관성(官星)이 있어서 비겁(比劫)을 극제(剋制)하면 일주(日主)는 의지(依支)할 곳이 없으므로 재관(財官)의 세력(勢力)에만 의지한다.

그러므로 재(財)의 세력(勢力)이 왕(旺)하면 종재(從財)가 되고 관(官)의 세력(勢力)이 왕(旺)하면 종관(從官)하게 되는데 종재격(從財格)은 식상(食傷)과 재(財)가 왕(旺)한 곳으로 행(行)하여야 하고 종관격(從官格)은 재관(財官)으로 행(行)하여야 역시 흥발(興發)할 수 있으니 의향(意向)을 살피고 행운(行運)을 배합(配合)하는 것이 옳다. 그러나 가종(假從)이라도 행운(行運)이 안돈(安頓)하거나 진운(眞運)으로 행(行)하면 역시 부귀(富貴)를 취(取)할 수 있다.

진운(眞運)이란 무엇인가? 종재(從財)가 비겁(比劫)의 분쟁(分爭)이 있으면 관살(官殺)운에 반드시 귀(貴)하게 되고 식상(食傷) 운(運)에는 반드시 부(富)하게 되는 것을 말한다.

인수(印綬)의 암생(暗生)이 있으면 재(財) 운으로 행(行)하여야 하고 관살(官殺)이 재기(財氣)를 설(洩)하면 식상(食傷) 운으로 행(行)하여야 한다.

가령 종관살(從官殺)을 하였을 경우에 비겁(比劫)이 일주(日主)를 돕고 있으면 관(官) 운을 만날 때 공명(功名)하게 되고, 식상(食傷)이 관(官)을 파(破)할 때 재(財) 운으로 행(行)하거나 관(官)의 녹(祿)이 중(重)하거나 인수(印綬)가 관(官)을 설(洩)하고 있는 경우에는 재(財) 운이 파인(破印)하는 것을 가행진운(假行眞運)이라고 하니 귀(貴)하지 않으면 역시 부(富)하게 된다. 이와 반대인 것은 흉(凶)하며 혹 권세(權勢)에 아부(阿附)하여 의리(義理)를 잃어버리거나 마음이 단정(端正)하지 못하게 된다.

만약 세운(歲運)이 어그러지지 않고 가(假)를 억제(抑制)하고 진(眞)을 도우면 비록 출신(出身)이 한미(寒微)하다고 하더라도 능히 가성(家聲)을 크게 일으키고 하는 일이 바르다. 이것은 원탁유청(源濁流淸)의 상(象)이니 깊이 연구(硏究)하여야 한다.

任註

癸 己 乙 癸
酉 亥 卯 巳

戊 己 庚 辛 壬 癸 甲
申 酉 戌 亥 子 丑 寅

春土虛脫 殺勢當權 財遇旺支 喜其巳亥逢冲破印 格成棄命從殺 第卯
춘토허탈　살세당권　재우왕지　희기사해봉충파인　격성기명종살　제묘

酉冲殺 巳酉半會金局 不作眞從而論 所以出身寒微 妙在中隔亥水 謂
유충살　사유반회금국　부작진종이론　소이출신한미　묘재중격해수　위

源濁流淸 故能崛起家聲 出類拔萃 早遊泮水 壬子運中 連登科甲 以
원탁유청　고능굴기가성　출류발췌　조유반수　임자운중　연등과갑　이

中書而黃堂擢觀察 辛亥運 金虛水實 相生不悖 仕途平坦 將來庚戌土
중서이황당탁관찰　신해운　금허수실　상생불패　사도평탄　장래경술토

金並旺水 木兩傷 恐不免意外風波耳.
금병왕수　목양상　공불면의외풍파이

춘토(春土)가 허탈(虛脫)하고 살(殺)의 세력(勢力)이 당권(當權)하였으니 재(財)가 왕지(旺地)를 만났는데 기쁘게도 巳亥가 봉충(逢冲)하여 파인(破印)하니 기명종살격(棄命從殺格)을 이루었다. 그러나 酉金이 살(殺)인 卯木을 충(冲)하고 巳酉가 반회금국(半會金局)하니 진종(眞從)이라고 논(論)할 수 없으며 또한 출신(出身)이 한미(寒微)하다.

묘(妙)한 것은 원국(原局) 중에서 亥水가 卯酉를 가로막으니 원탁(源濁)이 유청(流

淸)하게 되었다는 것이다. 그러므로 집안의 명예(名譽)를 일으키고 출류발췌(出類拔萃)[26]하여 일찍 입반(入泮)하였다.

壬子 운에 연등과갑(連登科甲)하였고 중서(中書)[27]를 거쳐 황당(黃堂)[28]에 올랐으며 후에 관찰(觀察)이 되었다. 辛亥 운은 金이 허(虛)하고 水가 실(實)하니 상생(相生)이 어그러짐이 없어 벼슬길이 평탄(平坦)하였다. 앞으로 庚戌 운은 土金이 병왕(並旺)하여 水木이 모두 상(傷)하니 반드시 뜻밖의 풍파(風波)를 면(免)할 수 없을 것이다.

評註

己土 일주(日主)가 卯월에 태어나서 실령(失令) 하였고 지지(地支)에서 亥卯 합목(合木)이 되었으며 乙木이 투출(透出)하였으니 관살(官殺)이 태왕(太旺)하므로 식신제살격(食神制殺格)이라고 할 수 있다.

그러나 천간(天干)에 양(兩)쪽의 癸水가 재생관(財生官)하였고 인수(印綬)인 巳火가 득근(得根)으로 뿌리가 된 것 같으나 巳酉 합금(合金)이 되고 巳亥 상충(相冲)이 되어 뿌리가 미약(微弱)하다. 그러므로 가종(假從)이 되었으니 기신(忌神)은 재관(財官)인 水木이고 희신(喜神)은 인비식(印比食)인 火土金이다.

甲寅, 癸丑 운에 水木이 왕성(旺盛)하므로 일찍 입반(入泮)하였고 壬子 운에 연등과갑(連登科甲)하였으며 辛亥 운에는 식재(食財)가 재생관(財生官)하여 벼슬길이 평탄(平坦)하였다. 庚戌 운은 土金이 기신(忌神)이 되니 관재(官災)가 일어났을 것이다.

---

26 출류발췌(出類拔萃): 평범한 중인(衆人) 가운데서 뛰어남.

27 중서(中書): 궁중에서 천자의 조명 등을 맡아보던 벼슬. 천자가 비장하는 서적.

28 황당(黃堂): 태수(太守)의 별칭. 태수가 집무를 보던 곳.

```
壬 丙 壬 丁
辰 申 寅 丑
```

```
乙丙丁戊己庚辛
未申酉戌亥子丑
```

丙火生于初春 火虛木嫩 嫩木逢金 緊捷相冲 連根拔盡 申金又得 辰土
병화생우초춘　화허목눈　눈목봉금　긴첩상충　연근발진　신금우득　진토

生扶 殺勢愈旺 格成從殺用財 更妙年支丑土 生金晦火 故身出官家 早
생부　살세유왕　격성종살용재　경묘년지축토　생금회화　고신출관가　조

登科甲 運走西北金水 仕至觀察 雖逢土運 仍得金以化之 所以無險阻也.
등과갑　운주서북금수　사지관찰　수봉토운　잉득금이화지　소이무험조야

　丙火가 초춘(初春)에 생하여 火가 허약(虛弱)하고 木은 어리다. 어린 木이 金을 만나 가까이에서 상충(相冲)하니 뿌리가 뽑히고 申金은 다시 辰土의 생부(生扶)를 얻어 살(殺)의 세력(勢力)이 더욱 왕(旺)하므로 종살격(從殺格)으로 재(財)가 용신(用神)이다.

　더욱 묘(妙)한 것은 년지(年支)의 丑土가 회화생금(晦火生金)하니 관가(官家)의 출신(出身)으로 일찍 과갑(科甲)에 오르고 운(運)이 서북금수(西北金水)로 행(行)하니 벼슬이 관찰(觀察)에 이르렀다. 비록 土운을 만난다고 하더라도 여전히 金을 생(生)하니 험하고 막힘이 없었다.

　丙火가 寅월에 태어나서 火가 허(虛)하고 木이 어리고 寅申이 상충(相冲)하니 寅木이 충발(冲拔)되었다. 또한 申金이 공합(拱合)하여 양임수(兩壬水)를 생조(生助)하니 살왕(殺旺)하여 종살격(從殺格)이 되었다. 년간(年干)의 丁火가 방조(幇助)하려고 하나

丁壬이 합거(合去)하고 丑土가 설(洩)하니 미약하다. 희신(喜神)은 식재관(食財官)인 土金水이고 기신(忌神)은 인비(印比)인 木火이다. 운(運)이 金水로 행(行)하니 벼슬이 관찰(觀察)에 오르게 되었다.

任註

癸 戊 己 乙
亥 辰 卯 卯

壬癸甲乙丙丁戊
申酉戌亥子丑寅

戊土生于仲春 木正當權 坐下辰土 蓄水養木 四柱絶無金氣 又得亥時
무토생우중춘　목정당권　좌하진토　축수양목　사주절무금기　우득해시

水旺生木 又無火以生化之 格取從官 非身衰論也 雖非科甲出身 運走
수왕생목　우무화이생화지　격취종관　비신쇠론야　수비과갑출신　운주

丙子乙亥 連登仕版 位至封疆至癸酉運 落職而亡.
병자을해　연등사판　위지봉강지계유운　낙직이망

戊土가 중춘(仲春)에 생(生)하여 木이 당권(當權)하고 좌하(坐下)의 辰土가 축수(蓄水)하여 양목(養木)하고 금기(金氣)가 전혀 없다. 또한 亥時를 얻어서 왕수(旺水)가 생목(生木)하고 火의 생조(生助)가 없으니 종살격(從殺格)이 되었다. 신쇠(身衰)로 논(論)하는 것이 아니다.

비록 과갑(科甲) 출신이 아니더라도 운(運)이 丙子, 乙亥로 행(行)하니 연등(連登)하여 사판(仕版)에 오르고 벼슬이 봉강(封疆)29에 이르렀다. 癸酉 운에 파직(罷職)을 당하고 세상을 떠났다.

---

29 봉강(封疆): 제후를 봉한 땅. 국경을 지키는 장수.

戊土 일주(日主)가 卯월에 태어나 실령(失令)하였고 전지지(全地支)가 卯辰 회국(會局), 亥卯 회합(會合)이 되어 목왕(木旺)한데 년간(年干)에 乙木이 투출(透出)하였으니 戊土는 뿌리가 없다. 그러므로 종살격(從殺格)이 되었다. 희신(喜神)은 식재관(食財官)인 金水木이고 기신(忌神)은 인비(印比)인 火土인데 운행(運行)이 서북지지(西北之地)인 金水로 행(行)하니 아름답다.

癸酉 운에 이르러 파직당하고 세상을 떠났다는 것은 논리상(論理上) 의문(疑問)이 가지 않을 수 없다. 戊癸가 합거(合去)하고 己亥가 충극(冲剋)하니 용신(用神)인 癸水가 충발(冲拔)되었으며 지지(地支) 역시 卯酉가 상충(相冲)하여 酉金이 충발(冲拔)되었으니 천충지충(天冲地冲)이 되어 세상을 떠나게 된 것이다.

庚 辛 丙 丁
寅 亥 寅 卯

己庚辛壬癸甲乙
未申酉戌亥子丑

辛金生於孟春 天干丙丁庚辛 陰陽相剋 且金絶火生 地支寅木當令 日
신금생어맹춘　　천간병정경신　　음양상극　　차금절화생　　지지인목당령　　일

時寅亥化木 格取從殺 運走水地 生木助火 一無凶處 連登甲榜 由縣宰
시인해화목　　격취종살　　운주수지　　생목조화　　일무흉처　　연등갑방　　유현재

至郡守 生三子 皆秀發.
지군수　　생삼자　　개수발

金이 맹춘(孟春)에 생(生)하여 천간(天干)의 丙丁, 庚辛 음양(陰陽)이 상극(相剋)하고 금절(金絶)되고 火은 생(生)하여, 지지(地支)는 寅木이 당령(當令)하고 있는데 일시(日時)의 寅亥가 합목(合木)하였으니 종살격(從殺格)이다.

운(運)이 수지(水地)로 행(行)하니 생목(生木)하여 火를 도우니 흉(凶)한 곳이 없어 연등갑방(連登甲榜)하였고 현재(縣宰)를 거쳐서 군수(郡守)에 이르렀으며 삼자(三子)를 두었는데 모두 수재(秀才)가 되었다.

評註

辛金 일주가 寅월에 태어나서 실령(失令)하였고 전지지(全地支)가 寅亥 합목(合木), 寅卯 합목(合木)으로 목왕(木旺)하니 辛金의 뿌리가 전혀 없어 종(從)할 수밖에 없다.

丙丁火가 투출(透出)하여 목왕(木旺)의 생조(生助)를 받고 있으니 종살격(從殺格)이 되었다. 희신(喜神)은 식재관(食財官)인 水木火이고 기신(忌神)은 인비(印比)인 土金인데 운행(運行)이 서북지지(西北之地)인 金水로 행하니 아름답다.

주의(注意)해야 할 것은 명조(命造)에서 월주(月柱)가 丙寅 월인데 壬寅 월로 수정(修正)하여 분석(分析)하는 것이 마땅하다.

任註

丁 己 乙 癸
卯 未 卯 亥

戊己庚辛壬癸甲
申酉戌亥子丑寅

己土生於仲春 春木當令會局 時干丁火 被年上癸水剋去 未土又會 木
기토생어중춘　춘목당령회국　시간정화　피년상계수극거　미토우회　목

局 不得不從殺矣 科甲出身 仕至觀察.
국　부득부종살의　과갑출신　사지관찰

己土가 중춘(仲春)에 생(生)하여 춘목(春木)이 당령(當令)하고 회국(會局)을 이루었다. 시간(時干)의 丁火는 년상(年上)의 癸水에 극거(剋去)되었고 未土는 목국(木局)을

266　　적천수천미 평주 (Ⅱ)

이루어 부득이 종살(從殺)하지 않을 수 없다. 과갑(科甲) 출신(出身)으로 벼슬이 관찰(觀察)에 이르렀다.

評註

己土가 卯월에 태어나서 실령(失令)하였고 전지지(全地支)가 亥卯未 삼합(三合)을 이루었는데 월간(月干)에 乙木이 투출(透出)하였으니 종살격(從殺格)이 되었다. 희신(喜神)은 식재관(食財官)인 金水木이고 기신(忌神)은 인비(印比)인 火土인데 운행(運行)이 서북지지(西北之地)인 金水로 행(行)하니 아름답다.

주의(注意)해야 할 것은 임주(任註)에서 시간(時干)에 丁火와 년간(年干)의 癸水가 丁癸 충극(沖剋)으로 丁火가 극거(剋去)되었다고 하였다. 그러나 丁火는 癸水로부터 원(遠)거리에 있고 癸水는 탐생망충(貪生忘沖)이 되었으니 癸水가 丁火를 극거(剋去)한다는 것은 논리(論理)에 맞지 않다.

原文

假化之人亦多貴　孤兒異姓能出類
가화지인역다귀　　고아이성능출류

　가화(假化)인 사람도 또한 흔히 귀(貴)하게 되는데, 고아(孤兒)나 이성(異姓)[30]일지
라도 출류(出類)[31]할 수 있다.

原註

日主孤弱而遇合神眞　不能不化　但暗扶日主　合神又虛弱　及無龍以　運
일주고약이우합신진　　불능불화　　단암부일주　　합신우허약　　급무용이　운

之　則不眞化　至於歲運扶起合神　制伏忌神　雖爲假化　亦可取富貴　雖是
지　즉부진화　지어세운부기합신　　제복기신　　수위가화　　역가취부귀　　수시

---

30 이성(異姓): 성(姓)이 다른 사람. 아버지가 돌아가셔서 어머니가 다른 성씨(姓氏)의 남자에게서
　　낳은 사람.

31 출류(出類): 여럿 가운데서 특히 뛰어난 사람. 출중(出衆), 출군(出群), 출류발췌(出類拔萃)라고
　　도 함.

異姓孤兒 亦可出類拔萃 但其人多執 滯偏拗 作事迍邅 骨肉欠遂.
이성고아　역가출류발췌　단기인다집　체편요　작사둔전　골육흠수

일주(日主)가 고약(孤弱)하고 참된 합신(合神)을 만나면 화(化)하지 않을 수 없다. 단 일주(日主)를 암부(暗扶)하고 합신(合神)이 허약(虛弱)하며 운(運)에서 도움이 없으면 진화(眞化)가 아니다. 세운(歲運)이 합신(合神)을 부기(扶起)하고 기신(忌神)을 제복(制伏)시키면 비록 가화(假化)라고 하더라도 역시 부귀(富貴)를 취(取)할 수 있다. 비록 이성(異姓)이나 고아(孤兒)라고 하더라도 역시 출류발췌(出類拔萃)할 수 있다. 다만 그 사람이 흔히 집체(執滯)[32]하고 편요(偏拗)[33]하며 하는 일이 둔전(迍邅)[34]하여 육친(六親)에 흠결(欠缺)이 있다.

任註

任氏曰 假化之局 其象不一 有合神眞而日主孤弱者 有化神有餘而 日
임씨왈　가화지국　기상불일　유합신진이일주고약자　유화신유여이　일

帶根苗者 有合神不眞而日主無根者 有化神不足而日主無氣者 有旣 合
대근묘자　유합신부진이일주무근자　유화신부족이일주무기자　유기　합

化神而日主得刦印生扶者 有旣合化而閒神來傷化氣者 故假化比眞化
화신이일주득겁인생부자　유기합화이한신래상화기자　고가화비진화

尤難更宜細究 庶得假化之機.
우난경의세구　서득가화지기

如甲己之合 生于丑戌月 合神雖眞 日主孤弱無助 不能不化 但秋冬氣
여갑기지합　생우축술월　합신수진　일주고약무조　불능불화　단추동기

翕 又有金氣暗洩 歲運必須逢火 去其寒濕之氣 則中氣和暖矣.
흡　우유금기암설　세운필수봉화　거기한습지기　즉중기화난의

生于辰未之月 化神雖有餘 而辰乃木之餘氣 未是通根身庫 木未嘗無
생우진미지월　화신수유여　이진내목지여기　미시통근신고　목미상무

32　집체(執滯): 고집스럽고 꽉 막힘. 융통성(融通性)이 없음.

33　편요(偏拗): 마음이 한쪽으로 치우치고 비뚤어짐.

34　둔전(迍邅): 하는 일마다 주저주저하며 머뭇거림.

根 但春夏氣闢而暖　又有水木藏根　歲運必須土金之地　去其木之根苗
근　단춘하기벽이난　우유수목장근　세운필수토금지지　거기목지근묘

則無分爭矣.
즉무분쟁의

如乙庚之合　日主是木　生于夏令　合神雖不眞　而日主洩氣無根　土燥又
여을경지합　일주시목　생우하령　합신수부진　이일주설기무근　토조우

不能生金　歲運必須帶水之土　則能洩火養金矣.
불능생금　세운필수대수지토　즉능설화양금의

生于冬令　金逢洩氣而不足　木不納水而無氣　縱有土而凍　不能生金止
생우동령　금봉설기이부족　목불납수이무기　종유토이동　불능생금지

水　歲運必須帶火之土　則解凍而氣和　金得生而不寒矣.
수　세운필수대화지토　즉해동이기화　금득생이불한의

如丁壬之合　日主是丁　生于春令　壬水無根　必從丁合　不知木旺自能生
여정임지합　일주시정　생우춘령　임수무근　필종정합　부지목왕자능생

火　則丁火反不從壬化木或有比刦之助　歲運必須逢水　則火受制而木得
화　즉정화반부종임화목혹유비겁지조　세운필수봉수　즉화수제이목득

成矣.
성의

如丙辛之合　日主是火　生于冬令　重重金水　旣合且化　嫌其柱中有土　暗
여병신지합　일주시화　생우동령　중중금수　기합차화　혐기주중유토　암

來損我化神　濕土雖不能止水　而水究竟混濁不清　歲運必須逢金土則
래손아화신　습토수불능지수　이수구경혼탁불청　세운필수봉금토즉

氣流行而生水　化神自眞矣　如是配合　以假成眞　亦能名利雙全光　前裕
기류행이생수　화신자진의　여시배합　이가성진　역능명리쌍전광　전유

後也.
후야

總之格象非眞　未免幼遭運孤苦　早見蹭蹬　否則其人執傲遲疑倘世運不
총지격상비진　미면유조운고고　조견층등　부즉기인집오지의당세운불

能　抑假扶眞　一生作事迍邅　名利無成也.
능　억가부진　일생작사둔전　명리무성야

임씨(任氏)가 말하길, 가화지국(假化之局)은 그 상(象)이 한결 같지가 않다.

합신(合神)은 참되고 일주(日主)가 고약(孤弱)한 것,

화신(化神)은 유여(有餘)하나 일주(日主)가 근묘(根苗)를 가지고 있는 것,

합신(合神)이 참되지 못하고 일주(日主)가 뿌리가 없는 것,

화신(化神)이 부족(不足)하고 일주(日主)가 무기(無氣)한 것,

이미 화신(化神)과 합(合)하고 일주(日主)가 도리어 겁인(劫印)의 생부(生扶)를 받는 것,

이미 합화(合化)하였으나 한신(閑神)이 화기(化氣)를 상(傷)하게 하는 것 등이 있으니 가화(假化)는 진화(眞化)보다 더욱 어려우나 일층 더 자세(仔細)하게 연구(研究)하여야 비로소 가화지기(假化之機)를 알 수 있다.

가령 甲己 합(合)이 丑戌 월에 생(生)하면 합신(合神)이 참되다 하더라도 일주(日主)가 고약(孤弱)하고 득조(得助)가 없으니 화(化)하지 않을 수 없다. 다만 추동(秋冬)에는 기(氣)가 닫히고 차가우며 또 금기(金氣)가 암설(暗洩)하니 세운(歲運)은 반드시 火를 만나 한습지기(寒濕之氣)를 제거(除去)하여야 기(氣)가 충(冲)을 얻고 화난(和暖)하게 된다.

辰未 월에 생(生)하면 화신(化神)이 비록 유여(有餘)하다고 할지라도 辰은 木의 여기(餘氣)이고 未는 木의 고장(庫藏)으로 통근(通根)하니 木이 무근(無根)이라고 할 수 없다. 다만 춘하(春夏)에는 기(氣)가 열려서 따뜻하고 水木의 뿌리가 암장(暗藏)되어 있으니 세운(歲運)에서 반드시 토금지지(土金之地)로 행(行)하여야 木의 뿌리가 제거(除去)되어 분쟁(分爭)이 없다.

가령 乙庚 합(合)에 일주(日主)가 乙木인데 하령(夏令)에 생(生)하면 합신(合神)은 비록 참되지 않더라도 일주(日主)가 설기(洩氣)되어 무근(無根)이고 土는 조열(燥烈)하여 생금(生金)할 수 없으니 세운(歲運)은 반드시 대수지토(帶水之土)로 행(行)하여야 설화양금(洩火養金)할 수 있다. 동령(冬令)에 생(生)하면 金이 설기(洩氣)를 만나서 약(弱)하고 木은 납수(納水)하지 못하여 무기(無氣)하다.

설령 土가 있다고 하더라도 얼어서 생금(生金)하고 지수(止水)할 수 없으니 세운(歲運)에서 반드시 대화지토(帶火之土)로 행(行)하여야 해동(解凍)하게 하여 기(氣)가 따뜻하고 金은 생(生)을 얻고 차갑지 않다.

가령 丁壬 합(合)에 일주(日主)가 丁火일 경우에 춘령(春令)에 태어나면 壬水가 뿌리가 없으니 반드시 丁火를 쫓아 합(合)할 것 같다. 이는 木이 왕(旺)하면 스스로 생

화(生火)할 수 있으니 丁火가 도리어 壬水를 쫓아 木으로 화(化)하지 않는다.

만약 비겁(比劫)의 도움이 있다면 세운(歲運)에서 반드시 水를 만나야 火가 극제(剋制)를 받고 화목(化木)하게 된다. 가령 丙辛 합(合)에 일주(日主)가 火일 때 동령(冬令)에 생(生)하고 金水가 중중(重重)하면 이미 합화(合化)한다.

꺼리는 것은 주중(柱中)에 있는 土가 암래(暗來)하여 나의 화신(化神)을 극(剋)하는 것이고 습토(濕土)는 비록 지수(止水)할 수 없다고 하더라도 水가 결국은 혼탁(混濁)하게 되어 깨끗하지 못하니 세운(歲運)에서 반드시 土金을 만나야만 기(氣)가 흐르고 水를 생(生)하니 화신(化神)이 자연히 참되게 된다. 이러한 배합(配合)은 가(假)로서 진(眞)이 되니 명리(名利)가 쌍전(雙全)하고 전도(顚倒)가 밝아 넉넉함이 있다.

총괄(總括)하자면 격상(格象)이 참되지 않으면 유년(幼年)에 고고(孤苦)함을 면(免)할 수 없고 좌절(挫折)을 맛보게 된다. 그렇지 않으면 고집(固執)이 강(强)하고 교만(驕慢)하거나 매사(每事)를 머뭇거리며 결정(決定)을 내리지 못하니 만약 세운(歲運)에서 억가부진(抑假扶眞)하지 못하면 일생 동안 막힘이 많고 명리(名利)를 이룰 수 없다.

任註

己 甲 甲 己
巳 子 戌 卯

丁戊己庚辛壬癸
卯辰巳午未申酉

天干兩甲逢兩己 各自相合 地支卯戌合 雖不能化火生土 却無爭妒之
천간양갑봉양기 　각자상합 　지지묘술합 　수불능화화생토 　각무쟁투지

意 雖是假化 却有情而不悖 未運破其子水 中鄕榜 庚午己巳 生助化神
의 　수시가화 　각유정이불패 　미운파기자수 　중향방 　경오기사 　생조화신

出仕琴堂.
출사금당

천간(天干)에 양갑(兩甲)이 양기(兩己)를 만나서 각자가 상합(相合)하고 지지(地支)의 卯戌이 합(合)하니 화화(化火)하여 생토(生土)할 수는 없다고 하더라도 쟁투(爭妬)의 뜻은 없다. 비록 가화(假化)일지라도 유정(有情)하여 어그러지지 않으니 未운에 子水를 파(破)하니 향방(鄉榜)[35]에 합격하였고 庚午, 己巳 운에 화신(化神)을 생조(生助)하니 출사(出仕)하여 금당(琴堂)[36]에 이르렀다.

천간(天干)에서 甲己 합토(合土)로 상합(相合)하였고 지지(地支)는 卯戌 합화(合火)로 화신(化神)을 생조(生助)하고 시지(時支)의 巳火도 화신(化神)을 생조(生助)하니 진화(眞化)로 된 것 같으나 일지(日支)의 子水가 甲木을 생조(生助)하니 가화(假化)가 되었다.

희신(喜神)은 화신(化神)인 土를 생조(生助)하므로 火土가 되고 왕신(旺神)을 설(洩)하는 金이 되는 것이다. 그러므로 기신(忌神)은 水木이다. 辛未 운에는 土金이 희신(喜神)이 되므로 향방(鄉榜)에 들어갈 수 있었으며 庚午, 己巳 운에는 火土金이 희신(喜神)이므로 금당(琴堂)에 이르렀던 것이다.

任註

己	甲	丙	甲
巳	申	子	子

癸壬辛庚己戊丁
未午巳辰卯寅丑

---

35 향방(鄉榜): 향시(鄉試)에 합격한 사람의 명단.

36 금당(琴堂): 현(縣)의 장관이 집무하는 마을. 공자(孔子)의 제자 중에 복자천(宓子淺)이 현재(縣宰)가 되었을 때 거문고를 타고 당(堂) 아래로 내려오지 않고서도 현(縣)을 잘 다스렸다는 고사에서 나온 말.

甲木生于仲冬 印綬當權 本是殺印相生 無如坐下絶地 虛極不受水生
갑목생우중동　인수당권　본시살인상생　무여좌하절지　허극불수수생

見己土貪合 合神雖眞而失令 必賴丙火之生 解其寒凝之氣 嫌其旺水
견기토탐합　합신수진이실령　필뢰병화지생　해기한응지기　혐기왕수

秉令 則火亦虛脱 不能生扶 化神假而不清 因之人品不端 至庚辰運甲
병령　즉화역허탈　불능생부　화신가이불청　인지인품부단　지경진운갑

午年 剋木生土 中鄕榜而不仕.
오년　극목생토　중향방이불사

　甲木이 중동(仲冬)에 생(生)하고 인수(印綬)가 당권(當權)하였으니 본래는 살인상생
(殺印相生)이다. 그러나 좌하(坐下)기 절지(絶地)이니 허(虛)함이 극(極)에 이르러서 水
의 생(生)을 받지 못하고 己土가 탐합(貪合)하다. 합신(合神)이 비록 참된다 하더라도
실령(失令)하였으니 丙火의 생(生)에 의지(依支)하여 한응지기(寒凝之氣)를 해결(解決)
할 수 있다.

　꺼리게도 왕수(旺水)가 병령(秉令)하였으나 火 역시 허탈(虛脱)하여 생부(生扶)할 수
가 없다. 화신(化神)이 청(清)하지 않으니 인품(人品)이 단정(斷定)하지 못하였다. 庚辰
운 甲午 년에 극목(剋木)하고 생토(生土)하니 향방(鄕榜)에 합격(合格)하였으나 벼슬은
하지 못하였다.

評註

　甲木 일주(日主)가 子월에 태어나서 인수(印綬)가 당권(當權)하고 있으나 한랭(寒冷)
하니 조후(調候)로 火가 필요하다. 좌하(坐下)의 申金은 살인상생(殺印相生)이 되었고
년주(年柱)의 인비(印比)가 생부(生扶)하니 신왕(身旺)하다. 그러므로 희신(喜神)은 식재
관(食財官)인 火土金이고 기신(忌神)은 인비(印比)인 水木이다. 丁丑 운은 子丑 합수(合
水)가 되어 기신(忌神)이 되었고 戊寅 운은 寅巳申 삼형살(三刑殺)로 곤고(困苦)하였을
것이다.

　己卯 운은 甲己가 쟁투(爭妬)하였고 子卯 형(刑)까지 있으니 더욱 불길(不吉)하였
을 것이고, 庚辰 운은 土金으로 희신(喜神)이니 향방(鄕榜)에 합격(合格)한 것이다. 주

의(注意)해야 할 것은 甲己의 화신(化神)이 참되지 않다는 것은 己土의 세력(勢力)이 허(虛)하기 때문이다.

甲木 일주(日主)가 子月에 태어나서 인수(印綬)가 당권(當權)하고 있으나 한랭(寒冷)하니 조후(調候)로 火가 필요하다. 좌하(坐下)의 申金은 살인상생(殺印相生)이 되었고 년주(年柱)의 인비(印比)가 생부(生扶)하니 신왕(身旺)하다.

그러므로 희신(喜神)은 식재관(食財官)인 火土金이고 기신(忌神)은 인비(印比)인 水木이다. 丁丑 운은 子丑 합수(合水)가 되어 기신(忌神)이 되었고 戊寅 운은 寅巳申 삼형살(三刑殺)로 곤고(困苦)하였을 것이다.

己 甲 丁 甲
巳 戌 丑 寅

甲癸壬辛庚己戊
申未午巳辰卯寅

甲木生于丑月　己土通根臨旺　年之祿比　見丁火有相生之誼　無爭妒之
갑목생우축월　기토통근임왕　년지록비　견정화유상생지의　무쟁투지

勢　雖是假化　却有情而不悖　至庚辰運　科甲連登　辛巳壬午　南方火地
세　수시가화　각유정이불패　지경진운　과갑연등　신사임오　남방화지

生助化神　仕至黃堂.
생조화신　사지황당

甲木이 丑月에 생(生)하여 己土가 통근(通根)하여 왕(旺)하다. 년주(年柱)의 녹비(祿比)는 丁火를 만나서 상생(相生)의 뜻이 있고 쟁투지세(爭妒之勢)가 없으니 비록 가화(假化)이기는 하나 도리어 유정(有情)하고 어그러짐이 없다.

庚辰 운에 이르러 과갑연등(科甲連登)하였고 辛巳, 壬午 운은 남방화지(南方火地)로 화신(化神)을 생조(生助)하니 벼슬이 황당(黃堂)에 이르렀다.

甲木 일주가 丑月에 태어나서 실령하였고 한랭(寒冷)하니 조후(調候)로 火가 필요하다. 시간의 己土가 통근하여 왕성하니 甲木이 오히려 己土에 의지하여 甲己 합화(合化)로 화신(化神)이 되었다. 년주의 甲寅은 일주(日主)를 생부(生扶)하려고 하나 丁火를 생조(生助)하니 화신(化神)의 방해가 되지 않아 오히려 아름답다. 희신(喜神)은 火土金이고 기신(忌神)은 水木이다. 戊寅, 己卯 운은 동방목지로 불길하였으나, 庚辰 운에는 土金 운으로 희신(喜神)이니 과갑연등하게 된 것이다.

任註

```
戊 癸 辛 甲
午 亥 未 寅
```

```
戊丁丙乙甲癸壬
寅丑子亥戌酉申
```

癸水生於季夏 木火並旺 月干辛金無氣 不能生水 日主雖臨旺地 仍受
계수생어계하　목화병왕　월간신금무기　불능생수　일주수임왕지　잉수

火土兩逼 時干戊土 合神眞而且旺 日主不能不從合矣 初運壬申癸酉
화토양핍　시간술토　합신진이차왕　일주불능부종합의　초운임신계유

金水並旺 孤苦不堪 至甲戌運 支會火局 出外大得際遇 乙亥水逢木洩
금수병왕　고고불감　지갑술운　지회화국　출외대득제우　을해수봉목설

支得會局 名成異路 財帛豊盈 一交丙子 火不通根 註誤落職 至壬子年
지득회국　명성이로　재백풍영　일교병자　화불통근　괘오낙직　지임자년

不祿.
불록

癸水가 계하(季夏)에 생(生)하였고 木火가 병왕(並旺)하여 월간(月干)의 辛金은 무기(無氣)하여 생수(生水)할 수 없으니 일주(日主)가 비록 왕지(旺地)에 임(臨)하였다고 할지라도 여전히 火土의 핍박(逼迫)을 받고 있다. 시간(時干)에서 戊土가 참되고 왕(旺)하니 일주(日主)는 좇아서 합(合)하지 않을 수 없다.

초운 壬申, 癸酉에는 金水가 병왕(並旺)하니 고고(孤苦)를 감당할 수 없었으며 甲戌 운에는 지지(地支)가 화국(火局)을 이루니 대외적으로 크게 좋은 기회를 얻었다. 乙亥 운에는 水가 木을 설(洩)하고 회국(會局)을 이루었으니 이로(異路)로 공명을 이루었고 재백(財帛)이 풍영하였다. 丙子 운으로 바뀌어서는 火가 통근하지 못하니 남의 죄에 연루되어 파직을 당하였고 壬子 년에는 불록(不祿)이 되었다.

評註

癸水가 未月에 태어나서 실령하였고 좌하(坐下)의 亥水에 득지(得地)하였으나 亥未가 공합(拱合)하여 목국(木局)이 되었고 또한 격합(隔合)으로 寅亥 합목(合木), 午未 합화(合火)로 木火가 왕성한데 천간(天干)에는 甲木이 투출되었으니 辛金은 허약하여 생수(生水)할 수 없다. 그러므로 戊癸 합신(合神)하지 않을 수 없으니 진화(眞化)가 되었다. 희신(喜神)은 火土木이고 기신(忌神)은 金水이다.

壬申, 癸酉 운은 金水가 기신(忌神)으로 곤고(困苦)하였을 것이고 甲戌 운은 지지가 寅午戌 삼합회국(三合會局)으로 희신(喜神)이니 공명과 재백(財帛)이 풍영하게 되었다. 丙子 운은 丙火가 丙辛으로 합거(合去)되었고 子午 충(冲)으로 子水가 왕충쇠발(旺冲衰拔)되었으며, 壬子 운도 역시 子午 충(冲)으로 대운과 세운이 중첩하여 충발(冲拔)되었으니 형액(刑厄)을 면(免)할 수가 없다.

```
辛 壬 丁 甲
亥 辰 卯 辰
```

```
甲癸壬辛庚己戊
戌酉申未午巳辰
```

壬水生于仲春　雖時逢祿印　而化神當令　又年干元神透出　時干辛金　無
임수생우중춘　수시봉록인　이화신당령　우년간원신투출　시간신금　무

根臨絶　丁火合神　足以剋之　辛金不能生水　則亥水非壬之祿旺　乃甲之
근임절　정화합신　족이극지　신금불능생수　즉해수비임지록왕　내갑지

長生　日干不得不從合而化矣　運走南方火地　采芹食廩　戰勝棘闈　至壬
장생　일간부득부종합이화의　운주남방화지　채근식름　전승극위　지임

申癸酉　金水破局　不但不能出仕　而且刑傷破耗.
신계유　금수파국　부단불능출사　이차형상파모

　　壬水가 중춘(仲春)에 생(生)하여 비록 시(時)에서 녹인(祿印)을 만났다고 할지라도 화신(化神)이 당령하고 년간에 원신(元神)이 투출하였다. 시간의 辛金은 무근이고 절지(絶地)에 임하여 뿌리가 없으니 丁火가 충분히 辛金을 극(剋)하니 생수(生水)할 수 없다. 亥水는 壬水의 녹왕(祿旺)이 아니고 甲木의 장생(長生)이니 일간(日刊)은 부득이 합화(合化)하지 않을 수 없다. 운(運)이 남방화지(南方火地)로 행(行)하니 채근(采芹)하고 식름(食廩)하며 극위(棘闈)에 나가 뜻을 이루었다. 壬申, 癸酉 운에 이르러서는 金水가 따로 파국(破局)하니 벼슬에 나아가지 못하고 형상파모(刑傷破耗)하였다.

　　壬水가 卯월에 태어나서 실령(失令)하였으나 卯辰 합목(合木)하고 亥卯 합목(合木)하니 전지지(全地支)가 목국(木局)이 되었다. 년간(年干)에 甲木이 투출(透出)되었고 시간(時干)의 辛金은 뿌리가 없게 되었으니 丁壬이 합목(合木)하지 않을 수 없다. 그

러므로 합화진격(合化眞格)이 되었으니 희신(喜神)은 水木火이고 기신(忌神)은 土金
이다.

　남방화지(南方火地)인 巳午未 운에는 채근(采芹)하고 극위(棘闈)에 합격(合格)하였
다. 서방금지(西方金地) 운(運)에는 기신(忌神) 운으로 출사(出仕)할 수 없으며 형상파
모(刑傷破耗)를 면(免)할 수가 없는 것이다. 만약에 신약용인(身弱用印)이라고 하였다
면 크게 잘못 보는 것이다.

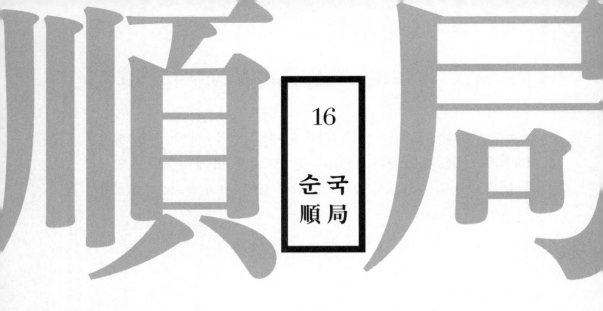

原文

一出門來只見兒 吾兒成氣構門閭 從兒不管身强弱 只要吾兒又得兒
일출문래지견아　　오아성기구문려　　종아불관신강약　　지요오아우득아

한결같이 문(門)을 나와서 오는데 단지 자식(子息)만 보이고 나의 자식(子息)이 성
기(成氣)하여 문려(門閭)37를 세우고 있다. 종아(從兒)는 신강(身强)과 신약(身弱)을 상관
하지 않고 단지 필요(必要)한 것은 내 자식(子息)이 다시 자식(子息)을 얻는 것이다.

原註

此與成象從傷官不同 只取我生者爲兒 如木遇火 成氣象 如戊己日遇
차여성상종상관부동　　지취아생자위아　　여목우화　　성기상　　여무기일우

申酉戌 成酉方氣 或巳酉丑全會金局 不論日主强弱 而又看金能生水
신유술　　성유방기　　혹사유축전회금국　　불론일주강약　　이우간금능생수

氣 轉成生肉之意 此爲流通 必然富貴.
기　　전성생육지의　　차위유통　　필연부귀

37　문려(門閭): 마을 어귀의 문. 여기서는 월령(月令)을 뜻함.

이것은 성상(成象), 종상(從象), 상관(傷官)과 같지 않다. 단지 내가 생(生)하는 자(者)를 만난 것이 아(兒)인데, 가령 木이 火를 만나서 기상(氣象)을 이룬 것이다.

戊己 일주(日主)가 申酉戌을 만나서 서방(西方)의 기(氣)를 이루거나 혹은 巳酉丑 금국(金局)이 전부(全部)이면 일주(日主)의 강약(强弱)을 논(論)하지 않는다. 또한 金이 생수(生水)를 할 능력(能力)이 있으면 생육지의(生育之意)를 이루어 유통(流通)하게 되니 반드시 부귀(富貴)하게 된다.

任註

任氏曰 順者 我生之也.
임씨왈 순자 아생지야

只見兒者 食傷多也 構門閭者 月建逢食傷也 月爲門戶 必要食傷在 提
지견아자 식상다야 구문려자 월건봉식상야 월위문호 필요식상재 제

綱也.
강야

不論身强弱者 四柱雖有比刦 仍去生助食傷也.
불논신강약자 사주수유비겁 잉거생조식상야

吾兒又得兒者 必要局中有財 以成生育之意也 如己身碌碌庸庸 無作
오아우득아자 필요국중유재 이성생육지의야 여기신녹록용용 무작

無爲 得子孫昌盛 振起家聲 又要運行財地 兒又生孫 可亨兒孫之榮矣
무위 득자손창성 진기가성 우요운행재지 아우생손 가형아손지영의

故爲順局.
고위순국

從兒與從財官不同也 然食傷生財 轉成生育 秀氣流行 名利皆遂.
종아여종재관부동야 연식상생재 전성생육 수기유행 명리개수

故以食傷爲子 財卽是孫 孫不能克祖 可以安亨榮華.
고이식상위자 재즉시손 손불능극조 가이안형영화

如見官星 謂孫又生兒 則曾祖必受其傷 故見官殺必爲己害.
여견관성 위손우생아 즉증조필수기상 고견관살필위기해

如見印綬 是我之父 父能生我 我自有爲 焉能容子 子必遭殃 無生育之
여견인수 시아지부 부능생아 아자유위 언능용자 자필조앙 무생육지

意 其禍立至 是以從兒格 最忌印運.
의 기화입지 시이종아격 최기인운

次忌官運 官能洩財 又能克日 而食傷又與官星不睦 忘生育之意 起爭
차기관운　　관능설재　　우능극일　　이식상우여관성불목　　　망생육지의　　기쟁

戰之風 不傷人丁 則散財矣.
전지풍　　불상인정　　즉산재의

임씨(任氏)가 말하길, 순(順)이라는 것은 내가 그것을 생(生)한다는 것이다. 지견아(只見兒)라는 것은 식상(食傷)이 많다는 것이고 구문려(構門閭)라는 것은 월건(月建)에서 식상(食傷)을 만났다는 뜻이다.

월(月)이 문호(門戶)인데 반드시 식상(食傷)이 제강(提綱)에 있어야 한다. 신강(身强)과 신약(身弱)을 논(論)하지 않는다는 것은 사주(四柱)에 비록 비겁(比劫)이 있다고 할지라도 여전히 식상(食傷)을 생조(生助)한다는 것이다.

'오아우득아(吾兒又得兒)'라는 것은 반드시 원국(原局)에 재(財)가 있어야 생육지의(生育之意)를 이룬다는 것이다. 가령 자신은 평범하고 무능력하여 작위(作爲)하지 못하나 자손(子孫)이 창성(昌盛)하여 가성(家聲)을 떨치고 일으키니 반드시 운행(運行)이 재지(財地)로 가야 한다. 자손(子孫)이 다시 손자(孫子)를 낳아서 아손(兒孫)의 영화(榮華)를 향유(享有)할 수 있다. 그러므로 순국(順局)이 되는 것이다.

종아(從兒)는 종재(從財)와 같지 않은데 식상(食傷)이 생재(生財)하여 수기(秀氣)가 유행(流行)하니 명리(名利)를 모두 이룬다. 그러므로 식상(食傷)이 자식(子息)이고 재(財)가 손자(孫子)인데 손자(孫子)는 할아버지를 극(剋)할 수 없으니 가히 영화(榮華)를 편안(便安)하게 누릴 수 있다.

만약 관성(官星)이 나타나면 손우생아(孫又生兒)라고 말하는데 증조부(曾祖父)가 필(必)히 피상(被傷)을 당하니 관성(官星)이 나타나면 반드시 자신(自身)에게 해(害)가 된다.

만약 인수(印綬)가 나타나면 이것은 나의 부친(父親)인데 부친(父親)이 나를 생(生)하여 스스로 유위(有爲)하면 어찌 자식(子息)을 용납(容納)할 수 있을 것인가? 자식(子息)이 필히 재앙(災殃)을 만나서 생육지의(生育之意)가 없으니 화(禍)를 입게 된다.

그러므로 종아격(從兒格)은 인수운(印綬運)을 가장 꺼리고 다음으로 관운(官運)을

꺼린다. 관운(官運)은 능히 재(財)를 설(洩)하고 일주(日主)를 극(剋)하며 식상(食傷)이 다시 관성(官星)과 불화(不和)하여 생육지의(生育之意)를 잊어 버리고 쟁전지풍(爭戰之風)을 일으키니 식구가 상(傷)하지 않으면 재(財)가 흩어진다.

任註

```
丙 癸 壬 丁
辰 卯 寅 卯
```

```
乙 丙 丁 戊 己 庚 辛
未 申 酉 戌 亥 子 丑
```

癸水生于孟春 支全寅卯辰東方一氣 格成水木從兒 以時干丁火爲用
계수생우맹춘　　지전인묘진동방일기　　격성수목종아　　이시간정화위용

所謂 兒又生兒 只嫌月干壬水爲病 喜丁火合壬化木 反生丙火 轉成生
소위　아우생아　지혐월간임수위병　　희정화합임화목　　반생병화　전성생

育之意 所以早等科甲 置身翰苑 仕至封疆 申運木火絶地 不祿.
육지의　소이조등과갑　치신한원　사지봉강　신운목화절지　불록

　癸水가 맹춘(孟春)에 생(生)하였고 지지(地支)에 동방일기(東方一氣)인 寅卯辰이 전부(全部) 있으니 수목종아격(水木從兒格)을 이루었다. 시간(時干)의 丙火가 용신(用神)이니 소위 '아우생아(兒又生兒)'이다.

　다만 꺼리는 것은 월간(月干)의 壬水가 병(病)인데 기쁘게도 丁火가 壬水를 합(合)하여 화목(化木)이니 오히려 丙火를 생조(生助)하니 바뀌어 생육지의(生育之意)가 이루어졌다. 그러므로 일찍 과갑(科甲)에 올랐고 한원(翰苑)에 들어갔으며 벼슬이 봉강(封疆)에 이르렀다. 申운에 木火가 절지(絶地)이니 불록(不祿)이 되었다.

癸水 일주가 寅월에 태어나서 전지지(全地支)가 寅卯辰 목국(木局)이 되었으니 종아격(從兒格)이다. 희신(喜神)은 비식재(比食財)인 水木火이고 기신(忌神)은 관인(官印)인 土金이다. 꺼리게도 운행(運行)이 북서지지(北西之地)인 水金으로 행(行)하고 있다. 원국(原局)에서 丁壬 합목(合木)이 되어 丙火를 생조(生助)하니 기쁘다. 丙申 운은 丙火가 희신(喜神)인데 丙壬 충(冲)하고 寅申 충(冲)하니 천충지충(天冲地冲)이 되어 불록지객(不祿之客)이 된 것이다.

任註

丙 癸 癸 丁
辰 卯 卯 巳

丙丁戊己庚辛壬
申酉戌亥子丑寅

癸水生于仲春 木旺乘權 四柱無金 亦水木從兒 寅運支類東方 甲戌年
계수생우중춘　목왕승권　사주무금　역수목종아　인운지류동방　갑술년

入泮 丙子年中鄉榜 其不及前造者 月干癸水爭財 無制合之美也 喜其
입반　병자년중향방　기불급전조자　월간계수쟁재　무제합지미야　희기

財星 有勢 仕路定可亨通.
재성　유세　사로정가형통

癸水가 중춘(仲春)에 생(生)하여 木이 왕(旺)하고 승권(乘權)하였는데 사주(四柱)에 金이 없으니 수목종아격(水木從兒格)이다. 寅木 운에 지지(地支)에서 동방(東方)이 모이니 甲戌 년에 향방(鄕榜)에 합격(合格)하였다.

전조(前造)에 미치지 못한 것은 월간(月干)의 癸水가 쟁재(爭財)하였으니 제합(制合)하는 아름다움이 없는 까닭이다. 기쁘게도 재성(財星)이 세력(勢力)을 이루었으니 벼슬길은 반드시 형통(亨通)할 수 있다.

評註

癸水 일주(日主)가 卯월에 태어나서 卯辰 목국(木局)을 이루고 丙丁이 투출(透出)하였으니 종재격(從財格)이다. 희신(喜神)은 식재(食財)인 木火이고 기신(忌神)은 인비관(印比官)인 金水土이다. 전조(前造)는 기신(忌神)인 壬水를 합화(合化)하여 희신(喜神)이 되었지만 이 명조(命造)는 癸水가 쟁전(爭戰)으로 희신(喜神)을 손상(損傷)시켰기 때문에 전조(前造)에 미치지 못한 것이다.

任註

$$ \begin{array}{cccc} 戊 & 丙 & 丁 & 己 \\ 戌 & 戌 & 丑 & 未 \end{array} $$

庚辛壬癸甲乙丙
午未申酉戌亥子

丙火生於季冬 滿局皆土 格成火土從兒 丑中辛財爲用 謂一個玄機暗
병화생어계동　만국개토　격성화토종아　축중신재위용　위일개현기암

裏 存也 所嫌丁火蓋頭 通根未戌 忌神深重 未能顯秩 妙在中運走癸酉
리 존야　소혐정화개두　통근미술　기신심중　미능현질　묘재중운주계유

壬申 喜用齊來 宦途順遂.
임신　희용제래　환도순수

丙火가 계동(季冬)에 생(生)하였고 만국(滿局)이 모두 土이니 화토종재격(火土從財格)이다. 일개(一個)의 현기(玄機)가 남이 모르는 가운데 존재(存在)함이 나타난다. 꺼리는 것은 丁火가 개두(蓋頭)하니 고관(高官)에 올라갈 수 없었다. 묘(妙)한 것은 癸酉, 壬申 운으로 행(行)하니 희용(喜用)이 함께 와 벼슬길이 순조(順調)롭게 이루어졌다.

　丙火 일주(日主)가 丑월에 태어나서 전지지(全地支)가 토국(土局)이고 천간(天干)에 戊己가 투출(透出)하였으니 종아격(從兒格)이다. 희신(喜神)은 식재(食財)인 土金이고 기신(忌神)은 인비관(印比官)인 木火水이다.

　癸酉 운은 원국(原局)의 丁火가 癸水를 충극(冲剋)하여 기신(忌神)인 癸水가 충거(冲去)되었으며 酉丑 합금(合金), 酉戌 합금(合金)이 되어 희신(喜神)이 가중(加重)되었다. 壬申 운은 丙壬 충(冲), 丁壬 합(合)으로 壬水가 충거(冲去)되었으며 申戌 암합(暗合)으로 희신(喜神)이 되었으니 벼슬길이 순탄(順坦)하게 된 것이다.

戊	丙	辛	己
戌	戌	未	未

甲乙丙丁戊己庚
子丑寅卯辰巳午

丙火生於季夏 滿局皆土 格取從兒 月干辛金獨發 所謂從兒又見兒也
병화생어계하　만국개토　격취종아　월간신금독발　소위종아우견아야

大象觀之 勝於前造 其功名富貴反不及者 何也 前造金雖不現 而丑內
대상관지　승어전조　기공명부귀반불급자　하야　전조금수불현　이축내

蓄藏 三冬濕土 能晦火養金 此辛金顯露 而九夏鎔金 根氣不固 未戌丁
축장　삼동습토　능회화양금　차신금현로　이구하용금　근기불고　미술정

火當權 所謂凶物深藏也 兼之運走東南木火之地 雖中鄉榜 一交終身.
화당권　소위흉물심장야　겸지운주동남목화지지　수중향방　일교종신

　丙火가 계하(季夏)에 생하였고 만국이 모두 土이니 종아격인데 월간의 辛金이 독발(獨發)하였으니 소위 종아우견아(從兒又見兒)이다. 대상(大象)을 살펴보면 전조보다 나은 것 같은데 그 공명과 부귀가 오히려 미치지 못한 것은 무슨 까닭인가?

전조(前造)는 비록 金이 나타나지 않았지만 丑 중에 암장(暗藏)되어 있고 삼동(三冬)의 丑土는 능히 회화양금(晦火養金)할 수 있다. 이 명조의 辛金은 나타나 있지만 구하(九夏)가 金을 녹여서 근기(根氣)가 단단하지 못하고 未戌에 丁火가 당권하였으니 소위 흉물심장(凶物深藏)이다. 겸(兼)하여 운행이 동남의 목화지지로 행(行)하니 비록 향방에 합격하였어도 오로지 교육으로 일생을 마쳤다.

丙火 일주가 未월에 태어나서 아직 丙火의 뿌리가 살아있다. 전지지(全地支)가 토국(土局)이고 천간(天干)에 戊己가 투출하였으니 종아격(從兒格)이다. 희신(喜神)은 식재(食財)인 土金이고 기신(忌神)은 인비관(印比官)인 木火水인데 꺼리게도 운행이 동남의 목화지지로 행(行)하고 있다.

전조(前造)의 희신(喜神)인 辛金은 나타나지 않았지만 축장(蓄藏)이 되어있고 丑土는 습토(濕土)이니 충분히 생금할 수 있지만 이 명조의 辛金은 투출되어 있지만 미중정화(未中丁火)에 용금(鎔金)되었으니 오히려 조토(燥土)가 왕(旺)하여 생금할 수가 없다. 운행에 있어서도 전조(前造)는 금수지지(金水之地)이니 공명과 부귀가 이 명조보다 우월하게 된 것이다. 주의(注意)해야 할 것은 조토(燥土)와 습토(濕土)를 세밀하게 관찰하여 회화생금(晦火生金)의 여부를 판단해야 한다.

丙	甲	丁	甲
寅	午	丑	午

甲癸壬辛庚己戊
申未午巳辰卯寅

甲木生於季冬　火虛而幸通根有焰　格取從兒　木雖進氣　又逢祿比幇身
갑목생어계동　화허이행통근유염　격취종아　목수진기　우봉록비방신

所謂從兒不論身強弱　非身弱論也　前造過於燥烈　此則濕土逢燥　地潤
소위종아불론신강약　　비신약론야　전조과어조열　　차즉습토봉조　지윤

天和　生育不悖　連登甲第　仕至侍郎.
천화　생육불패　연등갑제　사지시랑

甲木이 계동(季冬)에 생(生)하여 火가 허(虛)하지만 다행하게도 화기(火氣)가 있으
니 종아격(從兒格)이다. 木이 비록 진기(進氣)라도 녹(祿)과 비겁(比劫)의 방신(幇身)을
만나고 있다. 소위 종아(從兒)는 "일주(日主)의 강약(強弱)을 논(論)하지 않는다"라는
것은 신약(身弱)으로 논(論)하지 않는다는 것이다.

　전조(前造)는 지나치게 조열(燥烈)하지만 차조(此造)는 습토(濕土)가 조열(燥烈)을 만
났으니 지윤천화(地潤天和)하여 생육(生育)이 어긋나지 않으니 연등갑제(連登甲第)하
고 벼슬이 시랑(侍郎)에 이르렀다.

評註

　甲木 일주(日主)가 丑월에 태어나서 한랭(寒冷)하니 조후(調候)로 火가 필요(必要)하
다. 지지(地支)에서 寅午 화국(火局)이 되었고 천간(天干)에 丙丁이 투출(透出)하였으
니 식상(食傷)이 태왕(太旺)하다. 그러므로 종아격(從兒格)이 되었다. 희신(喜神)은 식
재(食財)인 火土이고 기신(忌神)은 인비관(印比官)인 水木金이다. 寅卯辰 동방목국(東
方木局)운에서는 곤고(困苦)하였으나 巳午未 남방화국(南方火局)운에 연이어 갑제(甲
第)에 올랐으며 벼슬이 시랑(侍郎)에 이르게 된 것이다.

任註

壬	戊	辛	辛
子	申	丑	丑

甲乙丙丁戊己庚
午未申酉戌亥子

戊土生於季冬 辛金並透通根 坐下申金壬水 旺而逢生 純粹可觀 早遊
무토생어계동　신금병투통근　좌하신금임수　왕이봉생　순수가관　조유

泮水至亥運 類聚北方 高攀秋桂 交戊戌 通根燥土 奪去壬水 至丙寅
반수지해운　류취북방　고반추계　교무술　통근조토　탈거임수　지병인

午冲去申金 壬水之根 體用兩傷 不祿.
오충거신금　임수지근　체용양상　불록

戊土가 계동(季冬)에 생(生)하였는데 辛金이 양투(兩透)하여 통근(通根)하였고 좌하 (坐下)의 申金과 壬水는 왕(旺)하고 생(生)을 만나니 순수(純粹)하다고 볼 수 있다. 일 찍 입반(入泮)하였고 亥운에 이르러 북방수운(北方水運)을 만나니 높은 과(科)의 가을 고시(考試)에 합격하였다.

戊戌 운으로 바뀌어서는 조토(燥土)에 통근(通根)하니 壬水를 탈거(奪去)하고 丙寅 년에 이르러 壬水의 뿌리인 申金을 충거(冲去)하니 체용(體用)이 모두 상(傷)하게 되 어 불록지객(不祿之客)이 되었다.

評註

戊土가 丑월에 태어나서 득령(得令)하였고 년지(年支)의 丑土는 방조(幇助)하니 신 왕(身旺)한 것같이 보인다. 그러나 지지(地支)에서 申子 합수(合水)가 되고 子丑 합수 (合水)가 되니 전지지(全地支)가 수국(水局)으로 변(變)하였다. 자연히 戊土는 뿌리가 없게 되었고 壬水가 투출(透出)하였으니 아우생아종재격(兒又生兒從財格)이 되었다.

희신(喜神)은 식재(食財)인 金水이고 기신(忌神)은 인비관(印比官)인 火土木이다. 초 년(初年)운인 庚子, 己亥 운은 북방수지(北方水地)로 희신(喜神)이니 일찍 입반(入泮)이 되었으니 형액(刑厄)을 면(免)치 못하였다.

```
壬 辛 辛 壬
辰 亥 亥 寅
```

```
戊丁丙乙甲癸壬
午巳辰卯寅丑子
```

辛金生於孟冬 壬水當權 財逢生旺 金水兩涵 格取從兒 讀書一日數行
신금생어맹동　임수당권　재봉생왕　금수양함　격취종아　독서일일수행

至甲寅運 登科發甲 乙卯運 由署郎出守黃堂 一交丙辰 官印齊來又逢
지갑인운　등과발갑　을묘운　유서랑출수황당　일교병진　관인제래우봉

戊戌年 冲動印綬 破其傷官 不祿.
무술년　충동인수　파기상관　불록

　辛金이 맹동(盲動)에 생(生)하고 壬水가 당권(當權)하였고 재성(財星)은 생왕(生旺)을 만나 金水가 모두 내포되어 있으니 종아격(從兒格)이 되었다. 독서(讀書)를 하면 한눈으로 여러 줄을 읽는 재능(才能)이 있을 정도로 뛰어났다.

　甲寅 운에 등과(登科)하고 발갑(發甲)하였으며 乙卯 운은 서랑(署郎)을 거쳐 황당(黃堂)에 이르렀으며 丙辰 운으로 바뀌면서 관성(官星)과 인수(印綬)가 함께 오니 戊戌 년에 인수(印綬)를 충동(冲動)하고 상관(傷官)을 파(破)하니 불록지객(不祿之客)이 되었다.

　辛金 일주(日主)가 亥월에 태어나서 실령(失令)하였고 지지(地支)의 亥亥 합수(合水)는 재성(財星)인 寅木을 생조(生助)하고 壬水가 투출(透出)하였으나 辛金이 뿌리가 없게 되었다. 그러므로 아우생아종재격(兒又生兒從財格)이 되었다. 희신(喜神)은 식재(食財)인 水木이고 기신(忌神)은 인비관(印比官)인 土金水이다.

　壬子, 癸丑 운은 북방수지(北方水地)로 희신(喜神)이 부모(父母)의 음덕(蔭德)을 받았

을 것이고 甲寅, 乙卯 운은 동방지지(東方之地)로 일찍 등과발갑(登科發甲)하였고 벼슬이 황당(黃堂)에 이르게 되었다.

丙辰 운은 丙壬 충(冲)하고 辰辰 자형(自刑)이 되었으니 형액(刑厄)을 암시(暗示)하고 있는데 戊戌 년을 만나니 辰戌 충(冲)하고 상관(傷官)을 극제(剋制)하니 불록지객(不祿之客)이 되었다.

任註

```
辛 辛 辛 壬
卯 卯 亥 子
```

```
戊 丁 丙 乙 甲 癸 壬
午 巳 辰 卯 寅 丑 子
```

辛金生於孟冬 水勢當權 雖天干三透辛金 而地支臨絕 格取從兒 讀書
신금생어맹동　수세당권　수천간삼투신금　　이지지임절　격취종아　독서

過目成誦 早年入泮 甲寅拔貢 出仕縣宰 乙卯運 仕路順遂 丙辰註誤至
과목성송　조년입반　갑인발공　출사현재　을묘운　사로순수　병진괘오지

戊年 旺土克水 而歿. 凡從兒格 行運不背逢財者 未有不當貴者也 且秀
술년　왕토극수　이몰　범종아격　　행운불배봉재자　　미유부당귀자야　차수

氣流行 人必聰明出類 學問精醇.
기유행　인필총명출류　학문정순

辛金이 맹동(孟冬)에 생하여 수세(水勢)가 당권(當權)하고 있다. 비록 천간(天干)에 辛金이 세 개나 투출(透出)하였으나 지지(地支)가 절지(絕地)가 되니 종아격(從兒格)이다. 독서를 하면 한 번 읽은 것은 외워 버리니 일찍 입반(入泮)하였고 甲寅 운에는 발공(拔貢)하고 출사(出仕)하여 현재(縣宰)에 이르렀다.

乙卯 운에 벼슬길이 순조로웠으나 丙辰 운에 남의 죄에 연루되어 파직(罷職)당하고 戊년에는 왕토(旺土)가 극수(克水)하니 세상을 떠났다. 무릇 종아격(從兒格)이란 행운(行運)이 어긋나지 않고 재성(財星)을 만나면 부귀(富貴)하지 않는 경우가 없으

며 수기유행(秀氣流行)하면 반드시 총명(聰明)하고 학문이 뛰어나게 된다.

評註

辛金 일주(日主)가 亥월에 태어나서 실령(失令)하였고 지지(地支)는 亥卯 합목(合木)하고 亥子 합수(合水)하니 辛金의 뿌리가 없어 아우생아종재격(兒又生兒從財格)이 되었다. 희신(喜神)은 식재(食財)인 水木이고 기신(忌神)은 인비관(印比官)인 土金火이다.

전조(前造)와 같이 壬子, 癸丑 운은 북방수지(北方水地)로 희신(喜神)이고 甲寅, 乙卯 운은 丙辛 합거(合去)되고 丙壬 충거(冲去)되어 혼란하고 있는데 戌년을 만나서 辰戌 충(冲)을 하니 왕토(旺土)가 극수(克水)하였다. 대운(大運)과 세운(歲運)이 동시(同時)에 기신(忌神)이 되었다.

原文

君賴臣生理最微　兒能救母洩天機　母慈滅子關頭異　夫健何爲又怕妻
군뢰신생리최미　　아능구모설천기　　모자멸자관두이　　부건하위우파처

　임금이 신하(臣下)의 생(生)을 의지하는 것은 그 이치(理致)가 가장 미묘(微妙)하고 자식(子息)이 어머니를 구(救)하는 것은 천기(天機)를 설(洩)하는 것이다. 어머니의 자애(慈愛)로운 사랑이 지나쳐 자식(子息)을 멸(滅)하는 것은 기이한 것이고 남편(男便)이 건왕(健旺)한데 무엇이 처(妻)를 두려워하게 하는가?

原註

木君也　土臣也　水泛木浮　土止水則生木　木旺火熾　金伐木則生火　火旺
목군야　　토신야　　수범목부　　토지수즉생목　　목왕화치　　금벌목즉생화　　화왕

土焦　水尅火則生土　土重金埋　木尅土則生金　金旺水濁　火尅金則生水
토초　　수극화즉생토　　토중금매　　목극토즉생금　　금왕수탁　　화극금즉생수

皆君賴臣生也　其理最妙.
개군뢰신생야　　기이최묘

木이 군(君)이면 土는 신하(臣下)인데 水가 많아 木이 뜨게 되면 土가 있어 水를 멈추게 하여 木을 살릴 수가 있다(土生木).

木이 왕(旺)하여 火가 치열할 때 金이 木을 극벌(剋伐)하면 火를 살릴 수 있다(金生火).

火가 왕(旺)하여 土가 말라 갈라지면 水가 火를 극(剋)하여 土를 살릴 수 있다(水生土).

土가 중중(重重)하여 金이 매몰되면 木이 土를 극(剋)하여 金을 살릴 수 있다(木生金).

金이 왕(旺)하여 水가 탁(濁)할 때 火가 金을 극(剋)하면 水를 살릴 수 있다(火生水).
이 모두가 군뢰신생(君賴臣生)으로 그 이치(理致)는 가장 오묘(奧妙)하다.

任註

任氏曰 君賴臣生者 印綬太旺之意也.
임씨왈　군뢰신생자　인수태왕지의야

此就日主而論 如日主是木爲君　局中之土爲臣　四柱重逢壬　癸亥子水
차취일주이론　여일주시목위군　국중지토위신　사주중봉임　계해자수

勢泛濫　木氣反虛　不但不能生木　抑且木亦不能納受其水　木必浮泛矣
세범람　목기반허　부단불능생목　억차목역불능납수기수　목필부범의

必須用土止水　則木可託根　而水方能生木　木亦受其水矣　破其印而就
필수용토지수　즉목가탁근　이수방능생목　목역수기수의　파기인이취

其財犯上之意　故爲反局也. 雖就日主而論　四柱亦同此論　如水是官星
기재범상지의　고위반국야　수취일주이론　사주역동차론　여수시관성

木是印綬　水勢太旺　亦能浮木　亦須見土而能受水　以成反生之妙　所以
목시인수　수세태왕　역능부목　역수견토이능수수　이성반생지묘　소이

理最微也　火土金水　皆同此論.
이최미야　화토금수　개동차론

임씨(任氏)가 말하길, 군뢰신생(君賴臣生)이란 인수(印綬)가 태왕(太旺)한 경우를 뜻한다. 이는 일주(日主)에 관하여 논(論)한 것으로, 가령 일주(日主)인 木이 군(君)이면

국중(局中)에 土는 신(臣)이다.

사주(四柱)에 壬癸, 亥子를 거듭 만나게 되면 수세(水勢)가 범람하여 목기(木氣)를 오히려 허약(虛弱)하게 생목(生木)할 수 없을 뿐만 아니라 木도 역시 水를 받아들이지 못하여 木은 반드시 뜨게 된다. 반드시 土를 용신(用神)으로 하여 지수(止水)하여야 木이 뿌리를 내리고 水가 비로소 생목(生木)할 수 있으며 木 또한 水를 받아들인다.

인수(印綬)를 극(剋)하고 재(財)를 취(取)하는 것은 위 사람을 범(犯)하는 뜻이 있으니 반국(反局)이 된다. 비록 일주(日主)에 관하여 논(論)한 것이니 사주(四柱) 역시 이와 같이 논(論)한다.

가령 水가 관성(官星)이라면 木은 인수(印綬)인데 수세(水勢)가 태왕(太旺)하면 역시 木이 뜨게 되므로 土를 도와야만 木은 水를 받아들일 수 있어 반생(反生)의 묘(妙)가 있게 되니 이러한 이치(理致)가 가장 미묘(微妙)하다. 나머지 火土金水도 이와 같이 논(論)하면 된다.

任註

```
戊 甲 壬 壬
辰 寅 子 辰
```

```
己 戊 丁 丙 乙 甲 癸
未 午 巳 辰 卯 寅 丑
```

甲木生於仲冬 雖日坐祿支 不致浮泛 而水勢太旺 辰土雖能蓄水 喜其
갑목생어중동　수일좌록지　불치부범　이수세태왕　진토수능축수　희기

戊土透露 辰乃木餘氣 足以止水託根 謂君賴臣生也 所以早登科甲 翰
무토투로　진내목여기　족이지수탁근　위군뢰신생야　소이조등과갑　한

苑名高 更妙南方一路火土之運 祿位未可限量也.
원명고　경묘남방일로화토지운　녹위미가한량야

甲木이 중동(仲冬)에 생(生)하여 비록 녹지(綠地)에 앉아 부범(浮泛)에 이르지는 않는다. 수세(水勢)가 태왕(太旺)하고 辰土는 축수(蓄水)하고 있으나 戊土가 투출(透出)하였으니 기쁘다. 辰土는 木의 여기(餘氣)로 충분히 지수(止水)하고 뿌리를 내리게 할 수 있으니 군뢰신생(君賴臣生)이라 할 수 있다.

일찍 과갑(科甲)에 올랐고 한원(翰苑)에서 명성(名聲)이 높았으며 더욱 오묘(奧妙)한 것은 남방(南方)의 火土 운(運)이니 녹위(祿位)의 한계(限界)를 헤아릴 수 없다.

評註

甲木 일주(日主)가 子월에 태어나서 득령(得令)하였고 지지(地支)가 子辰 합수(合水)하고 두 개의 壬水가 투출(透出)하였으니 부목(浮木)되기 직전에 있다.

다행하게도 좌하(坐下)에 녹지(綠地)하고 戊土가 역시 투출(透出)하였으니 족히 지수(止水)하고 탁근(託根)할 수 있다.

그러므로 군뢰신생(君賴臣生)이라고 할 수 있다. 희신(喜神)은 비식재(比食財)인 木火土이고 기신(忌神)은 관인(官印)인 金水인데 원국(原局)에 金이 없어 아름답다. 용신정법(用神定法)에서는 시상편재격(時上偏財格)이라고 한다. 수다목부(水多木浮)의 염려가 있으니 수세(水勢)를 극제(剋制)하는 土가 약(藥)이 된다.

任註

戊 甲 壬 壬
辰 子 子 戌

己 戊 丁 丙 乙 甲 癸
未 午 巳 辰 卯 寅 丑

甲木生於仲冬　前造坐寅而實　此則坐子而虛　所喜年支帶火之戌土　較
갑목생어중동　전조좌인이실　차즉좌자이허　소희년지대화지술토　　교

辰土力量大過矣　蓋戊土之根固　足以補日主之虛　行運亦同　功名亦同
진토력량대과의　　개무토지근고　　족이보일주지허　　행운역동　　공명역동

仕至尚書.
사지상서

甲木이 중동(仲冬)에 생(生)하여 전조(前造)는 좌하(坐下)에 寅木을 두어 실(實)하고
이 명조(命造)는 좌하(坐下)에 子水를 두어 허(虛)하다. 기쁜 것은 년지(年支)가 火를
대동한 戊土인데 辰土와 비교(比較)하면 그 역량(力量)이 크게 뛰어나다. 戊土의 뿌
리가 견고(堅固)하여 일주(日主)의 허(虛)를 보충(補充)할 수 있으며 행운(行運)도 같고
공명(功名)도 역시 같아 벼슬이 상서(尙書)에 이르렀다.

評註

전조(前造)와 같이 甲木이 子월에 태어나서 득령(得令)하였고 지지(地支)가 子辰
합수(合水)가 되고 두 개의 壬水가 투출(透出)하였으니 부목(浮木)되기 직전(直前)에
있다.

다행하게도 년지(年支)의 戊土가 뿌리가 되어 충분(充分)히 지수(止水)할 수 있다.
그러므로 군뢰신생(君賴臣生)이 되니 희신(喜神)은 비식재(比食財)인 木火土이고 기신
(忌神)은 관인(官印)인 金水인데 원국(原局)에 金이 없어 아름답다. 용신정법(用神定法)
으로는 시상편재격(時上偏財格)이고 병약용신(病藥用神)으로는 수병(水病)을 극제(剋制)
하는 土이다.

任註

己	辛	戊	己
亥	酉	辰	巳

辛壬癸甲乙丙丁
酉戌亥子丑寅卯

陳提督造 辛生辰月 土雖重疊 春土究屬氣闢而鬆 木有餘氣 亥中甲木
진제독조 신생진월 토수중첩 춘토구속기벽이송 목유여기 해중갑목

逢生 辰酉輾轉相生 反助木之根原 遙冲巳火 使其不生戊己之土 亦君
봉생 진유전전상생 반조목지근원 요충사화 사기불생무기지토 역군

賴臣生也 其不就書香者 木之元神不透也 然喜生化不悖 又運走東北
뢰신생야 기불취서향자 목지원신불투야 연희생화불패 우운주동북

水木之地 故能武職超群.
수목지지 고능무직초군

진제독(陣提督)의 명조(命造)이다.

辛金이 辰月에 생(生)하여 土가 비록 중첩(重疊)하였다고 할지라도 춘토(春土)는 결국 기(氣)가 열려서 성글고 木의 여기(餘氣)이다. 해중(亥中)의 甲木이 봉생(逢生)하였고 辰酉가 전전상생(輾轉相生)하여 오히려 木의 근원(根源)을 돕고 亥水가 巳火를 요충(遙冲)하여 戊己土를 생(生)하지 못하게 하니 역시 군뢰신생(君賴臣生)이다.

학문(學問)을 완성하지 못한 것은 木의 원신(元神)이 투출하지 않았기 때문이다. 그러나 기쁘게도 생화(生化)가 어긋나지 않았고 또한 운(運)이 동북(東北)의 수목지지(水木之地)로 행(行)하니 무직(武職)에서 투출하게 뛰어난 인물이었다.

評註

辛金 일주가 辰月에 태어나서 득령(得令)하였고 土가 태왕(太旺)하니 토다금매(土多金埋)가 되기 직전이다. 다행하게도 辰酉가 합금(合金)하니 辛金의 뿌리가 살게 되고 巳亥가 상충(相冲)하여 巳火가 생토(生土)하지 못하게 되니 군뢰신생(君賴臣生)이라 할 수 있다.

희신(喜神)은 비식재(比食財)인 金水木이고 기신(忌神)은 관인(官印)인 火土이다. 기쁘게도 운행(運行)이 동북지지(東北之地)인 木운으로 행(行)하고 대운(大運)에 간지(干支)가 상하유정(上下有情)하니 어디에서나 뛰어나지 않을 수 없는 인물(人物)이다. 용신정법(用神定法)에서는 상관생재격(傷官生財格)이라고도 한다.

```
庚 己 丁 戊
午 卯 巳 午
```

```
甲癸壬辛庚己戊
子亥戌酉申未午
```

己土生于孟夏 局中印星當令 火旺土焦 又能焚木 至庚子年 春闈奏捷
기토생우맹하　국중인성당령　화왕토초　우능분목　지경자년　춘위진첩

帶金之水 足以制化之烈 潤土之操也 其不能顯秩 仕路蹭蹬者 局中無
대금지수　족이제화지열　윤토지조야　기불능현질　사로층등자　국중무

水 之故也.
수　지고야

　　己土가 맹하(孟夏)에 생(生)하여 국중(局中)에 인수(印綬)가 당령(當令)하니 왕화(旺火)가 토초(土焦)하고 또한 분목(焚木)할 수 있다.

　　庚子 운에 이르러 춘위(春闈)에 합격(合格)한 것은 대금지수(帶金止水)가 충분히 火의 열기(熱氣)를 극제(剋制)하고 土의 조열(燥烈)함을 윤택(潤澤)하게 할 수 있었기 때문이다. 그러나 벼슬에 뚜렷하게 오르지 못하고 사로(仕路)가 좌절(挫折)되는 것은 원국(原局)에서 水가 없기 때문이다.

　　己土가 巳월에 태어나서 득령(得令)하였고 지지(地支)에 巳午로 왕화(旺火)한데 월간(月干)에 丁火가 투출(透出)하였으니 화다토초(火多土焦)가 되었다. 애석(哀惜)하게도 왕화(旺火)를 극제(剋制)하는 水가 없으니 군뢰신생(君賴臣生)이 되지 않는다.

　　다행하게도 원국(原局)에 庚金이 있으나 화다소용(火多銷鎔)이 되어 미약(微弱)하다. 庚子 운에 춘위(春闈)에 합격한 것은 庚申, 辛酉 운이었을 것이고 壬戌 운은 丁壬 합(合)으로 壬水가 합거(合去)되었고 午戌 합화(合火)가 되어 기신(忌神)이 되었으

니 고관(高官)에 오르지 못한 것이다. 癸亥 운은 천충지충(天冲地冲)되었으니 불록지객(不祿之客)이 되었을 것이다.

木爲母 火爲子 木被金傷 火剋金則生木 火遭水剋 土剋水則生火 土
목위모　화위자　목피금상　　화극금즉생목　　화조수극　　토극수즉생화　　토

遇木傷 金剋木則生土 金逢火煉 水剋火則生金 水因土墓 木剋土則生
우목상　금극목즉생토　금봉화련　수극화즉생금　수인토묘　목극토즉생

水 皆兒能生母之意 此意能奪天機.
수　개아능생모지의　차의능탈천기

木이 어머니이면 火는 자식(子息)이다. 木이 金에 손상(損傷)을 당하게 되면 火가 극금(剋金)하면 木은 살아나고 火가 水의 극(剋)을 만나면 土가 극수(剋水)하여 火가 살아난다. 土가 木의 상해(傷害)를 입으면 金이 극목(剋木)하여 土가 살아나고, 金이 火의 극(剋)을 만나면 水가 극화(剋火)하여 金이 살아난다. 水가 土 때문에 막히게 되면 木이 극토(剋土)하여 水가 살아나는 것은 모두 아능생모(兒能生母)의 뜻으로 이것은 능히 천기(天氣)를 빼앗아 갖는 것이다.

任氏曰 兒能生母之理 須分時候而論也.
임씨왈　아능생모지리　수분시후이논야

如木生冬令 寒而且凋 逢金水必凍 不特金能剋木 而水亦能剋木也 必
여목생동령　한이차조　봉금수필동　불특금능극목　이수역능극목야　필

須火以剋金 解水之凍 木得陽和而發生矣.
수화이극금　해수지동　목득양화이발생의

火遭水剋 生於春初冬盡 木嫩火虛 非但火忌水 而木亦忌水 必須土來
화조수극　생어춘초동진　목눈화허　비단화기수　이목역기수　필수토래

止水 培木之精神 則火得生 而木亦榮矣.
지수　배목지정신　즉화득생　이목역영의

土遇木傷　生于春末冬初　木堅土虛　縱有火　不能生濕土　必須用金伐木
토우목상　생우춘말동초　목견토허　종유화　불능생습토　필수용금벌목

則火有焰而土得生矣.
즉화유염이토득생의

金逢火煉　生于春末夏初　木旺火盛　必須水來剋火　又能濕木潤土　而金
금봉화련　생우춘말하초　목왕화성　필수수래극화　우능습목윤토　이금

得生矣.
득생의

水因土塞　生於秋冬　金多水弱　土入坤方　而能塞水　必須木以疏土　則水
수인토색　생어추동　금다수약　토입곤방　이능색수　필수목이소토　즉수

勢通達　而無阻隔矣　成母子相依之情.
세통달　이무조격의　성모자상의지정

若木生夏秋　火生秋冬　金生冬春　水生春夏　乃休囚之位　自無餘氣焉能
약목생하추　화생추동　금생동춘　수생춘하　내휴수지위　자무여기언능

用我生之神　以制剋我之神哉.
용아생지신　이제극아지신재

雖就日主而論　四柱之神　皆同此論.
수취일주이론　사주지신　개동차론

임씨(任氏)가 말하길 아능생모(兒能生母)의 이치(理致)는 반드시 시후(時候)를 나누어서 논(論)하여야 한다.

가령 木이 겨울에 생(生)하여 춥고 시들었는데 金水를 만나면 반드시 얼게 되니 단지 金만이 극목(剋木)하는 것이 아니고 水도 극목(剋木)하게 되므로 반드시 火로 금극(金剋)하고 水를 해동(解凍)하여야 木이 양화(陽和)를 얻어 살아나게 되는 것이다.

火가 水의 극(剋)을 만나서 춘초(春初)인 寅월이나 동진(冬盡)인 丑월에 생(生)하면 木은 어리고 火는 허(虛)하니 火가 水를 꺼릴 뿐만 아니라 木도 역시 水를 꺼리게 되므로 반드시 土가 지수(止水)하고 木의 정신을 배양(培養)하여야 火가 생(生)을 얻고 木도 역시 무성(茂盛)하여진다.

土가 木의 상해(傷害)를 받는 춘말(春末)인 辰월이나 동초(冬初)인 亥월에 생(生)하면 木은 견고(堅固)하고 土는 허(虛)하니 火가 있다고 할지라도 습토(濕土)를 생(生)할

수 없으니 반드시 金으로 벌목(伐木)하여야 火는 유염(有焰)하고 土는 생(生)을 얻는다.

金이 火의 극(剋)을 받는 춘말(春末)인 辰월이나 하초(夏初)인 巳월에 생(生)하면 木火가 왕성(旺盛)하니 반드시 水가 극화(剋火)하여야 습목(濕木)하고 윤토(潤土)하여 金이 살아날 수 있다.

水가 土 때문에 막히는 추동(秋冬)에 생하면 금다수약(金多水弱)하여 土가 곤방(坤方)에 들어가면 水를 막게 하니 반드시 木으로 소토(疎土)하여야 수세(水勢)가 통달하여 막힘 없이 모자(母子)가 서로 의지하는 정(情)을 이룬다.

만약에 木이 하추(夏秋)에 생(生)하거나 火가 추동(秋冬)에 생하거나 金이 동춘(冬春)에 생(生)하거나 水가 춘하(春夏)에 태어나면 휴수지지(休囚之地)이니 여기(餘氣)가 없는데 어찌 아생지신(我生之神)을 할 수 있겠으며 극아지신(剋我之神)을 극제(剋制)할 수 있겠는가?

비록 일주(日主)로 논(論)하였지만 사주지신(四柱之神)은 모두 이와 같이 논(論)한다.

任註

戊	甲	丙	甲
午	申	寅	申

癸壬辛庚己戊丁
酉申未午巳辰卯

春初木嫩 雙冲寅祿 又時透庚金 木嫩金堅 全賴丙火逢生臨旺 尤妙 五
춘초목눈 쌍충인록 우시투경금 목눈금견 전뢰병화봉생임왕 우묘 오

行無水 謂兒能救母 使庚申之金 不傷甲木 至巳運丙火祿地 中鄉榜 庚
행무수 위아능구모 사경신지금 불상갑목 지사운병화록지 중향방 경

午運發甲 辛未運 仕縣帝 總嫌庚金蓋頭 不能升遷 壬申運 不但仕路
오운발갑 신미운 사현재 총혐경금개두 불능승천 임신운 부단사로

蹭蹬 亦恐不祿.
층등 역공불록

춘초(春初)에 木이 여린데 녹(祿)인 寅을 쌍충(雙冲)하고 또한 시(時)에서 庚金이 투출(透出)하였으니 木은 여리고 金은 견고(堅固)하다. 전적으로 봉생(逢生)하고 왕성 (旺盛)한 丙火에 의지하는데 더욱 오묘한 것은 오행(五行)에 水가 없으니 火가 극(剋) 을 받지 않는다는 점이다.

이를 아능구모(兒能救母)라 하고 말하는데 庚申金으로 하여금 甲木을 상(傷)하지 않게 한다. 巳운에 이르러 丙火의 녹지(祿地)이니 향방(鄕榜)에 합격하였고 庚午 운 에 발갑(發甲)하였다. 辛未 운에는 벼슬길이 층등(蹭蹬)할 뿐만 아니고 불록(不祿)이 될까 두렵다.

甲木 일주(日主)가 寅월에 태어나서 득령(得令)하였고 년간(年干)에 갑목(甲木)이 투 출(透出)하였으나 년일(年日)의 申金이 寅木을 쌍충(雙冲)하니 뿌리가 약(弱)하게 되 었다.

기쁘게도 왕성(旺盛)한 관살(官殺)을 극제(剋制)하는 丙火가 寅午 화국(火局)에 통 근(通根)되어 있으니 식신제살격(食神制殺格)이 되었다. 희신(喜神)은 인비식(印比食)인 水木火이고 기신(忌神)은 재관(財官)인 土金이다.

주의(注意)해야 할 것은 丙火가 寅午 합화(合化)에 통근(通根)하여 庚申金을 극제 (剋制)하니 甲木이 손상(損傷)당하지 않는다는 것이다. 운행(運行)이 동남지지(東南之 地)인 木火 운으로 행(行)하니 아름답다.

己巳 운에는 丙火가 녹지(祿地)를 얻었고 巳午 합화(合火)가 되었고 寅巳 형(刑)으 로 인중병화(寅中丙火)와 사중병화(巳中丙火)가 투출(透出)되어 사중경금(巳中庚金)을 손 상(損傷)시켰으니 향방(鄕榜)에 합격(合格)하였다.

주의(注意)해야 할 것은 寅巳申 삼형살(三刑殺)로 형액(刑厄)으로 논(論)하지 않고 巳申 합수(合水)가 되어 인수(印綬)로 보아 희신(喜神)으로 논(論)하는 것은 타당하다.

庚午 운은 甲庚 충(冲), 丙庚 충(冲)으로 庚金이 극제(剋制)되었고 지지(地支)에서 寅午 합화(合火)가 되었으니 발갑(發甲)하였다. 辛未 운은 丙辛 합화(合化)로 辛金이

합거(合去)되었고 午未 합화(合火)로 희신(喜神)이 되었으니 벼슬이 현재(縣宰)에 오르게 되었다. 壬申 운은 丙壬 충(冲)하고 寅申 충(冲)하니 천충지충(天冲地冲)되어 벼슬 길이 좌절되었을 뿐만 아니라 불록(不祿)이 되었을 것이다.

任註

```
丙 乙 丙 甲
戌 酉 子 申
```

```
癸 壬 辛 庚 己 戊 丁
未 午 巳 辰 卯 寅 丑
```

乙木生於仲冬 雖逢相位 究竟冬凋不茂 又支類西方 財殺肆逞 喜其 丙
을목생어중동　수봉상위　구경동조불무　우지류서방　재살사령　희기 병

火並透 則金不寒 水不凍 寒木向陽 兒能救母 爲人性情慷慨 雖在經營
화병투　즉금불한　수부동　한목향양　아능구모　위인성정강개　수재경영

規模出俗 刱業十餘萬 其不利於書香者 由戌土生殺壞印之故也.
규모출속　창업십여만　기불리어서향자　　유술토생살괴인지고야

乙木이 중동(仲冬)에 생(生)하여 비록 생(生)이 되기는 하나 결국은 겨울에 시들었고 무성(茂盛)하지도 못하여 또한 지지(地支)가 서방(西方)을 이루어 재살(財殺)이 방자(放恣)하게 날뛰고 있다. 기쁜 것은 丙火가 병투(並透)하여 金이 차갑지 않고 水가 얼지 않았으며 한목(寒木)이 양(陽)을 향(向)하니 아능구모(兒能救母)가 되었다.

위인(爲人)의 성정(性情)이 호쾌(豪快)하고 시원스러웠으며 비록 경영(經營)의 규모(規模)가 작았다고 하여도 창업(創業)하여 십여만(十餘萬)의 재물(財物)을 모았다. 학문(學問)에 불리(不利)하였던 것은 戌土가 생살(生殺)하여 인수(印綬)를 괴인(壞印)한 까닭이었다.

乙木 일주가 子月에 태어나서 한랭(寒冷)하니 우선 조후(調候)로 火가 필요(必要)한데 丙火가 병투(並透)하여 아름답다. 지지(地支)에서 申酉戌로 서방금국(西方金局)이 되었으니 관살(官殺)이 태왕(太旺)하여 식신제살격(食神制殺格)이 되었다.

희신(喜神)은 인비식(印比食)인 水木火이고 기신(忌神)은 재관(財官)인 土金인데 기쁘게도 운행(運行)이 동남지지(東南之地)인 木火 운(運)으로 행(行)하니 부귀(富貴)하였다.

주의(注意)해야 할 것은 乙木이 子水를 생수(生水)하지 못한다고 할 수 있으나 천간(天干)에 丙火가 투출(透出)하였으니 얼지 않아 생목(生木)할 수 있다.

甲	壬	乙	丙
辰	辰	未	辰

壬辛庚己戊丁丙
寅丑子亥戌酉申

壬水生於季夏 休囚之地 喜其三逢辰支 通根身庫 辰土能蓄水養木
임수생어계하　　휴수지지　　희기삼봉진지　　통근신고　　진토능축수양목

甲乙 並透 通根制土 兒能生母 微嫌丙火洩木生土 功名不過一衿
갑을　병투　통근제토　아능생모　　미혐병화설목생토　　공명불과일금

妙在中晩 運走東北水木之地 捐納出仕 位至藩臬 富有百餘萬.
묘재중만　　운주동북수목지지　　연납출사　위지반얼　부유백여만

壬水가 휴수지지(休囚之地)인 계하(季夏)에 생(生)하였는데 기쁘게도 지지(地支)에 辰土가 셋이 있으므로 壬水가 뿌리를 내릴 수 있으며 辰土가 능히 축수(蓄水)하여 양목(養木)할 수 있다. 甲乙이 병투(並透)하여 통근(通根)하니 제토(制土)하여 아능생모(兒能生母)가 되었다.

경미(輕微)하나마 꺼리는 것은 丙火가 木을 설(洩)하고 생토(生土)하니 공명(功名)이 일금(一衿)에 불과하였다. 오묘(奧妙)하게도 중만년(中晩年) 운(運)이 동북지지(東北之地)인 水木으로 행(行)하니 돈을 바치고 벼슬에 나아가 반열(藩臬)에 이르렀고 부(富)도 백여만(百餘萬)에 이르렀다.

壬水 일주(日主)가 未월에 태어나서 실령(失令)하였고 전지지(全地支)가 토국(土局)이 되었으니 관살(官殺)이 태왕(太旺)하다. 천간(天干)에 甲乙木이 투출(透出)하여 辰土와 未土에 통근(通根)하고 있으니 제토(制土)할 수 있다.

그러므로 식신제살격(食神制殺格)이 되어 희신(喜神)은 인비식(印比食)인 金水木이고 기신(忌神)은 재관(財官)인 火土인데 기쁘게도 운행이 金水木으로 행하니 대단히 아름답다. 주의(注意)해야 할 것은 만약에 천간에 戊己土가 투출하였다면 종살격(從殺格)이 되어 재살(財殺)인 火土가 희신(喜神)이니 곤고하였을 것이다.

辛 己 乙 癸
未 卯 卯 卯

戊己庚辛壬癸甲
申酉戌亥子丑寅

己土生於仲春 四殺當令 日元虛脫極矣 還喜濕土能生木 不愁木盛 若
기토생어중춘　사살당령　일원허탈극의　환희습토능생목　불수목성　약

戊土必不支矣 更妙未土 通根有餘 足以用辛金制殺 兒能生母 至癸酉
무토필부지의　경묘미토　통근유여　족이용신금제살　아능생모　지계유

年 辛金得祿 中鄕榜 庚戌出仕縣令 所嫌者 年干癸水 生木洩金 仕路
년　신금득록　중향방　경술출사현령　소혐자　년간계수　생목설금　사로

不顯 宦囊如洗 爲官清介 人品端方.
불현　환낭여세　위관청개　인품단방

己土가 중춘(仲春)에 생(生)하여 사살(四殺)이 당령(當令)하였으니 일원(日元)의 허탈(虛脫)함이 극(極)에 이르렀다. 다만 기쁜 것은 습토(濕土)가 생목(生木)하고 있으니 木이 왕성(旺盛)함을 근심하지 않는다. 만약 戊土라면 반드시 지탱(支撐)하지 못하였을 것이다.

더욱 묘(妙)한 것은 未土에 통근(通根)하여 유여하니 능히 辛金을 제살(制殺)하니 아능생모(兒能生母)가 되었다. 癸酉 년에 이르러 辛金이 득록하니 향방에 합격하였고 戊戌 운에 현령(縣令)에 이르렀다. 꺼리는 것은 년간(年干)에 癸水가 생목(生木)하고 金을 설(洩)하니 벼슬길이 현달(顯達)하지 못하였고 환낭(宦囊)[38]이 물로 씻은 듯하였고 벼슬살이는 청개(淸介)하였으며 인품(人品)은 단방하였다.

己土가 卯월에 태어나서 실령(失令)하였고 전지지(全地支)가 목국(木局)으로 되어 있는데 천간(天干)에 乙木이 투출(透出)하였으니 종살격(從殺格)이 되었다.

그러나 일간(日干)의 己土가 습토(濕土)인 未土에 통근(通根)하였고 未土는 생금(生金)하니 왕목(旺木)을 두려워하지 않고 오히려 辛金이 극목(剋木)하여 일주(日主)를 보호하니 아능생모(兒能生母)가 되었다. 그리하여 식신제살격(食神制殺格)이 되었으니 희신(喜神)은 인비식(印比食)인 火土金이고 기신(忌神)은 재관(財官)인 水木이다.

癸酉 년에 辛金이 득록(得祿)하니 향방(鄕榜)에 합격(合格)하였고 庚戌 운에는 土金 운으로 희신(喜神)이니 현령(縣令)에 이르렀다.

原註

木母也 火子也 太旺謂之慈母 反使火熾而焚滅 是謂滅子 火土金水 亦
목모야 화자야 태왕위지자모   반사화치이분멸   시위멸자 화토금수 역

如之.
여지

---

38 환낭(宦囊): 벼슬을 하면서 벌어들인 재물(財物).

木이 모(母)이면 火는 자식(子息)이다. 木이 태왕(太旺)한 것을 자모(慈母)라 하고 木이 태왕(太旺)하면 오히려 火가 치열(熾烈)하여 분멸(焚滅)하게 되니 이것을 멸자(滅子)라 한다.

任氏曰 母慈滅子之理 與君賴臣生之意相似也 細究之 均是印旺.
임씨왈　모자멸자지리　　여군뢰신생지의상사야　　세구지　균시인왕

其關頭異者 君賴臣生 局中印綬雖旺 柱中財星有氣 可以用財破印也
기관두이자　군뢰신생　국중인수수왕　　주중재성유기　　가이용재파인야

母慈滅子 縱有財星無氣 未可以財星破印也 只得順母之性 助其子也.
모자멸자　종유재성무기　　미가이재성파인야　　지득순모지성　　조기자야

歲運仍行比劫之地 庶母慈而子安 一見財星食傷之類 逆母之性 無生
세운잉행비겁지지　서모자이자안　　일견재성식상지류　　역모지성　무생

育之意 災咎必不免矣.
육지의　재구필불면의

임씨(任氏)가 말하길, 모자멸자(母慈滅子)의 이치(理致)는 군뢰신생(君賴臣生)의 이치(理致)와 비슷하다. 자세히 연구(研究)하면 모두 인수(印綬)가 왕(旺)한 것이다. 관두(關頭)가 다르다는 것은 군뢰신생(君賴臣生)은 원국(原局) 중에서 인수(印綬)가 비록 왕(旺)하다고 하나 주중(柱中)에 재성(財星)이 유기(有氣)하여 재성(財星)을 써서 파인(破印)할 수 있다는 것이다. 모자멸자(母慈滅子)는 재성(財星)이 있다고 할지라도 무기(無氣)하여 재성(財星)이 파인(破印)할 수 없다는 것이니 다만 모성(母性)에 순(順)해야만 자식(子息)을 도울 수 있다.

세운(歲運)이 비겁지지(比劫之地)로 행(行)하면 비로소 모(母)는 자애(慈愛)롭고 자(子)는 편안(便安)하나 한 번이라도 재성(財星)이나 식상(食傷)을 보게 되면 모성(母性)을 거스르게 되어 생육지의(生育之意)가 없으니 반드시 재앙(災殃)을 면(免)치 못한다.

```
甲 丁 甲 癸
辰 卯 寅 卯
```

```
丁戊己庚辛壬癸
未申酉戌亥子丑
```

此造 俗謂殺印相生 身强殺淺 金水運 名利雙收 不知癸水之氣 盡歸
차조 속위살인상생 신강살천 금수운 명리쌍수 부지계수지기 진귀

甲木 地支寅卯辰全 木多火熄 母慈滅子 初運癸丑壬子 生木剋火 刑傷
갑목 지지인묘진전 목다화식 모자멸자 초운계축임자 생목극화 형상

破耗 辛亥庚戌己酉戊申 土生金旺 觸犯木之旺神 顚沛異常 無存身之
파모 신해경술기유무신 토생금왕 촉범목지왕신 전패이상 무존신지

地 是以六旬以前 一事無成 丁未運 助起日元 順母之性 得際遇娶妾連
지 시이육순이전 일사무성 정미운 조기일원 순모지성 득제우취첩연

生兩者 及丙午二十年 發財數萬 壽至九旬外.
생양자 급병오이십년 발재수만 수지구순외

이 명조(命造)는 속사(俗士)들이 살인상생(殺印相生)이라 하고 신강살천(身强殺淺)이니 金水 운에 명리쌍수(名利雙收)한다고 논(論)하나, 癸水의 기(氣)가 甲木에 귀의(歸依)한다는 것을 모르고 하는 말이다. 지지(地支)에 寅卯辰이 모두 있고 木이 많아 火가 꺼지게 되니 모자멸자(母慈滅子)이다.

초운인 癸丑, 壬子 운은 생부(生扶)하고 극화(剋火)하니 형상파모(刑傷破耗)가 일어나고 辛亥, 庚戌, 戊申 운은 土가 생금(生金)하여 왕신(旺神)인 木을 촉범(觸犯)하니 전패(顚沛)가 많아서 자신(自身)이 설 자리가 없었다. 그러므로 육순 이전에는 일사무성(一事無成)하였으나 丁未 운은 일주(日主)를 돕고 모성(母性)에 순응하여 좋은 기회를 만났다. 취첩(娶妾)하여 두 아들을 두었으며 丙午년까지 20년 동안 수많은 재물(財物)을 일으켰으며 수명(壽命)은 구순(九旬)을 넘었다.

丁火 일주가 寅월에 태어나서 득령(得令)하였고 전지지가 寅卯辰 동방목국(東方木局)이 되었고 甲木이 투출하였으니 인수(印綬)가 태왕(太旺)하여 목다화식(木多火熄)이니 모자멸자(母慈滅子)가 되었고 종강격(從强格)이 되었다. 희신(喜神)은 인비(印比)인 木火이고 기신(忌神)은 식재관(食財官)인 土金水인데 운행이 초중년까지는 곤고하였으나 丁未 운에는 丁火가 일주(日主)를 부조하고 卯未 합목(合木)으로 모성에 순응하니 丙午 운까지 20년 동안 수많은 재물을 모았다.

戊	辛	丙	戊
戌	丑	辰	戌

癸壬辛庚己戊丁
亥戌酉申未午巳

辛金生於季春 四柱皆土 丙火官星 元神洩盡 土重金埋 母多滅子 初運
신금생어계춘　사주개토　병화관성　원신설진　토중금매　모다멸자　초운

火土 刑喪破敗 蕩焉無存 一交庚申 助起日元 順母之性 大得際遇 及
화토　형상파패　탕언무존　일교경신　조기일원　순모지성　대득제우　급

辛酉 拱合辰丑 捐納出仕 壬戌運 土又得地 註誤落職.
신유　공합진축　연납출사　임술운　토우득지　패오락직

　辛金이 계춘(季春)에 생(生)하였는데 사주(四柱)가 모두 土이고 관성(官星)인 丙火는 원신(元神)이 설(洩)하여 모두 없어지고 토중금매(土重金埋)가 되었으니 모자멸자(母慈滅子)이다.

　초운(初運)은 火土로 형상파패(刑喪破敗)하여 가업이 탕진(蕩盡)되었으니 남는 것이라고는 하나도 없었다. 庚申 운으로 바뀌어서는 일원(日元)을 돕고 모성(母性)에 순응(順應)하므로 크게 좋은 기회(機會)를 잡았고, 辛酉 운에는 辰丑과 공합(拱合)하

니 재물(財物)을 바쳐 벼슬을 하였다. 임술(壬戌) 운에는 土가 다시 득지(得地)하니 괘오낙직(註誤落職)하였다.

評註

辛金 일주가 土가 태왕(太旺)하여 토다금매(土多金埋)가 되었으니 모자멸자(母慈滅子)가 되었다. 희신(喜神)은 土金이고 기신(忌神)은 水木火이다. 庚申 운은 비겁(比劫)으로 일주(日主)를 부조(扶助)하였고 申戌은 공합(拱合)으로 금국(金局)이 되었으니 벼슬에 나아갔으며 辛酉 운은 역시 비겁(比劫)으로 일주(日主)를 부조(扶助)하였으며 辰酉 합(合)으로 희신(喜神)이 되었으니 길(吉)하였다. 壬戌 운에 낙직(落職)하게 된 것은 천충지충(天冲地冲)이 되었기 때문이다.

任註

$$
\begin{array}{cccc}
戊 & 辛 & 戊 & 丙 \\
戌 & 丑 & 戌 & 戌
\end{array}
$$

$$
\begin{array}{cccccc}
乙 & 甲 & 癸 & 壬 & 辛 & 庚 & 己 \\
巳 & 辰 & 卯 & 寅 & 丑 & 子 & 亥
\end{array}
$$

此與前 只換一戊字 因初運己亥庚子辛丑金水 丑土養金 出身富貴 辛
차여전 지환일술자 인초운기해경자신축금수 축토양금 출신부귀 신

運加捐 一交壬運 水木齊來 犯母之性 彼以土重逢木必佳 强爲出仕 犯
운가연 일교임운 수목제래 범모지성 피이토중봉목필가 강위출사 범

事落職.
사낙직

이 명조(命造)는 전조(前造)와 비교하여 '戊' 자 하나만 바뀌었다.

초운(初運) 己亥, 庚子, 辛丑은 金水 운이고 丑土가 金을 생(生)한 것으로 인하여 부귀출신(富貴出身)이고 후운에 벼슬을 얻기 위해 재물(財物)을 바쳤다. 壬寅 운으로

바꾸어서는 水木이 함께 오니 모성(母性)을 범(犯)하였다. 다른 사람들은 "土가 중(重)할 경우 木을 만나면 반드시 좋다"라고 하여 무리하게 출사(出仕)하였으나 범사낙직(犯事落職)하였다.

辛金 일주가 戌월에 태어나고 原局이 모두 土이고 관성(官星)인 丙火는 원신(元神)이 모두 설(洩)하여 토다금매(土多金埋)가 되었으니 모자멸자(母慈滅子)가 되고 종강격(從强格)이다. 희신(喜神)은 인비(印比)인 土金이고 기신(忌神)은 식재관(食財官)인 水木火이다.

辛金 운에 벼슬을 얻었다는 것은 土金 운으로 희신(喜神)이기 때문이고 壬寅 운은 水木 운으로 기신(忌神)이 되어 모성(母性)을 촉범(觸犯)하여 파직(破職)되었다. 주의(注意)해야 할 것은 壬寅 운에 천간(天干)은 丙壬 충(冲)이고 지지(地支)는 寅戌 암합(暗合)이니 모두 기신(忌神)이 되었다.

任註

```
壬 甲 壬 壬
申 子 寅 子
```

```
己戊丁丙乙甲癸
酉申未午巳辰卯
```

此俗論 木生孟春 時殺獨淸 許其名高祿重 不知春初嫩木 氣又寒凝 不
차속론 목생맹춘 시살독청 허기명고록중 부지춘초눈목 기우한응 불

能納水 時支申金 乃壬水生地 又子申拱水 乃母多滅子也 惜運無木助
능납수 시지신금 내임수생지 우자신공수 내모다멸자야 석운무목조

逢火運與水戰 猶恐名利無成也 初行癸卯甲辰 東方木地 順母助子 蔭
봉화운여수전 유공명리무성야 초행계묘갑진 동방목지 순모조자 음

庇大好 一交乙巳 運轉南方 父母並亡 財散人離 丙午水火交戰 家業破
비대호　　일교을사　　운전남방　　부모병망　　재산인리　　병오수화교전　　가업파

盡而逝.
진이서

이 명조(命造)는 속(俗)되게 논하면, 木이 맹춘(孟春)에 생(生)하고 시지에 살(殺)이
홀로 청(清)하여 명예는 높고 녹(祿)이 중(重)하다 할 것이다. 이는 초춘(初春)의 木은
어리다는 것을 모르고 하는 소리이다. 기(氣)가 한응(寒凝)하므로 납수(納水)할 수 없
고 시지(時支)의 申金은 壬水의 생지(生地)이고 申子가 수국(水局)을 이루니 모자멸
자(母慈滅子)가 되었다. 애석한 것은 명리(命理)를 이룰 수 없는 것이다.

초운(初運) 甲辰에는 동방목지(東方木地)이니 모(母)를 따르고 자(子)를 도아서 음
비(蔭庇)가 크게 좋았다. 乙巳 운으로 바뀌면서 남방(南方)으로 행(行)하니 부모(父母)
가 모두 돌아가시고 재산이 모두 파(破)하였으며 사람들은 떠나 버렸다. 丙午 운에
는 水火가 교전(交戰)하니 가업을 파(破)하고 세상을 떠났다.

評註

甲木 일주가 寅月에 태어나서 초춘(初春)으로 득령(得令)하였고 지지는 申子 수
국(水局)이고 천간에 3개의 壬水가 투출(透出)하였으니 부목(浮木)이 두렵다. 그러므
로 모자멸자(母慈滅子)가 되었으며 종강격(從强格)이다. 희신(喜神)은 인비(印比)인 水
木이고 기신(忌神)은 식재관(食財官)인 火土金이다.

초년운인 癸卯, 甲辰은 동방목지(東方木地)로 순모조자(順母助子)하여 음덕(蔭德)이
많았다. 乙巳 운은 寅巳申 삼형살(三刑殺)이 되어 형상파모(刑傷破耗)를 면(免)할 수
없으니 부모가 모두 사망하였고 재산과 가까운 사람은 모두 떠나게 된 것이다. 丙
午 운은 丙壬 충(冲), 子午 충(冲)으로 水火 상쟁(相爭)하니 천충지충(天冲地冲)이 되었
다. 그러므로 가업을 탕진(蕩盡)하고 세상을 떠났다.

木是夫也 土是妻也 木雖旺 土能生金而剋木 是謂夫健而怕妻 火土 金
목시부야　토시처야　목수왕　토능생금이극목　시위부건이파처　화토　금

水如之.
수여지

其有水逢烈火而生土 火逢寒金而生水 水生金者 潤地之燥 火生木者
기유수봉열화이생토　　화봉한금이생수　수생금자　윤지지조　화생목자

解天之凍 火焚木而水竭 土滲水而木枯 皆反局 學者細須詳其元妙.
해천지동　화분목이수갈　토삼수이목고　개반국　학자세수상기원묘

木이 부(夫)이면 土는 처(妻)이다. 木이 비록 왕(旺)하다고 할지라도 土가 金을 생
(生)하여 극목(剋木)하면 이것을 부건파처(夫健怕妻)라고 한다. 火土도 이와 같다.

水가 열화(烈火)를 만나서 土를 생(生)하는 경우가 있고, 火가 한금(寒金)을 만나서
水를 생(生)하는 경우도 있다. 水가 金을 생(生)하는 것은 땅의 조열(燥烈)함을 윤택
(潤澤)하게 하고 火가 木을 생(生)하는 것은 얼어붙은 것을 녹이는 것이다.

火가 木을 생(生)하는 것은 하늘이 얼어붙은 것을 녹이는 것이다. 火가 木을 불
태우면 水가 마르고, 土가 水를 새어 버리면 木이 시든다. 이 모두가 반국(反局)이
니 학자(學者)는 반드시 자세하게 원묘(元妙)를 연구하여야 한다.

任氏曰 木是夫也 土是妻也 木旺土多 無金不怕 一見庚申辛酉字 土生
임씨왈　목시부야　토시처야　목왕토다　무금불파　일견경신신유자　토생

金 金剋木 是謂夫健而怕妻也 歲運逢金 亦同此論.
금　금극목　시위부건이파처야　세운봉금　역동차론

如甲寅乙卯日元 是謂夫健 四柱多土 局內又有金 或甲日寅月 乙日卯
여갑인을묘일원　시위부건　사주다토　국내우유금　혹갑일인월　을일묘

月 年時土多 干透庚辛之金 所謂夫健怕妻 如木無氣而土重 卽不見金
월　년시토다　간투경신지금　소위부건파처　여목무기이토중　즉불견금

夫衰妻旺 亦是怕妻 五行皆同此論.
부쇠처왕　역시파처　오행개동차론

其有水生土者 制火之烈 火生水者 敵金之寒 水生金者 潤土之燥火生
기유수생토자　　제화지열　　화생수자　적금지한　수생금자　윤토지조화생

木者 解水之凍.
목자　해수지동

火旺逢燥土而水竭 火能剋水矣 土燥遇金重而水滲 土能剋木矣 金重
화왕봉조토이수갈　　화능극수의　　토조우금중이수삼　　토능극목의　금중

見水泛而木枯 金能剋火矣 水旺得木盛而火熄 水能剋土矣 木衆逢火
견수범이목고　　금능극화의　　수왕득목성이화식　　수능극토의　목중봉화

烈而土焦 木能剋金矣 此皆五行顚到之深機 故謂反局.
열이토초　목능극금의　　차개오행전도지심기　　고위반국

學者宜細詳元妙之理 命學之微奧 其盡洩於此矣.
학자의세상원묘지리　　명학지미오　　기진설어차의

임씨(任氏)가 말하길, 木이 부(夫)이면 土는 처(妻)이다.

목왕토다(木旺土多)인데 金이 없으면 두렵지 않으나 하나라도 庚申, 申酉가 나타나면 土가 생금(生金)하여 극목(剋木)하니 이것을 부건파처(夫健怕妻)라고 하는데 세운(歲運)에서 金을 만나는 것도 역시 이와 같이 논(論)한다.

가령 甲寅, 乙卯인 일원(日元)을 부건(夫健)이라 하는데 사주(四柱)에 土가 많고 원국(原局)에 다시 金이 있거나 갑일인월(甲日寅月)또는 을일묘월(乙日卯月)이고 년시(年時)에 土가 많고 천간(天干)에 庚申金이 투출(透出)하면 부건파처(夫健怕妻)이다.

만약 木이 무기(無氣)하고 土가 많으면 설령 金이 나타나지 않더라도 부(夫)가 쇠(衰)하고 처(妻)가 왕(旺)하니 역시 파처(怕妻)가 된다.

나머지 오행(五行)도 이와 같이 논(論)한다.

수생토(水生土)하는 것은 火의 열기(烈氣)를 극제(剋制)하는 것이고 화생수(火生水)하는 것은 金의 한기(寒氣)를 대적하는 것이고 수생금(水生金)한다는 것은 土의 건조(乾燥)함을 윤택(潤澤)하게 하는 것이고 화생목(火生木)한다는 것은 水의 한동(寒凍)함을 해구(解救)하는 것이다.

왕(旺)한,

火가 조열(燥烈)한 土를 만나면 水가 따르게 되니 火는 능히 극수(克水)한다.

土가 건조하고 金을 거듭 만나면 水가 새어 버리니 土는 능히 극목(剋木)한다.

金이 많고 水의 범람을 만나면 木의 생기가 없으니 金은 능히 극화(剋火)한다.

水가 날뛰고 木의 왕성(旺盛)함을 만나면 火가 꺼지니 水는 능히 극토(剋土)한다.

木이 많고 火의 맹렬(猛烈)함을 만나면 土가 말라서 갈라지니 木은 능히 극금(剋金)한다. 이것은 모두가 오행전도(五行顛到)의 심기(深機)이니 반국(反局)이라고 한다.

任註

```
辛 甲 戊 己
未 寅 辰 亥
```

```
辛壬癸甲乙丙丁
酉戌亥子丑寅卯
```

甲寅日元	生於季春	四柱土多	時透辛金	土生金	金剋木	謂夫健怕妻
갑인일원	생어계춘	사주토다	시투신금	토생금	금극목	위부건파처
初運木火	去其土金	早遊泮水	連登科甲	甲子癸亥	印旺逢生	日元足以
초운목화	거기토금	조유반수	연등과갑	갑자계해	인왕봉생	일원족이
任其財官	仕路超騰.					
임기재관	사로초등					

甲寅 일원(日元)이 계춘(季春)에 생(生)하고 사주(四柱)에 土가 많은데 시간(時干)에 辛金이 투출(透出)하였으니 토생금(土生金)하고 금극목(金剋木)하므로 부건파처(夫健怕妻)라고 한다. 초운(初運) 木火에는 土金을 제거(除去)하니 일찍 입반(入泮)하였고 연등과갑(連登科甲)하였으며 甲子, 癸亥 운은 인수(印綬)가 왕(旺)하여 생(生)하니, 일원(日元)이 충분히 재관(財官)을 감당(勘當)하여 벼슬길이 높이 올라갔다.

甲木 일주가 辰월에 태어나서 계춘(季春)으로 통근(通根)하고 있으며 좌하(坐下)의
寅木에 득근(得根)하고 亥水에 장생(長生)하니 약(弱)하지는 않다. 그러나 재성(財星)
인 무토(戊土)는 좌하(坐下)의 辰土와 시지(時支)의 未土에 통근(通根)하고 己土가 투
출(透出)하였으니 재성(財星)도 역시 강(强)하다. 고로 신왕재왕(身旺財旺)한 부건파처
(夫健怕妻)가 되었다. 희신(喜神)은 인비(印比)인 水木이고 기신(忌神)은 식재관(食財官)
인 火土金이다.

초년(初年)인 木火 운에 입반入泮하여 연등과갑(連登科甲)하였고 甲子, 癸亥 운에
사로(仕路)가 혁혁(赫赫)하였다. 주의(注意)해야 할 것은 재다신약(財多身弱)이 아니다.

```
庚 丁 辛 乙
戌 巳 巳 亥
```

```
甲乙丙丁戊己庚
戌亥子丑寅卯辰
```

戴尙書造 丁巳日元生於孟夏 月時兩透庚辛 地支又逢生助 巳亥逢冲
대상서조　정사일원생어맹하　월시양투경신　지지우봉생조　사해봉충

去火存金 夫健怕妻 喜其運走東方木地 助印扶身 大魁天下宦海無波
거화존금　부건파처　희기운주동방목지　조인부신　대괴천하환해무파

一交子運 兩巳受制 不祿.
일교자운　양사수제　불록

대상서(戴尙書)의 명조(命造)로 丁巳 일원(日元)이 맹하(孟夏)에 생(生)하였다. 월시
(月時)에서 庚辛이 투출(透出)하였고 지지(地支)에서 다시 생조(生助)를 만났으며 巳亥
가 상충(相冲)하여 火가 제거(除去)되고 金은 보존(保存)되었으니 부건파처(夫健怕妻)

이다. 기쁘게도 운이 동방목지(東方木地)로 행(行)하여 인수(印綬)를 부신(扶身)하니 대괴천하(大魁天河)³⁹하였고 벼슬길이 풍파(風波)가 없었다. 子운에 양사(兩巳)가 극제(剋制)를 당하니 불록(不祿)이 되었다.

丁火 일주가 巳월에 태어나서 득령(得令)하였고 좌하(坐下)의 巳火에 득지(得地)하였으니 乙木이 투출(透出)하여 신왕(身旺)한 것으로 보인다. 일시(日時)의 사중경금(巳中庚金)이 암장(暗藏)되어 있으며 천간(天干)에 庚辛金이 투출(透出)하였으니 재성(財星)이 왕성(旺盛)하게 되었으니 부건파처(夫健怕妻)가 되었다. 신왕재왕(身旺財旺)이니 희신(喜神)은 인비(印比)인 木火이고 기신(忌神)은 식재관(食財官)인 土金水이다.

동방목지(東方木地)에서 장원급제(壯元及第)가 되었으나 丙子 운에서 丙辛 합거(合去)가 되었고 亥子 합수(合水)로 巳火가 극제(剋制)를 당해 불록(不祿)이 되었다. 운행(運行)이 동방목지(東方木地)로 행(行)하니 아름답다. 丁卯, 丙寅 운에 일찍 입반(入泮)하여 연등과갑(連登科甲)하였고 甲子, 癸亥 운에도 평탄하게 벼슬을 하였을 것이다. 그러나 壬戌 운에는 辰戌 충(沖)하고 戌未 형(刑)하니 형액(刑厄)을 면(免)치 못하였을 것이다.

任註

癸	戊	甲	癸
丑	戌	子	亥

丁戊己庚辛壬癸
巳午未申酉戌亥

---

39 대괴천하(大魁天河): 전시(殿試)에서 장원(壯元)으로 급제하는 것.

戊戌日元 生於子月亥年 月透甲木逢生 水生木 木剋土 夫健怕妻 最
무술일원　생어자월해년　월투갑목봉생　수생목　목극토　부건파처　최

喜坐下戌之燥土 中藏丁火印綬 財雖旺 不能破印 所謂玄機暗裏存也
희좌하술지조토　중장정화인수　재수왕　불능파인　소위현기암리존야

第嫌支類北方 財勢太旺 物極必反 職位至方伯 宦資不豊.
제혐지류북방　재세태왕　물극필반　직위지방백　환자불풍

戊戌 일원이 子월 亥년에 생(生)하여 월간(月干)에 甲木이 투출(透出)하여 생(生)을 받고 있으니 수생목(水生木)하고 목극토(木剋土)하여 부건파처(夫健怕妻)가 되었다.

가장 기쁜 것은 좌하(坐下)의 술토(戌土)에서 인수(印綬)인 丁火가 암장(暗藏)되어 있고 재(財)가 비록 왕(旺)하다 하더라도 인수(印綬)를 파(破)할 수 없으니 소위 현묘(玄妙)한 이치(理致)가 암암리에 존재(存在)하였기 때문이다. 다만 꺼리는 것은 지지(地支)가 북방(北方)으로 재세(財勢)가 태왕(太旺)하여 물극필반(物極必反)[40]하니 모은 물질(物質)이 극(極)에 이르면 오히려 반(反)하니 비록 그 지위(地位)가 방백(方伯)에 이르렀으나 환자(宦資)는 풍부(豊富)하지 않았다.

評註

戊土 일주가 子월에 태어나서 한랭(寒冷)하니 조후(調候)로 火가 희신(喜神)이다. 지지(地支)에 癸水가 투출(透出)되어 있으니 재성(財星)이 왕성(旺盛)하여 부건파처(夫健怕妻)가 되었다. 희신(喜神)은 인비(印比)인 火土이고 기신(忌神)은 식재관(食財官)인 金水木이다.

초중년(初中年) 운은 서북지지(西北之地)인 金水 운으로 행(行)하니 곤고(困苦)하였을 것이다. 己未, 戊午 운은 남방화지(南方火地)로 방백(方伯)에 이르렀으나 재물(財物)은 풍부(豊富)하지 못하였다. 이는 태과불급(太過不及)의 이치(理致)로서 너무 과다

---

40 물극필반(物極必反): 물질이 극(極)에 이르면 반드시 반전하게 된다는 의미로, 재성(財星)이 너무 많으면 재다신약(財多身弱)이 되어 오히려 재물(財物)이 없어진다는 것.

(過多)한 것은 부족(不足)한 것만 못하다는 것이, 오히려 재물(財物)이 풍부(豊富)하지 못하게 하였다.

任註

甲 戊 癸 癸
寅 午 亥 亥

丙丁戊己庚辛壬
辰巳午未申酉戌

倉提督造 戊午日元 生于亥月亥年 時逢甲寅 殺旺 財殺肆逞 夫健 怕
창제독조　무오일원　생우해월해년　시봉갑인　살왕　재살사령　부건 파

妻 惜乎印星顯露 財星足以破印 以致就書香 幸而寅拱午印 剋處逢生
처　석호인성현로　재성족이파인　이치취서향　행이인공오인　극처봉생

以殺化印 所以武職超群.
이살화인　소이무직초군

任氏曰 予觀夫健怕妻之命 頗多貴顯者 少究其理 重在一健字之妙也
임씨왈　여관부건파처지명　파다귀현자　소구기리　중재일건자지묘야

如日主不健 爲財多身弱 終身困苦矣 夫健怕妻 怕而不怕 倡隨之理然
여일주불건　위재다신약　종신곤고의　부건파처　파이불파　창수지리연

也 運遇生旺扶身之地 自然出入頭地 若夫不健而怕妻 妻必姿性越理
야　운우생왕부신지지　자연출입두지　약부불건이파처　처필자성월리

男牽欲而失其剛 婦妞悅而忘其順 豈能富貴乎.
남견욕이실기강　부뉴열이망기순　기능부귀호

창제독(倉提督)의 명조(命造)이다.

戊午 일주가 亥년 亥월에 생(生)하고 사주(四柱)는 甲寅으로 살(殺)이 왕(旺)하여 재살(財殺)이 방자하게 날뛰니 부건파처(夫健怕妻)가 되었다.

애석(哀惜)한 것은 인성(印星)이 나타나 재성(財星)이 파인(破印)하니 학문을 계속할 수 없었다. 다행하게도 寅木인 午火를 공합(拱合)하여 극처봉생(剋處逢生)하였고 인

수(印綬)가 화살(化殺)하였으니 무직(武職)에서 남보다 월등(越等)하게 뛰어났다.

임씨(任氏)가 말하길, 내가 부건파처(夫健怕妻)의 명조(命造)를 살펴보니 자못 귀(貴)함이 많이 나타나서 그 이치(理致)를 연구하여 보면 '건(健)'이라는 한 글자에 묘(妙)함이 있다. 가령 일주(日主)가 건(健)하지 않으면 재다신약(財多身弱)으로 종신(終身)토록 곤고(困苦)하게 된다.

부건파처(夫健怕妻)는 파(怕)이기는 하지만 불파(不怕)로 부창부수(夫倡婦隨)하는 이치(理致)가 있다.

운(運)에서 생왕(生旺)한 부신지지(扶身之地)를 만나면 자연히 두각(頭角)을 나타내는데 만약 부불건파처(夫不健怕妻)[41]가 되면 처(妻)는 반드시 방자(放恣)하여 도리(道理)를 벗어난 것이다. 남편(男便)이 이끌고자 하여도 강건(剛健)함을 잃어버리게 되었으므로 부인(婦人)은 희열(喜悅)에 빠져 온순(溫順)함을 망각(妄覺)하니 어찌 부귀(富貴)할 수 있겠는가?

評註

戊土 일주가 亥月에 태어나서 한랭(寒冷)하니 조후(調喉)로 火가 희신(喜神)이다. 원국(原局)에서 재살(財殺)이 태왕(太旺)하고 戊土는 좌하(坐下)에 득지하고 있으며 寅午가 합화(合火)되어 생조(生助)하니 부건파처(夫健怕妻)가 되었다. 희신(喜神)은 인비(印比)인 火土이고 기신(忌神)은 식재관(食財官)인 金水木이이다.

초년(初年)운부터 서방금지(西方金地)로 곤고(困苦)하였을 것이고 己未 운부터 남방화지(南方火地)로 무직(武職)에서 뛰어나게 된 것은 양인살(陽刃殺)을 가지고 있기 때문이다. 丁巳 운은 丁癸 충(冲), 巳亥 충(冲)이 되어 충형(冲刑)이 중중(重重)하니 불록지객(不祿之客)이 되었을 것이다.

---

41 부불건파처(夫不健怕妻): 남편(男便)이 강건(剛健)하지 못하고 처(妻)를 두려워하는 것으로 재다신약(財多身弱)과 같은 뜻이다.

原文

天戰猶自可 地戰急如火
천전유자가　　지전급여화

천전(天戰)은 오히려 그런 대로 괜찮으나, 지전(地戰)은 급(急)하기가 불과 같다.

原文

干頭遇甲庚乙辛 謂之天戰 而得地支順靜者無害 支寅申卯酉 謂之地
간두우갑경을신　　위지천전　　이득지지순정자무해　　지인신묘유　　위지지

戰 則天干不能爲力 其勢速凶 蓋天主動 地主靜故也.
전　즉천간불능위력　기세속흉　개천주동　지주정고야

庚申甲寅乙卯辛酉之類是也 皆見謂之天地交戰必凶無疑遇歲運合之
경신갑인을묘신유자류시야　　　개견위지천지교전필흉무의우세운합지

會之 視其勝負 亦有可存可發者.
회지　시기승부　　역유가존가발자

其有一冲兩冲者 只得一個合神有力 或無神庫神貴神 以收其動氣 息
기유일충양충자　지득일개합신유력　혹무신고신귀신　이수기동기　식

其爭氣 亦有佳者.
기쟁기　역유가자

至于喜神伏藏死絶者　又要冲動引用生發之氣.
지우희신복장사절자　　　우요충동인용생발지기

간두(干頭)에서 甲庚, 乙辛을 만나는 것을 천전(天戰)이라고 말하는데 지지(地支)가 순정(順靜)한 것은 해(害)로움이 없다.

지지(地支)가 寅申, 卯酉가 있는 것을 지전(地戰)이라고 말하는데 천간(天干)은 힘을 발휘(發揮)할 수 없으니 흉(凶)한 세력(勢力)이 빠르게 일어난다. 대개 천간(天干)은 동(動)을 주관하고 지지(地支)는 정(靜)을 주관하기 때문이다.

庚申, 乙卯, 辛酉가 그러하다. 천지(天地)가 충극(冲剋)하고 있는 것을 보면 반드시 흉(凶)하게 되는 것을 의심할 필요가 없다. 세운(歲運)에서 회합(會合)을 만나면 그 승부(勝負)를 보아서 존(存)하거나 발(發)할 수 있다.

일충(一冲)과 양충(兩冲)이라는 것이 있는데 유력한 합신(合神) 하나를 얻거나 혹은 회신(會神), 고신(庫神), 귀신(貴神)이 그 동(動)하는 기(氣)를 거두어 들이거나 그 쟁(爭)하는 기(氣)를 쉬게 하면 역시 아름다운 경우가 있다.

희신(喜神)이 복장(伏藏)되거나 사절(死絶)된 것은 응당 충동(冲動)하여야 생발지기(生發之氣)를 인용(引用)해야 한다.

任氏曰　天干氣專　而得地支安靜　易於制化　故天戰猶自可也　地支氣雜
임씨왈　　천간기전　　이득지지안정　　역어제화　　고천전유자가야　　지지기잡

天干雖順靜　難于制化　故地戰急如火也.
천간수순정　　난우제화　　고지전급여화야

且天干宜動不宜靜　動則有用　靜則愈專　地支宜靜不宜動　靜則有用動
차천간의동불의정　　동즉유용　　정즉유전　　지지의정불의동　　정즉유용동

則根拔　必得合神有力　會神成局　息其動氣　或庫神收其動神　安其靜神
즉근발　　필득합신유력　　회신성국　　식기동기　　혹고신수기동신　　안기정신

謂動中助靜　以凶化吉.
위동중조정　　이흉화길

如甲寅庚申乙卯辛酉丙寅壬申丁卯癸酉之類　天地交戰　雖有合神會神
여갑인경신을묘신유병인임신정묘계유지류　　천지교전　　수유합신회신

18 전국(戰局)　　　　　　　　　　　　　323

亦不息其動氣 其勢速凶.
역불식기동기　기세속흉

如謂兩不冲一 此謬言也 兩寅一申 冲去一寅 存一寅也 如兩申逢一寅
여위양불충일　차류언야　양인일신　충거일인　존일인야　여양신봉일인

縱使不冲 金多木少 亦能剋盡矣 故天干論剋 地支言冲 冲卽剋也 顯
종사불충　금다목소　역능극진의　고천간론극　지지언충　충즉극야　현

然之理 又何疑耶 至於用神伏藏 或用神被合 柱中無引用之神 反宜冲
연지리　우하의야　지어용신복장　혹용신피합　주중무인용지신　반의충

而動之 方能發用 故合有宜不宜 冲亦有宜不宜也 須深究之.
이동지　방능발용　고합유의불의　충역유의불의야　수심구지

임씨(任氏)가 말하길, 천간(天干)은 기(氣)가 전일(專一)하니 지지(地支)가 안정(安定)되면 제화(制化)가 쉬우니 '천전유자가(天戰猶自可)'라 한다. 지지(地支)는 기(氣)가 복잡(複雜)하니 천간(天干)은 비록 순정(順靜)하다고 할지라도 제화(制化)하기가 어려우니 '지전급여화(地戰急如火)'라 한다.

천간(天干)은 동(動)하여야 마땅하고 정(靜)한 것은 마땅하지 않으니 동(動)하면 유용(有用)하고 정(靜)하면 더욱 전일(專一)하게 된다. 지지(地支)는 정(靜)하여야 마땅하고 동(動)하면 마땅하지 않으니 정(靜)하면 유용(有用)하고 정(靜)하면 뿌리가 뽑히니 반드시 합신(合神)이 유력(有力)하고 회신(會神)이 성국(成局)하여 동기(動氣)를 가라앉혀야 한다.

혹은 고신(庫神)이 그 동신(動神)을 거두어 들이거나 정신(精神)을 편안하게 하면 '동중조정(動中助靜)'이라고 하는데 흉(凶)이 화(化)하여 길(吉)하게 된다.

가령 甲寅, 庚申, 乙卯, 丙寅, 壬申, 丁卯, 癸酉 등은 천지(天地)가 교전(交戰)하는 것으로 비록 합신(合神)이나 회신(會神)이 있다고 할지라도 그 동기(動氣)를 가라앉힐 수 없으니 흉(凶)이 빠르게 일어난다.

"둘은 하나를 충(冲)하지 않는다"라는 것은 잘못된 말이다. 두 개의 寅이 하나의 申을 만나면 하나의 寅은 충거(冲去)하고 하나의 寅이 남게 된다. 만약 두 개의 申이 하나의 寅을 만나면 설령 충(冲)이 아니라고 할지라도 금다목소(金多木少)이니 역시 극진(剋盡)할 수 있기 때문이다. 고로 천간(天干)은 극(剋)을 논(論)하고 지지(地支)

는 충(沖)을 논(論)하는 것은 충(沖)이 곧 극(剋)이라는 것은 이치(理致)가 명백(明白)하므로 의심(疑心)할 필요가 없다.

용신(用神)이 복장(伏藏)하거나 합(合)을 당하고 주중(柱中)에 인용지신(引用之神)이 없으면 오히려 충동(沖動)하여야 비로소 작용(作用)이 드러날 수 있다. 그러므로 합(合)은 마땅하지 않음이 있고, 충(沖)도 마땅함과 마땅하지 않음이 있으니 반드시 깊게 연구(研究)하여야 한다.

任註

辛 丁 乙 癸
亥 未 卯 酉

戊己庚辛壬癸甲
申酉戌亥子丑寅

李都司造 丁火生於仲春 支全木局 癸坐酉支 似乎財滋弱殺 殺印相生
이도사조　정화생어중춘　지전목국　계좌유지　사호재자약살　살인상생

不知卯酉逢冲 破其印局 天干乙辛交戰 又傷印之元神 則財殺肆逞 至
부지묘유봉충　파기인국　천간을신교전　우상인지원신　즉재살사령　지

辛 運壬子年 又逢財殺 犯法遭刑.
신　운임자년　우봉재살　범법조형

이도사(李都司)의 명조(命造)이다. 丁火가 중춘(仲春)에 생(生)하였고 지지(地支)가 목국(木局)을 이루었으며 癸水가 酉金에 앉아 있으니 재자약살(財滋弱殺)이다.

살인상생(殺印相生)인 것 같다고 할 것이나 이는 卯酉가 충(沖)하여 인국(印局)을 파(破)하고 천간(天干)에서 乙辛이 교전(交戰)하여 다시 인수(印綬)의 원신(元神)을 상(傷)하게 하니 재살(財殺)이 방자(放恣)하게 날뛰고 있다. 辛운 壬子년에 재살(財殺)을 만나니 법(法)을 어겨서 형(刑)을 맞게 되었다.

評註

丁火 일주가 卯월에 태어나서 득령(得令)하였고 지지(地支)가 亥卯未 목국(木局)이 되어 있는데 월간(月干)에 乙木이 투출(透出)하여 인수(印綬)가 태왕(太旺)하여 신왕(身旺)하게 보인다.

그러나 卯酉가 상충(相冲)하고 乙辛이 교전(交戰)하니 인수(印綬)가 모두 손상(損傷)당하여 선강후약(先强後弱)한 명조(命造)이다. 희신(喜神)은 인비(印比)인 木火이고 기신(忌神)은 식재관(食財官)인 土金水이다.

辛亥 운은 乙辛 충(冲)으로 乙木이 충거(冲去)되었고 亥亥 자형(自刑)이 되었으니 희신(喜神)인 인수(印綬)가 상(傷)하게 되었고 관살(官殺)인 亥水가 사령(肆逞)되었으니 사형(死刑)을 당한 것이다.

任註

己	乙	辛	癸
卯	卯	酉	酉

甲乙丙丁戊己庚
寅卯辰巳午未申

天干乙辛己癸 地支兩卯兩酉 金銳木凋 天地交戰 金當令 反有己土之
천간을신기계　지지양묘양유　금예목조　천지교전　금당령　반유기토지

生 木休囚 癸水不能生扶 中運南方火運制殺 異路出身 升知縣 至辰運
생　목휴수　계수불능생부　중운남방화운제살　이로출신　승지현　지진운

生金助殺 遂罹國法.
생금조살　수리국법

천간(天干)이 乙辛, 己癸이고 지지(地支)에 卯酉가 둘이 있으니 金는 예예(銳銳)하고 木은 조고(凋枯)하여 천지(天地)가 교전(交戰)하고 있다. 金이 당령(當令)하였는데 도리어 己土의 생(生)을 받고 木은 휴수(休囚)인데 癸水가 생부(生扶)할 수 없다.

중년(中年)운(運)이 남방화운(南方火運)으로 제살(制殺)하니 이로출신(異路出身)으로 지현(知縣)에 오르게 되었으나 辰운에 이르러 생금(生金)하여 조살(助殺)하니 국법(國法)을 어겨 사형(死刑)을 당하였다.

評註

乙木 일주가 酉월에 태어나서 실령(失令)하였고 월간(月干)의 辛金이 양(兩) 酉金에 통근(通根)되어 있고 시간(時干)의 己土의 생조(生助)를 받으니 관살(官殺)이 태왕(太旺)하여 식신제살격(食神制殺格)이 되었다. 희신(喜神)은 인비식(印比食)인 水木火이고 기신(忌神)은 재관(財官)인 土金이다. 기쁘게도 동남지지(東南之地)인 木火 운으로 행하니 이로(異路) 출신으로 지현(知縣)에 오르게 되었다.

주의(注意)해야 할 것은 乙辛, 卯酉가 천지교전(天地交戰)하여 천충지충(天冲地冲)되어 있으니 신왕관왕(身旺官旺)한 명조(命造)이다. 丙辰 운에도 丙辛 합거(合去)되었고 辰酉 합금(合金)으로 관살(官殺)을 생조(生助)하여 국법(國法)을 어기게 된 것이다. 또한 살중용인격(殺重用印格)으로 癸水를 용신(用神)으로 할 수 있으나 己癸 극(剋)이 되고 탁수(濁水)로 생부(生扶)하지 못한다.

任註

甲	壬	壬	壬
辰	午	寅	申

己戊丁丙乙甲癸
酉申未午巳辰卯

壬水生於寅月　年月兩透比肩　坐申逢生　水勢通源　且春初木嫩　逢冲　似
임수생어인월　년월양투비견　좌신봉생　수세통원　차춘초목눈　봉충　사

乎不美　喜其坐下午火　能解春寒　木得發生　金亦有制　更妙時干甲木　元
호불미　희기좌하오화　능해춘한　목득발생　금역유제　경묘시간갑목　원

神發露 天干之水 亦有所歸 運行火地 有生化之情 無爭戰之患矣 是以
신발로　천간지수　역유소귀　운행화지　유생화지정　무쟁전지환의　시이

棘圍秦捷 出宰名區 至甲運 兩冲寅木 不祿.
극위진첩　출재명구　지갑운　양충인목　불록

壬水가 寅월에 생(生)하고 년월(年月)에 비견(比肩)이 양투(兩透)하였고 년지(年支)의 申金에 생조(生助)을 받으니 수세(水勢)가 뿌리를 내리고 있다.

초춘(初春)의 木은 어리니 충(冲)을 만나는 것은 아름답지 못한 것처럼 보이나 좌하(坐下)의 午火가 초춘(初春)의 한기(寒氣)를 해결하여 木이 일어나게 되고 金도 극제(剋制)할 수 있다.

더욱 묘(妙)한 것은 시간(時干)의 甲木이 원신발로(元神發露)하고 천간(天干)의 水역시 돌아갈 곳이 있다. 운행(運行)이 화지(火地)로 행(行)하여 생화지정(生火之情)은 있고 쟁전지의(爭戰之意)는 없다. 그러므로 극위(棘圍)에 나가 합격(合格)하였고 출재명구(出宰名區)하였으며 申운에 이르러 寅木을 양충(兩冲)하니 불록(不祿)이 되었다.

評註

壬水 일주가 천간(天干)에 삼임(三壬)이 있고 지지(地支)에 申辰 합수(合水)가 되니 신왕(身旺)하다. 희신(喜神)은 식재관(食財官)인 木火土이고 기신(忌神)은 인비(印比)인 金水이다.

寅申 충(冲)으로 식상(食傷)인 寅木이 손상(損傷)당할 것 같으나 寅午 합화(合火)가 되어 오히려 申金을 극제(剋制)하니 아름답다. 戊申 운은 甲戊 극(剋)하고 寅申 충(冲)하니 寅木이 충발(冲拔)되어 불록(不祿)이 된 것이다.

```
辛 壬 壬 壬
丑 申 寅 申
```

```
己戊丁丙乙甲癸
酉申未午巳辰卯
```

天干三壬 地支兩申 春初木嫩 難當兩申夾冲 五行無火 少制化之情 更
천간삼임　지지양신　춘초목눈　난당양신협충　오행무화　소제화지정　경

嫌丑時 濕土生金 謂氣濁神枯之象 初運癸卯甲辰 助其木之不足 蔭庇
혐축시　습토생금　위기탁신고지상　초운계묘갑진　조기목지부족　음비

有餘 乙巳刑冲 並見 刑喪破敗 丙午群比爭財 天干無木之化 家破身亡.
유여　을사형충　병견　형상파패　병오군비쟁재　천간무목지화　가파신망

　천간(天干)에 삼임(三壬)이고 지지(地支)에 양신(兩申)이며 초춘(初春)의 木은 어리
니 양신(兩申)의 협충(夾冲)을 감당하기 어려우며 오행(五行) 중에 火가 없으니 제화
지정(制化之情)이 약(弱)하다. 더욱 꺼리는 것은 丑시인데 습토(濕土)가 생금(生金)하니
기탁신고지상(氣濁神枯之象)이라고 한다.

　초운(初運) 癸卯, 甲辰에는 木의 부족(不足)함을 도우니 음비(蔭庇)가 남아돌고, 乙
巳 운은 형충(刑冲)과 함께 오니 형상파패(刑喪破敗)하였고 丙午 운은 군비쟁재(群比爭
財)를 하는데 천간(天干)에 木의 인화(引化)가 없으니 가산(家産)을 탕진(蕩盡)하고 세
상을 떠났다.

　壬水 일주가 천간(天干)에 삼임(三壬)이 있고 지지(地支)에 兩申이 있으며 시간(時
干)의 辛金이 坐下의 丑土에 통근(通根)하여 일주(日主)를 생조(生助)하니 신왕(身旺)
하다. 희신(喜神)은 식재관(食財官)인 木火土이고 기신(忌神)은 인비(印比)인 金水이다.
꺼리는 것은 희신(喜神)인 寅木이 양신(兩申)에 의하여 손상(損傷)당하고 있는데 전

조(前造)와 같이 火가 없으니 기탁신고(氣濁神枯)한 명조(命造)이다.

초년(初年)운은 癸卯, 甲辰으로 희신(喜神)이니 조상(祖上)의 음덕(蔭德)이 있었을 것이고 乙巳 운에는 乙辛 충(冲), 寅巳申 삼형살(三刑殺)이 되어 천충지충(天冲地冲)이 되었으니 형상파패(刑喪破敗)가 되었고 丙午 운은 丙壬 충(冲)으로 丙火가 충발(冲拔)되어 패가망신(敗家亡身)한 것이다.

任註

┌─────────────┐
│ 甲 戊 辛 乙 │
│ 寅 申 巳 亥 │
└─────────────┘

甲乙丙丁戊己庚
戌亥子丑寅卯辰

天干乙辛甲戊　地支寅申巳亥　天地交戰　似乎不美　然喜天干乙辛　去官
천간을신갑무　지지인신사해　천지교전　사호불미　연희천간을신　거관

星之混殺　地支寅申　制殺之肆逞　巳亥逢冲　壞印本屬不喜　喜在立夏後
성지혼살　지지인신　제살지사령　사해봉충　괴인본속불희　희재입하후

十天　戊土司令　則亥水受制　而巳火不傷　中年運途　木火助印扶身　聯登
십천　무토사령　즉해수수제　이사화불상　중년운도　목화조인부신　연등

甲第　仕至郡守　至子運　扶起亥水　生殺壞印　不祿.
갑제　사지군수　지자운　부기해수　생살괴인　불록

천간(天干)의 乙辛甲戊와 지지(地支)의 寅申巳亥가 천지교전(天地交戰)하니 아름답지 못하다. 그러나 기쁘게도 천간(天干)의 乙辛은 관성(官星)이 혼잡(混雜)된 것을 제거(除去)하고 지지(地支)의 寅申은 살(殺)의 방자(放恣)함을 극제(克制)한다. 巳亥가 충(冲)하여 괴인(壞印)하는 것은 본래는 기쁜 것이 아니다.

입하(立夏) 후 10일까지는 戊土가 사령(司令)하니 亥水가 극제(克制)를 받아 巳火는 손상(損傷)을 입지 않는다. 초년운에 木火가 인수(印綬)를 도와 일주(日主)를 부조(扶助)하니 연등갑제(聯登甲第)하여 벼슬이 군수(郡守)에 이르렀다. 子운에 이르러 亥

水를 부기(扶起)하고 생살괴인(生殺壞印)하니 불록(不祿)하였다.

戊土 일주가 巳월에 태어나서 득령(得令)하였고 사주(四柱)가 모두 상하유정(上下有情)하였으니 천지교전(天地交戰)이 있다 하더라도 감내(堪耐)한다. 원국(原局)에서 관살태왕(官殺太旺)하니 식신제살격(食神制殺格)이 되었다. 희신(喜神)은 인비식(印比食)인 火土金이고 기신(忌神)은 재관(財官)인 水木이다.

애석(哀惜)하게도 운행(運行)이 동북지지(東北之地)인 水木으로 행(行)하고 있는데 다행히 丁丑 운에 火土가 희신(喜神)이니 연등갑제(聯登甲第)하여 군수(郡守)가 되었다. 丙子 운에는 합거(合去)하였고 亥子 합수(合水)와 申子 합수(合水)로 생살(生殺)하고 수극화(水剋火)로 괴인(壞印)하니 세상을 떠나게 된 것이다. 주의(注意)해야 할 것은 전지지(全地支)가 사생지지(四生之地)가 되어 귀격이 되었다는 점이다.

```
庚 甲 辛 乙
午 子 巳 亥
```

```
甲乙丙丁戊己庚
戌亥子丑寅卯辰
```

天干甲乙庚辛 地支巳亥子午 天地交戰 局中火旺水衰 印綬未嘗不喜
천간갑을경신　지지사해자오　천지교전　국중화왕수쇠　인수미상불희

官殺之生 不知庚辛在巳午之上 與亥子茫無關切 正謂剋洩交加 兼之
살희지생　부지경신재사오지상　여해자망무관절　정위극설교가　겸지

運不逢途 水地 刑耗異常 剋三妻四子 至丁丑運 合去子水 晦火生金
운도불봉　수지　형모이상　극삼처사자　지정축운　합거자수　회화생금

一事無成而亡.
일사무성이망

천간(天干)은 甲乙庚辛이고 지지(地支)는 巳亥子午이니 천지교전(天地交戰)이다. 원국(原局)에서 火가 왕(旺)하고 水가 쇠(衰)하니 인수(印綬)가 관살(官殺)의 생(生)을 기뻐하지 않음이 없는 것 같다. 이는 庚辛金이 巳午 위에 앉아서 亥子와는 관계가 전혀 없으니 이것을 "극설(剋洩)이 교가(交加)하고 있다"라고 한다.

운도(運途)에서 수지(水地)를 만나지 못하니 형모이상(刑耗異常)하였고 삼처(三妻)와 사자(四子)를 극(剋)하게 되었다. 丁丑 운에 이르러 子水를 합거(合去)하고 회화생금(晦火生金)하고 세상을 떠났다.

評註

甲木 일주가 巳월에 태어나서 실령(失令)하였고 시지(時支)의 午火가 설(洩)하니 조후(調候)로 水가 용신(用神)이다. 庚辛金의 생조(生助)를 받을 것 같으나 巳午火에 절각(截脚)되어 있기 때문에 허약(虛弱)하다. 그러나 甲庚, 乙辛과 子午, 巳亥가 천지교전(天地交戰)하니 水木 역시 손상(損傷)을 입는다. 다행하게도 운행(運行)이 동북지지(東北之地)인 水木으로 행(行)하니 아름답다.

원국(原局)에서 재관(財官)이 부실(不實)하여 처자(妻子)가 형상파모(刑傷破耗)하게 된 것이다. 己卯, 戊寅 운은 甲木 일주의 녹인(祿刃)으로 방조(幇助)하였으나 丁丑 운으로 바뀌어서는 子丑 합거(合去)되었으니 인수(印綬)가 무력(無力)하게 되었다.

原文

合有宜不宜 合多不爲奇
합유의불의　　합다불위기

　합(合)에는 마땅한 것이 있고 마땅하지 않는 것이 있는데, 합(合)이 많으면 기이
(奇異)하지 못하다.

原註

喜神有能合而助之者 如以庚爲喜神 得乙合而助金 凶神有能合而去
희신유능합이조지자　　여이경위희신　　득을합이조금　　흉신유능합이거

之者 如以甲爲凶神 得己合而去之 動局有能合而靜者 如子午相冲 得
지자　여이갑위흉신　득기합이거지　　동국유능합이정자　　여자오상충　득

丑合而靜 生局有能合而成者 如甲生于亥 得寅合而成 皆是也.
축합이정　생국유능합이성자　여갑생우해　득인합이성　개시야

若助起凶神之合 如己爲凶神 甲合之則助土 羈絆喜神之合 如乙是喜
약조기흉신지합　여기위흉신　갑합지즉조토　　기반희신지합　여을시희

神 庚合之則羈絆 掩蔽動局之合 丑未喜神 子午合之則閉 助其生局之
신　경합지즉기반　엄폐동국지합　축미희신　자오합지즉폐　조기생국지

合 不喜甲木 寅亥合之則助木 皆不宜也.
합　불희갑목　　인해합지즉조목　　개불의야

大率多合則不流通 不奮發 雖有秀氣 亦不爲奇矣.
　대솔다합즉불유통　　불분발　수유수기　　역불위기의

희신(喜神)은 능(能)히 합(合)하여 도울 수 있는 것, 예를 들어 庚金이 희신(喜神)인데 乙木의 합(合)을 얻으면 庚金을 돕게 된다.

흉신(凶神)을 능(能)히 합(合)하여 제거(除去)하는 것, 예(例)를 들어 甲木이 흉신(凶神)인데 己土의 합(合)을 얻으면 甲木을 제거하게 된다.

동국(動局)을 능(能)히 합(合)하여 정(靜)하게 할 수 있는 것, 예(例)를 들어 子午가 상충(相冲)하는데 丑土가 합(合)하여 정(靜)하게 된다.

생국(生局)을 능(能)히 합(合)하여 완성(完成)할 수 있는 것, 예를 들어 甲木이 亥水에서 생(生)할 때 寅木의 합(合)을 얻으면 완성(完成)하게 된다.

이러한 것들이 의합(宜合)이다.

흉신(凶神)을 도우는 합(合)이 있는 것, 예를 들어 己土가 흉신(凶神)인데 甲木이 합(合)하여 己土를 돕게 된다.

희신(喜神)을 기반(羈絆)하는 합(合)이 있는 것, 예를 들어 乙木이 희신(喜神)인데 庚金이 합(合)하여 기반(羈絆)을 하게 된다.

동국(動局)을 엄폐(掩蔽)하는 합이 있는 것, 예를 들어 丑未가 충(冲)하는 것이 희신(喜神)인데 子午가 합하여 닫히게 한다.

생국(生局)을 돕는 합(合)이 있는 것, 예를 들어 甲木을 기뻐하지 않는데 寅亥가 합(合)하여 木을 돕게 되니 모두 마땅하지 않는 불의합(不宜合)이다.

대체로 합(合)이 많으면 유통(流通)하지 못하고 분발(奮發)하지 못하니 비록 수기(秀氣)가 투출(透出)하더라도 기이(奇異)한 것이 되지 못한다.

任氏曰 合固美事 然喜合而合之最美 若忌合而合之 比冲愈凶也 何也
임씨왈 합고미사 연희합이합지최미 약기합이합지 비충유흉야 하야

冲得合而靜之則易 合得冲而動之則難.
충득합이정지즉역 합득충이동지즉난

故喜神有能合而助之者爲美 如庚爲喜神 得乙合而助之者是也.
고희신유능합이조지자위미 여경위희신 득을합이조지자시야

凶神有能合而去之者更美 如甲爲凶神 得己合而去之者是也.
흉신유능합이거지자경미 여갑위흉신 득기합이거지자시야

閑神凶神有能合而化喜者 如癸爲凶神 戊爲閑神 戊癸合而化火爲喜神
한신흉신유능합이화희자 여계위흉신 무위한신 무계합이화화위희신

是也.
시야

閑神忌神有能合而化喜者 如壬爲閑神 丁爲忌神 丁壬合而化木爲喜神
한신기신유능합이화희자 여임위한신 정위기신 정임합이화목위희신

是也.
시야

如子午逢冲 喜神在午 得丑合之 寅申逢冲 喜神在寅 得亥合之皆是宜也.
여자오봉충 희신재오 득축합지 인신봉충 희신재인 득해합지개시의야

如忌神得合而助之者 己以爲忌神 甲合之 則爲助忌之合 以乙喜神庚
여기신득합이조지자 기이위기신 갑합지 즉위조기지합 이을희신경

合之 則爲戀凶之合.
합지 즉위연흉지합

有喜神閑神合化忌神者 以丙爲喜神 辛爲閑神 丙辛合化水爲忌神是也.
유희신한신합화기신자 이병위희신 신위한신 병신합화수위기신시야

有閑神忌神合化凶神者 以壬爲閑神 丁爲忌神 丁壬合化木爲凶神是也.
유한신기신합화흉신자 이임위한신 정위기신 정임합화목위흉신시야

如卯酉逢冲 喜神在卯 得辰合之 化金仍尅木者 巳亥逢冲喜神在巳 得
여묘유봉충 희신재묘 득진합지 화금잉극목자 사해봉충희신재사 득

申合之 化水仍尅火者 皆是不宜也.
신합지 화수잉극화자 개시불의야

大率忌神合而化去之 喜神合而化來之 若忌神合而不去 不足爲喜 喜
대솔기신합이화거지 희신합이화래지 약기신합이불거 부족위희 희

神合而不來 不足爲美 反爲羈絆貪戀而無用矣 來與不來 卽化與不化也
신합이불래　부족위미　　반위기반탐연이무용의　　　래여불래　　즉화여불화야

宜審察之.
의심찰지

임씨(任氏)가 말하길, 합(合)이란 당연히 아름다운 것이다.

그러나 합(合)이 기쁠 때라야 아름다운 것이다. 만약 합(合)을 꺼리는데 합(合)이 되는 것은 충(冲)보다 더욱 흉(凶)한 것이다. 이는 무슨 까닭인가?

충(冲)이 합(合)을 만나 정(靜)하는 것은 쉬우나, 합(合)이 충(冲)을 만나 정(靜)하기란 어렵다. 그러므로 희신(喜神)은 능(能)히 합(合)하여 돕게 되면 아름다우니 가령 庚金이 희신(喜神)일 때, 乙木이 합(合)하여 돕는 경우가 이것이다.

흉신(凶神)은 능(能)히 합(合)하여 제거(除去)하는 것은 더욱 아름다우니 가령 甲木이 흉신(凶神)인데, 己土가 합(合)하여 제거(除去)하는 경우가 이것이다.

한신(閑神)과 흉신(凶神)이 능(能)히 합(合)하여 희신(喜神)으로 화(化)하는 경우가 있는데, 가령 癸水가 흉신(凶神)이고 戊土가 한신(閑神)인데 戊癸가 합이합화(合而合化)하여 희신(喜神)이 되는 경우가 이것이다.

한신(閑神)과 기신(忌神)이 능(能)히 합(合)하여 능(能)히 희신(喜神)으로 화(化)하는 경우가 있는데, 가령 壬水가 한신(閑神)이고 丁火가 기신(忌神)인데 丁壬이 합이화목(合而化木)하여 희신(喜神)이 되는 경우가 이것이다.

지지(地支)에서 子午가 충(冲)하고 희신(喜神)이 午火인데 丑土가 합(合)하거나 寅申이 흉(凶)하고 희신(喜神)이 寅木인데 亥水가 합(合)하면 모두가 마땅한 것이다.

가령 기신(忌神)이 합(合)하여 도움이 되는 경우는 己土가 기신(忌神)인데 甲木이 합(合)하게 되면 기신(忌神)을 돕는 합(合)이고 乙木이 희신(喜神)일 때 庚金이 합(合)하면 흉신(凶神)을 사모(思慕)하게 된다.

희신(喜神)과 한신(閑神)이 합(合)하여 기신(忌神)으로 합화(合化)하는 경우가 있는데 丙火가 희신(喜神)이고 辛金이 한신(閑神)인데 丙辛이 합이화수(合而化水)하여 기신(忌神)이 되는 경우가 이것이다.

한신(閑神)과 기신(忌神)이 합(合)하여 흉신(凶神)으로 합화(合化)하는 경우가 있는데 壬水가 한신(閑神)이고 丁火가 기신(忌神)인데 丁壬이 합이화목(合而化木)하여 흉신(凶神)이 되는 경우가 이것이다.

가령 卯酉가 충(冲)하여 희신(喜神)이 卯木인데 辰土가 합(合)하여 화금(化金)하여 극목(剋木)하는 것이나, 巳亥가 충(冲)하여 희신(喜神)이 巳火인데 申金이 합(合)하여 巳申이 합이화수(合而化水)하여 극화(剋火)하게 되는 것이니 모두가 마땅하지 않은 것이다.

대체로 기신(忌神)이 합(合)하면 제거(除去)되고 희신(喜神)은 합(合)하여 화래(化來)하여야 한다. 만약 기신(忌神)이 합이불거(合而不去)되면 기뻐하기 부족(不足)하고 희신(喜神)이 합이불래(合而不來)되면 아름답지 않고 오히려 기반(羈絆)과 탐련(貪戀)이 되어 무용(無用)하게 된다. 래(來)와 불래(不來)는 화(化)와 불화(不化)를 뜻하니 마땅히 세밀(細密)하게 살펴야 한다.

$$
\begin{array}{cccc}
\text{乙} & \text{丙} & \text{庚} & \text{辛} \\
\text{未} & \text{子} & \text{寅} & \text{亥}
\end{array}
$$

癸甲乙丙丁戊己
未申酉戌亥子丑

朱中堂造 丙子日元 生於春土 火虛木嫩 用神在木 忌神在金 最喜亥水
주중당조　병자일원　생어춘토　화허목눈　용신재목　기신재금　최희해수

流通金性 合寅生木爲宜 時支未土 又得乙木盤根之制 去濁留淸 中和
류통금성　합인생목위의　시지미토　우득을목반근지제　거탁유청　중화

純粹 爲人寬厚和平 一生宦途安穩.
순수　위인관후화평　일생환도안온

주중당(朱中堂)의 명조(命造)이다.

丙子 일원(日元)이 춘초(春初)에 생(生)하여 火는 허(虛)하고 木은 어리니 용신(用神)은 木에 있고 기신(忌神)은 金에 있다. 가장 기쁜 것은 亥水가 金의 성질(性質)을 유통(流通)시키면서 寅木과 합(合)하여 생목(生木)하니 마땅하다. 시지(時支)의 未土는 乙木의 극제(克制)를 받아 거탁유청(去濁留淸)되어 중화순수(中和純粹)하다. 사람됨이 관후(寬厚)하고 화평(和平)하였으며 일생 동안 벼슬길이 안온(安穩)하였다.

丙火 일주가 寅월에 생(生)하였고 지지(地支)가 寅亥 합목(合木)하였는데 시간(時干)에 乙木이 투출(透出)하여 신왕(身旺)하다. 희신(喜神)은 식재관(食財官)인 土金水이고 기신(忌神)은 인비(印比)인 木火이다. 기쁘게도 운행(運行)이 서북지지(西北之地)인 金水 운으로 행(行)하고 있으니 일생 동안 평안하게 벼슬을 하였다.

임주(任註)에서는 "火가 허(虛)하고 木이 여리어 용신(用神)은 木이고 기신(忌神)은 金이다"라고 하였다. 그렇다면 일생 동안 벼슬길이 안돈(安頓)하지는 않았을 것이다.

辛 壬 庚 戊
丑 寅 申 子

丁丙乙甲癸壬辛
卯寅丑子亥戌酉

壬寅日元 生於孟秋 秋水通源 重重印綬 戊丑之土 能生金 不能制水
임인일원　생어맹추　추수통원　중중인수　무축지토　능생금　불능제수

置之不用 只得順水之性 以寅木爲用 至癸運 洩金生木入泮 亥運 支類
치지불용　지득순수지성　이인목위용　지계운　설금생목입반　해운　지류

北方 去其丑土濕滯之病 又生合寅木 科甲連登 名高翰苑 所嫌者 寅申
북방　거기축토습체지병　우생합인목　과갑연등　명고한원　소혐자　인신

逢冲 秀氣有傷 降知縣 甲子水木齊來 仕路平安 乙運合庚助虐 罷職
봉충 수기유상 강지현 갑자수목제래 사로평안 을운합경조학 파직

回家 丑運生金 不祿.
회가 축운생금 불록

壬寅 일원(日元)이 맹추(孟秋)에 생(生)하여 추수(秋水)가 통원(通源)되고 인수(印綬)가 중중(重重)하다. 戊丑土는 능(能)히 생금(生金)하고 제수(制水)할 수 없으니 쓸 수가 없고, 다만 수성(水性)에 순응(順應)해야 하니 寅木이 용신(用神)이다.

癸운에 이르러 金은 설(洩)하고 木은 생(生)하니 입반(入泮)하였고, 亥운에는 지지(地支)가 북방(北方)이 모여서 丑土의 습체지병(濕滯之病)을 제거(除去)하고, 寅木을 생합(生合)하니 과갑연등(科甲連登)하여 이름이 한원(翰苑)에 오르게 되었다.

꺼리는 것은 寅申이 충(冲)하여 수기(秀氣)의 상해를 입으니 지현(知縣)으로 강등되었다. 甲子 운에 水木이 함께 오니 벼슬길이 평안하였으며 乙운에는 庚金과 합(合)하여 기신(忌神)을 도우니 파직(罷職)되어 향리(鄕里)로 돌아갔고 丑운에는 생금(生金)하니 불록(不祿)하였다.

壬水 일주가 申월에 태어나서 득령(得令)하였고 지지(地支)가 申子 합수(合水)가 되어 있는데 천간(天干)에 庚辛金이 투출(透出)하였으니 신왕(身旺)하다. 희신(喜神)은 식재관(食財官)인 木火土이고 기신(忌神)은 인비(印比)인 金水이다.

초년인 辛酉, 壬戌 운은 기신(忌神)으로 곤고(困苦)하였을 것이고 癸亥 운은 戊癸 합화(合化)로 癸水가 합거(合去)되었고 亥水는 寅亥 합목(合木)으로 희신(喜神)이 되었으니 입반(入泮)하였고 과갑연등(科甲連登)하여 한원(翰苑)에서 명성이 높았다. 甲子 운에는 子水가 甲木을 생조(生助)하니 벼슬길이 평안하였고 乙丑 운에는 子丑 합수(合水)로 역시 기신(忌神)이 되었으니 불록지객(不祿之客)이 되었다.

```
丁 丙 壬 丁
酉 午 寅 亥
```

```
乙丙丁戊己庚辛
未申酉戌亥子丑
```

丙午日元 生于寅月 天干兩透丁火 旺可知矣 壬水通根亥支 正殺印相
병오일원　생우인월　천간양투정화　왕가지의　임수통근해지　정살인상

生 所嫌者 丁壬寅亥 化木爲忌 以致刧刃肆逞 群刧爭財 初交北方金水
생　소혐자　정임인해　화목위기　이치겁인사령　군겁쟁재　초교북방금수

遺業豊盛 戊戌運 又會火局 剋盡金水 家破身亡.
유업풍성　무술운　우회화국　극진금수　가파신망

　　丙午 일원(日元)이 寅월에 생(生)하였고 천간(天干)에 丁火가 양투(兩透)하였으니
왕(旺)한 것을 알 수 있다. 壬水가 亥水에 통근(通根)하였으니 살인상생(殺印相生)이
되었지만 丁壬과 寅亥가 화목(化木)하여 기신(忌神)으로 변화(變化)하였으니 겁인(刧
刃)이 방자(放恣)하게 날뛰어 군겁쟁재(群刧爭財)가 되었다.

　　초년(初年)운이 북방금수(北方金水)로 유업(遺業)이 풍성(豊盛)하였으나 戊戌 운에
는 화국(火局)을 이루어 金水를 극진(剋盡)하니 가산(家産)을 탕진(蕩盡)하고 세상을
떠났다.

　　丙火 일주가 寅월에 태어나서 득령(得令)하였고 지지(地支)가 寅午 합화(合火)하고
丁壬 합목(合木)하였으니 인비(印比)가 태왕(太旺)하니 군겁쟁재(群刧爭財)가 되었다.
희신(喜神)은 식재관(食財官)인 土金水이고 기신(忌神)은 인비(印比)인 木火이다. 운행
(運行)이 서북지지(西北之地)인 金水 운으로 행(行)하니 아름답다.

초년(初年)운은 金水 운으로 조상(祖上)의 음덕(陰德)이 풍부(豊富)하였으나 戊戌
운은 寅午戌 회국(會局)으로 金水를 손상(損傷)시켰으니 가파신망(家破身亡)하였다.

任註

丙 戊 甲 己
辰 寅 戌 亥

丁戊己庚辛壬癸
卯辰巳午未申酉

謝侍郞造 戊生季秋土司令 刦刃並透 日主未嘗不旺 但甲木進氣 支得
사시랑조　무생계추토사령　겁인병투　일주미상불왕　단갑목진기　지득

長生祿旺 又辰爲木之餘氣 洩火養木 無金以制之 殺勢旺矣 喜其甲己
장생록왕　우진위목지여기　설화양목　무금이제지　살세왕의　희기갑기

合之爲宜 則日主不受己剋 更妙中年運走土金 制化合宜 名高祿重.
합지위의　즉일주불수기극　경묘중년운주토금　제화합의　명고록중

사시랑(謝侍郞)의 명조(命造)이다.

戊土가 계추(季秋)에 사령(司令)하고 겁인(刦刃)이 병투(並透)하였으니 일주(日主)가
왕(旺)하지 않을 수 없다. 다만 甲木이 진기(進氣)이고 지지(地支)에서 장생(長生)과 녹
왕(祿旺)을 만났으며 辰土는 木의 여기(餘氣)로 설화(洩火)하고 양목(養木)하며 金의
제지(制止)가 없으니 살(殺)의 세력(勢力)이 왕(旺)하다.

기쁜 것은 합(合)이 마땅하니 일주(日主)가 극(剋)을 받지 않고 있으며 더욱 묘(妙)
한 것은 중년(中年)운이 土金으로 행(行)하여 제화(制化)가 마땅하니 명고록중(名高祿
重)하였다.

戊土 일주가 戌月에 태어나서 득령(得令)하고 시주(時柱)의 인비(印比)에 생조(生助)를 얻었으며 甲己 합토(合土)로 더욱 일주(日主)가 왕(旺)하게 되었다. 희신(喜神)은 식재관(食財官)인 金水木이고 기신(忌神)은 인비(印比)인 火土이다.

초년(初年)인 癸酉, 壬申 운은 金水로 선조(先祖)의 음덕(陰德)이 있었을 것이고 辛未, 庚午 운은 火金 운으로 굴곡(屈曲)이 있었을 것이다. 己巳 운은 火土 운으로 甲己 합토(合土)가 되고 寅巳 형(刑), 巳亥 충(冲)으로 충형(冲刑)이 중중(重重)하니 불록(不祿)이 되었을 것이다.

```
丙 戊 甲 己
辰 寅 戌 巳
```

```
丁戊己庚辛壬癸
卯辰巳午未申酉
```

此與前造 只換一亥字 則土無水潤 不能養木 甲己之合爲不宜 殺無氣
차여전조　지환일해자　즉토무수윤　불능양목　갑기지합위불의　살무기

勢 刦肆逞矣 壬申運生化 雖得一衿而不第 中運又逢土金 刑妻尅子 家
세　겁사령의　임신운생화　수득일금이부제　중운우봉토금　형처극자　가

業潛消 至巳運而卒 毫厘千里之隔也.
업잠소　지사운이졸　호리천리지격야

이 명조(命造)는 전조(前造)와 비교하면 단지 亥水 하나만 다를 뿐인데 土가 水의 윤택(潤澤)함 없이 木을 기를 수가 없다. 甲己 합(合)이 마땅하지 않은 것은 살(殺)의 기세(氣勢)가 없으므로 비겁(比劫)이 방자(放恣)하게 날뛰고 있기 때문이다.

壬水 운에는 생화(生化)하니 비록 일금(一衿)을 하였다 하더라도 과거(科擧)에 합격(合格)하지 못하였다. 중년(中年)운을 土金을 만나 형처극자(刑妻尅子)하고 가업(家

業)이 점차 몰락(沒落)하였으며, 巳운에는 세상을 떠났으니 조그마한 차이가 나중에는 대단한 차이가 된다는 것이다.

戊土 일주가 戌월에 태어나서 득령(得令)하였고 지지에 인비(印比)가 태왕(太旺)하다. 천간(天干)에는 甲己 합토(合土)가 되었다. 시간(時干)의 丙火가 생조(生助)하니 조열(燥烈)하여 木을 생육(生育)할 수 없고 군겁쟁재(群刦爭財)가 되었으니 형처극자(刑妻剋子)할 수밖에 없는 명조(命造)이다.

癸酉, 壬申 운으로 희신(喜神)이지만 寅巳申 삼형살(三刑殺)이 되어 과거(科擧)에 낙방하게 된다. 辛未, 庚午 운은 丙辛 합거(合去)되었고, 甲庚 충(沖), 丙庚 충(沖)으로 庚金이 손상(損傷)을 당하였고, 寅午戌 회합(會合)으로 화다토초(火多土焦)가 되었다. 己巳 운은 甲己 합토(合土)가 되었고 寅巳 형(刑)이 되었으니 불록지객(不祿之客)이 된 것이다. 이러한 경우를 전조(前造)와 비교하여 "호리지차(毫釐之差)[42]가 천 리(千里) 간다"라고 하는데, 작은 차이가 나중에는 대단한 차이가 된다는 의미이다.

丙	甲	壬	丁
寅	子	寅	未

乙丙丁戊己庚辛
未申酉戌亥子丑

甲木生于寅月寅時　木嫩氣虛　以丙火解凍敵寒爲用　以壬水剋丙爲忌
갑목생우인월인시　목눈기허　이병화해동적한위용　　이임수극병위기

---

42 호리지차(毫釐之差): 극히 작은 차이를 말함. 반대로, 호리천리(毫釐天里)는 큰 차이를 말함.

最喜丁壬之合化木　反生丙火本屬不吉　喜其大運在己　能剋癸水　棘闈
최희정임지합화목　　　　반생병화본속불길　　　희기대운재기　　능극계수　　극위

秦捷　戊運卯年發甲　惜限於地　未能大用.
진첩　무운묘년발갑　석한어지　미능대용

甲木이 寅월 寅시에 태어나서 木은 어리고 기(氣)가 허(虛)하니 丙火가 해동(解凍)하거나 적한(敵寒)하는 것이 용신(用神)이다. 그러므로 壬水가 丙火를 극(剋)하는 것은 기신(忌神)인데 가장 기쁜 것은 丁壬이 합(合)하여 화목(化木)함으로써 도리어 丙火를 생(生)하는 데 있다. 癸酉 년은 본래 불길(不吉)하나 기쁘게도 대운(大運)에 己土가 있으므로 능히 癸水를 극(剋)하니 극위(棘闈)에 합격(合格)하였다. 戊운 卯년에 발갑(發甲)하였으나 애석(哀惜)하게도 제한된 운(運)으로 크게 중용(重用)될 수는 없었다.

評註

甲木 일주가 寅월에 태어나서 득령(得令)하였고 지지(地支)가 인비(印比)로 생조(生助)하고 있는데 천간(天干)에서 丁壬 합목(合木)하니 신왕(身旺)하다. 희신(喜神)은 식재관(食財官)인 火土金이고 기신(忌神)은 인비(印比)인 수목(水木)이다.

己亥 운은 己土가 희신(喜神)이지만 寅亥 합목(合木)으로 기신(忌神)이 되었다.

癸酉 년은 癸水가 기신(忌神)이지만 년간(年干)의 丁火와 丁癸 충(冲)하고 대운(大運)의 己土와 己癸 극(剋)하니 癸水가 오히려 충거(冲去)되었으나 극위(棘闈)에 합격(合格)하게 된 것이다. 戊戌 운은 상하(上下)가 유정(有情)하여 희신(喜神)이니 발갑(發甲)하였고 卯년은 寅卯 합목(合木), 卯未 합목(合木)으로 기신(忌神)이 되었다.

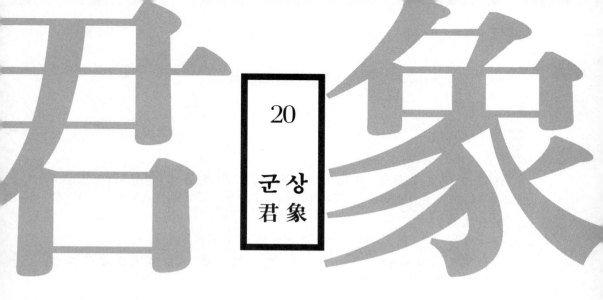

原文

君不可抗也 貴乎損上以益下
군불가항야　　귀호손상이익하

　군주(君主)에게는 대항(對抗)하여서는 아니 되니, 위(上)를 덜어서 아래(下)를 돕는 것에 귀(貴)함이 있다.

原註

日主爲君 財神爲臣 如甲乙日主 滿局皆木 內有一二土氣 是君盛臣衰
일주위군　재신위신　여갑을일주　만국개목　내유일이토기　시군성신쇠
其勢要多方以助臣 火生之 土實之 金衛之 庶下全而上安.
기세요다방이조신　화생지　토실지　금위지　서하전이상안

　일주(日主)가 군(君)이고 재신(財神)이 신(臣)이다.
　가령 甲乙 일주(日主)에 원국(原局)이 모두 木이고 한두 개의 토기(土氣)가 있으면 군성신쇠(君盛臣衰)하므로 그 세력(勢力)이 다방면으로 재(財)인 신(臣)을 도와주어야 한다. 火로 土를 생(生)하여 주면 土가 실(實)하게 되고 金으로 호위(護衛)하면 비로

소 아래는 온전(穩全)하고 위(上)는 편안(便安)해진다.

任氏曰 君不可抗者 無犯上之理也 損上者 洩上也 非剋制也 上洩則
임씨왈　군불가항자　무범상지리야　손상자　설상야　비극제야　상설즉

下受益矣.
하수익의

如以甲乙日主爲君 滿局皆木 內只有一二土氣 君旺盛而臣極衰矣 其
여이갑을일주위군　만국개목　내지유일이토기　군왕성이신극쇠의　기

勢何如哉 惟有順君之性 火以行之 火行則木洩 土得生扶 爲損上以益
세하여재　유유순군지성　화이행지　화행즉목설　토득생부　위손상이익

下 則上下抗君 下得安臣矣.
하　즉상하항군　하득안신의

若以金衛之 則抗君矣 且木盛能令 金自缺 君仍不能抗 反觸其怒而臣
약이금위지　즉항군의　차목성능령　금자결　군잉불능항　반촉기노이신

更洩氣 不但無益有害也 豈能上安而下全乎.
경설기　부단무익유해야　기능상안이하전호

임씨(任氏)가 말하길, 군불가항(君不可抗)이라는 것은 위(上)를 범(犯)하는 이치는 없다는 것이다.

손상(損傷)이라는 것은 위(上)를 설(洩)하는 것이며, 극제(剋制)라는 것이 아니니 위(上)를 설(洩)하면 아래는 도움을 받는다. 가령 甲乙 일주(日主)가 군(君)인데 원국(原局)이 모두 木이고 한두 개의 토기(土氣)가 있다면 군(君)은 왕성(旺盛)하고 신(臣)은 극쇠(極衰)하니 그 세력(勢力)은 어찌하겠는가?

오직 군(君)의 성정(性情)에 순응(順應)하여 火로 향(向)하여야 한다.

火로 행(行)하면 木이 설(洩)하여 아래를 유익(有益)하게 할 수 있다.

그러므로 군(君)은 위(上)로서 거만하지 않고 신(臣)은 아래로서 안정(安定)을 얻는 것이다.

만약 金으로 막으려고 하면 군(君)에 대항(對抗)하는 것인데 木이 왕성(旺盛)하고

능령(能令)이 있으면 金이 스스로 일그러지니 군(君)에는 대항(對抗)할 수는 없고 도리어 노여움을 촉발(促發)하여 신(臣)은 더욱 설(洩)하여 이(利)로움이 없을 뿐만 아니라 해(害)로움이 있게 되니 위(上)가 편(便)하고 아래가 온전(穩全)할 수 있겠는가?

任註

```
乙 甲 丙 甲
亥 戌 寅 戌
```

```
癸 壬 辛 庚 己 戊 丁
酉 申 未 午 巳 辰 卯
```

甲生于寅月　又得亥之生　比刦之助　年日兩支之戌土虛弱　謂君盛臣衰
갑생우인월　　우득해지생　　비겁지조　　년일양지지술토허약　　위군성신쇠

最喜月透丙火　順君之性　戌土得生拱之情　則上安而下全　己巳運　火土
최희월투병화　　순군지성　　술토득생공지정　　즉상안이하전　　기사운　화토

並旺　科甲連登　庚午辛未　火得地　金無根　又有內火回光　庚辛不能抗君
병왕　과갑연등　경오신미　화득지　금무근　우유내화회광　　경신불능항군

五味足而益臣　仕至藩臬　壬申冲寅　剋丙　逆君之性　不祿.
오미족이익신　　사지반얼　임신충인　극병　역군지성　불록

甲木이 寅월에 생(生)하고, 亥水의 생(生)과 비겁(比劫)의 도움을 받고 있어 木이 왕성(旺盛)하니 군성신쇠(君盛臣衰)하다. 가령 기쁜 것은 월상(月上)에 丙火가 투출(透出)하여 군(君)의 성정(性情)에 순응(順應)하고 戌土의 생공지정(生拱之情)을 얻었으니 위(上)는 편안(便安)하고 아래는 온전(穩全)하다.

己巳 운에 火土가 병왕(並旺)하니 과갑연등(科甲連登)하였고 庚午, 辛未 운에는 火가 득지(得地)하고 金은 무근(無根)하다. 또한 丙火가 회광(回光)하게 되어 庚辛이 군(君)에 대항(對抗)할 수 없고 午未가 충분히 신(臣)을 도우니 벼슬이 반얼(藩臬)에 이르렀다. 壬申 운은 寅木을 충(冲)하고 丙火를 극(剋)하니 군(君)의 성정(性情)을 거슬리게 하여 불록(不祿)하였다.

評註

　甲木 일주가 寅월에 태어나서 득령(得令)하였고 지지(地支)가 寅亥 합목(合木)되었고 천간(天干)에 비겁(比劫)이 투출(透出)하였으니 신왕(身旺)하다. 희신(喜神)은 식재관(食財官)인 火土金이고 기신(忌神)은 인비(印比)인 木火이다.

　戊辰, 己巳 운은 희신(喜神)인 火土 운으로 과갑연등(科甲連登)하였고 庚午 辛未는 寅午戌 합화(合火)되었고 土金 운은 희신(喜神)으로 벼슬이 반얼(藩臬)에 이르게 되었다. 壬申 운은 丙任 충(冲)하고 寅申 충(冲)하니 천충지충(天冲地冲)되어 세상을 떠난 것이다.

任註

```
乙 甲 甲 甲
亥 寅 戌 子
```

```
辛 庚 己 戊 丁 丙 乙
巳 辰 卯 寅 丑 子 亥
```

甲寅日元 生於季秋 土旺用事 不比春時虛土 所以比一成 足以抵彼 之
갑인일원　생어계추　토왕용사　불비춘시허토　소이비일성　족이저피　지

兩戌 生亥時 又天干皆木 君盛臣衰 所嫌者 局中無火以行之 群比爭財
양술　생해시　우천간개목　군성신쇠　소혐자　국중무화이행지　군비쟁재

無以益臣 則上不安而下難全矣 初運北方水旺助君之勢 刑喪破耗 祖
무이익신　즉상불안이하난전의　　초운북방수왕조군지세　　형상파모　조

業不保 丁丑運 火土齊來 稍成家業 戊寅己卯 土無根 木臨旺 回祿三
업불보　정축운　화토제래　초성가업　무인기묘　토무근　목임왕　회록삼

次起倒 異常 刑妻剋子 至卯而亡.
차기도　이상　형처극자　지묘이망

　甲寅 일주가 계추(季秋)에 출생(出生)하니 왕토(旺土)가 용사(用事)한다. 봄의 허토(虛土)에 비교할 바가 아니다.

이른바 하나의 戊土는 충분히 전조(前造)의 양술(兩戊)에 견줄 만하지만 亥시에 태어나서 천간(天干)이 모두 木이니 군성신쇠(君盛臣衰)이다. 꺼리는 것은 火가 원국(原局)에서 유행(流行)하지 않아 군겁쟁재(群劫爭財)가 일어나고 신(臣)을 돕지 않으니 위가 불안(不安)하고 아래는 온전(穩全)하기 어렵다.

초년(初年)운은 북방수지(北方水地)로 군(君)의 세력(勢力)을 도우니 형상파모(刑喪破耗)하였고 조업(祖業)을 보전(保全)하지 못하였으나 丁丑 운에는 火土가 함께 오니 가업(家業)을 조금 이루었다. 戊寅, 丁卯 운에는 土가 무근(無根)이고 木이 왕지(旺地)에 임(臨)하니 세 차례의 화재(火災)를 만났고 기복(起伏)이 매우 심했으며 형처극자(刑妻剋子)하고 卯운에 이르러 세상을 떠났다.

評註

甲木 일주가 戊월에 태어나서 실령(失令)하였으나 지지(地支)가 寅亥 합목(合木)하고 亥子 합수(合水)하는데 천간(天干)에 비겁(比劫)이 투출(透出)하였으니 군겁쟁재(群劫爭財)가 되었다. 희신(喜神)은 식재관(食財官)인 火土金으로 기신(忌神)은 인비(印比)인 水木인데 애석(哀惜)하게도 운행(運行)이 동북지지(東北之地)인 水木으로 행(行)하고 있다.

초년(初年)운은 亥子丑 북방수왕(北方水旺)으로 형상파모(刑喪破耗)하였고 가업(家業)이 파패(破敗)되었다. 戊寅, 己卯 운은 戊土가 희신(喜神)이지만 극거(剋去)되었고 인묘목(寅卯木)인 기신(忌神)이 득세(得勢)하니 형처극자(刑妻剋子)하였다.

原文

臣不可過也 貴乎損下而益上
신불가과야   귀호손하이익상

신하(臣下)는 지나쳐서는 아니 되나, 아래(下)를 덜어 위(上)를 돕는 것에 귀(貴)함
이 있다.

原註

日主爲臣 官星爲君 如甲乙日主 滿盤皆木 丙有一二金氣 是臣盛君衰
일주위신   관성위군   여갑을일주   만반개목   병유일이금기   시신성군쇠

其勢要多方以助金 用帶土之火 以洩木氣 用帶火之土 以生金神 庶君
기세요다방이조금   용대토지화   이설목기   용대화지토   이생금신 서군

安臣全.
안신전

若木火又盛 無可余何 則當存君之子 少用水氣 一路行火地 方得發福.
약목화우성   무가여하   즉당존군지자   소용수기   일로행화지   방득발복

일주(日主)가 신(臣)이면 관성(官星)은 군(君)이다.

가령 甲木 일주(日主)에 원국(原局)이 모두 木이고 한두 개의 금기(金氣)가 있다면 신성군쇠(臣盛君衰)이니 다방면으로 金을 도와야 한다.

대토지화(帶土之火)를 사용하여 목기(木氣)를 덜어내고 대화지토(帶火之土)를 사용하여 금기(金氣)를 생(生)하면 비로소 군(君)은 편안(便安)하고 신(臣)은 온전(穩全)하다.

만약 木火가 다시 왕성(旺盛)하여 어찌할 도리가 없다면 마땅히 군(君)의 자식(子息)인 인수(印綬)를 보존(保存)하여야 하는데 적더라도 수기(水氣)를 용신(用神)으로 한다. 운행(運行)이 화지(火地)로 행(行)하여야 비로소 발복(發福)한다.

任註

任氏曰 臣不可過 須化之以德也 庶臣順而君安矣.
임씨왈 신불가과 수화지이덕야 서신순이군안의

如甲乙日主 滿局皆木 丙只一二金氣 臣盛而君衰極矣 若金運制臣 是
여갑을일주 만국개목 병지일이금기 신성이군쇠극의 약금운제신 시

衰勢而行威令 必有抗土之意 必須帶火之土運 木見火而相生 臣心 順
쇠세이행위령 필유항토지의 필수대화지토운 목견화이상생 신심 순

矣 金逢土而得益 君心安矣.
의 금봉토이득익 군심안의

若水木並旺 不見火土 當存君之子 一路行水木之運 亦可安君 若木火
약수목병왕 불견화토 당존군지자 일로행수목지운 역가안군 약목화

並旺 則宜順臣之心 一路行火運 亦可安君 所謂臣盛而性順 君衰而仁
병왕 즉의순신지심 일로행화운 역가안군 소위신성이성순 군쇠이인

慈 亦上安而下全 若純用土金以激之 非安上全下之意也.
자 역상안이하전 약순용토금이격지 비안상전하지의야

신(臣)은 지나쳐서는 아니 되니 반드시 덕(德)으로 그 것을 인화(引化)하여야 비로소 신(臣)이 온순(溫順)하고 군(君)은 편안(便安)하다.

가령 甲木 일주(日主)에 원국(原局)이 모두 木이고 한두 개의 금기(金氣)가 있으면 신(臣)이 왕성(旺盛)하고 군(君)은 쇠극(衰極)하다.

만약 금운(金運)이 신(臣)을 제(制)하면 쇠세(衰勢)가 위령(威令)을 행(行)하는 것이니 반드시 범상지의(犯上之意)가 있게 된다.

반드시 대화지토(帶火之土)운으로 행(行)하여야만 木이 火를 만나 상생(相生)하여 신심(臣心)이 온순(溫順)하고 金이 土를 만나 도움을 얻어서 군심(君心)이 편안(便安)하다.

만약 水木이 병왕(並旺)하고 火土가 나타나지 않으면 마땅히 군(君)이 자식(子息)을 보존(保存)하여야 하니 한결같이 水木 운으로 행(行)하여야 군(君)을 편안(便安)하게 할 수 있다. 만약 水火가 병왕(並旺)하면 마땅히 신심(臣心)에 순응(順應)하여 한결같이 火운으로 행(行)하여야 또한 군심(君心)이 편안(便安)하게 할 수 있다.

소위 "신하(臣下)는 왕성(旺盛)하여야 성품(性品)이 온순(溫順)하고 군주(君主)는 쇠약(衰弱)하여야 인자(仁慈)하다"라는 말이다. 위(上)가 편안(便安)하고 아래가 온전(穩全)하다는 것이다. 만약 土金을 써서 격렬(激烈)하게 되면 위(上)가 편안(便安)하고 아래가 온전(穩全)하게 한다는 뜻이다.

任註

```
庚 甲 甲 戊
午 寅 寅 寅
```

```
辛 庚 己 戊 丁 丙 乙
酉 申 未 午 巳 辰 卯
```

甲寅日元　年月皆寅　滿盤皆木　時上庚金無根　臣盛君衰極矣　喜其午時
갑인일원　년월개인　만반개목　시상경금무근　신성군쇠극의　희기오시

流通木性　則戊土弱而有根　臣心順矣　又逢丙辰丁巳戊午己未　帶土之
유통목성　즉무토약이유근　신심순의　우봉병진정사무오기미　대토지

火　生化不悖　臣順君安　早登科甲　仕至侍郎　庚申運　不能用臣　不祿.
화　생화불패　신순군안　조등과갑　사지시랑　경신운　불능용신　불록

甲寅 일원이 모두 寅木이고 원국(原局)이 모두 木이고 시상(時上)의 庚金은 무근(無根)이니 신(臣)은 왕성(旺盛)하고 군(君)은 쇠극(衰極)하다. 기쁘게도 午火가 목성(木性)을 유통하고 戊土가 약(弱)하나 유근(有根)이니 신심(臣心)이 온순(溫順)하다.

또한 丙辰, 丁巳, 戊午, 己未는 대토지화(帶土之火)로 생화(生火)가 어긋나지 않으니 신(臣)은 온순(溫順)하고 군(君)은 편안(便安)하다. 일찍 과갑(科甲)에 오르고 벼슬이 시랑(侍郎)에 이르렀다. 庚申 운은 신(臣)을 쓸 수가 없으니 세상을 떠났다.

評註

甲木 일주가 寅월에 태어나서 득령(得令)하였고 지지(地支)가 삼인(三寅)이고 월간(月干)에 甲木이 투출(透出)하여 신왕(身旺)하다. 희신(喜神)은 식재관(食財官)인 火土金이고 기신(忌神)은 인비(印比)인 水木이다.

원국(原局)에 甲木, 戊土, 庚金이 있으니 삼기격(三奇格)이 되었다. 기쁘게도 운행(運行)이 火土 운(運)으로 행(行)하여 일찍 과갑(科甲)에 올라 벼슬이 시랑(侍郎)에 이르렀다. 庚申 운은 甲庚 충(沖), 寅申 충(沖)으로 천충지충(天沖地沖)이 되었으니 용신충발(用神冲拔)로 불록지객(不祿之客)이 된 것이다.

任註

辛	甲	乙	癸
未	寅	卯	卯

戊己庚辛壬癸甲
申酉戌亥子丑寅

甲寅日元 年月皆卯 又逢乙癸 未乃南方燥土 木之庫根 非生金之土 故
갑인일원 년월개묘 우봉을계 미내남방조토 목지고근 비생금지토 고

辛金之君 無能爲矣 當存君之子 以癸水爲用 運逢甲寅癸丑 遺緒豊盈
신금지군 무능위의 당존군지자 이계수위용 운봉갑인계축 유서풍영

壬子辛亥 名利兩優 一交庚戌 土金並旺 不能容臣 犯事落職 破耗剋子
임자신해　명리양우　일교경술　토금병왕　불능용신　범사락직　파모극자

而亡.
이망

甲寅 일원(日元)이 년월(年月) 모두가 卯木이고 또한 乙癸가 투출(透出)하였으니 未土는 남방조토(南方燥土)로 木의 고근(庫根)이 되나 생금(生金)하는 土가 아니다. 그러므로 군(君)인 辛金은 무능(無能)하게 되니 군(君)의 자식(子息)인 癸水가 용신(用神)이다.

甲寅, 癸丑 운은 유업(遺業)이 풍영(豊盈)하였고 壬子, 辛亥 운에는 명리(名利)가 양전(兩全)하였다. 庚戌 운으로 바뀌면서는 土金이 병왕(並旺)하여 신(臣)을 용납(容納)하지 않으니 죄(罪)를 저질러 파직(罷職)당하고 파모극자(破耗剋子)하자 세상을 떠났다.

評註

甲木 일주가 卯월에 태어나서 득시득령(得時得令)하였고 지지(地支)는 모두가 목국(木局)이 되어 있는데 천간(天干)에 乙癸가 투출(透出)하였으니 종왕격(從旺格)이 되었다. 희신(喜神)은 인비식(印比食)인 水木火이고 기신(忌神)은 재관(財官)인 土金이다.

초년(初年)인 甲寅, 癸丑 운은 유업(遺業)으로 여유(餘裕)가 있었으며 壬子, 辛亥는 희신(喜神)으로 명리(名利)가 있었다. 그러나 庚戌 운은 甲庚 충(冲)으로 庚金이 쇠자발(衰者拔)되었고 戌未 형(刑)으로 불록지객(不祿之客)이 된 것이다.

```
甲 戊 戊 戊
寅 午 午 午
```

乙甲癸壬辛庚己
丑子亥戌酉申未

此造 三逢戊午 時殺雖坐祿支 局中無水 火土燥烈 臣盛君衰 且寅午
차조 삼봉무오 시살수좌록지 국중무수 화토조열 신성군쇠 차인오

拱會 木從火勢 轉生日主 君恩雖重 而日主之意向 反不以甲木爲念 故
공회 목종화세 전생일주 군은수중 이일주지의향 반불이갑목위념 고

運走西方金地 功名顯赫 甚重私情 不以君恩爲念也 運逢水旺 又不能
운주서방금지 공명현혁 심중사정 불이군은위념야 운봉수왕 우불능

存君之子 註誤落職.
존군지자 괘오락직

이 명조(命造)는 세 개의 戊午를 만나고 시살(時殺)이 비록 녹지(祿地)에 있으나 원국(原局)에 水가 없고 火土가 조열(燥烈)하니 신성군쇠(臣盛君衰)이다. 또한 寅午가 회국(會局)하니 화세(火勢)를 따라 일주(日主)를 생(生)하여 군은(君恩)은 중(重)하지만 일주(日主)의 甲木을 염두에 두고 있지 않다.

그러므로 운행(運行)이 서방금지(西方金地)로 행(行)하여서는 공명(功名)이 혁혁(赫赫)하였으나 사정(私情)이 깊어 군은(君恩)은 염두에 두지 않았다. 수왕지지(水旺之地)로 행(行)하여서는 군(君)의 자식(子息)을 보존(保存)할 수 없으니 괘오락직(註誤落職)하였다.

戊土 일주가 양인(陽刃)으로 세 개의 午火에 앉아 있으며 지지(地支)가 寅午 합화(合火)가 되었으니 종왕격(從旺格)이 되었다. 희신(喜神)은 인비식(印比食)인 火土金이

고 기신(忌神)은 재관(財官)인 水木이다.

서방금지(西方金地)인 寅午戌 운으로 행(行)할 때는 공명(功名)을 얻었으나 癸亥 운에는 기신(忌神)이 되었고 甲子 운에는 甲戊 극(剋), 子午 충(冲)으로 천극지충(天剋地冲)이 되었으니 불록(不祿)되었을 것이다.

```
己 己 丙 甲
巳 酉 子 寅
```

```
癸壬辛庚己戊丁
未午巳辰卯寅丑
```

己酉日元　生於仲冬　甲寅官星坐祿　子水財星當令　財旺生官　時逢印綬
기유일원　생어중동　갑인관성좌록　자수재성당령　재왕생관　시봉인수

此謂君臣兩盛　更妙月干丙火一透　寒土向陽　轉生日主　君恩重矣早登
차위군신양성　경묘월간병화일투　한토향양　전생일주　군은중의조등

科甲　翰苑名高　祿坐下酉金　支得巳時之拱　火生之　金衛之　水養之　而
과갑　한원명고　녹좌하유금　지득사시지공　화생지　금위지　수양지　이

日主之　力量　足以剋財　故其爲官重財　而忘君恩矣.
일주지　력량　족이극재　고기위관중재　이망군은의

己酉 일원이 중동(仲冬)에 생(生)하여 관성(官星)인 甲寅이 좌록(坐祿)하였고 재성(財星)인 子水가 당령(當令)하여 왕재(旺財)가 생관(生官)하고 있으며 시지(時支)에 인수(印綬)를 만났으니 군신(君臣)이 모두 성(盛)하다. 더욱 묘(妙)한 것은 월간(月干)에 丙火가 투출(透出)하여 한토(寒土)가 향양(向陽)하였고 일주(日主)를 생(生)하니 군은(君恩)이 중(重)하다.

일찍 과갑(科甲)에 오르고 한원(翰苑)에서 명성(名聲)이 높았다. 좌하(坐下)의 酉金과 시지(時支)의 巳火가 서로 공합(拱合)하였으니 火가 생(生)하고 金이 호위(護衛)하고 水가 보양하니 일주(日主)의 역량(力量)을 충분히 재(財)를 극(剋)할 수 있다. 그러

므로 관(官)이 재(財)를 중(重)하게 여기면 군(君)의 은혜(恩惠)를 망각(妄覺)하게 된다는 것이다.

評註

己土 일주가 子월에 생(生)하였으니 한랭(寒冷)하여 조후(調候)로 火가 용신(用神)인데 천간(天干)에 丙火가 투출(透出)하였으니 기쁘다. 지지(地支)에 巳酉가 공합(拱合)하여 子水를 생조(生助)하고, 子水는 甲寅을 생조(生助)하고, 甲木은 丙火를 생조(生助)하고, 丙火는 일주(日主)를 생조(生助)하니 오기유행(五氣流行)하여 생생부절(生生不絶)하니 더욱 오묘(奧妙)한 명조(命造)이다. 원국(原局)에 식재관(食財官)이나 재관인(財官印)이 모두 갖추어 있으면 삼귀격(三貴格)이라 하여 높이 평가(評價)하고 있다.

原文

知慈母恤孤之道 始有瓜瓞無疆之慶
지자모휼고지도　　시유과질무강지경

　자모휼고(慈母恤孤)⁴³하는 도리를 알면 비로소 과질(瓜瓞)⁴⁴에 끝없이 이어지는 경사(慶事)가 있다.

原註

日主爲母 日之所生者爲子.
일주위모　　일지소생자위자

如甲乙日主 滿柱皆木中有一二火氣 是母旺子孤 其勢要多方以生子孫
여갑을일주　　만주개목중유일이화기　　시모왕자고　　기세요다방이생자손

成瓜瓞之綿綿 而後流發于千世之下.
성과질지면면　　이후유발우천세지하

---

43 자모휼고(慈母恤孤): 자애로운 어머니가 외로운 자식을 돌봄.

44 과질(瓜瓞): 오이와 작은 오이. 자손의 번성함을 비유하는 말.

일주(日主)가 모(母)이고 일주(日主)가 생(生)하는 것이 자(子)이다.

가령 甲木 일주(日主)에 사주(四柱)가 모두 木인데 가운데에 한두 개의 화기(火氣)가 있으면 이것은 모왕자고(母旺子孤)이다. 그 세(勢)는 다방면으로 자손(子孫)을 생(生)하여야 과질(瓜瓞)이 잇따라 끊어지지 않고 이후 천 세대 뒤까지 널리 퍼져 나간다.

任註

任氏曰 母衆子孤 不特子仗母勢 而母之情亦依乎子 故子母二人 皆不
임씨왈　모중자고　불특자장모세　　이모지정역의호자　　고자모이인　개불

宜損抑 只得助其子勢 則母慈而子益昌矣.
의손억　지득조기자세　　즉모자이자익창의

如日主甲乙木爲母 內只有一二火氣 其餘皆木 是母多子病 一不可見
여일주갑을목위모　　내지유일이화기　　기여개목　시모다자병　일불가견

水 見水子必傷 二不可見金 見金則觸母性 母子不和 子勢愈孤.
수　견수자필상　　이불가견금　　견금즉촉모성　　모자불화　자세유고

惟行帶火土之運 則母性必慈 其性向子 子方能順母之意而生孫 以成
유행대화토지운　　즉모성필자　기성향자　자방능순모지의이생손　이성

瓜瓞衍慶于千世之下 若行帶水之土運 則母情有變 而反不容子矣.
과질연경우천세지하　　약행대수지토운　　즉모정유변　이반불용자의

임씨(任氏)가 말하길, 모중자고(母衆子孤)이면 자(子)가 모(母)의 세력(勢力)에 의지(依支)할 뿐만 아니라 모(母)의 정(情)도 자(子)에 의지(依支)한다. 그러므로 자모(字母)는 모두 손억(損抑)이 마땅하지 않고, 자(子)의 세력(勢力)을 도우면 모(母)는 자애(慈愛)롭고 자(子)는 더욱 창성(昌盛)한다.

가령 일주(日主)인 甲木이 모(母)인데 원국(原局)에 한두 개의 화기(火氣)만 있고 나머지가 모두 木이라면 모다자병(母多子病)이다.

첫째, 水가 나타나면 안 된다. 水가 나타나면 자(子)가 반드시 상(傷)한다.

둘째, 金이 나타나면 안 된다. 金이 나타나면 모(母)를 촉범(觸犯)하여 모자(母子)가 불화(不和)하게 되어 자(子)의 세력(勢力)은 더욱 약(弱)해진다.

오직 대화지토(帶火之土)의 운(運)으로 행(行)하여야만 모성(母性)이 자애(慈愛)롭고 그 성정(性情)이 자(子)를 향(向)하게 되니 자(子)는 비로소 모(母)의 뜻에 준하여 손(孫)을 생(生)하고 천(千) 세대(世代)까지 집안이 번성(繁盛)하여 경사(慶事)를 이룬다. 만약 대수지토(帶水之土)의 운(運)으로 행(行)하면 모정(母情)이 변(變)하여 오히려 자(子)를 용납(容納)하지 않는다.

任註

```
己 乙 甲 戊
卯 卯 寅 午
```

```
辛 庚 己 戊 丁 丙 乙
酉 申 未 午 巳 辰 卯
```

乙卯日元　生於寅月卯時　滿盤皆木　只有年支午火　母旺子孤　喜其會子
을묘일원　생어인월묘시　만반개목　지유년지오화　모왕자고　희기회자

寅午半會　母之性慈而向子　子亦能順母之意　而生戊土之孫　更喜運中
인오반회　모지성자이향자　자역능순모지의　이생무토지손　경희운중

火土 所以少年助登虎榜 身入鳳池 仕至侍郎 一交庚申 觸母之性 不祿.
화토　소이소년조등호방　신입봉지　사지시랑　일교경신　촉모지성　불록

乙卯 일원(日元)이 寅월에 생(生)하였고 원국(原局)이 모두 木으로 되어 있고 단지 년지(年支)의 午火가 있으니 모왕자고(母旺子孤)이다. 기쁘게도 식상(食傷)인 자식이 寅午로 반회(半會)를 이루어 모성은 자애로우며 자식을 향(向)하고 있다.

자(子)도 역시 모(母)의 뜻에 순응하여 손(孫)인 戊土를 생(生)한다. 더욱 기쁜 것은 火土 운에 일찍 호방(虎榜)에 올랐고 봉지(鳳池)에 들어가 벼슬이 시랑(侍郎)에 이르렀다. 庚申 운으로 바뀌어서는 모성(母性)을 촉범(觸犯)하여 세상을 떠났다.

乙木 일주가 寅월에 태어나서 득령(得令)하였고 지지(地支)가 寅卯 합목(合木)하고 천간(天干)에 甲乙木이 투출(透出)하였으니 신왕(身旺)하다. 희신(喜神)은 식재관(食財官)인 火土金이고 기신(忌神)은 인비(印比)인 水木이다. 기쁘게도 운행(運行)이 동남지지(東南之地)인 木火 운으로 행(行)하니 일찍 과거(科擧)에 합격(合格)하여 시랑(侍郎)의 벼슬에 이르렀다.

庚申 운은 甲庚 충(冲), 寅申 충(冲)으로 천충지충(天冲地冲)이 되었으니 불록지객(不祿之客)이 되었다. 이 명조(命造)는 식신생재격(食神生財格)이 되어 아름답다.

乙	甲	丙	癸
亥	寅	辰	卯

己庚辛壬癸甲乙
酉戌亥子丑寅卯

甲寅日元 透於季春 支類東方 于生亥時 一點丙火虛露 母衆子孤 辰乃
갑인일원 투어계춘 지류동방 우생해시 일점병화허로 모중자고 진내

濕土 晦火養木 兼之癸水透干 時逢亥旺 母無慈愛恤孤之心 反有滅子
습토 회화양목 겸지계수투간 시봉해왕 모무자애휼고지심 반유멸자

之意 初運乙卯甲寅 尙有生扶愛子之情 其樂自如 一交癸丑 帶水之土
지의 초운을묘갑인 상유생부애자지정 기락자여 일교계축 대수지토

母心必變 子不能安 破敗異常 至壬子 剋絶其子 家破人離 自縊而死.
모심필변 자불능안 파패이상 지임자 극절기자 가파인리 자액이사

甲寅 일원(日元)이 계춘(季春)에 생(生)하였고 지지(地支)에 동방(東方)이 모였으며 또한 亥시에 생(生)하였으니 일점병화(一點丙火)가 허로(虛露)하여 모중자고(母衆子孤)이다. 辰은 습토(濕土)이니 회화(晦火)하고 양목(養木)하는 데 겸(兼)하여 癸水가 투간

(透干)하였고 시지(時支)의 亥水가 왕(旺)하니 모(母)는 자애(慈愛)와 휼고(恤孤)하는 마음이 없고 오히려 멸자(滅子)하는 뜻이 있다.

초년운인 乙卯, 甲寅에는 생부애자(生扶愛子)하는 정(情)이 있어 즐거움이 넉넉하였으나 癸丑 운으로 바뀌면서 대수지토(帶水之土)가 되니 모심(母心)이 변하여 자(子)는 편안할 수 없게 되어 파패에 이상이 있었다. 壬子 운에는 자식(子息)을 극절(剋絶)하니 가산이 탕진되고 사람이 모두 떠나니 목을 매어 세상을 떠났다.

評註

甲木 일주가 퇴기(退氣)인 辰월에 태어났으나 전지지(全地支)가 寅卯辰 목국(木局)이 되었고 寅亥 합목(合木)이 되었다. 천간(天干)에 甲乙木이 투출(透出)하였고 년간(年干)의 癸水가 일주(日主)를 생조(生助)하니 종왕격(從旺格)이 되었다. 희신(喜神)은 인비식(印比食)인 水木火이고 기신(忌神)은 재관(財官)인 土金이다. 월간(月干)의 丙火가 식신(食神)으로 모중자고(母衆子孤)하다.

초년운 乙卯, 甲寅에는 선조의 음덕으로 편안하였으나 癸丑 운에는 丑辰이 파(破)가 되었으니 축중(丑中)의 辛己와 辰中의 乙癸가 乙辛 충(冲), 己癸 극(剋)하여 희신(喜神)인 水木이 손상되어 파패하게 된 것이다. 壬子 운은 丙壬 충(冲), 子卯 형(刑)으로 천충지형(天冲地刑))이 되었으니 형액(刑厄)을 면(免)할 수 없을 것이다.

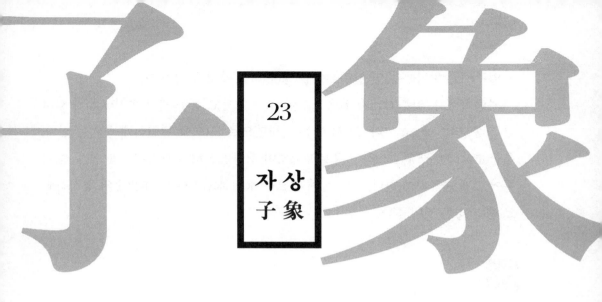

原文

知孝子奉親之方 始剋諧成大順之風
지효자봉친지방　　시극해성대순지풍

효자봉친(孝子奉親)[45]하는 방법을 알면 비로소 잘 화합(化合)하고 대순지풍(大順之風)[46]을 이룬다.

原註

日主爲子 生日者爲母如甲乙滿局皆是木 中有一二水氣 爲子衆母衰
일주위자　　생일자위모여갑을만국개시목　　　중유일이수기　　위자중모쇠

其勢要多方以安母 用金以生水 用土以生金 則成母子之情 爲大順矣
기세요다방이안모　　용금이생수　　용토이생금　　즉성모자지정　　위대순의

設或無金 則水之神依乎木 而行木火金盛地亦可.
설혹무금　　즉수지신의호목　　이행목화금성지역가

---

45 효자봉친(孝子奉親): 효자가 어버이를 섬김.

46 대순지풍(大順之風): 순응하고 화평한 기풍.

일주(日主)가 자(子)이면 일주(日主)를 생(生)하는 것이 모(母)이다.

가령 甲乙木 일주(日主)가 원국(原局)이 모두 木이고 한두 개의 수기(水氣)가 있다면 자중모쇠(子衆母衰)이다. 그 세(勢)는 다방면으로 모(母)를 편안하게 하여야 한다. 용금(用金)하여 생수(生水)하고 용토(用土)하여 생금(生金)하면 모자지정(母子之情)을 이루어 크게 순응하게 한다. 만약 金이 없으면 水는 木을 따르니 木火金의 왕지(旺地)로 행(行)하는 것이 좋다.

任註

任氏曰 子衆母衰 母之性依乎子 須要安母之心 亦不可逆子之性.
임씨왈　자중모쇠　모지성의호자　수요안모지심　역불가역자지성

如甲乙日爲主 滿局皆木 中有一二水氣 謂子衆母孤 母之情依乎子 必
여갑을일위주　만국개목　중유일이수기　위자중모고　모지정의호자　필

要安母之心 一不可見土 見土則子戀婦而不顧母 母不安矣 二不可見
요안모지심　일불가견토　견토즉자연부이불고모　모불안의　이불가견

金 見金則母勢强而不容子 子必逆矣.
금　견금즉모세강이불용자　자필역의

惟行帶水之金運 使金不剋木而生水 則母情必依子 子情亦順母矣 以成
유행대수지금운　사금불극목이생수　즉모정필의자　자정역순모의　이성

大順之風 若行帶土之金運 婦性必悍 母子皆不能安 人事莫不蓋然也.
대순지풍　약행대토지금운　부성필한　모자개불능안　인사막불개연야

此四章 雖主木論 火土金水亦如之.
차사장　수주목론　화토금수역여지

임씨(任氏)가 말하길, 자중모쇠(子衆母衰)이면 모성(母性)이 자(子)에 의지하니 반드시 모심(母心)을 편안하게 하여야 하고 자성(子性)에 역행(逆行)해서는 아니 된다. 가령 甲乙木 일주에 원국(原局)이 모두 木이고 한두 개의 수기(水氣)가 있다면 자중모고(子衆母孤)라고 하며 모정(母情)은 자(子)에 의지(依支)하니 반드시 모심(母心)을 편안(便安)하게 하여야 한다.

그러므로, 첫째로 土가 나타나서는 아니 되니, 土가 나타나면 자(子)가 부인(婦

人)에게 연연하여 모(母)는 돌보지 않아 불안(不安)하게 된다. 둘째로 金이 나타나서는 아니 되니, 金이 나타나면 모(母)의 세력(勢力)이 강(强)하여 자(子)를 용납(容納)하지 않고 반드시 모(母)를 거역(拒逆)하게 된다.

오직 대수지금(帶水之金) 운(運)으로 행(行)하여야 金木이 극(剋)하지 않고 생수(生水)하게 하니 모정(母情)이 필히 자(子)를 따르고 자정(子情)도 모(母)에 순응(順應)하여 대순지풍(大順之風)을 이룬다. 만약 대토지금(帶土之金) 운으로 행(行)하면 부성(婦性)이 반드시 독살스러워서 모자(母子)가 모두 편안(便安)하지 못하며 인사(人事)가 모두 자연스럽지 않다. 이 사장(四章)은 모두 일주(日主)가 木인 것을 논(論)하였으나 火土金水도 역시 이와 같다.

乙 甲 乙 癸
亥 寅 卯 亥

戊 己 庚 辛 壬 癸 甲
申 酉 戌 亥 子 丑 寅

甲寅日元 生于仲春 卯亥寅亥拱合 滿局皆木 則年干癸水無勢 子旺母
갑인일원 생우중춘 묘해인해공합 만국개목 즉년간계수무세 자왕모

孤 其情依乎木 木之性亦依乎水 謂母子情協 初運甲寅癸丑 蔭庇有餘
고 기정의호목 목지성역의호수 위모자정협 초운갑인계축 음비유여

早遊泮水 壬子中鄕榜 辛亥金水相生 由縣宰遷省牧 庚戌土金並旺 母
조유반수 임자중향방 신해금수상생 유현재천성목 경술토금병왕 모

子不安 詿誤落職而亡.
자불안 괘오낙직이망

甲寅 일원(日元)이 중춘(仲春)에 생(生)하였고 亥卯와 寅亥가 공합(拱合)하여 원국(原局)이 모두 木이니 년간(年干)의 癸水는 세력(勢力)이 없으므로 자왕모고(子旺母孤)이다. 그 정(情)은 木에 의지(依支)하고 木의 정도 水에 의지(依支)하니 모자정협(母子

情協)이라고 한다.

초년(初年)운인 甲寅, 癸丑에는 음비(蔭庇)가 유여(有餘)하였고 일찍 입반(入泮)하였으며 壬子 운에는 향방(鄕榜)에 합격하였고 辛亥 운에는 金水가 상생(相生)하니 현재(賢宰)를 거처 성목(省牧)으로 영전하였다. 庚戌 운에는 土金이 병왕(並旺)하여 모자(母子)가 불안하니 괘오락직(註誤落職)하고 세상을 떠났다.

甲木 일주가 卯月에 태어나서 득시득령(得時得令)하였고 전지지(全地支)가 寅亥 합목(合木), 亥卯 합목(合木)으로 목국(木局)이 되어 있는데 월일간(月日干)의 乙木이 투출하였고 년간(年干)의 癸水가 생조(生助)하니 종왕격(從旺格)이 되었다. 희신(喜神)은 인비식(印比食)인 수목화(水木火)이고 기신(忌神)은 재관(財官)인 土金이다.

초년(初年)운인 甲寅, 癸丑 운에는 희신(喜神)으로 선조(先祖)의 유업(遺業)이 여유(餘裕)가 있었고 壬子 운에는 향방(鄕榜)에 합격(合格)하였고 辛亥 운에는 金水가 상생(相生)하여 벼슬길이 순탄(順坦)하였다. 庚戌 운은 기신(忌神)이니 파직(罷職)하게 된 것이다.

任註

甲	甲	己	乙
子	寅	卯	亥

壬癸甲乙丙丁戊
申酉戌亥子丑寅

甲寅日元 生于仲春 滿局皆木 亥卯又拱時 支子水衰極 其情更依乎木
갑인일원 생우중춘 만국개목 해묘우공시 지자수쇠극 기정경의호목

日主戀己土之私情 而不顧母 丁丑運 火土齊來 反不容母 諺云 婦不賢
일주연기토지사정 이불고모 정축운 화토제래 반불용모 언운 부불현

則家不和 刑傷破耗 丙子火不通根 平安無咎 甲戌運又逢土旺 破耗異
즉가불화　형상파모　병자화불통근　평안무구　갑술운우봉토왕　파모이

常 乙亥癸酉 生化不悖 續妻生子 重振家聲 申晚景愈佳 金水相生之故也.
상 을해계유　생화불패　속처생자　중진가성　신만경유가　금수상생지고야

甲寅 일원(日元)이 중춘(仲春)에 생(生)하였고 원국(原局)이 모두 木인데 亥卯가 다시 공합(拱合)을 이루었다. 시지(時支)의 子水가 쇠극(衰極)하여 그 정(情)은 木에 의지(依支)하고 있으나 일주(日主)는 己土의 사정(私情)에 연연하여 모(母)를 돌보지 않는다.

丁丑 운은 火土가 함께 오니 오히려 모(母)를 용납(容納)하지 않으니 속담에서 "부인(婦人)이 어질지 못하면 가정(家庭)이 불화(不和)한다"라고 말하였는데 형상파모(刑傷破耗)하였다. 丙子 운은 火가 통근(通根)하지 못하니 평안하고 재앙(災殃)이 없었으나 甲戌 운은 다시 토왕(土旺)을 만나 파모이상(破耗異常) 하였다.

乙亥, 癸酉 운은 생화불패(生化不悖)하여 처(妻)를 맞아들여 생자(生子)하였고 가정(家庭)이 일어났다. 壬申 운이 만년(晚年)에 더욱 아름다운 것은 金水가 상생(相生)한 까닭이다.

評註

甲木 일주가 卯월에 태어나서 득시득령(得時得令)하였고 寅卯 합목(合木)하니 전지지(全地支)가 子水의 생조(生助)를 얻어 목국(木局)을 이루었다. 천간(天干)에 甲乙木이 투출(透出)하였으니 종왕격(從旺格)이 되었다.

희신(喜神)은 인비식(印比食)인 水木火이고 기신(忌神)은 재관(財官)인 土金이다. 월간(月干)의 己土는 뿌리가 없고 甲己 합토(合土)되었으니 아름답다. 그러나 운행(運行)이 토기(土氣)가 들어오면 재성(財星)인 己土가 발동(發動)하여 포악(暴惡)스러워진다.

丁丑 운은 火土가 함께 와서 기신(忌神)인 己土를 생조(生助)하니 형상파모(刑傷破耗)가 많았다. 丙子 운은 水火가 절각(截脚)되지만 희신(喜神)이므로 평안(平安)하고 재앙(災殃)이 없었다. 甲戌 운은 己土가 통근(通根)되었고 甲木이 甲己 합토(合土)되

었으니 다시 토왕(土旺)하여 형처파모(刑妻破耗)하였다. 乙亥 운은 水木이 함께 오니 대길(大吉)하였고 癸酉 운은 金水가 함께 오니 金이 기신(忌神)이지만 살인상생(殺印相生)이 되어 만년(晚年)이 아름다웠다.

주의(注意)해야 할 것은 전조(前造)는 원국(原局)에 기신(忌神)이 없으므로 벼슬이 성목(省牧)에 이르게 된 것이다.

24
성 정
性 情

原文

五氣不戻 性情中和 濁亂偏枯 性情乖逆
오기불려　성정중화　탁란편고　성정괴역

오기(五氣)가 어그러지지 않는다면 성정(性情)은 중화(中和)를 이루고, 탁란(濁亂)하고 편고(偏枯)하면 성정(性情)은 괴역(乖逆)[47]하게 된다.

原註

五氣在天 則爲原亨利貞 賦在人 則仁義禮智信之性 惻隱羞惡辭讓是
오기재천　　즉위원형리정　　부재인　　즉인의예지신지성　　즉은수오사양시

非誠實之情.
비성실지정

五氣不戻者 則其存之而爲性 發之而爲情 莫不中和矣 反此者乖戾.
오기불려자　　즉기존지이위성　　발지이위정　　막불중화의　　반차자괴려

47　괴역(乖逆): 배반(背反)하거나 반역(反逆)함. 어그러지고 순종적(順從的)이지 않음.

오기(五氣)가 하늘에 있어서는 원형리정(原亨利貞), 부재인(賦在人)이 되고 오기(五氣)가 사람에 있어서는 인의예지신(仁義禮智信)의 성(性)이 되니 측은(惻隱), 수오(羞惡), 사양(辭讓), 시비(是非), 성실(誠實)의 정(情)이 있게 된다.

오기(五氣)가 어긋나지 않는 것은 그것을 갖춤으로써 생기는 성(性)과 그것이 발(發)하면 정(情)이 되어 중화(中和)를 이루지 않음이 없다. 이에 반(反)하게 되면 괴려(乖戾)[48]하게 된다.

任註

任氏曰 五氣者 先天洛書之氣也 陽居四正 陰居四隅 土寄居于艮坤 此
임씨왈　오기자　선천락서지기야　양거사정　음거사우　토기거우간곤　차

後天定位之應.
후천정위지응

東方屬木 于時爲春 于人爲仁 南方屬火 于時爲夏 于人爲禮 西方屬金
동방속목　우시위춘　우인위인　남방속화　우시위하　우인위례　서방속금

于時 爲秋 于人爲義 北方屬水 于時爲冬 于人爲智.
우시　위추　우인위의　북방속수　우시위동　우인위지

坤艮爲土 坤居西南者 以火生土 以土生金也 艮居東北者 萬物皆主于
곤간위토　곤거서남자　이화생토　이토생금야　간거동북자　만물개주우

土 冬盡春來 非土不能止水 非土不能栽木 猶仁義禮智性 非信不能性
토　동진춘래　비토불능지수　비토불능재목　유인의예지성　비신불능성

故聖人 易艮于東北者 卽信以成之之旨也.
고성인　역간우동북자　즉신이성지지지야

賦於人者 須要五行不戾 中和純粹 則有惻隱辭讓誠實之情 若偏枯混
부어인자　수요오행불려　중화순수　즉유측은사양성실지정　약편고혼

濁 太過不及 則有是非乖逆驕傲之性矣.
탁　태과불급　즉유시비괴역교오지성의

임씨가 말하길, 오기(五氣)란 선천적(先天的)인 낙서(洛書)의 기(氣)를 말한다. 양(陽)

은 사정(四正)⁴⁹에 거주(居住)하고 음(陰)은 사우(四隅)⁵⁰에 거주(居住)하며 土는 간곤(艮坤)⁵¹에 거주하니 이것은 후천적(後天的)인 정위(定位)에 응한 것이다.

동방(東方)은 木에 속하는데 계절은 봄이고 사람에 있어서는 인(仁)이 된다.

남방(南方)은 火에 속하는데 계절은 여름이고 사람에 있어서는 예(禮)가 된다.

서방(西方)은 金에 속하는데 계절은 가을이고 사람에 있어서는 의(義)가 된다.

북방(北方)은 水에 속하는데 계절은 겨울이고 사람에 있어서는 지(智)가 된다.

간곤(艮坤)은 土가 되는데 곤(坤)이 서남(西南)에 거주(居住)하는 것은 火가 생토(生土)하고 土가 생금(生金)하기 때문이고 간(艮)이 동북(東北)에 거주(居住)하는 것은 만물(萬物)을 土가 주관하기 때문이다.

겨울이 다하면 봄이 오는데 土가 아니면 水를 막을 수 없고 土가 아니면 木을 심을 수 없는 것은 인의예지(仁義禮智)라는 성(性)도 신(信)이 아니면 이룰 수 없는 것과 같다. 고로 성인(聖人)이 동북(東北)에 간(艮)을 배치(配置)하여 역(易)을 만든 것은 신(信)이 그것을 완성(完成)한다는 취지(趣旨)이다.

사람에게 주어진 것은 반드시 오행(五行)이 어긋나지 않고 중화순수(中和純粹)하여야 측은(惻隱), 사양(辭讓), 성실(誠實)의 정(情)이 있게 되는 것이다. 만약 편고(偏枯)하고 혼탁(混濁)하며 태과(太過)하거나 불급(不及)하면 시비(是非), 괴역(乖逆), 교오(驕傲)⁵²한 성정(性情)이 있게 된다.

---

49 사정(四正): 子水는 정북(征北), 午火는 정남(正南), 卯木은 정동(正東), 酉金은 정서(征西)의 네 방위(方位).

50 사우(四隅): 북동(北東), 남동(南東), 북서(北西), 남서(南西)의 네 모퉁이의 방위(方位).

51 간곤(艮坤): 간방(艮方)은 동북간(東北間), 곤방(坤方)은 서남간(西南間)의 방위(方位).

52 교오(驕傲): 교만(驕慢)하고 오만(傲慢)함.

```
戊 甲 丙 己
辰 子 寅 丑
```

```
己庚辛壬癸甲乙
未申酉戌亥子丑
```

甲子日元 生于孟春 木當令 而不太過 火居相位不烈 土雖多而不燥 水
갑자일원　생우맹춘　목당령　이불태과　　화거상위불열　　토수다이부조　수

雖少而不涸 金木無而暗蓄 則不受火之剋 而得土之生 無爭戰之風 有
수소이불학　금목무이암축　　즉불수화지극　　이득토지생　무쟁전지풍　유

相生之美 爲人不苟 無驕諂刻薄之行 有謙恭仁厚之風.
상생지미　위인불구　무교첨각박지행　　유겸공인후지풍

　甲子 일원(日元)이 맹춘(孟春)에 생(生)하여 木이 당령(當令)하였으나 태과(太過)하지 않고, 火가 상위(相位)에 있으나 맹렬(猛烈)하지 않으며, 土가 비록 많으나 조열(燥烈)하지 않으며, 水는 비록 적으나 마르지 않는다.

　金은 본래(本來) 없으나 암축(暗蓄)되어 火의 극(剋)을 받지 않고, 土의 생(生)을 얻었으니 쟁전지풍(爭戰之風)은 없고 상생지미(相生之美)만 있다. 사람됨이 구차하지 않고 행동(行動)이 교첨(驕諂)하거나 각박(刻薄)하지 않고 겸공(謙恭)과 인후(仁厚)한 기풍(氣風)만 있었다.

　甲木 일주가 寅월에 태어나서 득령(得令)하였고 좌하(坐下)의 子水에 득지(得地)하였으니 신왕(身旺)하다. 원국(原局)이 모두 상하유정(上下有情)하고 천부지재(天覆地載)가 되었으며 형충(刑冲)이 없으니 성정(性情)이 후덕(厚德)한 것이다.

　희신(喜神)은 식재관(食財官)인 火土金이고 기신(忌神)은 인비(印比)인 水木인데 운

행(運行)이 서북지지(西北之地)인 金水로 행(行)하니 더욱 아름답다. 시상편재격(時上偏財格)인데 희신(喜神)인 관성(官星)이 들어 있으니 부귀(富貴)가 겸전(兼全)하였다.

任註

```
乙 己 丁 己
丑 卯 卯 酉
```

```
庚辛壬癸甲乙丙
申酉戌亥子丑寅
```

己卯日元 生于仲春 土虛寡信 木多金缺 陰火不能生濕土 禮義皆虛 且
기묘일원　생우중춘　토허과신　목다금결　음화불능생습토　예의개허　차

八字純陰 一味趨炎附勢 其心存損人利己之事 萌幸災樂禍之意.
팔자순음　일미추염부세　　기심존손인리기지사　　맹행재락화지의

　己卯 일원(日元)이 중춘(仲春)에 생(生)하여 土가 허(虛)하니 믿음이 적고 木이 많아 金이 결(缺)되었으며 음화(陰火)는 습토(濕土)를 생(生)할 수 없으니 예의(禮義)가 없었다. 또한 팔자(八字)가 순음(純陰)이니 오로지 추염부세(趨炎附勢)[53] 하였다. 그 마음은 자신(自身)의 이(利)로움을 위해 타인(他人)에게 손해(損害)를 끼치었으며 남의 재앙(災殃)을 보고 즐거워하였다.

評註

　己土 일주가 卯월에 태어나서 실령(失令)하였고 좌하(坐下)에 卯木이 있는데 시간(時干)에 乙木이 투출(透出)하였으니 관살(官殺)이 태왕(太旺)하다. 그러므로 식신제살격(食神制殺格)이 되었으니 희신(喜神)은 인비식(印比食)인 火土金이고 기신(忌神)은

---

53 추염부세(趨炎附勢): 권세(權勢)에 아부하며 좇음.

재관(財官)인 水木이다.

　원국(原局)이 순음(純音)이니 머리가 비상하여 강(强)한 자(者)에게 약(弱)하고 약(弱)한 자(者)에게는 강(强)할 수가 있다. 관살(官殺)이 왕(旺)하고 식상(食傷)이 약(弱)하다는 것은 자신(自身)의 통제능력(統制能力)이 부족(不足)하다는 뜻이다. 년월지지(年月支支)가 卯酉 충(冲)하고 酉金이 손상(損傷)되었으니 관살(官殺)을 극제(剋制)하기가 어렵다는 것이다.

任註

```
甲 丙 乙 丙
午 子 未 戌
```

```
壬辛庚己戊丁丙
寅丑子亥戌酉申
```

丙生季夏　火焰土燥　天干甲乙　枯木助火之烈　更嫌子水冲激之炎　偏枯
병생계하　화염토조　천간갑을　고목조화지열　경혐자수충격지염　편고

混亂之象　性情乖張　虛勢多驕傲　且急燥如風火　順其性千金不惜　逆其
혼란지상　성정괴장　허세다교오　차급조여풍화　순기성천금불석　역기

性　一芥中分　因之家業破敗無存.
성　일개중분　인지가업파패무존

　丙火가 계하(季夏)에 생(生)하여 화염토조(火焰土燥)하고 천간(天干)의 甲乙은 고목(枯木)이니 火의 맹렬(猛烈)함을 돕는다. 더욱 꺼리는 것은 子水가 격렬(激烈)한 火를 충(冲)하니 편고혼란지상(偏枯混亂之象)이다.

　성정(性情)이 괴장(乖張)하고 처세(處世)가 교오(驕傲)하였으며 급(急)하기가 풍화(風火)와 같았다. 그 성질(性質)에 맞으면 천금(千金)도 아깝게 생각하지 않으나 그 성질(性質)을 거스르면 하나의 지푸라기도 둘로 나누었는데, 그로 인하여 가업(家業)이 파패(破敗)하여 남는 것이 없었다.

評註

丙火 일주가 未月에 태어나 조토(燥土)에 득령(得令)하였고 지지(地支)가 午未 합화(合火), 午戌 합화(合火)가 되어 있는데 천간(天干)에 木火가 투출(透出)하였으니 화염토조(火焰土燥)하다.

그러므로 水가 필요(必要)한데 子水가 子午 충(冲)하여 충발(冲拔)하기 직전에 있으니 편고(偏枯)한 명조(命造)이다. 희신(喜神)은 식재관(食財官)인 土金水이고 기신(忌神)은 인비(印比)인 목화(木火)이다. 성정(性情)은 괴벽(乖僻)하고 교만(驕慢)하였으며 급(急)하기가 풍화(風火) 같았다. 주의(注意)해야 할 것은 설기(洩氣)하는 土는 반드시 습토(濕土)인 丑辰土가 되어야 한다.

原文

火烈而性燥者 遇金水之激
화열이성조자　　우금수지격

火가 맹렬(猛烈)한데 성정(性情)이 조급(燥急)한 것은 金水의 격발(激發)을 만난 것이다.

原註

火烈而能順其性 必明順 惟金水激之 其燥急不可禦矣.
화열이능순기성　　필명순　　유금수격지　　기조급불가어의

火가 맹렬(猛烈)하더라도 능(能)히 그 성(性)에 순응(順應)하면 필시 명순(明順)하나 오로지 金水가 격발(激發)하면 그 조급(燥急)은 제어(制御)할 수 없다.

任註

任氏曰 火燥而烈 其炎土之性 只可純用濕土潤之 則知禮而成慈愛之
임씨왈   화조이열   기염토지성   지가순용습토윤지   즉지예이성자애지

德 若遇金水激之 則火勢愈烈而不知禮 災禍必生也 濕土者 丑辰也 晦
덕   약우금수격지   즉화세유열이부지예   재화필생야   습토자   축진야   회

其光 斂其烈 則明矣.
기광   렴기열   즉명의

임씨(任氏)가 말하길, 火가 건조(乾燥)하고 맹렬(猛烈)하며 염상(炎上)의 성질(性質)을 가지고 있으니 다만 습토(濕土)를 순용(順用)하여 윤택(潤澤)하게 하여야 예(禮)를 알고 자애지덕(慈愛之德)을 이룬다. 만약 金水의 격발(激發)을 만나면 화세(火勢)는 더욱 맹렬(猛烈)하게 되어 예(禮)을 알지 못하고 반드시 재화(災禍)가 발생(發生)한다.

습토(濕土)라는 것은 丑土와 辰土인데 빛을 어둡게 하고 열기(熱氣)를 거두어 들여서 분명(分明)하게 되는 것이다.

任註

己 丙 甲 丙
丑 午 午 戌

辛庚己戊丁丙乙
丑子亥戌酉申未

丙午日元 生于午月 年月又逢甲丙 猛烈極矣 最喜丑時 干支皆濕土 能
병오일원   생우오월   년월우봉갑병   맹렬극의   최희축시   간지개습토   능

收丙之烈 能晦午之光 順其性 悅其情 不陵下也 其人威而不猛 嚴而
수병지열   능회오지광   순기성   열기정   불능하야   기인위이불맹   엄이

不惡 名利雙輝.
불악   명리쌍휘

丙午 일원(日元)이 午월에 생(生)하여 년월(年月)에서 다시 甲丙을 만나니 맹렬(猛烈)함이 극(極)에 이르렀다.

가장 기쁜 것은 축시(丑時)인데 간지(干支)가 모두 습토(濕土)이니 능히 맹렬(猛烈)한 기운(氣運)을 거두어들일 수 있고 午火의 빛을 어둡게 하니, 그 성정(性情)에 순응(順應)하고 그 정(情)을 기쁘게 하여 아래를 업신여기지 않는다. 그 사람의 위엄(威嚴)이 사납지 않고 엄숙(嚴肅)하기가 모질지 않아 명리(名利)를 함께 누렸다.

評註

丙火 일주가 午월에 득시득령(得時得令)하였고 午戌 합화(合火)하였는데 천간(天干)에 木火가 투출(透出)하였으니 신왕(身旺)하다. 희신(喜神)은 식재관(食財官)인 土金水이고 기신(忌神)은 인비(印比)인 木火이다.

가장 기쁜 것은 원국(原局)에서 시주(時柱)인 己丑土가 습토(濕土)이니 충분히 설기(洩氣)할 수 있다. 운행(運行)이 서북지지(西北之地)인 金水 운으로 행(行)하니 더욱 아름답다.

주의(注意)해야 할 것은 원국(原局)에서 희신(喜神)인 金水가 없더라도 운행(運行)에서 金水가 들어오니 부귀(富貴)가 쌍전(雙全)하게 된 것이다.

任註

```
甲 丙 甲 辛
午 子 午 巳
```

```
丁 戊 己 庚 辛 壬 癸
亥 子 丑 寅 卯 辰 巳
```

丙火生于年月午時　木從火勢烈之極矣　無土以順其性　金無根　水無源
병화생우년월오시　　목종화세열지극의　　무토이순기성　　금무근　수무원

激其猛烈之性 所以幼失父母 依兄嫂居 好勇不安分 年十六七 身材雄
　　격기맹렬지성　　소이유실부모　　의형수거　　호용불안분　　년십육칠　　신재웅

偉 膂力過人 好習拳棒 樂與里黨無賴交遊 放宕無忌 兄嫂不能禁 後因
위　려력과인　호습권봉　락여리당무뢰교유　방탕무기　형수불능금　후인

搏虎 而被虎唑.
박호　이피호서

丙火 일원(日元)이 午월 午시에 태어나 木이 화세(火勢)를 따르니 맹렬(猛烈)함이
극(極)에 이르렀는데 그 성정(性情)을 순(順)하게 할 土가 없고 金은 뿌리가 없으며
水는 근원(根源)이 없어 맹렬지성(猛烈之性)을 격발(激發)하니 일찍 부모(父母)를 잃고
형수(兄嫂)에 의지(依支)하여 자랐는데 용맹(勇猛)함을 좋아했으나 안정(安定)됨이 없
었다.

16, 17세에 이미 체력(體力)이 웅장하고 힘이 남보다 뛰어났으며 권봉(拳棒)을 익
히는 것을 좋아하고 마을의 불량배들과 사귀었으며 방탕(放蕩)하고 거리끼는 것이
없으니 형수(兄嫂)의 힘으로는 제어(制御)할 수가 없었다. 후일 호랑이를 잡으러 갔
다가 결국 호랑이의 밥이 되었다.

評註

丙火 일주가 午월에 태어나서 득시득령(得時得令)하였고 지지(地支)가 巳午 화국
(火局)이 되어 있는데 천간(天干)에 木火가 투출(透出)하였으니 신왕(身旺)하다. 희신
(喜神)은 식재관(食財官)인 土金水이고 기신(忌神)은 재관(財官)인 木火이다.

원국(原局)에서 설(洩)하는 土가 없고 辛金은 뿌리가 약(弱)하고 子水는 子午 충
(冲)하여 충발(冲拔) 직전에 있다. 인수(印綬)가 기신(忌神)이고 재성(財星)이 약(弱)하니
조실부모(早失父母)하였다. 양인(陽刃)이 양쪽에 있으니 무관(武官)의 기질(氣質)을 타
고 났으나 관성(官星)이 약(弱)하니 자신(自身)의 통제능력(統制能力)이 부족하여 방탕
하게 불량배들과 같이 교류(交流)하게 되는 것이다.

癸巳 운에는 巳午 합화(合火)가 중첩(重疊)되어 있으니 癸水가 충발(冲拔)되었고

壬辰 운은 丙壬 충(冲)이 되었으니 子辰 합수(合水)가 되어 관국(官局)이 되어 통제능력(統制能力)이 있었다.

辛卯 운에는 丙辛 합화(合化)하여 辛金이 합거(合去)되었고 子卯 형(刑)이 되었으니 형액(刑厄)을 면(免)치 못하였을 것이다. 庚寅 운은 丙庚 충(冲), 甲庚 충(冲)이 되었고 寅巳 형(刑), 寅午 합화(合火)가 되었으니 천충(天冲)하고 지형합(地刑合)이 되어 불의의 형액(刑厄)을 당하였을 것이다.

水奔而性柔者　全金木之神
　수분이성유자　　전금목지신

水가 날뛰는데도 성정(性情)이 유(柔)한 것은 금목지신(金木之神)을 모두 갖춘 것이다.

水盛而奔　其性至剛至急　惟有金以行之　木以納之　則柔矣.
　수성이분　　기성지강지급　　유유금이행지　　목이납지　　즉유의

水가 왕성(旺盛)하여 충분(冲奔)하며 그 정(情)은 지극히 사납고 지극히 급(急)한데 오로지 金으로 유행(流行)하고 木으로 납수(納水)하여야 유(柔)하여진다.

任氏曰　水性本柔　其衝奔之勢　剛急爲最　若逢火衝之　土激之　則逆其性
　임씨왈　　수성본유　　기충분지세　　강급위최　　약봉화충지　　토격지　　즉역기성

而更剛矣.
　이갱강의

奔者 旺極之勢也 用金以順其勢 用木以疎其淤塞 所謂從其旺勢 納其
분자　왕극지세야　용금이순기세　용목이소기어색　소위종기왕세　납기

狂神 其性反柔 剛中之德 易進難退之意 雖智巧多能 而不失仁義之情矣.
광신　기성반유　강중지덕　역진난퇴지의　수지교다능　이불실인의지정의

임씨(任氏)가 말하길, 水의 성정(性情)은 본래 유(柔)하나 충분(衝奔)하는 기세(氣勢)를 띠고 있으니 강급(剛急)함이 으뜸이다. 만약 火土가 충격(衝激)하면 그 성정(性情)을 거슬리게 되니 더욱 강(剛)하게 된다.

분(奔)이라는 것은 왕극지세(旺極之勢)이니 용금(用金)하여 그 세력(勢力)에 순응(順應)하고 용목(用木)하여 그 어색(淤塞)[54]을 소통(疏通)해야 한다.

이것이 소위 "왕세(旺勢)를 따르고 광신(狂神)을 받아들인다"라는 것이다.

이렇게 되면 그 성정(性情)이 오히려 유(柔)하게 되어 강중지덕(强中之德)이 전진(前進)만 있고 물러날 줄은 모른다는 뜻과 같다. 비록 지교(智巧)하고 다능(多能)하다고 할지라도 인의지정(仁義之情)을 잃지 않는다.

任註

```
庚 壬 甲 癸
子 申 子 亥
```

丁戊己庚辛壬癸
巳午未申酉戌亥

壬申日元 生于子月 年時亥子 干透癸庚 其勢衝奔 不可遏也 月干 甲
임신일원　생우자월　년시해자　간투계경　기세충분　불가알야　월간 갑

木凋枯 又被金伐之 不能納水 反用庚金 順其氣勢 爲人剛柔相濟 仁德
목조고　우피금벌지　불능납수　반용경금　순기기세　위인강유상제　인덕

---

54 어색(淤塞): 진흙으로 막힘.

兼資 積學篤行 不求名譽 初運癸亥 從其旺臣 蔭庇大好 壬戌水不通根
겸자 적학독행 불구명예 초운계해 종기왕신 음비대호 임술수불통근

戌土激之 刑喪破耗 辛酉庚申 入泮補廩 又得四子 家業日增 一交己未
술토격지 형상파모 신유경신 입반보름 우득사자 가업일증 일교기미

激其衝奔之勢 連剋三子 破耗異常 至戌運而亡.
격기충분지세 연극삼자 파모이상 지무운이망

壬申 일원(日元)이 子월에 생(生)하고 년시(年時)가 亥子이고 천간(天干)에 癸庚이
투출(透出)하여 그 세력(勢力)이 충분(衝奔)하니 막는다는 것은 불가(不可)하다.

월간(月干)의 甲木은 조고(凋枯)하고 또한 金에 벌목(伐木)을 당하여 납수(納水)할
수 없으니 오히려 庚金을 용신(用神)으로 하여 그 기세(氣勢)에 순응(順應)한다. 사람
됨이 강유상제(剛柔相濟)하고 인덕겸자(仁德兼資)하였으니 학문(學問)을 쌓아서 행실
(行實)이 돈후(敦厚)하였고 명예(名譽)를 탐(貪)하지 않았다.

초년(初年)운 癸亥에는 왕신(旺神)을 따르니 음비(蔭庇)가 크게 좋았으나 壬戌 운
에는 水가 통근(通根)하지 못하고 戌土가 격발(激發)하니 형상파모(刑喪破耗)가 있
었다.

辛酉, 庚申 운에는 입반(入泮)하여 보름(補廩)에 들었으며 네 아들을 얻었고 가업
(家業)이 점차 늘어갔다. 己未 운으로 바뀌면서 충분지세(衝奔之勢)를 격발(激發)하니
연이어 세 아들을 극(剋)하고 파모(破耗)가 이상(異常)하였다. 戌운에 이르러 세상을
떠났다.

評註

壬水 일주가 子월에 태어나서 득시득령(得時得令)하였고 지지(地支)에 子辰 합수
(合水)가 되어 있는데 천간(天干)에 네 개의 壬水가 있으니 신왕(身旺)하다. 희신(喜神)
은 식재관(食財官)인 木火土이고 기신(忌神)은 인비(印比)인 金水이다.

癸丑 운은 癸水 기신(忌神)이 子丑 합수(合水)가 되었으니 더욱 불길(不吉)하다. 甲
寅, 乙卯 운은 왕수(旺水)를 설기(洩氣)하니 입반(入泮)하여 등과(登科)하게 된 것이다.

丙辰 운은 辰土가 子辰 합수(合水)가 되었고, 丙火는 네 개의 壬水에 의하여 쇠자충
왕(衰者冲旺)하니 왕신발(旺神發)하였다. 그러므로 군비쟁재(群比爭財)하니 용신(用神)인
丙火가 충발(冲拔)하여 불록지객(不祿之客)이 된 것이다.

```
壬 壬 壬 壬
寅 辰 子 寅
```

己戊丁丙乙甲癸
未午巳辰卯寅丑

天干四壬 生于子月 衝奔之勢 最喜寅時 疎其辰土之淤塞 納其壬水 之
천간사임   생우자월   충분지세   최희인시   소기진토지어색   납기임수   지

旺神 所以不驕不傲 賦性穎異 讀書過目不忘 爲文倚馬萬言 甲寅入泮
왕신   소이불교불오   부성영이   독서과목불망   위문의마만언   갑인입반

乙卯登科 奈數奇不能得雖所學 至丙辰 衝激旺水 群比爭財 不祿.
을묘등과   나수기불능득수소학   지병진   충격왕수   군비쟁재   불록

천간(天干)에 네 개의 壬水가 투출(透出)하고 子水 월에 생(生)하였으니 충분지세
(衝奔之勢)이다. 가장 기쁜 것은 寅시인데 辰土의 어색(淤塞)함을 소통(疏通)시키고 왕
신(旺神)인 壬水를 설(洩)하니 교오(驕傲)하지 않았다. 부성(賦性)이 남달리 총명(聰明)
하였으니 독서는 과목불망(科目不忘)[55]하였고 의마만언(倚馬萬言)[56]이었다.

甲寅 운에 입반(入泮)하였고 乙卯 운에 등과(登科)하였으나 운수(運數)가 사나워서
배운 바를 이룰 수 없었다. 丙辰 운에 이르러 왕수(旺水)를 충격(衝擊)하여 군비쟁재

---

55 과목불망(科目不忘): 한 번 읽거나 본 것은 잊어버리지 않음.

56 의마만언(倚馬萬言): 문장력이 뛰어남. 진(晋)나라 환온(桓溫)이 북정(北征)할 때 원호(袁虎)에게
노포문(露布文)을 짓게 하니 말에 기대어 서서 기다리는 동안 일곱 장의 명문을 완성하였다는 고
사에서 나온 말.

(群比爭財)하니 불록(不祿)하였다.

任註

戊 壬 癸 癸
申 子 亥 未

丙丁戊己庚辛壬
辰巳午未申酉戌

壬子日元 生于亥月申時 年月兩透癸水 只可順其勢 不可逆其流 所嫌
임자일원　생우해월신시　년월양투계수　지가순기세　불가역기류　소혐

未戌兩字 激水之性 故其爲人是非倒置 作事不端 無所忌憚 初運壬戌
미무양자　격수지성　고기위인시비도치　작사부단　무소기탄　초운임술

支逢土旺 父母皆亡 辛酉庚申 洩土生水 雖無賴邪僻之行 倖免凶咎 一
지봉토왕　부모개망　신유경신　설토생수　수무뢰사벽지행　행면흉구　일

交己未 助土激水 一家五口 回祿燒死.
교기미　조토격수　일가오구　회록소사

　　壬子 일원(日元)이 亥월 申시에 생(生)하였고 년월(年月)에 癸水가 양투(兩透)하였
으니 단지 그 기세(氣勢)에 순응할 수 있으나 거역(拒逆)하여서는 아니 된다. 꺼리는
것은 未戌라는 두 글자가 水의 성정(性情)을 격발(激發)시키기 때문이다. 그러므로
사람됨이 시비(是非)을 잘 일으키고, 일을 하는 데 바르지 않았으며, 두려워하는 바
가 없었다.
　　초년(初年)운인 壬戌에는 지지(地支)에 土가 왕(旺)하니 부모(父母)님이 돌아가시고
庚申, 辛酉에는 土를 설(洩)하고 水를 생(生)하니 비록 나쁜 짓을 하였으나 다행히
재앙(災殃)을 면(免)하였다. 己未 운으로 바뀌어서는 土를 돕고 水를 격발(激發)시키
니 일가족 다섯 식구가 모두 화재(火災) 사고로 불 타서 죽었다.

壬水 일주가 亥月에 태어나서 득령(得令)하였고 지지(地支)가 申子 합수(合水), 亥 子 합수(合水)하여 수왕지지(水旺之地)인데 천간(天干)에 癸水가 양투(兩透)하였으니 그 세력(勢力)에 순응하여 흐름을 거역(拒逆)하여서는 아니 된다.

종왕격(從旺格)이 되었으니 희신(喜神)은 인비식(印比食)인 金水木이고 기신(忌神)은 재관(財官)인 火土인데 꺼리는 것은 원국(原局)에서 戊土와 未土이다. 戊土는 좌하 (坐下)의 申金을 생조(生助)하여 살인상생(殺印相生)으로 흐름을 거역하지 않았으며, 미토(未土)는 亥未 합목(合木)이 되어 왕수(旺水)를 설기(洩氣)하여 흉변위길(凶變爲吉) 이니 아름답다.

초년(初年)운인 壬戌에는 戌未 형살(刑殺)이 들어와 재성(財星)이 형액(刑厄)을 당하 였으며 술중신금(戌中辛金)과 미중을목(未中乙木)이 乙辛 상충(相冲)되었으니 상관(傷 官)과 인수(印綬)가 손상(損傷)되어 부모(父母)가 세상을 떠나게 된 것이다.

辛酉, 庚申 운에는 희신(喜神)이 상하유정(上下有情)으로 들어오니 재앙(災殃)이 없었던 것이다. 己未 운으로 바뀌어서는 기신(忌神)이 상하유정(上下有情)으로 들어 와 충분지세(衝奔之勢)를 격발(激發)하게 되어 일가족(一家族)이 소사(燒死)하게 된 것 이다.

原文

木奔南而軟怯
목분남이연겁

木이 남(南)쪽으로 나아가면 연겁(軟怯)[57]하게 된다.

---

57 연겁(軟怯): 연약하고 심약함. 연약하고 겁이 많음.

木之性見火爲慈　奔南則仁之性行於禮　其性軟怯　得其中者　爲惻隱　辭
목지성견화위자　　분남즉인지성행어예　　기성연겁　　득기중자　　위측은　사

讓　偏者爲姑息　爲繁縟矣.
양　편자위고식　위번욕의

　木의 성(性)은 火를 보면 자애(慈愛)롭게 되고 남(南)으로 행(行)하면 인성(仁性)이
예(禮)로 행(行)하여서 그 성정(性情)이 연겁(軟怯)하게 된다. 중화(中和)를 얻는 것은
측은(惻隱)과 사양(辭讓)이 되고 편고(偏枯)한 것은 고식(姑息)[58]하고 번욕(繁縟)[59]하다.

任註

任氏曰　木奔南　洩氣太過.
임씨왈　목분남　설기태과

柱中有金　必得水以通之　則火不烈　如無金　必得辰土以收火氣　得其中
주중유금　　필득수이통지　　즉화불렬　여무금　　필득진토이수화기　　득기중

矣　爲人恭而有禮　和而中節.
의　위인공이유예　화이중절

如無水以濟土　土以晦火　發洩太過　則聰明自恃　又多遷變不常　而成婦
여무수이제토　　토이회화　발설태과　즉총명자시　우다천변불상　이성부

人之仁矣.
인지인의

　임씨(任氏)가 말하길, 木이 남(南)으로 행(行)하면 설기(洩氣)가 태과(太過)하다.
　원국(原局)에 金이 있으면 반드시 水로 유통(流通)하여야 火가 맹렬(猛烈)하지
않다.

58　고식(姑息): 원칙(原則)이 없고 일시적인 관용.

59　번욕(繁縟): 번잡(煩雜)하고 자질구레한 예절(禮節).

만약 金이 없으면 반드시 辰土로 화기(火氣)를 거두어 들여야 중화(中和)를 이루어 사람됨이 공손(恭遜)하고 예의(禮儀)가 있으며 성품(性品)이 온화(溫和)하고 절도(節度)를 지킬 줄 안다. 만약 水로써 다스리지 아니하고 土로써 火를 덜어내지 못하면 발설(發洩)이 태과(太過)하니 총명(聰明)함을 믿고 자만(自慢)하게 되고 또한 마음이 자주 바뀌어 일정(一定)하지 않아서 하찮은 일에 인정(仁情)을 쓸 것이다. 즉 여자(女子)의 인약(仁弱)한 마음처럼 되고 만다.

任註

丙	甲	壬	庚
寅	午	午	辰

己戊丁丙乙甲癸
丑子亥戌酉申未

甲午日元 生于午月 木奔南方 雖時俸祿元 丙火逢生 寅午拱火 非日主
갑오일원　생우오월　목분남방　수시봉록원　병화봉생　인오공화　비일주

有矣 最喜月透壬水以濟火 然壬水無庚金之生 不能剋丙爲用 庚金無
유의　최희월투임수이제화　연임수무경금지생　불능극병위용　경금무

辰土 亦不能生水 此造所妙者辰也 晦火養木畜水生金 使火不烈 木不
진토　역불능생수　차조소묘자진야　회화양목축수생금　사화불렬　목불

枯 金不鎔 水不涸 全賴辰之一字 得中和之象 申運壬水逢生 及乙酉金
고　금불용　수불학　전뢰진지일자　득중화지상　신운임수봉생　급을유금

旺水生 入泮補廩 而擧于鄕 丙戌火土並旺 服制重重 丁亥壬水得地 出
왕수생　입반보름　이거우향　병술화토병왕　복제중중　정해임수득지　출

宰閩中 德敎竝行 改成 民化 所謂剛柔相濟 仁德兼資也.
재민중　덕교병행　개성　민화　소위강유상제　인덕겸자야

甲午 일원(日元)이 午月에 생(生)하여 木이 남방(南方)으로 행(行)하며 비록 시지(時支)에서 녹(祿)을 만났으나 丙火의 장생(長生)이 되고 寅午가 화국(火局)을 이루었으니 일주(日主)에 뜻을 둔 것이 아니다. 가장 기쁜 것은 월상(月上)에서 투출(透出)한

壬水가 火를 다스리는 것이다.

그러나 壬水는 庚金의 생(生)이 없으면 丙火를 극(剋)하는 것이므로 용신(用神)으로 쓸 수 없고 庚金 또한 辰土가 없으면 생수(生水)할 수 없으니 이 명조(命造)의 가장 오묘(奧妙)한 것은 辰土이다. 辰土는 회화(晦火)하고 양목(養木)하며 축수(畜水)하고 생금(生金)하니, 火는 맹렬(猛烈)하지 않고, 木은 시들지 않으며, 金은 녹지 않고, 水는 마르지 않으니, 辰土 하나로 중화지상(中和之象)을 얻었다.

申운에 壬水가 생(生)을 만났고 乙酉 운에 왕금(旺金)이 생수(生水)하니 입반(入泮)하고 보름(補廩)이 되었으며 향시(鄕試)에 합격(合格)하였다. 丙戌 운에는 火土가 함께 왕(旺)하며 상복(喪服)을 중중(重重)으로 입었으나 丁亥 운에는 壬水가 득지(得地)하니 벼슬이 나아가 덕교(德敎)를 병행(並行)하여 백성(百姓)을 교화(敎化)하였다. 소위 강유(剛柔)가 상제(相濟)하고 인덕(仁德)을 겸자(兼資)한 인물(人物)이었다.

評註

甲木 일주가 午월에 태어나서 실령(失令)하였고 지지(地支)가 寅午 화국(火局)으로 되어 있는데 시간(時干)에 丙火가 투출(透出)되었으니 식상(食傷)이 태왕(太旺)하여 제살태과격(制殺太過格)이 되었다. 희신(喜神)은 인비관(印比官)인 水木金이고 기신(忌神)은 식재(食財)인 火土인데 습토(濕土)는 생금(生金)하므로 오히려 희신(喜神)이 된다. 순환상생격(循環相生格)으로 생생부절(生生不絶)하니 오기유행(五氣流行)하여 중화지상(中和之象)이다.

甲申 운에는 甲庚 충(冲)으로 충거(冲去)되었고 寅申 충(冲)을 하는데 申辰 합수(合水)가 되었으니 흉변위길(凶變爲吉)하였다. 乙酉 운에는 乙木은 乙庚 합금(合金)으로 희신(喜神)이 되었고 辰酉 합금이 생수(生水)하여 향시(鄕試)에 합격하게 된 것이다.

丙戌 운에는 火土가 기신(忌神)인데 寅午戌 합화(合火)가 화왕(火旺)하여 庚金을 손상(損傷)시켰으니 형액(刑厄)을 면(免)치 못하였을 것이다. 丁亥 운에는 丁壬 합목(合木)하였고 寅亥 합목(合木)하였으니 木이 병왕(並旺)하게 되었으므로 강유(剛柔)가 병행(並行)하여 인덕(仁德)이 순수(純粹)하였다.

$$
\begin{array}{cccc}
丙 & 甲 & 甲 & 丙 \\
寅 & 申 & 午 & 戌
\end{array}
$$

$$
\begin{array}{ccccccc}
辛 & 庚 & 己 & 戊 & 丁 & 丙 & 乙 \\
丑 & 子 & 亥 & 戌 & 酉 & 申 & 未
\end{array}
$$

甲申日元 生于午月 兩透丙火 支會火局 木奔南方 燥土不能晦火生金
갑신일원　생우오월　양투병화　지회화국　목분남방　조토불능회화생금

無水則申金尅盡 柔軟極矣 其爲人暱私恩 不知大體 作事狐疑少決斷
무수즉신금극진　유연극의　기위인닐사은　부지대체　작사호의소결단

所謂心性多疑 貪小利 背大義 一事無成.
소위심성다의　탐소리　배대의　일사무성

　甲申 일원(日元)이 午월에 생(生)하여 丙火가 양투(兩透)하였고 지지(地支)가 화국(火局)을 이루었으니 木이 남방(南方)으로 달리는 것이다. 조토(燥土)는 회화생금(晦火生金)을 할 수 없는데 水가 없어서 申金을 극진(極盡)하니 유연(柔軟)이 극(極)에 이르렀다.

　사사(私事)로운 인정(人情)에 가까이 하였고 크고 작은 일을 분별(分別)하지 않으니 일을 하는 데 결단력(決斷力)이 부족(不足)하고 여우처럼 의심(疑心)이 많았으며 작은 이익(利益)을 취(取)하려고 대의(大義)를 저버리며 일사무성(一事無成)하였다.

　甲木 일주가 午월에 태어나서 실령(失令)하였고 지지(地支)가 寅午戌 삼합화국(三合火局)이 되어 있는데 천간(天干)에 甲丙이 투출(透出)하였으니 식상(食傷)이 태왕(太旺)하여 제살태과격(制殺太過格)이다.

　희신(喜神)은 인비관(印比官)인 水木金이고 기신(忌神)을 식재(食財)인 火土인데 원국(原局)에서 申金이 寅申 충(沖)이 되어 申金이 충거(沖去) 직전에 있으니 서운하다.

乙未 운은 午未 합화(合火)로 기신(忌神)이 되었고 戌未 형살(刑殺)이 되었으니 초년 (初年)에는 곤고(困苦)하였을 것이다.

丙申 운은 寅申 충(沖)으로 申金이 충거(沖去)되었다. 丁酉 운은 申酉戌 합금이 되었으니 희신(喜神)인 金)이 되었으니 평탄한 생활을 하였다. 戊戌 운은 寅午戌 합화(合火)가 되었으니 다시 곤고(困苦)하게 되었다. 己亥 운은 甲己 합(合)이 쟁합(爭合)하였고 己土가 재성(財星)이니 처궁(妻宮)이나 재물(財物)의 손재(損財)가 있었다.

金見水以流通
금견수이유통

金이 水를 만나면 유통(流通)한다.

原註

金之性　最方正　有斷制執毅　見水則義之性行而爲智　智則元神不滯　故
금지성　최방정　유단제집의　　견수즉의지성행이위지　　지즉원신불체　　고

流通. 得氣之正者　是非不苟　有斟酌　有變化　得氣之偏者　必泛濫流蕩.
유통　득기지정자　시비불구　유짐작　유변화　득기지편자　　필범람유탕

金의 성질(性質)은 가장 방정(方正)하고 단제집살(斷制執殺)[60]이 있으며 水를 만나면 의(義)의 성정(性情)이 행(行)하여져서 지혜(智慧)가 되고 지혜(智慧)로우면 원신(元神)이 막히지 않으니 유통(流通)하는 것이다. 기(氣)의 정(正)을 얻으면 시비(是非)를 소홀히 하지 않고 짐작(斟酌)[61]이 있고 변화(變化)도 있으나 기(氣)의 편(偏)을 얻으면 반드시 범람(泛濫)하여 떠돌아다닌다.

---

60 단제집살(斷制執毅): 결단(決斷)하여 단정(斷定)하며 강인(强忍)함을 견지함.

61 짐작(斟酌): 선악(善惡)을 헤아려서 취사함.

任氏曰 金者 剛健中正知禮也 能任大事 能決大謀 見水則流通剛毅 之
임씨왈 금자 강건중정지례야 능임대사 능결대모 견수즉유통강의 지

性 能用智矣.
성 능용지의

得氣之正者 金旺遇水也 其人丙方外圓 能知權變 處世不傷廉惠行藏
득기지정자 금왕우수야 기인병방외원 능지권변 처세불상염혜행장

自合 中庸 得氣之偏者 金衰水旺也 其人作事荒唐 口是心非 有挾術待
자합 중용 득기지편자 금쇠수왕야 기인작사황당 구시심비 유협술대

人之意也.
인지의야

임씨(任氏)가 말하길, 金이라는 것은 강건(剛健)하고 중정(中正)의 체(體)를 구비하였으니 능히 대사(大事)를 감당(勘當)할 수 있고 대모(大謀)를 결단할 수 있다.

水를 보면 강의(剛毅)의 성정(性情)을 유통(流通)하여 능히 지혜(智慧)를 쓸 수 있다. 기(氣)의 정(正)을 얻었다는 것은 金이 왕(旺)하고 水를 만나는 것으로, 그 사람은 속은 방정(方正)하고 겉은 둥글고 부드러우니 능(能)히 임기응변(臨機應變)을 알고 처세(處世)에 염혜(廉惠)를 상(傷)하게 하지 않는다.

행동에도 스스로 중용(中庸)을 지키게 된다. 기(氣)가 편고(偏枯)하다는 것은 金이 쇠(衰)하고 水가 왕(旺)한 것으로 그 사람은 하는 일 모두가 황당하고 입으로는 옳다고 하면서 마음으로는 그르다고 하며 사람을 속이는 일에 능하다.

乙	庚	癸	甲
酉	子	酉	申

庚己戊丁丙乙甲
辰卯寅丑子亥戌

庚生酉月 又年時申酉 金銳銳 喜其坐下子水 透出癸水元神 流通金性
경생유월　　우년시신유　금예예　　희기좌하자수　　투출계수원신　　유통금성

洩氣精華 爲人任大事而布置有方 處煩雜而主張不靡 且慷慨好施 克
설기정화　　위인임대사이포치유방　　처번잡이주장불미　　차강개호시　극

己 利人也.
기　이인야

　庚金이 酉月에 생(生)하였고 또한 년시(年時)에 申酉가 있으니 추금(秋金)이 날카
롭다. 기쁘게도 좌하(坐下)에 子水가 있고 원신(元神)인 癸水가 투출(透出)하여 金의
성정(性情)을 유통(流通)하게 하니 정화(精華)를 설(洩)한다.
　사람됨이 대사(大事)를 감당(勘當)할 수 있으며 무엇을 하든 능력(能力)이 있다. 번
잡(煩雜)한 곳에 처(處)하여서도 주장(主張)이 흩어지지 아니하였고 또한 강개(慷慨)
한 기상(氣象)으로 베풀기를 좋아하였으며 자기(自己)를 다스리고 타인(他人)을 이
(利)롭게 하는 사람이다.

評註

　庚金 일주가 酉月에 태어나 년시(年時)가 申酉 금국(金局)이 되었고 시간(時干)의
乙木이 乙庚 합(合)이 되었으니 乙庚 합화격(合化格)에 화신유여(化神有餘)하다.
　희신(喜神)은 인비식(印比食)인 金水木이고 기신(忌神)은 재관(財官)인 木火이다. 강
개(慷慨)한 기상(氣象)은 월시(月時)의 酉金이 양인(陽刃)이기 때문이며, 호시(好施)하고
극기(克己)할 수 있는 것은 金의 예봉(銳鋒)을 설(洩)하기 때문이다. 어느 곳에든지
대사(大事)를 감당(勘當)할 수 있는 능력(能力)은 운행(運行)이 북동지지(北東之地)인 水
木으로 행(行)하였기 때문이다.

```
丙 庚 壬 壬
子 辰 子 申
```

```
己戊丁丙乙甲癸
未午巳辰卯寅丑
```

庚生仲冬 天干兩透壬水 支會水局 金衰水旺 本屬偏象 更嫌時透丙火
경생중동　천간양투임수　지회수국　금쇠수왕　본속편상　경혐시투병화

混局 金主義而方 水司智而圓 金多水少 智圓行方 水泛金衰 方正之氣
혼국　금주의이방　수사지이원　금다수소　지원행방　수범금쇠　방정지기

絶 圓智之心盛矣 中年運逢火土 衝擊壬水之性 刑喪破耗 財散人離 半
절　원지지심성의　중년운봉화토　충격임수지성　형상파모　재산인리　반

生 奸詐 誘人財物 盡付東流 凡人窮達富貴 數已注定 君子樂得偏君子
생　간사　유인재물　진부동류　범인궁달부귀　수이주정　군자락득위군자

小人 枉自爲小人.
소인　왕자위소인

　　庚金이 중동(仲冬)에 생(生)하였고 천간(天干)에 壬水가 양투(兩透)하였으며 지지(地支)가 수국(水局)을 이루어 金이 쇠(衰)하고 木이 왕(旺)하여 본래는 편고(偏枯)한 상(象)이다. 더욱 꺼리는 것은 시상(時上)의 丙火가 혼국(混局)이 된 것이다.

　　金은 의방(義方)을 주관하고 水는 지원(智圓)을 주관하는데 금다수소(金多水少)하면 지혜가 통달하고 행실이 방정하지만 수범금쇠(水泛金衰)하면 방정(方正)은 절기(絶氣)되고 원지(圓智)의 마음만 왕성(旺盛)하게 된다.

　　중년운에 火土를 만나서 壬水의 성정을 충격하니 형상파모(刑喪破耗)하였고 재산이 흩어지고 가까운 사람들이 떠나버렸다. 반평생 간사하였고 사람을 유인하여 재물을 취하였으나 모든 것이 사라지고 다시는 돌아오지 않았다. 무릇 사람의 궁달과 부귀는 운행이 이미 정해져 있으니 군자(君子)의 락(樂)은 군자(君子)가 되는 데 있는 것이며 소인(小人)의 왕(枉)은 스스로 소인(小人)이 되는 데 있다.

評註

庚金 일주가 子月에 태어나서 실령(失令)하였고 전지지가 申子辰 삼합수국(三合水局)이 되었으며 천간의 양임수(兩壬水)가 투출하였으니 종아격(從兒格)이 되었다. 희신(喜神)은 식재(食財)인 水木이고 기신(忌神)은 비관인(比官印)인 金火土인데 원국(原局)에 기신(忌神)인 丙火가 투출하여 국(局)을 어지럽히고 있다. 초년운은 대길(大吉)하고 중년운은 화토지지(火土之地)로 행하여 불길하다.

原文

最拗者 西水還南
최요자　서수환남

가장 고집스러운 것은 서방(西方)의 水가 남(南)으로 돌아갈 때이다.

原文

西方之水 發源最長 其勢最旺 戊土以制之 木以納之 如浩蕩之勢 不
서방지수　발원최장　기세최왕　무토이제지　목이납지　여호탕지세　불

順行 反行南方 則逆其性 非强拗而難制乎.
순행　반행남방　즉역기성　비강요이난제호

서방지수(西方之水)는 발원(發源)이 가장 길고, 그 세(勢)가 가장 왕(旺)하다.

극제(剋制)하는 土가 없거나 납수(納水)하는 木이 없으면서 만약 호탕지세(浩蕩之勢)가 순행(順行)하지 아니하고 도리어 남방(南方)으로 행(行)하면 그 성정(性情)을 거스르는데 강요(强拗)62하여 강(强)하게 제어(制御)하지 않으면 제복(制伏)시키기 어렵다.

---

62 강요(强拗): 고집이 세고 뻣뻣함.

任氏曰 西方之水 發源崑崙 氣勢浩蕩 不可遏也 亦可順其性 用木 而
임씨왈　서방지수　발원곤륜　기세호탕　불가알야　역가순기성　용목　이

納之 則智之性行于仁矣 如用土制之 若不得其情 有反衝奔之患 其性
납지　즉지지성행우인의　여용토제지　약부득기정　유반충분지환　기성

仍逆而強拗 至于還南 其衝激之勢 尤難砥定 強拗異常 全無仁禮之性矣.
잉역이강요　지우환남　기충격지세　우난지정　강요이상　전무인예지성의

임씨(任氏)가 말하길, 서방지수(西方之水)는 곤륜(崑崙)에서 발원(發源)하여 그 세(勢)가 호탕(浩蕩)[63]하니 막을 수 없다. 역시 마땅히 그 성정(性情)에 순응(順應)해야 하는데 용목(用木)하여 납수(納水)하면 지성(智性)이 인(仁)으로 행(行)한다.

만약 용토(用土)하여 제지(制止)하되, 그 정(情)을 얻지 못하면 도리어 충분(衝奔)하는 재앙(災殃)이 있으니 그 성정(性情)을 거스르고 강요(強拗)하게 된다. 남(南)으로 돌아가면 그 충격지세(衝擊之勢)는 더욱 막기가 어려우니 강요(強拗)가 남다르고 인예지성(仁禮之性)이 전혀 없다.

甲	壬	庚	癸
辰	申	申	亥

癸甲乙丙丁戊己
丑寅卯辰巳午未

壬申日元 生于亥年申月 亥爲天門 申爲天關 卽天河之口 正西方之水
임신일원　생우해년신월　해위천문　신위천관　즉천하지구　정서방지수

發源最長 所喜者 時干甲木得辰土 通根養木 足以納水 則智之性行而
발원최장　소희자　시간갑목득진토　통근양목　족이납수　즉지지성행이

---

63 호탕(浩蕩): 수세(水勢)가 웅장한 모양.

爲仁 禮亦備矣 爲人有驚奇之品彙 無巧利之才華 中年南方火運 得甲
위인 예역비의 위인유경기지품휘 무교리지재화 중년남방화운 득갑

木生化 名利兩全.
목생화 명리양전

壬申 일원(日元)이 亥년 申월에 생(生)하였다. 亥水는 천문(天門)이고 申金은 천관
(天關)이니 천하(天河)의 입구(入口)이다. 정서방(正西方)의 水는 발원(發源)이 가장 길
다. 기쁜 것은 시간(時干)의 甲木이 辰土에 통근(通根)하여 木이 양육(養育)되어 있으
며 충분히 납수(納水)하니 지혜(智慧)로운 성품(性品)과 행동(行動)은 인예(仁禮)를 갖
추었다.

사람됨이 놀랄 만큼 뛰어난 품성(品性)이 있었고 교묘(巧妙)하게 이익(利益)을 챙
기는 재주는 없었다.

중년(中年)의 남방화운(南方火運)에는 甲木이 생화(生化)를 얻어 명리(名利)가 함께
이루어졌다.

評註

壬水 일주가 申월에 태어나서 득령(得令)하였으며 지지(地支)가 金水로 되어 있
는데 천간(天干)에 또한 金水가 투출(透出)하였으니 신왕(身旺)하다. 기쁘게도 시간
(時干)의 甲木이 辰土에 통근(通根)되어 있는데 운행(運行)이 동남지지(東南之地)로 행
(行)하여 더욱 아름답다. 희신(喜神)은 식재관(食財官)인 木火土이고 기신(忌神)은 인
비(印比)인 金水이다.

지혜(智慧)와 인예(仁禮)가 있는 것은 사주(四柱)가 천부지재(天覆地載)로 되어 있으
며 재물(財物)을 탐(貪)하지 않는 것은 원국(原局)에 재성(財星)이 없기 때문이다.

至剛者 東火轉北
지강자　동화전북

지극히 사나운 것은 동방(東方)의 火가 북(北)으로 돌아간 것이다.

東方之火 其氣焰欲炎上 局中無土以收之 水以制之 焉能安焚烈之勢
동방지화　　기기염욕염상　　국중무토이수지　　수이제지　　언능안분열지세

若不順行而反行北方 則逆其性矣 焉能不剛暴耶.
약불순행이반행북방　　즉역기성의　　언능불강포야

동방(東方)의 火는 그 기염(氣焰)이 염상(炎上)[64]하고자 하는데 원국(原局)에서 土로 거두어들이거나 제지(制止)함이 없으면 어찌 분열지세(焚烈之勢)[65]를 안정(安定)시킬 수 있을 것인가? 만약 순행(順行)하지 않고 도리어 북방(北方)으로 행(行)하면 그 성정(性情)을 거역(拒逆)하는데 어찌 강포(强暴)[66]하지 않을 수 있겠는가?

任氏曰 東方之火 火逞水勢 其炎上之性 不可禦也 只可順其剛烈之性
임씨왈　동방지화　화령수세　기염상지성　불가어야　지가순기강렬지성

用濕土以收之 則剛烈之性 化爲慈愛之德矣 一轉北方 焉制焚烈之勢
용습토이수지　즉강렬지성　화위자애지덕의　일전북방　언제분열지세

必 剛暴無禮 若無土以收之 仍行火木之運 順其氣勢 亦不失慈讓惻隱
필　강포무례　약무토이수지　잉행화목지운　순기기세　역불실자양측은

64　염상(炎上): 불꽃이 위로 솟구침.

65　분열지세(焚烈之勢): 세차게 불타는 기세(氣勢).

66　강포(强暴): 사납고 포악함.

之心.
지심

　임씨(任氏)가 말하길, 동방(東方)의 火는 木의 세력(勢力)을 믿고 방자(放恣)하여서 염상지성(炎上之性)을 제어(制禦)할 수 없다. 단지 강렬(剛烈)한 성정(性情)에 순응(順應)하여 습토(濕土)를 용신(用神)으로 거두어들이면 강렬(剛烈)한 성질(性質)을 편하게 하여 자애지덕(慈愛之德)이 된다.

　한번 북방(北方)으로 돌아가 버리면 어찌 분열지세(焚烈之勢)를 제어(制御)할 수 있을 것인가? 반드시 강포(剛暴)하고 무례(無禮)하게 될 것이다. 만약 土로 거두어들임이 없고 다시 木火 운으로 행(行)하여 그 기세(氣勢)에 순응(順應)하면 또한 자양지심(慈讓之心)과 측은지심(測隱之心)을 잃지 않을 것이다.

任註

```
己 丙 甲 丙
丑 午 午 寅
```

辛庚己戊丁丙乙
丑子亥戌酉申未

丙午日元　生于午月寅年　年月又透甲丙　其焚烈炎上之勢　不可遏也　最
병오일원　　생우오월인년　　년월우투갑병　　기분렬염상지세　　불가알야　최

妙丑時在支　濕土收其猛烈之性　爲人有容有養　驕諂不施　運逢土金　仍
묘축시재지　　습토수기맹렬지성　　위인유용유양　　교첨불시　　운봉토금　잉

得丑土之化　科甲連登　仕至郡守.
득축토지화　　과갑연등　　사지군수

　丙午 일원(日元)이 午월 寅년에 생(生)하고 년월(年月)에 다시 甲丙이 투출(透出)하였으니 분열(焚烈)하고 염상(炎上)하는 기세(氣勢)는 막을 수가 없다.

　가장 묘(妙)한 것은 축시(丑時)에 태어나서 습토(濕土)가 되어 맹렬지성(猛烈之性)을

거두어들이니 사람됨이 아랫사람을 포용(包容)하고 윗사람을 잘 받들며 교만(驕慢)하거나 아첨(阿諂)하는 기세(氣勢)가 없다. 土金 운을 만나 丑土의 인화(引化)를 얻었으니 과갑연등(科甲連登)하고 벼슬이 군수(郡守)에 이르렀다.

丙火 일주가 午월에 태어나서 득시득령(得時得令)하였고 지지(地支)가 寅午 합국(合局)이 되어 있는데 천간(天干)에 甲木이 투출(透出)하였으니 신왕(身旺)하다.

희신(喜神)은 식재관(食財官)인 土金水이고 기신(忌神)은 인비(印比)인 木火인데 원국(原局)에 己土가 좌하(坐下)의 축토(丑土)에 통근(通根)하여 설기(洩氣)하니 아름답다. 운행(運行)이 서북지지(西北之地)인 金水로 행(行)하여 더욱 기쁘다. 이 명조(命造)는 양인격(陽刃格)이며 천부지재(天覆地載)가 되었으니 유용유양(有容有養)하였으며 교만(驕慢)하거나 아첨(阿諂)이 없었다.

任註

```
庚 丙 丙 丁
寅 午 午 卯
```

```
己 庚 辛 壬 癸 甲 乙
亥 子 丑 寅 卯 辰 巳
```

丙午日元 生于午月 年時寅卯 庚金無根 置之不用 格成炎上 局中 無
병오일원　생우오월　년시인묘　경금무근　치지불용　격성염상　국중　무

土吐秀 書香不利 行伍出身 至卯運得官 壬運失職 寅運得軍功 驟升
토토수　서향불리　항오출신　지묘운득관　임운실직　인운득군공　취승

都司 辛丑運 生化之機無氣 一交庚子 衝擊午刃 又逢甲子年 雙冲羊刃
도사　신축운　생화지기무기　일교경자　충격오인　우봉갑자년　쌍충양인

死于軍中.
사우군중

丙午 일원이 午月에 생(生)하였고 년지가 寅卯인데 庚金은 무근이니 쓸 수가 없다. 염상격(炎上格)을 이루었는데 원국에서 土가 수기(秀氣)를 토(吐)해내지 못하니 학문에 불리하였다. 항오(行伍) 출신으로 卯운에 벼슬을 얻었고 壬운에는 실직하였으나 寅운에 군공(軍功)을 세우고 갑자기 도사(都司)의 벼슬에 올랐다. 辛丑 운에는 생화(生化)의 기틀이 무기(無氣)하였고 庚子 운에는 양인(羊刃)인 午火를 충격하였는데 다시 甲子 년에 양인(羊刃)을 쌍충(雙冲)하니 전쟁터에서 세상을 떠났다.

評註

丙火 일주가 午月에 태어나서 득시득령(得時得令)하였고 전지지가 화국(火局)으로 되어 있는데 천간에 丙丁이 투출하였으니 염상격(炎上格)이 되었다. 희신(喜神)은 인비식(印比食)인 木火土이고 기신(忌神)은 재관(財官)인 金水이다.

운행이 초년은 동방지지(東方之地)로 대길(大吉)하지만 중년 이후는 서북지지(西北之地)인 金水로 행(行)하여 불길(不吉)하다. 乙巳 운은 木火 운이고 甲辰 운은 寅卯辰 목국(木局)이 되었고, 癸卯 운은 수생목(水生木)이 되어 寅卯 목국(木局)이 되었으니 모두가 희신(喜神)이 되어 비록 항오(行伍) 출신으로 벼슬을 하였다.

壬寅 운은 수생목(水生木)으로 寅午 합화(合化)가 되어 갑자기 도사(都司)의 벼슬에 올랐다, 庚子 운에는 金水 운으로 기신(忌神)인데 丙庚 충(冲), 子午 충(冲)이 되었고 설상가상(雪上加霜)으로 甲子 년에는 甲庚 충(冲), 子午 충(冲)이 쌍충(雙冲)으로 되어 불록(不祿)이 된 것이다.

原文

順生之機 遇擊神而抗
순생지기　우격신이항

순생지기(順生之機)는 격신(擊神)을 만나면 대항(對抗)한다.

如木生火 火生土 一路順其性情次序 自相和平 中遇擊神 而不得遂 其
여목생화　화생토　일로순기성정차서　자상화평　중우격신　이부득수　기

順生之性 則抗而勇猛.
순생지성　즉항이용맹

가령 木이 火를 생(生)하고 火가 土를 생(生)하여서 한결같이 그 성정(性情)과 차서(次序)에 순응(順應)하면 자연히 서로 화평(和平)하는데, 중간(中間)에서 격신(擊神)을 만나 그 순생지성(順生之性)을 이루지 못하면 대항(對抗)하여 용맹(勇猛)하게 된다.

任註

任氏曰 順則宜順 逆則宜逆 則和平而性順矣.
임씨왈　순즉의순　역즉의역　즉화평이성순의

如木旺得火以通之 順也 土以行之 生也 不宜見金水之擊也 水衰得水
여목왕득화이통지　순야　토이행지　생야　불의견금수지격야　수쇠득수

以生之 反順也 金以助水 逆中之生也 不宜見火土之擊也.
이생지　반순야　금이조수　역중지생야　불의견화토지격야

我生者爲順 生我者爲逆 旺者宜順 衰者宜逆 則性情情和.
아생자위순　생아자위역　왕자의순　쇠자의역　즉성정정화

如遇擊神 旺者勇急 衰者懦弱 如格局得順逆之序 其性情本和平 至歲
여우격신　왕자용급　쇠자나약　여격국득순역지서　기성정본화평　지세

遇擊神 逆能變爲強弱 宜細究之.
우격신　역능변위강약　의세구지

임씨(任氏)가 말하길, 순(順)하여야 하는 것은 마땅히 순(順)하고, 역(逆)하여야 하는 것은 마땅히 역(逆)하면 화평(和平)하고 성정(性情)이 온순(溫順)하다. 가령 木이 왕(旺)하면 火로 유통(流通)하는 것이 순(順)이고 土로 행(行)하는 것이 생(生)인데 금수지격(金水之擊)이 나타나는 것은 마땅하지 않다.

木이 쇠(衰)하면 水로 생(生)하는 것이 반대(反對)로 순(順)이고 金으로 水를 도우면

역(逆)하는 가운데 생(生)이 되니 화토지격(火土之擊)이 나타는 것은 마땅하지 않다.

내가 생(生)하는 것이 순(順)이고 나를 생(生)하는 것이 역(逆)인데 왕(旺)한 것은 마땅히 순(順)하여야 하고 쇠(衰)한 것은 마땅히 역(逆)하여야 성정(性情)이 정화(精華)하게 된다. 만약 격신(擊神)을 만나면 왕(旺)한 것은 용급(勇急)하고 쇠(衰)한 것은 나약(懦弱)하다.

가령 격국(格局)이 순역지서(順逆之序)를 얻으면 그 성정(性情)은 본래 화평(和平)한데 세운(歲運)에서 격신(擊神)을 만나면 역시 강약(强弱)이 변(變)하게 되니 세밀(細密)하게 연구(研究)하여야 한다.

任註

壬 甲 丙 己
申 寅 寅 亥

己庚辛壬癸甲乙
未申酉戌亥子丑

甲寅寅月 生于寅月 水旺得丙火透出 順生之機 通輝之象 讀書過目 成
갑인인월 생우인월 수왕득병화투출 순생지기 통휘지상 독서과목 성

誦 所嫌者 時遇金水之擊 年干己土虛脫 不制其水 兼之初運北方水地
송 소혐자 시우금수지격 년간기토허탈 부제기수 겸지초운북방수지

不但功名難遂 而且破耗刑傷 一交辛酉 助水之擊 合去丙火而亡.
부단공명난수 이차파모형상 일교신유 조수지격 합거병화이망

甲寅 일원(日元)이 寅월에 생(生)하여 木이 왕(旺)하고 丙火가 투출(透出)하였으니 순생지기(順生之機)이므로 통휘지상(通輝之象)이 되었다.

한 번 독서를 하면 모두 외우는 재주를 가지고 있다. 꺼리는 것은 시(時)에서 금수지격(金水之擊)을 만난 것이고 년간(年干)의 己土는 허탈(虛脫)하니 그 水를 극제(剋制)하지 못한다는 것이다.

겸(兼)하여 초년(初年)운이 북방수지(北方水地)이니 공명(功名)을 이루지 못하였을 뿐만 아니라 형상파모(刑傷破耗)하게 되었다. 마침내 辛酉 운으로 바꾸어서는 水의 격동(激動)을 돕고 丙火를 합거(合去)하니 세상을 떠났다.

甲木 일주가 寅월에 태어나서 득령하였고 지지가 寅亥 합목(合木)이 되어 있는데 시간의 壬水가 甲木을 생조하니 신왕(身旺)하다. 희신(喜神)은 식재관(食財官)인 火土金이고 기신(忌神)은 인비(印比)인 水木인데 원국에 丙己申이 있으니 귀격이다. 그러나 초운은 북방수지인 水운으로 행(行)하니 형액을 면(免)할 수가 없다. 辛酉 운은 희신(喜神)이지만 丙辛 합화(合火)되었으니 용신(用神)인 丙火가 합거되었다.

```
壬 甲 戊 庚
申 午 寅 寅
```

```
乙甲癸壬辛庚己
酉申未午巳辰卯
```

甲午日元 生于寅月 戊土透出 寅午拱火 順生之機 德性慷慨 襟懷磊落
갑오일원　생우인월　무토투출　인오공화　순생지기　덕성강개　금회뇌락

亦嫌時逢金水之擊 讀書未售 破耗多端 兼之中運不齊 有志未伸 還喜
역혐시봉금수지격　독서미수　파모다단　겸지중운부제　유지미신　환희

春金 不旺 火土通根 體用不傷 後昆繼起.
춘금　불왕　화토통근　체용불상　후곤계기

甲午 일원(日元)이 寅월에 생(生)하여 戊土가 투출하였고 寅午가 화국(火局)을 이루어 순생지기(順生之機)이니 덕성이 호탕하고 시원스러웠으며 금회(襟懷)[67]가 넓고

크다. 역시 꺼리는 것은 시(時)에서 금수지격(金水之擊)을 만났으니 독서를 하여도 과거에 합격하지 못하였고 파모다단(破耗多端)하였다. 중운(中運)이 부제(不齊)하여 뜻은 있으나 펴지 못하였다. 도리어 기쁜 것은 춘금(春金)이 왕(旺)하지 않고 火土가 통근하여 체용이 상(傷)하지 않았으니 그 이후 계속해서 재기(再起)하였다.

評註

甲木 일주가 寅월에 태어나서 득령하였고 년지의 寅木에 녹근되어 있으니 시간의 壬水가 생조(生助)하니 신왕(身旺)하다. 희신(喜神)은 식재관(食財官)인 火土金이고 기신(忌神)인 인비(印比)인 水木인데 원국에 土金이 있으니 기쁘다.

초년운인 己卯, 庚辰 운은 동방지지(東方之地)인 木운으로 기신(忌神)이 되었으니 뜻을 펴지 못한 것이다. 중말년 운은 남서지지인 火金으로 행(行)하니 아름답다.

原文

逆生之序 見閑神而狂
역생지서　　견한신이광

역생지서(逆生之序)는 한신(閑神)을 만나면 미쳐 날뛴다.

原註

如木生亥 見申酉戌則氣逆 非性之所安 一遇閑神 若巳酉丑逆之 則必
여목생해　　견신유술즉기역　　비성지소안　　일우한신　　약사유축역지　　즉필
發而爲狂猛
발이위광맹

---

67 금회(襟懷): 마음에 품은 생각, 마음속에 품고 있는 회포.

가령 木이 亥에서 생(生)하였는데 申酉戌이 나타나면 기(氣)가 역(逆)하는 것이니 성(性)이 편안(便安)한 바가 아니다. 한번 한신(閑神)을 만나서 巳酉丑이 그것을 역(逆)하면 필히 발(發)하여 미친 듯이 사납게 된다.

任氏曰 逆則宜逆 順則宜順 則性正情和矣.
임씨왈　역즉의역　순즉의순　즉성정정화의

如木旺極 得水以生之 逆也 金以成之 助逆之生也 不宜見己丑之閑神
여목왕극　득수이생지　역야　금이성지　조역지생야　불의견기축지한신

也 如木衰極 得火以行之 反逆也 土以化之 逆中之順也 不宜見辰未之
야　여목쇠극　득화이행지　반역야　토이화지　역중지순야　불의견진미지

閑神也 此旺極衰極 乃從旺從弱之理 非前輩旺衰得中之意 如旺極見
한신야　차왕극쇠극　내종왕종약지리　비전배왕쇠득중지의　여왕극견

閑神 必爲 狂猛 衰剋見閑神 必爲姑息 歲運見之亦然 火土金水如之.
한신　필위　광맹　쇠극견한신　필위고식　세운견지역연　화토금수여지

임씨(任氏)가 말하길, 역(逆)은 마땅히 역(逆)해야 하고, 순(順)은 마땅히 순(順)해야 성정(性情)이 정화(精華)하게 된다. 가령 木이 왕극(旺極)하면 水의 생(生)을 얻는 것이 역(逆)이고 金이 水를 성(成)하게 하면 역(逆)을 돕는 생(生)이니 한신(閑神)인 己丑을 보는 것은 마땅하지 않다. 가령 木이 쇠극(衰極)하면 火로 행(行)하는 것이 오히려 역(逆)하고 土로 인화(引化)하는 것이 역(逆)하는 가운데 순(順)하게 되니 한신(閑神)인 辰未를 보는 것은 마땅하지 않다.

이것은 왕극(旺極)하고 쇠극(衰極)하니 종왕(從旺)과 종약(從弱)의 이치이며 앞에서 논(論)한 것은 "왕쇠(旺衰)한 무리는 중화(中和)를 얻어야 한다"라는 뜻은 아니다. 만약 왕극(旺極)한 것이 한신(閑神)을 보면 반드시 광맹(狂猛)하게 되고 쇠극(衰極)한 것이 한신(閑神)을 보면 반드시 고식(姑息)하게 된다. 세운(歲運)에서 한신(閑神)을 보게 되면 역시 마찬가지인데 火土金水도 이와 같다.

```
甲 甲 辛 壬
子 寅 亥 子
```

```
戊 丁 丙 乙 甲 癸 壬
午 巳 辰 卯 寅 丑 子
```

甲寅日元 갑인일원	生于亥月 생우해월	水旺木堅 수왕목견	旺之極矣 왕지극의	一點辛金 일점신금	從水之勢 종수지세	不逆其性 불역기성

甲寅日元 生于亥月 水旺木堅 旺之極矣 一點辛金 從水之勢 不逆其性
갑인일원 생우해월 수왕목견 왕지극의 일점신금 종수지세 불역기성

安而且和 逆生之序 更卯無土 不逆水性 初運北方 入泮登科 甲寅乙卯
안이차화 역생지서 경묘무토 불역수성 초운북방 입반등과 갑인을묘

從其旺神 出宰名區 丙辰尙有拱合之情 雖落職而免凶咎 丁巳遇閑神
종기왕신 출재명구 병진상유공합지정 수락직이면흉구 정사우한신

衝擊 逆其性序而卒.
충격 역기성서이졸

甲木 일원(日元)이 亥월에 생(生)하여 水가 왕(旺)하고 木이 견실(堅實)하여 왕(旺)함이 극(極)에 이르렀다. 일점신금(一點辛金)은 수세(水勢)를 따라서 성정(性情)을 거역(拒逆)하지 않으니 안화(安和)하다. 역생(逆生)을 하는 데 더욱 묘(妙)한 것은 土가 없어서 水의 성정(性情)을 거역(拒逆)하지 않는 것이다.

초운북방(初運北方)에서 입반(入泮)하여 등과(登科)하였고 甲寅, 乙卯 운에는 왕신(旺神)을 따르니 이름난 명소(名所)에 부임하게 되었다. 丙辰 운은 공합(拱合)하는 정(情)이 있으므로 비록 낙직(落職)하였으나 흉구(凶咎)를 면(免)하였다. 丁巳 운에는 한신(閑神)이 충격(衝擊)하여 성서(性序)에 거역(拒逆)하니 세상을 떠났다.

甲木 일주가 전국(全局)이 수목국(水木局)으로 되어 있으니 종왕격(從旺格)이다. 희신(喜神)은 인비식(印比食)인 水木火이고 기신(忌神)은 재관(財官)인 土金이다. 운행(運

行)이 水木火 방향으로 행(行)하니 아름답다.

더욱 묘(妙)한 것은 운로(運路)가 모두 천부지재(天覆地載)로 되어 있다는 것이다. 壬子, 癸丑, 甲寅, 乙卯 운까지는 승승장구(乘勝長驅)하였으나 丙辰 운에는 丙辛 합화(合化), 丙壬 충거(冲去)로 혼탁(混濁)하여 낙직(落職)하게 되었다. 丁巳 운에는 寅巳 형(刑)하고 巳亥 충(冲)하니 형충(刑冲)이 중중(重重)하여 세상을 떠났다.

任註

```
己 甲 辛 壬
巳 寅 亥 寅

戊丁丙乙甲癸壬
午巳辰卯寅丑子
```

甲寅日元 生于寅年亥月 辛金順水 不逆木性 逆生之序 所嫌巳時爲閑
갑인일원　생우인년해월　신금순수　불역목성　역생지서　소혐사시위한

神 火土冲剋逆其性 又不能制水 初交壬子 遺緒豊盈 癸丑地支閑神結
신　화토충극역기성　우불능제수　초교임자　유서풍영　계축지지한신결

黨 刑耗多端 甲寅乙卯 丁財竝益 一交丙辰 助起火土 妻子皆傷 又遭
당　형모다단　갑인을묘　정재병익　일교병진　조기화토　처자개상　우조

回祿 自患顛狂之症 投水而亡.
회록　자환전광지증　투수이망

甲寅 일원(日元)이 寅월에 생(生)하여 辛金이 水에 순(順)하여 木의 성정(性情)을 거역(拒逆)하지 않았다. 역생(逆生)을 하는 데 꺼리는 것은 巳시가 한신(閑神)이 되는데 火土가 충극(冲剋)하여 木의 성정(性情)을 역(逆)하고 水를 극제(剋制)할 수 없는 것이다.

초년(初年)의 壬子 운에는 유업(遺業)이 넉넉하였으나 癸丑 운은 지지(地支)의 한신(閑神)과 결당(結黨)하니 형모다단(刑耗多端)하였다. 甲寅, 乙卯 운에는 사람과 재물(財物)이 늘어났으나 丙辰 운은 火土를 도와 일으키니 처자(妻子)를 모두 상(傷)하였

고, 화재(火災)을 당하여 정신병(精神病)을 앓다가 물에 빠져 죽었다.

評註

甲木 일주가 亥月에 태어나서 득령(得令)하였고 년일(年日)에 득록(得祿)하였으며
월간(月干)의 辛金이 관인상생(官印相生)하니 아름답다. 희신(喜神)은 식재관(食財官)인
火土金이고 기신(忌神)은 인비(印比)인 水木이다.

애석(哀惜)하게도 甲己 합(合)하고 寅巳 형(刑)하여 천합지형(天合地刑)이 되었으니
형액(刑厄)을 암시(暗示)하고 있다. 癸丑 운은 己癸 극(剋)하고 寅辰 합목(合木)이 되었
으니 형모(刑耗)가 다단(多端)하게 된 것이다.

任註

己 甲 丁 戊
巳 寅 巳 戊

甲癸壬辛庚己戊
子亥戌酉申未午

甲寅日元 生于巳月 丙火司令 雖坐祿支 其精洩盡 火旺木焚 喜土以
갑인일원 생우사월 병화사령 수좌록지 기정설진 화왕목분 희토이

行之 此衰極從弱之理 初運戊午己未 順其火土之性 祖業頗豐 又得一
행지 차쇠극종약지리 초운무오기미 순기화토지성 조업파풍 우득일

裕 庚申逆火之性 洩土之氣 至癸亥年 衝擊火勢而亡.
금 경신역화지성 설토지기 지계해년 충격화세이망

甲寅 일원(日元)이 巳月에 생(生)하였고 巳 중에 丙火가 사령(司令)하니 비록 녹지
(祿支)에 앉았다고 할지라도 그 성정(性情)을 설(洩)하여 모두 없어지고 화왕목분(火
旺木焚)하고 있는데 기쁘게도 土로 유행(流行)한다. 이것은 쇠극(衰極)하니 종약(從弱)
의 이치(理致)이다.

초년(初年)운인 戊午, 己未에는 火土에 순응(順應)하니 조업(祖業)이 풍부(豊富)하였고 또한 일금(一衿)을 얻었으나 庚申에는 火의 성정(性情)을 거역(拒逆)하고 토기(土氣)를 설(洩)하고 있는데 癸亥년에 이르러 화세(火勢)를 충격(衝擊)하니 세상을 떠났다.

甲木 일주가 巳월에 태어나서 실령(失令)하였고 지지(地支)가 火土인데 천간(天干)에 火土가 투출(透出)하였으니 종재격(從財格)이 되었다. 희신(喜神)은 식재관(食財官)인 火土金이고 기신(忌神)은 인비(印比)인 水木이다.

초년(初年)운인 戊午, 己未는 火土가 희신(喜神)이므로 선조(先祖)의 유업(遺業)이 풍부하였다. 庚申 운은 희신(喜神)이지만 甲庚 충(冲)하고 寅巳申 삼형살(三刑殺)이 되었으니 천충지형(天冲地刑)이 되었다. 세운(歲運)인 癸亥 년은 丁癸 충(冲), 己癸 극(剋)으로 충극(冲剋)이 되었고 巳亥 충(冲)이 중중(重重)하여 불록지객(不祿之客)이 된 것이다.

陽明遇金 鬱而多煩
양명우금　울이다번

양명(陽明)이 金을 만나면 답답하여 번민(煩悶)이 많다.

寅午戌爲陽明 有金氣伏於內 則成其鬱鬱而多煩悶.
인오술위양명　유금기복어내　즉성기울울이다번민

寅午戌이 양명인데 금기(金氣)가 안에서 복장하면 울울(鬱鬱)하여 번민이 많다.

任氏曰 陽明之氣 本多暢遂 如遇濕土藏金 則火不能剋金 金又不能生
임씨왈 양명지기 본다창수 여우습토장금 즉화불능극금 금우불능생

水 而成憂鬱 一生得意者少 而失意者多 則心鬱志灰 而多煩悶矣 必要
수 이성우울 일생득의자소 이실의자다 즉심울지회 이다번민의 필요

純行 陰濁之運 引通金水之性 方遂其所願也.
순행 음탁지운 인통금수지성 방수기소원야

임씨(任氏)가 말하길, 양명지기(陽明之氣)는 본래(本來) 초목(草木)처럼 무성(茂盛)하게 자라나는 것이다. 만약 습토(濕土)에 암장(暗藏)된 金을 만나면 火를 극금(剋金)할 수 없고 金은 생수(生水)할 수 없으니 우울(憂鬱)하게 된다.

일생 동안 뜻을 이루는 것이 적고 실의(失意)에 찬 일이 많으며 심지가 우울(憂鬱)하고 의기소침하여 마음만 번잡하다. 반드시 음탁지운(陰濁之運)으로 순행(順行)하여야 金水의 성정(性情)을 인통(引通)할 수가 있어 소원을 이룬다.

任註

己	丙	丙	壬
丑	寅	午	戌

癸壬辛庚己戊丁
丑子亥戌酉申未

丙寅日元 生于午月 支全火局 陽明之象 此緣刦刃當權 壬水無根 置之
병인일원 생우오월 지전화국 양명지상 차연겁인당권 임수무근 치지

不用 不及前造多矣 丑中辛金伏鬱 所喜者 運走西北陰濁之地 出身吏
불용 불급전조다의 축중신금복울 소희자 운주서북음탁지지 출신이

部 發財十餘萬 異路出仕 升州牧 名利兩全 而多暢遂也.
부 발재십여만 이로출사 승주목 명리양전 이다창수야

丙火 일원(日元)이 午월에 생(生)하였고 지지(地支)에 화국(火局)이 모두 있으니 양명지상(陽明之象)이다. 이것은 겁인(劫刃)이 당권(當權)하고 壬水는 뿌리가 없어서 있어도 쓸 수가 없으니 전조(前造)에 미치지 못한 것이 많다.

축중신금(丑中辛金)이 복장(伏藏)되어 답답하지만 기쁘게도 운(運)이 음탁지지(陰濁之地)인 서북(西北)으로 행(行)하고 있다. 이부(吏部) 출신(出身)으로 십여만(十餘萬)의 발재(發財)를 하였으며 이로(異路)로 벼슬에 나아가 주목(州牧)에 이르렀다. 명리양전(名利兩全)하고 많은 것을 이루었다.

評註

丙火 일주가 午월에 태어나서 득시득령(得時得令)하였고 지지(地支)가 寅午戌 삼합화국(三合火局)이 되어 있는데 월간(月干)에 丙火가 투출(透出)하여 신왕(身旺)하다. 희신(喜神)은 식재관(食財官)인 土金水이고 기신(忌神)은 인비(印比)인 木火이다. 원국(原局)에 식상(食傷)인 己丑이 있으니 아름답다.

더욱 기쁜 것은 운행(運行)이 서북지지(西北之地)인 金水로 행(行)하고 있다. 년상(年上)의 壬水는 무근(無根)으로 약(弱)하지만 대운(大運)이 金水로 행(行)하여 생조(生助)하니 벼슬이 주목(州牧)에 이르게 된 것이다.

주의(注意)해야 할 것은 전조(前造)는 운행(運行)이 기신(忌神)인 동남지지(東南之地)로 행(行)하고, 차조(此造)는 운행(運行)이 희신(喜神)인 서북지지(西北之地)로 행(行)하니 사주불여대운(四柱不如大運)을 실감(實感)할 수 있는 것이다.

任註

庚	丙	丙	乙
寅	午	戌	丑

己庚辛壬癸甲乙
卯辰巳午未申酉

丙火日主 支全寅午戌 食神生旺 眞神得用 格局最佳 初運乙酉甲申 引
병화일주　지전인오술　식신생왕　진신득용　격국최가　초운을유갑신　인

通丑內藏金 家業頗豊 又得一衿 所嫌者 支會火局 時上庚金臨絶 又有
통축내장금　가업파풍　우득일금　소혐자　지회화국　시상경금임절　우유

比肩爭奪 不能作用 丑中辛金伏鬱于內 是以十秋闈不第 且少年運走
비견쟁탈　불능작용　축중신금복울우내　　시이십추위부제　차소년운주

南方 三遭回祿 四傷其妻 五剋其子 至晚年孤貧一身.
남방　삼조회록　사상기처　오극기자　지만년고빈일신

丙火 일주(日主)가 지지(地支)에 寅午戌 화국(火局)을 이루고 식신(食神)은 생왕(生旺)하여 진신(眞神)이 득용(得用)하였으니 격국(格局)이 가장 아름답다.

초년(初年)운인 乙酉, 甲申 운에는 丑중의 金을 인통(引通)하니 가업(家業)이 풍족(豊足)하였고 일금(一衿)을 할 수 있었다. 꺼리는 것은 지지(地支)가 화국(火局)을 이루고 시상(時上)의 庚金은 임절(臨絶)하였고 비견(比肩)이 쟁탈(爭奪)하니 용신(用神)이 될 수 없다.

축중신금(丑中辛金)이 복장(伏藏)되어 답답하니 추위(秋闈)에 열 번이나 나아갔으나 낙방(落榜)하였다. 또한 소년(少年)시절에 운이 남방(南方)으로 행(行)하니 화재(火災)를 세 번이나 만나고 처(妻)를 네 번이나 상(傷)하게 하였으며 자식(子息)이 다섯이나 극(剋)하였다. 만년(晩年)에도 고독(孤獨)하고 가난한 일신(一身)이었다.

評註

丙火 일주(日主)가 지지(地支)에 寅午戌 삼합화국(三合火局)을 이루고 천간(天干)에 木火가 투출(透出)하였으니 신왕(身旺)하다. 희신(喜神)은 식재관(食財官)인 土金水이고 기신(忌神)은 인비(印比)인 木火이다.

원국(原局)에 丑土가 있어 설(洩)하는 식상(食傷)이 있어 아름다운데 시상(時上)의 재성(財星)인 庚金은 왕화(旺火)의 극제(剋制)를 받아 손상(損傷)을 입었다.

초년(初年)인 乙酉, 甲申 운은 지지(地支)가 서방지지(西方之地)로 행(行)하여 선조(先祖)의 음덕(蔭德)이 있었으나 중말년(中末年)은 동남지지(東南之地)로 행(行)하니 불

길(不吉)하였다.

　　원국(原局)에 처궁(妻宮)은 庚金인데 군겁쟁재(群劫爭財)가 되었으니 축중신금(丑中辛金)과 술중신금(戌中辛金)도 처궁(妻宮)에 해당하는데 丑戌 형(刑)이 되었으니 네 번이나 상처(喪妻)하게 된 것이다. 자식(子息)도 역시 축중계수(丑中癸水)이니 형액(刑厄)을 면(免)할 수가 없는 것이다.

原文

陰濁藏火 包而多滯
음탁장화　　포이다체

음탁(陰濁)이 火를 간직하면 에워싸여 막힘이 많다.

原註

酉丑亥爲陰濁 有火氣藏於內 則不發輝而多滯.
유축해위음탁　　유화기장어내　　즉불발휘이다체

　　酉丑亥가 음탁(陰濁)인데 안에 화기(火氣)를 간직하고 있으면 빛을 발하지 못하여 막힘이 많다.

任註

任氏曰 陰晦之氣 本難奮發 如遇濕木藏火 陰氣太盛 不能生無焰之火
임씨왈　음회지기　본난분발　　여우습목장화　음기태성　불능생무염지화

而成濕滯之患 故心欲速而志未逮 臨事而模稜少決 所謂心性多疑 必須
이성습체지환　　고심욕속이지미체　　임사이모능소결　　소위심성다의　필수

純行陽明之運 引通木火之氣 則豁然而通達矣.
순행양명지운　　인통목화지기　　즉활연이통달의

임씨(任氏)가 말하길, 음회지기(陰晦之氣)는 본래(本來) 분발(奮發)하기가 어렵다. 만약 火를 간직한 습목(濕木)을 만나면 음기(陰氣)가 대성(大盛)하여 무염지화(無焰之火)를 생(生)할 수 없으니 습체지환(濕滯之患)을 이룬다. 그러므로 마음은 급(急)하나 뜻대로 되지 않으며 일을 할 때도 애매모호(曖昧模糊)하고 결단력(決斷力)이 없으며 의심(疑心)이 많은 심성(心性)이다.

반드시 양명지운(陽明之運)으로 순행(順行)하여야 목화지기(木火之氣)를 인통(引通)하여 막힘이 없이 통달(通達)할 수 있었다.

任註

壬	癸	辛	癸
戌	丑	酉	亥

甲乙丙丁戊己庚
寅卯辰巳午未申

陳榜眼造 癸水生于仲秋 支全酉亥丑爲陰濁 天干三水一辛 逢戌時 陰
진방안조　계수생우중추　지전유해축위음탁　천간삼수일신　봉술시　음

濁藏火 亥中濕木 不能生無焰之火 喜其運走東南陽明之地 引通包藏
탁장화　해중습목　불능생무염지화　희기운주동남양명지지　인통포장

之氣 身居鼎甲 發揮素志也.
지기　신거정갑　발휘소지야

진방안(陳榜眼)의 명조(命造)이다.

癸水가 중추(仲秋)에 생(生)하였고 지지(地支)에 酉亥丑이 있으니 음탁(陰濁)하다. 천간(天干)이 삼수(三水) 일신(一辛)인데 戌時를 만났으니 음탁장화(陰濁藏火)를 생(生)할 수 없다. 기쁘게도 운(運)이 동방(東方)의 양명지지(陽明之地)로 행(行)하니 포장지기(包藏之氣)를 인통(引通)하니 정갑(鼎甲)을 차지하고 소지(素志)를 발휘(發揮)하였다.

評註

癸水 일주가 酉월에 태어나서 득령(得令)하였고 지지(地支)가 丑土 합수(合水)가
되어 있는데 천간(天干)에 壬水가 투출(透出)하였으니 한습(寒濕)하고 음탁(陰濁)하다.
원국(原局)이 신왕(身旺)하니 희신(喜神)은 식재관(食財官)인 木火土이고 기신(忌神)은
인비(印比)인 金水인데 일시(日時)에 丑戌土가 있어 다행이다. 운행(運行)이 동남지지
(東南之地)인 木火 운으로 행(行)하여 기쁘다.

주의(注意)해야 할 것은 괴강(魁罡)인 癸丑, 壬戌이 임(臨)하였고 천부지재(天覆地載)
가 되어 있는데 관살(官殺)인 丑戌이 희신(喜神)이니 귀격이 틀림없다.

任註

```
癸 癸 辛 丁
亥 亥 亥 丑
```

```
甲 乙 丙 丁 戊 己 庚
辰 巳 午 未 申 酉 戌
```

支三亥一丑　天干二癸一丁　陰濁之地　年干丁火　雖不能包藏　虛而　無焰
지삼해일축　천간이계일정　음탁지지　년간정화　수불능포장　허이　무염

亥中甲木　無從引助　喜其運走南方　陽明之地　又逢丙午丁未流年　科甲
해중갑목　무종인조　희기운주남방　양명지지　우봉병오정미유년　과갑

連登仕至觀察.
연등사지관찰

지지(地支)가 삼해일축(三亥一丑)이고 천간(天干)이 이계일정(二癸一丁)이니 음탁(陰
濁)이 지극하다. 년간(年干)의 丁火는 포장(包藏)되어 있지 않았다 해도 허약(虛弱)하
여 무염(無焰)하니 해중갑목(亥中甲木)이 인조(引助)할 수가 없다. 기쁘게도 운이 남방
(南方)의 양명지지(陽明之地)로 행(行)하고 있는데 丙午, 丁未 년을 만나서 과갑연등
(科甲連登)하였고 벼슬이 관찰(觀察)에 이르렀다.

癸水 일주가 亥月에 태어나서 득시득령(得時得令)하였고 인비(印比)가 태왕(太旺)
하고 한습(寒濕)하니 음탁(陰濁)하다. 희신(喜神)은 식재관(食財官)인 木火土이고 기신
(忌神)은 인비(印比)인 金水이다. 운행(運行)이 서방지지(西方之地)인 申酉戌방향(方向)
으로 행(行)하니 초년(初年)에는 곤고(困苦)하였을 것이고, 남방지지(南方之地)인 巳午
未 방향(方向)으로 향(向)하였을 때는 과갑연등(科甲連登)하여 벼슬이 관찰(觀察)에 오
르게 된 것이다.

$$\begin{array}{cccc} 癸 & 辛 & 己 & 辛 \\ 巳 & 酉 & 亥 & 丑 \end{array}$$

壬癸甲乙丙丁戊
辰巳午未申酉戌

支全丑亥酉 月干濕土 逢辛癸 陰濁之氣 時支巳火 本可暖局 大象似比
지전축해유 월간습토 봉신계 음탁지기 시지사화 본가난국 대상사비

前造更美 不知巳酉丑全金局 則亥中甲木受傷 巳火丑土之官印 竟化
전조경미 부지사유축전금국 즉해중갑목수상 사화축토지관인 경화

梟而生 劫矣 縱運火土 不能援引 出家爲僧.
효이생 겁의 종운화토 불능원인 출가위승

지지(地支)에 丑亥酉가 전부(全部) 있고 월간(月干)이 습토(濕土)이며 辛癸를 만났
으니 음탁지기(陰濁之氣)이다. 시지(時支)의 巳火는 본래 혼탁(混濁)하게 할 수 있으나
크게 보면 전조(前造)에 비하여 더욱 아름답다고 할 것이다.

이것은 巳酉丑이 금국(金局)을 이루고 있으니 해중갑목(亥中甲木)이 상(傷)하였고
巳火가 관인(官印)인데 인수(印綬)로 변(變)하여 비겁(比劫)을 생(生)하는 것을 모르고
하는 소리이다. 비록 운(運)이 火土였다고 할지라도 이끌어낼 수 없으니 출가(出家)

하여 승려(僧侶)가 되었다.

辛金 일주가 亥月에 태어나서 한랭(寒冷)하여 조후(調候)로 火가 용신(用神)인데 시지(時支)의 巳火는 巳酉丑 삼합금국(三合金局)이 되어 비겁(比劫)으로 방조(幇助)하게 되었다. 신왕(身旺)하니 희신(喜神)은 식재관(食財官)인 水木火이고 기신(忌神)은 인비(印比)인 土金이다.

원국(原局)에서 재성(財星)인 木이 없고 관성(官星)인 巳火는 금국(金局)으로 변화(變化)하였으니 식상(食傷)인 癸水가 亥水에 통근(通根)되어 설기(洩氣)하니 기쁘다.

초년(初年)운인 申酉戌 서방지지(西方之地)는 기신(忌神)이 되므로 곤고(困苦)하였을 것이고 巳午未 남방지지(南方之地)는 관성(官星)이 희신(喜神)이므로 명예(名譽)를 좇아 승려(僧侶)가 된 것이다.

原文

羊刃局　戰則逞威　弱則怕事　傷官格　淸則謙和　濁則剛猛　用神多者　情
양인국　전즉령위　약즉파사　상관격　청즉겸화　탁즉강맹　용신다자　정

性不當　時支枯者　虎頭蛇尾.
성부당　시지고자　호두사미

양인국(羊刃局)은 다투면 방자하게 위세(威勢)를 부리고, 약(弱)하면 일을 두려워한다. 상관국(傷官局)은 청(淸)하면 겸허하고 온화하며 탁(濁)하면 굳세고 사납다. 용신(用神)이 많은 것은 성정(性情)이 일정(一定)하지 아니하고 시지(時支)가 생기(生氣) 없는 것은 호두사미(虎頭蛇尾)이다.

羊刃局 凡羊刃 如是午火 干頭透丙 支又會戌會寅 或得卯以生之皆旺
양인국 범양인 여시오화 간두투병 지우회술회인 혹득묘이생지개왕

透丁爲露刃 子冲爲戰 未合爲藏 再逢亥水之剋 壬癸水之制 丑辰土之
투정위로인 자충위전 미합위장 재봉해수지극 임계수지제 축진토지

洩 則弱矣.
설 즉약의

傷官格 如支會傷局 干化傷象 不重出 無食混 身旺有財 身弱有印謂之
상관격 여지회상국 간화상상 부중출 무식혼 신왕유재 신약유인위지

情 反是則濁 夏木之見水 冬金之得火 淸而且秀 富貴非常.
정 반시즉탁 하목지견수 동금지득화 청이차수 부귀비상

양인국(羊刃局)이란, 무릇 양인(羊刃)이 가령 午火인데 간두(干頭)에 丙火가 투출(透出)하고 지지(地支)에 寅戌이 있거나 혹은 卯의 생(生)을 얻으면 모두 왕(旺)한 것이다. 만약 간두(干頭)에 丁火가 투출(透出)하면 로인(露刃)이라 한다. 子水가 충(冲)하면 전(戰)이 되고 未土가 합(合)하면 장(藏)이 되는데 다시 亥水가 극(剋)하거나 壬癸水가 제(制)하거나 丑辰土가 설(洩)하면 약(弱)한 것이다.

상관격(傷官格)이란, 가령 지지(地支)가 상관국(傷官局)을 이루고 천간(天干)이 상관(傷官)으로 화(化)한 상(象)이다.

거듭 나타나지 않고 식신(食神)이 혼잡(混雜)되지 않으며 신왕유재(身旺有財)하거나, 신약유인(身弱有印)이면 청(淸)이라 하고 이와 반대이면 탁(濁)이 된다. 하목(夏木)이 水를 만나거나, 동금(冬金)이 火를 얻으면 청(淸)하고 또한 빼어나면 부귀(富貴)가 비상(飛上)하게 된다.

任氏曰 羊刃局 旺則心高志傲 戰則恃勢逞威 弱則多疑怕事 合則矯情
임씨왈 양인국 왕즉심고지오 전즉시세령위 약즉다의파사 합즉교정

立異.
입이

如丙日主 以午爲羊刃 干透丁火爲露刃 支會寅戌 或逢卯生 干透甲乙
여병일주　이오위양인　간투정화위로인　지회인술　혹봉묘생　간투갑을

或逢 丙助 皆謂之旺 支逢子爲冲 遇亥申爲制 得丑辰爲洩 干透壬癸爲
혹봉　병조　개위지왕　지봉자위충　우해신위제　득축진위설　간투임계위

剋 逢己土 爲洩 皆謂之弱 支得未爲合 遇巳爲幇 則中和矣.
극　봉기토　위설　개위지약　지득미위합　우사위방　즉중화의

傷官須分眞假 眞者身弱有印 不見財爲淸 假者身旺有財 不見印爲貴
상관수분진가　진자신약유인　불견재위청　가자신왕유재　불견인위귀

眞者 月令傷官 或支無傷局 又透出天干者是也 假者滿局比刼 無官星
진자　월령상관　혹지무상국　우투출천간자시야　가자만국비겁　무관성

以制之 雖有 官星 氣力不能敵 柱中不論食神傷官 皆可作用 縱無亦美
이제지　수유　관성　기력불능적　주중불론식신상관　개가작용　종무역미

只不宜見印 見印破傷爲凶.
지불의견인　견인파상위흉

凡傷官格 淸而得用 爲人恭而有禮 和而中節 人才卓越 學問淵深 反此
범상관격　청이득용　위인공이유례　화이중절　인재탁월　학문연심　반차

者 傲而多驕 剛而無禮 以强欺弱 奉勢趨利.
자　오이다교　강이무례　이강기약　봉세추리

用神多者 少恒一之志 多遷變之心. 時支枯者 狐疑少決 始勤終怠.
용신다자　소항일지지　다천변지심　시지고자　호의소결　시근종태

夏木之見水 必先有金 則水有源 冬金之遇火 須身旺有木 則火有焰 富
하목지견수　필선유금　즉수유원　동금지우화　수신왕유목　즉화유염　부

貴 無疑 若夏水無金 冬火無木 淸枯之象 名利皆虛也.
귀　무의　약하수무금　동화무목　청고지상　명리개허야

　임씨(任氏)가 말하길, 양인국(羊刃局)은 왕(旺)하면 마음은 높고 뜻은 오만(傲慢)하며 전(戰)하면 세력(勢力)을 믿고 위세(威勢)를 부린다. 약(弱)하면 의심(疑心)이 많고 일을 두려워하며 합(合)하면 진심(眞心)을 속이고 다른 것을 표방한다.

　가령 丙火 일주(日主)에 午火가 양인(羊刃)이고 천간(天干)에 丁火가 투출(透出)하면 로인(露刃)이 되고 지지(地支)에 寅戌에 있거나, 卯木의 생을 만나거나 천간(天干)에 甲乙이 투출하거나, 丙火의 부조(扶助)를 만나면 모두 왕(旺)이라고 말한다.

　지지(地支)에서 子水의 충(冲)을 만나거나 亥水나 申金의 극제(剋制)를 받거나 丑

辰土가 있어서 설(洩)이 되거나 천간(天干)에 투출(透出)한 壬癸가 극제(剋制)하거나 己土가 설(洩)하면 모두 약(弱)이라고 말한다. 지지(地支)에서 未土가 있어 합(合)하거나 巳火가 방부(幇扶)하게 되면 중화(中和)가 된다.

상관(傷官)은 반드시 진가(眞假)로 나누어야 하는데 진(眞)이라는 것은 신약(身弱)하면서 인수(印綬)가 있어야 하는데 재(財)가 나타나지 않아야 청(淸)하고, 가(假)라는 것은 신왕(身旺)하면서 재성(財星)이 있는 것으로 인수(印綬)가 나타나지 않아야 귀(貴)하게 된다.

진(眞)이라는 것은 월령(月令)이 상관(傷官)이거나, 지지(地支)에 상관(傷官)이 국(局)을 이루지 않더라도 천간(天干)에 상관(傷官)이 투출(透出)한 것을 말한다.

가(假)라는 것은 원국(原局)이 비겁(比劫)으로 가득한데 관성(官星)이 극제가 없거나, 비록 관성(官星)이 있다고 하더라도 기력이 대적할 수 없으면 원국에서 식상(食傷)의 유무를 막론하고 모두 용신(用神)으로 쓸 수 있으며, 없다고 할지라도 아름답다.

다만 인수(印綬)가 나타나면 마땅하지 않은데 인수(印綬)가 나타나면 상관(傷官)을 파(破)하니 흉(凶)하게 된다. 무릇 상관격(傷官格)이 청(淸)하게 득용(得用)되면 사람됨이 공손(恭遜)하고 예의(禮儀)가 바르며 온화(溫和)하며 절도(節度)가 있으며 재주가 탁월(卓越)하고 학문(學問)이 심연(深淵)하다. 이와 반대(反對)이면 오만(傲慢)하고 교만(驕慢)하며 강(强)하고 예의(禮意)가 없으며 약자(弱子)를 누르고 권세(權勢)에 영합(迎合)하고 사리(私利)를 따른다.

용신(用神)이 많으면 항일지지(恒一之志)가 적고 천변지심(遷變之心)이 많다. 시지(時支)가 고(枯)하면 여우같이 의심(疑心)이 많고 결단력(決斷力)이 부족하고 처음에는 부지런하나 나중에는 게으르다.

하목(夏木)이 水를 만나면 반드시 金이 있어야 하는데 金은 水의 근원(根源)이 되기 때문이고 동금(冬金)이 火를 만나면 반드시 신왕(身旺)하고 木이 있어야 하는데 木은 불꽃을 일으키기 때문이니 부귀(富貴)도 의심(疑心)할 필요가 없다.

만약 하수(夏水)에 金이 없거나 동화(冬火)에 木이 없으면 청고지상(淸枯之象)으로 명리(名利)가 허(虛)하게 된다.

```
壬 丙 甲 丙
辰 申 午 寅
```

辛庚己戊丁丙乙
丑子亥戌酉申未

丙火生于午月 陽刃局逢丙寅生拱 又逢比劫 旺可知矣 最喜辰時 壬水
병화생우오월　양인국봉병인생공　우봉비겁　왕가지의　최희진시　임수

透露 更妙申辰洩火生金以拱水 正得既濟 所以早登科甲 仕版連登
투로　경묘신진설화생금이공수　정득기제　소이조등과갑　사판연등

掌兵 刑重任 執生殺大權.
장병　형중임　집생살대권

丙火가 午月에 생(生)하였는데 양인국(陽刃局)에 丙寅의 생공(生拱)을 만났고 또한 비겁(比劫)의 도움을 만났으니 왕(旺)함을 알 수 있다. 가장 기쁜 것은 진시(辰時)에 壬水가 투로(透露)하였고 더욱 오묘한 것은 申辰인데 설화생금(洩火生金)하고 수국(水局)을 이루었으니 바로 기제(既濟)를 이루었다. 이에 일찍 과갑(科甲)에 올랐고 사판연등(仕版連登) 하였는데 병형(兵刑)의 중임(重任)을 장악(掌握)하고 생살대권(生殺大權)을 잡았다.

丙火 일주가 午月에 태어나서 양인(陽刃)으로 득시득령(得時得令)하였고 지지(地支)가 寅午 화국(火局)이 되어 있는데 천간(天干)에 甲丙이 투출(透出)하였으니 신왕(身旺)하다. 희신(喜神)은 식재관(食財官)인 土金水이고 기신(忌神)은 인비(印比)인 金水이다.

기쁘게도 운행(運行)이 서북지지(西北之地)인 金水로 행(行)하고 있다. 원국(原局)에

서 申辰 수국(水局)이 되어 있는데 시간(時干)에 壬水가 투출(透出)하여 시상일위귀격(時上一位貴格)이 되었다. 양인(陽刃)에 관살(官殺)이 되었으니 병형(兵刑)의 중임(重任)을 장악(帳幄)하여 생살대권(生殺大權)을 가지게 된 것이다.

```
壬 丙 甲 丙
辰 寅 午 申
```

```
辛 庚 己 戊 丁 丙 乙
丑 子 亥 戌 酉 申 未
```

此與前 八字皆同 前則坐下申金 生拱壬水有情 此則申在年支遠隔 又
차여전 팔자개동 전즉좌하신금 생공임수유정 차즉신재년지원격 우

被比刦所奪 至申運生殺 又甲子流年 會成殺局 冲去羊刃 中鄉榜 以後
피비겁소탈 지신운생살 우갑자유년 회성살국 충거양인 중향방 이후

一阻運程 與前造天淵之隔者 申金不接壬水之氣也.
일조운정 여전조천연지격자 신금부접임수지기야

이 명조(命造)는 전조(前造)와 팔자(八字)가 모두 동일(同一)하나 전조(前造)는 좌하(座下)의 申金이 壬水를 생공(生拱)하니 유정(有情)하나 이 명조(命造)는 申金이 멀리 떨어져 있고 비겁(比刦)의 겁탈(刦奪)을 받고 있다. 申운에 생살(生殺)하고 있는데 甲子 년에 살국(殺局)을 이루어 양인(羊刃)을 충거(冲去)하여 향방(鄉榜)에 합격(合格)하였으나 이후 등과(登科)하지 못하였다. 전조(前造)와 비교하여 천연지격(天淵之隔)이 되는 것은 申金이 壬水와 연접(連接)하지 않았기 때문이다.

丙火 일주가 午월에 태어나서 전조(前造)와 같이 양인(羊刃)으로 득시득령(得時得

令)하였고 지지(地支)가 寅午 화국(火局)이 되어 있는데 천간(天干)에 甲丙이 투출(透出)하여 신왕(身旺)하다. 희신(喜神)은 식재관(食財官)인 土金水이고 기신(忌神)은 인비(印比)인 木火인데 운행(運行)이 서북지지(西北之地)인 金水로 행(行)하고 있다.

전조(前造)는 壬水를 생조(生助)하는 申辰이 긴첩(緊捷)하여 수국(水局)을 이루고 있으나 이 명조(命造)는 이룰 수가 없기 때문에 큰 차이가 있는 것이다. 申운 甲子년에는 원국(原局)과 申子辰 삼합수국(三合水局)을 이루어 향방(鄕榜)에 합격(合格)하게 된 것이다. 이 명조(命造)는 전조(前造)와 같이 시상일위귀격(時上一位貴格)이지만 격(格)이 낮다.

$$戊\ 丙\ 戊\ 戊$$
$$戊\ 辰\ 午\ 子$$

乙甲癸壬辛庚己
丑子亥戌酉申未

丙日年提 刃强當令 子冲之 辰洩之 弱可知矣 天干三戊 竊日主之精華
병일년제 인강당령 자충지 진설지 약가지의 천간삼무 절일주지정화

兼之運走西北金水之地 則羊刃更受其敵 不但功名蹭蹬 而且財源鮮聚
겸지운주서북금수지지 즉양인경수기적 부단공명층등 이차재원선취

至甲寅年 會火局 疎厚土 恩科發榜.
지갑인년 회화국 소후토 은과발방

丙火 일주가 午월이니 양인(陽刃)이 당령(當令)하였으니 강(强)한 것 같으나 子水가 충(冲)하고 辰土가 설(洩)하니 약(弱)하는 것을 알 수 있다. 천간(天干)의 세 개의 戊土가 일주(日主)의 정화(精華)를 설(洩)하고 겸(兼)하여 운(運)까지 서북지지(西北之地)인 金水로 행(行)하니 양인(陽刃)이 다시 적(敵)을 만나는 현상이다. 공명(功名)이 막혔을 뿐만이 아니고 재물(財物)도 모이지 않았다.

甲子 년에 이르러 화국(火局)을 만나니 후중(厚重)한 土를 소통(疏通)시키니 은과 (恩科)[68]에 합격(合格)하였다.

評註

丙火 일주가 午月에 양인(陽刃)으로 득시득령(得時得令)하였으나 식상(食傷)이 태왕(太旺)하니 제살태과격(制殺太過格)이 되었다. 희신(喜神)은 인비관(印比官)인 木火水이고 기신(忌神)은 식재(食財)인 土金이다.

서방지지(西方之地)인 申酉戌 운에는 곤고(困苦)하였을 것이고 북방지지(北方之地)인 亥子丑 운에는 수국(水局)을 이루어 제토(除土)할 수 있기 때문에 대길(大吉)하였을 것이다. 주의(注意)해야 할 것은 식상(食傷)이 태왕(太旺)하면 관살(官殺)이 희신(喜神)이 되는 이치(理致)를 알아야 한다. 또한 진상관용겁격(眞傷官用劫格)이라고도 한다.

任註

壬	庚	乙	庚
午	午	酉	午

壬辛庚己戊丁丙
辰卯寅丑子亥戌

和中堂造 庚生仲秋 支中官星三見 則酉金陽刃受制 五行無土 弱可知
화중당조　경생중추　지중관성삼견　　즉유금양인수제　　오행무토　약가지

矣 喜其時上壬水爲輔 吐其秀氣 所以聰明權勢爲最 第月干乙木透露
의　　희기시상임수위보　　토기수기　소이총명권세위최　　제월간을목투로

戀財 而爭合 一生所愛者財 不知急流勇退 但財臨刃地 日在官鄉 官能
연재　이쟁합　일생소애자재　　부지급류용퇴　　단재임인지　일재관향　관능

---

[68] 은과(恩科): 국가(國家)의 경사(慶事)가 있을 때 임시(臨時)로 시행(施行)하는 과거(科擧).

制刃 財必生官 官爲君象 故運走庚寅 金逢絶地 官得生拱 其財孕歸官
제인 재필생관 관위군상 고운주경인 금봉절지 관득생공 기재잉귀관

矣 由此 觀之 財乃害人之物 所謂欲不除 似蛾撲燈 焚身乃止 如猩嗜
의 유차 관지 재내해인지물 소위욕부제 사아박등 분신내지 여성기

酒 鞭血方休 悔無及矣.
주 편혈방휴 회무급의

화중당(和中堂)의 명조로서 庚金이 중추(仲秋)에 생하고 지지에 관성이 세 개나 나타나서 양인(陽刃)인 酉金이 극제를 받고 있는데 오행에 土가 없으므로 약하다는 것을 알 수 있다. 기쁘게도 시상의 壬水가 보좌하여 수기(秀氣)를 토(吐)해내니 총명하고 권세가 가장 뛰어났다. 그러나 월간의 乙木이 투출하여 재(財)를 탐하여 쟁합을 하니 일생 동안 재물을 좋아하여 급류용퇴(急流勇退)[69]를 알지 못하였다.

다만 재(財)는 양인(陽刃)에 임(臨)하였고 일주(日主)는 관향(官鄕)에 있어 관(官)은 능히 양인(陽刃)을 극제(剋制)하고 재(財)는 반드시 생관(生官)하니 관(官)은 군상(君象)이다. 그러므로 운이 庚寅으로 행(行)할 때에 庚金이 절지(絶地)를 만나고 관(官)은 생공(生拱)을 만났으니 재(財)는 관(官)으로 귀속(歸屬)되었다.

이를 미루어 살펴보면 재(財)는 사람을 해(害)롭게 하는 것으로 소위 심(心)을 버리지 못하는 것은 마치 나비가 등불에 부딪쳐 몸을 태우고 나서 멈추는 것과 같고 성성(猩猩)[70]이 채찍으로 맞아 피가 나서야 비로소 술 마시기를 멈추는 것과 같으니 후회하여도 소용이 없다.

評註

庚金 일주가 酉월에 태어나서 득시득령하였고 년간에 庚金이 투출하였으니 신왕(身旺)한 것으로 보인다. 지지에 午火가 세 개나 있으니 관살이 태왕하여 오히려

---

69 급류용퇴(急流勇退): 급류(急流)에 밀려 내려가지 않고 과감(果敢)하게 뒤로 물러서는 것. 득세(得勢)한벼슬에서 용기 있게 물러서는 것이 급류(急流)를 건너는 일만큼이나 용감한 일이라는 뜻.

70 성성(猩猩): 중국에서의 상상 속 짐승의 이름으로 원숭이 종류의 짐승인데 술을 좋아함.

극제를 당하고 있으니 제살태과격(制殺太過格)이 되었다. 희신(喜神)은 인비관(印比官)인 土金水이고 기신(忌神)은 재관(財官)인 木火인데 기쁘게도 운행이 중년운(中年運)에는 북방수지인 亥子丑으로 행(行)하여 권세가 대단하였다.

庚寅 운에는 庚金이 희신(喜神)이지만 개두(蓋頭)가 되어 있는데 寅木이 寅午 화국(火局)으로 관살(官殺)이 태왕(太旺)하여 庚金이 손상(損傷)을 입었다. 辛卯 운에는 乙辛 충(冲), 卯酉 충(冲)으로 천충지충(天冲地冲)이 되었으니 형액(刑厄)을 당하거나 불록지객(不祿之客)이 되었을 것이다.

任註

```
戊 壬 丙 己
申 辰 子 丑

己庚辛壬癸甲乙
巳午未申酉戌亥
```

印提臺造 壬水生于子月 官殺並透通根 全賴支會水局 助起羊刃 謂殺
인제대조　임수생우자월　관살병투통근　전뢰지회수국　조기양인　위살

刃 兩旺 惜乎無木 秀氣未吐 出身寒微 喜其丙火敵寒解凍 爲人寬厚和
인　양왕　석호무목　수기미토　출신한미　희기병화적한해동　위인관후화

平 行伍出身 癸酉運 助刃幇身 得官 壬申運 正謂一歲九遷 仕至極品
평　항오출신　계유운　조인방신　득관　임신운　정위일세구천　사지극품

一交 未運制刃 至丁丑年 火土並旺 又剋合子水 不祿.
일교　미운제인　지정축년　화토병왕　우극합자수　불록

인제대(印提臺)의 명조(命造)이다. 壬水가 子월에 생(生)하여 관살(官殺)이 병투(並透)하고 뿌리를 내리고 있으니 지지의 수국(水局)에 의지하고 양인(陽刃)을 도우니 살인(殺刃)이 모두 왕(旺)하다. 애석한 것은 木이 없어 수기(秀氣)를 토(吐)해내지 못하니 출신이 한미하다. 기쁘게도 丙火가 한기(寒氣)에 대적하고 해동하니 사람됨이 관후화평(寬厚和平)하였다.

항오(行伍) 출신이었는데 癸酉 운에는 양인(陽刃)을 돕고 방신(幫身)하니 벼슬을 얻었고 壬申 운에는 '일세구천(一歲九遷)'이라고 하여, 벼슬이 극품(極品)에 이르렀다. 未운으로 바뀌어서는 양인(陽刃)을 극제(剋制)하고 있는데 丁丑 년에 이르러 火土가 병왕(並旺)하여 子水를 극합(剋合)하여 불록이 되었다.

評註

壬水가 子월에 태어나서 양인(陽刃)으로 득시득령(得時得令)하였고 지지(地支)가 申子辰 삼합수국(三合水局)이 되고 子丑 합수(合水)가 되었다면 신왕(身旺)하거나 종왕격(從旺格)으로 볼 수 있다.

그러나 천간(天干)의 戊己土가 丑辰土가 통근(通根)하고 있으며 丙火가 생토(生土)하니 오히려 관살(官殺)이 태왕(太旺)하게 되었으니 식신제살격(食神制殺格)이 되었다. 희신(喜神)은 인비식(印比食)이고 기신(忌神)은 재관(財官)인 火土이다.

중년(中年)운인 申酉戌 서방지지(西方之地)에서는 벼슬을 얻었으나 辛未 운에는 丙辛 합거(合去)되고 丑未 충(冲)되었으니 子水를 극제(剋制)하지 않을 수 없다. 丁丑 년에는 丁壬 합거(合去)되고 子丑 합토(合土)가 되었으니 오히려 子水가 기신(忌神)인 丑土를 돕게 되어 불록지객(不祿之客)이 된 것이다.

주의(注意)해야 할 것은 세력(勢力)에 우선하여 회국(會局)으로 보지만 상하유정(上下有情)을 살펴 통근(通根)의 관계(關係)와 비교하고 관찰(觀察)해야 한다. 이 명조(命造)는 선강후약(先强後弱)이다.

任註

庚	甲	乙	辛
午	子	未	卯

戊己庚辛壬癸甲
子丑寅卯辰巳午

稽中堂造 甲子日元 生于未月年時 謂夏水逢水 傷官佩印 所喜者 卯木
계중당조　갑자일원　생우미월년시　위하수봉수　상관패인　소희자　묘목

剋旺未土 則子水不受其傷 足以冲午 有病得藥 巨濁留清 天干甲乙庚
극왕미토　즉자수불수기상　족이충오　유병득약　거탁유청　천간갑을경

辛 各立門戶 不作混論 乃滋印之喜神 更妙運走東北水木之地 體用合
신　각립문호　부작혼론　내자인지희신　경묘운주동북수목지지　체용합

宜 一生宦途平坦.
의　일생환도평탄

계중당(稽中堂)의 명조(命造)이다.

甲子 일원(日元)이 未월 午시에 생(生)하였으니 하목(夏木)이 水를 만난 경우로 상관패인(傷官佩印)이라 한다. 기쁜 것은 卯木이 未土를 극(剋)하여 子水가 상해(傷害)를 입지 않아 충분히 午火를 충(冲)할 수 있으니 유병득약(有病得藥)이고 거탁유청(巨濁留清)이다.

천간(天干)의 甲乙, 庚辛이 각각 지지(地支)와 문호(門戶)로 연관되어 혼탁(混濁)하다고 논(論)하지 않으며 인수(印綬)를 자양(滋養)하는 희신(喜神)이다.

더욱 묘(妙)한 것은 운(運)이 동북지지(東北之地)인 水木으로 행(行)하니 체용(體用)이 화합(化合)하여 일생 동안 평순(平順)하였다.

評註

甲木 일주가 未월에 태어나서 조열(燥烈)한데 시지(時支)의 午火가 午未 합화(合火)하니 더욱 염렬(焰烈)하다. 조후(調候)로 水가 용신(用神)인데 좌하(座下)에 子水가 있어 기쁘다. 식상(食傷)이 태왕(太旺)하니 제살태과격(制殺太過格)이 되어 희신(喜神)은 인비관(印比官)인 水木金이고 기신(忌神)은 식재(食財)인 火土이다. 초년(初年)인 남방화지(南方火地)에서는 곤고(困苦)하였으나 동북지지(東北之地)인 水木으로 행(行)하여 평탄(平坦)하게 일생(一生)을 보냈다.

```
庚 甲 壬 庚
午 戌 午 午
```

```
己戊丁丙乙甲癸
丑子亥戌酉申未
```

甲木生于午月　支中三午一戌　火焰土燥　傷官肆逞　月干壬水無根　全賴
갑목생우년월　지중삼오일술　화염토조　상관사령　월간임수무근　전뢰

庚金滋水　所以科甲連登　其仕路蹭蹬者　祗因地支皆火　天干金水　木無
경금자수　소이과갑연등　기사로충등자　지인지지개화　천간금수　목무

託根 之地　神有餘而精不足之故也.
탁근 지지　신유여이정부족지고야

甲木이 午月에 생(生)하였고 지지(地支)가 삼오일술(三午一戌)이니 화염토조(火焰土燥)하고 상관(傷官)이 방자(放恣)하게 날뛴다. 월간(月干)의 壬水는 무근(無根)이고 전적으로 庚金의 생수(生水)에 의지한다. 소이 과갑에 연등(連登)하였으나 벼슬길이 층등(蹭蹬)한 것은 지지(地支)가 모두 火이고 천간(天干)이 金水로 인하여 木이 뿌리가 내릴 곳이 없으니 신(神)은 유여하나 정이 부족한 까닭이다.

甲木 일주가 午月에 태어나서 실령(失令)하였고 지지(地支)가 午戌 화국(火局)이 되었으니 제살태과격(制殺太過格)이 되었다. 희신(喜神)은 인비관(印比官)인 水木金이고 기신(忌神)은 식재(食財)인 火土이다. 운행(運行)이 서북지지(西北之地)인 金水로 행(行)하니 아름답다. 벼슬길이 뛰어나지 못한 것은 대운(大運)의 상하(上下)가 개두(蓋頭)나 절각(截脚)이 되었기 때문이다. 이 명조(命造)는 종아격(從兒格)으로 볼 수 없는 것은 천간(天干)에 丙丁火가 투출(透出)되어 있지 않기 때문이다.

```
庚 庚 丙 甲
辰 辰 子 子
```

```
癸壬辛庚己戊丁
未午巳辰卯寅丑
```

周恃郎造 庚金生于仲冬 金水寒冷 月干丙火得年支甲木生扶 解其 寒
주시랑조　경금생우중동　금수한냉　월간병화득년지갑목생부　　해기　한

凍之氣 謂冬金得火 但子辰雙拱 日元必虛 用神不在丙火而在辰土 比
동지기　위동금득화　단자진쌍공　일원필허　용신부재병화이재진토　비

肩佐之 所以運之庚辰辛巳 仕版連登.
견좌지　소이운지경진신사　　사판연등

　　주시랑(周恃郎)의 명조(命造)이며 庚金이 중동(仲冬)에 생(生)하여 金水가 한랭(寒冷)하다. 월간(月干)의 丙火는 년간(年干)의 甲木으로부터 생부(生扶)를 받아 한랭(寒冷)의 기(氣)를 해결(解決)하니 동금(冬金)이 火를 얻었다고 할 수 있다.
　　단 子辰이 쌍으로 공합(拱合)하여 일주(日主)가 반드시 허(虛)하니 용신(用神)은 丙火에 있지 않고 辰土에 있다. 그러므로 비견(比肩)이 도와주고 운(運)이 庚辰, 辛巳에 이르러 벼슬이 연이어 올랐다.

　　庚金 일주가 子月에 태어나서 金水가 한랭(寒冷)하니 조후(調候)로 火가 필요하다. 지지(地支)가 子辰 합수(合水)가 되어 식상(食傷)이 태과(太過)하여 제살태과격(制殺太過格)이 되었다. 희신(喜神)은 인비관(印比官)인 土金水이고 기신(忌神)은 식재(食財)인 水木이다.
　　庚辰, 辛巳 운에는 벼슬이 올라가는 것은 희신(喜神)이 되기 때문이다.

壬水 운에는 丙壬 충(沖)하고 子午 충(沖)하여 천충지충(天冲地冲)이니 불록지객(不祿之客)이 되었을 것이다.

任註

丁 辛 壬 丁
酉 巳 子 巳

乙丙丁戊己庚辛
巳午未申酉戌亥

熊中丞學鵬造 辛金生于仲冬 金寒水冷 過于洩氣 全賴酉時扶身 巳酉
웅중승학붕조　신금생우중동　금한수냉　과우설기　전뢰유시부신　사유

拱 而佐之 天干丁火 不過取其敵寒解凍 非用丁火也 用神必在酉金 故
공 이좌지　천간정화　불과취기적한해동　비용정화야　용신필재유금　고

運至 土金之地 仕路顯赫 一交丁未敗事矣 凡冬金喜火 取其暖局之意
운지　토금지지　사로현혁　일교정미패사의　범동금희화　취기난국지의

非作 用神也.
비작 용신야

웅중승(熊中丞)의 명조(命造)이다.

辛金이 중동(仲冬)에 생하여 金水가 한랭(寒冷)하고 설기(洩氣)가 지나치니 酉시에 의지하는데 巳酉가 공합(拱合)하여 돕고 있다.

천간(天干)의 丁火는 적한해동(敵寒解凍)하는 것에 불과하니 용신(用神)은 아니다. 용신(用神)은 반드시 酉金이 있으므로 운(運)이 토금지지(土金之地)에 이르니 사로(仕路)가 현혁(顯赫)하였는데 丁未 운으로 바뀌면서 사고(事故)로 패(敗)하였다. 무릇 겨울의 金이 火를 기뻐하는 것은 원국(原局)을 온난(溫暖)하게 한다는 의미(意味)에서 취(取)하는 것이지 용신(用神)이 되는 것은 아니다.

辛金 일주가 子월에 태어나서 한랭(寒冷)하니 조후(調候)로 火가 필요하다. 원국(原局)에 관살(官殺)이 태왕(太旺)하니 식신제살격(食神制殺格)이 되었다. 희신(喜神)은 인비식(印比食)인 土金水이고 기신(忌神)은 재관(財官)인 木火이다.

丁未 운에 패사(敗事)하게 된 것은 丁壬 합목(合木)이고, 巳未 합화(合火)가 되었으니 木火가 기신(忌神)이기 때문이다. 주의(注意)해야 할 것은 火는 조후(調候)로 적한해동(敵寒解凍)하는 것이지만 태과(太過)하면 병(病)이 된다는 것이다.

原文

五行和者 一世無災
오행화자　　일세무재

오행(五行)이 조화(調和)를 이루면 평생(平生) 병(病)이 없다.

原註

五行和者 不特定而不缺 生而不剋 只是全者宜全 缺者宜缺 生者宜生
오행화자　　불특정이불결　　생이불극　　지시전자의전　　결자의결　　생자의생

剋者宜剋 則和宜 主一世無災.
극자의극　　즉화의　　주일세무재

　오행(五行)이 조화(調和)를 이루었다는 것은 특별(特別)히 온전(穩全)하고 빠진 것이 없다는 말이 아니고, 상생(相生)하나 상극(相剋)이 되지 않는 것을 말한다. 다만 온전(穩全)한 것은 마땅히 온전(穩全)해야 하고, 결손(缺損)되어야 할 것은 마땅히 결손(缺損)되어야 하고, 생(生)해야 할 것은 마땅히 생(生)하여야 할 것이며, 극(剋)되어야 할 것은 마땅히 극(剋)되어야 조화(調和)가 되는 것이니 이러하면 일생 동안 재앙

(災殃)이 없을 것이다.

任註

任氏曰 五行在天爲五氣 靑赤黃白黑也 在地爲五行 木火土金水也 在
임씨왈　　오행재천위오기　　청적황백흑야　　재지위오행　　목화토금수야　　재

人爲五臟 肝心脾肺腎也.
인위오장　　간심비폐신야

人爲萬物之靈 得五行之全 表于頭面 象天之五氣 裏于臟腑 象地之五
인위만물지령　　득오행지전　　표우두면　　상천지오기　　리우장부　　상지지오

行 故爲一小天也 是以臟腑各配五行之陰陽而屬焉 凡一臟配一腑 腑
행　　고위일소천야　　시이장부각배오행지음양이속언　　범일장배일부　　부

皆屬陽 故爲甲丙戊庚壬 臟皆屬陰 故爲乙丁己辛癸.
개속양　　고위갑병무경임　　장개속음　　고위을정기신계

或不和 或太過 不及 則病有風熱濕燥寒之症矣 必得五味調和 亦有可
혹불화　　혹태과　　불급　　즉병유풍열습조한지증의　　필득오미조화　　역유가

解者 五味者 酸苦甘辛鹹也 酸者屬木 多食傷筋 苦者屬火 多食傷骨甘
해자　　오미자　　산고감신함야　　산자속목　　다식상근　　고자속화　　다식상골감

者屬土 多食傷肉 辛者屬金 多食傷氣 鹹者屬水 多食傷血 此五味之相
자속토　　다식상육　　신자속금　　다식상기　　함자속수　　다식상혈　　차오미지상

剋也 故曰 五行和者 一生無災.
극야　　고왈　　오행화자　　일생무재

不特八字五行宜和 卽臟腑五行 亦宜和也 八字五行之和 以歲運和之
불특팔자오행의화　　즉장부오행　　역의화야　　팔자오행지화　　이세운화지

臟腑五行之和 以五味和之 和者 解之意也 若五行和 五味調 而災病無
장부오행지화　　이오미화지　　화자　　해지의야　　약오행화　　오미조　　이재병무

矣.
의

故五行之和 非生而不剋 全而不缺爲和也 其要貴在洩其旺神 瀉其有
고오행지화　　비생이불극　　전이불결위화야　　기요귀재설기왕신　　사기유

餘 有餘 之旺神瀉 不足之弱神受益矣 此之謂和也.
여　　유여　　지왕신사　　부족지약신수익의　　차지위화야

若强制旺神 寡不敵衆 觸怒其性 旺神不能損 弱神反受傷矣 是以旺神
약강제왕신　　과불적중　　촉노기성　　왕신불능손　　약신반수상의　　시이왕신

太過者宜洩 不太過宜剋 弱神有根者宜扶 無根者反宜傷之.
태과자의설　　불태과의극　　약신유근자의부　　무근자반의상지

凡八字須得一神有力 制化合宜 主一世無災 非全而不缺爲美 生而不
범팔자수득일신유력　　제화합의　　주일세무재　　비전이불결위미　　생이불

剋 爲和也.
극　위화야

임씨(任氏)가 말하길, 오행(五行)이 하늘에서는 청적황백흑(靑赤黃白黑)인 오기(五氣)이고 땅에서는 木火土金水인 오행(五行)이며 사람에 있어서는 간심비폐신(肝心脾肺腎)인 오장(五臟)이 된다.

사람은 만물(萬物)의 영장(靈長)이니 오행(五行)을 모두 갖추고 있는데 드러난 두 면(頭面)은 하늘의 오기(五氣)를 상징하고 속(屬)에 있는 장부(臟腑)는 땅의 오행(五行)을 상징하므로 소우주(小宇宙)라고 한다. 그러므로 장부(臟腑)는 각각 오행(五行)의 음양(陰陽)에 배합(配合)되어 속(屬)하게 된다.

무릇 하나의 장(臟)은 하나의 부(腑)와 짝을 이루는데 부(腑)는 모두 양(陽)에 속하니 甲丙戊庚壬이 되고 장(藏)은 모두 음(陰)에 속하니 乙丁己辛癸가 된다. 혹은 불화(不和)하거나 태과(太過)하거나 불급(不及)하면 풍열습조한(風熱濕燥寒)의 병(病)이 생긴다. 반드시 오미(五味)의 조화(調和)을 얻어야 해소(解消)할 수 있는 것이다.

오미(五味)라는 것은 산고감신함(酸苦甘辛鹹)의 다섯 가지의 맛을 뜻한다. 산(酸)은 木에 속하며 많이 먹으면 근(筋)이 상(傷)하고, 고(苦)는 火에 속하며 많이 먹으면 골(骨)이 상(傷)하며, 감(甘)은 土에 속하며 많이 먹으면 육(肉)이 상(傷)하며, 함(鹹)은 水에 속하며 많이 먹으면 혈(血)이 상(傷)한다. 이것이 오미(五味)의 상극(相剋)이다. 그러므로 오행(五行)의 조화(調和)를 이룬 자(者)는 일생 동안 재앙(災殃)이 없고 팔자오행(八字五行)이 조화(調和)하면 장부오행(臟腑五行)도 역시 조화(調和)를 이룬다.

팔자오행(八字五行)의 화(和)는 세운(歲運)으로 조화(調和)하고 장부오행(臟腑五行)의 화(和)는 오미(五味)로 조화(調和)롭게 한다. 여기서 화(和)는 해(解)를 뜻한다. 만약 오행(五行)이 화(和)하고 오미(五味)가 조(調)하면 재앙(災殃)과 병(病)이 없게 된다.

그러므로 오행(五行)의 화(和)는 생이불극(生而不剋)과 전이불결(全而不缺)이 화(和)

가 되는 것이다. 따라서 조화(調和)의 귀(貴)는 왕신(旺神)을 설(洩)하고 유여(有餘)한 것은 사(瀉)하는 데 있다. 유여(有餘)한 왕신(旺神)을 사(瀉)하게 하면 부족(不足)한 약신(弱神)이 혜택(惠澤)을 받게 되는데 이것을 화(和)라고 말한다.

만약 왕신(旺神)을 강제로 극제(剋制)하면 적은 것으로 많은 것을 대적(對敵)하는 것이니 오히려 그 성정(性情)을 촉노(觸怒)하게 할 뿐만 아니라 왕신(旺神)은 손상(損傷)되지 않고 오히려 약신(弱神)이 손상(損傷)을 받는다.

그러므로 왕신(旺神)이 태과(太過)하면 마땅히 설(洩)해야 하고, 태과(太過)하지 않으면 마땅히 극(剋)하여야 한다. 또한 약신(弱神)이 유근(有根)인 것은 마땅히 생부(生扶)하고 무근(無根)인 것은 마땅히 상(傷)하여야 한다.

무릇 팔자(八字)는 반드시 일신(一神)이 유력(有力)하여 제(制)하고 합(合)하고 화(化)하는 것이 적당하면 일생 동안 재앙(災殃)이 없다. 전부(全部) 갖추지 않았다고 하더라도 결함이 없으면 아름답고, 생(生)하지 않으면 화(和)하게 되는 것이다.

任註

```
庚 戊 甲 癸
申 戌 寅 未
```

```
丁 戊 己 庚 辛 壬 癸
未 申 酉 戌 亥 子 丑
```

戊生寅月 木旺土虛 喜其坐戌通根 足以用金制殺 況庚金亦坐祿支 力
무생인월 목왕토허 희기좌술통근 족이용금제살 황경금역좌록지 력

能伐木 所謂不太過者宜剋也 雖年干癸水生殺 得未土制之 使其不能
능벌목 소위불태과자의극야 수년간계수생살 득미토제지 사기불능

生木 喜者有扶 憎者得去 五行和矣 且一路運程與體用不背 壽至九旬
생목 희자유부 증자득거 오행화의 차일로운정여체용불배 수지구순

耳目聰明 行止自如 子旺孫多 名利福壽俱全 一世無災無病.
이목총명 행지자여 자왕손다 명리복수구전 일세무재무병

戊土가 寅월에 생(生)하여 木이 왕(旺)하고 土는 허(虛)하다.

기쁜 것은 戊土가 좌하(坐下)의 戊土에 통근(通根)하였고 충분히 용금(用金)하여 제살(制殺)하는 데 있다. 庚金 역시 녹지(祿支)에 앉아서 능(能)히 벌목(伐木)할 수 있으니 "태과(太過)하지 않으면 극(剋)하는 것이 마땅하다"라고 하였다.

비록 년간(年干)의 癸水가 생살(生殺)하려고 하나 未土의 극제(剋制)를 얻어 생목(生木)하지 못하게 된다. 희신(喜神)은 생부(生扶)를 얻었고 기신(忌神)은 제거(除去)되었으니 오행(五行)이 조화(調和)를 이룬 것이다.

또한 운로(運路)의 체용(體用)이 서로 배반(背反)하지 않으니 구순(九旬)까지 살았고 이목(耳目)이 총명(聰明)하고 행동이 자유로웠으며 자손(子孫)이 흥왕(興旺)하였으며 명리수복(命利壽福)을 모두 갖추었고 일생 동안 재앙(災殃)과 병(病)이 없었다.

評註

戊土 일주가 寅월에 태어나서 실령(失令)하였고 초춘(初春)의 눈목(嫩木)이니 조후(調候)로 火가 필요한데 원국(原局)의 寅木 중에 丙火가 암장(暗藏)되어 있어 기쁘다. 戊土는 戊土에 통근(通根)되어 있으나 未土는 원(遠)거리에 있고 水木의 극제(剋制)를 받으니 뿌리를 내릴 수 없다.

년간(年干)의 癸水는 庚申金의 생조(生助)를 얻어 甲寅木을 생조(生助)하니 관살(官殺)이 태왕(太旺)하게 되었다. 그러므로 식신제살격(食神制殺格)이 되었으니 희신(喜神)은 인비식(印比食)인 火土金이고 기신(忌神)은 재관(財官)인 水木이다.

초년(初年)운은 북방수지(北方水地)인 亥子丑에서 곤고(困苦)하였으나 서남지지(西南之地)인 申酉戌 운에는 대길(大吉)하였다. 운행(運行)의 희신(喜神)이 상하유정(上下有情)으로 천부지재(天覆地載)가 되었으니 명리수복(命利壽福)하였고 일세무재(一世無災)하게 되었다.

```
甲 戊 庚 甲
寅 寅 午 寅
```

丁丙乙甲癸壬辛
丑子亥戌酉申未

局中七殺五見 一庚臨午無根 所謂弱神無根 宜去之 旺神太過 宜洩 之
국중칠살오견　일경임오무근　소위약신무근　의거지　왕신태과　의설　지

也 用午火則和矣 喜其午火當令 全無水氣 雖運逢金水 木能破局而 無
야　용오화즉화의　희기오화당령　전무수기　수운봉금수　목능파국이　무

礙 運走木火 名利兩全 此因神氣足 精氣自生 是以富貴福壽 一世 無
애　운주목화　명리양전　차인신기족　정기자생　시이부귀복수　일세　무

災 子廣孫多 後嗣濟美.
재　자광손다　후사제미

원국(原局)에서 칠살(七殺)이 다섯이나 나타났고 월상(月上)의 庚金 하나가 午火에 임(臨)하여 무근(無根)이다.

"약신(弱神)이 무근(無根)이면 제거(除去)하는 것이 마땅하고 왕신(旺神)이 태과(太過)하면 마땅히 설(洩)해야 하는 것이 마땅하다"라고 하였으니 午火를 용신(用神)하여야 조화(調和)가 된다. 기쁜 것은 午火가 당령(當令)하였고 수기(水氣)가 전혀 없으니 비록 운(運)에서 金水를 만난다고 할지라도 木이 능히 파국(破局)하여 장애(障碍)가 되지 않는다.

운(運)이 木火로 행(行)할 때는 명리양전(名利兩全)인 인수(印綬)가 자연히 생겼으니 부귀복수(富貴福壽)하였고 일생 동안 재앙(災殃)이 없었으며 자식(子息)과 손자(孫子)가 많았고 후손(後孫)이 유업(遺業)을 더욱 크게 일으켰다.

評註

戊土 일주가 午월에 태어나서 양인(陽刃)으로 득시득령(得時得令)하였으니 조후(調候)로 水가 필요한데 원국(原局)에는 없으니 서운하다. 관살(官殺)이 태왕(太旺)하니 식신제살격(食神制殺格)이 되었다.

희신(喜神)은 인비식(印比食)인 火土金이고 기신(忌神)은 재관(財官)인 水木이지만 水는 윤습(潤濕)하므로 희신(喜神)이 되었다. 기쁜 것은 운행(運行)이 金水인 서북지지(西北之地)로 행(行)하니 일생 동안 재앙(災殃)이 없었다.

주의(注意)해야 할 것은 월간(月干)의 庚金은 절각(截脚)되어 약신(弱神)이므로 제거(除去)해야 마땅하다고 한 것은 잘못이다. 비록 원국(原局)에서 무근(無根)이므로 약(弱)하더라도 운로(運路)에서 申酉金이 통근(通根)되었을 때 명리(名利)가 함께 오르게 되는 것이다.

임씨(任氏)가 木火가 행(行)할 때 명리양전(名利兩全)한다고 논(論)한 것은 분석(分析)을 잘못한 것이다. 태과(太過)한 관살(官殺)은 오목(五木)으로 기신(忌神)이 틀림없기 때문이다.

任註

乙	癸	丙	甲
卯	亥	子	子

癸 壬 辛 庚 己 戊 丁
未 午 巳 辰 卯 寅 丑

癸亥日元 年月坐子 旺可知矣 最喜卯時 洩其菁英 裏發于表 木氣有餘
계해일원　년월좌자　왕가지의　최희묘시　설기청영　이발우표　목기유여

火虛得用 謂精足神旺 喜其無土金之雜 有土則火洩 不能止水 反與木
화허득용　위정족신왕　희기무토금지잡　유토즉화설　불능지수　반여목

不和 有金則木損 更助其汪洋 其一生無災者 緣無土金之混也 年登耄
불화　유금즉목손　갱조기왕양　기일생무재자　연무토금지혼야　년등모

盍 而飮啖愈壯 耳目聰明步履康健 見者疑五十許人 名利兩全 子孫衆多.
질 이음담유장　　이목총명보리강건　　견자의오십허인　　명리양전　　자손중다

癸亥 일원이 년월에 子水를 두었으니 왕(旺)함을 알 수 있다. 가장 기쁜 것은 卯 시인데 청영(菁英)함을 설(洩)하니 안에서 겉으로 발(發)한 것이다. 목기(木氣)가 유여(有餘)하고 火가 허(虛)하나 득용(得用)할 수 있으니 정(情)이 족(足)하고 신(神)이 왕(旺)하다. 기쁘게도 土金이 혼잡(混雜)되어 있는데 만약 土가 있으면 火를 설(洩)하고 水를 막을 수 없으니 오히려 木과 불화(不和)하게 된다.

金이 있으면 木이 손상(損傷)을 입게 되고 다시 왕(旺)한 水를 돕게 된다. 일생 동안 재앙(災殃)이 없었던 것은 土金이 왕성(旺盛)하여 더욱 건장(健壯)하고 이목(耳目)이 총명(聰明)하였으며 걸음걸이도 강건(康健)하니 보는 사람들이 50살이 넘은 것으로 의심하였다. 명리(命理)를 함께 누리고 자손(子孫)도 많았다.

評註

癸水 일주가 子월에 태어나서 즉시 득령(得令)하였고 한랭(寒冷)하니 조후(調候)로 火가 필요하다. 지지(地支)가 亥子 합수(合水)로 왕(旺)하니 신왕(身旺)하다. 그러므로 희신(喜神)은 식재관(食財官)인 木火土이고 기신(忌神)은 인비(印比)인 金水이다.

기쁘게도 운행(運行)이 동남지지(東南之地)인 木火로 행(行)하고 있다. 일생 동안 재앙(災殃)이 없었던 것은 원국(原局)이 청(淸)하고 삼상격(三象格)으로 水木火가 생조(生助)하였고 대운(大運)까지도 희신(喜神) 방향(方向)인 木火 운으로 행(行)하였기 때문이다.

주의(注意)해야 할 것은 子월의 동목(凍木)에 습목(濕木)이니 납수(納水)할 수 없고 오히려 윤하격(潤下格)이라고 주장하는 학자(學者)도 있다. 그러나 월간(月干)의 丙火가 왕목(旺木)의 생조(生助)를 받아 온난(溫暖)하게 되었으니 왕수(旺水)를 설(洩)할 수가 있는 것이다.

血氣亂者 生平多病
혈기난자   생평다병

혈기(血氣)가 어지러운 것은 평생 병(病)이 많다.

血氣亂者 不特火勝水 水剋火之類 五氣反逆 上下不通 往來不順 謂之
혈기난자   불특화승수   수극화지류   오기반역   상하불통   왕래불순   위지

亂 主人多病.
난   주인다병

혈기(血氣)가 어지럽다는 것은 火가 水를 이긴다거나 水가 火를 극(剋)하는 종류
만이 아니다. 오기(五氣)가 반역(反逆)하고 상하(上下)가 불통(不通)하며 왕래(往來)가
불순(不順)한 것 등을 "어지럽다"라고 하는데 사주(四柱)가 그러한 사람은 병(病)이
많다.

任氏曰 血氣亂者 五行背而不順之謂也.
임씨왈   혈기난자   오행배이불순지위야

五行論水爲血 人身論脈卽血也 心胞主血 故通手足厥陰經 心屬丁火
오행론수위혈   인신론맥즉혈야   심포주혈   고통수족궐음경   심속정화

心胞 主血 膀胱屬壬水 丁壬相合 故心能下交於腎 則丁壬化木 而神氣
심포   주혈   방광속임수   정임상합   고심능하교어신   즉정임화목   이신기

自足 得旣 濟相生 血脈流通 而無疾病矣 故八字貴乎剋處逢生 逆中得
자족   득기   제상생   혈맥유통   이무질병의   고팔자귀호극처봉생   역중득

順而爲美也.
순이위미야

若左右相戰 上下相剋 喜逆逢順 喜順逢逆 火旺水涸 火能焚木 水旺土湯
약좌우상전　　상하상극　　희역봉순　　희순봉역　　화왕수학　　화능분목　　수왕토탕

水能沉金 土旺木折 土能晦火 金旺火虛 金能傷土 木旺金缺 木能滲水
수능침금　　토왕목절　　토능회화　　금왕화허　　금능상토　　목왕금결　　목능삼수

此五行 顚倒傷剋之理 犯此者 心多災病.
차오행　　전도상극지리　　범차자　　심다재병

임씨(任氏)가 말하길, 혈기(血氣)가 어지럽다는 것은 오행(五行)이 배반(背反)하거나 순종(順從)하지 않는 것을 가리킨다. 오행(五行)으로 논(論)하면, 水는 혈(血)이고 사람의 몸에서는 맥(脈)을 혈(血)이라고 한다. 심포(心胞)[71]는 주로 혈(血)로 싸여 있고 혈(血)을 주관한다. 수족(手足)으로 통(通)하게 하는 것은 궐음(厥陰)의 경락(經絡)[72]이다.

심장(心腸)은 丁火에 속하고 심포(心胞)는 혈(血)을 주관하는데 방광(膀胱)은 壬水에 속하니 丁壬이 서로 상합(相合)하므로 심장(心腸)은 능히 신장(腎臟)과 아래로 교류(交流)하게 된다. 즉 丁壬이 합목(合木)하면 신기(神氣)가 자족(自足)하고 水火가 기제(旣濟)되어 서로 상생(相生)하니 혈맥(血脈)이 유통(流通)하여 질병(疾病)이 없는 것이다.

그러므로 팔자(八字)가 귀(貴)하다는 것은 극처봉생(剋處逢生)[73]에 있고 반역(反逆)하는 가운데 순종(順從)을 만나면 아름답게 되는 것이다. 만약 좌우(左右)가 상전(相戰)하거나 상하(上下)가 상극(相剋)하며 역(逆)을 기뻐하는데 순(順)을 만나거나 순(順)을 기뻐하는데 역(逆)을 만나는 경우가 있다.

水가 왕(旺)하여 土가 흙탕물이 되어 질편하면 水가 金을 잠기게 하거나, 土가 왕(旺)하여 火가 허(虛)하면 金이 능히 土를 상(傷)하게 한다거나, 木이 왕(旺)하여 金이 결(決)하면 木이 능히 水를 마르게 하면 이것이 오행(五行)의 전도(順倒)로 상극

---

71 심포(心胞): 심장(心腸)을 싸고 있는 살주머니.

72 경락(經絡): 오장(五臟)과 육부(六腑)에 생긴 병이 온 몸 거죽에 나타난 자리. 열두 개의 정경(正經)이 있고 팔백(八脈)이 있음.

73 극처봉생(剋處逢生): 극(剋)을 당하고 있는데 생(生)을 만나는 것.

(相剋)의 이치(理致)이다. 이것을 범(犯)하면 반드시 재앙(災殃)과 질병(疾病)이 많을 것이다.

任註

```
庚 丁 乙 丙
戌 未 未 申
```

```
壬辛庚己戊丁丙
寅丑子亥戌酉申
```

丁生季夏 未戌燥土 不能晦火生金 丙火足以焚木剋金 則土愈燥而不
정생계하　미술조토　불능회화생금　　병화족이분목극금　　즉토유조이불

洩 申中壬水涸而精必枯 故初患痰火 亥運水不敵火 反能生木助火 正
설　신중임수학이정필고　　고초환담화　해운수부적화　반능생목조화　정

杯水車薪 火勢愈烈 吐血而亡.
배수거신　화세유열　토혈이망

丁火가 계하(季夏)에 생(生)하였고 未戌은 조토(燥土)이니 회화생금(晦火生金)하지 못 한다. 丙火는 충분히 木을 태우고 金을 극(剋)하니 土는 더욱 조(燥)하고 火를 설(洩)하지 못한다.

신중임수(申中壬水)는 마르고 水의 정(精)은 고갈(枯渴)되니, 초운(初運)에는 담화(痰火)에 병(病)이 있었고 亥운에는 水가 火를 대적(對敵)하지 못하고 오히려 木을 생(生)하여 火를 도우니 배수거신(杯水車薪)이다. 화세(火勢)가 더욱 맹렬(猛烈)하여 토혈(吐血)로 사망(死亡)하였다.

評註

　丁火 일주가 未월에 태어나고 戌未에 암장(暗藏)되어 있는 丁火가 있는데 년간 (年干)에 丙火가 투출(透出)하였으니 더욱 조열(燥烈)하다. 년지(年支)의 申金은 개두 (蓋頭)되어 金이 손상(損傷)되었고 시간(時干)의 庚金도 戌土가 조열(燥熱)하여 불능생 금(不能生金)하였으니 폐(肺)와 대장(大腸) 계통의 기관지염(氣管支炎)이나 변비(便秘)에 취약(脆弱)하고, 신장(腎臟)과 방광(膀胱) 계통의 신장염(腎臟炎)이나 전립선염(前立腺炎) 에 취약(脆弱)하다.

　丁火 일주(日主)가 신왕(身旺)하니 희신(喜神)은 식재관(食財官)인 습토(濕土)와 金水 이며 기신(忌神)은 인비(印比)인 木火이다. 亥水 운은 亥未 합목(合木)이 되었으니 화 세(火勢)가 더욱 왕한 것으로 보아 폐열증(肺烈症)이다.

任註

```
甲 丙 丁 壬
午 申 未 寅
```

甲癸壬辛庚己戊
寅丑子亥戌酉申

丙火生于未月午時 年干壬水無根 申金遠隔 本不能生水 又被寅冲 午
병화생우미월오시　년간임수무근　신금원격　본불능생수　우피인충　오

刦 則肺氣愈虧 兼之丁壬相合化木 從火則心火愈旺 腎水必枯 所以 病
겁　즉폐기유휴　겸지정임상합화목　종화즉심화유왕　신수필고　소이　병

犯遺泄 又有痰嗽 至戌運 全會火局 肺愈絶 腎水燥 吐血而亡.
범유설　우유담수　지술운　전회화국　폐유절　신수조　토혈이망

　丙火가 未월에 생(生)하였는데 년간(年干)의 壬水는 무근(無根)이다.
　申金은 멀리 떨어져 있어 본래 생수(生水)할 수 없고, 또한 寅木이 충(冲)하고 午 火의 극(剋)을 받아 폐기(肺氣)가 더욱 휴손(虧損)되었다.

더하여 丁壬이 상합(相合)하니 木으로 화(化)하고 火를 따르니 심화(心火)가 더욱 왕(旺)하여 신수(腎水)가 마르니 유설(遺泄)[74]과 담수(痰嗽)[75]가 있었다. 戌운에 이르러 지지(地支)가 화국(火局)을 이루니 폐기(肺氣)는 더욱 절(絶)되고 신수(腎水)가 건조(乾燥)하여지니 결국 토혈(吐血)로 사망하였다.

丙火 일주가 未月에 태어나서 지지(地支)가 寅午 합화(合火)가 되어 있는데 천간(天干)에 丁壬 합목(合木)하니 신왕(身旺)하다. 희신(喜神)은 식재관(食財官)인 습토(濕土)와 金水이다.

전조(前造)와 같이 폐(肺)와 대장(大腸) 계통과 신장(腎臟)과 방광(膀胱) 계통에 질병(疾病)이 생긴다. 戌土 운은 寅午戌 삼합화국(三合火局)이 되었으니 폐기(肺氣)가 절(絶)하여 사망(死亡)하였다는 것으로 보아 폐암(肺癌)이었을 것이다. 이 명조(命造)는 군겁쟁재격(群劫爭財格)이다.

```
壬 丙 丙 甲
辰 寅 寅 辰
```

```
癸壬辛庚己戊丁
酉申未午巳辰卯
```

木當令　火逢生　辰本濕土　能蓄水　被丙寅所剋　脾胃受傷　肺金自絶　木
목당령　화봉생　진본습토　능축수　피병인소극　비위수상　폐금자절　목

多滲水　而腎水亦枯　至庚運　木旺金缺　金水並見　木火肆逞矣　吐血而亡
다삼수　이신수역고　지경운　목왕금결　금수병견　목화사령의　토혈이망

74　유설(遺泄): 허약(虛弱)하여 잠잘 때 정액을 흘리는 병(病).

75　담수(痰嗽): 담으로 인한 기침 병(病).

此 造木火同心 可順而不可逆 反以壬水爲忌 故初逢丁卯戊辰己巳等
차 조목화동심 가순이불가역 반이임수위기 고초봉정묘무진기사등

運 反無礙.
운 반무애

木이 당령(當令)하고 火가 봉생(逢生)하였다. 辰은 본래 습토(濕土)이니 능히 축수(蓄水)할 수 있다. 그러나 丙寅에게 극(剋)을 받아 비위(脾胃)가 손상(損傷)되었고 폐금(肺金)은 자연히 절(絶)되었으며 木이 많으면 水가 마르니 신수(腎水)도 역시 마르게 되었다.

庚운에 이르러서는 木이 왕(旺)한데 金이 결(缺)하니 金水가 함께 나타나도 木火가 金을 제멋대로 업신여기고 방자(放恣)하게 날뛰니 토혈(吐血)로 사망(死亡)하였다.

이 명조(命造)는 木火가 동심(同心)이니 마땅히 순응(順應)하고 거역(拒逆)해서는 아니 되니 오히려 壬水가 기신(忌神)이다. 그러므로 초년(初年)인 丁卯, 戊辰, 己巳 등의 운(運)에서는 오히려 장애(障碍)가 없었다.

評註

丙火 일주가 寅월에 태어나서 득시득령(得時得令)하였고 지지(地支)가 寅辰 합목(合木)이 되었는데 천간(天干)에 인비(印比)가 투출(透出)하였으니 신왕(身旺)하다. 희신(喜神)은 식재관(食財官)인 습토(濕土)와 金水이고 기신(忌神)은 인비(印比)인 木火이다.

원국(原局)에서 辰土는 습토(濕土)이지만 木火가 왕(旺)하여 비위(脾胃)가 손상(損傷)되었다. 시상(時上)의 壬水가 丙壬 충(冲)이 되었으니 신장(腎臟)에도 이상(異常)이 올 수가 있다. 폐금(肺金)은 보이지 않지만 유년(流年)이 들어올 때 화금상전(火金相戰)이 될 것이다.

丁卯 운에는 寅卯辰 목국(木局)을 이루고 丁壬 합목(合木)이 되었으니 辰土와 壬水가 모두 木火로 동화(同化)되었다. 비위(脾胃)와 신장(腎臟) 계통으로 고통(苦痛)을 겪었을 것이다. 戊辰 운에는 희신(喜神)인 土가 보충(補充)되었으니 건강(健康)이 좋아졌을 것이다.

己巳 운에는 甲己 합토(合土)가 되고 寅巳 형(刑)이 되니 사중경금(巳中庚金)이 손상(損傷)을 입으니 폐(肺)나 대장(大腸) 계통에 이상(異常)이 있을 수 있다. 庚午 운에는 丙庚 충(冲)하여 庚金이 손상(損傷)되었고 寅午 합화(合火)가 되었으니 희신(喜神)인 金水가 용신충발(用神冲拔)이 되어 사망(死亡)하게 된 것이다. 전조(前造)와 같이 폐암(肺癌)이 원인(原因)이다.

原文

忌神入五臟 而病凶
기신입오장　이병흉

기신(忌神)이 오장(五臟)에 들어가면 병(病)이 흉(凶)하다.

原註

柱中所忌之神 不制不化 不冲不散 隱伏深固 相剋五臟 則其病凶 忌木
주중소기지신　부제불화　불충불산　은복심고　상극오장　즉기병흉　기목

而入土則脾病 忌火而入金則肺病 忌土而入水則腎病 忌金而入木則肝
이입토즉비병　기화이입금즉폐병　기토이입수즉신병　기금이입목즉간

病 忌水而入火則心病.
병　기수이입화즉심병

又看虛實 如木入土 土旺者 則脾自有餘餘之病 發於四季月 土衰者 則
우간허실　여목입토　토왕자　즉비자유여여지병　발어사계월　토쇠자　즉

脾有 不足之病 發於春冬月 餘皆仿之.
비유　부족지병　발어춘동월　여개방지

주중(柱中)에서 기신(忌神)을 제(制)하거나 화(化)하지 않고 충(冲)하거나 산(散)하지 않으며 깊이 은복(隱伏)하여 오장(五臟)을 상극(相剋)하면 그 병(病)은 흉(凶)하다.

木을 꺼리는데 土에 들어가면 비장(脾臟)이 병(病)이 들고,

火를 꺼리는데 金이 들어가면 폐(肺)가 병(病)이 들고,

土를 꺼리는데 水에 들어가면 신장(腎臟)이 병(病)이 들고,

金을 꺼리는데 火에 들어가면 심장(心臟)이 병(病)이 든다.

또한 허실(虛實)을 살펴보아야 한다. 가령 木이 土에 들어갈 때 土가 왕(旺)하면 비위(脾胃)가 유여(有餘)하여 병(病)이 되니 사계(四季)월에 발생(發生)한다. 土가 쇠약(衰弱)하면 비위(脾胃)가 부족(不足)하여 병(病)이 생기니 춘동(春冬)에 발생(發生)한다. 나머지도 이와 같다.

任氏曰 忌神入五臟者 陰濁之氣 埋藏于地支也 陰濁深伏 難制難化 爲
임씨왈 기신입오장자 음탁지기 매장우지지야 음탁심복 난제난화 위

病最凶 如其爲喜 一世無災 如其爲忌 生平多病.
병최흉 여기위희 일세무재 여기위기 생평다병

土爲脾胃 脾喜緩 胃喜和 忌木而入土 則不和緩而病矣.
토위비위 비희완 위희화 기목이입토 즉불화완이병의

金爲大臟肺 肺宜收 大臟宜暢 忌火而入金 則肺氣上逆 大腸不暢而病矣.
금위대장폐 폐의수 대장의창 기화이입금 즉폐기상역 대장불창이병의

水爲膀胱腎 膀胱宜潤 腎宜堅 忌土而入水 則腎枯膀胱燥而病矣.
수위방광신 방광의윤 신의견 기토이입수 즉신고방광조이병의

木爲肝膽 肝宜條達 膽宜平 忌金而入木 則肝急而生火 膽寒而病矣.
목위간담 간의조달 담의평 기금이입목 즉간급이생화 담한이병의

火爲小腸心 心宜寬 小腸宜收 忌水而入火 則心不寬 小腸緩而病矣.
화위소장심 심의관 소장의수 기수이입화 즉심불관 소장완이병의

又要看有餘不足.
우요간유여부족

如土太旺 木不能入土 則脾胃自有餘之病 脾本忌濕 胃本忌寒 若土濕
여토태왕 목불능입토 즉비위자유여지병 비본기습 위본기한 약토습

而有餘 其病發于春冬 反忌火以燥之 土燥而有餘 其病發于夏秋 反忌
이유여 기병발우춘동 반기화이조지 토조이유여 기병발우하추 반기

水以潤之.
수이윤지

如土虛 弱木不足以疎土 若土濕而不足 其病發于夏秋 土燥而不足 其
여토허 약목부족이소토 약토습이부족 기병발우하추 토조이부족 기

病發 于冬春 蓋虛濕之土 遇夏秋之燥 虛燥之土 逢春冬之濕 使木託根
병발 우동춘 개허습지토 우하추지조 허조지토 봉춘동지습 사목탁근

而愈茂 土受其剋而愈虛 若虛濕之土 再逢虛濕之時 虛燥之土 再逢虛
이유무 토수기극이유허 약허습지토 재봉허습지시 허조지토 재봉허

燥之時 木必虛浮 不能盤根 土反不畏其剋也 餘倣此.
조지시 목필허부 불능반근 토반불외기극야 여방차

임씨(任氏)가 말하길, 기신(忌神)이 오장(五臟)에 들어간다는 것은 음탁지기(陰濁之氣)가 지지(地支)에 매장(埋藏)되어 있다는 것이다. 음탁(陰濁)이 깊게 잠복(潛伏)하면 제화하기 어려우니 병(病)이 가장 흉하다. 가령 깊게 잠복(潛伏)한 것이 희신(喜神)이면 일생 동안 재앙(災殃)이 없으나 만약 기신(忌神)이면 평생 병(病)이 많다.

土는 비장(脾臟)과 위(胃)이다.

비장(脾臟)은 느슨함을 좋아하고 위(胃)는 화평(和平)함을 좋아하는데 기신(忌神)인 木이 土에 들어가면 화완(和緩)하지 않으니 병(病)이 된다.

金은 대장(大腸)과 폐(肺)이다.

폐(肺)는 거두어들이는 것이 마땅하며 대장(大腸)은 막힘 없이 통(通)하는 것이 마땅한데 기신(忌神)인 火가 金에 들어가면 폐기(肺氣)가 위로 거스르고 대장(大腸)은 아래로 통(通)하지 않으니 병(病)이 된다.

水는 방광(膀胱)과 신장(腎臟)이다.

방광(膀胱)은 축축하여야 마땅하고 신장(腎臟)은 단단하여야 마땅한데 기신(忌神)인 土가 水에 들어가면 신장(腎臟)은 마르고 방광(膀胱)은 건조하여 병이 된다.

木은 간(肝)과 담(膽)이다.

간(肝)은 사방(四方)으로 통(通)하여야 마땅하고 담(膽)은 태평(太平)하여야 마땅한데 기신(忌神)인 金이 木에 들어가면 간(肝)은 급(急)하여 火를 생(生)하고 담(膽)은 차가워서 병(病)이 된다.

火는 소장(小腸)과 심장(心臟)이다.

심장(心臟)은 느긋하여야 마땅하고 소장(小腸)은 오므라들어야 마땅한데 기신(忌神)인 水가 火에 들어가면 심장(心臟)이 느긋하지 않고 소장(小腸)은 느슨하여 병(病)

이 된다. 또한 반드시 유여(有餘)와 부족(不足)을 살펴야 한다. 가령 土가 태왕(太旺)한데 木이 土에 들어가지 못하면 비위(脾胃)는 유여(有餘)하여 병(病)이 된다.

비장(脾臟)은 본래 습(濕)을 꺼리고 위(胃)는 본래 한(寒)을 꺼리는데 만약 土가 습(濕)하고 유여(有餘)하면 봄과 겨울에 병(病)이 발생(發生)하니 火로 건조(乾燥)하게 하는 것을 꺼린다. 土가 조(燥)하고 유여(有餘)하면 여름과 가을에 발생하니 오히려 水로 윤택(潤澤)하게 하는 것을 꺼린다. 가령 土가 허(虛)하면 약목(弱木)이라도 소토(疎土)할 수 있지만 土가 습(濕)하고 부족(不足)하면 겨울과 봄에 병(病)이 발생(發生)한다.

허습지토(虛濕之土)가 여름과 가을의 건조(乾燥)함을 만나거나 허조지토(虛燥之土)가 봄과 겨울의 습(濕)함을 만나거나 허조지토(虛燥之土)가 봄과 겨울의 습(濕)함을 만나면 木은 뿌리를 내리고 더욱 무성하게 되고 土는 극(剋)을 받고 더욱 허(虛)하게 된다. 만약 허습지토(虛濕之土)가 다시 허습지시(虛濕之時)를 만나거나 허조지토(虛燥之土)가 다시 허습지시(虛濕之時)를 만나면 木은 반드시 허부(虛浮)하여 뿌리를 내릴 수 없으니 土는 극(剋)을 두려워하지 않는다.

評註

기신(忌神)이 오장(五臟)으로 들어오면 병(病)이 들고 흉(凶)한 것이다.

기신(忌神)인 木이 土를 극(剋)하며 비장(脾臟)과 위장(胃腸)이 상(傷)하면 위장병(胃腸病)을 앓을 것이며, 기신(忌神)인 火가 金를 극(剋)하면 폐(肺)와 대장(大腸)에 병(病)이 들고, 기신(忌神)인 土가 水를 극(剋)하면 간(肝)과 담(膽)에 병(病)이 들고, 기신(忌神)인 水가 火를 극(剋)하면 심장(心臟)과 소장(小腸)에 병(病)이 든다. 또한 허실(虛實)을 잘 살펴서 판단(判斷)하여야 한다.

만약 木이 土를 만날 때 土가 왕(旺)하면 위장병(胃腸病)이 사계(四季)월에 발생(發生)하고 土가 쇠약(衰弱)하면 봄이나 겨울에 목기(木氣)가 강(强)할 때 발생(發生)한다.

```
乙 丙 己 庚
未 子 丑 寅
```

```
丙乙甲癸壬辛庚
申未午巳寅卯寅
```

丙火生于季冬 坐下子水 火虛無焰 用神在木 木本凋枯 雖處兩陽 萌芽
병화생우계동 좌하자수 화허무염 용신재목 목본조고 수처양양 맹아

未動 庚透臨絶 爲病甚淺 所嫌者月支丑土 使庚金通根 丑內藏辛 正忌
미동 경투임절 위병심천 소혐자월지축토 사경금통근 축내장신 정기

神深入五臟 又己土乃庚金嫡母 晦火生金 足以破寅 子水爲腎 丑合之
신심입오장 우기토내경금적모 회화생금 족이파인 자수위신 축합지

不 能生木 化土反能助金 丑土之爲病 不但生金 抑且移累於水 是以病
불 능생목 화토반능조금 축토지위병 부단생금 억차이누어수 시이병

患 肝腎 兩虧 至卯運能破丑土 名列宮牆 乙運庚合 巳丑拱金 虛損之
환 간신 양휴 지묘운능파축토 명열궁장 을운경합 사축공금 허손지

症 不治而亡.
증 불치이망

丙火가 계동(季冬)에 생(生)하고 좌하(坐下)에 子水가 있어서 火가 허(虛)하고 무염
(無焰)하다. 용신(用神)은 木에 있으나 木은 본래(本來) 조고(凋枯)하다. 비록 丑월이라
맹아(萌芽)76가 아직 동(動)하지 않고 있는데 庚金이 투출(透出)하여 절지(絶地)에 앉
아 있으니 병(病)은 심히 얕다.

꺼리는 것은 월지(月支)의 丑土인데 庚金이 통근(通根)하고 축중신금(丑中辛金)이
암장(暗藏)되어 있으니 바로 기신(忌神)이 오장(五臟)에 깊게 들어간 것이다. 또한 丑
土는 庚金의 적모(嫡母)인데 회화생금(晦火生金)하여 능히 寅木을 파(破)할 수 있다.

---

76 맹아(萌芽): 어린 싹, 썩 이름.

子水는 신장(腎臟)이 되는데 丑土가 합(合)하여 생목(生木)할 수 없고 土로 화(化)하여 생금(生金)한다.

丑土의 병(病)은 생금(生金)하는 것만이 아니고 水에게 이동(移動)하여 누(累)를 끼치게 되니 이것이 병환(病患)으로 간(肝)과 신장(腎臟)이 모두 손상(損傷)되었다. 卯운에 이르러서는 능히 丑土를 파(破)할 수 있으니 이름이 궁장(宮牆)에 들어갔다. 乙운에 乙庚 합(合)하고 巳운에 巳丑 공금(拱金)하니 허손증(虛損症)77으로 사망하였다.

丙火 일주가 丑月에 태어나서 한랭(寒冷)하니 실시실령(失時失令)하였고 조후(調候)로 火가 필요(必要)하다. 지지(地支)에서 子丑 합토(合土)가 되어 있는데 월간(月干)에 己土가 투출(透出)하였으니 식상태왕(食傷太旺)하다. 그러므로 제살태과격(制殺太過格)이 되었으니 희신(喜神)은 인비관(印比官)인 木火水이고 기신(忌神)은 식재(食財)인 土金인데 운행(運行)이 동남지지(東南之地)인 木火로 행(行)하니 아름답다.

원국(原局)에서 乙木은 간(肝)인데 개두(蓋頭)되었고 寅木도 역시 개두(蓋頭)되어 있는데 토다목절(土多木折)이 되었으니 간(肝)에 병(病)이 발생(發生)한 것이고 子水는 신장(腎臟)인데 子丑 합토(合土)가 되었으니 토다수축(土多水縮)이 되어 신장(腎臟)에 병(病)이 발생하게 된 것이다.

任註

壬 辛 辛 丁
辰 未 亥 亥

甲 乙 丙 丁 戊 己 庚
辰 巳 午 未 申 酉 戌

---

77 허손증(虛損症): 정기(精氣)와 기혈(氣血)이 허(虛)해진 병증(病症).

辛金生于孟冬 丁火剋去比肩 日主孤立無助 傷官透而當令竊去命主
신금생우맹동　　정화극거비견　　일주고립무조　　상관투이당령절거명주

元神 用神在土不在火也 未屬木之庫根 辰乃木之餘氣 皆藏乙木之忌
원신　　용신재토부재화야　　미위목지고근　　진내목지여기　　개장을목지기

年月兩亥 又時木之生地 亥未拱木 此忌神入五臟歸六腑 由此論之 謂
년월양해　　우시목지생지　　해미공목　　차기신입오장귀육부　　유차론지　위

脾 虛腎泄 其病患頭眩遺洩 又更盛於胃腕痛 無十日之安 至己酉運 日
비　허신설　　기병환두현유설　　우경성어위완통　　무십일지안　　지기유운　일

主 逢祿 采芹得子 戊運剋去壬水補廩 申運壬水逢生 病勢愈重 丁運日
주　봉록　채근득자　　무운극거임수보름　　신운임수봉생　　병세유중　정운일

主受 傷而卒. 觀右兩造其病症與八字五行之理 顯然應驗 果能深心細
주수　상이졸.　　관우양조기병증여팔자오행지리　　현연응험　　과능심심세

究 其壽夭 窮通 豈不能豫定乎.
구　기수요　궁통　　기불능예정호

辛金이 맹동(孟冬)에 생(生)하여 丁火가 비견(比肩)을 극(剋)하니 일주(日主)는 고립(孤立)되고 생조(生助)가 없다.

상관(傷官)이 투출(透出)하고 당령(當令)하여 명주(命主)의 원신(元神)을 설(洩)하니 용신(用神)은 土에 있고 火에 있지 않다. 未土는 木의 고근(庫根)이고 辰土는 木의 여기(餘氣)이니 모두 기신(忌神)인 乙木을 간직하고 있다. 년월(年月)의 양해(兩亥)는 木의 생지(生地)이며 亥未가 목국(木局)을 이루었으니 이것은 기신(忌神)이 오장(五臟)으로 들어가 육부(六腑)로 돌아갔다.

이러한 이론(理論)으로 논(論)하면 비장(脾臟)은 허(虛)하고 신장(腎臟)은 설기(洩氣)되었다고 말한다. 병환(病患)은 두현(頭顯)[78]과 유설(遺泄)[79]이었다. 또는 위완통(胃腕通)이 더욱 심하여 열흘도 편안(便安)함이 없었다.

己酉운에 이르러 일주(日主)가 녹(祿)을 만나니 채근(采芹)하였고 득자(得子)하였

---

78 두현(頭顯): 어질어질한 현기증(眩氣症).

79 유설(遺泄): 무의식(無意識) 중에 저절로 배설(排泄)되는 병(病).

다. 戊운에는 壬水를 극거(尅去)하니 보름(補廩)[80]에 들었으며 申운에는 壬水가 봉생(逢生)하니 병세(病勢)가 더욱 중(重)하다가 丁운에는 일주(日主)가 손상(損傷)되어 사망하였다.

두 명조(命造)를 관찰(觀察)하면 병(病)은 팔자(八字)와 오행(五行)의 이치(理致)에 있는 것으로 증험(證驗)이 확실(確實)하다. 마음을 다하여 세밀(細密)히 연구(研究)하면 수요(壽夭)의 궁통(窮通)을 어찌 예측함이 불가능(不可能)하겠는가?

評註

辛金 일주가 亥월에 태어나서 상관(傷官)으로 실령(失令)하였고 한랭(寒冷)하니 조후(調候)로 火가 필요하다. 지지(地支)에 亥亥 합수(合水)가 있고 시간(時干)에 壬水가 투출(透出)하였으니 식상(食傷)이 태왕(太旺)하여 제살태과격(制殺太過格)이 되었다. 희신(喜神)은 인비관(印比官)인 土金水이고 기신(忌神)은 식재(食財)인 水木이다.

운행(運行)이 초년(初年)운은 土金이 희신(喜神)이므로 채근(采芹)하였고 득자(得子)하였으며 보름(補廩)에 선발(選拔)되었다. 申운은 원국(原局)의 辰土와 申辰 공합(拱合)으로 수국(水局)이 되었으니 희신(喜神)이 기신(忌神)으로 변(變)하였다. 丁未 운은 丁壬 합목(合木)으로 역시 丁火가 희신(喜神)인데 기신(忌神)이 되었으며 未土도 목국(木局)으로 변(變)하였다.

질병(疾病)으로 논(論)한다면 丁火가 절각(截脚)되었고 원격(遠隔)이지만 丁壬 합거(合去)하니 丁火에 해당하는 심장(心臟)으로 인한 병환이거나, 원국(原局)에서 두현(頭顯)이 있었던 것으로 보아 뇌졸중(腦卒中)으로 사망하였을 것이다.

原文

客神遊六經 而災小
객신유육경　이재소

80　보름(補廩): 시험(試驗)에 합격하여 장학금을 받음.

객신(客神)이 육경(六經)[81]에서 노닐면 병(病)이 적다.

原註

客神比忌神爲輕 不能埋沒 遊行六道 則必有災.
객신비기신위경   불능매몰   유행육도   즉필유재

如木遊於土之地 而胃災 火遊於金之地而大腸災 土行水地 膀胱災 金
여목유어토지지   이위재   화유어금지지이대장재   토행수지   방광재   금

行 木地膽災 水行火地小腸災.
행 목지담재   수행화지소장재

객신(客神)은 기신(忌神)에 비하여 경(輕)하나 매몰(埋沒)할 수 없고 육도(六道)에서 떠돌아다니면 반드시 병(病)이 있다.

木이 토지(土地)에서 노닐면 위(胃)가 병(病) 들고,

火가 금지(金地)에서 노닐면 대장(大腸)이 병(病)들며,

土가 수지(水地)에서 노닐면 방광(膀胱)이 병(病)들고,

金이 목지(木地)에서 노닐면 담(膽)이 병(病)들며,

水가 화지(火地)에서 노닐면 소장(小腸)이 병(病)든다.

任註

任氏曰 客神遊六經者 陽虛之氣 浮于天干也 陽而虛露 易制易化 爲
임씨왈   객신유육경자   양허지기   부우천간야   양이허로   이제이화   위

災必小 猶病之在表 外感易于發散 不至大患 故災小也.
재필소   유병지재표   외감이우발산   부지대환   고재소야

究其病源 仍從五行陰陽 以分臟腑 而五臟論法 亦勿以天干爲客神論
구기병원   잉종오행음양   이분장부   이오장론법   역물이천간위객신논

---

81 육경(六經): 육부(六腑). 대장(大腸), 소장(小腸), 위(胃), 담(膽), 방광(膀胱), 삼초(三焦)를 가리킴.

虛 地支爲忌神論實 必須究其虛中有實 實處反虛之理 其災祥了然有
허   지지위기신론실   필수구기허중유실   실처반허지리   기재상료연유

驗矣.
험의

임씨(任氏)가 말하길, 객신(客神)이 육경(六經)을 돌아다닌다는 것은 양(陽)의 허(虛)한 기(氣)가 천간(天干)에 뜨는 것을 말한다. 양(陽)이 허(虛)하여 천간(天干)에 나타나면 쉽게 제화(制化)되니 재앙(災殃)이 필히 적다.

병원(病源)을 고찰(考察)하는 데 오행(五行)과 음양(陰陽)의 이론(理論)에 따라 장부(臟腑)를 구분(區分)하고 오장(五臟)[82]을 논(論)하는 법(法)이다.

또한 천간(天干)을 객신(客神)이라 허(虛)하다고 논(論)하지 말고 지지(地支)는 기신(忌神)이니 실(實)하다고 논(論)하지 말아야 한다. 모름지기 허(虛)한 가운데 실(實)하고 실(實)한 가운데 허(虛)한 것이 있다는 이치(理致)를 알면 그 재상(災祥)을 분명(分明)하게 알 수 있다.

任註

```
丙 庚 甲 壬
戌 午 辰 辰
```

辛庚己戊丁丙乙
亥戌酉申未午巳

庚午日元 生于辰月戌時 春金殺旺 用神在土 月干甲木 本是客神 得兩
경오일원   생우진월술시   춘금살왕   용신재토   월간갑목   본시객신   득양

辰蓄水藏木 不但遊六經 而且入五臟 且年干壬甲相生 不剋丙火 初運
진축수장목   부단유육경   이차입오장   차년간임갑상생   불극병화   초운

---

82 오장(五臟): 간장(肝臟), 폐장(肺臟), 심장(心臟), 신장(腎臟), 비장(脾臟).

南方生土 所以脾胃無病 然熬水煉金 而患弱症 至戌申運 土金並旺 局
남방생토　소이비위무병　연오수련금　이환약증　지무신운　토금병왕　국

中 以木爲病 木主風 金能剋木 接連己酉庚戌三十載 發財十餘萬.
중　이목위병　목주풍　금능극목　접연기유경술삼십재　발재십여만

辛亥運 金不通根 木得長生 忽患風疾而卒.
신해운　금불통근　목득장생　홀환풍질이졸

　庚午 일원(日元)이 辰월 戌시에 생(生)하여 춘금(春金)이고 살(殺)이 왕(旺)하니 용신(用神)은 土에 있다. 월간(月干)의 甲木은 객신(客神)이나 양진(兩辰)에 축수장목(蓄水藏木)을 얻었으니 육경(六經)에서 돌아다닐 뿐만 아니라 오장(五臟)에까지 침입(侵入)하였다. 또다시 년월(年月)의 壬甲이 상생(相生)하여 丙火를 극(剋)하지 않는다.

　초운(初運)은 남방(南方)으로 생토(生土)하니 비위(脾胃)에는 병(病)이 없었으나 水를 말리고 金을 극(剋)하니 약증(弱症)에 시달렸다. 戌申 운에는 土金이 병왕(並旺)하니 원국(原局)에서 木이 병(病)이 된다. 木은 풍(風)을 주관하지만 金이 극목(剋木)하였다. 연이어 己酉 庚戌 30년 동안 십여만(十餘萬)의 재물(財物)을 일으켰다. 辛亥 운에는 金이 통근(通根)하지 못하고 木이 장생(長生)을 얻으니 풍질(風疾)로 사망하였다.

評註

　庚金 일주(日主)가 辰월에 태어나서 습토(濕土)이니 생조(生助)하고 있다. 지지(地支)의 午戌이 합화(合火)하고 丙火가 투출하였고 월간의 甲木으로부터도 생조(生助)하니 관살이 태왕(太旺)하다. 그러므로 식신제살격(食神制殺格)이 되어 희신(喜神)은 인비식(印比食)인 土金水이고 기신(忌神)은 재관(財官)인 木火이다.

　초년(初年)운인 남방화지(南方火地)에서는 庚金이 손상(損傷)을 입어 폐(肺)나 대장(大腸)에 약증(弱症)이 있었을 것이다. 중년(中年)운인 서방금지(西方金地)에서는 희신(喜神)이 土金이니 명리(名利)가 양전(兩全)하였다.

　辛亥 운에는 丙辛 합(合)으로 辛金이 합거(合去)되었고 亥水는 甲木이 장생(長生)을 얻었으니 기신(忌神)이 왕(旺)하여 병흉(病凶)하였다. 원국(原局)에서 풍질(風疾)로

사망(死亡)한 것으로 보아 뇌졸중(腦卒中)이나 심장(心臟)으로 인한 병(病)이 원인(原因)이 되었을 것이다.

주의(注意)해야 할 것은 庚金이 지지(地支)의 양(兩) 辰土에 생조(生助)를 얻어 신왕(身旺)한 것으로 보이나 甲木은 좌하(坐下)의 辰土에 乙木이 득근(得根)하였고, 壬水도 辰土의 癸水에 득근(得根)하니 壬水가 甲木을 생조(生助)하여 왕화(旺火)를 도와준 결과이니 신약(身弱)으로 보아야 한다는 점이다.

任註

```
庚 壬 戊 癸
戌 寅 午 丑
```

```
辛 壬 癸 甲 乙 丙 丁
亥 子 丑 寅 卯 辰 巳
```

壬寅日元 生于五月戌時 殺旺又逢財局 殺愈肆逞 所以客神不在午火
임인일원　생우오월술시　살왕우봉재국　살유사령　소이객신부재오화

反在寅木 助其火勢 客神又化忌神 戊癸化火 則金水相傷 運至乙卯 金
반재인목　조기화세　객신우화기신　무계화화　즉금수상상　운지을묘　금

水 臨絶 得肺腎兩虧之症 聾啞而嗽 於甲戌年正月 木火並旺而卒.
수　임절　득폐신양휴지증　롱아이수　어갑술년정월　목화병왕이졸

壬寅 일원(日元)이 午월 戌시에 생(生)하여 살(殺)이 왕(旺)한데 다시 재국(財局)을 만났으니 살(殺)이 더욱 방자(放恣)하게 날뛴다. 그러므로 객신(客神)은 午火에 있지 않고 오히려 寅木에 있어 화세(火勢)를 도와주고 있다.

객신(客神)이 기신(忌神)으로 화(化)하고 戊癸가 화화(化火)하니 金水가 손상(損傷)되었다. 乙卯 운에 이르러 金水가 임절(臨絶)하니 폐(肺)와 신장(腎臟)이 모두 휴손(虧損)되어 벙어리가 되었고 해수(咳嗽)가 있었다. 甲戌년 정월(正月)에 木火가 함께 왕(旺)하니 사망(死亡)하였다.

壬水 일주가 午월에 태어나서 실령(失令)하였고 지지(地支)가 寅午戌 삼합화국(三合火局)이 되었고 천간(天干)에 戊癸 합화(合火)하였으니 재다신약(財多身弱)이 되었다. 희신(喜神)은 인비(印比)인 金水이고 기신(忌神)은 식재관(食財官)인 木火土이다.

초년(初年)에는 동방지지(東方之地)인 寅卯辰 목국(木局)이니 희신(喜神)인 金水가 손상(損傷)하게 되었다. 乙卯 운에는 寅卯 합목(合木)하고 卯戌 합화(合火)하여 木火가 더욱 왕(旺)하여 金水가 임절(臨絶)하게 된 것이다. 그러므로 폐(肺)와 신장(腎臟)에 질병(疾病)이 생긴 것이다. 주의(注意)해야 할 것은 농아(聾啞)는 水에, 해수(咳嗽)는 폐(肺)에 해당(該當)한다.

任註

```
庚 丙 庚 乙
寅 子 辰 亥
```

```
癸甲乙丙丁戊己
酉戌亥子丑寅卯
```

丙子日元 生于季春 濕土司令 蓄水養木 用神在木 得亥之生 辰之餘
병자일원 생우계춘 습토사령 축수양목 용신재목 득해지생 진지여

寅之助 乙木雖與庚金合而不化 庚金浮露天干爲客神 不能深入臟腑而
인지조 을목수여경금합이불화 경금부로천간위객신 불능심입장부이

遊 六經也 水爲精 亥子兩見 辰又拱而蓄之 木爲氣 春令有餘 寅亥生
유 육경야 수위정 해자양견 진우공이축지 목위기 춘령유여 인해생

合 火爲神 時在五陽進氣 通根年月 貴貫生時 精氣神三者俱足 則邪氣
합 화위신 시재오양진기 통근년월 귀관생시 정기신삼자구족 즉사기

無從而入 行運又不背 一生無疾 名利裕如 惟土虛濕 又金以洩之 所以
무종이입 행운우불배 일생무질 명리유여 유토허습 우금이설지 소이

脾胃虛寒 不免泄瀉之病耳.
비위허한 불면설사지병이

丙火 일원(日元)이 계춘(季春)에 생(生)하여 습토(濕土)가 사령(司令)하니 축수양목(蓄水養木)하고 있다. 용신(用神)은 木에 있고 亥水의 생(生)을 얻고 辰土는 여기(餘氣)로 寅木을 방조(幇助)한다. 乙木이 비록 庚金과 합(合)하나 화(化)하지 아니하고 庚金은 천간(天干)에 부로(浮露)하여 객신(客神)이니 장부(臟腑)에 깊게 들어갈 수 없고 육경(六經)에서 노닐고 있다.

水는 정(精)인데 亥子가 함께 나타나고 辰土가 공(拱)하여 축장(蓄藏)하고 있으며 木은 기(氣)인데 춘령(春令)으로 유여(有餘)하고 寅亥가 생합(生合)하고 있고 火는 신(神)인데 오양(五陽)의 진기(進氣)에 있고, 년월(年月)에 통근(通根)하고 기(氣)가 생시(生時)에 있으니 정기신(精氣神)이 모두 넉넉하다.

즉 사기(邪氣)가 따라 돌아오지 못하고 행운(行運)이 배반(背反)하지 않으니 일생 질병(疾病)이 없었고 명리(名利)가 유여(有餘)하였다. 오직 土가 허습(虛濕)한데 金이 설기(洩氣)하니 비위(脾胃)가 허한(虛寒)하여 설사병을 면(免)할 수는 없었다.

評註

丙火 일주가 辰월에 태어나서 식신(食神)으로 실령(失令)하였고 지지(地支)가 子辰 합수(合水)하고 亥子 합수(合水)하니 관살(官殺)이 태왕(太旺)하여 식신제살격(食神制殺格)이 되었다. 희신(喜神)은 인비식(印比食)인 木火土이고 기신(忌神)은 재관(財官)인 金水인데 운행(運行)이 서북지지(西北之地)로 행(行)하니 불길(不吉)하다.

木은 인수(印綬)로 기(氣)인데 乙木이 투출(透出)하여 辰월이니 득령(得令)하였고 亥水와 寅木의 생조(生助)를 받으니 유여(有餘)하다.

火는 비겁(比劫)으로 신(神)인데 寅木이 오양(五陽)의 진기(進氣)이고 년간(年干)의 乙木에 생조(生助)를 받으니 유여(有餘)하다.

水는 관살(官殺)인 정(精)인데 亥子 합수(合水)하고 子辰 합수(合水)하니 희신(喜神)인 정기신(精氣神)이다.

주의(注意)해야 할 것은, 서주(徐註)에 의하면 기신입오장(忌神入五藏)이라는 것은 병(病)이 원국(原局)에 있다는 것이고 객신유육경(客神遊六經)이라는 것은 병(病)이 세운(歲運)에 있다는 것이다. 또한 병(病)이 세운(歲運)에 있으면 세운(歲運)이 바뀔 때 병(病)이 낫는다.

木不受水者 血病
목불수수자　혈병

木이 水를 받아들이지 못하면 혈병(血病)에 걸린다.

水東流而木逢冲 或虛脫 皆不受水也 必主血病 蓋肝屬木 納血 不納則病.
수동류이목봉충　혹허탈　개불수수야　필주혈병　개간속목　납혈　불납즉병

水가 동(東)으로 흐르는데 木이 충(冲)을 만나거나 혹은 허탈(虛脫)하면 모두가 水를 받아들이지 못하니 반드시 혈병(血病)에 걸린다. 간(肝)은 木에 속하고 혈(血)을 받아들이는 장부인데 혈(血)을 받아들이지 못하면 병(病)에 걸린다.

任氏曰 春木不受水者 喜火之發榮也 冬木不受水者 喜火之解凍也 夏
임씨왈　춘목불수수자　희화지발영야　동목불수수자　희화지해동야　하

木之有根而受水者 去火之烈 潤地之燥也 秋木得地而受水者 洩金之
목지유근이수수자　거화지열　윤지지조야　추목득지이수수자　설금지

銳 化殺之頑也.
예　화살지완야

春冬生旺之木 要其衰而受水 夏秋休囚之木 要其旺而受水 反此則不
춘동생왕지목　요기쇠이수수　하추휴수지목　요기왕이수수　반차즉불

受 不受則血不流行 故致血病矣.
수　불수즉혈불류행　고치혈병의

임씨(任氏)가 말하길, 춘목(春木)이 水를 받아들이지 않는 것은 火의 발영(發榮)을 기뻐하기 때문이고 동목(冬木)이 水를 받아들이지 않는 것은 火의 해동(解凍)을 기뻐하기 때문이다.

하목(夏木)이 유근(有根)인데 水를 받아들이는 것은 火의 열기(熱氣)를 제거(除去)하고 土의 조열(燥烈)함을 윤택(潤澤)하게 하기 때문이다.

추목(秋木)이 득지(得地)인데 水를 받아들이는 것은 金의 예리(銳利)함을 설(洩)하고 살(殺)의 완강함을 인화(引化)하기 때문이다.

춘동(春冬)의 생왕(生旺)한 木은 쇠약(衰弱)하여야 水를 받아들이고 하추(夏秋)의 휴수(休囚)한 木은 왕(旺)하여 水를 받아들인다. 이와 반대(反對)면 水를 받아들이지 못하고 혈(血)이 유행하지 못하니 혈병(血病)에 이르게 된다.

任註

```
己 乙 丁 丁
卯 亥 未 亥
```

```
庚辛壬癸甲乙丙
子丑寅卯辰巳午
```

乙木生於未月	休囚之位	年月兩透丁火	洩氣太過	最喜時祿通根	則受
을목생어미월	휴수지위	년월양투정화	설기태과	최희시록통근	즉수
亥水之生	潤其燥烈之土	更妙會局幫身	通輝之象	至甲辰運	虎榜居首
해수지생	윤기조열지토	경묘회국방신	통휘지상	지갑진운	호방거수
科甲連登	格取食神用印也.				
과갑련등	격취식신용인야				

乙木이 未月에 생(生)하여 휴수(休囚)의 자리인데 년월(年月)에 丁火가 양득(兩得)하였으니 설기(洩氣)가 태과(太過)하다. 가장 기쁜 것은 시지(時支)에 녹(祿)이 있고 亥水의 생(生)를 받아 조열(燥烈)한 土를 윤택(潤澤)하게 한다. 더욱 묘(妙)한 것은 회국

(會局)을 이루어 방신(幇身)하니 통휘지상(通輝之象)[83]이다. 甲辰운에 이르러 호방(虎榜)에서 장원급제(壯元及第)하였고 과갑(科甲)에 연이어 오르니 식신용인격(食神用印格)이다.

乙木 일주가 未월에 태어나서 실령(失令)하였지만 지지(地支)가 亥卯未로 회국(會局)이 되었으니 종왕격(從旺格)이 되었다. 희신(喜神)은 인비식(印比食)인 水木火이고 기신(忌神)은 재관(財官)인 土金이다.

운행(運行)이 동남지지(東南之地)인 木火로 행(行)하니 아름다운데 甲辰운에는 辰土가 卯辰 합목(合木)이 되어 甲木을 방조(幇助)하니 희신(喜神)이 왕(旺)하다. 그러므로 전시(殿試)에서 장원급제(壯元及第)하고 과갑연등(科甲連登)하게 된 것이다.

원국(原局)에서 식신용인격(食神用印格)이라고 하는 것으로 보아 종격(從格)으로 곡직격(曲直格)이 틀림없다.

丁	乙	乙	丙
亥	巳	未	戌

壬辛庚己戊丁丙
寅丑子亥戌酉申

乙木生於未月　干透丙丁　通根巳戌　發洩太過　不受水生　反以亥水爲病
을목생어미월　간투병정　통근사술　발설태과　불수수생　반이해수위병

格成順局從兒　初交丙申丁酉　得丙丁蓋頭　平順之境　戊戌運　剋盡亥水
격성순국종아　초교병신정유　득병정개두　평순지경　무술운　극진해수

83　통휘지상(通輝之象): 막힘 없이 통하여 빛나는 상으로 '목화통명(木火通明)'을 의미한다.

名利兩得 至己亥水地 病患臌脹 只因四柱火旺 又逢燥土 水無所歸 故
명리양득　지기해수지　병환고창　지인사주화왕　우봉조토　수무소귀　고

得 此病而亡.
득　차병이망

乙木이 未月에 생(生)하였고 천간에 투출한 丙丁이 巳戌에 통근하였으니 발설
(發洩)이 태과하여 水의 생(生)을 받아들이지 못하고 오히려 亥水가 병(病)이 되었
다. 격(格)은 순수하게 종아격(從兒格)이다.

초운인 丙申 丁酉에는 丙丁이 개두하였으니 평순(平順)하였으며 戊戌 운에는 亥
水를 극진하니 명리양전 하였다. 己亥운에는 수지(水地)이니 고창병(臌脹病)[84]이 생
겼다. 사주에 火가 왕(旺)한데 또다시 조토를 만난 것으로 水가 들어갈 곳이 없으
니 이 병(病)을 얻어 사망하였다.

評註

乙木이 未月에 태어나서 지지가 巳未 합화(合火)가 되어 있는데 천간에 丙丁火
가 투출하였으니 식상(食傷)이 태왕하여 제살태과격으로 보아 亥水를 용신(用神)이
라고 할 수 있다. 그러나 亥水는 절각되어 있는데 巳亥 충(沖)을 하니 亥水가 충발
되었다. 그러므로 아우생아종재격(兒又生兒從財格)이 되었으니 희신(喜神)은 비식재
(比食財)인 木火土이고 기신(忌神)은 관인(官印)인 金水이다.

乙木이 未月에 태어나서 지지(地支)가 巳未 합화(合火)가 되어 있는데 천간(天干)
에 丙丁火가 투출하였으니 식상(食傷)이 태왕(太旺)하여 제살태과격(制殺太過格)으로
보아 亥水를 용신(用神)이라고 할 수 있다. 그러나 亥水는 절각(截脚)되어 있는데 巳
亥 충(沖)을 하니 亥水가 충발(沖拔)되었다. 그러므로 신장(腎臟)이나 비장(脾臟)에 병
(病)이 발생하였을 것이다.

---

84 고창병(臌脹病): 소화액(消化液)의 이상으로 뱃속에 가스가 몰리어 배가 팽팽하게 붓는 병(病).

原文

土不受火者 氣傷
토불수화자　기상

土가 火를 받아들이지 못하는 것은 기(氣)가 상(傷)한다.

原註

土逢冲而虛脫 則不受火 必主氣病 蓋脾屬土而容火 不容則病矣.
토봉충이허탈　즉불수화　필주기병　개비속토이용화　불용즉병의

土가 봉충(逢冲)하여 허탈(虛脫)하면 火를 받아들이지 못하니 반드시 기병(氣病)에 걸린다. 비위(脾胃)는 土에 속하고 火를 받아들이는 까닭인데 받아들이지 못하면 병(病)이 된다.

任註

任氏曰 燥實之土不受火者 喜水之潤也 虛濕之土不受火者 忌水之 尅
임씨왈　조실지토불수화자　희수지윤야　허습지토불수화자　기수지　극

也 冬土有根而受火者 解天之凍 去地之濕也 秋土得地而受火者 制金
야　동토유근이수화자　해천지동　거지지습야　추토득지이수화자　제금

之有餘 補土之洩氣也.
지유여　보토지설기야

過燥則地不潤 過濕則天不和 是以火不受 木不容 過燥必氣虧 過濕必
과조즉지불윤　과습즉천불화　시이화불수　목불용　과조필기휴　과습필

脾虛 不受則病矣.
비허　불수즉병의

임씨(任氏)가 말하길, 조실(燥實)한 土가 火를 받아들이지 않는 것은 水의 윤택(潤澤)함을 기뻐하기 때문이다. 허습(虛濕)한 土가 火를 받아들이지 않는 것은 水의 극

제를 꺼리는 것이기 때문이다. 동토(冬土)가 유근(有根)하여 火를 받아들이는 것은 하늘의 얼어붙음을 녹이고 땅의 습(濕)함을 제거(除去)하기 때문이다. 추토(秋土)가 득지(得地)하여 火를 받아들이는 것은 金의 유여(有餘)를 제거(除去)하고 土의 설기(洩氣)를 보충(補充)하기 때문이다.

지나치게 건조(乾燥)하면 땅은 윤택(潤澤)하지 않고, 지나치게 한습(寒濕)하면 하늘은 온화(穩和)하지 않으니, 火를 받아들이지 못하고 木을 용납(容納)하지 않는다. 그러므로 지나치게 건조(乾燥)하면 반드시 기(氣)가 일그러지고 지나치게 한습(寒濕)하면 반드시 비장(脾臟)이 허탈(虛脫)하여 병(病)이 된다.

任註

```
己 戊 辛 己
未 戌 未 巳
```

```
甲乙丙丁戊己庚
子丑寅卯辰巳午
```

戊土生於未月　重疊厚土　喜其天干無火　辛金透出　謂裏發于表　其精華
무토생어미월　중첩후토　희기천간무화　신금투출　위리발우표　기정화

皆在辛金　運走己巳戊辰　生金有情　名利裕如　丁卯運辛金受傷　地支火
개재신금　운주기사무진　생금유정　명리유여　정묘운신금수상　지지화

土並旺　不能疏土　反從火勢　則土愈旺　辛屬肺　肺受傷　血脈不能流通
토병왕　불능소토　반종화세　즉토유왕　신속폐　폐수상　혈맥불능유통

病患氣血兩虧而亡.
병환기혈양휴이망

戊土와 未月에 생(生)하였고 후중(厚重)한 土가 중첩(重疊)되었으나 기쁜 것은 천간(天干)에 火가 없고 辛金이 투출(透出)하였으니 "안이 밖으로 표출(表出)되었다"라는 것으로 그 정화(精華)는 모두 辛金에 있다. 운(運)이 己巳 戊辰으로 행(行)하여 생금(生金)하니 유정(有情)하여 명리유여(名利有如)하였다.

丁卯 운에는 辛金이 손상(損傷)되었고 지지(地支)가 火土로 병왕(並旺)하니 土를 소통(疏通)시킬 수 없으니 오히려 화세(火勢)에 따라가니 土가 더욱 왕(旺)하다. 辛金은 폐(肺)에 속하니 폐(肺)가 손상(損傷)당하여 혈맥(血脈)이 유통(流通)할 수 없으니 기혈(氣血)이 모두 허(虛)하여 사망(死亡)하였다.

戊土 일주가 未월에 태어나서 득령(得令)하였고 지지(地支)가 모두 土로 되었으며 천간(天干)에 두 개의 己土가 투출(透出)하였으니 종왕격(從旺格)이 되었다. 희신(喜神)은 인비식(印比食)인 火土金이고 기신(忌神)은 재관(財官)인 水木이다. 辛金이 희신(喜神)이지만 토다금매(土多金埋)가 되었으니 오히려 기신(忌神)이 되었다.

己巳 戊辰 운은 희신(喜神)이 되어 명리(名利)가 양전(兩全)하였고, 丁卯 운은 卯未 합목(合木)이 되어 있는데 묘중을목(卯中乙木)이 辛金을 乙辛 충(冲)으로 손상(損傷)시켰으니 폐(肺) 때문에 사망(死亡)하게 된 것이다.

```
壬 己 己 庚
申 亥 丑 辰
```

```
丙乙甲癸壬辛庚
申未午巳辰卯寅
```

己亥日元 生于丑月 虛濕之地 辰丑蓄水藏金 庚壬透而通根 只得任 其
기해일원　생우축월　허습지지　진축축수장금　경임투이통근　지득임　기

虛濕之氣 反以水爲用而從財也 初運庚寅辛卯 天干逢金生水 地支遇
허습지기　반이수위용이종재야　초운경인신묘　천간봉금생수　지지우

木剋土 蔭庇有餘 壬辰癸巳 不但財業日增 抑且名利宮牆 巳運剋妻破
목극토　음비유여　임진계사　부단재업일증　억차명리궁장　사운극처파

材 此造四柱無火 得申時壬水逢生 格成假從財 故遺業豊厚 讀書入學
재　차조사주무화　득신시임수봉생　격성가종재　고유업풍후　독서입학

妻子兩全 若一見火 爲財多身弱 一事無成 至甲午運 木無根而從火 己
처자양전　약일견화　위재다신약　일사무성　지갑오운　목무근이종화　기

巳年火土並旺 無血必傷 病患腸胃血症而亡.
사년화토병왕　무혈필상　병환장위혈증이망

己亥 일원(日元)이 丑월에 생(生)하여 허습(虛濕)하다. 辰丑이 金水를 축장(蓄藏)하고 庚壬이 투출(透出)하여 통근(通根)하였으니 오히려 허습지기(虛濕之氣)만 얻어 水를 용신(用神)으로 하는 종재(從財)이다.

초년(初年)인 庚寅, 辛卯 운은 金을 만나 생수(生水)하고 지지(地支)에서 木을 만나 극토(剋土)하니 음비(蔭庇)가 유여(有餘)하였다. 壬辰癸 운은 재업(財業)이 나날이 증가(增加)하였을 뿐만 아니라 과거(科擧)에 합격(合格)하여 벼슬도 하였는데, 巳운에서는 극처파재(剋妻破財)하였다.

이 명조(命造)는 사주(四柱)에 火가 없고 시지(時支)의 申金이 壬水를 생조(生助)하니 가종재(假從財)를 이루었다. 그러므로 유업(遺業)이 풍부(豊富)하였고 독서하여 입학(入學)하였으며 처자(妻子)가 양전(兩全)하였다. 만약 하나라도 火가 나타나면 재다신약(財多身弱)이 되어 일사무성(一事無成)하였을 것이다.

甲午 운에 이르러 木이 무근(無根)하니 火를 따라가는데 己巳년에 火土가 병왕(並旺)하여 기혈(氣血)이 들어 상(傷)하게 되니 위장(胃腸)에 혈증(血症)이 들어 사망(死亡)하였다.

評註

己土 일주가 丑월에 태어나서 득령(得令)하였는데 지지(地支)가 丑辰이 습토(濕土)이고 金水가 왕(旺)하니 허습지지(虛濕之地)가 되었다. 천간(天干)에 金水가 투출(透出)하였으니 아우생아종재격(兒又生兒從財格)이 되었다. 희신(喜神)은 식재관(食財官)인 金水木이고 기신(忌神)은 인비(印比)인 火土이다.

운행(運行)이 초년(初年)인 동방지지(東方之地)인 寅卯辰 운에서는 대길(大吉)하였고 남방지지(南方之地)인 巳午未 운에서는 불길(不吉)하였다. 庚寅, 辛卯 운은 庚辛金이 생수(生水)하고 寅卯木이 극토(剋土)하니 유업(遺業)이 풍후(豊厚)하였고, 壬辰, 癸운은 壬癸水와 申辰 공합(拱合)이 되어 水가 되었으니 부귀겸전(富貴兼全)하였으나, 巳 운에는 巳亥 상충(相沖)되어 극처파재(剋妻破財)하게 된 것이다.

甲午 운은 상하유정(上下有情)으로 火가 왕(旺)하게 되었는데 己巳 년이 들어오면서 火土가 병왕(並旺)하니 원국(原局)이 더욱 화염토조(火焰土燥)가 되어 위장(胃腸)에 병(病)을 얻어 사망(死亡)하였다.

金水傷官 寒則冷嗽 熱則痰火 火土印綬 熱則風談 燥則皮癢 論痰多
금수상관　한즉냉수　열즉담화　화토인수　열즉풍담　조즉피양　론담다

木火 生毒鬱火金 金水枯傷 而腎經虛 水木相勝 而脾胃泄.
목화　생독울화금　금수고상　이신경허　수목상승　이비위설

금수상관(金水傷官)은 한(寒)하면 냉수(冷嗽)가 걸리고 열(熱)하면 담화(痰火)가 생긴다. 火土 인수(印綬)는 열(熱)하면 풍담(風談)이 있고 건조(乾燥)하면 피양(皮癢)에 걸린다.

담(痰)을 논(論)하는 것은 木火가 많은 것이고 독(獨)이 생기는 것은 火金이 막혀서 통(通)하지 않은 것이다. 金水가 고상(枯傷)하면 신경(腎經)이 허(虛)하고 水木이 지나치면 비위(脾胃)가 설(泄)하게 된다.

原註

凡此皆五行不和之病 而知其病 知其人 則可以斷其吉凶.
범차개오행불화지병　이지기병　지기인　즉가이단기길흉

如木之病何如 又看木是日主之何神 若木是財而能發土病 則斷其財之
여목지병하여　우간목시일주지하신　약목시재이능발토병　즉단기재지

衰旺　妻之美惡　父之興衰　亦不必顯驗　然有可應　而六親與事體又不相
쇠왕　처지미악　부지흥쇠　역불필현험　연유가응　이육친여사체우불상

符者　殆以　病而免其咎者也.
부자　태이　병이면기구자야

　　무릇 이런 병(病)들은 모두 오행(五行)이 불화(不和)하여 생기는 병(病)이니 그 병(病)을 알면 그 사람을 알고 그 길흉(吉凶)을 판단할 수 있다. 가령 木의 병(病)이 어떠한가를 알려면 木의 일주가 어떠한 신(神)인가를 알아야 한다.

　　만약 木이 재(財)인데 土의 병(病)이 발생(發生)하였다면 그 재(財)의 쇠왕(衰旺)과 처(妻)의 미악(美惡)과 부(父)의 흥쇠(興衰)를 판단할 수 있는 것이다. 반드시 증험(證驗)하는 것은 아니지만 응험(應驗)하는 경우가 있다. 육친(六親)과 사체(事體)가 서로 부합(符合)하지 않으면 대부분이 병(病)으로 그 재앙(災殃)을 면(免)하게 되는 것이다.

任註

任氏曰　金水傷官　過於寒者　其氣辛凉　眞氣有虧　必主冷嗽.
임씨왈　금수상관　과어한자　기기신량　진기유휴　필주냉수

過於熱者　水不勝火　火必剋金　水不勝火者　心腎不交也　火能剋金者　肺
과어열자　수불승화　화필극금　수불승화자　심신불교야　화능극금자　폐

家　水傷也　冬令虛火上炎　故主痰火.
가　수상야　동령허화상염　고주담화

火土印綬　過於熱者　木從火旺也　火旺焚木　木屬風　故主風痰　過於燥者
화토인수　과어열자　목종화왕야　화왕분목　목속풍　고주풍담　과어조자

火炎土焦也　土潤則血脈流行　而營衛調和　皮屬土　土喜緩緩卽潤也　所
화염토초야　토윤즉혈맥유행　이영위조화　피속토　토희완완즉윤야　소

以　過燥則皮癢　過濕則生瘡.
이　과조즉피양　과습즉생창

夏土宜濕　冬土宜燥　在人則無病　在物則發生　總之　火多主痰　水多主嗽.
하토의습　동토의조　재인즉무병　재물즉발생　총지　화다주담　수다주수

木火多痰者　火旺逢木　木從火勢　則金不能剋木　水不能勝火　火必剋金
목화다담자　화왕봉목　목종화세　즉금불능극목　수불능승화　화필극금

剋金 而傷肺 不能下生腎水 木又洩水氣 腎水必燥 陰虛火炎 痰則生矣.
극금 이상폐 불능하생신수 목우설수기 신수필조 음허화염 담즉생의

生毒鬱火金者 火熱水涸 火必焚木 木被火焚 土必焦燥 燥土能脆金 金
생독울화금자 화열수학 화필분목 목피화분 토필초조 조토능취금 금

鬱 於內 脆金棒火 肺氣上逆 肺氣逆則肝腎兩虧 肝腎虧則血脈不行 加
울 어내 취금봉화 폐기상역 폐기역즉간신양휴 간신휴즉혈맥불행 가

以 七情憂鬱而生毒矣.
이 칠정우울이생독의

土燥不能生金 火烈自能暵水 腎經必虛.
토조불능생금 화열자능한수 신경필허

土虛不能制水 木旺自能剋土 脾胃必傷.
토허불능제수 목왕자능극토 비위필상

凡此五行不知之病 細究之必驗也 然與人事可相通也 不可專執而論
범차오행부지지병 세구지필험야 연여인사가상통야 불가전집이론

如病不相符 可究其六親之吉凶 事體之否泰 必有應驗者.
여병불상부 가구기육친지길흉 사체지비태 필유응험자

如日主是金 木是財星 局中火旺 日主不能任其財 必生火而助殺 反屬
여일주시금 목시재성 국중화왕 일주불능임기재 필생화이조살 반위

日主 之忌神 卽或有水 水仍生木 則金氣愈虛 金屬大臟肺 肺傷而大腸
일주 지기신 즉혹유수 수잉생목 즉금기유허 금위대장폐 폐상이대장

不暢 不能 下生腎水 木洩水而生火 必主腎肺兩傷之病.
불창 불능 하생신수 목설수이생화 필주신폐양상지병

然亦有無此病者 必財多破耗 衣食不敷 是其咎也.
연역유무차병자 필재다파모 의식불부 시기구야

然亦有無病而財源旺者 其妻必陋惡 子必不肖也 斷斷必有一驗 其中
연역유무병이재원왕자 기처필누악 자필불초야 단단필유일험 기중

亦有 妻賢子肖而無病 此財源旺者 歲運一路土金之妙也.
역유 처현자초이무병 차재원왕자 세운일로토금지묘야

然亦有局中金水 與木火停勻 而得肺腎之病者 或財多破耗 或妻陋子
연역유국중금수 여목화정균 이득폐신지병자 혹재다파모 혹처누자

劣者 亦因歲運一路木火而金水受傷之故也 宜仔細推詳 不可執一而論也.
열자 역인세운일로목화이금수수상지고야 의자세추상 불가집일이론야

임씨(任氏)가 말하길, 금수상관(金水傷官)이 지나치게 한(寒)하면 몹시 서늘하고 진기(眞氣)가 어그러지니 반드시 냉(冷)한 기침이 있다.

지나치게 열(熱)하면 水는 火를 이기지 못하고 火는 반드시 극금(剋金)한다. 水가 火를 이기지 못한 것은 신장(腎臟)과 심장(心腸)이 교류(交流)하지 못하고 火가 金을 극(剋)하면 폐(肺)가 손상(損傷)을 당한다.

동절(冬節)에는 허화(虛火)가 염상(炎上)하므로 담화(痰火)기 있게 된다.

화토인수(火土印綬)가 지나치게 열(烈)하면 木이 왕화(旺火)를 따르고 火가 왕(旺)하면 염목(炎木)이 되는데 木은 풍(風)에 속하니 풍담(風痰)이 있게 된다.

화염토초(火炎土焦)는 지나치게 건조(乾燥)하여 火가 염염(炎炎)하게 되는데 그가 윤택(潤澤)하면 혈맥(血脈)이 유통되어 영위(營衛)[85]가 조화(調和)를 이룬다. 피부는 土에 속하고 土는 따뜻한 것을 좋아하니 따뜻하면 피부가 윤택(潤澤)하게 된다. 그러므로 지나치게 조열(燥烈)하면 피양(皮癢)이 생긴다.

火土는 마땅히 습(濕)하여야 하고 동금(冬金)은 마땅히 조(燥)하여야 사람에게는 무병(無病)하고 만물(萬物)은 발육(發育)을 하게 된다.

총론(總論)하면 火가 많으면 주로 담(痰)이 있고, 水가 많으면 기침이 있다.

木火가 많아 담(痰)이 있다는 것은 火가 왕(旺)한데 木을 만나서 木이 火의 세력(勢力)을 따라가면 金이 극목(剋木)할 수 없고 水가 火를 이길 수 없으니, 반드시 火가 극금(剋金)하여 폐(肺)를 상(傷)하게 하고 신수(腎水)를 생(生)할 수 없다. 木은 다시 水를 설(洩)하여 신수(腎水)를 마르게 하니 음허(陰虛)하고 화염(火焰)하므로 담(痰)이 생기는 것이다.

생독울화금(生毒鬱火金)은 火金이 막혀 통(通)하지 않으면 독(毒)이 생긴다는 것이다. 火가 맹렬(猛烈)하여 水가 마르면 火는 반드시 木을 불사르게 되어 土는 반드시 건조(乾燥)한데 조토(燥土)는 金을 약(弱)하게 한다.

약(弱)한 金이 火를 만나면 폐기(肺氣)가 위로 거슬러 올라가서 간신(肝腎)이 모두

---

85 영위(營衛): 기혈(氣血)의 작용(作用). 영(營)은 동맥(動脈), 위(衛)는 정맥(靜脈).

손상(損傷)을 받아 혈맥(血脈)이 유행(流行)하지 못하여 칠정(七情)[86]이 우울(憂鬱)하니 독(毒)이 생긴다.

土가 건조(乾燥)하면 생금(生金)할 수 없고 火가 맹렬(猛烈)하면 水를 마르게 하니 신경(腎經)이 반드시 허(虛)하게 된다. 土가 허약(虛弱)하면 제수(制水)할 수 없고 木이 왕(旺)하면 자연히 극토(剋土)할 수 있으니 비위(脾胃)가 반드시 상(傷)한다.

무릇 오행(五行)이 불화(不和)하여 생기는 병(病)이니 세밀(細密)하게 연구(研究)하면 반드시 응험(應驗)[87]하게 된다. 그러나 인사(人事)와 서로 상통(相通)하니 전적으로 고집(固執)하여 논(論)하여서는 아니 된다.

가령 병(病)이 서로 상부(相符)하지 않으면 육친(六親)의 길흉(吉凶)과 사체(事體)의 비태(否泰)[88]를 연구하면 반드시 응험(應驗)하게 될 것이다.

가령 일주(日主)가 金이면 木이 재성(財星)이 되는데 원국(原局)에서 火가 왕(旺)하면 일주(日主)는 재성(財星)을 감당(勘當)할 수 없고 반드시 생화(生火)하여 살(殺)을 도우니 오히려 일주(日主)의 기신(忌神)이 된다. 만약 水가 있다면 생목(生木)하니 금기(金氣)가 더욱 허(虛)하게 된다. 金은 대장(大腸)과 폐(肺)인데 폐(肺)가 상(傷)하면 대장(大腸)이 창달(暢達)하지 않으니 인수(印綬)를 생(生)할 수 없다.

木은 水를 설(洩)하고 생화(生火)하나 반드시 신장(腎臟)과 폐(肺)가 모두 상(傷)하여 병(病)이 된다. 그러나 이러한 병(病)이 있건 없건 반드시 재(財)가 많으면 파모(破耗)하게 되고 의식(衣食)이 넉넉하지 않으니 이것이 재앙(災殃)이다. 또한 병(病)이 없고 재물(財物)이 왕성(旺盛)허면 그 처(妻)가 필히 못생기고 약(弱)하며 자식(子息)은 불초(不肖)하게 되는 것을 반드시 경험하게 될 것이다. 그 가운데 처(妻)가 현명(賢明)하면 자손(子孫)이 똑똑하고 병(病)이 없으며 재물(財物)도 왕성(旺盛)한 경우가 있는데 이것은 세운(歲運)이 한결같이 土金으로 행(行)하여 좋아진 까닭이다.

---

86 칠정(七情): 희(喜), 로(怒), 애(哀), 락(樂), 애(愛), 오(惡), 욕(欲)을 말한다.

87 응험(應驗): 작용(作用)한 일에 대하여 드러난 표시. 징조가 나타나 맞음.

88 비태(否泰): 막힌 운수와 터진 운수, 불운(不運)과 행운(行運), 주역의 지천태(地天泰)와 천지비(天地否)를 말함.

그러나 원국(原局)에서 金水와 木火가 균등(均等)하게 되었는데도 폐(肺)나 신장(腎臟)에 병(病)이 들거나, 재다(財多)하여 파모(破耗)되거나, 처(妻)가 비루(鄙陋)하고 자식(子息)이 어리석은 것은 세운(歲運)이 한결같이 木火로 행(行)하여 金水가 손상(損傷)을 당한 까닭이다.

자세(仔細)하게 추리(推理)하되 한 가지만을 고집(固執)하여 논(論)하여서는 아니된다.

任註

```
己 辛 壬 壬
丑 酉 子 辰
```

```
己戊丁丙乙甲癸
未午巳辰卯寅丑
```

辛金生於仲冬　金水傷官　局中全無火氣　金寒水冷　土濕而凍　初患冷嗽
신금생어중동　금수상관　국중전무화기　금한수냉　토습이동　초환냉수

然傷官佩印　格局純情　讀書過目成誦　早年入泮　甲寅乙卯　洩水之氣　家業
연상관패인　격국순정　독서과목성송　조년입반　갑인을묘　설수지기　가업

大增　至丙辰運　水火相剋而得疾　丙寅年火木旺　水愈激　竟成弱症而亡.
대증　지병진운　수화상극이득질　병인년화목왕　수유격　경성약증이망

辛金이 중동(仲冬)에 생(生)하여 금수상관(金水傷官)이다.

원국(原局)에 화기(火氣)가 전혀 없다. 金水가 한랭(寒冷)하고 土는 습(濕)하고 얼었으니 초년(初年)에는 냉수(冷嗽)가 있었다. 그러나 상관패인(傷官佩印)으로 격국(格局)이 순정하니 독서에 전념할 수 있어 일찍 입반(入泮)하였다. 甲寅, 丙辰 운에 이르러서는 水火가 상극(相剋)하니 병(病)을 얻게 되었는데 丙寅년에 木火가 왕(旺)하여 水가 격발(激發)하니 결국 약증(弱症)을 얻어서 사망하였다.

辛金 일주가 子月에 태어나서 한랭(寒冷)하고 지지(地支)가 子辰 합수(合水)가 되어 있는데 천간(天干)에 두 개의 壬水가 투출(透出)하였으니 식상(食傷)이 태왕(太旺)하여 제살태과격(制殺太過格)이 되었다. 희신(喜神)은 조후(調候)로 火가 필요하고 인비(印比)인 土金이고 기신(忌神)은 식재(食財)인 水木이다. 癸丑 운은 己癸 극제(剋制)가 되어 癸水가 극거(剋去)되었고 酉丑 합금(合金)이 되었으니 일찍 입반(入泮)하게 된 것이다.

甲寅, 乙卯 운은 甲己 합토(合土)가 되었으며 乙辛 충(沖), 卯酉 충(沖)으로 천충지충(天沖地沖)이 되어 불길(不吉)할 것 같으나 기신(忌神)이 충발(沖拔)되어 오히려 대길(大吉)하게 되었다. 丙辰 대운 丙寅 년은 丙壬 충(沖)이 중첩(重疊)되었으니 용신(用神)이 충발(沖拔)하게 되어 사망하게 된 것이다. 火는 심장(心臟)에 속하므로 심장마비(心臟麻痺)로 사망하였을 것이다. 원국(原局)이 지나치게 한습(寒濕)하니 해수(咳嗽)나 천식(喘息)에 취약(脆弱)하였을 것이고 신장(腎臟)이나 방광(膀胱) 계통에 질병(疾病)이 있을 수 있다.

壬	辛	丙	己
辰	酉	子	丑

己庚辛壬癸甲乙
巳午未申酉戌亥

金水傷官 丙火透露 去其寒凝 故無冷嗽之病 癸酉入學補廪 而擧於鄉
금수상관　병화투로　거기한응　고무냉수지병　계유입학보름　이거어향

問曰 金水傷官喜官星 何以癸酉金水之運而得功名 余曰 金水傷官喜
문왈　금수상관희관성　하이계유금수지운이득공명　여왈　금수상관희

火 不過要其煖局 非取以爲用也 取火爲用者 十無一二 取水爲用者 十
화　불과요기난국　비취이위용야　취화위용자　십무일이　취수위용자　십

有八九 取火者必要木火齊來 又要日元旺相 此造日元雖旺 局中少木
유팔구　　취화자필요목화제래　　우요일원왕상　　차조일원수왕　　국중소목

虛火無根 必以水 爲用神也 壬申運由敎習得知縣 辛未運丁丑年 火土
허화묵근　　필이수　　위용신야　　임신운유교습득지현　　신미운정축년　　화토

並旺 合取壬水 子水亦傷 得疾而亡.
병왕　　합취임수　　자수역상　　득질이망

　금수상관(金水傷官)인데 丙火가 투출(透出)하여 한응(寒凝)을 제거(除去)하니 냉수(冷嗽)의 병(病)이 없었다. 癸酉 운에 입학(入學)하여 보름(補廩)하였으며 향시(鄕試)에 합격하였다.

　금수상관(金水傷官)이 火를 기뻐하는 것은 그 난국(煖局)을 필요(必要)로 하는 것에 불구하고 취(取)하여 용신(用神)이 되는 것은 아니다. 취(取)하여 火가 용신(用神)이 되는 것은 열에 하나둘 있고, 水를 용신(用神)으로 한 것은 열에 여덟과 아홉이다.

　취(取)하여 火가 용신(用神)인 것은 반드시 함께 와야 하고 또한 일원(日元)이 비록 왕(旺)하다고 할지라도 원국(原局)에 木이 없어서 허화(虛火)가 무근(無根)이니 반드시 木이 용신(用神)이다. 壬申 운에 교습(敎習)을 거쳐 지현(知縣)에 올랐으나 辛未운 丁丑 년에 火土가 병왕(並旺)하여 사망(死亡)하였다.

評註

　辛金 일주가 子월에 태어나서 실령(失令)하였고 조후(調候)로 火가 필요하다. 지지의 辰酉가 합금(合金)하고 子丑이 합토(合土)하고 己土가 투출되었으니 신왕(身旺)하다. 희신(喜神)은 식재관(食財官)인 水木火이고 기신(忌神)은 인비(印比)인 토금(土金)이다. 乙亥, 甲戌 운은 희신(喜神)이고 丙火를 생조(生助)하니 한랭(寒冷)을 조후(調候)로 보완하여 해수(咳嗽)의 병(病)이 없었던 것이다.

　癸酉, 壬申 운은 金이 水를 생(生)하니 희신(喜神)인 水가 왕(旺)하여 향시(鄕試)에 합격(合格)하였으며 특히 申子辰 삼합수국(三合水局)이 되었으니 벼슬이 지현(知縣)에 오르게 되었다. 辛未 운은 土金이 기신(忌神)이 되었고 丁丑 년은 丁壬 합(合)으로

壬水가 합거(合去)되었으니 子水가 상(傷)하였다는 것으로 보아 신장(腎臟)이나 방광(膀胱) 계통에 의한 질병(疾病)으로 사망(死亡)한 것이다.

任註

丙 庚 丙 甲
戌 子 子 戌

癸壬辛庚己戊丁
未午巳辰卯寅丑

庚金生於子月 丙火並透 地支兩戌燥土 乃丙之庫根 又得甲木生丙 過
경금생어자월　병화병투　지지양술조토　내병지고근　우득갑목생병　과

於熱也 運至戊寅己卯 而患痰火之症 庚辰比肩幇身 支逢濕土 其病勿
어열야　운지무인기묘　이환담화지증　경진비견방신　지봉습토　기병물

藥而愈 加捐出仕 辛巳長生之地 名利兩全 其不用火者 身衰之故也.
약이유　가연출사　신사장생지지　명리양전　기불용화자　신쇠지고야

凡金水傷官用火 必要身旺逢財 中和用水 衰弱用土也.
범금수상관용화　필요신왕봉재　중화용수　쇠약용토야

庚金이 子月에 생하였고 丙火가 병투(並透)하였으며 지지의 양술조토(兩戌燥土)가 丙火의 뿌리가 되고 있다. 또한 甲木이 丙火를 생(生)하니 지나치게 뜨겁다.

戊寅, 己卯 운에 이르러 담화증(痰火症)이 있었고 庚辰 운에는 비견(比肩)이 방신(幇身)하고 지지에 습토(濕土)를 만나니 약을 쓰지 않고도 치유되었으며 벼슬에 나아갔는데 辛巳 운은 장생지지(長生之地)이니 명리양전(名利兩全)하였다. 용화(用火)하지 않는 것은 일주(日主)가 쇠약(衰弱)한 까닭이다. 무릇 금수상관(金水傷官)은 용화(用火)는 하는데 반드시 신왕(身旺)하고 재(財)를 만나야 한다. 중화(中和)하면 용수(用水)하고 신약(身弱)하면 용토(用土)하여야 한다.

庚金 일주가 子월에 태어나서 금수상관(金水傷官)으로 실령(失令)하였고 한랭(寒冷)하니 조후(調候)로 火가 필요(必要)하다.

천간(天干)에 양병화(兩丙火)가 양술중(兩戌中)에 丁火가 통근(通根)하고 있으며 년간(年干)의 甲木은 양자수(兩子水)에 통근(通根)하여 丙火를 생조(生助)하니 관살(官殺)이 태왕(太旺)하여 식신제살격(食神制殺格)이 되었다. 희신(喜神)은 인비식(印比食)인 土金水이고 기신(忌神)은 재관(財官)인 木火인데 애석(哀惜)하게도 운행이 동남지지(東南之地)로 행(行)하고 있다.

戊寅, 己卯 운은 戊己土가 희신(喜神)이지만 지지(地支)가 寅戌 합화(合火)가 되고 卯戌 화화(化火)가 되었으니 열(熱)이 나서 담화(痰火)가 되어 가래가 심하게 나오는 병(病)이고, 화왕(火旺)하여 金이 손상(損傷)을 당하여 폐(肺)에 질병(疾病)이 생긴 것이다.

庚辰 운은 비견(比肩)이 일주(日主)를 돕고 지지(地支)가 습토(濕土)이니 子辰 합수(合水)가 되어 왕화(旺火)를 극제(剋制)하니 치유(治癒)되었다. 辛巳 운은 辛金은 희신(喜神)이고 巳 중 庚金이 암장(暗藏)되어 장생(長生)이니 명리양전(名利兩全)하게 된 것이다.

丙	己	庚	己
寅	亥	午	巳

癸甲乙丙丁戊己
亥子丑寅卯辰巳

己土生于仲夏 火土印綬 己本濕土 又坐下亥水 丙火透而逢生 年月 又
기토생우중하 화토인수 기본습토 우좌하해수 병화투이봉생 년월 우

逢祿旺 此之謂熱 非燥也 寅亥化木生火 夏日可畏 兼之運走東方木地
봉록왕　차지위열　비조야　인해화목생화　하일가외　겸지운주동방목지

風屬木 故患風疾 且己亥體陰 用陽也得午助 心與小腸愈旺 亥逢寅洩
풍속목　고환풍질　차사해체음　용양야득오조　심여소장유왕　해봉인설

庚金 不能下生 腎氣愈虧 又患遺泄之症 幸善調養而病勢無增 至乙丑
경금　불능하생　신기유휴　우환유설지증　행선조양이병세무증　지을축

運轉北方 前病 皆悠 甲子癸亥水地 老而益壯 又納妾生子 發財數萬.
운전북방　전병　개유　갑자계해수지　노이익장　우납첩생자　발재수만

己土가 중하(仲夏)에 생(生)하여 화토인수(火土印綬)이다.

己土는 본래 습토(濕土)이고 생하(生下)에 亥水가 있고 丙火가 투출(透出)하여 생(生)을 받으며 년월(年月)에서 녹왕(祿旺)을 만났으니 이것은 열(熱)하다고는 하나 조(燥)한 것은 아니다.

寅亥가 합(合)하여 木으로 화(火)하여 생화(生火)하니 하일가외(夏日可畏)[89]이고 겸(兼)하여 운(運)이 동남목지(東南木地)로 행(行)하니 풍(風)은 木에 속하니 풍질(風疾)이 있다. 또한 己亥는 체(體)가 음(陰)이고 용(用)은 양(陽)인데 午火의 도움을 얻어서 심장(心臟)과 소장(小腸)이 더욱 왕성(旺盛)하다.

亥水는 寅木이 설(洩)하고 庚金이 생(生)하지 못하니 신장(腎臟)이 더욱 상(傷)하고 유설음(遺洩陰)에 걸렸다. 다행히 몸조리를 잘하여 병세(病勢)가 증가(增加)되지는 않았는데 乙丑 운에 이르러 운(運)이 북방(北方)으로 바뀌니 앞서 생긴 병(病)이 모두 쾌유(快癒)되었다. 甲子, 癸亥 운은 수지(水地)이니 노익장(老益壯)을 과시(誇示)하였고 첩(妾)을 두어 자식(子息)을 낳았으며 수만(數萬)의 재물(財物)을 일으켰다.

評註

己土 일주가 午月에 태어나서 지지(地支)가 巳午 합화(合火) 되었고 천간(天干)에 火土가 투출(透出)하였으니 조열(燥烈)한 신왕(身旺)이다. 희신(喜神)은 식재관(食財官)

89　하일가외(夏日可畏): 여름의 해는 너무 뜨거워 가히 두렵다. '동일가애(冬日可愛)'는 상대적인 말.

인 金水木이고 기신(忌神)은 인비(印比)인 火土인데 원국(原局)에 庚金은 절각(截脚)되어 있어 약(弱)하고, 亥水는 寅亥 합목(合木)으로 화(化)하였으니 약(弱)하다. 그러므로 신장(腎臟)과 방광(膀胱)에 질병(疾病)이 있는 것이다.

초년(初年)인 동방지지(東方之地)로 희신(喜神)이 되었고 乙丑 운부터는 북방지지(北方之地)로 조토(燥土)를 습토(濕土)로 만들어 주니 노익장(老益壯)이 된 것이다. 운행(運行)에서 재성(財星)이 회신(回信)이니 재물(財物)과 처복(妻福)이 있게 되었다.

任註

```
丁 戊 戊 辛
巳 戌 戌 未
```

```
辛 壬 癸 甲 乙 丙 丁
卯 辰 巳 午 未 申 酉
```

戊土生於戌月　未戌皆帶火燥土　時逢丁巳　火土印綬　戊本燥土　又助其
무토생어술월　미술개대화조토　시봉정사　화토인수　술본조토　우조기

印　時在季秋　此之謂燥　非熱也　年干辛金　丁火刦之　辛屬肺　燥土不能
인　시재계추　차지위조　비열야　년간신금　정화겁지　신속폐　조토불능

生金　初患痰症　肺家受傷之故也　其不致大害者　運走丙申丁酉　西方金
생금　초환담증　폐가수상지고야　기불치대해자　운주병신정유　서방금

地　至乙　未甲午　木火相生　土愈燥　竟得蛇皮瘋　所謂皮癢也　癸巳運水
지　지을　미갑오　목화상생　토유조　경득사피풍　소위피양야　계사운수

無根　不能剋火　及激氣焰　其疾卒以亡身　此火土逼乾癸水　腎家絶也.
무근　불능극화　급격기염　기질졸이망신　차화토핍건계수　신가절야

戊土가 戌월에 생(生)하여 未戌은 모두 火를 간직한 조토(燥土)이고 시(時)에서 丁巳를 만났으니 화토인수(火土印綬)가 되었다. 戌은 본래 조토(燥土)이고 인수(印綬)를 도와주고 있는데 "때는 계추(季秋)이니 이것은 조(燥)이다"라고 말하며 열(熱)하다고 하지 않는다. 년간(年干)의 辛金은 丁火가 겁탈(劫奪)할 수가 없다.

처음에는 담증(痰症)이 있었는데 이것은 폐(肺)가 피상(被傷)당한 까닭이다.

그러나 큰 해(害)를 입지 않은 것은 운(運)이 서방금지(西方金地)인 丙申, 丁酉로 행(行)하고 있기 때문이다.

乙未, 甲午 운은 木火가 서로 생(生)하여 土가 더욱 건조(乾燥)하였기 때문에 마침내 뱀 허물처럼 되는 사피증(蛇皮症)이 소위 피양(皮癢)이라는 피부병(皮膚病)을 얻었다. 癸巳 운에는 水가 무근(無根)이니 극화(剋火)할 수 없고 오히려 불꽃을 격발(激發)시키니 그 병(病)으로 사망하였다. 이것은 火土가 癸水를 마르게 하여 신기(腎氣)가 절(絶)되었기 때문이다.

評註

戊土 일주가 戌월에 태어나서 득령하였고 전지지(全地支)가 火土로 되어 있으니 종왕격(從旺格)이 되었다. 희신(喜神)은 인비식(印比食)인 火土金이고 기신(忌神)은 재관(財官)인 水木이다. 원국(原局)에 辛金은 未土가 조토(燥土)이므로 생조(生助)할 수 없고 전지지의 암장(暗藏)에 丙丁火가 있으니 辛金이 손상(損傷)당하지 않을 수가 없어 초년에 폐(肺) 질환이 있었지만 서방지지인 申酉金으로 행(行)하여 희신(喜神)이 되었으니 큰 재앙이 없었다.

乙未, 甲午 운은 남방지지인 午未, 火土로 행하니 土가 건조하여 피부에 질환이 있었다. 癸巳 운은 巳未 화국(火局)이 되었고 丁癸 충(冲)으로 癸水가 충발되었으니 水에 속하는 신장에 질병이 발생한 것이다. 이 명조는 원국피상(原局被傷)으로 辛金에 속하는 질병이 유년피상(流年被傷)으로 癸水에 속하는 질병이 생긴 것이다.

```
乙 己 丁 己
丑 亥 丑 丑
```

```
庚辛壬癸甲乙丙
午未申酉戌亥子
```

己土生于季冬 支逢三丑 日主本旺 過於寒濕 丁火無根 不能去其寒濕
기토생우계동　지봉삼축　일주본왕　과어한습　정화무근　불능거기한습

之氣 乙木凋枯 置之不用 書香難就 己土屬脾 寒而且濕 故幼多瘡毒
지기　을목조고　치지불용　서향난취　기토속비　한이차습　고유다창독

癸酉壬申運 財雖太旺 兩脚寒濕瘡 數十年不愈 又中氣大虧 亦乙木凋
계유임신운　재수태왕　양각한습창　수십년불유　우중기대휴　역을목조

枯 之意也.
고　지의야

　己土가 계동(季冬)에 생(生)하였고 지지에서 삼축(三丑)을 만났으니 일주(日主)는
본래 왕(旺)하나 지나치게 한습하다. 丁火가 무근이니 한습지기(寒濕之氣)를 제거할
수 없고 乙木은 조고(凋枯)하여 쓸 수가 없으니 학문을 이루지 못하였다.

　己土는 비장(脾臟)에 속하는데 한습(寒濕)하므로 어려서 창독(瘡毒)이 많았다. 癸
酉, 壬申 운은 재(財)는 비록 왕(旺)하나 두 다리는 한습(寒濕)하므로 창독(瘡毒)이 생
겨 수십 년(數十年) 동안 낫지 않았고 중기(中氣)[90]가 크게 손상(損傷)을 받았는데 이
것은 乙木이 조고(凋枯)한 까닭이다.

90　중기(中氣): 비장(脾臟)과 위장(胃腸)의 운동 기능.

己土 일주가 丑月에 태어나서 한습(寒濕)하니 조후(調候)로 火가 필요한데 월간의 丁火는 무근이다. 시간(時干)의 乙木은 좌하(坐下)의 삼축(三丑)에 절목(絶木)으로 시 들어 있어 丁火를 생조(生助)하지 못한다. 일주(日主)는 신왕(身旺)하니 희신(喜神)은 인비(印比)인 火土인데 火는 조후(調候)로 희신(喜神)이 되었다.

丙子, 乙亥 운은 지지 亥子丑 수국(水局)이 되었으니 오히려 土가 진흙탕이 되어 비위(脾胃)가 약하게 되었다. 甲戌 운은 甲己 합토(合土)되었고 丑戌 형(刑)이 되었으 니 역시 비위에 이상이 있었을 것이다. 癸酉, 壬申 운은 金水가 생(生)하여 희신(喜 神)이 되니 재물이 대단하였지만 창독(瘡毒)이 오랫동안 낫지 않았다.

庚	甲	己	丙
午	戌	亥	戌

丙乙甲癸壬辛庚
午巳辰卯寅丑子

甲木生於亥月　印綬當令　四柱土多剋水　天干庚金無根　又與亥水遠隔
갑목생어해월　인수당령　사주토다극수　천간경금무근　우여해수원격

戌中辛金　鬱而受剋　午丙引出戌中丁火　亥水被戌土制定　不能剋火　所
술중신금　울이수극　오병인출술중정화　해수피술토제정　불능극화　소

謂　鬱火金也　庚爲大腸　丙火剋之　辛爲肺　午火攻之　壬爲膀胱　戌土傷
위　울화금야　경위대장　병화극지　신위폐　오화공지　임위방광　술토상

之　謂火毒公內　甲辰運　木又生火　冲出戌中辛金　被午剋之　生肺癰而亡.
지　위화독공내　갑진운　목우생화　충출술중신금　피오극지　생폐옹이망

甲木이 亥月에 생(生)하여 인수(印綬)가 당령하였지만 사주에 土가 많아서 극수 (剋水)한다. 甲木이 亥月에 생(生)하여 인수(印綬)가 당령하였지만 사주에 土가 많아

서 극수(剋水)한다.

천간의 庚金은 무근(無根)이고 亥水가 멀리 떨어져 있고 술중신금(戌中辛金)은 암장에서 극을 당한다. 오중병화(午中丙火)가 술중정화(戌中丁火)를 인출(引出)하고 亥水가 戌土에 제정(制定)되어 극화(剋火)할 수 없으니 소위 火가 金을 답답하게 하고 있다.

庚金은 대장(大腸)인데 丙火가 극하고 辛金은 폐인데 午火가 공격하며 壬水는 방광인데 戌土가 상하게 하니 화독(火毒)이 안에서 공격하고 있다. 甲辰 운에는 木이 火를 생하고 戌土를 충하여 술중신금(戌中辛金)이 午火에 극을 하니 폐옹(肺癰)[91]으로 사망하였다.

甲木 일주가 亥月에 태어나서 득령(得令)하였으나 지지(地支)에서 午戌 합화(合火)가 되었고 천간(天干)에 丙火가 투출(透出)하였으니 식상(食傷)이 왕(旺)하여 제살태과격(制殺太過格)이 되었다. 희신(喜神)은 인비관(印比官)인 水木金이고 기신(忌神)은 식재(食財)인 火土인데 시간(時干)의 庚金은 두 개의 戌土가 조토(燥土)이고 좌하(坐下)의 午火에 절각(截脚)되었으니 대장(大腸)에 질병이 생긴다.

운행이 동남지지(東南之地)인 水木으로 행하니 아름답다. 甲辰 운은 甲木이 희신(喜神)이지만 甲庚 충(冲)하여 金木이 상전하고 辰戌 충(冲)으로 진중을목(辰中乙木)과 술중신금(戌中辛金)이 乙辛 충(冲)이 되어 폐암(肺癌)으로 사망하게 된 것이다.

---

91 폐옹(肺癰): 종기옹, 등창 등으로 폐(肺)에 종기가 있는 것으로 폐암(肺癌)의 일종.

任註

```
甲 甲 癸 庚
戌 午 未 寅
```

```
庚 己 戊 丁 丙 乙 甲
寅 丑 子 亥 戌 酉 申
```

木火傷官用印 得庚金貼神 生癸水之印 純粹可觀 讀書科目不忘 惜庚
목화상관용인　득경금첩신　생계수지인　순수가관　독서과목불망　석경

癸兩字 地支不載 更嫌戌時會起火局 不但金水枯傷 而且火能熱木 命
계양자　지지부재　갱혐술시회기화국　부단금수고상　이차화능열목　명

主元神 洩盡 幼成弱症 肺腎兩虧 至丙戌運 逼水剋金而夭.
주원신　설진　유성약증　폐신양휴　지병술운　핍수극금이요

목화상관(木火傷官)이 용인(用印)으로 庚金이 일주(日主)에 긴첩(緊捷)하고 인수(印綬)인 癸水를 생(生)하니 순수가관이니 독서를 하면 잊어버리지 않고 영특하였다. 애석(哀惜)하게도 庚癸가 지지에 뿌리를 내리지 못하고 있는데 더욱 꺼리는 것은 시지(時支)의 戌土가 화국(火局)을 이룬 것이다.

그러므로 金水가 모두 고상(枯傷)하였을 뿐만 아니라 火가 능히 木을 태우니 명주원신(命主元神)을 설진하고 있다. 어려서부터 약증(弱症)이 있었고 폐(肺)와 신장(腎臟)이 모두 상(傷)하였는데 丙戌 운에 이르러 水를 마르게 하고 극금(剋金)하니 요절(夭折)하였다.

評註

甲木 일주가 未월에 태어나서 실령(失令)하였고 지지(地支)가 午戌 합화(合火)하니 식상(食傷)이 태왕(太旺)하여 제살태과격(制殺太過格)이 되었다. 희신(喜神)은 인비관(印比官)인 水木金이고 기신(忌神)은 식재(食財)인 火土이다. 년월(年月)의 庚金은 개두절

각(蓋頭截脚)되어 있으니 일주(日主)를 돕지 못한다. 丙戌 운은 丙庚 충(冲)하고 寅午 戌 합화(合火)가 되었으니 폐(肺)와 신장(腎臟)이 약(弱)해져 사망하게 된 것이다.

任註

```
戊 庚 乙 癸
寅 戌 卯 酉
```

```
戊 己 庚 辛 壬 癸 甲
申 酉 戌 亥 子 丑 寅
```

春木當權　卯酉雖冲　木旺金缺　土亦受傷　更嫌卯戌寅戌拱合化殺　本主
춘목당권　묘유수충　목왕금결　토역수상　갱혐묘술인술공합화살　본주

脾虛肺傷疾　然竟一生無病　但酉弱卯强　妻雖不剋而中篝難言　生二子
비허폐상질　연경일생무병　단유약묘강　처수불극이중구난언　생이자

皆不肖　爲匪類　故免其病　財亦旺也.
개불초　위비류　고면기병　재역왕야

춘목(春木)이 당권(當權)하였으니 비록 卯酉가 충(冲)한다고 할지라도 목왕금결(木旺金缺)하였고 土도 역시 손상(損傷)을 받았다. 더욱 꺼리는 것은 卯戌과 寅戌이 공합(拱合)하여 살(殺)로 변(變)하였다.

본래(本來)는 비장(脾臟)이 허약(虛弱)하고 폐(肺)가 손상(損傷)을 입는다고 할 것이지만 일생 동안 병(病)이 없었다.

다만 酉金은 약(弱)하고 卯木은 강(强)하니 처(妻)는 극(剋)하지는 않았어도 음란(淫亂)함은 말로 다 할 수 없으며 두 아들을 낳았으나 모두 불초(不肖)하여 도적이되었다. 그러나 병(病)은 면(免)할 수 있었고 재물(財物)도 역시 왕(旺)하였다.

評註

　庚金 일주가 木이 왕(旺)하여 재다신약(財多身弱)이 되어 있는데 지지(地支)의 寅戌과 卯戌이 합화(合火)가 되어 관살(官殺)이 태왕(太旺)하게 되어 식신제살격(食神制殺格)이 되었다.

　희신(喜神)은 인비식(印比食)인 土金水이고 기신(忌神)은 재관(財官)인 木火인데 기쁘게도 운행(運行)이 서북지지(西北之地)인 金水로 행(行)하고 있다. 원국(原局)에서 재다신약(財多身弱)이 되었더라도 운행(運行)에서 희신(喜神)이 들어오니 득비리재(得比理財)가 되었다.

　주의(注意)해야 할 것은 처(妻)가 음란(淫亂)한 것은 재성(財星)인 乙卯가 乙庚 합(合), 卯戌 합(合)으로 천합지합(天合地合)이 되었기 때문이다.

原文

巍巍科第邁等倫　一個元機暗裏存
　외외과제매등륜　　일개원기암리존

　높고 높은 과거시험에서 같은 무리 중에 등위를 알아서 가리기가 힘들다. 하나
의 원기(元機)가 남모르는 가운데 작용(作用)하는 것은 깊은 속에 감추어져 있기 때
문이다.

原註

凡看命　看人之出身最難　如狀元出身　格局淸奇迥異　若隱若露　奇而　難
범간명　　간인지출신최난　　여장원출신　　격국청기형이　　약은약로　기이　난

決者　必有元機　須搜尋之.
결자　　필유원기　　수수심지

　무릇 간명(看命)하는 데 그 사람의 출신(出身)을 보는 것이 가장 어렵다. 가령 장
원출신(狀元出身)의 격국(格局)은 청기형이(淸奇迥異)[92]하여 숨은 것 같기도 하고 드러
난 것 같기도 하여서 기이(奇異)하여 결단하기가 어려운 것은 반드시 원기(元機)[93]가

있으니 자세히 찾아보아야 한다.

任註

任氏曰 命倫人之出身最難 故有元機存焉 元機者 不特格局 清奇逈異.
임씨왈　명륜인지출신최난　고유원기존언　원기자　불특격국　청기형이

用神眞假之分 須究支中藏神司命 包羅用神喜神 使閑神忌神不能爭戰
용신진가지분　수구지중장신사명　포라용신희신　사한신기신불능쟁전

反有生拱之情.
반유생공지정

又有格局本無出色處 而名冠群英者 必先究其世德之美惡 此論山川
우유격국본무출색처　이명관군영자　필선구기세덕지　미악　차론산천

之靈秀 所以鍾靈毓秀 從世德而來者 不論命也 故世德心田居一 山川
지령수　소이종령육수　종세덕이래자　불론명야　고세덕　심전거일　산천

居二 命格居三.
거이　명격거삼

然看命之要 非殺印相生爲貴 官印雙淸爲美也 如顯然殺印 財官
연간명지요　비살인상생위귀　관인쌍　청위미야　여현연살인　재관

動人心目者 必非佳造 若用神輕微 喜神暗伏 秀氣深藏者 初看並無好處
동인심목자　필비가조　약용신경미　희신암　복　수기심장자　초간병무호처

越看越有精神 其中必有元機 宜仔細搜尋.
월간월유정신　기중필유원기　의자세수　심

임씨(任氏)가 말하길, 명(命)에 있어서 사람의 출신(出身)을 논(論)하는 것이 가장 어려운 것이다. 그러므로 원기(元機)의 존재(存在)는 분명(分明)히 있다.

원기(元機)라는 것은 격국(格局)의 청기형이(淸奇逈異)와 용신(用神)의 진가(眞假)를 구분(區分)하여야 하고 반드시 지지(地支) 중에 암장(暗藏)된 신(神)의 사령(司令)을 연구(硏究)하여야 하며 용신(用神)과 희신(喜神)을 포함한 한신(閑神)과 기신(忌神)이 쟁

---

92 청기형이(淸奇逈異): 맑고 기이한 기운이 특이하게 비추어 줌.
93 원기(元機): 원래부터 짜여 있는 판, 기틀이라고도 함.

전(爭戰)을 하지 않아야 생공(生拱)의 정(情)이 있다.

또한 격국(格局)이 특별한 것이 없는데도 명관군영(名冠群英)하였다면 반드시 세덕(世德)⁹⁴ 미악(美惡)을 살펴야 하고 그 다음으로 산천(山川)의 영수(靈秀)⁹⁵를 논(論)하는데 이는 좋은 환경(環境)에서 우수한 인물(人物)이 나오는 까닭이므로 세덕(世德)으로부터 오는 경우는 명(命)을 논할 필요(必要)가 없는 것이다.

그러므로 세덕심전(世德心田)이 첫 번째이고, 산천(山川)이 두 번째이며, 명(命)의 격국(格局)이 세 번째이다. 그러나 간명(看命)의 요점은 살인상생(殺印相生)이 귀(貴)하고 관인상생(官印相生)이 아름다운 것이 아니다. 가령 살인(殺印)이나 재관(財官)이 나타나 사람의 마음과 눈을 동(動)하는 것만이 좋은 사주(四柱)는 아니다.

만약 용신(用神)이 경미(輕微)하고 희신(喜神)이 암복(暗伏)되며 수기(秀氣)가 암장(暗藏)되었다면 이런 것은 얼핏 보기에는 좋은 것이 없는 것 같지만 자세히 살펴보면 정신이 있고 그 가운데에 원기(元機)가 있으니 자세히 찾아보아야 한다.

任註

戊	己	壬	壬
辰	未	寅	辰

己戊丁丙乙甲癸
酉申未午巳辰卯

己巳生于孟春 官當令 天干覆以財星 生官有情 然春初己土 濕而且寒
기사생우맹춘　관당령　천간부이재성　생관유정　연춘초기토　습이차한

年月壬水 通根身庫 喜其寅中丙火司令屬用 伏而逢生 所謂元機暗裏
년월임수　통근신고　희기인중병화사령위용　복이봉생　소위원기암리

94　세덕(世德): 조상(祖上) 대대로 쌓아 내려오는 가문의 아름다운 덕(德).

95　영수(靈秀): 태어난 곳의 산천(山川), 형세(形勢)와 선영(先塋)의 묘지(墓地)가 명당인지 아닌지를 알아보는 것.

存也 至丙運 元神發露 戊辰年比助時干 剋去壬水 則丙火不受剋 魁大
존야 지병운 원신발로 무진년비조시간 극거임수 즉병화불수극 괴대

天河 以俗論之 官星不透 財輕劫重 謂平常命也.
천하 이속론지 관성불투 재경겁중 위평상명야

己土가 맹춘(孟春)에 생(生)하여 관성(官星)이 당령(當令)하고 천간(天干)에 재성(財星)이 있으니 관성(官星)을 생조(生助)하는 것이 유정(有情)하다. 그러나 초춘(初春)의 己土는 습(濕)하고 한(寒)하며 년월(年月)의 壬水가 辰土에 통근(通根)하고 있으니 인중병화(寅中丙火)가 용신(用神)이다. 은복(隱伏)되어 있는 용신(用神)를 만나니 원기(元機)가 안에 암장(暗藏)되어 있는 것이다.

丙火 운에 이르러 원신(元神)이 겉으로 나타나고 戊辰 년은 시간(時干)에 투출(透出)한 비겁(比劫)의 도움으로 壬水를 극거(剋去)하니 丙火가 극(剋)을 받지 않아 천하(天下)에 대괴(大魁)[96]하게 되었다.

속설(俗說)로 논(論)한다면 관성(官星)이 투출(透出)하지 않았고 재성(財星)이 가벼우며 비겁(比劫)이 중(重)하니 평상(平常)의 명조(命造)라고 할 것이다.

評註

己土 일주가 寅월에 태어나서 실령(失令)하였고 아직 한기(寒氣)가 있으니 조후(調候)로 火가 필요하다. 지지(地支)가 양진(兩辰)과 未土가 있는데 시간(時干)에 戊土가 투출(透出)하여 비겁(比劫)이 태왕(太旺)하니 신왕(身旺)한 것으로 볼 수 있다.

그러나 천간(天干)의 양임(兩壬)은 양진(兩辰)의 수고(水庫)에 통근(通根)하고 있으니 寅辰이 공합(拱合)으로 목국(木局)을 이루니 오히려 재관(財官)이 왕(旺)하고 식신제살격(食神制殺格)이 되었다. 희신(喜神)은 인비식(印比食)인 火土金이고 기신(忌神)은 재관(財官)인 水木이다.

丙午 운에는 寅午 합화(合火)하고 午未 합화(合火)하니 희신(喜神)이 왕성(旺盛)하

---

96 대괴(大魁): 전시(殿試)에서 장원급제(壯元及第)한 사람.

게 되어 기신(忌神)인 壬水를 충거(冲去)시켰으니 대발(大發)하게 되었다. 주의(注意)해야 할 것은 선강후약(先强後弱)한 명조(命造)인데 관살(官殺)이 태왕(太旺)하므로 식신제살격(食神制殺格)이 된 것이다.

任註

丙 甲 甲 壬
寅 戌 辰 戌

辛庚己戊丁丙乙
亥戌酉申未午巳

甲木生于季春 木有餘氣 宇得比祿之助 時干丙火獨透 通輝純粹 年干
갑목생우계춘　　목유여기　　우득비록지조　　시간병화독투　　통휘순수　　년간

壬水 坐下燥土之制 又逢比肩之洩 展轉相生 則丙火更得其勢 至戊運
임수　좌하조토지제　　우봉비견지설　　전전상생　　즉병화경득기세　　지무운

戌之元神透出制壬 兩冠群英 三元及第 其仕路未能顯秩者 運走西方
술지원신투출제임　　양관군영　　삼원급제　　기사로미능현질자　　운주서방

金地 洩土生水之故也.
금지　　설토생수지고야

甲木이 계춘(季春)에 생(生)하여 木의 여기(餘氣)이며 비견(比肩)인 寅木에 녹(祿)을 얻었으며 시간(時干)의 丙火가 투출하였으니 통휘(通輝)함이 순수하다.

년간(年干)의 壬水를 좌하(坐下)의 조토(燥土)가 극제(剋制)하고 있으며 비견(比肩)이 설(洩)을 만나 전전상생(展轉相生)하니 丙火가 다시 세력을 얻었다.

戊申 운에 이르러 戊土의 원신(元神)이 투출하여 壬水를 극제(剋制)하니 과거시험에 연달아 합격하였다. 사로(仕路)가 일어나지 않는 것은 운행이 서금지지(西金之地)로 행(行)하고 土를 설(洩)하고 水를 생(生)하였기 때문이다.

評註

甲木 일주가 辰月에 태어나서 진중을목(辰中乙木)에 통근(通根)하고 있는데 시지(時支)의 寅木에 녹근(祿根)하고 있으며 천간(天干)에 인비(印比)가 투출(透出)하였으니 신왕(身旺)하다. 희신(喜神)은 식재관(食財官)인 火土金이고 기신(忌神)은 인비(印比)인 水木이다. 기쁘게도 운행(運行)이 남서지지(南西之地)인 火金으로 행(行)하고 있는데 戊申 운은 토생금(土生金)으로 재관(財官)이 함께 들어오니 양관군영(兩冠群英)[97]하고 삼원급제(三元及第)[98]하였다.

己酉 운은 己土가 희신(喜神)인데 甲己 합거(合去)로 쟁합(爭合)이 되었으니 토생금(土生金)이 되지 못하고 지지(地支)는 辰酉 합금(合金), 酉戌 합금(合金)으로 壬水를 생조(生助)하였고 유중경신(酉中庚辛)이 丙辛 합거(合去)하고 甲庚 충거(冲去)하였으니 벼슬길이 고관(高官)에 이르지 못한 것이다.

任註

庚	丁	丁	甲
戌	卯	丑	寅

甲癸壬辛庚己戊
申未午巳辰卯寅

丁火生于季冬 局中印綬疊疊 弱中變旺 足以用財 庚金虛露 本無出色
정화생우계동　국중인수첩첩　약중변왕　족이용재　경금허로　본무출색

喜其丑內藏辛爲用 亦是元機暗裏存也 丑乃日元之秀氣 能引比肩來生
희기축내장신위용　역시원기암리존야　축내일원지수기　능인비견래생

又得卯戌合 而丑土不傷 所以身居鼎右 探花及第.
우득묘술합　이축토불상　소이신거정우　탐화급제

丁火가 계동(季冬)에 생(生)하여 국중(中)에 인수(印綬)가 중첩(重疊)하여 약(弱)한 가운데 왕(旺)으로 변(變)하였으니 충분히 재성(財星)을 용신(用神)으로 할 수 있다. 그러나 庚金이 허(虛)해야 본래 큰 특징은 없는데 기쁜 것은 축중신금(丑中辛金)이 용신(用神)이 되니 이것은 역시 원기(元機)가 암장(暗藏)되어 있는 것이다. 丑土는 일원(日元)의 수기(秀氣)로서 비견(比肩)을 인출(引出)하여 생조(生助)할 수 있고 卯戌이 합(合)하여 丑土가 손상(損傷)을 입지 않으니 일신(一身)이 정우(鼎右)에 이르고 탐화급제(探花及第)99하였다.

丁火 일주가 丑월에 태어나서 실령(失令)하였으나 인비(印比)가 태왕(太旺)하니 신왕(身旺)하다. 희신(喜神)은 식재관(食財官)인 土金水이고 기신(忌神)은 인비(印比)인 木火인데 애석(哀惜)하게도 운행(運行)이 木火로 행(行)하고 있다. 庚辰 운에는 土金이 병왕(並旺)하여 희신(喜神)이 되었으니 과거시험(科擧試驗)에 3등으로 합격(合格)하게 된 것이다.

任註

辛	庚	壬	丁
巳	子	子	亥

乙丙丁戊己庚辛
巳午未申酉戌亥

---

99 탐화급제(探花及第): 명청(明淸)시대에 과거의 최고 시험이었던 전시(殿試)에서 제3위의 성적으로 합격(合格)하여 진사(進士)가 된 사람을 가리킴. 탐화(探花)는 "꽃을 가지다"라는 뜻으로 '정우(鼎右)'와 같은 말이다. 정(鼎)은 세 개의 다리와 2개의 손잡이가 달린 솥이므로 과거에 3등으로 급제한 사람. '방안(榜眼)'은 과거에 2등으로 급제한 사람으로 안(眼)은 두 개의 눈을 뜻함. '오두(鼇頭)'는 큰 거북의 머리를 뜻하므로 1등으로 장원급제(壯元及第)한 사람을 뜻함.

庚金生于仲冬 傷官太旺 過于洩氣 用神在土 不在火也 柱中之火 不過
경금생우중동　상관태왕　과우설기　용신재토　부재화야　주중지화　불과

取其煖局耳 四柱無土 取巳中藏戊 水旺剋火 火能生土 亦是元機暗裏
취기난국이　사주무토　취사중장무　수왕극화　화능생토　역시원기암리

存也 至戊運丙辰年 火土相生 巳中元神竝發 亦居鼎右.
존야　지무운병진년　화토상생　사중원신병발　역거정우

庚金이 중동(仲冬)에 생(生)하였는데 상관(傷官)이 태왕(太旺)하여 설기(洩氣)가 지
나치니 용신(用神)은 土이고 火가 아니다. 주중(柱中)의 火는 원국(原局)을 온난(溫暖)
하게 할 뿐이고 土가 없으니 사중무토(巳中戊土)가 용신(用神)이다.

水가 왕(旺)하여 화극(火剋)하지만 火는 생토(生土)하니 원기(元機)가 암장(暗藏)되
어 있는 것이다. 戊운 丙辰년에 火土가 상생(相生)하고 巳 중에 원신(元神)이 함께 발
하니 역시 정우(鼎右)[100]를 차지하였다.

庚金 일주가 子월에 태어나서 금수상관(金水傷官)으로 한랭(寒冷)하니 조후(調候)
로 火가 필요하다. 지지(地支)에서 亥子 합수(合水)가 되어 있는데 壬水가 투출(透出)
하였으니 식상(食傷)이 태왕(太旺)하여 제살태과격(制殺太過格)이 되었다. 희신(喜神)은
인비관(印比官)인 土金水이고 기신(忌神)은 식재(食財)인 水木이다.

기쁘게도 운행이 서남지지(西南之地)인 金水로 행(行)하고 있다. 戊申 운은 土金
이 상생(相生)하고 丙辰 년은 火土가 역시 상생(相生)하니 전시(殿試)에 3등으로 합격
(合格)된 것이다.

---

100 정우(鼎右): 과거시험에서 3등으로 합격한 사람으로 탐화급제(探花及第)와 같은 말이다. 정(鼎)
은 우왕(禹王)이 구주(九州)의 금속을 모아서 주조(鑄造)한 아홉 개의 솥으로, 다리가 세 개이므
로 삼공(三公)에 비유한 벼슬자리이며 『역경(易經)』에서는 군자(君子)가 바른 지위에 처(處)하
게 될 상(象)이라고 한다.

原文

清得盡時黃榜客 雖存濁氣亦中式
청득진시황방객　　수존탁기역중식

청(淸)한 기운이 극(極)에 이르렀을 때는 황방객(黃榜客)[101]이고 비록 탁기(濁氣)가 있다고 할지라도 또한 중식(中式)[102]에 합격(合格)한다.

原註

天下之命 未有不淸而發科甲者 淸得盡者 飛筆一一成象 雖五行盡出
천하지명　미유불청이발과갑자　청득진자　비필일일성상　수오행진출

而能安放得所 生化有情 不混閒神忌客 決發科甲.
이능안방득소　생화유정　불혼한신기객　결발과갑

卽有一二濁氣 而淸氣或成一個體段 亦可發達.
즉유일이탁기　이청기혹성일개체단　역가발달

천하(天下)의 명조(命造)에서 청(淸)하지 않으면서 과갑(科甲)을 하는 경우는 아직까지 없었다. 청득진(淸得盡)이라는 것은 반드시 하나하나가 상(象)을 이룬 것은 아니다. 비록 오행(五行)이 모두 나타나고 필요한 장소에 득소(得所)하였더라도 생화유정(生化有情)하고 한신(閒神)과 기신(忌神), 객신(客神)이 혼잡(混雜)되지 않아야 과갑(科甲)에 합격(合格)할 수 있다.

설령 한두 개의 탁기(濁氣)가 있다고 할지라도 청기(淸氣)가 하나의 체단(體段)을 이룬다면 역시 과거(科擧)에 합격(合格)할 수 있는 것이다.

---

101 황방객(黃榜客): 전시(殿試)에 합격한 자. 합격자 이름을 노란 종이에 적어 발표하였던 데서 비롯된 말.

102 중식(中式): 향시(鄕試) 또는 회시(會試)에 합격.

任氏曰 淸得盡者 非一行成象 兩氣雙淸也 雖五行盡出 而淸氣濁逢生
임씨왈　청득진자　비일행성상　양기쌍청야　수오행진출　이청기탁봉생

旺 或眞神得用 或淸氣深藏者 黃榜標名也.
왕　혹진신득용　혹청기심장자　황방표명야

若 淸氣當權 閑神忌客 不司令 不深藏 得歲運制化者 亦發科甲也.
약　청기당권　한신기객　불사령　불심장　득세운제화자　역발과갑야

淸氣當權 雖有濁氣 安放得所 不犯喜用者 雖不能發甲 亦發科也.
청기당권　수유탁기　안방득소　불범희용자　수불능발갑　역발과야

淸氣雖不當令 得閑神忌客 不當濁氣 匡扶淸氣 或歲運安頓者 亦可中
청기수부당령　득한신기객　부당탁기　광부청기　혹세운안돈자　역거중

式也.
식야

임씨(任氏)가 말하길, 청득진(淸得盡)이라는 것은 일행성상(一行成象)과 양기쌍청(兩氣雙淸)을 말하는 것이다.

비록 오행(五行)이 모두 나타났다 하더라도 청기(淸氣)가 홀로 생왕(生旺)을 만나거나 혹은 진신(眞神)이 득용(得用)하였거나 혹은 청기(淸氣)가 심장(深藏)되면 전시(殿試)에서 합격(合格)한다.

만약 청기(淸氣)가 당권(當權)하고 한신(閑神)이나 기객(忌客)이 사령(司令)하지 못하고 심장(深藏)되지 않았으며 세운(歲運)에서 제화(制化)를 만나면 역시 과갑(科甲)에서 합격(合格)할 수 있다.

청기(淸氣)가 당권(當權)하고 비록 탁기(濁氣)가 안방득소(安榜得所)[103]하였다 하더라도 희신(喜神)과 용신(用神)을 침범하지 않으면 발갑(發甲)[104]은 할 수 없다고 하더라도 발과(發科)[105]를 할 수 있다.

---

103 안방득소(安榜得所): 일정(一定)한 장소(場所)에 들어가 걸맞는 지위(地位)을 얻는 것.

104 발갑(發甲): 전시(殿試)에 합격. 과거시험(科擧試驗)에 장원을 함.

105 발과(發科): 향시(鄕試)나 회시(會試)에 합격함. 등과(登科) 또는 중식(中式)이라고도 함.

청기(淸氣)가 비록 당령(當令)하지 않았다고 하더라도 한신(閑神)이나 기객(忌客)이 탁기(濁氣)를 돕지 않고 청기(淸氣)를 광부(匡扶)하거나 혹은 세운(歲運)에서 안돈(安頓)하면 역시 중식(中式)은 할 수 있다.

任註

```
丙 己 乙 戊
寅 卯 卯 辰
```

```
壬辛庚己戊丁丙
戌酉申未午巳辰
```

平傳臚造 己土生子卯月 殺旺提綱 乙木元神透露 之類東方 時干丙 火
평전려조　기토생자묘월　살왕제강　을목원신투로　지류동방　시간병　화

生旺 局中不雜金水 淸得盡者也 若一見金 不但不能剋木 而金自傷 觸
생왕　국중부잡금수　청득진자야　약일견금　부단불능극목　이금자상　촉

其旺神 徒與不和 爲不盡也.
기왕신　도여불화　위부진야

평전려(平傳臚)의 명조(命造)인데 己土가 卯월에 생(生)하니 살(殺)이 제강(提綱)[106]으로 왕(旺)하다. 乙木 원신(元神)이 투출(透出)하고 지지(地支)가 동방(東方)으로 이루어졌으며 시간(時干)의 丙火가 생왕(生旺)하고 국중(局中)에 金水가 혼잡(混雜)되지 않으니 청득진(淸得盡)이 된 사주(四柱)이다.

만약 하나의 金을 보게 된다면 木을 극(剋)할 수 없을 뿐만 아니라 오히려 金이 손상(損傷)을 입게 된다. 왕신(旺神)을 범(犯)하여 뿌리와 불화(不和)하면 청(淸)함이 극진(極盡)하지 않다.

106　제강(提綱): 대강(大綱)이나 제요(提要)라고도 하는데 요점(要點)을 세시하는 것.

己土 일주가 卯월에 태어나서 실령(失令)하였고 전지지(全地支)가 寅卯辰 목국(木局)이 되어 있는데 월간(月干)의 乙木이 투출(透出)하였으니 종왕격(從旺格)이 되었다.

희신(喜神)은 식재관(食財官)인 金水木이고 기신(忌神)은 인비(印比)인 火土인데 운행(運行)이 남서지지(南西之地)인 火金으로 행(行)하니 불길(不吉)하다. 庚申운은 丙庚 충(冲), 寅申 충(冲)으로 천충지충(天冲地冲)되었으니 왕충쇠발(旺冲衰拔)하게 된 것이다.

```
甲 庚 己 癸
申 子 未 未
```

```
壬癸甲乙丙丁戊
子丑寅卯辰巳午
```

庚金生於未月 燥土木難生金 喜其坐下子水 年透元神 謂三伏生寒 潤
경금생어미월 　조토목난생금 　희기좌하자수 　년투원신 　위삼복생한 　윤

土養金 雖然土旺水衰 妙在申時拱子 有洩土生水扶身之美 更妙火 不
토양금 　수연토왕수쇠 　묘재신시공자 　유설토생수부신지미 　경묘화 불

顯露 清得盡也 初交戊午丁巳丙運 生土逼水 功名蹭蹬 家業破耗 辰運
현로 　청득진야 　초교무오정사병운 　생토핍수 　공명층등 　가업파모 　진운

支全水局 擧於鄉 交乙卯除去己未之土 登黃甲 入詞林 又掌文柄 仕路
지전수국 　거어향 　교을묘제거기미지토 　등황갑 　입사림 　우장문병 　사로

顯赫.
현혁

庚金이 未월에 생(生)하니 조토(燥土)는 본래 생금(生金)하기 어려우나 기쁘게도 좌하(坐下)에 子水를 두고 년간에 원신(原神)이 투출하였으니 이를 두고 "삼복(三伏)

에 한기(寒氣)가 생(生)하고 윤택(潤澤)한 土가 생금(生金)한다"라고 한다. 비록 土는 왕(旺)하고 水는 쇠(衰)하다 하더라도 묘(妙)한 것은 시지(時支)의 申金이 子水와 공합(拱合)의 아름다움이 있다. 더욱 묘(妙)한 것은 火가 나타나지 않아 청득진(淸得盡)이 된 것이다.

초년운인 戊午, 丁巳, 丙운은 생토(生土)하고 水를 핍박하니 공명이 떨어지고 가업이 파모(破耗)하였다. 辰土 운에 지지가 子辰 수국(水局)을 이루어 향시(鄕試)[107]에 합격(合格)하였다. 乙卯 운에는 己未土를 제거하니 황갑(黃甲)[108]에 올라 사림(詞林)[109]에 들어가 문병(文柄)[110]을 장악하니 사로(仕路)가 현저하게 빛났다.

評註

庚金 일주가 未月에 태어나서 조토(燥土)로 본래 생금(生金)을 하지 못하지만 申子 합수(合水)가 되고 癸水가 투출(透出)하였으니 습토(濕土)가 되어 도리어 생금(生金) 하게 되었으니 신왕(身旺)하다. 희신(喜神)은 식재관(食財官)인 水木火이고 기신(忌神)은 인비(印比)인 土金이다. 운행이 초년인 戊午, 丁巳 운에서는 조토(燥土)가 되고 지지가 午未 합화(合火)하고 巳未 합화(合火)하니 오히려 子水를 극수(剋水)하여 가업이 파모하게 된 것이다. 丙辰 운은 子辰 수국(水局)이 되어 희신(喜神)이 되었으니 과거에 합격하게 되었으며 乙卯, 甲寅 운은 상하(上下)가 목왕(木旺)이 되어 한림원(翰林苑)에 들어가게 되었으며 사로(仕路)가 탄탄하였다.

---

107 향시(鄕試): 향장(鄕場), 추시(秋試), 추공(秋貢), 추방(秋榜), 추위(秋闈) 등이라고도 함. 과거의 제1차 시험.

108 황갑(黃甲): 전시(殿試)에서 급제(及第)한 사람의 명단(名單). 황색 종이에 명단을 적었던 데서 유래.

109 사림(詞林): 명나라의 홍무(洪武) 때 한림원을 세우고 현관에 '사림(詞林)'이라고 쓴 데서 유래됨.

110 문병(文柄): 문관(文官)을 심사(審査)하고 선발(選拔)하는 권한(權限).

```
丁 甲 癸 癸
卯 午 亥 未
```

```
丙丁戊己庚辛壬
辰巳午未申酉戌
```

甲木生于亥月　癸水並透　其勢泛濫　冬木喜火　最喜卯時　不特丁火通根
갑목생우해월　계수병투　기세범람　동목희화　최희묘시　불특정화통근

抑此日主臨旺　又會木局　洩水生火扶身　更妙無金　清得盡矣　至己未運
억차일주임왕　우회목국　설수생화부신　경묘무금　청득진의　지기미운

制其溪水　丙辰流年　捷南宮　入翰苑　官居清要.
제기계수　병진유년　첩남궁　입한원　관거청요

甲木이 亥月에 생(生)하였고 년월(年月)에 癸水가 투출(透出)하였으니 범람(泛濫)하는 기세이다. 동목(冬木)은 火를 기뻐하는데 기쁜 것은 卯시에 丁火가 통근하고 있을 뿐만 아니라 일주(日主)가 왕지(旺地)에 임(臨)하고 있다. 또한 목국(木局)을 이루어 水를 설(洩)하고 火를 생(生)하여 일주(日主)를 도우며 더욱 묘한 것은 金이 없는 것으로 청득진(清得盡)하다. 己未 운에 이르러 癸水를 제압하니 丙辰 년에 남궁(南宮)에 올랐고 한원(翰苑)에 들어갔으며 관직이 청요(清要)하였다.

甲木 일주가 亥月에 태어나서 득령(得令)하였으며 지지(地支)가 亥卯未 삼합목국(三合木局)이 되었고 천간(天干)에 두 개의 癸水가 투출(透出)하였으니 신왕(身旺)하다. 희신(喜神)은 조후(調候)와 식재관(食財官)인 火土金이고 기신(忌神)은 인비(印比)인 水木이다. 己未 운은 희신(喜神)인 土가 천부지재(天覆地載)로 들어와서 己癸로 극제(剋制)하여 한림원(翰林苑)에 들어가게 된 것이다. 丙辰 년은 火土가 역시 희신(喜神)이

되었으니 과거(科擧)에 합격(合格)하게 된 것이니 戊午, 丁巳, 丙운까지 과갑연등(科甲連登)하였을 것이다.

```
乙 癸 己 壬
卯 卯 酉 辰
```

```
丙乙甲癸壬辛庚
辰卯寅丑子亥戌
```

癸卯日元　食神太重　不但日元洩氣　而且制殺太過　喜其秋水通源　獨印
계묘일원　식신태중　부단일원설기　이차제살태과　희기추수통원　독인

得用　更妙辰酉合而化金　金氣愈堅　局中全無火氣　淸得盡矣　所以早登
득용　경묘진유합이화금　금기유견　국중전무화기　청득진의　소이조등

雲路　名高翰苑　惜中運逢木　仕路恐不能顯秩也.
운로　명고한원　석중운봉목　사로공불능현질야

癸卯 일원(日元)이 식신태중(食神太重)하여 일원(日元)의 설기(洩氣)가 심하였을 뿐만 아니라 제살하는 데도 태과하다. 기쁜 것은 가을의 水가 통근되어 오직 인수(印綬)를 용신(用神)으로 하며 더욱 묘한 것은 辰酉가 합금(合金)되어 더욱 견고하다는 것이다. 원국(原局)에서 화기(火氣)가 없으니 청(淸)하여 일찍 과거(科擧)에 합격(合格)하여 이름이 한원(翰苑)에 오르게 되었다. 애석(哀惜)한 것은 중년(中年)운에 木을 만나 사로(仕路)가 크게 발전(發展)하지 못하였다.

癸水 일주가 酉월에 태어나서 득령(得令)하였으나 식상(食傷)이 태왕(太旺)하니 신약(身弱)하다. 희신(喜神)은 인비(印比)인 金水이고 기신(忌神)은 식재관(食財官)인 木火

土이다. 운행(運行)이 초년(初年)은 서북지지(西北之地)인 金水로 행(行)하니 대발(大發)하였으나 중년(中年)은 동방지지(東方之地)인 목국(木局)이 되었으므로 더 이상 승진하지 못하였다.

任註

丙	庚	甲	己
子	子	戌	亥

丁戊己庚辛壬癸
卯辰巳午未申酉

庚金生又戌月 兩子一亥 干透丙火 剋洩交加 喜其印旺月提 雖嫌甲木
경금생우술월　양자일해　간투병화　극설교가　희기인왕월제　수혐갑목

生火剋土 得甲己合而化土 清得盡也 至己巳流年 印星有助 冲去亥水
생화극토　득갑기합이화토　청득진야　지기사류년　인성유조　충거해수

甲木長生 名題雁塔.
갑목장생　명제안탑

庚金이 戌월에 생(生)하여 지지(地支)가 양자(兩子)와 일해(一亥)가 있고 천간(天干)에 丙火가 투출(透出)하였으니 극설교가(剋洩交加)이다. 기쁘게도 인수(印綬)가 월령(月令)으로 왕(旺)하니 비록 甲木이 火를 생(生)하고 극토(剋土)하는 것을 꺼리나 甲己가 합이화토(合而化土)하였으니 청득진(清得盡)이다. 己巳 년에 이르러 인수(印綬)의 생부(生扶)를 얻었고, 甲木의 장생(長生)인 亥水를 충거(冲去)하니 이름이 안탑(雁塔)[111]에 올랐다.

---

111 안탑(雁塔): 탑(塔)의 이름. 기러기를 공양(供養)하기 위하여 세운 탑(塔). 섬서성(陝西省) 장안현(長安縣)서안시(西安市)에 있는 두 탑(塔)의 이름이다. 하나는 자은사(慈恩寺)의 대안탑(大雁塔)으로 당나라 고승 현장이 세웠고, 또 하나는 천복사(薦福寺)의 소안탑(小雁塔)이 있음. 당대

　　庚金 일주가 戌월에 태어나 득령(得令)하였고 한랭(寒冷)하니 조후(調候)로 火가 필요한데 시간(時干)에 丙火가 월간(月干)의 甲木에 생조(生助)를 받고 있으니 아름답다.

　　지지(地支)가 亥子 합수(合水)가 되어 식상(食傷)이 태왕(太旺)하니 제살태과격(制殺太過格)이 되었다. 희신(喜神)은 인비관(印比官)인 土金水이고 기신(忌神)은 식재(食財)인 水木인데 기쁘게도 운행(運行)이 서남지지(西南之地)인 金水로 행(行)하고 있다.

　　己巳 운은 火土가 희신(喜神)인데 더욱 묘(妙)한 것은 甲己 합토(合土)가 되었고 巳亥 충(冲)으로 기신(忌神)인 亥水가 충발(冲拔)하였으니 전시(殿試)에 합격(合格)하게 된 것이다.

```
辛 庚 丙 己
巳 子 子 亥
```

```
己庚辛壬癸甲乙
巳午未申酉戌亥
```

庚金生於仲冬　地支兩子一亥　干透丙火　尅洩並見　喜其己土透露　洩水
경금생어중동　　지지양자일해　　간투병화　　극설병견　　희기기토투로　　설수

生金　五行無木　清得盡也　至己巳年　印星得助　名高翰苑　所不足者　印
생금　　오행무목　　청득진야　　지기사년　　인성득조　　명고한원　　소부족자　　인

不　當令　又己土遙列而虛　故降任知縣.
부　　당령　　우기토요열이허　　고강임지현

(唐代)에 진사급제(進士及第)한 사람은 이 탑(塔)에 자신의 이름을 써 넣었으며 이를 '안탑제명(雁塔題名)'이라고 한다.

庚金이 중동(仲冬)에 생(生)하여 지지(地支)가 양자일해(兩子一亥)이고, 천간(天干)에 丙火가 투출(透出)하였으니 극설병견(剋洩並見)이다. 기쁘게도 己土가 투출(透出)하여 설화생금(洩火生金)하는데 오행(五行)에 木이 없으니 청득진(清得盡)이다. 己巳 년에 인수(印綬)가 생조(生助)하니 한원(翰苑)에서 이름이 높았다.

부족(不足)한 것은 인수(印綬)가 당령(當令)하지 않았고 또한 己土가 멀리 떨어져 있어 허(虛)하므로 지현(知縣)으로 강등(降等)되었다.

評註

庚金 일주가 子월에 태어나서 금수상관(金水傷官)이며 한랭(寒冷)하니 조후(調候)로 火가 필요한데 월간(月干)의 丙火가 시지(時支)의 巳火에 통근(通根)되어 있으니 기쁘다. 지지(地支)에서 亥子 합수(合水)가 수국(水局)을 이루니 전조(前造)와 같이 식상(食傷)이 태왕(太旺)하여 제살태과격(制殺太過格)이 되었다. 희신(喜神)은 인비관(印比官)인 土金火이고 기신(忌神)은 식재(食財)인 水木이다. 운행(運行)이 서남지지(西南之地)인 金水로 행(行)하여 아름답다.

己巳 년은 火土가 희신(喜神)이고 일주(日主)를 생조(生助)하여 巳亥 충(冲)으로 亥水를 충발(冲拔)시켰으니 한원(翰苑)에 들어가 명성(名聲)이 높았던 것이다. 전조(前造)에 비하여 희신(喜神)인 火土가 약(弱)하다.

任註

壬	丙	壬	丙
辰	子	辰	申

己戊丁丙乙甲癸
亥戌酉申未午巳

丙火生于季春 兩殺並透 支會殺局 喜其辰土當令制殺 辰中木有餘氣
병화생우계춘 양살병투 지회살국 희기진토당령제살 진중목유여기

而生身 病在申金 無此盡美 所以天資過人 丁卯年合殺而印星得地 中
이생신　병재신금　무차진미　소이천자과인　　정묘년합살이인성득지　　　중

鄕榜 辛未年 去其子水 木火皆得餘氣 春闈亦捷 究竟申金爲嫌 不得大
향방　신미년　거기자수　목화개득여기　춘위역첩　구경신금위혐　부득대

用歸班 更嫌運走西方 以酒色爲事也.
용귀반　경혐운주서방　　이주색위사야

丙火가 계춘(季春)에 생(生)하였는데 양살(兩殺)이 병투(並透)하였고 지지(地支)에서도 살국(殺局)을 이루고 있다. 기쁜 것은 辰土가 당령(當令)하여 제살(制殺)하고 辰土 중에 있는 木의 여기(餘氣)가 일주(日主)를 생(生)하니 병(病)은 申金에 있으니 청득진(淸得盡)이다. 타고난 자질이 남보다 뛰어난 까닭에 丁卯 년에 합살(合殺)하고 인수(印綬)가 득지(得地)하니 향방(鄕榜)에 합격하였다. 辛未 년은 子水를 제거(除去)하고 木火가 모두 여기(餘氣)를 얻으니 춘위(春闈) 또한 합격하였으나 결국은 申金이 병(病)이니 벼슬길에 나아가지 못하였다. 더욱 꺼리는 것은 운이 서방(西方)으로 달리니 주색(酒色)으로 일을 삼았다.

評註

丙火 일주가 전지지(全地支)가 申子辰 삼합수국(三合水局)이 되어 있는데 천간(天干)에 壬水가 투출(透出)하였으니 종살격(從殺格)이 되었다. 희신(喜神)은 조후(調候)로 火이고 재관(財官)인 金水이며 기신(忌神)은 인수(印綬)와 식상(食傷)인 木土이다.

초년(初年)운은 남방지지(南方之地)인 火운으로 조후용신(調候用神)되어 춘위(春闈)에 합격(合格)하였다. 丙申, 丁酉 운은 상하(上下)가 火金 상전(相戰)으로 개두(蓋頭)가 되어 희신(喜神)이 손상(損傷)되었다. 金은 재성(財星)에 속하니 재물(財物)과 처궁(妻宮)에 형액(刑厄)이 있었다는 것이다.

```
乙 壬 壬 戊
巳 子 戌 午
```

```
己戊丁丙乙甲癸
巳辰卯寅丑子亥
```

壬水生于戌月　水進氣　而得坐下陽刃幇身　年干之殺　比肩攩之　謂身殺
임수생우술월　수진기　이득좌하양인방신　년간지살　비견당지　위신살

兩停　其病在午　子水沖之　又嫌在巳　子水隔之　使其不能生殺　且戌中辛
양정　기병재오　자수충지　우혐재사　자수격지　사기불능생살　차술중신

金　暗藏爲用　同胞雙生　皆中進士.
금　암장위용　동포쌍생　개중진사

　　壬水가 戌월에 생(生)하여 水의 진기(進氣)이고 좌하(坐下)의 양인(陽刃)이 방신(幇身)하고 있는데 년간(年干)의 살(殺)이 비견(比肩)을 대적(對敵)하니 '신살양정(身殺兩停)'이라고 한다.

　　그 병(病)은 午에 있는데 子水기 충거(沖去)하였고, 또한 꺼리는 것은 巳火에 있는데 子水가 가로막아서 생살(生殺)할 수 없게 하였다. 암장(暗藏)된 술중신금(戌中辛金)이 용신(用神)이니 쌍둥이 형제(兄弟)가 모두 급제(及第)하여 진사(進士)가 되었다.

　　壬水 일주가 戌월에 태어나서 水가 진기(進氣)하니 술중신금(戌中辛金)에 통근(通根)하고 있으며 좌하(坐下)의 子水가 양인(陽刃)으로 방조(幇助)하여 월간(月干)에 壬水가 투출(透出)하였으니 일주(日主)가 왕(旺)하다. 그러나 지지(地支)가 午戌 합화(合火)하여 년간(年干)의 戊土는 시지(時支)의 巳火에 통근(通根)을 얻어 살(殺)이 왕(旺)하게 되었다.

그러므로 식신제살격(食神制殺格)이 되었으니 희신(喜神)은 인비식(印比食)인 金水木이고 기신(忌神)은 재관(財官)인 火土이다. 기쁘게도 운행(運行)이 북동지지(北東之地)인 水木으로 행(行)하고 있다. 주의(主義)해야 할 것은 巳火는 乙木의 생조(生助)를 받고 있으며 사중경금(巳中庚金)은 壬水을 생조(生助)하고 있으니 아름답다.

任註

```
戊 乙 辛 庚
寅 卯 巳 戌
```

```
戊丁丙乙甲癸壬
子亥戌酉申未午
```

乙木生于巳月　傷官當令　足以制官伏殺　坐下祿支扶身　寅時又藤蘿繫
을목생우사월　　상관당령　족이제관복살　　좌하록지부신　　인시우등라계

甲　至庚辰年　支類東方　中鄕榜　不發甲　只因四柱無印　戊土洩火生金之
갑　지경진년　지류동방　중향방　불발갑　지인사주무인　술토설화생금지

故也　同胞雙生　其弟生卯時雖亦得祿　不及寅中甲木有力　而藏之爲美
고야　동포쌍생　기제생묘시수역득록　　불급인중갑목유력　　이장지위미

故遲至己　亥年　印星生拱　始中鄕榜也.
고지지기　해년　인성생공　시중향방야

乙木이 巳月에 생(生)하여 상관(傷官)이 당령하였으니 관살을 제살(制殺)할 수 있다. 좌하(坐下)의 녹지(祿支)가 일주를 돕고 시지가 寅木이니 등라계갑이 되었다. 庚辰 년에 이르러 지지에 동방이 모이니 향방에는 합격하였으나 발갑을 하지 못한 것은 사주에 인수(印綬)가 없기 때문이고 戊土가 설화생금(洩火生金)하기 때문이다.

쌍둥이의 명조인데 그 동생은 卯時에 태어나 비록 득록하였다고 하더라도 인중갑목(寅中甲木)의 유력함에 미치지 못하지만 암장되어 있는 것이 아름다운 것이다. 그러므로 己亥 년에 이르러 인수(印綬)가 생발하니 비로소 향방에 합격하였다.

乙木 일주가 巳월에 태어나서 상관(傷官)으로 실령하였는데 재관(財官)이 왕(旺)하여 신약하다. 희신은 인비(印比)인 水木이고 기신은 식재관(食財官)인 火土金이다. 庚辰 년은 지지가 寅卯辰 목국을 이루어 희신이 되었으니 향시에 합격하였으나 발갑으로 장원급제하지 못한 것은 土金으로 기신이 되었기 때문이다.

쌍둥이 명조로 동생은 卯시에 태어났으니 사주가 己卯이므로 역시 득록(得祿)하였는데 庚辰 년에 향시에 합격하지 못한 것은 卯辰이 합목(合木)이 되어 희신(喜神)이 되었으나 寅卯辰 목국(木局)에 비하여 유력(有力)하지 못하였기 때문이다. 己亥년에는 亥卯 공합(拱合)으로 방신(幫身)하여 향시(鄕試)에 합격하게 되었다.

주의(注意)해야 할 것은 삼합(三合)이나 방합(方合)이 육합(六合)이나 공합(拱合)에 비하여 세력(勢力)이 강(強)하다는 것이다.

任註

甲	戊	乙	癸
寅	午	卯	亥

戊己庚辛壬癸甲
申酉戌亥子丑寅

戊土生于仲春 官殺並旺臨祿 又財星得地生扶 雖坐下午火印綬 虛土
무토생우중춘　관살병왕임록　우재성득지생부　수좌하오화인수　허토

不能納火 格成棄命從殺 官殺一類旣從 不作混論 至子運冲去午火 庚
불능납화　격성기명종살　관살일류기종　부작혼론　지자운충거오화　경

子年 金生水旺 冲盡午火 中鄕榜.
자년　금생수왕　충진오화　중향방

戊土가 중춘(仲春)에 생(生)하였고 관살(官殺)이 녹왕(祿旺)에 자리하고 있으며 또

한 재성(財星)이 득지(得地)하여 생부(生扶)를 얻고 있다. 비록 좌하(坐下)에 인수(印綬)인 午火가 있으나 허토(虛土)는 火를 받아들일 수 없으니 기명종살격(棄命從殺格)을 이루었다. 관살(官殺)이라는 한 종류만 종(從)하였으니 관살혼잡(官殺混雜)이라고 논(論)하지 않는다. 子운에 이르러 午火를 충거(冲去)하고 있는데 庚子 년에 金이 水를 왕성(旺盛)하게 하여 午火를 충진(冲盡)하니 향방(鄕榜)에 합격(合格)한다.

評註

戊土 일주가 卯월에 태어나서 실령(失令)하였고 지지(地支)가 亥卯 합목(合木), 寅卯 합목(合木), 寅亥 합목(合木)하고 있는데 천간(天干)에 甲乙木 관살(官殺)이 투출(透出)하고 년간(年干)의 癸水가 생부(生扶)하니 관살(官殺)이 극왕(極旺)하게 되었으니 종살격(從殺格)이 되었다.

좌하(坐下)의 午火가 戊土 일주(日主)를 생조(生助)할 수 있는가를 의심(疑心)하여야 한다. 午火는 목다화식(木多火熄)이 되어 생토(生土)할 능력이 없다. 그러므로 희신(喜神)은 재관(財官)인 水木이고 기신(忌神)은 인비식(印比食)인 火土金이다.

壬子 운은 상하유정(上下有情)하여 희신(喜神)이 되어 있는데 子午 충(冲)으로 기신(忌神)인 午火를 충거(冲去)시켰는데 庚子 년에 이르러서는 금생수(金生水)로 왕수(旺水)가 되었으니 子午 충(冲)이 더욱 심하여 午火가 충발(冲拔)되었으니 향방에 합격하게 된 것이다. 이러한 경우를 기신충발(忌神冲拔)이라고도 한다.

任註

```
癸 庚 壬 戊
未 寅 戌 子
```

```
己戊丁丙乙甲癸
巳辰卯寅丑子亥
```

庚金生於戌月 印星當令 金亦有氣 用神在水 不在火也 至庚申流年 壬
경금생어술월　　인성당령　　금역유기　　용신재수　　부재화야　　지경신류년　임

水逢生 又洩土氣 北闈奏捷 所嫌者 戊土元神透露 不利春闈 兼之中運
수봉생　우설토기　북위진첩　소혐자　무토원신투로　불리춘위　겸지중운

木火 財多破耗.
목화　재다파모

庚金이 戌월에 생(生)하여 인성(印星)이 당령(當令)하였고 金도 역시 유기(有氣)하니 용신(用神)은 水에 있고 火에 있는 것이 아니다.

庚申 년에 이르러 壬水가 봉생(逢生)하고 토기(土氣)를 설(洩)하니 북위(北闈)에 합격(合格)하였다. 꺼리는 것은 戊土 원신(元神)이 투출(透出)하여 춘위(春闈)에서 불리(不利)하게 된 것이고 겸하여 중년(中年)운이 木火이니 재물(財物)에 많은 파모(破耗)가 있었다.

評註

庚金 일주가 戌월에 태어나서 득령(得令)하였으나 식상(食傷)이 태왕(太旺)하여 제살태과격(制殺太過格)으로 볼 수 있다.

그러나 戊土는 본래 조토(燥土)이지만 천간(天干)에 壬水가 있으니 습토(濕土)가 되어 생금(生金)할 수가 있고, 년간(年干)의 戊土 역시 子水 위에 앉아 있으니 습토(濕土)가 되었고, 시지(時支)의 未土 역시 癸水 위에 앉아 있으니 습토(濕土)가 되어 생금(生金)할 수 있으니 신왕(身旺)하다. 희신(喜神)은 식재관(食財官)인 水木火이고 기신(忌神)은 인비(印比)인 土金이다.

```
戊 辛 己 戊
子 亥 未 子
```

```
丙乙甲癸壬辛庚
寅丑子亥戌酉申
```

辛金生于季夏　局中雖多燥土　妙在坐下亥水　年時逢子　潤土養金　能激
신금생우계하　국중수다조토　묘재좌하해수　년시봉자　윤토양금　능격

其未拱木爲用　至丁卯年　全會木局　有病得藥　棘闈奏捷.
기미공목위용　지정묘년　전회목국　유병득약　극위진첩

辛金이 계하(季夏)에 생(生)하고 국중(局中)에 비록 조토(燥土)가 많다고 하나 묘(妙)
하게도 좌하(坐下)에 亥水가 있고 년시(年時)의 子水를 만났으니 윤토생금(潤土生金)
할 수 있다. 능히 未土와 회국(會局)하여 木을 용신(用神)으로 한다. 丁卯 년에 이르
러 木局을 이루니 유병득약(有病得藥)하였으니 극위(棘闈)[112]에 합격(合格)하였다.

辛金 일주(日主)가 未월에 태어나서 시지(時支)에 亥子 합수(合水)가 있으니 습토
(濕土)가 되어 생금(生金)할 수가 있다. 천간(天干)에 戊己土가 투출(透出)하였으니 신
왕(身旺)하다.

희신(喜神)은 식재관(食財官)인 水木火이고 기신(忌神)은 인비(印比)인 土金이다. 亥
未 합목(合木)이 관국(官局)이 되었으니 아름답다. 丁卯 운에 이르러서는 木火가 희
신(喜神)이고 지지(地支)가 亥卯未 삼합회국(三合會局)이 되었으니 과거(科擧)에 합격

112　극위(棘闈): 극원(棘院)이라고도 함. 과거시험장(科擧試驗場) 둘레를 가시로 에워 싼 데서 비롯
된 말.

(合格)하게 된 것이다.

秀才不是塵凡者 淸氣還嫌官不起
　　수재불시진범자　　　청기환혐관불기

수재(秀才)는 평범한 사람이 아닌데 청기(淸氣)가 있으나 다만 꺼리게도 관성(官星)이 떨쳐 일어나지 못한 까닭이다.

原註

秀才之命　與異路人貧人富人之命　無甚大別　然終有一種淸氣處　但　官
수재지명　　여이로인빈인부인지명　　무심대별　　연종유일종청기처　단　관
星不起　故無爵祿.
성불기　고무작록

수재(秀才)[113]의 명조(命造)는 이로인(異路人)[114], 빈인(貧人), 부인(富人)의 명(命)과 크게 차이가 나지는 않는다. 그러나 끝내는 일종의 청기처(淸氣處)가 있는데 다만 관성(官星)이 떨쳐 일어나지 못하니 고로 작록(爵祿)이 없다.

任註

任氏曰　秀才之命　與異路貧富人無甚分別　細究之　必有淸氣存焉.
임씨왈　수재지명　　여이로빈부인무심분별　　세구지　필유청기존언

官星不起者　非官星不透之謂也　如官星太旺　日主不能用其官　如官星
관성불기자　　비관성불투지위야　　여관성태왕　　일주불능용기관　　여관성

113　수재(秀才): 부학(府學)의 생원(生員).
114　이로인(異路人): 과거(科擧)를 거치지 않고 벼슬한 자.

太弱 官星不能尅日主.
태약　관성불능극일주

如官旺用印見財者 如官衰用財遇刦者 如印多洩官星之氣者 如官多無
여관왕용인견재자　여관쇠용재우겁자　여인다설관성지기자　여관다무

印者 如官透無根 地支不載 如官坐傷位 傷坐官位 如忌官逢財 喜官遇
인자　여관투무근　지지부재　여관좌상위　상좌관위　여기관봉재　희관우

傷者 皆謂之官星不起也 縱有淸氣 不過一衿終身.
상자　개위지관성불기야　종유청기　불과일금종신

有富而秀者 身旺財旺 與官星不通也 或傷官顧財不顧官也.
유부이수자　신왕재왕　여관성불통야　혹상관고재불고관야

有貧而秀者 身旺官輕 財星受刦也 或財官太旺 印星不見 或傷官用印
유빈이수자　신왕관경　재성수겁야　혹재관태왕　인성불현　혹상관용인

見財不見官也.
견재불현관야

有學問過人 竟不能得一衿 老于儒童者 此亦有淸氣存焉 格局原可 發秀
유학문과인　경불능득일금　노우유동자　차역유청기존언　격국원가　발수

只因運途不齊 破其淸氣 以致終身不能稍舒眉曲也.
지인운도부제　파기청기　이치종신불능초서미곡야

亦有格局本可登科發甲者 亦因運途不齊 屢困場屋 終身一衿 不能 得
역유격국본가등과발갑자　역인운도부제　누곤장옥　종신일금　불능　득

路于靑雲也.
로우청운야

有格局本無出色 竟能科甲連登 此因一路運途合宜 助其淸氣官 星去
유격국본무출색　경능과갑연등　차인일로운도합의　조기청기관　성거

其濁氣忌客之故也.
기탁기기객지고야

임씨(任氏)가 말하길, 수재지명(秀才之命)은 이로인(異路人), 빈인(貧人), 부인(富人)과 큰 차이가 없으나 자세하게 연구(研究)하면 반드시 청기(淸氣)가 존재한다.

관성불기(官星不起)라는 것은 관성(官星)이 나타나지 않는 것을 말하는 것이 아니다. 가령 관성(官星)이 태왕(太旺)하여 일주(日主)가 약(弱)하면 관성(官星)을 용(用)할 수 없거나 관성(官星)이 태약(太弱)하여 관성(官星)이 일주(日主)를 극(尅)할 수 없을 때이다.

가령 관성(官星)이 왕(旺)하여 인수(印綬)를 용(用)할 때 재(財)가 나타나거나 관성(官星)이 쇠약(衰弱)하여 재(財)를 용(用)할 때 비겁(比劫)이 나타나거나 하는 것이다. 또한 인수(印綬)가 왕(旺)하여 관성(官星)의 기(氣)를 설(洩)하거나 관성(官星)이 왕(旺)한데 인수(印綬)가 없거나, 관성(官星)이 투출(透出)하였으나 무근(無根)이고 지지(地支)에 실어주지 않거나 하는 경우이다.

또한 관성(官星)이 상관(傷官)의 자리에 앉아 있거나 상관(傷官)이 관성(官星)의 자리에 앉아 있거나, 관성(官星)을 꺼리는데 재(財)를 만나거나 관성(官星)을 기뻐하는데 상관(傷官)을 만나는 것은 모두 관성불기(官星不起)라고 말하는데 설령 청기(清氣)가 있다고 할지라도 종신(終身)토록 일금(一衿)에 지나지 않는다.

부자(富者)이면서 수재(秀才)인 사람은 신왕재왕(身旺財旺)한데 관성(官星)과 상통(相通)하지 않거나 혹은 상관(傷官)이 재(財)를 돌보아 주고 관(官)을 돌보아 주지 않는 경우이다.

가난하면서 수재(秀才)인 사람은 신왕재경(身旺財輕)한데 재성(財星)이 겁탈(劫奪)당하거나, 혹은 재관(財官)이 태왕(太旺)한데 인성(印星)이 나타나지 않거나 혹은 상관용인(傷官用印)한데 재(財)가 나타나고 관(官)이 나타나지 않는 경우이다. 학문은 남보다 뛰어나도 결국은 일금(一衿)을 얻을 수 없고 늙도록 유생(儒生)에 머무는 자(者)도 청기(清氣)가 존재(存在)한다.

격국(格局)은 원래(原來) 수재(秀才)로 타고났으나 다만 운도(運途)가 순탄(順坦)하지 않아서 청기(清氣)를 파(破)하게 되면 종신(終身)토록 수재(秀才)가 될 수 없다.

격국(格局)은 본래 등과(登科)하고 발갑(發甲)할 수 있으나 운도(運途)가 순탄(順坦)하지 않으면 누차 합격하지 못하고 종신(終身)토록 일금(一衿)에 머물러 청운(青雲)의 꿈을 이루지 못한다.

격국(格局)은 본래 출중(出衆)함이 없으나 특히 과갑연등(科甲連登)하는 것은 운도(運途)가 적합하여 청기(清氣)가 관성(官星)을 돕고 탁기(濁氣)와 객신(客神)과 기신(忌神)을 제거(除去)하였기 때문이다.

```
戊 乙 壬 癸
寅 卯 戌 巳
```

```
乙丙丁戊己庚辛
卯辰巳午未申酉
```

乙卯日元 生於季秋 得寅時之助 日主不弱 足以用巳火之秀氣 戊土火
을묘일원　생어계추　득인시지조　일주불약　족이용사화지수기　술토화

庫收之 壬癸 當頭剋之 格局本無出色 且辛金司令 壬水進氣通源 辛得
고수지　임계　당두극지　격국본무출색　차신금사령　임수진기통원　신득

時透戊土 去濁留清 故文望若高山北斗 品行似良玉精金 中運逢火 丙
시투무토　거탁유청　고문망약고산북두　품행사량옥정금　중운봉화　병

子年優貢 惜子水得地 難得登雲.
자년우공　석자수득지　난득등운

　　乙卯 일원이 계추(季秋)에 생(生)하였고 寅시의 도움을 얻어 일주가 약(弱)하지 않
으니 충분히 수기(秀氣)인 巳火가 용신(用神)이다. 戊土는 火의 고장(庫藏)으로 火를
거두어들이고 壬癸가 당두하여 극(剋)하니 격국은 본래 특색이 없다.

　　또한 辛金이 사령(司令)하고 壬水가 진기(進氣)에 통원(通源)하였는데 다행하게도
戊土가 투출하여 거탁유청(去濁留清)하게 되었다. 그러므로 양옥정금(良玉精金)과 같
았다. 중년운에 火를 만나고 丙子 년에 우공(優貢)[115]에 뽑혔으나 애석한 것은 子水
가 득지(得地)하여 청운의 꿈을 이루지 못하였다.

---

115 우공(優貢): 청(清)나라 제도로서 3년마다 국자감 재학생 중에서 우수한 자를 선발하였는데, 이
때 임관시킨 사람.

乙木 일주가 인비(印比)가 태왕(太旺)하니 신왕(身旺)하다. 희신(喜神)은 식재관(食財官)인 火土金이고 기신은 인비(印比)인 水木이다. 운행(運行)이 서남지지인 金水로 행(行)하니 아름답다. 원국에서 식상(食傷)인 巳火는 癸水가 개두(蓋頭)되었고 관성인 庚金이 암장되어 있으며 재성인 戊土는 壬水가 투출하여 절각(截脚)이 되었고 시간의 戊土 역시 절지(絶地)에 앉아 있으니 희신(喜神)이 건왕하지 못하였다.

辛酉, 庚申 운에는 관성(官星)이 상하유정(上下有情)하여 들어오니 학문이 뛰어나고 포부가 대단하였을 것이다. 그러나 중년운인 己未 운으로 바뀌어서는 己癸 극(剋), 戊未 형(刑)으로 천극지극(天剋地剋)이 되었으니 형액이 있었을 것이고, 특히 丙子 운은 丙壬 충(冲)으로 丙火 희신(喜神)이 충거(冲去)되었고 子水가 기신(忌神)인 壬水의 뿌리가 되었으니 득용의 꿈이 이루지 못하게 된 것이다.

乙	甲	庚	癸
亥	申	申	未

癸甲乙丙丁戊己
丑寅卯辰巳午未

甲申日元 生於孟秋 庚金兩坐祿旺 喜亥時絶處逢生 化殺有情 癸水 元
갑신일원　생어맹추　경금양좌록왕　　희해시절처봉생　화살유정　계수　원

神透出 清可知矣 但嫌殺勢太旺 日主虛弱 不能假殺爲權 所以起而 不
신투출　청가지의　단혐살세태왕　일주허약　불능가살위권　　소이기이　불

起也 廩貢終身.
기야　름공종신

甲申 일원(日元)이 맹추(孟秋)에 생(生)하였고 庚金이 두 개의 녹왕(祿旺)을 깔고 앉

아 있으니 왕(旺)하다. 기쁜 것은 亥시에 절처봉생(絶處逢生)하였고 살(殺)이 화(化)하여 유정(有情)하고 癸水 원신(元神)이 투출(透出)하였으니 청(淸)함을 알 수 있다.

다만 꺼리는 것은 살세(殺勢)가 태왕(太旺)하니 일주(日主)가 가살위권(假殺爲權)이라 할 수 없다. 그러므로 관성(官星)이 투출(透出)하였어도 관성불기(官星不起)하였고 늠공(廩貢)으로 일생(一生)을 마쳤다.

評註

甲木 일주가 申월에 태어나서 득령(得令)하였고 좌하(坐下) 申金의 절지(絶地)에 앉아 있는데 庚金이 투출(透出)하였으니 관살(官殺)이 태왕(太旺)하여 제살태과격(制殺太過格)이 되었다. 희신(喜神)은 인비식(印比食)인 水木火이고 기신(忌神)은 재관(財官)인 土金인데 기쁘게도 운행(運行)이 남동지지(南東之地)로 행(行)하고 있다.

원국(原局)에서 희신(喜神)이 절처봉생(絶處逢生)하였으니 제살(制殺)하고 火가 생조(生助)하여 강력(强力)한 가살위권(假殺爲權)이 되지 못하였다. 그러므로 양식(糧食)을 제공받던 수재(秀才)로서의 역할밖에 할 수 없었다. 만약 운행(運行)이 인비(印比)인 水木으로 들어 왔으면 한층 더 벼슬이 오르게 되었을 것이다.

任註

```
己 丁 甲 壬
酉 巳 辰 午
```

辛庚己戊丁丙乙
亥戌酉申未午巳

丁火生于季春 官星雖起 坐下無根 其氣貴木 日主臨旺 時財拱會有情
정화생우계춘　관성수기　좌하무근　기기귀목　일주임왕　시재공회유정

劫與官星不通 且中年運走土金 財星洋溢 官星有損 功名不過一衿 家
겁여관성불통　차중년운주토금　재성양일　관성유손　공명불과일금　가

業 數十萬 若換酉年午時 名利雙輝矣.
업 수십만　약환유년오시　명리쌍휘의

丁火가 계춘(季春)에 생(生)하였고 관성(官星)이 투출(透出)하였는데 좌하(坐下)에 뿌리가 없어 그 기(氣)가 木으로 돌아가며, 日主가 巳火에 임(臨)하니 왕(旺)하다.

지지(地支)의 酉金은 재성(財星)인데 巳酉로 공회(拱會)하여 유정(有情)하니 관성(官星)과는 통(通)하지 않는다.

또한 중년(中年)운이 土金으로 행(行)하니 재성(財星)은 넘쳐흐르고 관성(官星)은 손상(損傷)을 입으니 공명(功名)은 일금(一衿)에 불과하지만 가업(家業)은 수십(數十)이 었다. 만약 酉년에 午시로 바뀌었다면 명리(名利)가 함께하였을 것이다.

評註

丁火 일주가 辰월에 태어나서 木의 퇴기(退氣)이지만 甲木이 통근(通根)하여 일주(日主)를 돕고 있으니 년지(年支)의 午火에 뿌리를 두고 있어 신왕(身旺)하다. 희신(喜神)은 식재관(食財官)인 土金水이고 기신(忌神)은 인비(印比)인 木火이다.

원국(原局)에서 己酉가 토생금(土生金)으로 식재(食財)가 유정(有情)하지만 년간(年干)의 壬水는 개두(蓋頭)가 되어 있고 甲木을 생조(生助)하니 관성(官星)은 약(弱)하다.

초년(初年)운은 남방지지(南方之地)인 화국(火局)으로 되었으니 곤고(困苦)하였고 중년(中年) 이후는 土金으로 식재(食財)가 왕(旺)하게 들어오니 가업(家業)이 번창(繁昌)하였다.

```
丁 丙 乙 癸
酉 午 卯 未
```

```
戊 己 庚 辛 壬 癸 甲
申 酉 戌 亥 子 丑 寅
```

丙午日元 生于卯月 局中木火兩旺 官坐傷位 一點財星刦盡 謂財刦官
병오일원　생우묘월　국중목화양왕　관좌상위　일점재성겁진　위재겁관

傷 壬運雖得一衿 貧乏不堪 子運回冲 又逢未破 剋處 辛運丁火回刦
상　임운수득일금　빈핍불감　자운회충　우봉미파　극처　신운정화회겁

剋子 亥運會木生火而亡.
극자　해운회목생화이망

丙火 일원(日元)이 卯월에 생(生)하였고 원국(原局)에 木火가 병왕(並旺)하다.

　관성(官星)은 상관(傷官)에 앉아 있고 하나의 재성(財星)은 비겁(比劫)에 극진(剋盡)
되었으니 재성(財星)은 겁탈(劫奪)되었고 관성(官星)은 극상(剋傷)되었다.

　壬운에는 일금(一衿)을 얻었으나 빈핍(貧乏)을 감당할 수 없었고 子운에는 午火
가 회충(回冲)하고 또한 未土가 파(破)를 만나니 극처(剋妻)하였다. 辛운에는 丁火가
회겁(回劫)하니 극자(剋子)하였고 亥운에는 亥卯未 목국(木局)을 이루어 火를 생(生)
하니 세상을 떠났다.

　丙火 일주가 卯월에 태어나서 득령(得令)하였고 지지(地支)가 卯未 합목(合木)이
되어 있으며 좌하(坐下)의 午火가 양인(陽刃)으로 득지(得地)하였는데 천간(天干)에 木
火가 투출(透出)하였으니 신왕(身旺)하다. 희신(喜神)은 식재관(食財官)인 土金水이고
기신(忌神)은 인비(印比)인 木火이다.

원국(原局)에 未土는 합화목국(合火木局)이 되었고 癸水 관성(官星)은 절각(截脚)이
되었으며 酉金 재성(財星)은 군겁쟁재(群劫爭財)가 되었으니 운행(運行)을 바라볼 수
밖에 없다. 다행하게도 운행(運行)이 북서지지(北西之地)로 행(行)하니 아름답다.

壬子 운에는 丙壬 충(冲), 子午 충(冲)으로 천충지충(天冲地冲)이 되었으니 형액(刑
厄)이 있었을 것이다. 辛亥 운에는 乙辛 충(冲), 丙午 충(冲)으로 충중봉합(冲中逢合)이
되어 극자(尅子)하게 되었고, 亥卯未 목국(木局)으로 기신(忌神)이 되어 사망하게 된
것이다.

任註

```
甲 壬 庚 戊
辰 申 申 申
```

```
丁丙乙甲癸壬辛
卯寅丑子亥戌酉
```

此造 大象觀之 殺生印 印生身 食神清透 連珠相生 清而純粹 學問過
차조 대상관지 살생인 인생신 식신청투 연주상생 청이순수 학문과
人 品行端方 惜乎無火 清而少神 用土則金多氣洩 用木則金銳木凋 兼
인 품행단방 석호무화 청이소신 용토즉금다기설 용목즉금예목조 겸
之運走西北金水之地 讀書六十年 不尅博一衿 家貧出就外傅四十載
지운주서북금수지지 독서육십년 불극박일금 가빈출취외전사십재
受業者登科發甲 自己不獲一衿 莫非命也.
수업자등과발갑 자기불획일금 막비명야

이 명조(命造)는 대상(大象)을 살펴보면 살(殺)이 인수(印綬)를 생(生)하고 인수(印綬)
가 일주(日主)를 생(生)하니 식신(食神)이 청(清)하게 투출(透出)하여 연주상생(連珠相生)
하니 청순(清純)하다고 할 수 있다. 그러므로 학문(學問)이 남다르게 뛰어나고 품행
(品行)이 단정(端正)하였는데 애석(哀惜)하게도 火가 없으니 청(清)하나 신(神)이 부족
(不足)하다.

용토(用土)하면 金이 많아서 설기(洩氣)하고 용목(用木)하면 金이 날카로워 木은 시들었다. 겸(兼)하여 운(運)이 서북지지(西北之地)인 金水로 행(行)하니 독서(讀書)를 60년이나 하였으나 일금(一衿)을 얻을 수가 없었다. 가정(家庭)이 빈한(貧寒)하여 40년 동안 밖으로 돌며 남의 자녀(子女)를 가르쳤는데 수업을 받은 제자(弟子)들은 등과(登科)하고 발갑(發甲)하였으나 자기는 일금(一衿)을 얻지 못한 것은 운명(運命)이 아닐 수 없다.

評註

壬水가 申月에 태어나서 득령(得令)하였고 인수(印綬)가 태왕(太旺)하여 신왕(身旺)하지만 금다수탁(金多水濁)이 되었으니 청순(清純)하지 못하였다. 희신(喜神)은 식재관(食財官)이고 기신(忌神)은 인비(印比)인데 애석(哀惜)하게도 운행(運行)이 금수지지(金水之地)로 행(行)하고 있다. 원국(原局)에서 戊土는 생금(生金)하여 기신(忌神)이 되었고 화재(火財)는 없으며 甲木은 辰土에 통근(通根)하였으나 申辰이 공합(拱合)하여 수국(水局)으로 정(情)을 통(通)하고 있으니 용신(用神)이 모두 허탈(虛奪)하다.

任註

庚	壬	癸	己
申	申	酉	亥

丙丁戊己庚辛壬
寅卯辰巳午未申

此造 官殺並透無根 金水太旺 太不及前造之純粹也 喜其運走南方 火
차조　관살병투무근　금수태왕　태불급전조지순수야　희기운주남방　화

土 精足神旺 至未運 早游泮水 年運科甲連登 己巳戊辰 仕路光亨 與
토　정족신왕　지미운　조유반수　년운과갑연등　기사무진　사로광형　여

前造天淵之隔者 非命也 實運美也.
전조천연지격자　비명야　실운미야

이 명조(命造)는 관살(官殺)이 병투(並透)하였으나 무근(無根)이다. 金水가 태왕(太旺)하니 전조(前造)의 순수(純粹)함에 크게 부족(不足)하다. 기쁘게도 운이 남방화토(南方火土)로 달리니 정(情)이 많고 신(神)이 왕(旺)하다.

未운에 이르러 일찍 입반(入泮)하였고 午운에는 과갑연등(科甲連登)하였으며 己巳운에 벼슬길이 형통(亨通)하였다. 전조(前造)와 비교하면 천연지격(天淵之隔)이 있는 것은 명조(命造)가 아니라 운(運)의 아름다움에 있는 것이다.

評註

壬水 일주가 전지지(全地支)에 金水로 되어 있고 癸水까지 투출(透出)하였으니 종왕격(從旺格)이 되었다. 희신(喜神)은 인비식(印比食)인 金水木이고 기신(忌神)은 재관(財官)인 火土이다.

전조(前造)는 식상(食傷)인 甲木이 辰土에 통근(通根)되었고 년간(年干)의 戊土에 녹근(祿根)할 수 있는 능력(能力)이 있는 것이고, 차조(此造)는 년간(年干)의 己土가 무근(無根)이기 때문에 종(從)하지 않을 수 없는 것이다.

壬申, 辛未 운은 金水 운으로 희신(喜神)이 되었고 기신(忌神)인 未土는 년지(年支)의 亥未 합목(合木)이 되어 희신(喜神)으로 변(變)하였기 때문에 일찍 반수(泮水)에 들어가게 된 것이다. "午운은 기신(忌神)인데 어찌하여 과갑연등(科甲連登)하였을까?"하는 의문(疑問)이 생긴다.

오중정화(午中丁火)와 해중임수(亥中壬水)가 丁壬 합목(合木)이 되었고, 오중정화(午中丁火)와 진중임수(辰中壬水)가 역시 丁壬 합목(合木)이 되었으니 기신(忌神)이 희신(喜神)으로 변(變)하였기 때문이다.

己巳 운에는 火土가 기신(忌神)이지만 己癸 충극(冲剋)으로 己土가 충거(冲去)되었고 지지(地支)의 巳火는 巳酉 합금(合金)으로 희신(喜神)이 되었다.

戊辰 운에는 戊土가 기신(忌神)이지만 戊癸 합화(合化)로 戊土가 합거(合去)되었고 지지(地支)의 辰土는 辰申 합수(合水)가 되고 辰酉 합금(合金)이 되었기 때문에 벼슬길이 탄탄대로를 걷게 된 것이다. 전조(前造)와 천연지차(天淵之差)가 있는 것이다.

原文

異路功名莫說輕　日干得氣遇財星
　이로공명막설경　　　일간득기우재성

　이로공명(異路功名)¹¹⁶을 가볍게 하지 마라. 일간(日干)이 득기(得氣)하고 재성(財星)
을 만난 것이다.

原註

刀筆得成名者　與不成名者自異　必是財星得個門戶　通得官星　中有 一
　도필득성명자　　　여불성명자자이　　　필시재성득개문호　　　통득관성　중유　일
種清曉之氣　所以得出身.
　종청교지기　　　소이득출신
其老于刀筆而不能出身者　終是財星與官不相通也.
　기노우도필이불능출신자　　　종시재성여관불상통야

　도필(刀筆)¹¹⁷로서 명예를 얻은 자(者)는 같은 도필(刀筆)이라도 명예를 얻지 못하
는 자(者)와는 당연히 차이가 있다. 명예를 얻은 자(者)는 반드시 재성(財星)이 문호
를 열고 관성(官星)을 통하여 국중(局中)에 일종의 청(淸)한 기운이 있어서 벼슬길에
나가게 되는 것이다. 늙도록 도필(刀筆)로서 벼슬길에 나아갈 수 없는 것은 끝내는
재성(財星)과 관성(官星)이 서로 통(通)하지 않는 관계이다.

116　이로공명(異路功名): 과거를 거치지 않고 벼슬길에 나아감.
117　도필(刀筆): 죽간(竹竿)에 기록하던 붓이나 잘못 쓴 글을 깎아내는 칼에서 비롯된 말로, 문서의
　　　기록을 담당하던 하급 관리로서 주로 소송관계의 문서를 작성하는 일을 하는 사람.

任氏曰 異路功名 有刀筆成名者 有捐納出身者 雖有分別 總不外日干
임씨왈　이로공명　유도필성명자　유연납출신자　수유분별　총불외일간

有氣 財官相通也.
유기　재관상통야

或財星得用 暗成官局 或官伏財鄉 兩意情通 或官衰逢財兩神和協 或
흑재성득용　암성관국　흑관복재향　양의정통　흑관쇠봉재양신화협　흑

印 旺官衰 財星破印 或身旺無官 食傷生財 或身衰官旺 食神財官 必
인　왕관쇠　재성파인　흑신왕무관　식상생재　흑신쇠관왕　식신재관　필

有一種淸純 之氣 方可出身 其仕路之高卑 須究格局之氣勢 運途之損
유일종청순　지기　방가출신　기사로지고비　수구격국지기세　운도지손

益 可知矣.
익　가지의

不能出身者 日干太旺 財輕無食傷 喜官而官星不通 或無官也 如日干
불능출신자　일간태왕　재경무식상　희관이관성불통　흑무관야　여일간

太弱 財星官星並旺 有財官雖通 傷官刦占者 有財星得用 暗成刦局者
태약　재성관성병왕　유재관수통　상관겁점자　유재성득용　암성겁국자

有喜印逢財 忌印逢官者 皆不能出身也.
유희인봉재　기인봉관자　개불능출신야

　임씨(任氏)가 말하길, 이로공명(異路功名)에는 도필(刀筆)에 송사하다가 벼슬에 나아가는 경우가 있고 연납(捐納)으로 벼슬하는 경우가 있다. 비록 분별이 있다고 하더라도 모두 일간이 유기(有氣)하고 재관이 상통하는 것을 벗어나지 않는다.

　혹은 재성(財星)이 득용(得用)할 때 암암리에 관국(官局)을 이루거나 관성(官星)이 재지(財地)에서 암장(暗藏)되어 서로의 뜻이 통(通)하거나, 혹은 관성(官星)이 쇠(衰)하고 재성(財星)을 만났을 때 양신(兩神)이 화협하거나, 혹은 인수(印綬)가 왕(旺)하고 관성(官星)이 쇠(衰)한데 재성(財星)이 인수(印綬)를 파(破)하거나, 혹은 신왕(身旺)하고 관성(官星)이 없는데 식상(食傷)이 생재(生財)하거나, 혹은 신쇠(身衰)하고 관왕(官旺)한데 제관(制官)하거나 하면 반드시 일종의 청순지기(淸純之氣)가 있어야 비로소 벼슬길에 오를 수 있다.

사로(仕路)의 고저(高低)에는 반드시 격국(格局)의 기세(氣勢)와 운도(運途)의 손익(損益)을 탐구(探究)하여야 가히 알 수 있다. 벼슬길에 나아갈 수 없는 것은 일간(日干)이 태왕(太旺)한데 재성(財星)이 경(輕)하고 식상(食傷)이 없거나 관성(官星)은 기뻐하는데 관(官)이 통(通)하지 않거나 관성(官星)이 없는 경우이다.

가령 일간(日干)이 태약하고 재관(財官)이 병왕(並旺)하거나 재관(財官)이 통(通)한다고 할지라도 상관(傷官)이 겁점(刦占)하거나 재성(財星)이 득용하였으나 비겁국(比劫局)을 암성(暗成)하거나 인수를 기뻐하는 데 재성(財星)을 만나거나 인수(印綬)를 꺼리는 데 관성을 만나는 것은 모두 벼슬길에 나아갈 수 없다.

任註

```
丙 戊 甲 壬
辰 戌 辰 子
```

```
辛 庚 己 戊 丁 丙 乙
亥 戌 酉 申 未 午 巳
```

戊戌日元 生于季春 時逢火土 日元得氣 雖春時虛土 而殺透通根 兼
무술일원　생우계춘　시봉화토　일원득기　수춘시허토　이살투통근　겸

之壬水得地 貼身相生 此謂身殺兩停 非身强殺淺也 天干壬水剋丙 所
지임수득지　첩신상생　차위신살양정　비신강살천야　천간임수극병　소

以 書香不利 喜其初運南方 捐納出身 仕名區 宰大邑 但財路生殺爲病
이　서향불리　희기초운남방　연납출신　사명구　재대읍　단재로생살위병

恐將 來運走西方 水生火絶 祿其人好奢少儉 若不及流勇退 難免不測
공장　래운주서방　수생화절　녹기인호사소검　약불급류용퇴　난면불측

風波.
풍파

戊戌 일원(日元)이 계춘(季春)에 생(生)하였고 시(時)에서 火土를 만났으니 일원(日元)이 득기(得氣)하였다. 비록 춘토(春土)는 허(虛)하지만 살(殺)이 뿌리를 두고 투출

(透出)하였다.

겸(兼)하여 壬水가 득지(得地)하여 가까이에서 상생(相生)하니 이것은 신살(身殺)이 양정(兩停)한 것이지, 신강(身强)하고 살천(殺淺)한 것은 아니다. 천간(天干)의 壬水가 丙火를 극하니 학문이 불리하지만 기쁘게도 초년운이 남방으로 행하여 연납(捐納)으로 이름난 지역에 출사하였고 대읍(大邑)을 다스렸다.

戊戌 일주가 辰월에 태어나서 득령(得令)하였고 시주(時柱)가 인비(印比)인 신왕(身旺)하다. 그러나 지지(地支)에서 子辰 합수(合水)가 壬水를 방조(幇助)하여 월간(月干)의 甲木을 생조(生助)하니 관살(官殺)로 왕(旺)하다. 이러한 경우를 신살양정(身殺兩停)이라고 말하는 것이다.

초년(初年)에 연납출신(捐納出身)으로 이름난 지역에서 재상이 되었다는 것은 인수(印綬)인 火가 희신(喜神)이 되었다는 것이니 신약(身弱)으로 보는 것이다. 그러므로 희신(喜神)은 인비(印比)인 火土이고 기신(忌神)은 식재관(食財官)인 金水木이다.

주의(注意)해야 할 것은 辰土가 청명(淸明) 이전에 태어났다면 목기(木氣)가 강(强)하여 신약(身弱)이 되었을 것이고, 청명(淸明) 이후에 태어났다면 화기(火氣)가 강(强)하니 신강(身强)한 명조이다. 다만 재성(財星)이 투출하여 생살(生殺)하는 것이 병(病)이니 장래에 서방(西方)으로 행(行)할 때는 水를 생하고 火가 절(絶)이 되는데 이 사람은 사치를 좋아하고 검소함이 적음으로 만약 급류용퇴(急流勇退)[118]하지 않으면 예측할 수 없는 풍파를 면하기가 어렵다.

---

118 급류용퇴(急流勇退): 득세(得勢)한 벼슬자리에서 용기(勇氣) 있게 물러남으로써 재앙(災殃)을 멀리하고 자신(自身)을 보호(保護)함.

$$
\begin{array}{cccc}
戊 & 甲 & 壬 & 己 \\
辰 & 寅 & 申 & 巳
\end{array}
$$

$$
\begin{array}{cccccc}
乙 & 丙 & 丁 & 戊 & 己 & 庚 & 辛 \\
丑 & 寅 & 卯 & 辰 & 巳 & 午 & 未
\end{array}
$$

甲木生於孟秋 七殺當令 巳火食神貪生己土 忘剋申金 兼之戊己並透
갑목생어맹추　칠살당령　사화식신탐생기토　　망극신금　겸지무기병투

破印生殺 以致祖業難登 喜其秋水通源 日坐祿旺 明雖冲剋 暗却相生
파인생살　이치조업난등　희기추수통원　일좌록왕　명수충극　암각상생

由部書出身 至丁卯丙寅運 扶身制殺 仕至觀察.
유부서출신　지정묘병인운　부신제살　사지관찰

　甲木이 맹추(孟秋)에 생(生)하였고 칠살(七殺)이 당령(當令)하였으며 식신(食神)인
巳火를 상생(相生)하여 申金을 망극(忘剋)하였다. 겸(兼)하여 戊己가 병투(並透)하여
파인(破印)하고 생살(生殺)하니 조업(祖業)을 얻지 못하고 학문(學問)을 계속하기가 어
려웠다.

　기쁘게도 추수통원(秋水通源)하였고 일주(日主)가 녹왕(祿旺)하니 표면적(表面的)으
로는 충극(冲剋)한다고 하더라도 속으로는 상생(相生)하고 있다. 부서(部書) 출신으
로 丁卯, 丙寅 운에 부신제살(扶身制殺)하니 벼슬이 관찰(觀察)에 이르렀다.

評註

　甲木 일주가 申월에 태어나서 실령(失令)하였고 한랭(寒冷)하니 조후(調候)로 火가
필요하다. 좌하(坐下)에 寅木에 득지(得地)하고 생조(生助)하니 살인상생(殺印相生)이
되어 壬水가 희신(喜神)이다.

　원국(原局)이 寅巳申 삼형살(三刑殺)이 있으니 생살지권(生殺之權)과 관련(關聯)된 직

업을 가지게 되는데 사주(四柱)가 천부지재(天覆地載)가 되었으니 아름답다.

　　신약(身弱)하니 희신(喜神)은 인비(印比)인 水木이고 조후(調候)로 火이며, 기신(忌神)은 재관(財官)인 土金이다. 丁卯 운은 木火 운으로 희신(喜神)이기 때문에 벼슬이 관찰(觀察)에 이르게 된 것이다.

任註

```
丁 乙 丙 庚
丑 卯 戌 午
```

```
癸壬辛庚己戊丁
巳辰卯寅丑子亥
```

乙卯日元　生于癸秋　丙丁並透通根　五行無水　庚金置之不論　最喜財神
을묘일원　생우계추　병정병투통근　오행무수　경금치지불론　최희재신

歸庫　木火通輝　性孝友　尤篤行誼　由部書出身　仕至州牧　其不利于書香
귀고　목화통휘　성효우　우독행의　유부서출신　사지주목　기불리우서향

者　庚金通根在丑也.
자　경금통근재축야

　　乙卯 일원(日元)이 계추(季秋)에 생하였는데 丙丁이 병투(並透)하여 통근(通根)하였고 오행(五行)에 水가 없으니 庚金의 위치는 논(論)할 필요가 없다.

　　가장 기쁜 것은 재신(財神)이 고장(庫藏)에 있는 것이고 木火가 통휘(通輝)하니 성정(性情)이 효우(孝友)하고 행의(行誼)가 더욱 돈독(敦篤)하였다. 부서(部書)를 거쳐 벼슬길에 나아가 주목(州牧)에 이르렀고 학문(學問)이 불리(不利)하였던 것은 庚金이 丑土에 통근(通根)하고 있는 까닭이다.

評註

　乙木 일주가 戌月에 태어나서 실령(失令)하였고 지지(地支)에 午戌 합화(合火)하니 卯戌도 합화(合火)하였고 천간(天干)에 丙丁이 투출(透出)하였으니 식상(食傷)이 태왕(太旺)하다. 그러므로 제살태과격(制殺太過格)이 되어 희신(喜神)은 인비관(印比官)인 水木金이고 기신(忌神)은 식재(食財)인 火土이다.

　기쁘게도 운행(運行)이 북동지지(北東之地)인 水木으로 행(行)하고 있다.

　초년(初年)운에는 북방수지(北方水地)로 희신(喜神)이지만 천간(天干)에 戊己土가 절각(截脚)되었고, 중년(中年)운은 동방지지(東方之地)로 역시 희신(喜神)이지만 천간(天干)에 庚辛金에 개두(蓋頭)되어 있으니 약(弱)하게 되었다.

任註

```
癸 戊 庚 己
亥 申 午 丑
```

```
癸甲乙丙丁戊己
亥子丑寅卯辰巳
```

戊土生于午月　印星秉令　時逢癸亥　正日元得氣遇財星也　但金氣太旺
무토생우오월　인성병령　시봉계해　정일원득기우재성야　단금기태왕

又年支濕土　晦火生金　日元反弱　則印綬暗傷　書香難遂　捐納出身　至丁
우년지습토　회화생금　일원반약　즉인수암상　서향난수　연납출신　지정

卯丙寅運　木從火勢　生化不悖　仕至黃堂　喜其午火眞神得用　爲人忠厚
묘병인운　목종화세　생화불패　사지황당　희기오화진신득용　위인충후

和平　後運乙丑　晦火生金　不祿.
화평　후운을축　회화생금　불록

　戊土가 午月에 생(生)하였고 인성(印星)이 병령(秉令)하였으며 시(時)에 癸亥를 만났으니 일원(日元)이 득기(得氣)하고 재성(財星)을 만났다. 단 금기(金氣)가 태왕(太旺)

한데 년지(年支)의 습토(濕土)가 회화생금(晦火生金)하니 일원(日元)이 오히려 약(弱)하게 되고 인수(印綬)가 암상(暗傷)하니 학문을 이루기가 어려웠다.

연납(捐納)으로 벼슬길에 올라 丁卯, 丙寅 운에 이르러 木이 火의 세력(勢力)을 따르니 생화불패(生化不悖)하여 벼슬이 황당(黃堂)에 이르렀다. 기쁜 것은 午火에 진신(眞神)을 득용(得用)하였으니 사람이 충후(忠厚)하고 화평하였다. 그 후 乙丑 운에 회화생금(晦火生金)하니 불록지객(不祿之客)이 되었다.

戊土 일주가 午월에 태어나서 득령(得令)하였고 조열(燥烈)하니 水가 필요(必要)한데 癸水가 인비(印比)왜 득지(得地)하고 있다. 일주(日主)는 년월지지(年月地支)에 양인(陽刃)이 있으며 년간(年干)에 己土가 투출(透出)하여 방조(幫助)하니 신왕(身旺)하고 식신제살격(食神制殺格)이 되었다. 희신(喜神)은 식재관(食財官)인 金水木이고 기신(忌神)은 인비(印比)인 火土이다.

초년(初年)운은 己巳, 戊辰으로 곤고(困苦)하였으니 학문(學問)을 이루기가 어려웠다. 丁卯, 丙寅 운은 丁癸 충(冲)으로 丁火가 충거(冲去)되었고 亥卯 합목(合木)으로 희신(喜神)이 되었으며 또한 丙庚 충(冲), 寅申 충(冲)으로 천충지충(天冲地冲)이 되었으니 연납(捐納)으로 벼슬을 하였을 것이다.

任註

┌─────────────┐
│ 庚 丙 甲 癸 │
│ 寅 戌 寅 巳 │
└─────────────┘

丁戊己庚辛壬癸
未申酉戌亥子丑

丙火生于孟春　官透爲用　淸而純粹　惜乎金水遙隔　無相生之意　且木火
병화생우맹춘　관투위용　청이순수　석호금수요격　무상생지의　차목화

並旺 金水無根 書香不繼 游幕捐納縣令 究竟財官 不通門戶 丁丑年
병왕　금수무근　서향불계　유막연납현령　구경재관　불통문호　정축년

大運在戌 火土當權 得疾而亡.
대운재술　화토당권　득질이망

　丙火가 맹춘(孟春)에 생(生)하였고 관성(官星)이 투출(透出)하여 용신(用神)이 되니
청(淸)하고 순수(純粹)하다. 애석(哀惜)한 것은 金水가 멀리 떨어져 있으니 상생지의
(相生之意)가 없다. 또한 木火가 병왕(並旺)하고 金水가 무근(無根)이니 학문(學問)을 계
속하지 못하였다.

　유막(游幕)[119]을 거쳐 연납(捐納)하여 현령(縣令)이 되었으나 재관(財官)의 문호(門戶)
가 통(通)하지 못하였기 때문에 戌대운 丁卯년에 火土가 당권(當權)하니 세상을 떠
났다.

評註

　丙火가 寅월에 태어나서 득령(得令)하였고 지지(地支)가 寅戌이 공합(拱合)하였으
니 종왕격(從旺格)이 되었다. 년시(年時)의 癸水는 개두(蓋頭)되었고 庚金도 역시 개두
(蓋頭)되었으니 뿌리가 없으며 또한 멀리 떨어져 있어서 상생(相生)하지 못한다. 희
신(喜神)은 인비식(印比食)인 木火土이고 기신(忌神)은 재관(財官)인 金水인데 애석(哀
惜)하게도 운행(運行)이 북서지지(北西之地)로 행(行)하고 있다.

119　유막(游幕): 외지(外地)에서 막부(幕府)의 직무(職務)에 종사함.

```
丁 辛 甲 壬
酉 酉 辰 辰
```

```
辛庚己戊丁丙乙
亥戌酉申未午巳
```

辛金生于癸春　支逢辰酉　干透壬丁　似乎佳美　不知地支濕土逢金　丁火
신금생우계춘　지봉진유　간투임정　사호가미　부지지지습토봉금　정화

虛脫無根　甲木雖能生火　地支辰酉化金　亦自顧不暇　捐納部屬　不但財
허탈무근　갑목수능생화　지지진유화금　역자고불가　연납부속　부단재

多 破耗　而且不能得缺　雖壬水生甲　遺業數十萬　但運走土金　未免家業
다 파모　이차불능득결　수임수생갑　유업수십만　단운주토금　미면가업

退 而子息艱也.
퇴　이자식간야

　辛金 계춘(季春)에 생(生)하였고 지지에서 辰酉를 만났고 천간에 丁壬이 투출하
였으니 매우 아름답다. 그러나 지지에서 습토(濕土)가 辛金 계춘(季春)에 생(生)하였
고 지지에서 辰酉를 만났고 천간에 丁壬이 투출(透出)하였으니 매우 아름답다.

　그러나 지지에서 습토(濕土)가 金을 만나고 丁火는 허탈무근(虛脫無根)이다. 甲木
이 비록 火를 생(生)할 수 있다고 하더라도 지지(地支)에서 辰酉가 화금(化金)하였으
니 자기를 돌아볼 겨를이 없는 사람이다.

　연납(捐納)으로 부속(部屬)이 되고자 재산(財産)을 많이 없앴을 뿐만 아니라 공직
(公職)에 임명되지도 못하였고 비록 壬水가 甲木을 생(生)하여 유업(遺業)이 수십만
(數十萬)이었다고 할지라도 운(運)이 土金으로 행(行)하니 가업(家業)이 쇠퇴(衰退)하였
고 자식(子息)을 얻지 못하였다.

辛金 일주가 辰월에 태어나서 득령(得令)하였고 지지(地支)가 辰酉 합금(合金)이 되었으니 신왕(身旺)하다. 희신(喜神)은 식재관(食財官)인 水木火이고 기신(忌神)은 인비(印比)인 土金이다. 원국(原局)에서 식상(食傷)인 壬水는 辰土에 통근(通根)하여 甲木을 생조(生助)하니 식신제살격(食神制殺格)이 되었다.

시간(時干)의 丁火는 관살(官殺)인데 대두(擡頭)가 되었으니 명예가 약(弱)하여 자식(子息)까지 없는 것이다. 더욱 애석한 것은 운행(運行)이 중년(中年) 이후부터는 土金으로 기신(忌神)이 되었으니 불길(不吉)하였다.

原文

臺閣勛勞百世傳 天然淸氣發機權
대각훈로백세전　　천연청기발기권

　　대각(臺閣)[120]에서 훈로(勛勞)가 백세(百世) 동안 전하여지는 것은 천연청기(天然淸氣)가 기권(機權)[121]을 일으킨 것이다.

原註

能知人之出身　至于地位之大小　亦不易推　若夫爲公爲卿　淸中又有一
능지인지출신　　지우지위지대소　　역불이추　　약부위공위경　　청중우유일

種 權勢出入矣 不專在一端而論.
종　권세출입의　　부전재일단이론

　　사람의 출신(出身)을 능(能)히 알아도 지위(地位)의 대소(大小)에 이르는 것 또한 추

120　대각(臺閣): 대(臺)와 각(閣)의 병칭(竝稱).

121　기권(機權): 최고(最高)의 권세(權勢).

리(推理)하는 것이 쉽지 않다. 만약 어떤 사람이 공(公)이 되고 경(卿)이 되는 것은 청(淸)한 가운데 일종의 권세출입(權勢出入)이 있기 때문에 한 부분(部分)에 있다고 논(論)해서는 안 된다.

任氏曰 臺閣宰輔 以及封疆之任 淸氣發乎天然 秀氣出乎純粹 四柱 之
임씨왈 대각재보 이급봉강지임 청기발호천연 수기출호순수 사주 지

內 皆與喜神有情 格局之中 並無可嫌之物 所用者皆眞神 所喜者皆眞
내 개여희신유정 격국지중 병무가혐지물 소용자개진신 소희자개진

氣 此謂淸氣顯機權也 度量寬宏能容物 施爲純正不貪私 有潤澤生民
기 차위청기현기권야 도량관굉능용물 시위순정불탐사 유윤택생민

之德 懷任重致遠之才也.
지덕 회임중치원지재야

임씨(任氏)가 말하길, 대각(臺閣)의 재보(宰輔) 및 봉강(封疆)의 벼슬은 청기(淸氣)가 천연(天然)에서 일어나고 수기(秀氣)는 순수에서 나온다. 사주(四柱) 내의 모두가 희신(喜神)과 유정(有情)하고 격국(格局) 가운데 가히 꺼리는 것이 없으며, 쓰이는 바가 모두 진신(眞神)이고 기뻐하는 것은 모두 진기(眞氣)라면 이것은 청기(淸氣)인 기권(機權)이 나타난 것이라고 한다. 이러한 사람은 도량(度量)이 넓고 능히 사물(事物)을 포용(包容)할 수 있으며 베푸는 것이 순정(純正)하고 사사(私事)로움을 탐(貪)하지 않으며 백성을 윤택(潤澤)하게 하는 덕(德)이 있고 중책(重責)을 감당할 수 있는 재능(才能)이 있다.

| 戊戊庚庚 | 甲己丙甲 | 乙丙壬壬 | 庚庚丁己 |
| 午辰辰申 | 子丑辰子 | 未子寅申 | 辰申卯亥 |

此董中堂造 天然 淸氣 在庚金也
차동중당조　천연　청기　재경금야

此劉中堂造 天然 淸氣 在丙火也
차유중당조　천연　청기　재병화야

此鐵尙書造 天然 淸氣 在乙木也
차철상서조　천연　청기　재을목야

此秦侍郞造 天然 淸氣 在丁火也
차진시랑조　천연　청기　재정화야

첫째는 동중당(董中堂)의 명조(命造)인데 천연청기(天然淸氣)가 庚金에 있다.

『지명장(知命章)』에 있는데 식신제살격(食神制殺格)이다.

두 번째는 유중당(劉中堂)의 명조(命造)인데 천연청기(天然淸氣)가 丙火에 있다.

『진신장(眞神章)』에 있는데 관인상생격(官印相生格)이다.

세 번째는 철상서(鐵尙書)의 명조(命造)인데 천연청기(天然淸氣)가 乙木에 있다.

『진신장(眞神章)』에 있는데 살인상생격(殺印相生格)이다.

네 번째는 진시랑(秦侍郞)의 명조(命造)인데 천연청기(天然淸氣)가 丁火에 있다.

『간지총론장(干支總論章)』에 있는데 재자약살격(財滋弱殺格)이다.

原文

兵權獬豸弁冠客　刃殺神淸氣勢特
병권해태변관객　　인살신청기세특

병권(兵權)을 가지거나 해태(獬豸)[122]인 벼슬아치는 인살신청(印殺神淸)하고 기세(氣勢)가 특별(特別)하다.

原註

掌生殺之權 其風紀氣勢必然超特 淸中精神自異 又或刃殺兩顯也.
장생살지권　　기풍기기세필연초특　　청중정신자이　　우혹인살양현야

생살지권(生殺之權)을 장악(掌握)하려며 그 풍기(風紀)와 기세(氣勢)가 반드시 뛰어나고 청(淸)한 가운데 정신(精神)이 자연히 남달라야 한다. 또한 양인(羊刃)과 살(殺)이 함께 나타나야 한다.

任註

任氏曰 掌生殺大權 兵刑重任者 其精神淸氣 自然超特 必以刃旺敵殺
임씨왈　　장생살대권　　병형중임자　　기정신청기　　자연초특　　필이인왕적살

氣勢出入也.
기세출입야

局中殺旺無財 印綬用印者 或無印而有羊刃者 此謂殺刃神淸也.
국중살왕무재　　인수용인자　　혹무인이유양인자　　차위살인신청야

氣勢轉者 刃旺當權也 必文官而掌生殺之任.
기세전자　　인왕당권야　　필문관이장생살지임

刃旺者 如春之甲用卯刃 乙用寅刃 夏之丙用午刃 丁用巳刃旺者 秋之
인왕자　　여춘지갑용묘인　　을용인인　　하지병용오인　　정용사인왕자　　추지

庚用 酉刃 辛用申刃 冬之壬用子刃 癸用亥刃是也.
경용　유인　신용신인　　동지임용자인　　계용해인시야

若刃旺敵殺 局中無食神印綬 而有財官者 氣勢雖特 神氣不淸 乃武將
약인왕적살　　국중무식신인수　　이유재관자　　기세수특　　신기불청　　내무장

122　해태(獬豸): 옳고 그름을 판단하는 전설속의 짐승. 사법관을 의미.

之命也. 如刃不當權 雖能敵殺 不但不能掌兵權 亦不能貴顯也 其人 疾
지명야　여인부당권　수능적살　부단불능장병권　　역불능귀현야　기인　질

惡太嚴 如刃旺殺弱亦然 必傲物而驕慢也.
악태엄　여인왕살약역연　필오물이교만야

임씨(任氏)가 말하길, 생살대권(生殺大權)을 장악(掌握)하고 병형(兵刑)의 중책(重責)을 맡은 자는 그 정신(精神)이 청기(淸氣)하여 아주 특별하다.

반드시 양인(羊刃)하여 살(殺)을 대적하는 기세(氣勢)가 있어야 출입하게 된다.

원국(原局)에 살(殺)이 왕(旺)하고 재(財)가 없는데 인수(印綬)가 양인(羊刃)을 용신(用神)으로 하거나, 혹은 인수(印綬)가 없고 양인(羊刃)이 있는 것은 살인신청(殺印神淸)이라고 한다. 기세(氣勢)가 특(特)하다는 것은 양인(羊刃)이 왕(旺)하고 당권(當權)한 것을 말한다. 반드시 문관(文官)으로 생살(生殺)의 중임(重任)을 장악(掌握)하게 된다.

양인(羊刃)이 왕(旺)하다는 것은, 봄에 태어난 甲木이 卯木을 양인(羊刃)으로 쓰거나, 乙木이 寅木을 양인(羊刃)으로 쓰는 경우이다.

여름에 태어난 丙火가 午火를 양인(羊刃)으로 쓰거나, 丁火가 巳火를 양인(羊刃)으로 쓰는 경우이다.

가을에 태어난 庚金이 酉金을 양인(羊刃)으로 쓰거나, 辛金이 申金을 양인(羊刃)으로 쓰는 경우이다.

겨울에 태어난 壬水가 子水를 양인(羊刃)으로 쓰거나, 癸水가 亥水를 양인(羊刃)으로 쓰는 경우이다.

만약 양인(羊刃)이 왕(旺)하면 살(殺)을 대적(對敵)한다고 해도 원국(原局)에 식신(食神)이나 인수(印綬)가 없고 재관(財官)이 있는 것은 기세(氣勢)가 특이하다고 하더라도 신기(神氣)가 청(淸)하지 않으니 무장(武將)의 명조(命造)이다.

만약 양인(羊刃)이 당권(當權)하지 못하면 비록 살(殺)을 대적(對敵)한다고 하더라도 병권(兵權)을 장악(掌握)할 수 없을 뿐만 아니라 귀(貴)하지도 못하니 이러한 사람은 질악태엄(疾惡太嚴)하다. 가령 양인(羊刃)이 왕(旺)하고 살(殺)이 약(弱)한 것 또한 마찬가지인데 반드시 오만(傲慢)하고 남을 업신여기며 교만(驕慢)하게 된다.

丙 庚 己 壬
戌 午 酉 寅

丙乙甲癸壬辛庚
辰卯寅丑子亥戌

庚日丙時 之逢生旺 寅納壬水 不能制殺 全賴酉金羊刃當權爲用 隔住
경일병시　지봉생왕　인납임수　불능제살　전뢰유금양인당권위용　격주

寅木 使其不能會局 此正刃殺神淸 氣勢特也 早登科甲 屢掌兵刑生殺
인목　사기불능회국　차정인살신청　기세특야　조등과갑　누장병형생살

之任 仕至刑部尚書.
지임　사지형부상서

　寅木이 壬水를 받아들여서 제살(制殺)할 수 없으니 전적으로 酉金에 의지하여
양인(羊刃)이 당권(當權)하여 용신(用神)이 되었다. 酉金이 寅木을 가로막아서 회국
(會局)을 이루지 못하게 하니 이것이 인살신청(印殺神淸)이다. 일찍 과갑(科甲)에 나아
가 병형(兵刑)의 생살지임(生殺之任)을 장악(掌握)하였으며 벼슬이 형부상서(刑部尙書)
에 이르렀다.

　庚金 일주가 酉월에 태어나서 양인(羊刃)으로 당령(當令)하였고 지지(地支)에서 寅
午戌 삼합회국(三合會局)이 되어 있는데 천간(天干)에 丙火가 투출(透出)하였으니 관
살(官殺)이 태왕(太旺)하여 식신제살격(食神制殺格)이 되었다. 희신(喜神)은 인비식(印比
食)인 土金水이고 기신(忌神)은 재관(財官)인 木火이다. 기쁘게도 운행(運行)이 북동
지지(北東之地)인 水木으로 행(行)하고 있으니 조등과갑(早登科甲)하게 된 것이다.
　원국(原局)에 인왕(刃旺)하니 생살지권(生殺之權)을 장악(掌握)할 수 있어서 형부상

서(刑部尙書)에 오르게 된 것이다. 주의(注意)해야 할 것은 병형생살(兵刑生殺)을 장악(掌握)했다는 것은 현재의 국방부의 법무감(法務監)이나 범수단장(犯搜團長)과 유사(類似)한 직책(職責)을 맡고 있었다는 것이다.

```
壬 丙 壬 庚
辰 子 午 戌
```

```
己戊丁丙乙甲癸
丑子亥戌酉申未
```

丙子日元　月時兩透壬水　日主三面受敵　柱中無木　洩水生火　反有庚金
병자일원　월시양투임수　일주삼면수적　주중무목　설수생화　반유경금

生水洩土　全賴午火旺刃當權爲用　更喜戌之燥土　制水會火　鄕榜出身
생수설토　전뢰오화왕인당권위용　경희술지조토　제수회화　향방출신

丙戌丁亥運　仕至按察.
병술정해운　사지안찰

丙子 일원(日元)이 월시(月時)에 壬水가 양투(兩透)하였고 일주(日主)가 삼면(三面)이 대적(對敵)하는 상황이다. 주중(柱中)에 설수(洩水)하고 생화(生火)하고 木이 없고 오히려 庚金이 생수(生水)하고 설토(洩土)하니 전적(全的)으로 午火에 의지(依支)하는데 양인(羊刃)이 당권(當權)하여 용신(用神)이 되었다.

더욱 기쁜 것은 조토(燥土)인 戌土가 제수(制水)하고 화국(火局)을 이루어 향방(鄕榜) 출신(出身)으로 丙戌, 丁亥 운에 벼슬이 안찰(按察)에 이르렀다.

丙火 일주가 午월에 태어나서 양인(羊刃)으로 득령(得令)하였고 午戌이 되어 득세(得勢)하고 있다. 그러나 양(兩) 壬水가 子辰 합수(合水)에 통근(通根)하고 있으며 년

간(年干)의 庚金이 생수(生水)하니 관살(官殺)의 세력(勢力)이 오히려 왕(旺)하다. 그러므로 양인격(羊刃格)이며 식신제살격(食神制殺格)이 되었다. 희신(喜神)은 인비식(印比食)인 木火土이고 기신(忌神)은 재관(財官)인 金水이다.

甲申, 乙酉 운에는 甲乙은 희신(喜神)이지만 申酉가 기신(忌神)으로 희비(喜悲)가 있었을 것이고 丙戌, 丁亥 운은 丙丁이 희신(喜神)이고 午戌 합화(合火)가 되었고 丁壬 합목(合木)이 되었으니 벼슬이 안찰(按察)에 이르게 된 것이다.

任註

戊 壬 戊 乙
申 辰 子 卯

辛 壬 癸 甲 乙 丙 丁
巳 午 未 申 酉 戌 亥

壬辰日元 天干兩殺 通根辰支 年干乙木凋枯 能洩水而不能制土 正剋
임진일원 천간양살 통근진지 년간을목조고 능설수이불능제토 정극

洩交加 最喜子水當權會局 殺刃神清 至酉運 生水剋木 又能化殺 科甲
설교가 최희자수당권회국 살인신청 지유운 생수극목 우능화살 과갑

連登 甲申癸運 仕路光亨 至按察未運羊刃受制 不祿.
연등 갑신계운 사로광형 지안찰미운양인수제 불록

壬辰 일원(日元)이 천간(天干)에서 양살(兩殺)인 戊土가 辰土에 통근(通根)하였고 년간(年干)의 乙木은 조고(凋枯)하여 설수(洩水)는 하지만 제토(制土)할 수 없으니 이른바 극설교가(剋洩交加)하고 있는 상황이다. 가장 기쁜 것은 子水가 당권(當權)하고 회국(會局)하였으니 살인신청(殺刃神清)하다.

丙운에 이르러 생수(生水)하고 극목(剋木)하니 능히 살(殺)을 화(化)하니 과갑연등(科甲連登)하였고 甲申, 癸운에는 사로(仕路)가 광형하여 안찰(按察)에 이르렀는데 未운에 양인(羊刃)이 극제(剋制)를 당하니 불록지객(不祿之客)이 되었다.

壬水 일주가 子월에 태어나서 양인(羊刃)으로 득령(得令)하였고 지지(地支)가 申子辰 회국(會局)이 되었으니 수왕(水旺)하다. 양토(兩土)가 辰土에 통근(通根)하여 제수(制水)하려고 하였으나 辰土는 이미 수국(水局)이 되었으니 뿌리가 없는 허토(虛土)가 되었다. 기쁘게도 년주(年柱)의 乙卯가 설수(洩水)하고 있다.

그러므로 윤하격(潤下格)이 되었으니 희신(喜神)은 인비식(印比食)인 金水木이고 기신(忌神)은 재관(財官)인 火土이다. 乙酉, 甲申 운은 甲乙이 희신(喜神)이고 辰酉 합금(合金)이 되었고 申子辰 합수(合水)가 되어 벼슬이 안찰(按察)에 이르렀다. 癸未 운에는 戊癸 합화(合化)로 癸水가 충거(冲去)되었고, 戊土 기신(忌神)이 未土에 뿌리를 내리니 기신(忌神)이 왕성(旺盛)하여 불록지객(不祿之客)이 된 것이다.

庚 甲 辛 丙
午 申 卯 辰

戊丁丙乙甲癸壬
戌酉申未午巳辰

甲申日元　生于仲春　官殺並透通根　日時臨于死絶　必用卯之羊刃　喜其
갑신일원　생우중춘　관살병투통근　일시임우사절　필용묘지양인　희기

丙火合辛　不但無混殺之嫌　抑且卯木不受其制　刃殺神淸　且運走南方
병화합신　부단무혼살지혐　억차묘목불수기제　인살신청　차운주남방

火地　科甲出身　仕臬憲.
화지　과갑출신　사얼헌

甲申 일원(日元)이 중춘(仲春)에 생(生)하였고 관살(官殺)이 병투(並透)하여 통근(通根)하였고 일시(日時)가 사절(死絶)에 임(臨)하였으니 반드시 양인(羊刃)인 卯木이 용신(用神)이다.

기쁘게도 丙火가 辛金을 합(合)하니 관살혼잡(官殺混雜)이 없어졌을 뿐만 아니라 卯木이 극제(剋制)를 받지 않았다. 인살신청(刃殺神淸)이고 남방화지(南方火地)로 행 (行)하니 과갑출신(科甲出身)으로 벼슬이 얼헌(臬憲)[123]에 이르렀다.

評註

甲木 일주가 卯월에 태어나서 득령(得令)하였으나 개두(蓋頭)가 되어 약(弱)하게 되었다. 월시(月時)의 양살(兩殺)이 申金에 통근(通根)하였으니 관살(官殺)이 태왕(太旺) 하여 양인격(羊刃格)이면서 식신제살격(食神制殺格)이 되었다. 희신(喜神)은 인비식(印 比食)인 水木火이고 기신(忌神)은 재관(財官)인 土金이다.

초중(初中) 운은 동남지지(東南之地)인 木火로 행(行)하여 벼슬이 얼헌(臬憲)에 이르 렀으나 丙申, 丁酉 운에는 서방지지(西方之地)로 행(行)하니 더 이상(以上)의 벼슬은 없었을 것이다.

原文

分藩司牧財官和 淸純格局神氣多
분번사목재관화　　청순격국신기다

분번(分藩)[124]과 사목(司牧)[125]은 재관(財官)이 화합(和合)하고 청순(淸純)한 격국(格局) 에 신기(神氣)가 많아야 한다.

---

123 얼헌(臬憲): 안찰사(按察使)의 경칭(敬稱). 당대(唐代)에 처음 설치한 지방장관. 명청(明淸)시대 에는 성(省)의 사법(司法)을 관장하는 장관.

124 분번(分藩): 고대에 제왕(帝王)이 그 자제들을 각지에 분봉(分封)하여 니라의 울타리로 삼던 일. 후에는 관리가 지방관으로 나감을 이름.

125 사목(司牧): 백성을 맡아서 기른다는 뜻으로 군주(君主)나 지방관을 이름.

方面之官 財官爲重 必淸奇純粹 格正局全 又有一段精神.
방면지관　재관위중　필청기순수　격정국전　우유일단정신

　　방면지관(方面之官)[126]은 재관(財官)이 중요한데 반드시 청기순수(淸氣純粹)하고 격
국(格局)이 바르고 온전하며 또한 일반(一般)의 정신(精神)이 있어야 한다.

任註

任氏曰 方面之任 以及州縣之官 雖以財官爲重 必須格局淸純 更須 日
임씨왈　방면지임　이급주현지관　수이재관위중　필수격국청순　경수　일

元生旺 神貫氣足 然後財官情協 則精氣神三者足矣.
원생왕　신관기족　연후재관정협　즉정기신삼자족의

又加官旺有印 官衰有財 財旺無官 印旺有財 左右相通 上下不悖 根通
우가관왕유인　관쇠유재　재왕무관　인왕유재　좌우상통　상하불패　근통

年月 氣貫日時 神殺兩停 殺重逢印 殺輕遇財者 皆是也 必有利民濟物
년월　기관일시　신살양정　살중봉인　살경우재자　개시야　필유리민제물

之心 反此者非所宜也.
지심　반차자비소의야

　　임씨(任氏)가 말하길, 방면지임(方面之任)과 주현지관(州縣之官)은 비록 재관(財官)이
중요하다고 하더라도 반드시 격국(格局)이 청순(淸純)하고 일원(日元)이 생왕(生旺)하
여 신기(神氣)가 가득하고 넉넉하여야 한다. 그러한 연후에 재관(財官)이 정협(情協)
하여 정기신(精氣神)이라는 세 글자가 넉넉하여야 한다.

　　또한 관(官)이 왕(旺)한데 인수(印綬)가 있거나, 관(官)이 쇠(衰)한데 재(財)가 있거
나, 재(財)가 왕(旺)한데 관(官)이 없거나, 인수(印綬)가 왕(旺)한데 재(財)가 있거나, 좌
우(左右)가 서로 통(通)하고 상하(上下)가 어긋나지 않거나, 년월(年月)이 통근(通根)하

---

126 방면지관(方面之官): 한 지방을 맡아 다스리고 방어를 책임지는 요직에 있는 관리.

고 기(氣)가 일시(日時)에 이어지거나, 살(身殺)이 양정(兩停)하거나, 살중(殺重)한데 재
(財)를 만난 것이, 모두 이러한 것인데 반드시 백성을 이롭게 하고 만물을 구제하
는 마음이 있어야 한다. 이와 반대인 것은 마땅하지 않다.

任註

```
壬 癸 乙 丁
子 酉 巳 丑
```

戊己庚辛壬癸甲
戌亥子丑寅卯辰

癸水生于巳月　火土雖旺　妙在支全金局　財官印三者皆得生助　更喜　子
계수생우사월　화토수왕　묘재지전금국　재관인삼자개득생조　경희　자

時劫比幇身　精神旺足　尤喜中年運走北方　異路出身　仕至郡守　名利　兩
시겁비방신　정신왕족　우희중년운주북방　이로출신　사지군수　명리　양

全　生七子　皆出仕.
전　생칠자　개출사

癸水가 巳월에 생(生)하여서 火土가 비록 왕(旺)하다고 하더라도 묘(妙)한 것은
지지(地支)에 금국(金局)이 있고 재관인(財官印) 모두가 생조(生助)를 얻었다. 더욱 기쁜
것은 자시(子時)인데 비겁(比劫)이 방신(幇身)하니 정신(精神)이 왕(旺)하고 넉넉하다.
　더 더욱 기쁜 것은 중년(中年)운이 북방(北方)으로 행(行)하니 이로출신(異路出身)으
로 벼슬이 군수(郡守)에 이르러 명리양전(名利兩全)하였으며 칠자(七子)를 두었는데
모두 벼슬길에 나아갔다.

評註

　癸水 일주가 巳월에 태어나서 실령(失令)을 하였으나 지지(地支)에서 巳酉丑 금국
(金局)의 생조(生助)를 받고 있으며 시주(時柱)의 壬子가 방조(幇助)하니 종왕격(從旺格)

27 지위(地位)　　　545

이 되었다.

　희신(喜神)은 인비식(印比食)인 金水木이고 기신(忌神)은 재관(財官)인 火土이다. 기쁘게도 운행(運行)이 동북지지(東北之地)인 木水로 행(行)하고 있기 때문에 이로출신(異路出身)이지만 벼슬이 군수(郡守)에 이르렀고 명리(名利)가 양전(兩全)하였으며 자식(子息)들은 모두가 벼슬을 하였다.

```
乙 丁 戊 丙
巳 卯 戌 寅
```

```
乙甲癸壬辛庚己
巳辰卯寅丑子亥
```

丁火生于戌月　局中木火重重　傷官用財　格局本佳　部書出身　仕至縣令
정화생우술월　　국중목화중중　　상관용재　　격국본가　　부서출신　　사지현령

惜柱中無水　戌乃燥土　不能生金晦火　木生火旺　巳酉無拱合之情　所以
석주중무수　　술내조토　　불능생금회화　　목생화왕　　사유무공합지정　　소이

妻妾生十子皆剋.
처첩생십자개극

　丁火가 戌月에 생(生)하였고 원국(原局)에 木火기 중중(重重)하여 상관용재(傷官用財)가 되었으니 아름답다. 부서 출신으로 벼슬이 현령(縣令)에 이르렀다. 애석(哀惜)하게도 주중(柱中)에 水가 없고 조토(燥土)인 戌土는 회화생금(晦火生金)을 할 수 없으니 木이 火를 생(生)하여 巳酉도 공합지정(拱合之情)이 없다. 처첩(妻妾)이 자식(子息)을 열 명 낳았으나 모두 극(剋)하였다.

評註

丁火 일주가 戌月에 태어나서 실령(失令)하였으나 지지(地支)에서 寅戌이 합화(合火)하고 丙火가 투출(透出)하였고 시주(時柱)의 乙巳는 木火가 왕(旺)하므로 巳酉가 공합(拱合)하므로 巳酉가 공합지정(拱合之情)이 없으니 신왕(身旺)하다. 희신(喜神)은 식재관(食財官)인 土金水이고 기신(忌神)은 인비(印比)인 木火이다.

초년(初年)운은 서북지지(西北之地)인 金水가 왕(旺)하므로 재관(財官)이 희신(喜神)이니 명예(名譽)와 처복(妻福)이 있었다. 그러나 중년(中年)운은 동방지지(東方之地)인 木이 왕(旺)하므로 기신(忌神)이 되었고 자식(子息)에 해당하는 壬癸가 丙壬 충(冲)하고 丁癸 충(冲)하여 충극(冲剋)하게 된 것이다. 주의(注意)해야 할 것은 전조(前造)의 자식(子息)은 丑土가 巳酉丑 회국(會局)으로 희신(喜神)이 되었기 때문에 모두가 벼슬을 하게 된 것이다.

任註

戊	辛	庚	丙
子	巳	寅	子

丁丙乙甲癸壬辛
酉申未午巳辰卯

辛金生于寅月 財旺逢食 官透遇財 又逢刧印相扶 中和純粹 精神兩足
신금생우인월　재왕봉식　관투우재　우봉겁인상부　중화순수　정신양족

初看似乎身弱 細究之 木嫩火虛 印透通根 日元足以用官 中年南方火
초간사호신약　세구지　목눈화허　인투통근　일원족이용관　중년남방화

運 異路出身 仕至黃堂.
운　이로출신　사지황당

辛金이 寅月에 생(生)하였고 재(財)가 식상(食傷)을 만나 왕(旺)하다.

또한 일주(日主)가 겁인(劫印)의 상부(相扶)를 만났으니 중화순수(中和純粹)하고 정

신(精神)이 모두 족(足)하다. 처음 보면 신약(身弱)인 것 같으나 세밀(細密)하게 살펴보면 木은 어리고 火는 허(虛)하며 인수(印綬)가 통근(通根)하였으니 일주(日主)는 충분히 용관(用官)할 수 있다. 중년(中年)운이 남방화운(南方火運)으로 행(行)하니 이로출신(異路出身)으로 벼슬이 황당(黃堂)에 이르렀다.

評註

辛金 일주가 寅월에 태어나서 초춘(初春)으로 木이 어리고 한기(寒氣)가 있으니 조후(調候)로 火가 필요하다. 기쁘게도 丙火가 巳火에 통근(通根)하고 있다. 辛金 일주(日主)가 사중경금(巳中庚金)에 통근(通根)하고 천간(天干)의 戊庚이 방조(幇助)하니 오히려 신왕(身旺)하게 되었다. 희신(喜神)은 식재관(食財官)인 水木火이고 기신(忌神)은 인비(印比)인 土金이다.

운행(運行)이 동남지지(東南之地)인 木火로 행(行)하니 이로출신(異路出身)이지만 벼슬이 황당(黃堂)에 이르게 된 것이다. 주의(注意)해야 할 것은 원국(原局)에서 삼형살(三刑殺)인 寅巳가 있고 자형(自刑)인 子子가 있으니 생살지권(生殺之權)을 가지고 태어난 것이다.

任註

```
甲 戊 丙 丁
寅 寅 午 亥
```

```
己 庚 辛 壬 癸 甲 乙
亥 子 丑 寅 卯 辰 巳
```

戊土生于午月　局中偏官雖旺　印星太重　木從火勢　火必焚木　一點亥水
무토생우오월　국중편관수왕　인성태중　목종화세　화필분목　일점해수

不能生木剋火　交癸運　剋丁生甲　北籍連登科甲　出宰名區　辛運合丙　仕
불능생목극화　교계운　극정생갑　북적연등과갑　출재명구　신운합병　사

路 順遂 交丑運剋水 告病致仕.
로　순수　교축운극수　고병치사

戊土 일주가 午月에 생(生)하였고 국중(局中)의 편관(偏官)이 비록 왕(旺)하나 인성(印星)이 태중(太重)하니 木은 화세(火勢)를 따라가고 火는 木을 분목(焚木)하는데 일점(一點)의 亥水는 생목(生木)하고 극화(剋火)할 수가 없다.

癸水운으로 바뀌어 丁火를 극(剋)하고 甲木을 생(生)하니 북적(北籍)에서 연등과갑(連登科甲)하였고 이름난 지역으로 나아가게 되었다. 辛金운에는 丙火를 합(合)하니 벼슬길이 순조롭게 펼쳐졌으나 丑土운으로 바뀌어서는 水를 극(剋)하니 병(病)을 고(告)하고 벼슬을 그만두었다.

戊土 일주가 午月에 태어나서 득령(得令)하였고 지지(地支)가 寅午 합화(合火)하고 있는데 천간(天干)에 丙火가 투출(透出)하였으니 신왕(身旺)하다. 희신(喜神)은 식재관(食財官)인 金水木이고 기신(忌神)은 인비(印比)인 火土이다.

초년(初年)운은 水의 생(生)을 받은 동방지지(東方之地)이니 연등과갑(連登科甲)하였다. 辛丑 운에는 丙辛 합수(合水)가 되었으니 벼슬길이 순조(順調)롭게 되었고 丑土는 기신(忌神)이 되었으니 병(病)을 얻고 벼슬을 사양(辭讓)하게 된 것이다. 이 명조(命造)는 양인격(羊刃格)이다.

任註

辛	甲	戊	己
未	子	辰	巳

辛壬癸甲乙丙丁
酉戌亥子丑寅卯

甲子日元 生于季春 木有餘氣 坐下印綬 官星清透 且子辰拱印有情 更
갑자일원　생우계춘　목유여기　좌하인수　관성청투　차자진공인유정　경

妙運走東北水木之地 功名登甲榜 只嫌子未破印 仕路未免有阻 老于
묘운주동북수목지지　공명등갑방　지혐자미파인　사로미면유조　노우

教職.
교직

　　甲子 일원(日元)이 계춘(季春)에 생(生)하여 木의 여기(餘氣)이고 좌하(坐下)에 인수
(印綬)가 있고 관성(官星)이 청투(淸透)하였으며 또한 인수국(印綬局)을 이루니 유정(有
情)하다. 더욱 오묘한 것은 운(運)이 동북(東北)의 수목지지(水木之地)로 행(行)하니 공
명(功名)이 갑방(甲榜)에 올랐다. 다만 꺼리는 것은 子未가 파인(破印)하여 벼슬길에
막힘이 있었고 늙도록 교직(敎職)에서 여생(餘生)을 보냈다.

評註

　　甲木 일주가 辰월에 태어나서 木의 여기(餘氣)이지만 식재(食財)인 火土가 태왕
(太旺)하니 재다신약(財多身弱)이 되었다. 희신(喜神)은 인비(印比)인 水木이고 기신(忌
神)은 식재관(食財官)인 火土金인데 다행하게도 운행(運行)이 水木으로 행(行)하니 아
름답다.
　　시간(時干)의 辛金은 관성(官星)이지만 토다금매(土多金埋)가 되었으니 시상정관격
(時上正官格)이지만 미약(微弱)하여 관직(官職)보다는 인수(印綬)를 희신(喜神)으로 하는
교직(敎職)에 평생(平生)토록 근무하게 된 것이다. 아깝게도 희신(喜神)인 子水가 子
辰 합수(合水)가 되었지만 재다파인(財多破印)이 되었다.

原文

　　便是諸司幷首領 也從淸濁分形影
　　편시제사병수령　　야종청탁분형영

제사(諸司)[127]와 수령(首領)은 청탁(清濁)을 좇아서 형영(形影)[128]을 분별(分別)하라.

原註

至貴者莫如天也 得一以清 而位乎上 故膺一命之榮 莫不得清氣 所以
지귀자막여천야 득일이청 이위호상 고응일명지영 막부득청기 소이

雜職 或佐貳首領等官 豈無一段清氣 而與濁氣者自別.
잡직 혹좌이수령등관 기무일단청기 이여탁기자자별

然清濁之形影難解 不專是財官印綬內有清濁 凡格局 氣象 用神 合神
연청탁지형영난해 부전시재관인수내유청탁 범격국 기상 용신 합신

日主 化氣 從氣 神氣 精氣 以序收藏 發生意向節度性情 理勢源流 主
일주 화기 종기 신기 정기 이서수장 발생의향절도성정 이세원류 주

從之間皆 有之 先于皮面 尋其形影 得其形而遂可以尋其精髓 乃論大
종지간개 유지 선우피면 심기형영 득기형이수가이심기정수 내론대

小尊卑.
소존비

지극히 귀(貴)한 것은 하늘만 한 것이 없다.

하나의 청(清)한 것을 얻어야 윗자리가 되는 것이다. 그러므로 하나의 명(命)이 명예(名譽)로움을 얻는 것도 청기(清氣)를 얻지 않음이 없는 것이다. 그러나 잡직(雜職)이나 좌이나 수령(首領) 등의 지위라도 어찌 일단의 청기(清氣)가 없겠는가?

탁기(濁氣)와는 자연히 구별이 있다. 그러나 청탁(清濁)의 형영(形影)은 난해(難解)한 것이니 전적으로 재관인(財官印)에만 청탁(清濁)이 있는 것은 아니다. 무릇 격국(格局), 기상(氣象), 용신(用神), 합신(合神), 일주화기(日主化氣), 종기(從氣), 신기(神氣), 정기(精氣), 이서수장(以序收藏), 발생의향(發生意向), 절도성정(節度性情), 이세원류(理勢源流), 주종지간(主從之間)에 모두 있다. 먼저 표면에서 그 형영(形影)을 살펴보면 그 형(形)을 깨달아 알면 비로소 가히 그 정수(精髓)를 찾을 수 있고 연후(然後)에 대소(大

---

127 제사(諸司): 여러 관서의 하급관리.

128 형영(形影): 형체와 그림자. 차등(差等).

小)의 존비(尊卑)를 논(論)하는 것이다.

任註

任氏曰 命者 天地陰陽五行之所鐘也 清者貴也 濁者賤也 所以 雜職
임씨왈 명자　천지음양오행지소종야　　청자귀야　탁자천야　소이　잡직

佐貳等官 亦膺一命之榮 雖非格正局清眞神得用 而氣象格局之中 冲
좌이등관　역응일명지영　수비격정국청진신득용　　이기상격국지중　충

合 理氣之內 必有一點清氣.
합　이기지내　필유일점청기

雖清氣濁氣之形影難辨 總不外乎天清地濁之里 天干象天 地支象地
수청기탁기지형영난변　총불외호천청지탁지리　천간상천　지지상지

地支上升于天干者 輕清之氣也 天干下降于地支者 重濁之氣也 天干
지지상승우천간자　경청지기야　천간하강우지지자　중탁지기야　천간

之氣本清 不忌濁也 地支之氣本濁 必要清也 此命里之貴乎變通也 天
지기본청　불기탁야　지지지기본탁　필요청야　차명리지귀호변통야　천

干濁 地支清者貴 地支濁 天干清者 賤也.
간탁　지지청자귀　지지탁　천간청자　천야

地支之氣上升者影也 天干之氣下降者形也 於升降形影 冲合制化中
지지지기상승자영야　천간지기하강자형야　어승강형영　충합제화중

分其 清濁 究其輕重 論其尊卑可也.
분기　청탁　구기경중　론기존비가야

임씨(任氏)가 말하길, 명(命)이란 천지(天地)와 음양오행(陰陽五行)의 종(鐘)인 것이다. 청(清)한 것은 귀(貴)하고, 탁(濁)한 것은 천(賤)하다. 그러므로 잡직(雜職)이나 좌이(佐貳) 등의 관리(官吏)는 역시 한 번의 명예(名譽)를 얻는다.

비록 격(格)이 바르고 청(清)하여 진신(眞神)을 얻지 아니하더라도 기상(氣象)과 격국(格局)이나 충합(冲合)과 이기(理氣) 중에 반드시 일점(一點)의 청기(清氣)가 있는 것이다. 비록 청기(清氣)와 탁기(濁氣)와 형영(形影)은 분별(分別)하기가 어렵다 하더라도 총론(總論)해보면 천청지탁(天清地濁)이라는 이치(理致)를 벗어나지 않는다.

천간(天干)은 하늘을 상징(象徵)하고 지지(地支)는 땅을 상징(象徵)하는데 지지(地支)

가 천간(天干)에 상승(上升)하는 것은 경청지기(輕淸之氣)이고 천간(天干)이 지지(地支)로 하강(下降)하는 것은 중탁지기(重濁之氣)이다.

천간지기(天干之氣)는 본래 청(淸)하니 탁(濁)한 것을 꺼리지 않고 지지지기(地支之氣)는 본래 탁(濁)하니 반드시 청(淸)하여야 한다. 이것이 명리(命理)에서 변통(變通)이 귀(貴)하다는 것이다. 천간(天干)이 탁(濁)하고 지지(地支)가 청(淸)하면 귀(貴)하고, 지지(地支)가 탁(濁)하고 천간(天干)이 청(淸)하면 천(賤)한 것이다.

지지지기(地支之氣)가 상승(上升)하는 것을 영(影)이라 하고 천간지기(天干之氣)가 하강(下降)하는 것을 형(形)이라 한다. 승강형영(升降形影)하고 충합제화(冲合制化)하는 가운데 그 청탁(淸濁)을 분별(分別)하고 그 경중(輕重)을 연구(硏究)하여 존비(尊卑)을 논(論)하는 것이 옳다.

任註

```
丙 戊 壬 壬
辰 戌 寅 辰
```

```
己戊丁丙乙甲癸
酉申未午巳辰卯
```

戊土生于寅月　木旺土虛　天干兩壬尅丙生寅　此天干之氣濁　財星壞印
무토생우인월　목왕토허　천간양임극병생인　차천간지기탁　재성괴인

所以書香不繼　喜寅能納水生火　日主坐戌之燥土　使壬水不致冲奔　其
소이서향불계　희인능납수생화　일주좌술지조토　사임수불치충분　기

淸　處在寅也　異路出身　丙運升縣令.
청　처재인야　이로출신　병운승현령

戊土가 寅月에 생(生)하여 木이 왕(旺)하고 土가 허(虛)하다.

천간(天干)의 양(兩) 壬水가 丙火를 극(尅)하고 寅木을 생(生)하므로 천간지기(天干之氣)는 탁(濁)하고 재성(財星)이 인수(印綬)를 극(尅)하여 학문(學問)을 계속(繼續)하지

못하였다.

기쁘게도 寅木이 납수(納水)하고 생화(生火)하여 일주(日主)가 조토(燥土)인 戊土에 앉아서 壬水로 하여금 충분(冲奔)하지 못하게 하니 청(淸)한 곳은 寅木이다. 이로출신(異路出身)으로 丙火운에 현령(縣令)에 올랐다.

戊土 일주가 寅월에 태어나서 초춘(初春)으로 조후(調候)인 火가 필요하다. 지지(地支)에서 좌하(坐下)의 戊土에 득지(得地)하고 시(時)에서 인비(印比)가 방조(幇助)하고 있으며 년지(年支)의 辰土가 원(遠)거리에 있지만 녹근(祿根)이니 신왕(身旺)하다. 희신(喜神)은 식재관(食財官)인 金水木이고 기신(忌神)은 인비(印比)인 火土인데 火는 조후(調候)로 희신(喜神)이다. 기쁘게도 운행(運行)이 동남지지(東南之地)인 木火 운으로 행(行)하니 아름답다.

丙午 운에는 조후(調候)로 火가 희신(喜神)인데 지지(地支)가 寅午戌 삼합화국(三合火局)이 되었으니 더욱 기쁘다. 원국(原局)이 천부지재(天覆地載)가 되었는데 재생관(財生官)까지 하였으니 청귀격(淸貴格)이다.

任註

丁	甲	癸	壬
卯	寅	丑	午

庚己戊丁丙乙甲
申未午巳辰卯寅

甲木生于丑月　水土寒凝　本喜火以敵寒　更妙日時寅卯氣旺　丁火吐秀
갑목생우축월　　수토한응　　본희화이적한　　경묘일시인묘기왕　　정화토수

其淸在火也　所嫌壬癸透干　丁火必傷　難遂書香之志　然地支無水　干雖
기청재화야　　소혐임계투간　　정화필상　　난수서향지지　　연지지무수　　간수

濁 支從午火留清 異路出身 至戊午運 合癸制壬 有病得藥 升知縣.
탁 지종오화유청   이로출신   지무오운   합계제임   유병득약   승지현

甲木이 丑월에 생(生)하여 水土가 한응(寒凝)하니 火로 적한(敵寒)하는 것이 본래 기쁘다. 더욱 묘(妙)한 것은 일시(日時)가 寅卯이니 기(氣)가 왕(旺)하고 丁火가 수기(秀氣)를 토(吐)해내니 그 청(淸)함은 火에 있다.

꺼리게도 壬癸가 천간(天干)에 투출(透出)하여 丁火를 반드시 상(傷)하게 하니 학문(學問)의 뜻은 이루지 못하였다. 그러나 지지(地支)에는 水가 없으니 천간(天干)은 비록 탁(濁)하다고 하나 지지(地支)는 午火를 따라 청(淸)하게 되었다. 이로출신(異路出身)으로 戊午 운에는 癸水를 합(合)하고 壬水를 극제(剋制)하여 유병득약(有病得藥)하였으니 지현(知縣)으로 승진(昇進)하였다.

評註

甲木 일주가 丑월에 태어나서 한랭(寒冷)하니 조후(調候)로 火가 필요하다. 지지(地支)에 寅卯가 있고 천간(天干)에 壬癸가 일주(日主)을 생조(生助)하니 신왕(身旺)하다. 희신(喜神)은 식재관(食財官)인 火土金이고 기신(忌神)은 인비(印比)인 水木인데 초년(初年)운은 동방지지(東方之地)인 목국(木局)으로 행(行)하니 곤고(困苦)하였다.

기쁘게도 중년(中年)운은 남방지지(南方之地)인 화국(火局)으로 행(行)하고 있는데 戊午 대운은 火土가 희신(喜神)인데 戊癸 합화(合火)로 기신(忌神)인 癸水가 합거(合去)되었고 寅午 합화(合火)하여 희신(喜神)이 되었으니 이로출신(異路出身)이지만 지현(知縣)에 오르게 되었다.

```
己 丙 乙 壬
丑 子 巳 辰
```

```
壬辛庚己戊丁丙
子亥戌酉申未午
```

丙火生于巳月　天地殺印留清　所嫌者丑時　合去子水　則壬水失勢　化助
병화생우사월　　천지살인유청　　소혐자축시　　합거자수　　즉임수실세　　화조

傷官　則日元洩氣　一點乙木　不能疎土　異路出身　雖獲盜有功而上意不
상관　　즉일원설기　　일점을목　　불능소토　　이로출신　　수획도유공이상의불

合　竟不能升.
합　경불능승

　　丙火가 巳月에 생(生)하였고 천지(天地)의 살(殺)과 인수(印綬)가 청(淸)하게 되어
있다. 꺼리는 것은 축시(丑時)인데 子水를 합거(合去)하니 壬水가 세력(勢力)을 잃었
고 합화(合化)하여 상관(傷官)을 돕고 일원(日元)을 설(洩)하니 일점(一點)의 乙木으로
는 土를 소통(疏通)시킬 수 없다. 이로출신(異路出身)으로 도적을 잡아서 공(功)을 이
루었으나 윗사람과 뜻이 맞지 않아 더 이상 승진(昇進)을 할 수가 없었다.

　　丙火 일주가 巳月에 태어나서 득령(得令)하였고 천간(天干)의 乙木이 생조(生助)를
하고 있으나 신약(身弱)하다. 지지(地支)에 子丑 합토(合土)가 되었으니 식상(食傷)이
태왕(太旺)하다. 그러므로 제살태과격(制殺太過格)이 되어 희신(喜神)은 인비관(印比官)
인 水木火이고 기신(忌神)은 식재(食財)인 土金이다.
　　초년(初年)인 丙午, 丁未 운은 선조(先祖)의 음덕(蔭德)이 있었을 것이다. 중년(中年)
운은 土金 운으로 기신(忌神)이 되었으니 상사(上司)와의 불화(不和)로 뜻을 이루지
못하였다.

	丁	癸	丙	乙
	巳	酉	戌	酉

己庚辛壬癸甲乙
卯辰巳午未申酉

癸酉日元 生于戌月地支官印相生 淸可知矣 所嫌者 天干丙在得地 兼
계유일원　　생우술월지지관인상생　　청가지의　　소혐자　　천간병재득지　겸

之乙木助火剋金 所以書香難遂 喜秋金有氣 異路出身 至巳運 逢財 壞
지을목조화극금　　소이서향난수　　희추금유기　　이로출신　지사운　봉재　괴

印 丁艱回籍.
인　정간회적

癸酉 일원(日元)이 戌월에 생(生)하였고 시지(時支)에서 관인(官印)이 상생(相生)하
니 청(淸)함을 알 수 있다. 꺼리는 것은 천간(天干)에서 재성(財星)인 丙火가 득지(得
地)하고 乙木이 火를 도와 극금(剋金)하니 학문(學問)을 이루지 못하였다. 기쁘게도
추금(秋金)이 유기(有氣)하였으나 이로출신(異路出身)으로서 벼슬을 하려고 하였지만
巳운에 이르러 재(財)가 괴인(壞印)하니 부모상(父母喪)으로 회적하였다.

癸水 일주가 戌월에 태어나서 한기(寒氣)가 있고 술중신금(戌中辛金)에 통근(通根)
되었으며 지지(地支)에서 酉戌 합금(合金)이 일주(日主)를 생조(生助)하니 신왕(身旺)하
다. 희신(喜神)은 식재관(食財官)인 木火土이고 기신(忌神)은 인비(印比)인 金水이다.

초년(初年)인 乙酉, 甲申 운에는 甲乙木이 절각(截脚)되어 있고 지지(地支)의 申酉
가 기신(忌神)이 되었으니 서향(書香)의 뜻을 이루지 못하였다. 중년(中年)운인 癸未,
壬午 운에도 午未 합거(合去)되었고 천간(天干)의 壬水에 의하여 개두(蓋頭)되었기
때문에 벼슬의 뜻을 이루지 못하였다.

辛巳 운에는 乙辛 충(沖)이 되어 乙木이 충거(沖去)되었고 희신(喜神)인 巳火가 巳酉 합금(合金)으로 변하였으니 丙丁火가 재성(財星)인 부친(父親)이 되고 인수(印綬)가 모친(母親)인데 기신(忌神)이 되었으니 부모(父母) 모두가 상(喪)을 당하게 된 것이다.

```
戊 戊 戊 甲
午 子 辰 申
```

乙甲癸壬辛庚己
亥戌酉申未午巳

戊子日元　生于辰月午時　天干三戊　旺可知矣　甲木退氣臨絕　不但無用
무자일원　생우진월오시　천간삼무　왕가지의　갑목퇴기임절　부단무용

反爲混論　其精氣在地支之申　洩氣精英　惜春金不旺　幸子水冲午　潤土
반위혼론　기정기재지지지신　설기정영　석춘금불왕　행자수충오　윤토

養金　雖捐納佐貳　仕途順遂.
양금　수연납좌이　사도순수

戊子 일원(日元)이 辰월 午시에 생(生)하였고 천간(天干)에 戊土가 셋이나 투출(透出)하였으니 왕(旺)함을 알 수 있다. 甲木은 퇴기(退氣)하고 오히려 혼잡(混雜)하게 되었으니 정기(精氣)는 지지(地支)의 신금(申金)에 있고 정영(精英)을 설(洩)하고 있다. 애석(哀惜)한 것은 춘금(春金)은 왕(旺)하지 않은데 다행스러운 것은 子水가 午火를 충거(沖去)하고 윤토(潤土)가 양금(養金)하니, 연납(捐納)하여 좌이(佐貳)가 되었고 벼슬길을 순조롭게 이어갔다.

戊土 일주가 辰월에 태어나서 득령(得令)하였고 시지(時支)의 午火가 양인(羊刃)으로 득세(得勢)하였는데 천간(天干)에 戊土가 투출(透出)하였으니 신왕(身旺)하다. 희신

(喜神)은 식재관(食財官)인 金水木이고 기신(忌神)은 인비(印比)인 火土이다.

초년(初年)운은 남방지지(南方之地)인 火운으로 기신(忌神)이 되었으나 절각(截脚)이 되었기 때문에 반(半)으로 감하게 되었다. 중년(中年)운은 서방지지(西方之地)인 金운으로 희신(喜神)이 되었으니 순조롭게 승진(昇進)하였다.

任註

```
庚 壬 甲 癸
戌 子 子 巳
```

```
丁 戊 己 庚 辛 壬 癸
巳 午 未 申 酉 戌 亥
```

壬子日元 生于仲冬 天干又透庚癸 氣勢泛濫 甲木無根 不能納水 巳火
임자일원　생우중동　천간우투경계　기세범람　갑목무근　불능납수　사화

被衆水所剋 亦難作用 故屢次加捐 耗財不能得缺 雖時支戌 砥定汪洋
피중수소극　역난작용　고누차가연　모재불능득결　수시지술　지정왕양

又有庚金之洩 兼之中運辛酉庚申 洩土生水 劫印肆逞 以致有志難伸.
우유경금지설　겸지중운신유경신　설토생수　겁인사령　이치유지난신

壬子 일원(日元)이 중동(仲冬)에 생(生)하였고 천간(天干)에서 다시 庚癸가 투출(透出)하여 그 기세(氣勢)가 범람(泛濫)한다. 甲木은 무근(無根)이니 납수(納水)할 수 없고 巳火는 많은 水에 극(剋)을 당하니 용신(用神)할 수가 없다.

그러므로 누차 돈을 써서 벼슬을 사려고 하였으나 재물(財物)만 새고 관직(官職)을 얻지 못하였다. 비록 시지(時支)의 戌土가 왕양(汪洋)한 水를 막는다고 하여도 庚金의 설(洩)이 있고 겸하여 중년(中年)운이 辛酉, 庚申으로 설토생수(洩土生水)하여 겁인(劫刃)이 방자(放恣)하게 날뛰니 뜻은 있으나 펼치지는 못하였다.

壬水 일주가 子월에 태어나서 양인(羊刃)으로 득령(得令)하였으며 한랭(寒冷)하니 조후(調候)로 火가 필요하다. 좌하(坐下)에 子水가 득지(得地)하였으며 천간(天干) 인수(印綬)가 생조(生助)하니 신왕(身旺)하다. 희신(喜神)은 식재관(食財官)인 木火土이고 기신(忌神)은 인비(印比)인 金水인데 운행(運行)이 초중(初中)년은 북서지지(北西之地)인 水金으로 행(行)하니 불길(不吉)하다. 말년(末年)운은 火土 운으로 희신(喜神)이 되었으니 기쁘다.

원국(原局)에서 식상(食傷)인 甲木은 부목(浮木)이 되었고 재성(財星)인 巳火는 수다화몰(水多火沒)로 손상(損傷)을 당하였고 관성(官星)인 戌土는 습토(濕土)가 되어 왕수(旺水)를 극제(剋制)하기 때문에 미약(微弱)하다.

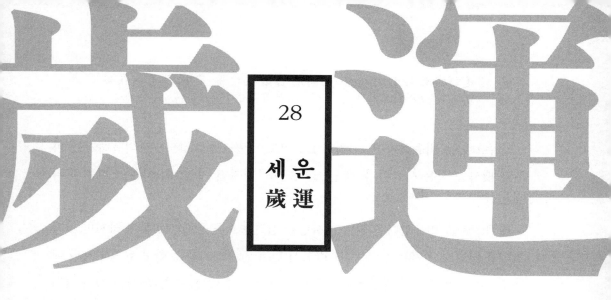

原文

休囚係乎運 尤係好歲 戰冲視其孰降 和好視其孰切
휴수계호운　　우계호세　　전충시기숙항　　화호시기숙절

휴수(休囚)는 대운(大運)에 관계(關係)되나 태세(太歲)의 관계(關係)에서 전충(戰冲)하면 누가 항복(降伏)하는가를 살펴보고, 화호(和好)하면 누가 절실한가를 살펴보라.

原註

日主譬如如吾身 局中之神譬之神 譬之舟馬引從之人 大運譬所蒞之地
일주비여여오신　　국중지신비지신　　비지주마인종지인　　대운비소리지지

故重地支 未嘗無天干 太歲譬所遇之人 故重天干 未嘗無地支.
고중지지　　미상무천간　　태세비소우지인　　고중천간　　미상무지지

必先明一日主 配合七字 權其輕重 看喜行何運 忌行何運.
필선명일일주　　배합칠자　　권기경중　　간희행하운　　기행하운

如甲日以氣機看春 以人心看仁 以物理看木 大率看氣機而餘在其中
여갑일이기기간춘　　이인심간인　　이물리간목　　대솔간기기이여재기중

遇庚 辛申酉字面 如春而行之於秋 斲伐其生生之機.
우경　　신신유자면　　여춘이행지어추　　착벌기생생지기

又看喜與不喜 而行運生甲伐甲之地 可斷其休囚也 太歲一至 休囚卽
우간희여불희　　이행운생갑벌갑지지　　가단기휴수야　　태세일지　　휴수즉

顯 於是詳論戰冲和好之勢 而得勝負敵從之機 則休囚了然在目.
현   어시상론전충화호지세   이득승부적종지기   즉휴수료연재목

일주(日主)는 비유하자면 나 자신(自身)이고, 국중지신(局中之神)은 비유하자면 마부와 뱃사공 같은 사람이며, 대운(大運)을 비유하자면 자신(自身)이 다스리는 땅과 같다.

태세(太歲)를 비유한다면 만나는 사람이 천간(天干)을 중요(重要)하게 하지만 지지(地支)를 가볍게 여겨서는 안 된다. 반드시 먼저 일주(日主)를 밝히고 칠자(七字)의 배합(配合)과 권세(權勢)의 경중(輕重)을 헤아려서 어느 운(運)으로 행(行)하는 것이 기쁘고 어느 운(運)으로 행(行)하는 것이 꺼리는 것인지를 살펴보아야 한다.

가령 甲 일간은 기기(氣機)로는 춘(春)이라는 보고 인심(人心)으로는 인(仁)이고 물리(物理)로는 木이라고 간주하는데 대체로 기기(氣機)를 살펴보면 나머지도 그 가운데 있다. 庚辛, 申酉의 방면(方面)을 만나면 봄은 가을로 행(行)하는 것과 같고 생생(生生)의 기틀을 착벌(斲伐)하는 것과 같다.

또한 기뻐하지 않는 것을 살펴보고 행운(行運)이 甲木을 생(生)하는지 또는 극벌(剋伐)하는지를 살펴보면 휴수(休囚)를 결단(決斷)할 수 있다. 그리하여 전충(戰冲)이나 화호(和好)하는 기세(氣勢)를 상세하게 논(論)하여 승부(勝負)와 전충(戰冲)하는 기틀을 알면 휴수(休囚)는 일목요연(一目瞭然)하게 나타난다.

任註

任氏曰 富貴雖定乎格局 窮通實係乎運途 所謂命好不如運好也.
임씨왈   부귀수정호격국   궁통실계호운도   소위명호불여운호야

日主如我之身 局中喜神用神 是我所用之人 運途乃我所臨之地.
일주여아지신   국중희신용신   시아소용지인   운도내아소임지지

故以地支爲重 要天干不背 相生相扶爲美 故一運看十年 切勿上下截
고이지지위중   요천간불배   상생상부위미   고일운간십년   절물상하절

看 不可使蓋頭截脚 如上下截看 不論蓋頭截脚 則吉凶不驗矣.
간   불가사개두절각   여상하절간   불론개두절각   즉길흉불험의

如喜行木運 必要甲寅乙卯 次則甲辰乙亥壬寅癸卯 喜行火運 必要丙
여희행목운　　필요갑인을묘　　차즉갑진을해임인계묘　　희행화운　　필요병

午丁未 次則丙寅丁卯丙戌丁巳 喜行土運 必要戊午己未戊戌己巳
오정미　　차즉병인정묘병술정사　　희행토운　　필요무오기미무술기사

次則戊辰己丑 喜行金運 必要庚申辛酉 次則戊申己酉庚辰辛巳 喜行水運
차즉무진기축　　희행금운　　필요경신신유　　차즉무신기유경진신사　　희행 수운

必要壬子癸亥 次則壬申癸酉辛亥庚子 寧使天干 生地支 弗使地支生
필요임자계해　　차즉임신계유신해경자　　영사천간　　생지지　　불사지지생

天干 天干生地支而蔭厚 地支生天干而氣洩.
천간　　천간생지지이음후　　지지생천간이기설

何謂蓋頭如喜木運而遇庚寅辛卯 喜火運而遇壬午癸巳 喜土運而遇甲
하위개두여희목운이우경인신묘　　희화운이우임오계사　　희토운이우갑

戌甲辰乙丑乙未 喜金運而遇丙申丁酉 喜水運而遇戊子己亥.
술갑진을축을미　　희금운이우병신정유　　희수운이우무자기해

何謂截脚如喜木運而遇甲申乙酉乙丑乙巳 喜火運而遇丙子丁丑丙申丁
하위절각여희목운이우갑신을유을축을사　　희화운이우병자정축병신정

酉丁亥 喜土運而遇戊寅己卯戊子己酉戊申 喜金運而遇庚午辛亥庚寅
유정해　　희토운이우무인기묘무자기유무신　　희금운이우경오신해경인

辛卯庚子 喜水運而遇壬寅癸卯壬午癸未壬戌癸巳是也.
신묘경자　　희수운이우임인계묘임오계미임술계사시야

蓋干頭喜支 運以重支 則吉凶減半 截脚喜干 支不載干 則十年皆否.
개간두희지　　운이중지　　즉길흉감반　　절각희간　　지불재간　　즉십년개부

假如喜行木運 而遇庚寅辛卯 庚辛本屬凶運 而金絕寅卯 謂之無根 雖
가여희행목운　　이우경인신묘　　경신본위흉운　　이금절인묘　　위지무근　　수

有 十分之凶 而減其半 如原局天干有丙丁透露 得回制之能 又減其半
유　십분지흉　　이감기반　　여원국천간유병정투로　　득회제지능　　우감기반

或再遇 太歲逢丙丁 制其庚辛 則無凶矣 寅卯本屬吉運 因蓋頭有庚辛
혹재우　　태세봉병정　　제기경신　　즉무흉의　　인묘본위길운　　인개두유경신

之剋 雖有 十分之吉 亦減其半如原局地支有申酉之冲 不但無吉 而反
지극　　수유　　십분지길　　역감기반여원국지지유신유지충　　부단무길　　이반

凶矣.
흉의

又如喜木運 遇甲申乙酉 木絕于申酉 謂之不載 故甲乙之運不吉 如原
우여희목운　　우갑신을유　　목절우신유　　위지부재　　고갑을지운불길　　여원

局 天干于透庚辛 或太歲干頭遇庚辛 必凶無疑 所以十年皆凶 如原局
국 천간우투경신　혹태세간두우경신　필흉무의　소이십년개흉　여원국

天干透 壬癸 或太歲干頭逢壬癸 能洩金生木 則和平無凶矣 故運逢吉
천간투 임계　혹태세간두봉임계　능설금생목　즉화평무흉의　고운봉길

不見其吉運 逢凶不見其凶者 緣蓋頭截脚之故也.
불견기길운　봉흉불견기흉자　연개두절각지고야

太歲管一年否泰 如所遇之人 故以天干爲重 然地支不可不究 雖有與
태세관일년비태　여소우지인　고이천간위중　연지지불가불구　수유여

神之 生剋 不可與日主運途之冲戰 最凶者天剋地冲 歲運冲剋 日主旺
신지 생극　불가여일주운도지충전　최흉자천극지충　세운충극　일주왕

相雖凶無礙 日主休囚 必罹凶咎.
상수흉무애　일주휴수　필리흉구

日犯歲君 日主旺相無咎 日主休囚必凶 歲君犯日 亦同此論 故太歲宜和.
일범세군　일주왕상무구　일주휴수필흉　세군범일　역동차론　고태세의화

不可與大運一端論也 如運逢木吉 歲逢木反凶者 皆戰冲不和之故也
불가여대운일단론야　여운봉목길　세봉목반흉자　개전충불화지고야

依此 而推 則吉凶無不驗也.
의차 이추　즉길흉무불험야

임씨(任氏)가 말하길, 부귀(富貴)와 빈천(貧賤)은 격국(格局)으로 정(定)하여진다고 하더라도 궁통(窮通)은 실제(實際)로 운로(運路)에 관계(官階)되니 소위 "명(命) 좋은 것은 운(運) 좋은 것만 못하다"라고 하는 것이다.

일주(日主)가 나 자신(自身)이고, 국중(局中)의 희신(喜神)과 용신(用神)은 내가 쓰는 사람이고, 운도(運途)는 내가 임(臨)하여 있는 것이다. 그러므로 지지(地支)가 중요(重要)하지만 반드시 배반(背反)하지 않아야 하고 상생상부(相生相扶)하여야 아름답다. 고로 일운(一運)을 십 년(十年)으로 보는데 절대로 상하(上下)를 끊어서 보면 아니 된다. 만약 상하(上下)를 끊어서 본다면 개두(蓋頭)와 절각(截脚)을 논(論)할 수 없다. 길흉(吉凶)을 증험(證驗)할 수가 없기 때문이다.

가령 木운으로 행(行)하는 것을 기뻐하면 반드시 甲寅, 乙卯가 필요하고 다음으로는 甲辰, 乙亥, 壬寅, 癸卯이다.

火운으로 행(行)하는 것을 기뻐하면 반드시 丙午, 丁未가 필요하고 다음으로는

丙寅, 丁卯, 丁巳이다.

土운으로 행(行)하는 것을 기뻐하면 반드시 戊午, 己未, 戊戌, 己巳가 필요하고 다음으로는 戊辰, 己丑이다.

金운으로 행(行)하는 것을 기뻐하면 반드시 庚申, 辛酉가 필요하고 다음으로는 戊申, 己酉, 庚辰, 辛巳이다.

水운으로 행(行)하는 것을 기뻐하면 반드시 壬子, 癸亥가 필요하고 다음으로는 壬申, 癸酉, 辛亥, 庚子이다.

차라리 천간(天干)이 지지(地支)를 생(生)하는 것이 좋을 경우에는 지지(地支)가 천간(天干)을 생(生)하지 않아야 한다. 천간(天干)이 지지(地支)을 생(生)하면 음후(陰厚)하고 지지(地支)가 천간(天干)을 생(生)하면 설기(洩氣)가 되기 때문이다.

무엇을 개두(蓋頭)라고 하는가?

가령 木운을 기뻐하는데 庚寅, 辛卯를 만나거나, 火운을 기뻐하는데 壬午, 癸巳를 만나거나, 土운을 기뻐하는데 戊寅, 己卯, 戊子, 己酉, 戊申을 만나거나, 金운을 기뻐하는데 辛亥, 庚寅, 辛卯, 庚子를 만나거나, 水운을 기뻐하는데 壬寅, 癸卯, 壬午, 癸未, 壬戌, 癸巳를 만나는 것이 이것이다.

개두(蓋頭)는 지지(地支)가 희신(喜神)인데 운(運)은 지지(地支)를 중요하게 생각하므로 길흉(吉凶)이 반(半)으로 감(減)하게 된다. 절각(截脚)은 천간(天干)을 실어주지 않으니 10년이 모두 좋지 않다.

가령 木운으로 행(行)하는 것을 기뻐하는데 庚寅, 辛卯를 만나면 庚辛은 본래(本來) 흉운(凶運)이나 金이 寅卯에 절(絶)이 되므로 무근(無根)이니 비록 십분(十分)의 흉(凶)이 있더라도 반(半)으로 감(減)하게 된다.

만약 원국(原局)의 천간(天干)에 丙丁이 투로(透露)하여 庚辛을 회제(回制)할 수 있으니 이는 곧 흉(凶)이 없게 되는 것이다. 寅卯는 본래 길운(吉運)이나 개두(蓋頭)한 까닭으로 庚辛의 극(剋)이 있으니 십분(十分)의 길(吉)이 있더라도 역시 반(半)으로 감(減)하게 된다.

만약 원국(原局)의 지지(地支)에 辛酉의 충(冲)이 있으면 길(吉)이 없을 뿐만 아니라 오히려 흉(凶)하게 된다. 또한 木운을 기뻐하는데 甲申, 乙酉를 만나면 木은 申

酉에 절(絶)이 되므로 이른바 무근(無根)이니 甲乙 운이 불길(不吉)하다.

만약 원국(原局)의 천간(天干)에서 다시 庚辛이 투출(透出)하거나 태세(太歲)의 간두(干頭)에서 경신(庚辛)을 만나면 반드시 흉(凶)하다는 것은 의심(疑心)할 바가 없으니 10년이 모두 흉(凶)하게 되는 것이다.

그러나 원국(原局)의 천간(天干)에 壬癸가 투출(透出)하거나 태세(太歲)의 간두(干頭)에서 壬癸를 만나면 능히 金을 설(洩)하여 생목(生木)하니 화평(和平)하고 흉(凶)이 없게 된다. 그러므로 운(運)에서 길(吉)을 만났으나 길(吉)함이 없고, 운(運)에서 흉(凶)을 만났으나 흉(凶)함이 없는 것은 개두(蓋頭)와 절각(截脚)으로 인한 까닭이다.

태세(太歲)는 1년(一年)의 비태(否泰)를 주관하는데, 예를 들면 만나는 사람과 같으니 천간(天干)이 중요(重要)하지만 지지(地支)를 가볍게 생각해서는 안 된다. 비록 국중(局中)에 오행(五行)의 생극(生剋)이 있다고 하더라도 일주(日主)와 운도(運途)와는 충전(冲戰)하여서는 아니 된다. 가장 흉(凶)한 것은 천간(天干)이 극(剋)하고 지지(地支)가 충(冲)하며 세운(歲運)이 또 충극(冲剋)하는 것이다.

일주(日主)가 왕상(旺相)하면 흉(凶)하다 하더라도 장애(障碍)가 없으나 일주(日主)가 휴수(休囚)하면 반드시 흉(凶)하고 허물이 있다.

일주(日主)가 세군(歲君)을 범(犯)하여도 일주(日主)가 왕상(旺相)하면 허물이 없으나 일주(日主)가 휴수(休囚)하면 반드시 흉(凶)하게 된다. 세군(歲君)이 일주(日主)를범(犯)하여도 이와 같이 논(論)한다. 그러므로 태세(太歲)는 마땅히 화(和)하여야 하며 대운(大運)과 한 가지로 논(論)하여서는 아니 된다.

가령 木운을 만나는 것이 길(吉)한데 세운(歲運)에서 木을 만나서 흉(凶)한 것은 모두 전충(戰冲)하고 불화(不和)한 까닭이다. 이와 같이 추리(推理)하면 길흉(吉凶)의 증험(證驗)하지 않음이 없다.

```
丁 庚 丁 庚
丑 辰 亥 辰
```

```
甲癸壬辛庚己戊
午巳辰卯寅丑子
```

庚辰日元 生于亥月 天干丁火並透 辰亥皆藏甲乙 足以用火 初運戊子
경진일원　생우해월　천간정화병투　진해개장갑을　족이용화　초운무자

己丑 晦火生金 未遂所願 庚運丙午年 庚坐寅支截脚 天干兩丁足可敵
기축　회화생금　미수소원　경운병오년　경좌인지절각　천간양정족가적

一庚 又逢丙午 剋盡庚金 是年進而中 丁未又連捷 榜下知縣 寅運官資
일경　우봉병오　극진경금　시년진이중　정미우연첩　방하지현　인운관자

頗豊 辛卯截脚 局中丁火回剋 仕至郡守 壬辰水生庫根 至壬申年 兩
파풍　신묘절각　국중정화회극　사지군수　임진수생고근　지임신년　양

丁皆傷 不祿.
정개상　불록

　庚辰 일원(日元)이 亥월에 생(生)하였고 천간(天干)의 丁火가 함께 투출(透出)하였고, 辰亥가 모두 甲乙을 암장(暗藏)하고 있으니 충분히 용화(用火)한다.

　초년(初年)운인 戊子, 己丑은 회화생금(晦火生金)하니 소원(所願)을 이루지 못하였다. 庚운 丙午년은 庚金이 寅木에 좌(坐)하여 절각(截脚)되었고 천간(天干)의 양정(兩丁)이 하나의 庚金을 대적(對敵)할 수 있는데 다시 丙午년을 만나서 庚金을 극진(剋盡)하나 이 해에 과거(科擧)에 나아가 합격(合格)하였다.

　丁未년에 연(連)이어 승진하니 지현(知縣)에 임명되었으며 寅운에는 관자(官資)가 넉넉하였다. 辛卯운에는 절각(截脚)되었고 원국(原局)의 丁火가 회극(回剋)하니 벼슬이 군수(郡守)에 이르렀다. 壬辰운에는 水가 고근(庫根)을 생(生)하고 壬申년은 양정(兩丁)이 모두 상(傷)하니 불록(不祿)이 되었다.

庚金 일주가 亥月에 태어나서 한랭(寒冷)하니 조후(調候)로 火가 필요(必要)하다. 좌하(坐下)의 辰土에 득지(得地)하였고 지지(地支)의 丑土와 년주(年柱)의 庚金으로 득세(得勢)하니 신왕(身旺)하다.

희신(喜神)은 식재관(食財官)인 水木火이고 기신(忌神)은 인비(印比)인 火土이다. 기쁘게도 천간(天干)의 양정(兩丁)이 진중을목(辰中乙木)과 해중갑목(亥中甲木)이 암장(暗藏)되어 통근(通根)되었으니 정관(正官)이 뚜렷하다.

戊子, 己丑 운은 화설(火洩)하여 생금(生金)하니 뜻을 이루지 못하였고 庚金이 희신(喜神)인 寅木을 개두(蓋頭)하고 있으니 寅亥 합목(合木)하고 寅辰 공합(拱合)하였으니 오히려 庚金이 손상(損傷)을 당하였는데 丙午년을 만나서 또다시 庚金을 충거(冲去)시켰으니 소위 기신충발(忌神冲拔)이 되었다. 그러므로 과거(科擧)에 합격(合格)하게 된 것이다. 丁未년은 亥未 합목(合木)이 되어 木火가 왕성(旺盛)하니 지현(知縣)에 임명(任命)된 것이다.

辛卯 대운(大運)은 卯木이 개두(蓋頭)되었지만 亥卯 합목(合木)이 되었고 丁火에 의하여 辛金은 손상(損傷)되었으니 벼슬이 군수(郡守)에 이르게 된 것이다.

壬辰 대운(大運)은 辰辰 자형(自刑)이 되었고 丁壬 합화(合火)하여 丁火가 합거(合去)되어 있는데 壬申년에는 申辰이 공합(拱合)되어 壬水가 丁壬 합화(合火)로 희신(喜神)인 丁火가 완전히 제거(除去)되었기 때문에 불록지객(不祿之客)이 되었다.

丁	庚	戊	乙
丑	辰	子	未

辛壬癸甲乙丙丁
巳午未申酉戌亥

庚辰日元 生于子月 未土穿破子水 天干木火 皆得辰未之餘氣 足以 用
경진일원　생우자월　미토천파자수　천간목화　개득진미지여기　족이 용

木生火 丙運入泮 癸酉年行乙運 癸合戊化火 酉是丁火長生 均以此年
목생화　병운입반　계유년행을운　계합무화화　유시정화장생　균이차년

必 中殊不知 乙酉截脚之木 非木也 實金也 癸酉年水逢金生 又在冬令
필　중수부지　을유절각지목　비목야　실금야　계유년수봉금생　우재동령

焉能 合無化火 必剋丁火無疑 酉中純金 乃火之死地 陰火長生之說 俗
언능　합무화화　필극정화무의　유중순금　내화지사지　음화장생지설　속

傳之謬也 恐今八月又建辛酉 局中木火皆傷 防生不測之災 竟卒于省中.
전지류야　공금팔월우건신유　국중목화개상　방생불측지재　경졸우성중

庚金 일원(日元)이 子월에 생(生)하였고 未土가 子水를 천파(穿破)[129]하고 천간(天干)의 木火는 모두 辰未에 여기(餘氣)를 얻었으니 충분히 용목(用木)하여 생화(生火)할 수 있으니 丙운에 입반(入泮)하였다.

癸酉년 乙운에는 癸水가 戊土를 합(合)하여 火로 화(化)하고 酉金은 丁火의 장생(長生)이니 틀림없이 과거(科擧)에 급제(及第)할 것이라고 하겠지만 乙酉 운은 木이 절각(截脚)되어 木이 아니고 사실은 金이다. 癸酉년은 水가 金의 생(生)을 만나고 동령(冬令)에 태어났으니 어찌 戊土와 합(合)하여 화화(化火)할 수 있겠는가? 반드시 丁火를 극(剋)한다는 것은 의심(疑心)할 여지가 없다.

酉金은 순수한 金으로 火의 사지(死地)가 되며 음화(陰火)의 장생(長生)이라는 속설(俗說)은 잘못된 것이다. 팔월(八月)은 월건(月建)이 辛酉인데 원국(原局)의 木火가 모두 상(傷)하니 예측할 수 없는 재앙(災殃)을 방비(防備)하여야 할 것이다.

庚金 일주가 子월에 태어나서 금수상관격(金水傷官格)으로 관성(官星)을 희(喜)하는데 천간(天干)에 丁火가 乙木을 생조(生助)를 받고 있으니 아름답다. 庚金은 좌하

---

129 천파(穿破): 육해(六害), 상천(相穿)과 같은 뜻.

(坐下)의 辰土와 시지(時支)의 丑土에 통근(通根)하고 있는데 월간(月干)에 戊土가 투출(透出)하였으니 신왕(身旺)하다. 희신(喜神)은 식재관(食財官)인 水木火이고 기신(忌神)은 인비(印比)인 土金이다.

丙火 운에 입반(入泮)하였다는 것은 기신(忌神)으로 丁火를 방신(幫身)하였기 때문이다. 乙酉 운은 乙木이 절각(截脚)되었고 乙庚 합금(合金)으로 乙木 희신(喜神)이 합거(合去)되었으며 지지(地支)는 酉丑 합금(合金)이 되었고 辰酉 합금(合金)이 되었으니 모두가 기신(忌神)이 되었다. 그해의 8월은 辛酉인데 金이 왕(旺)하고 乙辛 충(冲)으로 乙木이 충발(冲拔)되어 성중(省中)에서 세상을 떠난 것이다.

주의(注意)해야 할 것은 임씨(任氏)도 역시 12운성(運星)은 속설(俗說)로 잘못된 것이라고 설명(說明)하고 있다.

任註

```
丁 丙 乙 戊
酉 寅 卯 子
```

```
壬辛庚己戊丁丙
戌酉申未午巳辰
```

丙寅日元 生于卯月 木火並旺 土金皆傷 水亦休囚 幼運丙辰丁巳 遺業
병인일원　생우묘월　목화병왕　토금개상　수역휴수　유운병진정사　유업

消磨 戊午己未 燥土不能生金洩火 經營虧空萬金 逃出外方 交庚申 辛
소마　무오기미　조토불능생금설화　경영휴공만금　도출외방　교경신　신

酉二十年 竟獲居奇之利 發財十餘萬.
유이십년　경획거기지리　발재십여만

丙寅 일원(日元)이 卯월에 생(生)하여 木火가 병왕(並旺)하니 土金이 모두 상(傷)하였고 水 또한 휴수(休囚)이다. 초년(初年)운인 丙辰, 丁巳에는 유업(遺業)이 소진(消盡)되었고 戊午, 己未 운은 조토(燥土)로 설화생금(洩火生金)할 수 없으니 경영(經營)하는

것이 만금(萬金)의 결손(缺損)이 되어 외방(外方)으로 피신하였다. 운이 바뀌어서 庚辛, 辛酉 20년은 거기지리(居奇之利)[130]를 얻어 큰 재물(財物)을 일으켰다.

丙火 일주가 卯월에 태어나서 득령(得令)하였고 지지(地支)가 인묘(寅卯), 합목(合木)하고 천간(天干)에 인비(印比)가 투출(透出)하였으니 신왕(身旺)하다.

희신(喜神)은 식재관(食財官)인 金水이고 기신(忌神)은 인비(印比)인 木火인데 운행(運行)이 초년(初年)에는 남방지지(南方之地)인 火로 행(行)하여 곤고(困苦)하였을 것이고, 중년(中年) 이후부터는 서북지지(西北之地)인 金水로 행(行)하니 아름답다.

丙辰, 丁巳 운은 비겁(比劫)이 왕(旺)하므로 유업(遺業)를 파모(破耗)시켰으며 戊午, 己未 운은 조토(燥土)로 설화생금(洩火生金)하지 못하여 파산(破産)되었다. 庚申, 辛酉 운은 희신(喜神)인 재성(財星)이 왕성(旺盛)하므로 십여만(十餘萬)의 재물(財物)을 모은 것이다.

甲 丙 癸 丙
午 午 巳 申

庚 己 戊 丁 丙 乙 甲
子 亥 戌 酉 申 未 午

丙午日元 生于巳月午時 群比爭財 逼乾癸水 初運甲午 刃刦猖狂 父母
병오일원　생우사월오시　군비쟁재　핍건계수　초운갑오　인겁창광　부모

---

130 거기지리(居奇之利): 기이(奇異)한 재화(財貨)를 쌓아 두었다가 값이 오를 때까지 기다리다가 얻은 이익.

早亡 乙未助刃家業敗盡 交丙申丁酉 火蓋頭 且局中巳午回剋金 貧乏
조망　을미조인가업패진　　교병신정유　화개두　차국중사오회극금　　빈핍

不堪 交戌戌稍能入脚.
불감　교무술초능입각

丙午 일원(日元)이 巳월 午시에 생(生)하여 군비(群比)가 쟁재(爭財)하고 癸水를 핍박(逼迫)하여 증발(蒸發)시키고 있다.

초년(初年)운인 甲午에는 인겁(刃劫)이 창광(猖狂)하니 부모(父母)가 모두 세상을 떠났고 乙未 운은 양인(羊刃)을 도우니 가업(家業)이 파진(破盡)되었다.

丙申, 丁酉로 바뀌어서는 火가 개두(蓋頭)하고 원국(原局)의 巳午가 金을 회극(回剋)하니 가난을 감당하기가 어려웠다. 戌戌 운으로 바뀌어서는 점차 입각(入閣)할 수가 있었다.

評註

丙火 일주가 巳월에 태어나서 득령(得令)하였고 지지(地支)가 양인(羊刃)이 중중(重重) 군겁쟁재(群劫爭財)가 되었다. 희신(喜神)은 식재관(食財官)인 土金水이고 기신(忌神)은 인비(印比)인 木火인데 운행(運行)이 중년(中年) 이후부터는 서북지지(西北之地)로 행(行)하니 아름답다.

甲午 운은 午午 자형(自刑)이 되었고 乙未 운은 巳午未 화국(火局)으로 재성(財星)인 신금(申金)이 손상(損傷)되었으니 부모(父母)가 세상을 떠나게 된 것이다.

丙申, 丁酉 운은 申酉가 희신(喜神)이지만 丙丁火에 개두(蓋頭) 되었으니 가난을 감당(勘當)하기가 어려웠다. 戌戌 운은 왕화(旺火)을 설(洩)하여 다소 회복(回復)되었으나 己亥 운은 己癸 극(剋)하고 巳亥 충(冲)으로 천극지충(天剋地冲)이 되었으니 불록지객(不祿之客)이 되었을 것이다.

何爲戰
하위전

어떤 것이 전(戰)인가?

如丙運庚年 謂之運伐歲 日主喜庚 要丙降 得戊得丙者吉 日主喜丙 則
여병운경년　위지운벌세　일주희경　요병항　득무득병자길　일주희병　즉

歲不降運 得戊己以和爲妙 如庚坐寅午 丙之力量大 則歲亦不得不降
세불항운　득무기이화위묘　여경좌인오　병지력량대　즉세역부득불항

降之亦保無禍.
항지역보무화

交運丙年 謂之歲伐 日主喜庚 得戊己以和丙者吉 日主喜丙 則運不降
교운병년　위지세벌　일주희경　득무기이화병자길　일주희병　즉운불항

又不可用戊己 洩丙助庚 若庚坐寅午 丙之力量大 則運自降歲 亦不保
우불가용무기　설병조경　약경좌인오　병지력량대　즉운자항세　역불보

無患.
무환

　가령 丙 대운에 庚 세운을 만나면 운(運)이 세(歲)를 벌(伐)하는 것이라 한다. 일주(日主)가 庚金을 기뻐할 경우 丙火가 항복(降伏)하여야 하지만 戊土를 얻고 丙을 얻으면 길(吉)하다. 일주(日主)가 丙火를 얻어 화해시켜야 묘(妙)하게 된다.

　가령 庚金이 寅午에 생(生)하고 丙火의 역할이 크면 세운(歲運)도 항복(降伏)하지 않을 수 없는데 역시 화(禍)가 없게 된다.

　庚 대운에 丙 세운을 만나면 세(歲)가 운(運)을 벌(伐)하는 것이라고 했다. 일주(日主)가 庚을 기뻐하면 戊土를 얻어 丙火를 화(化)하면 길(吉)하게 되지만 일주(日主)가 丙을 기뻐하면 운(運)이 세(歲)를 항복(降伏)시키지 않아야 한다. 戊土를 사용(使用)하

여 丙火를 생(生)하면 丙火의 역량(力量)이 크므로 대운(大運)이 자연히 세운(歲運)에 항복(降伏)하게 되니 역시 우환(憂患)이 없다.

任註

任氏曰 戰者剋也.
임씨왈　전자극야

如丙運庚年 謂之運剋歲 日主喜庚 要丙坐子辰 庚坐申辰 又局中得戊
여병운경년　위지운극세　일주희경　요병좌자진　경좌신진　우국중득무

己洩丙 得壬癸剋丙則吉 如丙坐午寅 局中又無水土制化 必凶.
기설병　득임계극병즉길　여병좌오인　국중우무수토제화　필흉

如庚運丙年 謂之歲剋運 日主喜庚則凶 喜丙則吉 喜庚者要庚坐申辰
여경운병년　위지세극운　일주희경즉흉　희병즉길　희경자요경좌신진

丙坐 子辰 又局中逢水土制化者吉 反此必凶. 喜丙者依此而推.
병좌　자진　우국중봉수토제화자길　반차필흉　희병자의차이추

임씨(任氏)가 말하길, 전(戰)이라는 것은 극(剋)을 말한다.

가령 丙운 庚년이면 운극세(運剋歲)라고 말한다. 일주(日主)가 庚을 기뻐하면 丙도 子辰을 깔고 앉고 庚은 申辰을 깔고 앉아야 하는데 원국(原局)에 戊土가 있어 丙을 설(洩)하거나 壬癸를 얻어 丙을 극(剋)하면 길(吉)하다. 만약 丙이 寅午에 깔고 앉아 있고 원국(原局)에서 水土의 제화(制化)가 없으면 반드시 흉(凶)하게 된다.

庚운 丙년이면 세극운(歲剋運)이라고 말한다.

일주(日主)가 庚을 기뻐하면 흉(凶)하고 丙을 기뻐하면 길(吉)하다. 庚을 기뻐하는 것은 응당 庚이 申辰을 깔고 앉아야 하고 丙은 子辰을 깔고 앉아야 하는데 다시 원국(原局)에서 水土를 만나 제화(制化)하는 것은 길(吉)하다. 이와 반대가 되면 반드시 흉(凶)하고 丙을 기뻐하는 것도 이와 같이 추리(推理)한다.

```
庚 丙 甲 辛
寅 辰 午 卯
```

```
丁戊己庚辛壬癸
亥子丑寅卯辰巳
```

丙火生于午月 旺刃當權 支全寅卯辰 土從木類 庚辛兩不通根 初交 癸
병화생우오월　왕인당권　지전인묘진　토종목류　경신양불통근　초교　계

巳壬辰 金逢生助 家業饒裕 其樂自如 辛卯金截脚 刑喪破耗 家業 十
사임진　금봉생조　가업요유　기락자여　신묘금절각　형상파모　가업　십

敗八九 庚運丙寅年剋妻 庚坐寅支截脚 丙寅歲剋運 又庚絶丙生 局中
패팔구　경운병인년극처　경좌인지절각　병인세극운　우경절병생　국중

無制化之神 于甲午月木從火勢 凶禍連綿 得疾而亡.
무제화지신　우갑오월목종화세　흉화연면　득질이망

丙火가 午월에 생(生)하여 왕인(旺刃)이 당권(當權)하였다. 지지(地支)에 寅卯辰으
로 이루어져 土가 木을 따르니 庚辛金은 모두 통근(通根)하지 못하였다.

초년(初年)인 壬辰운은 金이 생조(生助)를 만나서 가업(家業)이 넉넉하였고 기쁨이
넘쳤으나 辛卯운은 金이 절각(截脚)되어 형상파모(刑喪破耗)가 있었으며 가업(家業)이
거의 몰락(沒落)하였다.

庚운 丙寅년에 극처(剋妻)하였는데 庚金이 寅木을 깔고 앉아서 절각(截脚)되었고
丙寅 세운(歲運)이 대운(大運)을 극(剋)하고 다시 庚金은 절(絶)되었고 丙火는 생(生)
을 받았는데 원국(原局) 제화(制化)하는 신(神)이 없다. 甲午월은 木이 火의 세력(勢力)
을 따라가니 흉화(凶禍)가 연(連)이어 일어났으며 질병(疾病)으로 세상을 떠났다.

丙火 일주가 午월에 태어나서 양인(羊刃)으로 득령(得令)하여 조후(調候)로 水가

필요하다. 지지(地支)가 寅卯辰 목국(木局)이 되었고 甲木이 생조(生助)하니 신왕(身旺)하다.

희신(喜神)은 식재관(食財官)인 土金水이고 기신(忌神)은 인비(印比)인 木火이다. 원국(原局)에서 식신(食神)인 辰土는 木으로 변(變)하였고 재성(財星)인 庚辛金은 뿌리가 없으며 관살(官殺)은 진중계수(辰中癸水)로 미약(微弱)하다.

癸巳 운은 寅巳 형(刑)으로 사중경금(巳中庚金)이 개고(開庫)가 되어 원국(原局) 庚辛金의 뿌리가 되었으니 가업(家業)이 넉넉하게 된 것이다. 壬辰 운은 壬水가 희신(喜神)이고 庚辛金은 辰土의 생조(生助)를 받으니 가정(家庭)이 화목(和睦)하였다.

辛卯 운은 辛金이 절각(截脚)되어 형상파모(刑喪破耗)가 되었고 庚寅 운은 庚金이 절각(截脚)이 되어 있는데 丙寅년은 세극운(歲剋運)으로 庚金이 손상(損傷)되었으니 극처(剋妻)하게 되었다. 甲午월은 甲庚 충(沖)하고 午午 자형(自刑)이 되었으니 불록지객(不祿之客)이 된 것이다.

任註

乙 乙 甲 辛
酉 酉 午 卯

丁戊己庚辛壬癸
亥子丑寅卯辰巳

乙木生于午月 卯酉緊冲日祿 月干甲木臨絶 五行無水 夏火當權洩氣
을목생우오월　묘유긴충일록　월간갑목임절　오행무수　하화당권설기

傷官用刼 所忌者金 初運壬辰癸巳 印透生扶平順之境 辛卯運 惟辛酉
상관용겁　소기자금　초운임진계사　인투생부평순지경　신묘운　유신유

年 冲去卯木 刑喪剋破 至庚運丙寅年 所忌者金 而丙火剋去之 局中無
년　충거묘목　형상극파　지경운병인년　소기자금　이병화극거지　국중무

土水洩 制丙火 又火逢生 金坐絶 入泮得舒眉曲也.
토수설　제병화　우화봉생　금좌절　입반득서미곡야

乙木이 午月에 생(生)하여 卯酉가 긴첩(緊捷)하여 일록(日祿)을 충(冲)하고 있다. 월간(月干)의 甲木은 임절(臨絶)하였으니 오행(五行)의 水가 없으며 하화(夏火)가 당권(當權)하여 설기(洩氣)하니 상관용겁(傷官用劫)이다. 꺼리는 것은 金이다.

초년(初年)운인 癸巳, 壬辰에는 인수(印綬)가 투출(透出)하여 생부(生扶)하니 평순(平順)한 환경(環境)이었고 辛卯운 辛酉년에 卯木을 충거(冲去)하니 형상극파(刑喪剋破)하였다. 庚운 丙寅년에 꺼리는 金을 丙火가 극거(剋去)하고 원국(原局)에 水土가 丙火를 설제(洩制)하지 않으며 火가 봉생(逢生)하고 金이 임절(臨絶)하였으니 입반(入泮)하여 마음과 몸이 편안하였다.

評註

乙木 일주가 午月에 태어나서 실령(失令)하였고 조열(燥烈)하니 火가 필요하다. 지지(地支)가 卯酉 충(冲)하고, 甲木이 설(洩)하고 년지(年支)의 卯木이 개두(蓋頭)되었으니 신약(身弱)하다. 희신(喜神)은 인비(印比)인 水木이고 기신(忌神)은 식재관(食財官)인 火土金이다.

癸巳 운은 巳酉 합금(合金)이 되어 癸水를 생조(生助)하여 乙木을 도우니 살인상생(殺印相生)이 되었고 壬辰 운은 卯辰 합목(合木)으로 방조(幫助)하였으니 평순(平順)하게 지냈다. 辛卯 대운 辛酉년에는 卯木이 충거(冲去)되었고, 乙辛 충(冲)하니 乙木이 손상(損傷)을 입어 형상파모(刑喪破耗)하게 된 것이다. 庚운 丙寅년에는 꺼리는 것이 金인데 丙火가 庚金을 극거(剋去)하고 원국(原局)의 辛金과 丙辛 합화(合化)하였으며 庚金이 임절(臨絶)하였으니 입반(入泮)하게 되었다.

주의(注意)해야 할 것은 乙木이 좌하(坐下)의 卯木에 득지(得地)하고 년지(年支)의 卯木에 득록(得祿)하였으며 천간(天干)에 甲乙木이 방조(幫助)하였으니 신왕(身旺)으로 볼 수 있다. 그러나 水가 없으니 午月의 乙木은 조고(凋枯)하였고 년간(年干)의 卯木은 개두(蓋頭)되었으며 시간(時干)의 乙木은 절각(截脚)이 되었으니 일록(日祿)인 卯木이 卯酉 충(冲)으로 손상(損傷)을 당하여 일주(日主)인 乙木의 뿌리가 오히려 약(弱)하게 되었으니 신약(身弱)한 명조(命造)이다.

何爲冲
하위충

어떤 것이 충(冲)인가?

如子運午年 謂之運冲歲 日主喜子 則要助子 又得年之干頭 過制午之
여자운오년　위지운충세　일주희자　즉요조자　우득년지간두　우제오지

神 或午之黨多 干頭遇戊甲字者必凶.
신　혹오지당다　간두우무갑자자필흉

如午運子年 謂之歲冲運 日主喜午 而子之黨多 干頭助子者必凶 日主
여오운자년　위지세충운　일주희오　이자지당다　간두조자자필흉　일주

如午 運子年 謂之歲冲運 日主喜午 而子之黨多 干頭助子者必凶 日主.
여오　운자년　위지세충운　일주희오　이자지당다　간두조자자필흉　일주

喜子 而午之黨少 干頭助子者必吉 若午重子輕 則歲不降 亦無咎.
희자　이오지당소　간두조자자필길　약오중자경　즉세불항　역무구

자운(子運) 오년(午年)이면 운충세(運冲歲)라고 한다.

일주(日主)가 子를 기뻐할 경우 子水를 도와주어야 한다. 또한 태세간두(太歲干頭)에서 午火를 극제(剋制)하는 신(神)을 만나야 한다. 혹은 午火가 무리를 이루어서 많거나 간두(干頭)에서 戊甲을 만나면 반드시 흉(凶)하다.

오운(午運) 자년(子年)이면 운충세(運冲歲)라고 한다.

일주(日主)가 午火를 기뻐하는데 子水가 무리를 이루어서 많거나 간두(干頭)에서 子水를 돕는 것은 반드시 흉(凶)하다.

일주(日主)가 子水를 기뻐하는데 午火의 무리가 적거나 간두(干頭)가 子水를 돕는 것은 반드시 길(吉)하다. 만약 午는 중(重)하고 子는 경(輕)하면 태세(太歲)가 항복(降伏)하지 않으니 역시 재앙(災殃)이 없다.

任氏曰 冲者破也.
임씨왈　충자파야

如子運午年 謂之運冲歲 日主喜子 要干頭逢庚壬 午之干頭逢甲丙亦
여자운오년　위지운충세　일주희자　요간두봉경임　　오지간두봉갑병역

無咎 如子之干頭遇丙戊 午之干頭遇庚壬 亦有咎 日主喜午 子之干頭
무구　여자지간두우병무　　오지간두우경임　　역유구　일주희오　자지간두

逢甲戊 午之 干頭遇甲丙 則吉 如子之干頭遇庚壬 午之干頭遇甲丙則
봉갑무　오지　간두우갑병　즉길　여자지간두우경임　　오지간두우갑병즉

凶.
흉

如午運子年 謂之歲冲運 日主喜午 要午之干頭逢丙戊 子之干頭遇 甲
여오운자년　위지세충운　일주희오　요오지간두봉병무　　자지간두우　갑

丙 則吉 如午之干頭遇丙戊 子之干頭遇庚壬 必凶餘可類推.
병　즉길　여오지간두우병무　　자지간두우경임　　필흉여가류추

임씨(任氏)가 말하길, 충(沖)이라는 것은 파(破)이다.

가령 자운(子運) 오년(午年)이면 운충세(運沖歲)라고 말한다. 일주(日主)가 子를 기뻐할 때 천간(天干)에 庚金이 있어야 하며, 午의 간두(干頭)에 甲丙이 있으면 길(吉)하다. 만약 子의 간두(干頭)에서 丙戊가 있고 子의 간두(干頭)에 庚金을 만나면 흉(凶)하다.

일주(日主)가 午를 기뻐할 때 子의 간두(干頭)에 甲戊가 있고 午의 간두(干頭)에 甲丙을 만나면 길(吉)하다. 만약 子의 간두(干頭)에 庚壬을 만나고 午의 간두(干頭)에 만나면 흉(凶)하다. 오운(午運) 자년(子年)이면 세충운(歲沖運)이라고 말한다.

일주(日主)가 午를 기뻐하면 午의 간두(干頭)에 丙戊가 있어야 하며 子의 간두(干頭)에 甲丙을 만나야 길(吉)하다. 만약 午의 간두(干頭)에서 丙戊를 만나고 子의 간두(干頭)에 庚壬를 만나면 흉(凶)하다. 나머지도 이와 같이 유추(類推)하면 된다.

何爲和
하위화

어떤 것이 화(和)인가?

如乙運庚年　庚運乙年　則和　日主喜金則吉　日主喜木則不吉　子運丑年
여을운경년　　경운을년　즉화　일주희금즉길　　일주희목즉불길　　자운축년

丑運子年　日主喜土則吉　喜水則不吉.
축운자년　　일주희토즉길　희수즉불길

을운(乙運) 경년(庚年), 경운(庚運) 을년(乙年)이면 화(和)이다.

일주(日主)가 金을 기뻐하면 길(吉)하고, 일주(日主)가 木을 기뻐하면 불길(不吉)하다. 자운(子運) 축년(丑年)과, 축운(丑運) 자년(子年)일 경우, 일주(日主)가 土를 기뻐하면 길(吉)하고, 水를 기뻐하면 불길(不吉)하다.

任氏曰　和者合也　如乙運庚年　庚運乙年　合而能化　喜金則吉　合而不化
임씨왈　화자합야　여을운경년　　경운을년　합이능화　희금즉길　합이불화

反爲羈絆　不顧日主之喜我　則不吉矣　喜庚亦然　所以喜庚者必要庚金
반위기반　불고일주지희아　　즉불길의　희경역연　소이희경자필요경금

得地　乙木　無根　則合化爲美矣　若子丑之合　不化亦是剋水　喜水者必不
득지　을목　무근　즉합화위미의　약자축지합　불화역시극수　희수자필불

吉也.
길야

임씨(任氏)가 말하길, 화(和)라는 것은 합(合)이다.

가령 을운경년(乙運庚年)이거나, 경운(庚運乙年)이면 합(合)하여 화(化)하는데 이때 일주(日主)가 金을 기뻐하면 길(吉)하다. 합이불화(合而不化)하면 오히려 기반(羈絆)이 되어 일주(日主)의 희신(喜神)이 나를 돌보지 않으니 불길(不吉)하다.

일주(日主)가 庚金을 기뻐할 경우 반드시 庚金이 득지(得地)하여야 하고 乙木이 무근(無根)이어야 합화(合化)하여 아름답다. 만약 子丑 합(合)이 불화(不化)하면 역시 水를 극(剋)하므로 水를 기뻐할 경우에는 불길(不吉)하다.

何爲好
하위호

어떤 것이 호(好)인가?

如庚運辛年 辛運庚年 申運酉年 酉運申年 則好 日主喜陽則庚與申 爲
여경운신년　신운경년　신운유년　유운신년　즉호　일주희양즉경여신　위

好 喜陰 則辛與酉爲好 凡此皆宜例推.
호　희음　즉신여유위호　범차개의예추

경운신년(庚運辛年)이거나, 신운경년(辛運庚年)이거나, 신운유년(申運酉年)이거나, 유운신년(酉運申年)이면 호(好)라고 한다. 일주(日主)가 양(陽)을 기뻐하면 庚과 申이 호(護)이고, 음(陰)을 기뻐하면 辛과 酉가 호(好)이다.

任氏曰 乎者 類相同也.
임씨왈　호자　류상동야

如庚運申年 辛運酉年 是爲眞好 乃支之祿旺 自我本氣歸垣 如家室之
여경운신년　신운유년　시위진호　내지지록왕　자아본기귀원　여가실지

可住 如庚運辛年 辛運庚年 乃天干之助 如朋友之幇扶 究竟不甚關切.
가주　여경운신년　신운경년　내천간지조　여붕우지방부　구경불심관절

必先要旺運通根 自然依附爲好 如運無根氣 其見勢衰 而無依附之情
필선요왕운통근　자연의부위호　여운무근기　기견세쇠　이무의부지정

非爲 好也.
비위　호야

임씨(任氏)가 말하길, 호(好)라는 것은 종류(種類)가 서로 같은 것을 말한다. 가령 경운신년(庚運申年)이거나, 신운유년(辛運酉年)이면 참된 호(好)가 된다.

이는 지지(地支)의 녹왕(祿旺)을 말하는 것으로 자연히 자신의 본기(本氣)가 귀원(歸垣)하는 것으로 가실(家室)에서 거주(居住)하는 것과 같다.

만약 경운신년(庚運辛年)이거나, 신운경년(辛運庚年)이거나, 신운유년(申運酉年)이거나, 유운신년(酉運申年)이면 천간(天干)이 방조(幇助)하니, 방부(幇扶)하는 것과 같아 결국은 깊은 관계가 아니다. 먼저 왕운(旺運)에 근기(根氣)가 없고 그 세력(勢力)이 쇠약(衰弱)하면 의부(依附)하는 정(情)이 없으니 호(好)가 아니다.

評註

운충세(運冲歲)이거나 세충운(歲冲運)이 되었을 경우에 희신(喜神)의 간두(干頭)가 천부지재(天覆地載)를 이루어야 길(吉)하다. 가령 자운오년(子運午年)일 경우에 일주(日主)가 子水를 기뻐하면 庚子, 壬子 대운(大運)에 丙午, 戊午가 되면 허물이 없지만 丙子, 戊子 대운에 庚午, 壬午가 되면 허물이 있다. 만약 일주(日主)가 午火를 기뻐하면 丙子, 戊子 대운(大運)에 丙午, 戊午가 되면 길(吉)하다. 오운자년(午運子年)일 경우에도 이와 마찬가지로 추리(推理)하면 된다.

또한 子丑의 합(合)이 되는 경우는 子丑 합토(合土)와 子丑 합수(合水)가 있다. 戊子, 己丑이 만나면 子丑이 합이이화(合而而化)가 되어 土가 되는데 壬子, 癸丑이 만나면 子丑이 역시 합이이화(合而而化)가 되어 水가 된다는 것에 주의하여야 한다.

만약 합이불화(合而不化)가 되어 기반(羈絆)이 되면 희신(喜神)이 나를 돌보지 않으니 불길(不吉)하다. 가령 甲己 합화(合化)하여 土가 되는 경우는 甲辰, 己未가 되어야 하고, 甲己 합거(合去)하여 불화(不化)되는 경우는 甲寅, 己卯가 되는 경우인데 木이 왕(旺)하고 己土의 뿌리가 없으니 甲己가 합이불화(合而不化) 되었으므로 己土가 기반(羈絆)되는 것이다.

가령 乙庚 합화(合化)하여 金이 되는 경우는 乙酉, 庚申이 되어야 하고 乙庚 합거(合去)하여 불화(不和)가 되는 경우는 乙卯, 庚寅이 되어 庚金의 뿌리가 없으니 乙庚이 합이불화(合而不化)가 되었으므로 오히려 庚金이 기반(羈絆)이 되는 것이다. 나머지 丙辛, 丁壬, 戊癸도 이와 같은 논리(論理)로 추리(推理)하면 된다.

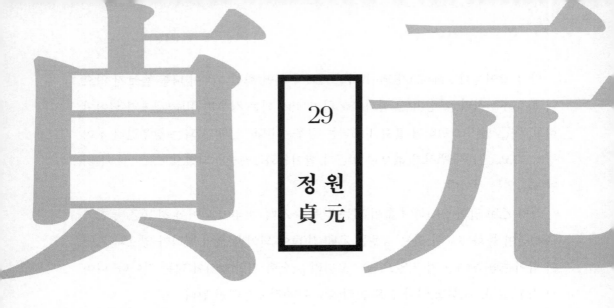

原文

造化起於元 亦止於貞
조화기어원   역지어정

조화(造化)는 원(元)에서 시작하고 역시 정(貞)에서 멈추는데 다시 정원지회(貞元之會)가 시작되면 대(代)를 이을 기틀을 잉태(孕胎)한다.

原註

三元皆有貞元 如以八字看 以年爲元 月爲亨 日爲利 時爲貞 年月吉者
삼원개유정원   여이팔자간   이년위원   월위형   일위리   시위정   년월길자

前半世吉 日時吉者 後半世吉.
전반세길   일시길자   후반세길

以大運看 以初十五年爲元 次十五年爲亨 中十五年爲利 後十五年爲
이대운간   이초십오년위원   차십오년위형   중십오년위리   후십오년위

貞 元亨 運吉者 前半世吉 利貞運吉者 後半世吉 皆貞元之道.
정   원형   운길자   전반세길   리정운길자   후반세길   개정원지도

然有貞元之妙存焉 非特絶處逢生 北盡東來之意也 至於人之壽終矣
연유정원지묘존언   비특절처봉생   북진동래지의야   지어인지수종의

而旣 終之後 運之所行 果所喜者歟 則其家必興 果所忌者歟 則其家必
이기 종지후 운지소행 과소희자여 즉기가필흥 과소기자여 즉기가필

替 盡以父 爲貞 子爲元也 貞不起元之妙 生生不息之機.
체 진이부 위정 자위원야 정불기원지묘 생생불식지기

予著此論 非欲人知考之年 而示天下萬世 實所以驗奕世之兆 而知數
여저차론 비욕인지고지년 이시천하만세 실소이험혁세지조 이지수

之 不可 逃也 學者勗之.
지 불가 도야 학자욱지

삼원(三元)에는 모두 정원(貞元)이 있으니 가령 팔자(八字)로 살펴보면 년(年)은 원(元)이고, 월(月)이 형(亨)이며, 일(日)이 이(利)이고, 시(時)가 정(貞)이다.

년월(年月)이 길(吉)한 것은 전반(前半)이 길(吉)하고 일시(日時)가 길(吉)한 것은 후반(後半)이 길(吉)하다. 대운(大運)을 살펴보면 처음 15년은 원(元)이고, 다음의 15년은 형(亨)이며 중간 15년은 이(利)이고 그 후 15년은 정(貞)이다.

원형(元亨)의 운이 길(吉)한 것은 전반(前半)이 길(吉)하고, 이정(利貞)의 운(運)이 길(吉)한 것은 후반(後半)이 길(吉)하니 모두 정원(貞元)의 도(道)이다. 그러나 정원(貞元)의 묘(妙)는 절처봉생(絶處逢生)의 뜻이 아니라 북진동래(北盡東來)의 뜻이고 사람의 수명(壽命)이 끝남을 뜻한다.

사람이 명(命)이 끝난 다음에 운(運)이 행(行)하는 곳이 기쁘면 그 집안은 반드시 흥(興)하고 운(運)이 행(行)하는 곳이 꺼리면 그 집안은 몰락(沒落)하게 된다. 부(父)가 정(貞)이고 자(子)는 원(元)이 되는데 정(貞)의 아래에서 원(元)이 일어나는 묘(妙)함이 생생불식(生生不息)의 기틀이다.

내가 이것을 논(論)하는 것은 사람의 고종명(考終命)하는 해(年)를 알게 하려는 것이 아니라 천하(天下)에 널리 오랫동안 펼쳐 세상의 징조(徵兆)를 증험(證驗)하여 운명(運命)을 벗어날 수 없다는 것을 알게 하고자 하는 것이니 학자(學者)는 애써 배우기 바란다.

任氏曰 貞元之理 河洛圖書之旨也 河洛圖書之旨 卽先後天卦位之易也.
임씨왈 정원지리 하락도서지지야 하락도서지지 즉선후천괘위지이야

先天之卦 乾南坤北 故西北多山 崑崙爲山之祖 東南多水 大海爲水之
선천지괘 건남곤북 고서북다산 곤윤위산지조 동남다수 대해위수지

歸 是以 水從山出 山見水止 夫九河瀉地 極汪洋澎湃之勢 溯其源 皆
귀 시이 수종산출 산견수지 부구하사지 극왕양팽배지세 소기원 개

星宿也 夫五 岳揷天 極崇隆峻險之形 窮其本 皆崑崙也 惟人類祖父亦
성숙야 부오 악삽천 극숭융준험지형 궁기본 개곤윤야 유인류조부역

然 雖支分派衍 莫不皆出于一脈.
연 수지분파연 막불개출우일맥

故一陰生于坤之初 一陽生于乾之始 所以離爲日體 坎爲月體 而貞元
고일음생우곤지초 일양생우건지시 소이이위일체 감위월체 이정원

之理 原于納甲 納甲之象 出于八卦 故父乾而母坤 震爲長男 繼乾父
지리 원우납갑 납갑지상 출우팔괘 고부건이모곤 진위장남 계건부

之體 因坤 母之兆. 故太陰自每月卄八至初二 盡魄純黑而爲坤象 坤者
지체 인곤 모지조 고태음자매월입팔지초이 진백순흑이위곤상 곤자

猶貞之意也 初三光明三分 一陽初生 震之象也 震者 元之兆也 初八上
유정지의야 초삼광명삼분 일양초생 진지상야 진자 원지조야 초팔상

絃 光名六分 兌之 象也 兌者 猶亨之理也 十八日 月盈而虧缺三分 巽
현 광명육분 태지 상야 태자 유형지리야 십팔일 월영이휴결삼분 손

之象也 猶利之義也 是以貞元之道 循環之理 盛極而衰 否極而泰 亦此
지상야 유리지의야 시이정원지도 순환지리 성극이쇠 비극이태 역차

意也.
의야

觀此章之旨 不特人生在世 運吉者昌 運凶者敗 至於壽終之後 而行運
관차장지지 불특인생재세 운길자창 운흉자패 지어수종지후 이행운

仍在 觀其運之吉凶 而可知其子孫之興替 故其人旣終之後 而其家興
잉재 관기운지길흉 이가지기자손지흥체 고기인기종지후 이기가흥

旺者 身後運必 吉也 其家衰敗者 身後運必凶也.
왕자 신후운필 길야 기가쇠패자 신후운필흉야

此論雖造化有定 而數之不可逃 爲人子者不可不知考之年 而善繼述之
차론수조화유정 이수지불가도 위인자자불가부지고지년 이선계술지

若考之 身後運吉 自可承先啓後 如考之身後運凶 亦可安分經營 挽回
약고지　신후운길　자가승선계후　　여고지신후운흉　　역가안분경영　만회

造化.
조화

若祖宗富貴 自詩書中來 子孫亨富貴 卽棄時書者 若祖宗家業 自勤儉
약조종부귀　자시서중래　자손형부귀　즉기시서자　약조종가업　자근검

中來 子孫亨家業 卽忘勤儉者 是割扶桑之幹 而接于文梓 未有不槁者
중래　자손향가업　즉망근검자　시할부상지간　이접우문재　미유불고자

決渭河之水 而入于涇川 鮮有不濁者 何也 其本源各自不相附耳.
결위하지수　이입우경천　선유불탁자　하야　기본원각자불상부이

學者當深思之.
학자당심사지

임씨(任氏)가 말하길, 정원지리(貞元之理)는 하도(河圖)와 낙서(洛書)의 뜻이 들어 있다.

하도(河圖)와 낙서(洛書)의 뜻은 선천괘위(先天卦位)와 후천괘위(後天卦位)의 역(易)이다. 선천괘(先天卦)는 건(乾)이 남(南)에 있고 곤(坤)은 북(北)에 있다. 그러므로 서북(西北)에 산(山)이 많은 까닭에 곤륜(崑崙)은 산(山)의 조종(祖宗)이 되고 동남(東南)에 수(水)가 많은 까닭에 대해(大海)는 수(水)의 귀고(歸庫)가 된다. 이러한 까닭에 수(水)는 산(山)을 쫓아서 나오고, 산(山)은 수(水)를 만나면 수(水)는 그친다.

구하(九河)에서 물을 흘러 보내는 것은 극히 왕양(汪洋)하고 팽배(澎湃)한 기세(氣勢)인데 그 근원(根源)을 거슬러 올라가면 모두 별자리이다. 오악(五岳)이 하늘을 찌르는 것은 높고 융성(隆盛)하며 험준한 형세가 지극(至極)한데 그 근본(根本)을 연구(研究)하여 보면 곤륜(崑崙)에 있는 것이다.

사람에게 조부(祖父)가 있는 것도 역시 그러하니 지파(支派)가 나뉘어 나가더라도 모두가 일맥(一脈)에서 나오지 않는 것이 없다. 그러므로 일음(一陰)는 곤(坤)의 초(初)에서 생(生)하고 일양(一陽)은 건(乾)의 시(始)에서 나온다.

소위 이(離)는 일체(日體)이고 감(坎)은 월체(月體)이다.

정원지리(貞元之理)는 납갑(納甲)이 근원(根源)이 되는데 납갑(納甲)의 상(象)은 팔괘

(八卦)에서 나왔다. 그러므로 부(父)는 건(乾)이고, 모(母)는 곤(坤)인데, 진(震)은 장남(長男)으로 건(乾)인 부(父)의 체(體)를 계승(繼承)하고, 곤(坤)인 모(母)의 징조(徵兆)가 있기 때문이다.

태음(太陰)은 매월 28일부터 다음 달 초(初) 2일까지인데 밝음이 다한 순수(純粹)한 흑(黑)이라 곤상(坤象)을 이루는데, 곤(坤)이란 오직 정(貞)의 뜻이 있다.

초(初) 3일은 광명(光明)이 삼분(三分)으로 일양(一陽)이 처음으로 생(生)하니 진상(震象)을 이루는데 진(震)이란 원(元)을 나타낸다. 초(初) 8일은 상현(上絃)으로 광명(光明)이 육분(六分)으로 태상(兌象)을 이루는데 태(兌)는 형(亨)의 이치에 들어있다.

18일이 되면 만월(滿月)에서 삼분(三分)이 이지러지니 손상(巽象)인데 손(巽)은 리(利)의 의미(意味)가 있다. 이것이 정원(貞元)의 도(道)이고 순환(循環)의 이치(理致)로서 성(盛)함이 극(極)에 이르면 쇠(衰)하고 비(否)도 극(極)에 이르면 태(泰)하게 되는 것이다.

이 장(章)의 취지(趣旨)는 사람이 세상을 살아가는데 운(運)이 길(吉)한 사람은 번창(繁昌)하고 운(運)이 흉(凶)한 사람은 패(敗)한다는 것만이 아니다.

수명(壽命)이 다한 후(後)에도 운행(運行)이 여전히 존재(存在)하니 그 운(運)의 길흉(吉凶)을 살펴보면 자손(子孫)의 흥체(興替)를 알 수 있음을 말하는 것이다. 그러므로 사람이 생(生)을 마친 후(後)에도 그 집안이 흥왕(興旺)하는 것은 일신(一身)이 몰(沒)한 후(後)에 운(運)이 길(吉)하기 때문이고 그 집안이 패쇠(敗衰)하는 것은 몰(沒)한 후(後)에도 운(運)이 흉(凶)하기 때문이다. 이러한 논리(論理)는 비록 조화(造化)가 정(定)하여져 운수(運數)를 벗어날 수 없다는 것이다.

사람의 자식(子息)으로서 부모(父母)의 기일(忌日)과 가르침을 선(善)하게 계승(繼承)하지 않으면 안 된다. 만약 부모(父母)가 죽은 후(後)의 운(運)이 길(吉)하면 자연히 후손(後孫)에게 이어지고 부모(父母)가 죽은 후(後)에 운(運)이 흉(凶)하다고 하더라도 역시 분수를 지켜 경영하여 나아가면 조화(造化)를 만회(挽回)할 수 있다.

만약 조종(祖宗)의 부귀(富貴)가 시서(詩書)에서 온 것인데, 자손(子孫)이 부귀(富貴)만을 누리고 시서(詩書)를 버리거나, 만약 조종(祖宗)의 가업(家業)이 근검(勤儉)에서 온 것인데, 자손(子孫)이 가업(家業)만을 누리고 근검(勤儉)함을 잊어버리는 것은 뿌나무 줄기를 잘라서 가래나무에 접(接)을 한 것과 같다. 시들어 말라 버리지 않는 것이 없고 위하(渭河)의 물이 경천(涇川)으로 들어가면 탁(濁)하지 않는 것이 드문 것과 같다.

| 저자소개 |

著者 鄭昌根

학력
충북 증평 출생(1948)
청주고등학교 졸업(1966)
건국대학교 졸업(1980)
한양대학교 행정대학원 의료행정학 석사(1996)
한양대학교 의과대학원 의학박사(2003)

경력
육군 3사관학교 임관(1970, 육군 중령 예편)
한국명리학회 회장(2001~현재)
한글 디지털과학 육친작명학 연구원 원장
　　(2014~현재)
한국 명리육신성명학 연구원 원장(2015~현재)
(사)한국동양철학연구원 원장(2016~현재)

출강
한양대학교 사회교육원 교수(1997~현재)
서울과학대학교 평생교육원 겸임교수(2005~2006)
대전대학교 대학원 철학과 겸임교수(2008~2010)
동방대학원 대학교 겸임교수(2006~2014)

저서
명리학 통감

연구논문
주역을 통한 인체 질병 예측 연구(1996 석사학위)
장기별 중증질환 증상의 발현과 명리학적 연구
　　(2003 박사학위)
질병 예측에 대한 명리학적 분석(2002 한국정신과학학회)
명리학의 현대적 이해(2004 한국 군사지)

언론소개
월간역학 「역학의 학위 인정 교육기관 절실하다」
　　(1996)
보건신문 「명리학으로 질병 예측」(1968)
KBS-TV VJ특공대(2002)
SBS-TV 생방송 투데이(2003)
KBS-TV 뉴스라인(2008)

연락처
전화: 02) 2294 - 5558(연구실)
　　　010 - 8966 - 5436
E-mail: jcg0121@hanmail.net